Max-Planck-Institut für ausländisches öffentliches Recht und Völkerrecht

Beiträge zum ausländischen
öffentlichen Recht und Völkerrecht

Begründet von Viktor Bruns

Herausgegeben von
Armin von Bogdandy · Rüdiger Wolfrum

Band 161

Michaela Fries

Die Bedeutung von Artikel 5 (f) der Rassendiskriminierungs-konvention im deutschen Recht

Diskriminierung durch Private beim Zugang zu Gaststätten

The Meaning of Article 5 (f) of the International Convention on the Elimination of All Forms of Racial Discrimination under German Law. Discrimination by private actors through denial of access to restaurants and bars

(English Summary)

Springer

Berlin Heidelberg New York Barcelona
Hongkong London
Mailand Paris Tokio

ISSN 0172-4770
ISBN 3-540-40423-6 Springer-Verlag Berlin · Heidelberg · New York

Bibliografische Information Der Deutschen Bibliothek

Die Deutsche Bibliothek verzeichnet diese Publikation in der Deutschen Nationalbibliografie; detaillierte bibliografische Daten sind im Internet über <http://dnb.ddb.de> abrufbar.

Satz: Reproduktionsfertige Vorlagen vom Autor

97199 Ochsenfurt-Hohestadt

SPIN: 10938911 64/3130 x z – 5 4 3 2 1 0 – Gedruckt auf säurefreiem Papier

Vorwort

Die vorliegende Arbeit wurde im Wintersemester 2001/2002 von der Juristischen Fakultät der Ruprecht-Karls-Universität Heidelberg als Dissertation angenommen. Das Manuskript wurde im Mai 2001 abgeschlossen; später erschienene Literatur konnte noch in den Fußnoten berücksichtigt werden.

Herr Prof. Dr. Dres. h. c. Jochen Abr. Frowein hat die Betreuung dieser Arbeit auf sich genommen und sie stets kritisch begleitet und unterstützt. Dafür sowie für die Förderung als Mitarbeiterin am Max-Planck-Institut für ausländisches öffentliches Recht und Völkerrecht danke ich ihm. Mein Dank gilt auch Herrn Prof. Dr. Rüdiger Wolfrum. Er hat die Arbeit mit Hinweisen aus seiner Tätigkeit als Mitglied des Rassendiskriminierungsausschusses gefördert. Zudem hat er die Mühen des Zweitgutachtens auf sich genommen. Beiden Professoren danke ich an dieser Stelle auch für die Aufnahme der Arbeit in die vom Institut herausgegebene Reihe Beiträge zum ausländischen öffentlichen Recht und Völkerrecht.

Weite Teile der Arbeit sind während meiner Tätigkeit als Mitarbeiterin am Max-Planck-Institut für ausländisches öffentliches Recht und Völkerrecht entstanden. Diese Zeit war geprägt vom ständigen wissenschaftlichen und freundschaftlichen Austausch zwischen den Wissenschaftlern des Instituts und seinen zahlreichen internationalen Gästen. Insbesondere die täglichen „Mittagessensdiskussionen“ werden mir unvergessen bleiben. Grundlage für die Untersuchung waren die hervorragenden Arbeitsbedingungen am Institut und seine sehr gut ausgestattete Bibliothek. Stellvertretend für alle Mitarbeiterinnen und Mitarbeiter der Bibliothek möchte ich Frau Petra Weiler für die unermüdliche Mithilfe bei der Materialsuche danken.

Dr. Christian Walter und Kerstin Bode danke ich für ihre kritischen Anmerkungen bei der Durchsicht eines frühen Entwurfs. Die redaktionelle Kontrolle der Schlußfassung haben mein Vater Hermann Fries und meine Schwester Antje Walkemeyer auf sich genommen; mein Schwager Thomas Walkemeyer mußte für manches Computerproblem als Retter in der Not herhalten. Peter Macalister-Smith hat die englische Zusammenfassung Korrektur gelesen. Ihnen danke ich für diese Mühen sehr.

Mein Freund Stephan Sina hat die Arbeit mit kritischem Blick für Überflüssiges und sprachliche Mängel gelesen. Dafür, für seine stetige Diskussionsbereitschaft und für sein Verständnis für die mit der Arbeit verbundenen Belastungen danke ich ihm herzlich. Diese Unterstützung war eine wichtige Voraussetzung für das Gelingen der Arbeit.

Meine Eltern, Änne und Hermann Fries, haben mich in vielfältiger Weise gefördert und begleitet. Sie haben mir nicht nur durch ihr Vorbild nahegebracht, meinen eigenen Weg zu suchen, sondern haben diesen auch jederzeit unterstützt, ohne meine Wahl in Frage zu stellen. Für dieses Vertrauen danke ich Ihnen. Ihre Erziehung hat mir Ausdauer und den Glauben an die eigenen Fähigkeiten vermittelt; beides war für den erfolgreichen Abschluß der Untersuchung wesentlich. Ihnen ist die Arbeit gewidmet.

Berlin, März 2002 Michaela Fries

Inhaltsverzeichnis

Abkürzungen

a. A.	anderer Ansicht
AcP	Archiv für civilistische Praxis
AEM	Allgemeine Erklärung der Menschenrechte
AfP	Archiv für Presserecht
AJIL	American Journal of International Law
AJP/PJA	Aktuelle Juristische Praxis/Pratique Juridique Actuelle
al.	alinea
allg.	allgemein
AMRK	Amerikanische Menschenrechtskonvention
AöR	Archiv des öffentlichen Rechts
APSR	American Political Science Review
ArbuR	Arbeit und Recht
Art.	Artikel
Aufl.	Auflage
AVR	Archiv des Völkerrechts
BAGE	Entscheidungen des Bundesarbeitsgerichts
BAV	Bundesaufsichtsamt für das Versicherungswesen
BayObLG	bayerisches Oberstes Landesgericht
BayVBl	Bayerische Verwaltungsblätter
Bd	Band
BDGV	Berichte der Deutschen Gesellschaft für Völkerrecht
BT-Dr.	Drucksachen des Deutschen Bundestags
BYIL	British Yearbook of International Law
Diss. Op.	Dissention Opinion
DÖV	Die Öffentliche Verwaltung
DR	Decisions and Reports der Kommission der EMRK
DRiZ	Deutsche Richterzeitung

DVBl	Deutsches Verwaltungsblatt
EGMR	Europäischer Gerichtshof für Menschenrechte
EHRLR	European Human Rights Law Review
EJIL	European Journal of International Law
EMRK	Europäische Konvention für Menschenrechte
EPIL	Encyclopedia of Public International Law
et al.	und andere
ESC	Europäische Sozialcharta
EuGRZ	Europäische Grundrechte-Zeitschrift
EuR	Europarecht
Fn.	Fußnote
GA	Goltdammer's Archiv
GewArch	Gewerbearchiv
GG	Grundgesetz
GYIL	German Yearbook of International Law
h. M.	herrschende Meinung
Hong Kong LJ	Hong Kong Law Journal
HRLJ	Human Rights Law Journal
HRQ	Human Rights Quarterly
i. Erg.	im Ergebnis
InfAuslR	Informationsbrief für Ausländerrecht
IPRax	Praxis des Internationalen Privat- und Verfahrensrecht
ICLQ	International and Comparative Law Quarterly
IPbpR	Internationaler Pakt für bürgerliche und politische Rechte
IPwskR	Internationaler Pakt für wirtschaftliche, soziale und kulturelle Rechte
i. S. d./i. S. v.	im Sinne des/im Sinne von
i. V. m.	in Verbindung mit
IYHR	Israel Yearbook on Human Rights
JA	Juristische Arbeitsblätter
JIR	Jahrbuch für Internationales Recht
JR	Juristische Rundschau

Jura	Juristische Ausbildung
JuS	Juristische Schulung
JW	Juristische Wochenschrift
JZ	JuristenZeitung
Max Planck UNYB	Max Planck Yearbook of United Nations Law
MDR	Monatsschrift für Deutsches Recht
MRM	MenschenRechtsMagazin
NILR	Netherlands International Law Review
NJW	Neue Juristische Wochenschrift
NoJIL	Nordic Journal of International Law
NQHR	Netherlands Quarterly of Human Rights
Nr.	Nummer
NZA	Neue Zeitschrift für Arbeitsrecht
PBefG	Personenbeförderungsgesetz
PflG	Pflichtversicherungsgesetz für Kraftfahrzeughalter
RabelsZ	Rabels Zeitschrift für ausländisches und internationales Privatrecht
RBDI	Revue Belge de Droit International
RDA	Rassendiskriminierungsausschuß
RdC	Recueil des Cours
RDD	Rassendiskriminierungsdeklaration
RDH/HRJ	Revue des Droits de l'Homme/Human Rights Journal
RDK	Rassendiskriminierungskonvention
REDI	Revue Egyptienne de Droit International
Rev. sc. crim.	Revue de science criminelle et de droit pénal comparé
RevTrimDrH	Revue Trimestrielle des Droits de l'Homme
RivDI	Rivista di Diritto Internazionale
RQDI	Revue Québécoise de Droit International
Rz.	Randziffer
RzW	Rechtsprechung zum Wiedergutmachungsrecht
S.	Seite
s.	Section

Sess.	Session
ss.	Subsection
StV	Der Strafverteidiger
Supp.	Supplement
THRHR	Tydskrf vir Hedendaagse Roeins-Hollandse Reg, Journal of Contemporary Roman-Dutch Law
TILJ	Texas International Law Journal
ThürVBl	Thüringer Verwaltungsblätter
UNTS	United Nations Treaty Series
U.S.C.	United States Code Annotated
VBlBW	Verwaltungsblätter für Baden-Württemberg
VerBAV	Veröffentlichungen des Bundesaufsichtsamtes für das Versicherungswesen
VersR	Versicherungsrecht
vgl.	vergleiche
VN	Vereinte Nationen
VN-Satzung	Satzung der Vereinten Nationen
Vor./Vorbem.	Vorbemerkung zu
VVDStRL	Veröffentlichungen der Vereinigung der Deutschen Staatsrechtslehrer
WKV	Wiener Übereinkommen (Konvention) über das Recht der Verträge
YB	Yearbook
ZAR	Zeitschrift für Ausländerrecht und Ausländerpolitik
z. B.	zum Beispiel
ZBJV	Zeitschrift des bernischen Juristenvereins/Revue de la société des juristes bernois
ZBR	Zeitschrift für Beamtenrecht
ZfA	Zeitschrift für Arbeitsrecht
ZIP	Zeitschrift für Wirtschaftsrecht
ZRP	Zeitschrift für Rechtspolitik
ZStrR/RPS	Schweizerische Zeitschrift für Strafrecht/Revue Pénale Suisse/Rivista Penale Svizzera
ZStW	Zeitschrift für die gesamte Strafrechtswissenschaft

ZVersWiss	Zeitschrift für die gesamte Versicherungswissenschaft

Im übrigen wird auf das Abkürzungsverzeichnis von Kirchner verwiesen.

Einleitung und Gang der Untersuchung

Seit dem Ende des Zweiten Weltkriegs ist das Verbot der Rassendiskriminierung als universell geltendes Recht anerkannt. Bereits die Satzung der Vereinten Nationen spricht in Artikel 1 Ziffer 3, Artikel 13 Absatz 1 (b), Artikel 55 und Artikel 76 (c) von der Verwirklichung der Menschenrechte ungeachtet der Rasse[1]. Das Verbot hat Eingang in nahezu alle großen Menschenrechtskodifikationen gefunden, so in Artikel 2 Absatz 1 und Artikel 7 der Allgemeinen Erklärung der Menschenrechte[2], Artikel 2, 20 Absatz 2, 24 Absatz 1 und 26 des IPbpR[3], Artikel 2 Absatz 2 des IPwskR[4], Artikel 14 EMRK, Artikel 2 AMRK[5] und Artikel 2 der Charta von Banjul[6] und seit dem Amsterdamer Vertrag in Art. 13 EGV. Daneben existieren zahlreiche Spezialkonventionen in diesem Bereich. Allen voran steht hier das internationale Übereinkommen zur Beseitigung jeder Form von Rassendiskriminierung vom 7. März 1966[7].

---

1 Vgl. die IGH-Entscheidung Case Concerning Legal Consequences for States of the Continued Presence of South Africa in Namibia (South West Africa) notwithstanding Security Council Resolution 276 (1970), Advisory Opinion of 21 June 1971, I.C.J. Rep. 1971, S. 16, Zif. 131. Siehe auch Hamburger, Vereinte Nationen 1968, S. 5; Third Decade to Combat Racism and Racial Discrimination, A/RES/48/91 vom 20.12.1993; Wolfrum, in: Referate zum 80. Geburtstag von Partsch, S. 15; Sagay, Racial Discrimination in International Law, S. 17 ff.

2 Vom 10.12.1948. GAOR, III, Resolutions (UN Doc. A/810), S. 71.

3 Vom 19.12.1966. UNTS Bd. 999, S. 171.

4 Vom 19.12.1966. UNTS Bd. 992, S. 3.

5 Vom 22.11.1969, Organisation of American States, Official Records OEA/SER. K/XVI/I.I, Doc. 65, Rev.1, Corr. 2.

6 Banjul Charta der Menschenrechte und Rechte der Völker vom 27.6.1981. ILM 1982, S. 59 ff.; französische Quelle: Revue Universelle des Droits de l'Homme 1989, S. 484.

7 UNTS Bd. 660, S. 195; BGBl 1969 II, S. 962. Diese Konvention ist zusammen mit dem Übereinkommen der IAO über die Diskriminierung in Beruf und Beschäftigung von 1958 und dem Übereinkommen der UNESCO gegen Diskriminierung im Unterrichtswesen von 1960 Kern des internationalen Ver-

Anlaß zur Erarbeitung dieser umfassenden Spezialkonvention im Bereich der Rassendiskriminierung trotz des bereits bestehenden Verbots in der VN-Satzung waren antisemitische Manifestationen in Form von Zerstörungen jüdischer Friedhöfe und Verunstaltungen von Synagogen in der Bundesrepublik Deutschland um die Jahreswende 1959/1960, die sich auf weite Teile der Welt ausbreiteten[8]. Die Rassendiskriminierungskonvention wurde am 21. Dezember 1965 nach nur wenigen Jahren Vorarbeit mit der Resolution 2106 A/XX von der Generalversammlung der Vereinten Nationen einstimmig angenommen und am 7. März zur Unterschrift und Ratifikation ausgelegt. In Kraft trat sie gemäß Artikel 19 Absatz 1 RDK am 4. Januar 1969. Vorausgegangen war der Konvention die Deklaration zur Beseitigung jeder Form der Rassendiskriminierung vom 20. November 1963[9]. Das Übereinkommen zählt zu den Konventionen mit den weltweit größten Mitgliederzahlen[10].

Dieser universellen Akzeptanz des Rassendiskriminierungsverbotes liegt die Gewißheit zugrunde, daß mit der willkürlichen Ungleichbehandlung eines Menschen aufgrund seiner Rasse der Gleichheitsgrundsatz negiert und seine Menschenwürde angegriffen wird[11]. Das Individuum wird nicht nach seiner Persönlichkeit und seinen eigenen Fähig-

---

tragsrechts auf diesem Gebiet. Ausführlich zu den Strategien der VN im Kampf gegen die Rassendiskriminierung, van Boven, UN Doc. E/CN.4/1999/WG.1/BP.7; vgl. aber auch ders., in: FS de Waart, S. 251 ff. Siehe ferner Schwelb, ICLQ 15 (1966), S. 1057; Wolfrum, in: Symonides, S. 45 f.; ders., Max Planck UNYB 3 (1999), S. 495 f. und Symonides, in: ders., The Struggle Against Discrimination, S. 6 ff.

[8] Delbrück, Die Rassenfrage als Problem des Völkerrechts und nationaler Rechtsordnungen, S. 61; Hamburger, Vereinte Nationen 1968, S. 5; Partsch, Rassendiskriminierung, S. 1; ders., in: Scheuner/Lindemann, S. 110; Coleman, RDH/HRI 2 (1969), S. 609; Moskowitz, RDH/HRJ 4 (1971), S. 282; siehe auch Banton, International Action Against Discrimination, S. 50 ff.

[9] UN Doc. GAOR 18. Sitzungsperiode, S. 27 ff. Siehe zur Entstehungsgeschichte umfassend Meron, AJIL 1985, S. 285 ff.; ders., Human Rights Law Making, S. 7 ff.; Schwelb, ICLQ 15 (1966), S. 996 ff.; Lerner, The UN Convention on the Elimination of All Forms of Racial Discrimination, *passim*; Elkind, University of Pittsburgh Law Review 32 (1971), S. 308.

[10] Am 17.08.2001 hatte die Konvention 158 Mitglieder. Vgl. UN Doc. GAOR (A/56/18), Zif. 1.

[11] Santa Cruz, Special Study of Discrimination in Political, Economic, Social and Cultural Spheres, UN Doc E/CN 4/Sub.2/288, Rz. 46-48; Wolfrum, Max Planck UNYB 3 (1999), S. 491.

keiten, sondern nach der Zugehörigkeit zu einer Gruppe beurteilt. Ihm wird die Möglichkeit genommen, sich von der rassischen Gruppe zu differenzieren; unter Umständen wird es stellvertretend für seine Gruppe bestraft. Gleichzeitig besteht die Überzeugung, daß Rassendiskriminierung eine Gefahr für das friedliche Zusammenleben der Völker darstellt[12].

Ungeachtet dieser einstimmigen Verurteilung durch die Völkergemeinschaft ist Rassendiskriminierung ein Phänomen, mit dem die deutsche Gesellschaft wie jedes Land der Welt zu kämpfen hat[13]. Schlagzeilen machen vor allem rassistische Auswüchse, die in schwere Verbrechen münden[14]. Weit weniger im Blickpunkt der Aufmerksamkeit ist die

---

[12] Vgl. den 7. Absatz der Präambel der RDK; ferner Wolfrum, Max Planck UNYB 3 (1999), S. 491.

[13] Vgl. zur Fremdenfeindlichkeit in Deutschland Hüsers, Aus Politik und Zeitgeschichte, B 48/49 (24. November 1994), S. 22 ff.; MacEwen, Tackling Racism in Europe, S. 145 f.; Dohse, in: Hassemer/Hoffmann-Riem/Limbach, S. 275 ff.; Nickel, Gleichheit und Differenz, S. 74; Europarat – Europäische Kommission gegen Rassismus und Intoleranz, Zweiter Deutschland-Bericht, verabschiedet 15.12.2000, veröffentlicht 3.7.2001, Zusammenfassung, EuGRZ 2001, S. 344 f. und allgemein Band 39, 2000 der Beilage Aus Politik und Zeitgeschichte; zur Fremdenfeindlichkeit im europäischen Kontext, Mahrad/Mahrad, Politik und Zeitgeschichte, *ebenda*, S. 3 ff. jeweils m. w. N.; Banton, International Action Against Racial Discrimination, S. 50; vgl. auch Yutzis, CERD/C/SR.973, Ziff. 10.

[14] Den traurigen Anfang einer Reihe von Anschlägen bildeten die Vorfälle in Solingen, Hoyerswerda und Rostock-Lichtenhagen und setzen sich bis heute fort. Wenn hier und im folgenden auf die Zunahme der rassistisch motivierten und rechtsextremistischer Straftaten verwiesen wird, liegen dem die zahlreichen Übergriffe gegen Ausländer vor allem, aber nicht ausschließlich, in den neuen Bundesländern zugrunde. Vgl. www.bmi.bund.de/top/dokumente/ Pressemitteilung/ix_21367.htm (Stand: 11.3.2001); dazu FAZ vom 3.3.2001, S. 2; zu einzelnen Ländern: FAZ 6.3.2001, S. 5, FAZ 2.3.2001, S. 4; 4. Bericht der Ausländerbeauftragten zur Lage der Ausländer in der Bundesrepublik Deutschland, S. 193 ff. (www.bundesauslaenderbeauftragte.de – Publikationen (Stand: 11.3. 2001); Eckert/Pfeiffer, DRiZ 2001, S. 341. Auch der wieder zunehmende Zulauf der NPD, der zu einem Verbotsantrag gegen die Partei geführt hat, weist auf eine zunehmende ausländerfeindliche Ausrichtung vereinzelter Personen hin. Vgl. den Verbotsantrag, www.bmi.bund.de/downloads/NPD_Verb.pdf (Stand: 13.11.2001) und www.bmi.bund.de/top/dokumente/Pressemitteilung/ix_30032. htm (Stand: 11.3.2001); ferner FAZ, 1.2.2001, S. 10. Ferner dokumentieren die Jahresberichte der Bundesrepublik Deutschland an den RDA diese Entwicklung. Siehe den 15. Bericht Deutschlands an den Rassendiskriminierungsaus-

„alltägliche Diskriminierung", mit der jeder Mensch konfrontiert zu werden riskiert, der seinen eigenen Kulturkreis verläßt, um in einen anderen zu reisen oder dort zu leben[15]. Einen typischen Bereich rassischer Zurücksetzung, der auch in Deutschland immer wieder Menschen ausgesetzt sind, bilden Zutrittsverweigerungen zu Gaststätten, Hotels, Cafés, Diskotheken und anderen Servicebetrieben[16]. Die Inhaber dieser Betriebe begründen diese Maßnahmen in manchen Fällen mit Angst vor Schlägereien, Belästigung weiblicher Gäste oder dem Fernbleiben von konsumfreudigeren Stammkunden[17]. Begehren die Betroffenen auf, lassen ihnen die zuständigen deutschen Behörden nicht immer die notwendige Hilfe zukommen. Diese Untätigkeit ist nicht auf eigene rassistische Motive zurückzuführen. Vielmehr bestehen bei der rechtlichen Behandlung dieser Fälle Unsicherheiten[18]. Dem Verbot der Rassendis-

---

schuß zu Artikel 6, Zif. 1, enthalten in www.bmj.bund.de/inhalt.html, 3.3.2001 und die Besprechung des Berichts, UNHCR Pressebericht vom 13.3., 21.3. und 23.3.2001, http://www.unhcr.ch/huricane/huricane.nsf/NewsRoom?Open FrameSet – Stand vom 21.4.2001; ferner BT-Dr. 14/375 vom 12. Februar 1999, siehe auch Wolf, in: Joerden, S. 125, 141; ferner FAZ vom 27.12.2000, S. 1; FAZ 14.2.2001, S. 4; Golz, Deutschland Archiv 2000, S. 710 f.; Gearty, in: Alston, S. 328 f.

15 Vgl. die Auskunft der Ausländerbeauftragten des Bundes in E/CN.4/1996/72/Add.2, Zif. 12; zur Diskriminierung im Arbeitsleben, die im Rahmen der ILO angefertigte Studie von Goldberg/Mourinho/Kulke (International Migration Papers 7); Waltz, in: Ausländerbeauftragte (Hrsg.), S. 5 ff.; Nickel, Gleichheit und Differenz, S. 76 ff.; siehe auch das Urteil des AG Bochum, 38 C 157/96 vom 25.9.1996 und dazu FAZ vom 21.2.1997, S. 4, Berliner Zeitung, 29.12.2000, S. 24; FAZ, 1.2.2001, S. 24; Britz, Kulturelle Rechte und Verfassung, S. 20; Baer, ZRP 2001, S. 502.

16 Vgl. BT-Dr. 9/1882; OLG Frankfurt, NJW 1985, S. 1720; BayObLG, NJW 1983, S. 2040; siehe auch Timme, ZAR 1997, S. 130; Süddeutsche Zeitung, 1.4.1997, S. 47; Der Spiegel, 39/1997, 22.9.1997, S. 93; FAZ, 8.2.1999, S. 11; Süddeutsche Zeitung, Magazin, 19.2.1999, S. 18; Der Stern, 17.01.2002, S. 22 f.; Bausteine für ein Antidiskriminierungsgesetz, Internationale Liga für Menschenrechte, S. 1 unter Hinweis auf die TAZ vom 20.7.1993. Siehe auch Aboul-Nasr, Yutzis, UN Doc. CERD/C/SR. 1211, Zif. 27 f.; UN Doc. GAOR (A/55/18) Zif. 102, 342, 418; UN Doc. GAOR (A/56/18) Zif. 449 und Appendix, Opinion concerning Communication No. 11/1998, S. 130; ferner Weiß, Diskotheken-Türsteher, Vereinte Nationen 2001, S. 182.

17 Süddeutsche Zeitung, 1.4.1997, S. 47; OLG Düsseldorf, ZIP 1999, S. 1358.

18 Vgl. OVG Münster GewArch 1967, S. 118; VG Stuttgart, GewArch 1976, S. 27; BayObLG, NJW 1983, S. 463; OLG Frankfurt NJW 1985, S. 1720 und die oben zitierten Zeitungsberichte.

kriminierung wird das Hausrecht des Gastwirtes und der aus der Privatautonomie erwachsenden Freiheit, sich seinen Vertragspartner selbst aussuchen zu können, entgegengehalten[19].

Im internationalen Recht ist die Behandlung dieser Form von Diskriminierung dagegen eindeutig geregelt. Nach Artikel 5 (f) RDK sind die Staaten verpflichtet, Rassendiskriminierung beim Zugang zu jedem Ort oder Dienst, der für die Benutzung durch die Öffentlichkeit vorgesehen ist, wie Verkehrsmittel, Hotels, Gaststätten, Cafés, Theater und Parks zu verbieten und Gleichheit vor dem Gesetz zu gewährleisten. Deutschland ist seit 1969 Mitglied dieser Konvention und seitdem gehalten, diesen Anforderungen nachzukommen.

Trotz dieser klaren Vorgabe ist die Rechtslage in der Bundesrepublik Deutschland nicht endgültig geklärt. Bisher sind weder Gesetzgebungsakte zur Umsetzung der Konvention in ihrer Gesamtheit noch des Artikels 5 (f) RDK im speziellen erfolgt. Seit dem Beitritt zu der Konvention begründet die Bundesregierung dies damit, daß Deutschland seine vertraglichen Verpflichtungen schon erfülle. Dabei verweist sie insbesondere auf Artikel 3 Absatz 3 Satz 1 GG, § 130 StGB und das Gaststättenrecht[20]. Diskutiert werden für den Kampf gegen Rassendiskriminierung im Gaststättenbereich mit unterschiedlichen Ergebnissen ferner § 185 StGB, im Zivilrecht die Verletzung des Persönlichkeitsrechts im

---

19 Süddeutsche Zeitung, 1.4.1997, S. 47. Siehe zu einem entsprechenden dänischen Fall UN Doc. GAOR (A/55/18), Annex III, Opinion concerning Communication No. 17/1999, Zif. 2.1. Siehe zur Implikation auf EU-Ebene, Bindman, EHRLR 1 (1996), S. 145.

20 Bundesregierung: BT-Dr. V/3960, S. 22 und BT-Dr. 9/1882, S. 3 f.; Gesetzgebenden Körperschaften: BT-Dr. V/4127; BT-Dr. 13/4082, 13/8895 und 13/9739 (dazu Raible, ZaöRV 60 (2000), S. 913); vgl. ferner Deutscher Bundestag, Plenarprotokoll, Stenographischer Bericht 13/160, S. 14482, 27.2.1997 (FDP - MdB Stadler). Im Rahmen einer Kleinen Anfrage, die sich mit der Zulässigkeit von Schildern befaßte, die US-amerikanischen Soldaten den Zugang zu Gaststätten verboten („Out of Bounds"), hielt die Bundesregierung weitere gesetzgeberische Maßnahmen auch deshalb nicht für erforderlich, weil es sich um ein „atmosphärisches" Problem handele, das mithilfe von Kontakten zwischen den beteiligten Gruppen am besten zu lösen sei (BT-Dr. 9/1882). Siehe ferner die Berichte an den RDA, CERD/C/R.3/Add. 29; CERD/C/R.70/Add. 24; CERD/C/172/Add. 13, Zif. 4; 15. Bericht Deutschlands an den Rassendiskriminierungsausschuß zu Artikel 5, Zif. 6, enthalten in www.bmj.bund.de/inhalt.html, 3.3.2001. In dieser Einschätzung der Rechtslage wurde die Bundesregierung von Teilen der Literatur unterstützt. Partsch, GYIL 20 (1977) 126 f.; Dürig, in: Maunz/ders., Art 3 III, Rz. 67.

Rahmen des § 823 Absatz 1 BGB und die Sittenwidrigkeit nach § 138 BGB[21]. In den Landesverfassungen enthalten Artikel 119 der Bayerischen Verfassung und Artikel 19 Absatz 2 der Berliner Verfassung spezielle Normen gegen Rassendiskriminierung. Demgegenüber mehren sich die Stimmen, daß den Anforderungen des Artikels 5 (f) RDK nur durch ein spezielles Antidiskriminierungsgesetz nachzukommen sei[22]. Diesen unterschiedlichen Ansätzen soll im folgenden nachgegangen werden.

Ziel dieser Arbeit ist es, die Bedeutung von Artikel 5 (f) RDK im deutschen Recht zu bestimmen. Das setzt in einem ersten Schritt die Klärung des genauen Inhalts von Artikel 5 (f) RDK voraus, weil nur dann die Reichweite dieser Norm und ihre Anforderungen und Auswirkungen auf das deutsche Recht determiniert werden können. Besonderer Aufmerksamkeit wird dabei der Frage zu widmen sein, ob — wie des öfteren in der Literatur behauptet — Artikel 5 (f) RDK selbst ein spezielles Antidiskriminierungsgesetz fordert. Die Anzahl von Ländern, die eine entsprechende Regelung erlassen haben, unterstützt diese Ansicht auf den ersten Blick ebenso wie die zweifache Aufforderung des Rassendiskriminierungsausschusses anläßlich der Erörterung der deutschen Berichte an den Rassendiskriminierungsausschuß, Deutschland möge ein solches Gesetz erlassen[23]. Zu beachten ist zudem, inwieweit die Konvention eine Rücksichtnahme auf möglicherweise entgegenstehende Rechte der diskriminierenden Gastwirte ermöglicht.

---

[21] Vgl. ferner § 36 BetrVG.

[22] Vgl. Bausteine für ein Antidiskriminierungsgesetz, Internationale Liga für Menschenrechte, Berlin und die diversen Gesetzgebungsvorschläge der PDS, der Grünen und der SPD, *infra*, Kapitel 4, B.; Bericht der Ausländerbeauftragten zur Lage der Ausländer in der Bundesrepublik Deutschland, S. 77 f. (www.bundesauslaenderbeauftragte.de - unter Publikationen (Stand 11.3.2001); siehe allgemein MacEwen, Tackling Racism in Europe, S. 25 ff.; Nickel, Gleichheit und Differenz, S. 155; ferner Rädler, ZRP 1997, S. 5.

[23] Vgl. dazu ausführlich Kapitel 3, B. II. Dieses Expertenkomitee mit 18 Mitgliedern wacht über die Einhaltung der Konvention gem. Art. 8, 12 f. RDK. Die Staaten haben ihm nach Art. 9 RDK regelmäßig über die Situation ihres Landes zu berichten. Siehe dazu Lerner, IYHR 13 (1983), S. 172 ff. ; Bidault, Le Comité pour l'Élimination de la Discrimination Raciale, S. 8 ff.; Wolfrum, Max Planck UNYB 3 (1999), S. 489 ff.; Partsch, in: Alston, S. 347 ff.; O'Flaherty, in: Pritchard, S. 151; ders., Human Rights and the UN, S. 88 ff.; ferner Weiß, MRM 1997, S. 36; Gomez del Prado, HRQ 1985 (7), S. 492 ff.; Das, RDH/HRJ 4 (1971), S. 213 ff.; Cassese, RivDI 50 (1967), S. 276 ff.

Diese Untersuchung ist Aufgabe des ersten Teils der Arbeit. Ihr Gang ergibt sich aus der Struktur von Artikel 5 (f) RDK und wird im Zusammenhang mit dieser Norm im ersten Kapitel dargestellt.

Erst wenn der genaue Gehalt des Artikels definiert ist, kann in einem zweiten Schritt auf die bestehende Rechtslage in Deutschland eingegangen, diese mit den durch den völkerrechtlichen Vertrag vorgegebenen Maßgaben verglichen und deren Einfluß auf das deutsche Recht bestimmt werden. Dies ist Aufgabe des zweiten Teils.

Dabei bedarf zunächst der Klärung, wie eine völkerrechtliche Norm aus dem Bereich der Menschenrechte das deutsche Recht beeinflußt. Das erste Kapitel des zweiten Teils (Kapitel 4) geht den dogmatischen Grundlagen der innerstaatlichen Wirkung des Völkerrechts ebenso wie der Art und Weise und dem Umfang einer möglichen unmittelbaren oder mittelbaren Wirkung im deutschen Recht nach. Ausgangspunkt ist dabei Artikel 59 Absatz 2 GG, aber auch Artikel 25 GG.

Die letzten beiden Kapitel dieses Teils (Kapitel 5 und 6) sind den deutschen Rechtsnormen gewidmet, durch die das Diskriminierungsverbot durchgesetzt wird. Ausgangspunkt der Untersuchung ist das öffentliche Recht. Auf zivilrechtliche oder strafrechtliche Normen wird nur im Rahmen dieser öffentlich-rechtlichen Prüfung eingegangen.

Das fünfte Kapitel widmet sich dem grundrechtlich gewährten Schutz vor Rassendiskriminierung im Bereich des Artikel 5 (f) RDK. Schwerpunkt bildet hier das in Artikel 3 Absatz 3 Satz 1 GG enthaltene Verbot, jemanden aufgrund der Rasse zu bevorzugen oder zu benachteiligen. Zu untersuchen sind insbesondere Reichweite, Schutzrichtung und mögliche Ausstrahlungswirkungen auf das einfache Recht, insbesondere auf das Zivilrecht. Von besonderem Gewicht ist die umstrittene Frage, ob der Gastwirt in der Ablehnung aufgrund der Rasse völlig frei ist oder Schadensersatzansprüche gegen ihn entstehen oder gar ein Kontrahierungszwang besteht. Die Prüfung des allgemeinen Gleichheitssatzes aus Artikel 3 Absatz 1 GG und des allgemeinen Persönlichkeitsrechts, dessen Schutz nach Artikel 2 Absatz 1 in Verbindung mit Artikel 1 Absatz 1 GG gewährleistet ist, rundet die Grundrechtsprüfung für die Fälle ab, die nicht unter das Diskriminierungsverbot von Artikel 3 Absatz 3 Satz 1 GG fallen.

Das sechste Kapitel geht der Frage nach, welche Möglichkeiten das Gefahrenabwehrrecht enthält, gegen rassendiskriminierende Zugangsverweigerungen vorzugehen. In Betracht kommen insbesondere ein Widerruf der Gaststättenerlaubnis nach §§ 15 Absatz 2 i.V.m. 4 Nr. 1 GastG und die allgemeine polizeiliche Generalklausel. Es soll geklärt werden, ob der Gastwirt, der einem potentiellen Kunden wegen seiner Rasse den Zugang zu seinem Betrieb verwehrt, gegen die öffentliche Sicherheit und Ordnung verstößt. Als Teil der objektiven Rechtsordnung, die als Schutzgut der öffentlichen Sicherheit verletzt sein könnte, kommt neben den Straftatbeständen der Volksverhetzung (§ 130 Abs. 1 StGB) und der Beleidigung (§ 185 StGB) sowie § 118 OWiG vor allem Artikel 5 (f) RDK selbst in Betracht.

Obgleich Artikel 5 (f) RDK vor Diskriminierung beim Zugang zu öffentlichen Transportmitteln, Theatern, Parks und anderen öffentlichen Plätzen und Dienstleistungen schützt, ist die Untersuchung der deutschen Rechtslage auf den Zugang zu öffentlichen Gaststätten, Hotels und Cafés ausgerichtet. Diese Beschränkung dient nicht nur der Klarheit der Darstellung und ihrer Übersichtlichkeit. Sie spiegelt gleichzeitig den Bereich wider, der sich für Rassendiskriminierung als besonders anfällig erwiesen hat. Zudem stehen sich hier die auf der Privatautonomie beruhende Vertragsabschlußfreiheit des Gastwirtes und der grundrechtliche Anspruch, nicht wegen der Rasse diskriminiert zu werden, in besonders virulenter Weise gegenüber. Im übrigen gelten für die anderen genannten Bereiche grundsätzlich die gleichen Erwägungen wie für Gastwirte, Hotelbesitzer oder Cafébetreiber. Auf Sonderbestimmungen wird im Einzelfall hingewiesen.

Die Untersuchung beschränkt sich auf die Analyse der Rassendiskriminierungskonvention. Andere Konventionen, die ebenfalls, wenn auch nicht ausschließlich, vor Rassendiskriminierung schützen und von Deutschland ratifiziert wurden, wie die beiden Menschenrechtspakte, die EMRK, Artikel 13 EGV oder die auf dieser Norm beruhende Gleichbehandlungsrichtlinie vom 29. Juni 2000[24], bleiben außer Betracht. Aufgabe der Arbeit ist zudem lediglich die Interpretation der Konvention und die Analyse der deutschen Rechtslage. Nicht mehr von diesem Ziel umfaßt ist es, herauszuarbeiten, wie Rassendiskriminierung rechtlich in Deutschland am effektivsten bekämpft werden kann[25].

---

[24] Richtlinie 2000/43/EG des Rates vom 29. Juni 2000, Amtsblatt Nr. L 180 vom 19/07/2000 S. 0022-0026. Siehe zu den Tätigkeiten der EU im Bereich der Rassendiskriminierung, Bindman, EHRLR 1 (1996), S. 145 ff; Curtin/Geurts, NQHR 13 (1995), S. 150 ff; Gearty, in: Alston, S. 327 ff.; ferner Bell, Maastricht Journal of European and Comparative Law, 6 (1999), S. 5 ff.

[25] Einen Aspekt dieses Bereichs behandelt die Arbeit von Rädler, Verfahrensmodelle zum Schutz vor Rassendiskriminierung.

1. Teil

Die völkerrechtlichen Verpflichtungen aus Artikel 5 (f) RDK

1. Kapitel: Der Inhalt des Artikels 5 (f) RDK: Das Recht auf Zugang zu für die Öffentlichkeit vorgesehenen Orten und Dienstleistungen

A. Struktur der Norm

Rassendiskriminierung beim Zugang zu Gaststätten stellt eine besonders intensive Beeinträchtigung des Opfers dar, weil sie von einem großen Personenkreis wahrgenommen wird und das öffentliche Klima nachhaltig im Hinblick auf Segregation und Apartheid prägt. Der Ausschluß von der Benutzung bestimmter, der Allgemeinheit zugänglicher Einrichtungen führt dem Diskriminierten permanent seine inferiore Lage vor Augen[1]. Aus dieser Erkenntnis fordert Artikel 5 (f) RDK:

> „Im Einklang mit den in Artikel 2 niedergelegten grundsätzlichen Verpflichtungen werden die Vertragsstaaten die Rassendiskriminierung in jeder Form verbieten und beseitigen und das Recht jedes einzelnen, ohne Unterschied der Rassen, der Hautfarbe, des nationalen Ursprungs oder des Volkstums, auf Gleichheit vor dem Gesetz gewährleisten; dies gilt insbesondere für folgende Rechte:
>
> ...

---

[1] P. Müller, AJP/PJA 1996, S. 666; Delbrück, Die Rassenfrage als Problem des Völkerrechts und nationaler Rechtsordnungen, S. 113. Das gleiche gilt für die Arbeitsplatzsuche, die Miete von Wohnraum und für andere Bereiche des Daseins, über die eine diskriminierende und ökonomisch dominierende Gesellschaftsgruppe die Verfügungsgewalt besitzt.

> f) das Recht auf Zugang zu jedem Ort oder Dienst, der für die Benutzung durch die Öffentlichkeit vorgesehen ist, wie Verkehrsmittel, Hotels, Gaststätten, Cafés, Theater und Parks."[2]

Die Norm basiert auf den Erfahrungen der USA, in denen in dem Civil Rights Act von 1964 in Title II eine ähnliche Norm erlassen wurde[3]. Die Konvention wurde während der US-amerikanischen Bürgerrechtsbewegung der Jahre 1962-65 entworfen[4]. Die Relevanz von Artikel 5 (f) RDK im Kampf gegen die Rassendiskriminierung wird durch die Tatsache unterstrichen, daß jeder der drei Vorschläge, die dem Unterausschuß der Menschenrechtskommission für die Verhinderung von Diskriminierungen und den Schutz von Minderheiten – dem ersten Ausschuß, der sich mit dem Entwurf der Konvention beschäftigte – als Arbeitsgrundlage dienten, eine ähnliche Bestimmung enthielt[5]. Der

---

[2] Der englische Text lautet: „In compliance with the fundamental obligations laid down in article 2 of this Convention, States Parties undertake to prohibit and to eliminate racial discrimination in all its forms and to guarantee the right of everyone, without distinction as to race, colour, or national or ethnic origin, to equality before the law, notably in the enjoyment of the following rights:

... f) The right of access to any place or service intended for use by the general public, such as transport, hotels, restaurants, cafés, theatres and parks."

Die französische Fassung lautet: „Conformément aux obligations fondamentales énoncées à l'article 2 de la présente Convention, les Etats parties s'engagent à interdire et à éliminer la discrimination raciale sous toutes ses formes et à garantir le droit de chacun à l'égalité devant la loi sans distinction de race, de couleur ou d'origine nationale ou ethnique, notamment dans la jouissance des droits suivants:

... f) Droit d'accès à tous lieux et services destinés à l'usage du public, tels que moyens de transport, hôtels, restaurants, cafés, spectacles et parcs."

[3] Delbrück, Die Rassenfrage als Problem des Völkerrechts und nationaler Rechtsordnungen, S. 199; Ferguson, in: Lillich, S. 42. Vgl. 42 U.S.C. Sec. 2000. Siehe auch Giegerich, Privatwirkung der Grundrechte in den USA, S. 245.

[4] Vgl. Ferguson, in: Lillich S. 42. Siehe zu dieser Periode Graham, The Civil Rights Era, Origins and Development of National Policy, 1960–1972, S. 27 ff. und 125 ff.

[5] Vgl. dazu UN Doc. E/CN.4/874, E/CN.4/Sub.241, Ziff. 84 ff. Auf der Grundlage eines Vorschlags des US-Amerikaners Abram (UN Doc. E/CN.4/Sub.2/308), eines des Briten Calvocoressi (UN Doc. E/CN.4/Sub.2/L.309) und eines gemeinsamen Vorschlags der UDSSR (Ivanov) und Polens (Ketryznski) (UN Doc. E/CN.4/Sub.2/L.314) schlug die in dem Unterausschuß eingesetzte Arbeitsgruppe den Wortlaut vor (UN Doc. E/CN.4/Sub.2/L.334): „In compli-

Wortlaut des Artikels 5 (f) RDK wurde bereits in diesem Unterausschuß konzipiert und in den anschließenden Verhandlungen praktisch nicht mehr verändert[6].

Die Struktur des fünften Artikels der Rassendiskriminierungskonvention ist in einen Einleitungsabsatz und eine Auflistung von Menschenrechten, deren letzter Bestandteil Artikel 5 (f) RDK ist, zweigeteilt. Der Einleitungsabsatz enthält dem Wortlaut nach zwei gleichwertige Verpflichtungen für die Vertragsstaaten, nämlich Rassendiskriminierung zu verbieten und zu beseitigen und das Gebot, Gleichheit vor dem Gesetz ohne Unterschied der Rasse zu gewährleisten[7]. Diese Verpflichtungen beziehen sich „insbesondere" auf die anschließend aufgelisteten Menschenrechte. Ferner sind diese Pflichten „im Einklang mit den in Artikel 2 niedergelegten grundsätzlichen Verpflichtungen" zu interpretieren. Die Regelung des Artikels 5 (f) RDK kann daher nicht aus sich heraus interpretiert werden, sondern erfährt ihren Bedeutungsgehalt

---

ance with the fundamental obligations laid down in article II, States Parties undertake not to admit and to eliminate racial discrimination in all its forms notably in the enjoyment of the following rights: ... (f) Access to any place or service intended for use by the general public such as transport, hotels, restaurants, cafés, theatres, parks." Während der Einleitungsabschnitt nach Diskussionen noch verändert wurde, blieb Buchstabe (f) in der UN-Menschenrechtskommission unberührt (UN Doc. E/CN.4/873/E/CN.4/Sub.2/241, Annex, S. 45; UN Doc E/3873, E/CN.4/874, Zif. 189 ff.) und wurde anschließend in dem Dritten, für Menschenrechte zuständigen, Hauptausschuß der Generalversammlung angenommen (UN Doc. GAOR, A/C.3/SR.1309, Zif. 32). Zur Entstehungsgeschichte, vgl. Lerner, The UN Convention on the Elimination of All Forms of Racial Discrimination, S. 3 ff., 54 ff.

6 Im Laufe des Verfahrens im Dritten Ausschuß der Generalversammlung wurde lediglich am Anfang des Absatzes (f) noch „das Recht auf" („the right to"/"Droit d' [accès]") eingefügt. Dadurch wurde der Wortlaut mit den anderen aufgezählten Rechten in Einklang gebracht. Vgl. dazu *infra*, Kapitel 1, C. II. Mit dieser Änderung erstmals in UN Doc. GAOR, Document A/6181 (Annexes), Bericht des Dritten Ausschusses an die GV.

7 Die Verbindung wird von Partsch (TILJ, 14 (1979), S. 196) als ungewöhnlich qualifiziert. In der Rassendiskriminierungsdeklaration (im folgenden: RDD) wird die Nichtdiskriminierung in Artikel 2 und 6, die Gleichheit vor dem Gesetz in Artikel 7 RDD behandelt. Die deutsche Fassung der RDD ist abgedruckt in Ermacora, Diskriminierungsschutz und Diskriminierungsverbot in der Arbeit der Vereinten Nationen, S. 91 f.

nur im Zusammenhang mit dem einleitenden Abschnitt und teilt das rechtliche Schicksal der anderen aufgelisteten Menschenrechte[8].

Was für den Bereich des Artikels 5 (f) RDK als rassisch motivierte Diskriminierung anzusehen ist, regelt Artikel 5 RDK nicht selbst, sondern ist Artikel 1 RDK (Kapitel 2) zu entnehmen. Ist z. B. die Weigerung eines deutschen Gastwirts, einen „Türken“ in seinem Lokal zu bedienen, eine verbotene Diskriminierung im Sinne der Konvention oder fällt diese Abweisung unter die Ausnahme des Artikels 1 Absatz 2 RDK, nach der Unterscheidungen aufgrund der Staatsangehörigkeit nicht unter die Konvention fallen? Neben der Definition von Rasse ergibt sich aus der Auslegung von Artikel 1 RDK, ob sich die Konvention auch auf faktische Diskriminierung, also solche, die nicht unmittelbar an das Kriterium der Rasse anknüpft, aber eine bestimmte rassische Gruppe regelmäßig häufiger betrifft als andere, bezieht. Gleichzeitig sind die Grenzen der Konvention zu bestimmen.

Erst im Anschluß daran kann sinnvoll die Reichweite der staatlichen Handlungspflichten aus Artikel 5 RDK, die den Staaten mit dem Diskriminierungsverbot und dem Gleichbehandlungsgebot auferlegt wurden, bestimmt werden (Kapitel 3).

Ausgangspunkt für die Auslegung ist nicht der deutsche Text, sondern sind die authentischen Vertragssprachen[9]. Das sind nach Artikel 25 RDK die fünf offiziellen Sprachen der UNO[10]. Im Rahmen dieser Untersuchung wird, soweit erforderlich, auf den englischen und französischen Text abgestellt. In unproblematischen Fällen wird unmittelbar auf die deutsche Übersetzung zurückgegriffen.

---

[8] Siehe zur Systematik des Artikels 5 RDK Partsch, TILJ 14 (1979), S. 195 f.

[9] Art. 33 I WKV. Siehe Sinclair, The Vienna Convention on the Law of the Treaties, S. 147; McNair, Law of Treaties, S. 432. Vgl. zur Auslegung von Texten mit mehreren authentischen Vertragssprachen statt vieler Hilf, Die Auslegung mehrsprachiger Verträge, S. 48 ff. m. w. N. Die Auslegungskriterien bestimmen sich nach der WKV, die zumindest als Völkergewohnheitsrecht anwendbar ist. Siehe dazu Wiesbrock, Internationaler Schutz der Menschenrechte vor Verletzungen durch Private, S. 11 m. w. N.; Masing, in: FS Böckenförde, S. 61.

[10] Also chinesisch, englisch, französisch, russisch und spanisch.

B. Die Liste der Menschenrechte in Artikel 5 RDK

Artikel 5 RDK enthält eine Liste von Menschenrechten, auf die sich der Einleitungsabsatz bezieht. Diese Aufzählung basiert weitgehend auf der Allgemeinen Erklärung der Menschenrechte, ohne mit dieser identisch zu sein und entspricht im wesentlichen den beiden Menschenrechtspakten[11]. Artikel 5 (f) RDK ist das letzte Element dieser Liste und teilt als solches die rechtliche Bedeutung, die dieser als Ganzes im Verhältnis zum einleitenden Absatz zukommt[12].

---

[11] Banton, International Action Against Racial Discrimination, S. 210; Buergenthal, International Human Rights in a Nutshell, S. 51; Lerner, The UN Convention on the Elimination of All Forms of Racial Discrimination, S. 56; Partsch, Racial Discrimination, in: Wolfrum, United Nations, S. 1005; Rz. 8. Zu den einzelnen Rechten, vgl. Strauss, Das Verbot der Rassendiskriminierung, S. 130–136; ausführlich zu den Buchstaben a–d, Partsch, TILJ 14 (1979), S. 194 ff.; siehe auch Santa Cruz, Racial Discrimination, S. 72–137.

[12] Die anderen in Artikel 5 RDK ausdrücklich aufgezählten Rechte sind: „a) das Recht auf Gleichbehandlung vor den Gerichten und allen sonstigen Organen der Rechtspflege,

b) das Recht auf Sicherheit der Person und auf staatlichen Schutz gegen Gewalttätigkeit oder Körperverletzung, gleichviel ob sie von Staatsbediensteten oder von irgendeiner Person, Gruppe oder Einrichtung verübt werden,

c) die politischen Rechte, insbesondere das aktive und passive Wahlrecht auf der Grundlage allgemeiner und gleicher Wahlen, das Recht auf Beteiligung an der Regierung und an der Führung der öffentlichen Angelegenheiten auf jeder Ebene sowie das Recht auf gleichberechtigten Zugang zum öffentlichen Dienst,

d) sonstige Bürgerrechte, insbesondere

i) das Recht auf Bewegungsfreiheit und freie Wahl des Aufenthaltsortes innerhalb der Staatsgrenzen,

ii) das Recht, jedes Land einschließlich des eigenen zu verlassen und in das eigene Land zurückzukehren,

iii) das Recht auf die Staatsangehörigkeit,

iv) das Recht auf Ehe und auf freie Wahl des Ehegatten,

v) das Recht, allein oder in Verbindung mit anderen Vermögen als Eigentum zu besitzen,

vi) das Recht zu erben,

vii) das Recht auf Gedanken-, Gewissens- und Religionsfreiheit,

viii) das Recht auf Meinungsfreiheit und freie Meinungsäußerung,

I. Die rechtliche Funktion der Liste

Der genaue Umfang der sich aus der Aufzählung von Menschenrechten ergebenden Verpflichtungen war ursprünglich unklar. Der Rassendiskriminierungsausschuß, das Kontrollorgan der Konvention[13], befaßte sich 1973 eingehender mit dem Gehalt des Artikels 5 RDK, ohne sich auf eine Interpretation einigen zu können[14].

Drei Auslegungsmöglichkeiten wurden in Betracht gezogen[15]. Die engste Interpretation ging davon aus, daß es lediglich Ziel des Artikels 5 RDK sei, die Vertragsstaaten zu verpflichten, sicherzustellen, daß es keine Rassendiskriminierung gäbe. Nach dieser Auslegung ist die Bedeutung der aufgezählten Menschenrechte darauf begrenzt, den Anwendungsbereich des Nichtdiskriminierungsverbots für bestimmte Menschenrechte zu konkretisieren[16]. Den Gegensatz dazu bildete die

---

ix) das Recht, sich friedlich zu versammeln und friedliche Vereinigungen zu bilden,

e) wirtschaftliche, soziale und kulturelle Rechte, insbesondere

i) das Recht auf Arbeit, auf die freie Wahl des Arbeitsplatzes, auf gerechte und befriedigende Arbeitsbedingungen, auf Schutz gegen Arbeitslosigkeit, auf gleiches Entgelt für gleiche Arbeit, auf gerechte und befriedigende Entlohnung,

ii) das Recht, Gewerkschaften zu bilden und ihnen beizutreten,

iii) das Recht auf Wohnung

iv) das Recht auf öffentliche Gesundheitsfürsorge, ärztliche Betreuung, soziale Sicherheit und soziale Dienstleistungen,

v) das Recht auf Erziehung und Ausbildung,

vi) das Recht auf eine gleichberechtigte Teilnahme an kulturellen Tätigkeiten, ...".

[13] Siehe zur Funktion und Arbeitsweise des Ausschusses, *supra*, Einleitung, Fn. 23.

[14] UN Doc. GAOR (A/9018), Zif. 38-67; UN Doc. CERD/C/SR.147-151, 164 u. 171; eingehend dazu Partsch, TILJ 14 (1979), S. 214 ff.; Buergenthal, TILJ 12 (1977), S. 209; Banton, International Action Against Racial Discrimination, S. 209; Bidault, Le Comité pour l'Élimination de la Discrimination Raciale, S. 102 ff.

[15] Vgl. ausführlicher Partsch, TILJ 14 (1979), S. 214 ff.

[16] Sayegh, UN Doc. GAOR (A/9018), Zif. 42; vgl. Partsch, TILJ 14 (1979), S. 198 f. u. 216.

These, daß Artikel 5 RDK die Staaten dazu verpflichtet, jedes der aufgezählten Menschenrechte zu garantieren[17].

Durchgesetzt hat sich heute die sich aus dem Wortlaut ergebende „gemäßigte" Auffassung, nach der Artikel 5 RDK das Recht auf Gleichheit vor dem Gesetz neben dem Verbot der Rassendiskriminierung gewährleistet[18]. Dieses Verständnis hat insbesondere in der General Recommendation on Article 5 von 1996 seinen Niederschlag gefunden[19]. Die aufgezählten Menschenrechte werden nicht selbst durch Artikel 5 RDK garantiert, sondern als bereits anerkannt vorausgesetzt[20]. Die Konvention beschränkt sich darauf, das Verbot der Rassendiskriminierung zu statuieren. Die Garantie der Menschenrechte selbst ist den anschließend verabschiedeten beiden UNO-Menschenrechtspakten vorbehalten[21].

---

[17] So McDougal/Lasswell/Chen, Human Rights and World Public Order, S. 594 und Ténékidès, RdC 168 (1980 III), S. 360 und aus jüngerer Zeit Ahmadu, UN Doc. CERD/C/SR. 1203, Zif. 35.

[18] UN Doc. GAOR (A/9018), Zif. 53 ff.; implizit Yilmaz-Dogan v. NL, Communication No. 1/1984, UN Doc. GAOR (A/43/18), S. 6 f., Zif. 9.2 und 9.3; Partsch, TILJ 14 (1979), S. 199; Strauss, Das Verbot der Rassendiskriminierung, S. 97; Buergenthal, TILJ 12 (1977), S. 209; Meron, AJIL 79 (1985), S. 294; ferner Mahalic/Mahalic, HRQ 9 (1987), S. 91; O'Flaherty, in: Pritchard, S. 178 f. Vgl. auch UN Doc. GAOR (A/31/18), Zif. 56; General Recommendation on Article 5 vom 8.3.1996, UN Doc. CERD/C/365, Rev.1, S. 15, Zif. 1. Noch immer stimmen nicht alle Ausschußmitglieder dem bei. Vgl. dazu Wolfrum, in: Referate zum 80. Geburtstag von Partsch, S. 25.

[19] General Recommendation on Article 5 vom 8.3.1996, UN Doc. CERD/C/365/Rev.1, S. 15, Zif. 1.

[20] General Recommendation on Article 5 vom 8.3.1996, UN Doc. CERD/C/365/Rev.1, S. 15, Zif. 1. Wolfrum, Draft General Recommendation on Article 5, (nicht als CERD-Dokument zugänglich), teilweise abgedruckt in Banton, International Action Against Racial Discrimination, S. 209; de Gouttes während der Besprechung der Draft General Recommendation, CERD/C/SR.1081, Zif. 21; Chigovera, *ebenda*, Zif. 30. Siehe bereits UN Doc. GAOR (A/9018), Zif. 53 ff.; Wolfrum, in: Baum/Riedel/Schaefer, S. 134; Delbrück, Die Rassenfrage als Problem des Völkerrechts und nationaler Rechtsordnungen, S. 55; Meron, Human Rights Law-Making in the United Nations, S. 21; Pircher, Der vertragliche Schutz ethnischer, sprachlicher und religiöser Minderheiten im Völkerrecht, S. 242; Partsch, TILJ 14 (1979), S. 198.

[21] Sayeg, Calovski, Partsch, UN Doc. GAOR (A/9018), Zif. 42, 53, 56, 58; siehe auch General Recommendation on Article 5 vom 8.3.1996, UN Doc. CERD/C/365/Rev.1, S. 15, Zif. 1; Kühner, NJW 1986, S. 1396; Strauss, Das Verbot der Rassendiskriminierung, S. 97.

Ob das Menschenrecht, bei dessen Gewährung oder Ausübung eine Diskriminierung stattfindet, selbst „verletzt“ ist, ist für die Konvention irrelevant[22].

Dieser Inhalt der Konvention hätte klarer im Konventionstext zum Ausdruck kommen können. Hätten die Verfasser der Konvention jedoch ausdrücklich in Artikel 5 RDK aufgenommen, daß die Konvention selbst die aufgezählten Menschenrechte nicht garantiert, wäre möglicherweise der Eindruck erweckt worden, daß die Staaten völlig frei sind, einige der aufgelisteten Rechte zu verweigern. Es bestand damals die Gefahr, die Autorität der Allgemeinen Erklärung der Menschenrechte, auf welcher der Katalog basiert, zu verringern. Zudem wäre möglicherweise der Status von völkergewohnheitsrechtlich anerkannten Rechten unterminiert worden[23]. Darüber hinaus ist die Gewährleistung von Menschenrechten wesensnotwendig für die Verwirklichung des Gleichheitssatzes. Bereits aus der Natur des Gleichheitsrechts ergibt sich, daß ein Gleichheitsverstoß nie aus sich heraus, sondern immer nur im Zusammenhang mit einem anderen Menschenrecht auftreten kann[24]. Dieser Zusammenhang kommt auch in der Definition der Rassendiskriminierung in Artikel 1 RDK zum Ausdruck. Es ist den Mitgliedsstaaten deshalb verwehrt, die aufgelisteten Menschenrechte so weit auszuhöhlen, daß das Gleichheitsrecht und damit die Konvention leerläuft[25].

Die Aufzählung erfüllt, wie sich aus der Wendung ergibt, daß „insbesondere“ („notably“/ „notamment“) die aufgezählten Rechte geschützt sind, eine Appellfunktion für die Staaten. Der Katalog zählt die wichtigsten Menschenrechte auf, die nach Ansicht der Schöpfer der Konvention von Rassendiskriminierung betroffen sein können[26]. Die ausdrücklich genannten Rechte sind diejenigen, bei denen die Gefahr der Diskriminierung aufgrund der Rasse besonders hoch ist[27]. Beschränken

---

[22] Vgl. Vierdag, The Concept of Discrimination in International Law, S. 108 f.

[23] Meron, Human Rights Law-Making in the United Nations, S. 21.

[24] Siehe General Recommendation on Article 5, vom 8.3.1996, 8.3.1996, UN Doc. CERD/C/365/Rev.1.

[25] Partsch, TILJ 14 (1979), S. 199.

[26] UN Doc. E/3873, E/CN.4./874, Zif. 200; UN Doc. GAOR, (A/9018), Zif. 58; Strauss; Das Verbot der Rassendiskriminierung, S. 130; Weiß, MRM 1997, S. 36.

[27] MacDonald, Tomko, Partsch, UN Doc. GAOR (A/9018), Zif. 57 f.

die Staaten daher Rechte aus der Liste, müssen sie sicherstellen, daß sie dabei nicht aufgrund der Rasse diskriminieren. Darauf hat der Ausschuß, der sich 1993 – 1996 erneut mehrmals ausschließlich mit Artikel 5 RDK beschäftigt hat[28], in seiner 1996 angenommenen „General Recommendation on Article 5" vom 8. März 1996 ausdrücklich hingewiesen[29].

Gleichzeitig verdeutlicht die Wendung, daß der in den Buchstaben a bis f aufgezählten Menschenrechtskatalog nicht abschließend ist[30]. Unterstrichen wird dieses Ergebnis durch die Entstehungsgeschichte, in der ausdrücklich auf einen Verweis auf die Allgemeine Erklärung der Menschenrechte verzichtet wurde[31]. Die Staaten sind zur Gleichbehandlung

---

[28] Banton, International Action Against Racial Discrimination, S. 209 f. Zur Besprechung der „Draft General Recommendation on Article 5", siehe UN Doc. CERD/C/SR.1120, Zif. 1 ff.

[29] General Recommendation on Article 5 vom 8.3.1996, UN Doc. CERD/C/365/Rev.1, S. 15: „2. Whenever a State imposes a restriction upon one of the rights listed in article 5 of the Convention which applies ostensibly to all within its jurisdiction, it must ensure that neither in purpose nor effect is the restriction incompatible with article 1 of the Convention as an integral part of international human rights standards. To ascertain whether this is the case, the Committee is obliged to inquire further to make sure that any such restriction does not entail racial discrimination".

[30] General Recommendation on Article 5 vom 8.3.1996, UN Doc. CERD/C/365, Rev.1, S. 15; Haastrup, UN Doc. GAOR (A/9018), Zif. 57; de Gouttes, Wolfrum, UN Doc. CERD/C/SR.1081, Zif. 21 u. 37; ferner UN Doc. E/3873, E/CN.4/874, Zif. 200; UN Doc. GAOR A/C.3/SR.1308, Zif. 50 ff.; Ténékidès, RdC 168 (1980 III), S. 358; Lerner, The UN Convention on the Elimination of All Forms of Racial Discrimination, S. 54 u. 56; Hamburger, Vereinte Nationen 1968, S. 7; Banton, International Action Against Racial Discrimination, S. 210; Schwelb, ICLQ 15 (1966), S. 1026.

[31] Vgl. die Diskussion im Unterausschuß der Menschenrechtskommission für die Verhinderung von Diskriminierung und den Schutz von Minderheiten UN Doc. E/CN.4/L.689 (GB); UN Doc. E/CN.4/SR.784, S. 7; UN Doc E/CN.4/SR.784, S. 8 (UDSSR), (Indien), *ebenda*, S. 8 und (Österreich), *ebenda*, S. 11. und UN Doc. E/CN.4/SR.786. Siehe auch Schwelb, ICLQ 15 (1966), S. 1003 f.; Delbrück, Die Rassenfrage als Problem des Völkerrechts und nationaler Rechtsordnungen, S. 56. Die Arbeitsgruppe des Unterausschusses der UN-Menschenrechtskommission folgte dem gemeinsamen Vorschlag des russischen und polnischen Vertreters, der nur Schutz vor Rassendiskriminierung „in the fields of ..." vorsah. Nicht durchgesetzt hat sich der Vorschlag von Calvocoressi, der vorsah: „The Contracting States shall secure to everyone within their territory the rights defined in this article" (UN Doc E/CN.4/Sub.2/L.309). Sie-

vor dem Gesetz und zur Nichtdiskriminierung auch immer dann verpflichtet, wenn sie einigen Rechtsunterworfenen ein nicht in der Liste enthaltenes Recht garantieren. Dies wurde in der Diskussion des Ausschusses 1973 noch nicht von allen Mitgliedern vertreten[32], entspricht jedoch dem klaren Wortlaut der Norm und hat inzwischen in der heutigen Praxis des RDA seinen Niederschlag gefunden[33]. Für Artikel 5 (f) RDK heißt das, daß auch Zugangsverbote, die nicht die dort genannten Bereiche betreffen, vom Schutz des Artikels 5 RDK erfaßt sein können.

Zu beachten ist, daß die Anpassung nicht immer „nach oben“ zu erfolgen hat. Wird eine Diskriminierung festgestellt, steht es den Staaten frei, entweder die günstige Rechtslage auch auf die Diskriminierten auszudehnen oder die ungleich gewährten Vorteile zurückzunehmen[34].

Die weitere Funktion der Liste besteht in der Kontrollaufgabe für den Ausschuß. Wird eines der dort genannten Menschenrechte in einem Staat beschränkt oder aufgehoben, trifft den Ausschuß gemäß Artikel 9 und 15 RDK die Pflicht zu prüfen, ob eine Form der Rassendiskriminierung diese Maßnahme motiviert hat oder ob die Beschränkung in

---

he auch UN Doc. E/CN.4/873, E/CN.4/Sub.2/241, Zif. 86. Dazu ausführlich Partsch, TILJ 14 (1979), S. 202; siehe ferner Soler, UN Doc. GAOR (A/9018), Zif. 55; Wolfrum, in: Baum/Riedel/Schaefer, S. 134; O'Flaherty, in: Pritchard, S. 178 f.

[32] Vgl. z.B. Calovski, UN Doc. GAOR (A/9018), Zif. 56; wohl auch Partsch, *ebenda*, Zif. 58. Siehe auch Ortiz-Martin, *ebenda*, Zif. 55. Ausführlich Partsch, TILJ 14 (1979), S. 216.

[33] Vgl. z. B. den zweiten Österreich-Bericht von 1976, während dessen Besprechung der größte Teil der Ausschußmitglieder sich der Aussage des österreichischen Berichterstatters anschloß: „Article 5 of the Convention is interpreted not as an obligation for States Parties to grant the rights enumerated therein, but as a requirement to the effect that where these rights are safeguarded by a state's legal order, their enjoyment must be ensured without any discrimination“ (2 Mitglieder waren gegen diese Auffassung. Unklar bleibt, ob sie gegen das Prinzip oder den Einzelfall waren). Siehe UN Doc. CERD/C/SR. 268-292, S. 61-79. Vgl. auch Wolfrum, CERD/C/SR.1081, Zif. 31 anläßlich der Besprechung der „Draft General Recommendation on Article 5“. Er nennt als Beispiel für die Tragweite der Bestimmung das Recht auf einen Kindergartenplatz, ein Recht, das im internationalen Recht nicht vorgesehen ist. Siehe auch Partsch, TILJ 14 (1979), S. 217 ff.; ferner Buergenthal, TILJ 12 (1977), S. 210.

[34] Zur parallelen Rechtslage nach Art. 26 IpbpR, siehe Nowak, CCPR Commentary, Art. 26, Rz. 12.

sich diskriminierende Elemente enthält[35]. Auch dies wurde vom Ausschuß in der „General Recommendation on Article 5“ erneut betont[36].

II. Besonderheiten des Artikels 5 (f) RDK

Das in Artikel 5 (f) RDK unter den besonderen Schutz der Gleichbehandlungsgarantie gestellte Recht gehört nicht zu den klassischen Menschenrechten. Damit weicht es sowohl von den in Artikel 1 Absatz 1 unter den ausdrücklichen Schutz des Verbotes der Rassendiskriminierung gestellten Rechten, nämlich den Menschenrechten und Grundfreiheiten[37], als auch von den in Artikel 5 Buchstaben a–e genannten Rechten ab[38]. Trotzdem wäre eine Bewertung des Rechts auf Zugang zu Gaststätten, Hotels etc. als „Fremdkörper“ nicht sachgerecht[39]. Die Liste in Artikel 5 RDK ist den spezifischen Bedürfnissen des Kampfes gegen die Rassendiskriminierung angepaßt. Gerade der Zugang zu den

---

[35] Calovski, Partsch, UN Doc. GAOR (A/9018), Zif. 56, 58. Ferner Buergenthal, TILJ 12 (1977), S. 210; Partsch, TILJ 14 (1979), S. 216; Strauss, Das Verbot der Rassendiskriminierung, S. 128.

[36] General Recommendation on Article 5 vom 8.3.1996, UN Doc. CERD/C/365/Rev.1, S. 15, Zif. 2, 4. Außerdem weist der Ausschuß die Staaten in Ziffer 4 an, über die Umsetzung der Nichtdiskriminierung für jedes der aufgezählten Rechte und Freiheiten einzeln zu berichten. Dem kommen die Staaten häufig nach. Statt vieler: Irak, CERD/C/240/Add.3, Zif. 37 ff.; Bulgarien, CERD/C/299/Add.7, Zif. 45 ff.; Pakistan, CERD/C/299/Add.6; Zif. 56 ff.; Schweden, CERD/C/158/Add.7, Zif. 107 ff. (8. Bericht, 1987). Staaten, die bereits umfassend über ihre Rechtslage berichtet haben, beschränken sich z. T. auf die Aktualisierung der Rechtslage, z. B. Dänemark, CERD/C/319/Add.1; Schweden, CERD/C/239/Add.1, Zif. 75 ff.

[37] Vgl. Art. 1 Abs. 1 RDK: Rassendiskriminierung ist danach jede auf der Rasse beruhende Unterscheidung, die zum Ziel oder zur Folge hat, „daß dadurch ein gleichberechtigtes Anerkennen, Genießen oder Ausüben von Menschenrechten und Grundfreiheiten im politischen, wirtschaftlichen, sozialen, kulturellen oder jedem sonstigen Bereich des öffentlichen Lebens vereitelt oder beeinträchtigt wird“. Ausführlich, *infra*, Kapitel 2.

[38] Delbrück, Die Rassenfrage als Problem des Völkerrechts und nationaler Rechtsordnungen, S. 64.

[39] So aber Strauss, Das Verbot der Rassendiskriminierung, S. 136; vgl. auch Ferguson, in: Lillich, S. 43.

öffentlich angebotenen Dienstleistungen hat sich in der Vergangenheit als für Rassendiskriminierung anfällig erwiesen[40].

Im Gegensatz zu den anderen aufgelisteten Rechten stellt sich bei Artikel 5 (f) RDK nicht die Frage, ob es in das Ermessen der Staaten gestellt ist, die in der Norm enthaltenen Rechte zu garantieren. Denn es kann ausgeschlossen werden, daß in einem Staat für niemanden ein Recht auf Zugang zu Gaststätten, Hotels, Cafés, Theatern, Parks und ähnlichen Orten besteht. Vielmehr werden in jedem Staat zumindest von einigen Personen einige dieser Orte und Dienstleistungen betreten beziehungsweise wahrgenommen. Daraus folgt, daß für alle Staaten eine Pflicht besteht, in diesem Bereich Gleichheit ohne Unterscheidung der Rasse zu gewährleisten. Damit besteht auch nicht die Gefahr, daß die Staaten die Rechte des Artikels 5 (f) RKD so weit reduzieren, daß sie sich ihren Pflichten aus der Konvention entziehen.

C. Die Tatbestandsmerkmale des Artikels 5 (f) RDK

Der Umfang staatlicher Handlungspflichten ist in Artikel 5 (f) RDK mit dem „Recht auf Zugang zu jedem Ort oder Dienst, der für die Benutzung durch die Öffentlichkeit vorgesehen ist, wie Verkehrsmittel, Hotels, Gaststätten, Cafés, Theater und Parks“ angegeben.

I. Zugang

Zugang ist nicht wörtlich zu verstehen. Allein bei Parks ist der Zugang das angestrebte Ziel. Bei den Dienstleistungen wird dagegen nicht allein Zugang in die Geschäftsräume oder Fahrzeuge, sondern Beförderung bzw. Bewirtung erwünscht und damit letztlich der Abschluß eines Vertrages[41]. Gleichberechtigte Ausübung der Menschenrechte wird nur erreicht, wenn die Teilhabe an der Leistung unter den gleichen Bedingun-

---

[40] Ferguson, in: Lillich, S. 42; vgl. auch UN Doc. E/3873, E/CN.4./874, Zif. 200; UN Doc. GAOR, (A/9018), Zif. 58; ferner Weiß, MRM 1997, S. 36.

[41] Ausnahmen hiervon sind die sogenannten „Sit in“ Fälle, in denen Schwarze in Restaurants, in denen sie nicht bedient wurden, gewaltlos protestierten, indem sie das Lokal nicht verließen. Vgl. dazu Delbrück, Die Rassenfrage als Problem des Völkerrechts und nationaler Rechtsordnungen, S. 199 m. w. N.

gen wie für andere Benutzer erfolgt. Sie darf nicht teurer als für Angehörige anderer Rassen oder mit anderen, ungünstigeren Aufnahmebedingungen versehen sein.

II. Kein Kontrahierungszwang

Artikel 5 (f) RDK spricht nicht lediglich vom Zugang, sondern von einem „Recht auf Zugang („right of access"). Diese Formulierung könnte auf einen Kontrahierungszwang hinweisen. In diesem Fall wären Gaststätteninhaber verpflichtet, Verträge ungeachtet der Rasse abzuschließen, mit der Konsequenz, daß der Benachteiligte einen Anspruch auf Vertragsabschluß hätte[42].

Diese Form der Umsetzung von Artikel 5 (f) RDK ist die effektivste, um gleichberechtigten Zugang zu Hotels, Gaststätten etc. zu gewährleisten, da nur so sichergestellt ist, daß der Kunde tatsächlich die begehrte Leistung erhält. Ein Kontrahierungszwang wirkt unmittelbar auf das diskriminierende Verhältnis ein. Selbst die scharfe Waffe des Strafrechts vermag dagegen nur nachträglichen Schutz zu gewähren und ist, wenn der Dienstleister eher die Strafe in Kauf zu nehmen gewillt ist, als einen Vertrag mit der unerwünschten Person abzuschließen, nicht geeignet, Diskriminierungen tatsächlich zu beenden. In dem Fall, daß auch Diskriminierung durch Privatpersonen verboten ist, stellt dieser direkte Weg jedoch einen schwerwiegenden Eingriff in die Privatautonomie des Gastwirts dar[43].

Wie oben festgestellt, sollen durch die Liste des Artikels 5 RDK keine neuen Rechte geschaffen werden. Die aufgezählten Rechte werden vielmehr von der Konvention als bereits garantiert vorausgesetzt. Die Staaten werden, abgesehen von dem Gleichbehandlungsgebot, durch die Konvention grundsätzlich nicht verpflichtet, neue Rechte zu garantieren. Das heißt, daß in den Staaten, in denen kein Recht auf Vertragsabschluß besteht, ein solches Recht nicht durch Artikel 5 (f) RDK unmittelbar gefordert wird[44]. Ein Individualrecht auf Zugang bzw. auf Vertragsabschluß kann daher aus der bloßen Formulierung „Recht auf

---

[42] So implizit Delbrück, in: FS Weber, S. 233.

[43] Vgl. zur im Einzelfall stattfindenden Abwägung ausführlicher *infra*, Kapitel 5, A. III 3. d) (3) (a).

[44] Kühner, NJW 1986, S. 1396.

Zugang" nicht abgeleitet werden[45]. Etwas anderes läßt sich auch nicht daraus entnehmen, daß in dem Konventionsentwurf des Unterausschusses der Menschenrechtskommission für die Verhinderung von Diskriminierungen und den Schutz von Minderheiten nur „access to ..." enthalten war[46] und die Formulierung „das Recht auf" („right of"/ "droit d'accès") erst im Laufe des Verfahrens im Dritten Ausschuß der Generalversammlung eingefügt wurde. Aus den Vorarbeiten wird nicht ersichtlich, daß damit auch eine inhaltliche Änderung vorgenommen werden sollte. Vielmehr sollte lediglich der Wortlaut von Artikel 5 (f) RDK mit den anderen aufgezählten Rechten in Einklang gebracht werden[47].

III. Die Leistungskriterien

Das Recht auf Zugang muß zu allen für die Nutzung durch die Öffentlichkeit vorgesehenen Orte oder Dienstleistungen diskriminierungsfrei gewährt werden. Ort und Dienstleistung stehen alternativ nebeneinander. Die unterschiedliche Verbindung im Englischen und Französischen „place or service" und „lieux et services" kommt keine inhaltliche Bedeutung zu. Verkehrsmittel, Gaststätten, Cafés, Theater und Parks sind in Buchstabe (f) nur beispielhaft aufgeführt. Aus den Worten „wie" („such as"/"tels que") ergibt sich, daß darüber hinaus jeder öffentlich zugängliche Ort und jede Dienstleistung, die der Allgemeinheit angeboten wird, erfaßt ist[48]. Der nur beispielhafte Charakter der Auszählung zeigt sich auch daran, daß „Theater" ausdrücklich aufgeführt wird, obwohl dieser Bereich bereits durch Artikel 5 (e) (vi) RDK als kulturelle Einrichtung geschützt ist.

Den ausdrücklich genannten Beispielen von Artikel 5 (f) RDK ist gemeinsam, daß die Vertragspartner bei dieser Art von Verträgen in der Regel nicht individualisiert, die Vertragsbeziehungen von relativ kurzer Dauer und Leistung und Gegenleistung regelmäßig standardisiert sind

---

[45] Ebenso Kühner, NJW 1986, S. 1398; vgl. auch Delbrück, Die Rassenfrage als Problem des Völkerrechts und nationaler Rechtsordnungen, S. 64.

[46] UN Doc. GAOR, A/C.3/SR.1309, Zif. 32.

[47] Diese Änderung taucht erstmalig im Bericht des Dritten Ausschusses, UN Doc. GAOR, A/6181(Annexes) auf. Siehe *supra*, Kapitel 1, Fn. 6.

[48] Lerner, The UN Convention on the Elimination of All Forms of Racial Discrimination, S. 60.

und sofort erbracht werden[49]. Die Identität des Vertragspartners tritt, von seiner Bonität abgesehen, in den Hintergrund. Die Leistungen werden einem weiten, nicht näher bestimmten Adressatenkreis angeboten[50]. Außerdem handelt es sich um Leistungen, die, wenn doch nicht immer gleichzeitig, so doch nacheinander einer unbestimmten Vielzahl von Personen offen stehen. In diesen Fällen tritt nach dem Willen der Konvention das Interesse, nicht für eine bestimmte rassische Gruppe tätig werden zu wollen, hinter dem Interesse, gleichen Zugang zu den für die Öffentlichkeit vorgesehenen Leistungen zu bekommen, zurück[51]. Dem Anbieter wird zugemutet, mit einer ihm nicht willkommenen Person einen Vertrag abzuschließen.

Nicht tauglich erscheint für die Konvention das von Strathenwerth für das schweizer Strafrecht vorgebrachte und von Niggli übernommene Kriterium des „Handelns aus Prinzip", nach dem zu unterscheiden sei, ob die Leistung im Einzelfall oder aus Prinzip verweigert werde[52]; denn damit würde auf ein subjektives Kriterium abgestellt, welches der Reichweite der Konvention und ihrem weiten Schutzzweck nicht entsprechen würde[53].

Andere nicht ausdrücklich aufgezählte Bereiche, die ebenfalls als von Artikel 5 (f) RDK geschützte Bereiche in Betracht kommen, sind der Verkauf in allgemein zugänglichen Geschäften, der Zugang zu großen Einkaufszentren, in denen viele kleinere Geschäfte untergebracht sind („shopping malls"), Postbetriebe, der Eintritt in öffentlichen Bibliothe-

---

49 Wildhaber, Schweizerisches Zentralblatt für Staats- und Gemeindeverwaltung 1971, S. 470; Rom, Die Behandlung der Rassendiskriminierung im schweizerischen Strafrecht, S. 142; P. Müller, AJP/PJA 1996, S. 666; Guyaz, L'incrimination de la discrimination raciale, S. 289 ff.; vgl. ferner die schweizer Umsetzung des Art. 5 (f) RDK in Art. 261 (bis) Abs. 5 des schweizer StGB. Kritisch Niggli, (in: Rassendiskriminierung, S. 286 ff.), der die genannten Leistungskriterien für zu unbestimmt hält. Allerdings bezieht sich die Kritik auf die strafrechtliche Umsetzung durch die Schweiz. In diesem Fall bestehen höhere Anforderungen an das Bestimmtheitsgebot einer Norm.

50 P. Müller, AJP/PJA 1996, S. 666; Guyaz, L'incrimination de la discrimination raciale, S. 290 f. Kritisch Niggli, Rassendiskriminierung, S. 294.

51 Vgl. ausführlicher zu diesem Aspekt die Ausführungen zu „public life", Kapitel 1, C. IV 2 b).

52 Strathenwerth, Schweizerisches Strafrecht, Besonderer Teil II, S. 172 f.; Niggli, Rassendiskriminierung, S. 302 f.

53 Siehe ausführlicher, *infra*, Kapitel 2, C. I 2 und II 2.

ken[54], der Besuch von Museen und anderer Ausstellungen[55] und jede Art von kurzfristigen Serviceleistungen, die der Allgemeinheit angeboten werden und kein besonderes Vertrauensverhältnis erfordern.

Möglich ist ferner, auch den in der Bundesrepublik Deutschland akut gewordenen Bereich der Kfz-Versicherungen unter Artikel 5 (f) RDK zu fassen[56]. Zwar sind Vertragsbeziehungen im Versicherungsbereich in der Regel auf Dauer angelegt. Es handelt sich jedoch auch bei den Kfz-Versicherungen um standardisierte Massenverträge, bei denen die Person des Vertragspartners üblicherweise irrelevant ist. Für den Vertragsabschluß ausschlaggebend sind in diesem Fall wieder Bonität und Fahrpraxis, vorherige Unfallquote etc., nicht aber das Vertrauensverhältnis zu dem Individuum, dem Versicherungsnehmer selbst. Der Adressatenkreis der Versicherungsnehmer ist dementsprechend unbestimmt. Selbst wenn man Versicherungen wegen ihrer langen Dauer nicht mehr als von Buchstabe (f) erfaßt ansieht[57], ist dieser Bereich ein unbenanntes, mit Artikel 5 (f) RDK vergleichbares Recht, das als solches von Artikel 2 Absatz 1 (d) und Artikel 5 RDK erfaßt ist.

Aufgrund der stetigen Ausweitung des Dienstleistungssektors und der Serviceangebote wächst damit auch der Anwendungsbereich von Artikel 5 (f) RDK. Auch neueste Formen von Dienstleistungen fallen unter den Schutzbereich der Norm.

IV. Die Öffentlichkeit

Die Orte und Dienstleistungen, bei denen Zugang beziehungsweise ein Vertragsabschluß ohne Rassendiskriminierung zu erfolgen hat, sind auf diejenigen beschränkt, die für die Benutzung durch die Öffentlichkeit vorgesehen sind. Im englischen Text wird der Begriff der Öffentlichkeit durch den Zusatz „for use by the general public“ konkretisiert. Dieser

---

[54] Wobei dies gleichzeitig auch von Art. 5 e) v) – das Recht auf Erziehung und Ausbildung – erfaßt sein könnte.

[55] Die ihrerseits gleichzeitig unter Art. 5 e (vi) fallen.

[56] Die gesetzlichen für das Halten eines Kraftfahrzeugs vorgeschriebenen Haftpflichtversicherungen wurden in Deutschland mit bestimmten durch rassische Kriterien determinierten Bevölkerungsgruppen nicht oder nur zu erhöhten Preisen abgeschlossen. Siehe dazu und zur heutigen Rechtslage, nach der diese Praxis verboten ist, *infra*, Kapitel 5, B. III 2.

[57] So Guyaz, L'incrimination de la discrimination raciale, S. 291.

Ergänzung wurde im französischen Text keine Entsprechung gegenübergestellt. Dort heißt es lediglich „destinés à l'usage du public".

1. Wortlaut und teleologische Vorgaben

Bereits nach dem Wortlaut sind die Leistungen von Artikel 5 (f) RDK nicht erfaßt, die nur einzelnen, vorher bestimmten Personen zugänglich gemacht werden. Das ist zum Beispiel der Fall, wenn Gästen einer Pension die Möglichkeit eröffnet wird, Getränke für den eigenen Bedarf von den Vermietern zu kaufen, nicht aber, wenn der Verkauf auch an weitere Personen erfolgt.

Eine Dienstleistung für die Allgemeinheit, die „great public", liegt demgegenüber vor, wenn der Gastwirt sich vorbehält, nur die Kunden zuzulassen, die er oder ein Türsteher auswählen; denn er wendet sich zunächst an die Allgemeinheit als potentiellen Kundenkreis. Die Selektion erfolgt erst in einem zweiten Schritt. Diese Auswahl darf dann nicht nach rassischen Kriterien erfolgen.

Dem Wortlaut nach sind auch Leistungen, die in privaten Clubs oder Vereinen angeboten werden, nicht öffentlich zugänglich. Allerdings reicht für eine Abgrenzung von der Allgemeinheit nicht bereits aus, daß ein Club lediglich vorgibt, privat zu sein, um das Recht, seine Gäste auch nach rassischen Kriterien auszusuchen, zu behalten. Aus dem Schutzzweck der Konvention ergibt sich, daß auch der Club als öffentlich anzusehen ist, dessen einzige gemeinsame Verbindung der Mitglieder ist, einer bestimmten Rasse anzugehören. Auch darüber hinaus ist für die Frage, wann private Clubs oder Vereine vorliegen, der Konventionszweck und die Umgehungsgefahr zu berücksichtigen. Deswegen ist ein Mindestmaß an interpersonalen Beziehungen der jeweiligen Clubmitglieder zu fordern[58]. Eine Abgrenzung von der Öffentlichkeit liegt nicht bei einem rein zufällig zusammengesetzten Mitgliederbestand vor, der häufig wechselt, oder in dem die Mitglieder keine Beziehung zueinander haben.

Weitere Abgrenzungen zwischen den Gaststätten, die der Allgemeinheit zugänglich sind, und denen, die es nicht sind, sind allein aus Wortlaut und Schutzzweck nicht eindeutig zu entnehmen. Die Grenzziehung

---

[58] Meron, Human Rights Law-Making in the United Nations, S. 22; ders., AJIL 79 (1985), S. 294 f.; ebenso Giegerich, Privatwirkungen der Grundrechte der USA, S. 263, der sich mit der Antwort der USA auf diese Problematik beschäftigt.

zwischen dem, was noch öffentlich angeboten wird und was nicht, ist eine der Kernfragen des Artikels 5 (f) RDK. Hinweise hierfür können aus einer systematischen Interpretation des Artikels 5 (f) RDK mit Artikel 1 RDK entnommen werden[59]. Dieser Artikel, der Rassendiskriminierung im Sinne der Konvention definiert und den Schutzbereich der Konvention festlegt, beschränkt die Anwendung der Konvention auf Bereiche des „öffentlichen Lebens". Es ist denkbar, daß die Begriffe „öffentlich" sich in beiden Artikeln decken. Zumindest aber liegt das, was nicht zum „öffentlichen Leben" des Artikels 1 RDK zählt, nicht im Anwendungsbereich der Konvention und kommt daher auch nicht als öffentlich zugänglicher Bereich des Artikels 5 (f) RDK in Betracht.

2. Rückgriff auf Artikel 1 RDK: Der auf das „öffentliche Leben" begrenzte Anwendungsbereich der Konvention

Nach Artikel 1 Absatz 1 RDK beschränkt sich die Konvention darauf, Rassendiskriminierung bei der Ausübung von Menschenrechten und Grundfreiheiten im „politischen, wirtschaftlichen, sozialen, kulturellen oder jedem sonstigen Bereich des öffentlichen Lebens" („any other field of public life"/"dans tout autre domaine de la vie publique") zu beseitigen[60].

---

[59] Ebenso Lillich/Newman, International Human Rights, S. 137; ferner Strauss, Das Verbot der Rassendiskriminierung, S. 96.

[60] Der Begriff „public life" erschien das erste Mal in dem Entwurf des russischen und polnischen Vertreters des Unterausschusses der Menschenrechtskommission für die Verhinderung von Diskriminierung und den Schutz von Menschenrechten. Der Entwurf sah vor: „For the purpose of the present convention, the term „racial discrimination" shall mean any differentiation, ban on access, exclusion, preference or limination, which has the purpose or effect of nullifying or impairing equality in granting or practicing human rights and freedoms in political, economic, social, cultural, or any other field of [sic] public life." (UN Doc. E/CN.4/Sub.2 L.314). Der Entwurf des amerikanischen Vertreters (Mr. Abram) lautete: „For the purpose of the present convention, the term racial discrimination includes any distinction, restriction or preference made on the basis of race, color, or ethnic origin ..." (UN Doc. E/CN.4/Sub.2 L.308). Während der Unterausschuß einstimmig dafür war (UN Doc. E/CN.4/ Sub.2 SR.414), Abrams Vorschlag als Verhandlungsgrundlage zu nehmen, verband ihr endgültiger Entwurf von Artikel 1 die verschiedenen Regelungen und behielt insbesondere den Begriff „public life" bei, vgl. UN Doc. E/CN.4/Sub.2 L.322. Siehe zur Entstehungsgeschichte Elkind, University of Pittsburgh Law

a) Keine Begrenzung auf den Bereich des öffentlichen Rechts

Öffentlich im Kontext des Artikels 1 RDK ist nicht als Abgrenzung zwischen öffentlichem Recht beziehungsweise öffentlich agierenden Aktoren einerseits und Privatrecht oder privaten Handlungsträgern andererseits zu sehen[61]. Das heißt, die Konvention findet nicht lediglich bei Rassendiskriminierung im Verhältnis zwischen Staat – Individuum Anwendung, sondern wendet sich auch horizontal gegen durch Privatpersonen oder private Organisationen verübte Diskriminierungshandlungen[62]. Gerade in dem Bereich der allgemeinen Leistungsversorgung zeigt sich, daß mit dem Verbot der Rassendiskriminierung im Verhältnis der Staatsgewalt zum Bürger nur ein Teil, vielleicht der geringere Teil des Problems, rechtlich gelöst ist. Die Auswirkungen einer von einer dominierenden Gesellschaftsschicht ausgeübten Rassendiskriminierung spürt der Diskriminierte im Alltag in den Kontakten mit Privatleuten

---

Review 32 (1971), S. 318; Lerner, The UN Convention on the Elimination of All Forms of Racial Discrimination, S. 31.

[61] So die ganz h. M. Lillich/Newman, International Human Rights, S. 137; McDougal/Lasswell/Chen, Human Rights and World Public Order, S. 593; Schwelb, in: Nathanson/ders., S. 7; Delbrück, in: FS W. Weber, S. 227; Hailbronner, in: FS Schindler, S. 87; Hamburger, Vereinte Nationen 1968, S. 7; Kühner, NJW 1986, S. 1397; Meron, The Meaning and Reach of the International Convention on the Elimination of All Forms of Racial Discrimination, S. 291 f.; Remmelink, in: FS Jescheck, 1. HB., S. 602; Wolfrum, in: FS P. Schneider, S. 519; Partsch, in: Coliver, S. 22; ders., Rassendiskriminierung, S. 6; ders., GYIL 20 (1977), S. 126; ausführlich Elkind, University of Pittsburgh Law Review 32 (1971), S. 312-319. Einzige Ausnahme Timme, ZAR 1997, S. 133, der die gegenseitige Beeinflussung von Artikel 1, 2 und 5 RDK verkennt.

[62] Vgl. Banton, Draft General Recommendation on Public Life, UN Doc. CERD/C/SR.969, Zif. 19; Diaconu, *ebenda*, Zif. 29; Wolfrum und Ferrero Costa, UN Doc. CERD/C/SR.969, Zif. 22, 25; Wolfrum, Max Planck UNYB 3 (1999), S. 503 und der Ausschuß: „[The national policies of states parties] must have as their aim the elimination of racial discrimination in all its forms – whether practised by public authorities, institutions or officials or by private individuals, groups or organizations" (UN GAOR, UN Doc. (A/33/18) S. 109). „Furthermore, the national policy of every State party must entail the prohibition and the termination, by all appropriate means, of acts of racial discrimination perpetrated by any person or group against another"(*ebenda*, S. 110). Vgl. auch Yilmaz-Dogan v. NL, Communication No. 1/1984, UN Doc. GAOR (A/43/18), S. 59. Siehe zu diesem Fall: Bayefsky, HRLJ 11 (1990), S. 32.

im Zweifel häufiger als in seinen Beziehungen zur öffentlichen Gewalt[63].

Diese einhellig anerkannte Einbeziehung privater Diskriminierung in die Konvention ergibt sich aus Artikel 2 Absatz 1 (d) RDK, der die Staaten dazu verpflichtet, Rassendiskriminierung durch Private zu verbieten[64]. Im Rahmen des Artikels 2 RDK würde die Begrenzung auf öffentlich-rechtliche Handlungen zu dem Ergebnis führen, daß Privatpersonen rassendiskriminierendes Verhalten nur verboten ist, wenn sie ausnahmsweise staatliche Gewalt ausüben, wie z. B. als Beliehener. Dieses Verhalten wird jedoch bereits durch Artikel 2 Absatz 1 (a) RDK erfaßt, so daß Absatz 1 (d) bei dieser Auslegung von „public life" seines Sinnes entleert würde. Eine solche Folge verstieße gegen das Artikel 2 Absatz 1 RDK zugrunde liegende System, in den Buchstaben (a) bis (e) des ersten Absatzes immer konkreter werdende Anforderungen an die Staaten zu stellen[65].

Bestätigt wird dieses Ergebnis durch Artikel 5 RDK, dessen Auslegung mit Artikel 1 RDK in wechselseitiger Beziehung steht[66]. Die aufgelisteten Rechte in Artikel 5 d), e) und f) beziehen sich auf Rechtsbereiche, in denen typischerweise Verhältnisse zwischen Privatpersonen geregelt werden. Beschränkte sich der Effekt z.B. des in Artikel 5 (d) v RDK enthaltenen Rechts auf Eigentum nur darauf, staatliches Verhalten und diskriminierende Gesetze anzuvisieren, wäre der Effekt der Konvention in Ländern mit freier Marktwirtschaft, in denen die meisten Kaufver-

---

63 Delbrück, Die Rassenfrage als Problem des Völkerrechts und nationaler Rechtsordnungen, S. 113; vgl. auch Thornberry, UN Doc. CERD/C/SR.1475, Zif. 30; siehe als Beispiel UN Doc. GAOR (A/56/18), Annex, Decision concerning Commuication No. 18/2000, S. 125. Daher wird im RDA der Erlaß einer Draft General Recommendation on Racial Discrimination by individuals diskutiert, UN Doc. CERD/C/SR.1431, Zif. 1 ff.

64 Vgl. den Wortlaut der Norm und ihre Auslegung, *infra*, Kapitel 3, D. II. Im Erg. ebenso Meron, Human Rights Law-Making in the United Nations, S. 18; Elkind, University of Pittsburgh Law Review 32 (1971), S. 316; Strauss, Das Verbot der Rassendiskriminierung, S. 96.

65 Zur Auslegung von Artikel 2 RDK, vgl. *infra*, Kapitel 3, C. – E.

66 Ebenso Lillich/Newman, International Human Rights, S. 137; siehe ferner Elkind, University of Pittsburgh Law Review 32 (1971), S. 314; Meron, AJIL 79 (1985), S. 293. Zu undifferenziert Schwelb, ICLQ 15 (1966), S. 1005.

träge durch Private vorgenommen werden, minimal[67]. Gleichberechtigte Wahrnehmung öffentlich zugänglicher Dienstleistungen kann ebenfalls nur effektiv durchgesetzt werden, wenn es auch Privatpersonen oder privaten Organisationen verboten wird, Menschen wegen ihrer Rasse den Zugang zu diesen Leistungen zu versagen[68]. Auch der Ausschuß hat sich in diesem Sinne geäußert[69].

Zudem unterstützt die Entstehungsgeschichte diese Sichtweise. Der russische Vertreter des Unterausschusses der Menschenrechtskommission wies während der Diskussion zu seinem Entwurf für Artikel 1 ausdrücklich darauf hin, daß es nicht ausreiche, wenn der Staat selbst vor Akten der Rassendiskriminierung Abstand nehme. Auch andere müßten von der Ausführung solcher Akte abgehalten werden[70]. Eine rassisch motivierte Zugangsverweigerung zu einer Gaststätte fällt somit unabhängig davon unter die Konvention, ob der Betrieb in staatlicher oder privater Hand ist.

---

[67] Das spricht jedoch, wie Elkind (in: University of Pittsburgh Law Review 32 (1971), S. 314 f.) richtig bemerkt, nicht von vornherein gegen eine solche Auslegung.

[68] Ebenso Strauss, Das Verbot der Rassendiskriminierung, S. 99; McDougal/Lasswell/Chen, Human Rights and World Public Order, S. 593; Delbrück, in: FS Weber, S. 227.

[69] Vgl. Yilmaz-Dogan v. NL, Communication No. 1/1984, UN Doc. GAOR (A/43/18), S. 59; Draft General Recommendation on Public Life, Banton, UN Doc. CERD/C/SR.969, Zif. 19 mit anschließender Diskussion, in Zif. 20 ff., Shahi, *ebenda*, Zif. 39; Wolfrum, *ebenda*, Zif. 22 ff., mißverständlich Zif. 35.; von Boven, *ebenda*, Zif. 26 f.; Diaconu, *ebenda*, Zif. 29 f., vgl. auch Shahi, *ebenda*, Zif. 39; Ferrero Costa, *ebenda*, Zif. 42 f. Damit ist eine „Flucht ins Privatrecht" ausgeschlossen. Auch private Schulen, Kindergärten oder Büchereien sind daher generell der Konvention unterworfen. Vgl. dazu die Beispiele von Simbabwe und Südafrika und die Verurteilung durch Banton, CERD/C/SR.969, Zif. 19. Siehe auch Wolfrum, *ebenda*, Zif. 37; ferner Kapitel 1, Fn. 91.

[70] Ivanov, UN Doc. E/CN.4/Sub.2 SR.412, S. 8. In dieselbe Richtung Santa Cruz, UN Doc. E/CN.4/Sub.2 SR.412, S. 10. Für diese weite Auslegung sprechen außerdem Absatz 3 und 10 der Präambel, die ausdrücklich „jede Form der Rassendiskriminierung" betreffen. Vgl. dazu Elkind, University of Pittsburgh Law Review 32 (1971), S. 318; Lerner, The UN Convention on the Elimination of All Forms of Racial Discrimination, S. 31; Strauss, Das Verbot der Rassendiskriminierung, S. 96.

b) Das private Leben als Gegenbegriff zum öffentlichen Leben

Der Begriff „public life"/"vie publique" ist daher nicht als Gegensatz zum privatrechtlichen Handeln, sondern als Gegensatz zum „privaten Leben" zu verstehen[71].

Die genaue Bestimmung dessen, was zu diesem privaten Leben gehört, wird von der Konvention selbst nicht vorgenommen. Mit dem Begriff wird auf eine Terminologie zurückgegriffen, die bereits im seinerseits von Artikel 12 AEM beeinflußten Artikel 8 EMRK verwendet wurde[72] und auch in Artikel 17 IPbpR und Artikel 11 AMRK seinen Niederschlag gefunden hat[73]. Das Recht auf Privatleben und Schutz der Privatsphäre ist, wie das Recht auf Gleichheit, ein Ausfluß der Menschenwürde[74]. Damit die Menschen in ihrer jeweiligen Individualität und

[71] Lillich/Newman, International Human Rights, S. 137; Meron, AJIL 79 (1985), S. 293; Schwelb, in: Nathanson/ders., S. 7; im Erg. auch Van Boven, UN Doc. CERD/C/SR.969, Zif. 26; mißverständlich Wolfrum, CERD/C/SR.969, Zif. 35. Siehe Nowak, CCPR Commentary, Art. 17, Rz. 5 zur historischen Entwicklung dieser Gegensätze.

[72] Nach Artikel 8 EMRK hat jedermann Anspruch auf Achtung seines Privat- und Familienleben, seiner Wohnung und seines Briefverkehrs. Vgl. zum Begriff des privaten bzw. öffentlichen Leben in der Praxis der Straßburger Organe 3868/68 (GB) 25. Mai 1970, YB 13, 600, Coll. 34; 6300/73 (B) 7. Oktober 1974, Coll. 46, 216; 5877/72 (GB) 12. Oktober 1973, YB 16, 328, Coll. 45, 90; 6959/75 (Brüggemann u. Scheuten v. BRD) Kommissionsbericht vom 12.7.1977, DR 10, 100; ferner Breitenmoser, Der Schutz der Privatsphäre gemäß Art. 8 EMRK, S. 10, 38 f., 100.

[73] Gemäß Art. 17 IPbpR darf niemand willkürlichen oder rechtswidrigen Eingriffen in sein Privatleben, seine Familie, seine Wohnung und seinen Schriftverkehr oder rechtswidrigen Beeinträchtigungen seiner Ehre und seines Rufes ausgesetzt werden. Artikel 11 Absatz 2 AMRK untersagt willkürliche oder mißbräuchliche Eingriffe in das Privatleben. Vgl. auch das Übereinkommen zum Schutz der Menschen bei der automatischen Verarbeitung personenbezogener Daten vom 28.1.1981, BGBl 1985 II S. 539, das in Artikel 1 ein Recht auf einen Persönlichkeitsbereich vorsieht, in dem vor automatischer Verarbeitung personenbezogener Daten geschützt wird. Siehe auch Lawson, Encyclopedia of Human Rights, S. 1196. Unverständlich ist insofern die Ablehnung des Begriffs „das private Leben" im Rahmen des Artikels 1 RDK wegen fehlender völkerrechtlicher Praxis und Lehre durch Strauss, (in: Das Verbot der Rassendiskriminierung, S. 98).

[74] Vgl. Guyaz, L'incrimination de la discrimination raciale, S. 160 f. Das „right to privacy" wurde zuerst im amerikanischen Recht als ein Institut entwickelt, das dem einzelnen Schutz vor Indiskretion, falscher Berichterstattung

Verschiedenheit leben können und nicht zu bloßen Objekten staatlichen Handelns und staatlicher Verhaltensnormen herabgesetzt werden, muß ihnen ein Freiraum gewahrt bleiben, in dem der einzelne über die Art und Weise seiner Entfaltung als autonomes Individuum selbst entscheiden darf[75]. Ein solcher Freiraum ist um so notwendiger, als inzwischen nahezu unbegrenzte Möglichkeiten bestehen, die private Lebensführung der Individuen durch technische Maßnahmen zu kontrollieren. Es besteht inzwischen die Gefahr der umfassenden „Durchrechtlichung" von gesellschaftlichen Bereichen und Institutionen, so daß eine autonome Entscheidung praktisch unmöglich oder zumindest erschwert wird[76]. Aus diesen Erwägungen geht im Bereich des privaten Lebens der Anspruch des einzelnen auf freie Lebensgestaltung einer staatlichen Einwirkung zugunsten des Verbots der Rassendiskriminierung vor[77].

---

und ähnlichen Eingriffen in seinem persönlichen Bereich gewähren sollte. Siehe dazu Warren/Brandeis, Harward Law Review 4 (1890), S. 193. Zur Entwicklung des Rechts auf Privatsphäre, vgl. O'Brian, Constitutional Law and Policies II, S. 1146 ff.

75 Tomuschat, in: FS Schlochauer, S. 711. Ebenso die Kommission der EMRK, 8307/78 (Deklerck v. B.), 11.7.1980, DR 21, S. 116; vgl. auch den EGMR, Dudgeon v. GB, Serie A 45, S. 21 ff., Zif. 52 ff. Siehe dazu Breitenmoser, Der Schutz der Privatsphäre gemäß Art. 8 EMRK, S. 40 ff.; Wildhaber, in: Internationaler Kommentar zur EMRK, Art. 8, Rz. 122; Frowein, in: ders./Peukert, Art. 8, Rz. 1; Renucci, Droit Européen des Droits de l'Homme, S. 105 f. Hintergrund ist, daß im Zentrum des liberalen Freiheitsbegriffs („liberté autonomie") im Gegensatz zur „liberté participation" der Mensch als autonomes Subjekt steht, der absolut souverän über sich selbst und seine Handlungen ist, soweit diese nicht mit der Souveränität von anderen kollidieren. Vgl. Nowak, CCPR Commentary, Art. 17, Rz. 1. Siehe zur vergleichbaren Rechtslage im deutschen Recht BVerfG 32, 373 (379).

76 Vgl. hierzu Lerner, The UN Convention on the Elimination of All Forms of Racial Discrimination, S. 20. Siehe auch Bleckmann, in: Erichsen/Kollhosser/Welp, S. 15.

77 O'Flaherty, in: Pritchard, S. 169; ebenso Tomuschat, in: FS Schlochauer, S. 711 für den IpbpR; vgl. auch Naismith, in: FS Norgaard, S. 141. P. Müller (ZBJV 1994, S. 251) erklärt die Begrenzung auf die Öffentlichkeit damit, daß durch eine öffentliche Diskriminierung der öffentliche Friede bedroht werde und daher ausnahmsweise die Privatautonomie begrenzt werden könne. Diese einschränkende Sicht erklärt sich wohl daraus, daß in der Schweiz Artikel 5 (f) RDK durch eine Strafrechtsnorm umgesetzt wurde. Siehe zum deutschen Recht BVerfG 101, 360, 381 ff.

Maßnahmen der öffentlichen Hand kommen jedoch per se nicht als Teil des so verstandenen privaten Lebens in Betracht. Ein schützenswertes Interesse auf Teilhabe am „privaten Leben“ steht einer staatlich betriebenen Gaststätte nicht zu. Zwar ist es dem Staat unbenommen, den Nutzerkreis einer Gaststätte oder Kantine z. B. nur auf seine Angestellten zu beschränken; rassische Kriterien dürfen jedoch weder für die Festlegung des Nutzerkreises noch für die Bewirtung eine Rolle spielen. Gaststätten in öffentlicher Hand sind daher immer „der Öffentlichkeit zugänglich“ im Sinne der Konvention.

Das Verhalten von Privatpersonen fällt dagegen nur dann unter die Konvention, sofern es nicht Teil des geschützten privaten Lebens ist[78]. Bei Gaststätten privater Inhaber ist daher zu prüfen, ob sie im Rahmen des privaten oder des öffentlichen Leben tätig sind. Durch Annäherung soll im folgenden bestimmt werden, wie weit der von der Konvention ausgenommene Bereich des privaten Leben reicht.

(1) Die enge persönliche Lebenssphäre

Teil des privaten Lebens jenseits der Öffentlichkeit ist zunächst der intime Lebensbereich, in dem der einzelne sich allein oder mit anderen von der Außenwelt abgrenzt[79]. Der Kreis ist auf den engsten Lebensbereich wie Familie, Wohnung oder engste Freunde begrenzt[80]. Ein klassisches Beispiel in diesem Bereich ist die Wahl des Ehegatten. So wäre z.B. eine Vorschrift, die Diskriminierung aufgrund der Rasse bei der

---

[78] Vgl. Wildhaber RDH/HRJ 4 (1971), S. 347. Siehe zur Rechtslage der EMRK, Bleckmann, in: Erichsen/Kollhosser/Welp, S. 21.

[79] Wildhaber, in: Internationaler Kommentar zur EMRK, Art. 8, Rz. 107; Robert/Duffar, Droits de l'homme et libertés fondamentales, S. 369 ff.; vgl. auch Renucci, Droit Européen des Droits de l'Homme, S. 106; Naismith, in: FS Norgaard, S. 141. In der amerikanischen Rechtslehre wurde das Recht der Privatsphäre auch als „right to be let alone – the most comprehensive of rights and the right most valued by civilized men“ bezeichnet, Dissenting Opinion Brandeis, Olmstead v. United States, 277 U.S. 438, 478 (1928).

[80] Van Boven, UN Doc. CERD/C/SR. 969, Zif. 26. Das Recht, jemanden in sein Haus einzuladen oder nicht, sollte durch die Konvention nicht beeinträchtigt werden. Nowak, CCPR Commentary, Art. 17, Rz. 1 ff. und 22; siehe auch Volio, in: Henkin, S. 193 und 195; Robert/Duffar, Droits de l'Homme et Libertés Fondamentales, S. 369. Ursprünglich hatten französische und angelsächsische Autoren den durch Art. 8 EMRK geschützten Bereich hierauf beschränken wollen. Vgl. Velu, 3. Colloque CEDH, S. 27-28 m. w. N.

Partnerwahl verbietet, als Einbruch in den unantastbaren Kernbereich des Privatlebens zu verurteilen. Wen ein Mensch als Partner wählt und welche Motive ihn bewegen, jemanden zu heiraten oder nicht, unterliegt allein seiner autonomen Entscheidung[81]. Dabei steht es ihm frei, potentielle Partner wegen der Rasse nicht zu beachten. Artikel 5 (d) iv RDK, der Diskriminierungsfreiheit beim Recht auf Ehe vorsieht, steht dazu nicht im Widerspruch. Nach dieser Vorschrift muß der Staat die freie Partnerwahl und Heirat unabhängig von der Rassenangehörigkeit ermöglichen. Eine Verpflichtung des einzelnen, diesen Freiraum diskriminierungsfrei zu nutzen, entsteht hierdurch nicht. Dasselbe gilt für das in Artikel 5(d) vi RDK garantierte Recht zu erben. Es ist zwischen der diskriminierungsfreien Gewährleistung der Rechte durch den Staat einerseits und der Ausübung der Rechte durch Private andererseits zu trennen. Auch Bewirtung im engen Freundes- oder Familienkreis fällt unter diese private Sphäre. Mögliche rassische Diskriminierung hierbei liegen außerhalb des Anwendungsbereichs der Konvention. Diese Wertung des Artikels 1 RDK kommt auch in Artikel 5 (f) RDK zum Ausdruck, der private Bewirtung gerade nicht enthält.

Darüber hinaus ist folgende von der Europäischen Kommission für Menschenrechte für die EMKR entwickelte Einschränkung des intimen Lebens auch auf die RDK übertragbar: In dem Maß, in dem der einzelne sein Privatleben mit dem öffentlichen Leben in Berührung bringt, mindert sich der Anspruch auf Achtung des Privatlebens[82]. Öffnet der einzelne sein privates Leben einem über diesen Bereich hinausgehenden Kreis, wird sein Verhalten wieder Teil des „öffentlichen Lebens". Weitet der einzelne eine private Feier aus und macht er sie einem weiten, nicht beschränkten Kreis zugänglich, ist sein Verhalten von der Konvention erfaßt.

Auch wenn ein Anbieter einer nicht öffentlich zugänglichen Dienstleistung sich durch Annoncen an die Öffentlichkeit wendet, verläßt er die geschützte Privatsphäre. In diesem Fall unterfallen auch Diskriminie-

---

[81] Tomuschat, in: FS Schlochauer, S. 711.

[82] 69/75 (Brüggemann/Scheuten vs. BRD), Kommissionsbericht vom 12.7. 1977, DR 10, 100 (EuGRZ 1978, 199). Siehe dazu Breitenmoser, Der Schutz der Privatsphäre gemäß Art. 8 EMRK, S. 39 m. w. N. in Fn. 22; Wildhaber, in: Internationaler Kommentar zur EMRK, Art. 8, Rz. 116; Frowein, in: ders./Peukert, Art. 8, Rz. 5.

rungen unter die Konvention, die eigentlich in den Bereich der Privatsphäre fallen[83].

(2) Die zum privaten Leben zählenden Sozialkontakte

Da sich das private Leben angesichts der Möglichkeit sozialer Beziehungen oft nicht fern von der Öffentlichkeit verwirklicht, beinhaltet dieser Begriff mehr als den bloß räumlichen Schutz vor dieser Öffentlichkeit[84]. Als soziales Wesen gehört für den Menschen gerade auch das Knüpfen von Beziehungen zu anderen zum Bereich des privaten Lebens. Die Aufnahme und Pflege sozialer Kontakte findet nicht allein in privaten Räumen statt[85]. Auch soziale Kontakte wie die Aktivitäten in einem Verein zählen zum von der Konvention ausgenommenen privaten Leben, wenn das Interesse am Schutz der Privatsphäre ausnahmsweise dem Interesse an gleichberechtigter Ausübung der Menschenrechte überwiegt. Die Tätigkeit in und von Vereinen und ähnlichen Zusammenschlüssen von Menschen, die zum Kernbereich der privaten Lebensführung gehören, ist daher ebenfalls als geschütztes „privates Leben" zu werten und fällt nicht unter die Konvention[86].

Der Versuch, ein abstraktes Abgrenzungskriterium zu finden, um zu bestimmen, was noch zu dem geschützten privaten Bereich zählt und was nicht mehr, ist zum Scheitern verurteilt[87]. Maßgeblich für die Ab-

---

[83] Vgl. P. Müller, AJP/PJA 1996, S. 666 mit Kritik am schweizer Recht, welches diesen Fall seiner Meinung nach nicht erfaßt.

[84] Vgl. dazu für die EMRK Wildhaber, in: Internationaler Kommentar zur EMRK, Art. 8, Rz. 107; siehe auch Feldmann, EHRLR 1997, S. 273.

[85] Vgl. den Bericht der Kommission der EMRK, 6825/74 (Isl) vom 18.5.1976, YB 19, 342, 370; EGMR, Niemetz vs. BRD, Serie A 251 – B. S. 33-34, Rz. 29; Botta vs. I, Yb ECHR 41 (1998), S. 211; Breitenmoser, Der Schutz der Privatsphäre gemäß Art. 8 EMRK, S. 41; Wildhaber, in: Internationaler Kommentar zur EMRK, Art. 8, Rz. 114 f.; Eide/Opsahl, in: 7. Colloque CEDH, S. 109; Sudre, in: Gedächtnisschrift Pettiti, S. 689, aber auch 701 ff.; Naismith, in: FS Norgaard, S. 143; Bergmann, Das Menschenbild der Europäischen Menschenrechtskonvention, S. 161, 165 f.

[86] Im Erg. ebenso McDougall, Howard LJ 40 (1997), S. 583 f.

[87] Lillich/Newman, International Human Rights, S. 137; Meron, Human Rights Law-Making in the United Nations, S. 20; Schwelb, in: Nathanson/ders., S. 7. Die Lage der EMRK ist im Grunde ebenso; vgl. Breitenmoser, Der Schutz der Privatsphäre gemäß Art. 8 EMRK, S. 37. Kritisch zur RDK Jennings, Howard LJ 40 (1997), S. 584, Fn. 54. Auch innerhalb des Ausschusses gab es Mei-

grenzung ist eine Abwägung zwischen dem aus der Menschenwürde fließenden Recht, ohne Diskriminierung ausschließlich an seinen persönlichen Eigenschaften und Fähigkeiten gemessen zu werden und dem ebenfalls der Menschenwürde immanenten Recht, einen unantastbaren Bereich privater Lebensgestaltung zu behalten, der der staatlichen Kontrolle und Einwirkung entzogen ist[88].

Für den Bereich des Artikels 5 (f) RDK gilt nach diesen Grundsätzen, daß eine Gaststätte nur dann nicht öffentlich ist, wenn sie Teil eines privaten Clubs oder Vereins ist, in dem die Mitglieder ihre — eng verstandene — geschützte Privatsphäre ausleben. Bei einer privaten Vereinigung ist somit in jedem Einzelfall zu prüfen, ob die Mitgliedschaft in ihr so sehr Teil der Privatsphäre ist, daß deswegen das Verbot der Rassendiskriminierung ausnahmsweise zurücktreten muß[89]. Für die Bestimmung, ob ein Verein- oder Clubrestaurant öffentlich zugänglich ist, können die Selektivität des Vereins, seine Größe und die Beziehung der Mitglieder untereinander, der Grad der Absonderung zu anderen, die in ihm herrschende Intimität etc. als Hinweis dienen. Je größer die Vereinigung, desto größer wird der Anspruch, unbeachtlich der eigenen Gruppenzugehörigkeit an der Leistung teilhaben zu können, und desto weniger wird der zum Privatleben gehörende Bereich berührt[90].

Aktivitäten von privaten Vereinigungen, die nicht das erforderliche Maß an Abgeschiedenheit haben, sind als öffentlich zugängliche Güter und Dienstleistungen anzusehen. Der Privatheit sind in Anbetracht des Ziels der Konvention enge Grenzen zu ziehen, da andernfalls die fakti-

---

nungsverschiedenheiten hinsichtlich der Bedeutung des Begriffs. Anlaß war, daß in einigen Staaten Schulen und öffentliche Dienste privatisiert und so vermeintlich aus der Reichweite der Antidiskriminierungsgesetze gebracht wurden. Siehe UN Doc. CERD/C/SR.969, Zif. 19 ff. und Kapitel 1, Fn. 91.

88 Delbrück, Die Rassenfrage als Problem des Völkerrechts und nationaler Rechtsordnungen, S. 202 f., bezogen auf die Rechtslage in den USA. Vgl. für den IPbpR Nowak, CCPR Commentary, Art. 17, Rz. 1; Volio, in: Henkin, S. 193; siehe auch Zimmer, Hate Speech im Völkerrecht, S. 60. Siehe Niggli, Rassendiskriminierung, S. 281 ff. zum schweizerischen Strafrecht.

89 In einer Anfrage an Mauritius nimmt der RDA eine solche Beschränkung nicht vor, UN Doc. GAOR (A/39/18), Zif. 256. Allerdings handelt es sich lediglich um ein generelles Verlangen nach Auskunft, ob private Clubs aufgrund der Rasse diskriminieren und nicht um eine Diskussion, ob ein bestimmter Fall noch unter die Konvention fällt.

90 Meron, AJIL 79 (1985), S. 294 f.; ders., Human Rights Law-Making in the United Nations, S. 22. Siehe auch Tomuschat, in: FS Schlochauer, S. 711.

sche Trennung der Gesellschaft erhalten bliebe[91]. Daher kommen nur Aktivitäten innerhalb sehr kleiner Einheiten mit engen Beziehungen unter den Mitgliedern als geschützte Ausübung der Privatsphäre in Betracht. Umgehungsfälle sind per se der Konvention unterworfen. Eine Diskothek, die behauptet, ein privater Club zu sein, muß daher darlegen, daß sie nicht lediglich von willkürlich wechselnden Personen ohne personenrechtliche Beziehung besucht wird. Die Aktivitäten großer privater Einheiten und im Grunde nicht selektierender Organisationen sind immer als öffentlich zugängliche Güter und Dienstleistungen anzusehen[92].

Der Abwägung zwischen den entgegengesetzten Menschenrechten von Zugangssuchenden und Zugangsverweigerndem liegt ein dynamischer, evolutiver Aspekt zugrunde[93]. Bei Ausweitung des Selbstverständnisses, Verträge nicht wegen der Rasse zu verweigern, verringert sich der Bereich der Privatautonomie. Als Anhaltspunkte für die vorzunehmende Abgrenzung können die Einzelfallabwägungen des Ausschusses dienen[94]. Zudem kann auch auf nationale Erfahrungen und Regelungen zurückgegriffen werden.

---

[91] Im Erg. van Boven, UN Doc. CERD/C/SR.969, Zif. 26; vgl. auch Giegerich, Privatwirkungen der Grundrechte der USA, S. 263. Ein Beispiel aus Südafrika und Simbabwe in UN Doc. CERD/C/SR.969, Zif. 19 zeigt die bestehende Umgehungsgefahr. In Südafrika haben städtische Büchereien für ansässige und nichtansässige Bürger große Gebührenunterschiede aufgestellt. Dies wurde vom Ausschuß als Versuch gewertet, „Apartheid zu privatisieren", CERD/C/SR.969, Zif. 19 f. Vgl. hierzu Banton, International Action Against Racial Discrimination, S. 195; Meron, Human Rights Law-Making in the United Nations, S. 20; Wildhaber, Schweizerisches Zentralblatt für Staats- und Gemeindeverwaltung 1971, S. 470; vgl. bereits Kapitel 1, Fn. 69. Zu eng daher Müller, ZBJV 1994, S. 251, der (allerdings bezogen auf das schweizer Strafrecht) einen klaren Öffentlichkeitsbezug und die Eignung, den öffentlichen Frieden zu beeinträchtigen, fordert.

[92] Meron, AJIL 79 (1985), S. 294 f.; ders., Human Rights Law-Making in the United Nations, S. 22. Siehe auch Tomuschat, in: FS Schlochauer, S. 711.

[93] Dieser dynamische Aspekt findet sich in Artikel 2 Absatz 1 RDK wieder. Vgl. *infra*, Kapitel 3, E. III. Siehe dazu Wolfrum, UN Doc. CERD/C/SR. 969, Zif. 35, ähnlich Ferrero Costa, ebenda, Zif. 42 f. Siehe zur dynamischen Auslegung Bernhardt, GYIL 42 (1999), S. 21 f.; Heintschel von Heinegg, in: Ipsen, S. 122 f.; Wiesbrock, Internationaler Schutz der Verletzungen durch Private, S. 13 m. w. N.

[94] Ebenso Meron, AJIL 79 (1985), S. 295.

(3) Gleichlauf von „öffentlichem Leben“ und „öffentlicher Zugänglichkeit“

Daß die Konvention von diesem erweiterten, über den engsten Bereich hinausgehenden Begriff des privaten Leben ausgeht und auch Beziehungen zu anderen erfaßt sind, die nicht zu dem engsten Kreis der Bezugspersonen gehören, bestätigt insbesondere die systematische Interpretation des Artikels 1 RDK mit Artikel 5 (f) RDK und Artikel 2 Absatz 1 (d) RDK.

Den Staaten ist nach Artikel 2 Absatz 1 (d) RDK ohne Einschränkung aufgegeben, Rassendiskriminierung durch Private zu verbieten, während dies für Artikel 5 (f) RKD nur im Bereich der öffentlich zugänglichen Dienstleistungen gilt. Ein Widerspruch zwischen den beiden Normen läßt sich nur dadurch vermeiden, daß die nicht der „allgemeinen Öffentlichkeit“ zugänglichen Bereiche nicht unter den Begriff des „public life“ und damit nicht unter die Definition der Rassendiskriminierung des Artikels 1 RDK fallen. Mit anderen Worten, die Begriffe des „öffentlichen Lebens“ und der „öffentlichen Zugänglichkeit“ dekken sich. Für Vereine bedeutet dies, daß die Gaststätte eines privat geführten Vereins, der Teil des öffentlichen Lebens im Sinne des Artikels 1 Absatz 1 RDK ist, immer auch öffentlich zugänglich ist und damit unter den Anwendungsbereich des Artikels 5 (f) RDK fällt.

Mit dem Wortlaut wäre zwar auch noch vereinbar, daß sich die Begriffe aus Artikel 1 und 5 RDK nicht decken, daß also eine Serviceleistung zwar Teil des öffentlichen Lebens ist und damit unter den Anwendungsbereich der Konvention fällt, aber nicht gleichzeitig für die Allgemeinheit i. S. d. Artikels 5 (f) RDK zugänglich ist[95]. Dieser Ansatz führt jedoch zu einem widersinnigen, nicht mit dem Konventionszweck zu vereinbaren Ergebnis, wie das folgende Beispiel veranschaulicht:

Wenn die Mitglieder eines örtlichen Tennisclubs nur in lockerer Verbindung zueinander stehen, befinden sich die Tätigkeiten innerhalb des Vereins, einschließlich der Serviceleistungen eines Gastwirtes im Rahmen des Vereins, noch innerhalb des Bereichs des öffentlichen Lebens und damit im Anwendungsbereich der Konvention. Gleichzeitig ist es im Rahmen der unterstellten Auslegung möglich, daß die Gaststätte, wenn sie nur für Mitglieder geöffnet ist, nicht öffentlich zugänglich im

---

[95] Der gegenteilige Fall, daß ein Ort nicht zum öffentlichen Leben gehört, aber öffentlich zugänglich ist, ist ausgeschlossen, da dann der Schutzbereich des Artikels 1 RDK nicht eröffnet ist und daher auch kein Verstoß gegen Artikel 5 (f) RDK in Betracht kommt.

Sinne des Artikels 5 (f) RDK ist[96]. In einer solchen Situation sind folgende Diskriminierungskonstellationen denkbar:

1. Einer Person wird die Bewirtung verweigert, weil sie nicht Mitglied des Vereins ist. In diesem Fall liegt keine Zurücksetzung aufgrund der Rasse, sondern wegen eines anderen Kriteriums vor; die Konvention ist nicht einschlägig.

2. Einer Person wird die Mitgliedschaft in dem Verein aus rassischen Gründen verweigert. Folge der Nichtmitgliedschaft ist, nicht in der Gaststätte bedient zu werden. Hinsichtlich der Mitgliedschaft in dem Verein ergibt sich aus Artikel 2 (d) RDK, daß die Staaten mit allen geeigneten Mitteln Rassendiskriminierung zu verhindern haben. Das heißt, auch die Auswahl der Mitglieder des privaten Vereins, der aber nicht der Ausübung des „privaten Lebens" im Sinne der Konvention dient, muß sich an der RDK messen lassen. Aufgrund der Rasse darf einem Beitrittswilligen die Aufnahme daher nicht verweigert werden.

3. Wird aber ein Mitglied des Vereins wegen der Rasse im Clubrestaurant nicht bewirtet, wäre Artikel 5 (f) RDK mangels allgemeiner Zugänglichkeit nicht einschlägig. Die Benachteiligung eines Clubmitglieds beim Zugang zum Restaurant müßte also nach Artikel 5 (f) RDK nicht durch die Staaten verboten werden – obgleich Artikel 2 (d) RDK, dessen Konkretisierung Artikel 5 (f) RDK ist, den Staaten aufgibt, jede Form der Diskriminierung durch Private, die im öffentlichen Leben stattfindet, zu verbieten und beseitigen. Bei diesem Verständnis der „Öffentlichkeit" des Artikels 5 (f) RDK gäbe es somit Konstellationen, in denen es zwischen Artikel 2 (d) und 5 (f) RDK zu unauflösbaren Konflikten käme – mit der Frage, ob die speziellere Norm des Artikels 5 (f) RDK hier tatsächlich vorgehen soll. In diesen Fällen den Schutz vor Rassendiskriminierung zu verwehren, liefe jedoch dem Ziel der Konvention entgegen und ist nicht ernsthaft zu erwägen.

Dieser Normenkonflikt läßt sich nur dadurch vermeiden, daß die Bereiche des öffentlichen Lebens, hinsichtlich derer die Konvention anwendbar ist, immer auch für die Öffentlichkeit i. S. d. Artikels 5 (f) RDK zugänglich sind. Daher ist – entgegen dem ersten Eindruck des englischen Wortlauts – nicht die „great public", sondern die Öffentlichkeit im Sinne des Artikels 1 RDK auch für Artikel 5 (f) RDK maß-

---

[96] Werden auch Nichtmitglieder bedient, ist die öffentliche Zugänglichkeit unzweifelhaft zu bejahen – öffnet sich der private Verein nach außen, verläßt er also den privaten Bereich, muß er sich daran festhalten lassen. Siehe dazu *infra*, Kapitel 1, C. IV 2 b(1).

geblich. Öffentlich zugänglich sind alle Orte, die sich nicht mehr im oben definierten privaten Leben abspielen[97]. Insofern ist im Zusammenhang mit Artikel 5 (f) RDK von einer „Quasi-Öffentlichkeit" gesprochen worden[98].

V. *Zwischenergebnis*

Artikel 5 (f) RDK erfaßt somit Diskriminierungen im Bereich von Gaststätten und Dienstleistungen unabhängig davon, ob diese durch den Staat oder Privatpersonen angeboten werden. Allerdings ist das Verbot der Rassendiskriminierung auf Dienstleistungen, die der Öffentlichkeit zugänglich sind, beschränkt. Dazu zählen nur die Dienstleistungen, die nicht im „privaten Leben" stattfinden. Zu diesem nicht erfaßten Bereich gehören neben Verhaltensweisen von Privatpersonen in engen persönlichen Beziehungen auch Tätigkeiten innerhalb von wahrhaft privaten Vereinen, in denen der einzelne seine geschützte Privatsphäre auslebt. Wann das der Fall ist, ist durch Abwägung zwischen den Rechten des Zugangssuchenden und des Zugangsverweigernden zu ermitteln. Dabei ergibt sich jedoch angesichts des Schutzzwecks der Konvention und der Gefahr, faktische Trennung innerhalb der Gesellschaft zu perpetuieren, daß dem von der Konvention ausgenommenen privaten Bereich enge Grenzen gesetzt sind.

---

[97] In Kanada ist das Diskriminierungsverbot des Human Rights Act des Bundes beim Angebot von Waren und Dienstleistungen auf Tätigkeiten beschränkt, die „customarily available to the general public" sind. (Canadian Human Rights Act, Statutes of Canada 1976-77, chapter 33; vgl. jetzt Revised Statutes of Canada 1985, chapter H-6; 1st Supplement (chapter 31), 2nd Supplement (chapter 32) und die späteren Änderungen Canada Statue Citator (Stand März 1996, C-19-1). Der Supreme Court hat jedoch entschieden, daß ein Angebot auch dann an die „general public" gerichtet ist, wenn es auf Mitglieder eines privaten Vereins oder einer staatlichen Organisation gerichtet ist. „Every service has its own public, and once that 'public' has been defined through use of eigibility criteria, the Act prohibits discrimination within that public", Supreme Court Richter Lamers C.J., University of British Columbia v. Berg (1993) 2 S.C.R. 353, 383. Vgl. auch UN Doc. CERD/C/240/Add.1. Siehe zum kanadischen Recht Rädler, Verfahrensmodelle zum Schutz vor Rassendiskriminierung, S. 124.

[98] P. Müller, ZBJV 1994, S. 251; ders., AJP/PJA 1996, S. 666; Jositsch, Strafrecht gegen Rassendiskriminierung, S. 281; kritisch Niggli, Rassendiskriminierung, S. 291 ff.

Hintergrund für die Regelung des Artikels 5 (f) RDK ist, daß in den dort genannten Bereichen die vertraglichen Beziehungen regelmäßig nicht auf persönlichem Vertrauen beruhen, sondern das Individuum in den Hintergrund tritt. Gleichzeitig stehen dem Anbieter eine Vielzahl möglicher Angebote zur Verfügung. Deshalb ist sein Interesse, seine Vertragspartner frei auszusuchen, geringer anzusiedeln als das Interesse, unbeschadet der Rasse gleichberechtigt zu diesen Dienstleistungen Zugang zu haben. Eine Pflicht für die Staaten, einen Kontrahierungszwang in diesem Bereich vorzusehen, ist Artikel 5 (f) RDK allein jedoch nicht zu entnehmen.

2. Kapitel: Der Anwendungsbereich des Artikels 5 (f) RDK: Rassendiskriminierung i. S. d. Artikels 1 RDK

Mit der Auslegung des Artikels 5 (f) RDK wurde bisher geklärt, für welche Bereiche des täglichen Lebens die Konvention Rassendiskriminierung verbietet. Zu untersuchen bleibt, wann eine Zugangsverweigerung eine verbotene Rassendiskriminierung darstellt und welche Maßnahmen dagegen angestrengt werden müssen. Eine Zugangsverweigerung im Gaststättenbereich fällt nur dann unter den Regelungsbereich der Konvention, wenn es sich dabei um eine Rassendiskriminierung im Sinne des Artikels 1 RDK handelt. Der erste Absatz dieses Artikels definiert den Begriff der Rassendiskriminierung. Ausnahmen von dieser Definition sind in den Absätzen 2 bis 4 festgelegt.

Artikel 1 Absatz 1 RDK lautet:

> „In diesem Übereinkommen bezeichnet der Ausdruck „Rassendiskriminierung" jede auf der Rasse, Hautfarbe, der Abstammung, dem nationalen Ursprung oder dem Volkstum beruhende Unterscheidung, Ausschließung, Beschränkung oder Bevorzugung, die zum Ziel oder zur Folge hat, daß dadurch ein gleichberechtigtes Anerkennen, Genießen oder Ausüben von Menschenrechten und Grundfreiheiten im politischen, wirtschaftlichen, sozialen, kulturellen oder jedem sonstigen Bereich des öffentlichen Lebens vereitelt oder beeinträchtigt wird[1]."

---

[1] Die englische Fassung lautet: „In this Convention, the term „racial discrimination" shall mean any distinction, exclusion, restriction or preference based on race, colour, descent, or national or ethnic origin which has the purpose or effect of nullifying or impairing the recognition, enjoyment or exercise, on an equal footing, of human rights and fundamental freedoms in the political, economic, social, cultural or any other field of public life."

Die französische Fassung lautet: „Dans la présente Convention, l'expression „discrimination raciale" vise toute distinction, exclusion, restriction ou préférence fondée sur la race, la couleur, l'ascendance ou l'origine nationale ou ethnique, qui a pour but ou pour effet de détruire ou de compromettre la reconnaissance, la jouissance ou l'exercice, dans des conditions d'égalité, des droits de l'homme et des libertés fondamentales dans les domaines politique, économique, social et culturel ou dans tout autre domaine de la vie publique."

Der Definitionsartikel dient dem erklärten Ziel der Konvention, durch einen weiten Anwendungsbereich umfassend Schutz vor den verschiedenen Erscheinungsformen der Rassendiskriminierung zu gewährleisten[2]. Ihre Bedeutung wird dadurch betont, daß der IGH sie als authentische Interpretation über die Bedeutung und Reichweite der in Artikel 1 Absatz 3 und Artikel 55 der Satzung der Vereinten Nationen enthaltenen Nichtdiskriminierungsklausel ansieht. So orientiert er sich in seinem Gutachten „Advisory Opinion on Legal Consequences for States of the Continued Presence of South Africa in Namibia (South West Africa) notwithstanding Security Council Resolution 276 (1970)" an dieser Definition[3].

Die Weigerung eines Gastwirts, einen Menschen z. B. wegen seiner Hautfarbe in seinem Restaurant zu bewirten, stellt unproblematisch eine ungerechtfertigte Ungleichbehandlung aufgrund der Rasse dar. Aber bereits wenn der Gastwirt nicht auf die Hautfarbe abstellt, sondern zum Beispiel darauf, daß der Gast Türke ist, ist fraglich, ob die Konvention berührt wird. Denn nach Artikel 1 Absatz 2 RDK ist die Staatsangehörigkeit gerade kein verbotenes Kriterium der RDK. Strittig ist auch, ob die Konvention für andere als die eigenen Staatsangehörigen überhaupt Anwendung findet. Zu klären ist ferner, ob Rassendiskriminierung i. S. d. Konvention auch vorliegt, wenn eine Bedingung für die Bewirtung besteht, die nicht an die Rasse selbst anknüpft, aber faktisch dazu führt, daß weniger Menschen einer Rasse in einem Lokal vertreten sind, und wenn ja, wo die Grenze zwischen verbotener faktischer Diskriminierung und erlaubter Unterscheidung verläuft.

A. Das verbotene Unterscheidungskriterium der Rasse

Die Kriterien, aufgrund derer die Unterscheidung von Menschen vorgenommen wird und deren Verwendung durch die Konvention verbo-

---

2 Vgl. Ténékidès, RdC 168 (1980 III), S. 288; Strauss, Das Verbot der Rassendiskriminierung, S. 93.

3 I.C.J. Rep. 1971, 16, 57. Vgl. dazu Buergenthal, International Human Rights in a Nutshell, S. 51; Schwelb, AJIL 66 (1972), S. 350-351; siehe auch McDougal/Lasswell/Chen, Human Rights and World Public Order, S. 599. Auch der Menschenrechtsausschuß griff auf die Definition des Art. 1 Abs. 1 RDK zurück, in: Human Rights Committee, General Comment 18 [37] (non-discrimination) 9.11.1989, CCPR/C/21/Rev.1/Add.1, Zif. 6.

ten werden soll, sind Rasse, Hautfarbe, Abstammung und nationaler oder ethnischer Ursprung. Gemeinsam ist diesen Kriterien, daß sie von den Betroffenen praktisch nicht verändert werden können, mit der Folge, daß sie quasi untrennbar mit dem Schicksal der entsprechenden Gruppe verbunden sind[4].

Unter die Konvention fällt eine Zugangsverweigerung, sofern sie auf einem dieser Merkmale beruht. Der Begriff „Rasse" hat in Artikel 1 RDK eine doppelte Funktion. Einerseits ist der Begriff eins von fünf verbotenen Anknüpfungskriterien. Andererseits bilden alle fünf Begriffe zusammen die „Rasse", aufgrund derer eine Diskriminierung durch die Konvention verboten wird[5].

I. Rasse und Hautfarbe

Das erste verbotene Unterscheidungsmerkmal, die Rasse, wird in der heutigen Völkerrechtslehre nicht mehr biologisch, sondern soziologisch definiert[6]. Davor wurden die zwischen den einzelnen Menschen beste-

---

4 Mahalic/Mahalic, HRQ 9 (1987), S. 78; Partsch, in: Coliver, S. 22; vgl. auch Ramcharan, in: Henkin, S. 253. Kritisch zu der Unveränderlichkeit Partsch, in: Wolfrum, S. 1005, Rz. 9. Anthropologen hätten gezeigt, daß Umwelteinflüsse sogar das äußere Erscheinungsbild eines Menschen in verhältnismäßig kurzer Zeit stark verändern können. Noch stärker gälte dies für linguistische, kulturelle oder historische Treuebände. Ihm folgend Strauss, Das Verbot der Rassendiskriminierung, S. 26.

5 Implizit Partsch, in: Coliver, S. 22. Siehe ferner Jositsch, Strafrecht gegen Rassendiskriminierung, S. 3-5; Cassese, Self-Determination of peoples, A legal reappraisal, S. 112-113, Fn. 20; McKean, Equality and Discrimination under International Law, S. 156; Vierdag (in: The Concept of Discrimination in International Law, S. 104) geht nur von dem Gesamtbegriff der Rasse aus.

6 The Main Types and Causes of Discrimination, UN Doc, E/CN.4/Sub.2/40/Rev.1/7. Zif. 63; Unesco, Statement on Race and Racial Prejudice (26.09.1967), § 4, in: Allen & Unwin Ltd. Ausführlicher Delbrück, Die Rassenfrage als Problem des Völkerrechts und nationaler Rechtsordnungen, S. 13 ff., 63; vgl. auch Wolfrum, in: Referate zum 80. Geburtstag von Partsch, S. 17; Vierdag, The Concept of Discrimination in International Law, S. 87 ff.; Partsch, in: Scheuner/Lindemann, S. 123; ders., in: Coliver, S. 22.; ders., in: Wolfrum, S. 1005 f., Rz. 9; van den Berghe, Race and Racism – A Comparative Perspective, S. 9. Der Ursprung des Wortes Rasse entstammt vermutlich aus dem Arabischen und bedeutet Kopf, Haupt eines Clans oder Stammes, im übertragenen Sinn auch Abstammung. Vgl. Geiss, Geschichte des Rassismus, S. 16; Guyaz, L'incrimination de la discrimination raciale, S. 15; Strauss, Das Verbot der Rassendiskriminie-

henden Unterschiede durch naturwissenschaftliche, insbesondere biologische und anthropologische Einteilungen erklärt. Man ging davon aus, daß es grundsätzlich verschiedene Typen von Menschen gäbe, die sich physisch und intellektuell voneinander unterschieden[7]. Während damit nicht notwendigerweise eine Wertung verbunden war, wurde diese Andersartigkeit jedoch als Vorwand genommen, um den Herrschaftsanspruch eines Volkes über ein anderes zu rechtfertigen[8].

Die darwinsche Evolutionstheorie widerlegte diese Überzeugung. Darwin bewies, daß die Natur, und damit auch der Mensch, einem ständigen Veränderungsprozeß unterworfen ist. Zwischen Menschen bestehende physische und geistige Unterschiede sind auf zwei Faktoren zurückzuführen, Vererbung unterschiedlicher Genstrukturen und Einwirkungen von Umwelteinflüssen[9]. Von zwei verschiedenen Rassen im biologischen Sinn wird heute nur ausgegangen, wenn zwei Arten von Lebewesen sich nicht miteinander kreuzen können. Da verschiedene Menschengruppen nie lange genug isoliert gelebt haben, um sich genetisch derart voneinander fortzuentwickeln, kann aus biologischer Sicht nicht von verschiedenen „Menschenrassen" gesprochen werden[10].

---

rung, S. 3. Zur geschichtlichen Entwicklung des Kriteriums der Rasse in internationalen Beziehungen, siehe Vincent, International Affairs 58 (1982), S. 659 ff.

[7] Eine Einteilung der Völker in verschiedene Rassen findet sich bereits in der Bibel, Genesis 10, mit den drei Söhnen Noahs, die die Semiten (Sem), die Weißen (Jappet) und die Schwarzen (Cham) darstellen. Siehe dazu Banton, Race – as Classification, in: Cashmore, S. 295. Siehe auch die Definitionen des Rassismus bei Ténékidès, RdC 168 (1980 III), S. 290 ff.; Gritti, Deraciner Les Racismes, S. 10 ff.

[8] Vgl. Guyaz, L'incrimination de la discrimination raciale, S. 16; Strauss, Das Verbot der Rassendiskriminierung, S. 4 ff., 21 u. 24 ff. m. w. N; ferner Jacquard, in: Racism, science and pseudo-science, S. 15 ff.

[9] Banton, Race – as Classification, in: Cashmore, S. 295; Guyaz, L'incrimination de la discrimination raciale, S. 16; siehe bereits Partsch, in: Scheuner/Lindemann, S. 123.

[10] Vgl. UNESCO, Statement on Race I, July 1950, Zif. 7, in: Allen & Unwin LtD, S. 344; vgl. auch UN Doc. E/CN.4/Sub.2, SR.411 „There is no such thing as race". Ebenso Vierdag, The Concept of Discrimination in International Law, S. 88; Strauss, Das Verbot der Rassendiskriminierung, S. 6; Geiss, Geschichte des Rassismus, S 20 f.; Jositsch, Strafrecht gegen Rassendiskriminierung, S. 4.; Hamburger, Vereinte Nationen 1968, S. 5; van den Berghe: Race: a synonym, in: Cashmore: S. 296. Zum biologischen Konzept der Rasse wurden verschiedene Studien unter der Schirmherrschaft der UNESCO angefertigt. Vgl. z.B. „Spe-

Trotz diesem Wissen wird teilweise weiterhin versucht, eine biologische Einteilung der Menschen vorzunehmen. Am häufigsten ist der Rückgriff auf die sich ausschließlich nach physischen Merkmalen richtende Dreiteilung zwischen „Negroiden“, „Mongoloiden“ und „Kaukasoiden“[11]. Schon beim Versuch einer weitergehenden Differenzierung besteht keine Einigkeit mehr[12]. Die genannten Unterarten werden durch die Häufigkeit gewisser äußerlicher Merkmale bestimmt, die durch Vererbung übertragen werden. Diese Merkmale stellen jedoch nur einen geringen Teil des allen Menschen gemeinsamen genetischen Erbmaterials dar. Die tatsächlichen Unterschiede sind so marginal, daß von der grundsätzlichen Einheit der Menschen auszugehen ist[13]. Dies gilt um so mehr, als auch „äußerliche Faktoren“ wie die Hautfarbe als das am deutlichsten auffallende Merkmal von der Pigmentierung abhängt, die ihrerseits umweltbedingt ist[14]. Der Versuch, eine allgemeingültige naturwissenschaftliche Definition von Rasse aufzustellen, ist daher zum Scheitern verurteilt[15].

---

cial Study on Racial Discrimination in the Political, Economic, Social and Cultural Spheres, Hernán Santa Cruz, Special Rapporteur on Racial Discrimination, Doc. E/CN.4/Sub.2/307/Rev.I (1971), S. 11-13.

[11] Delbrück; Die Rassenfrage als Problem des Völkerrechts und nationaler Rechtsordnungen, S. 13; Lerner, The UN Convention on the Elimination of All Forms of Racial Discrimination, S. 28 f.; Geiss, Geschichte des Rassismus, S. 23; Sir Rupert John, Racism and its Elimination, S. 12 f.; Zimmer, Hate Speech im Völkerrecht, S. 25 f.

[12] Delbrück, Die Rassenfrage als Problem des Völkerrechts und nationaler Rechtsordnungen, S. 13; Strauss, Das Verbot der Rassendiskriminierung, S. 6; Guyaz, L'incrimination de la discrimination raciale, S. 16; Jositsch, Strafrecht gegen Rassendiskriminierung, S. 3.

[13] Strauss, Das Verbot der Rassendiskriminierung, S. 5; Geiss, Geschichte des Rassismus, 20.

[14] Delbrück, Die Rassenfrage als Problem des Völkerrechts und nationaler Rechtsordnungen, S. 14. Siehe ferner Guyaz; L'incrimination de la discrimination raciale, S. 17 f.; Geiss, Geschichte des Rassismus, S. 20 und die Präambel der RDK. Vgl. auch Strauss, Das Verbot der Rassendiskriminierung, S. 21; UNESCO; Statement on Race I, July 1950, Zif. 14 in: Allen & Unwind Ltd, S. 344; Partsch, in: Wolfrum, Rz. 9 und bereits *supra*, Kapitel 2, Fn. 4.

[15] Die UNESCO hat sich in vier Deklarationen damit beschäftigt, den Rassenbegriff zu definieren. Vgl. 4 Statements on Race, in: Allen & Unwin Ltd, S. 341 ff. Die Erklärung der Generalkonferenz der UNESCO vom 28.11.1978 faßt die allgemein anerkannten Grundsätze zur „Bedeutung“ des Begriffs Rasse für die Menschheit prägnant zusammen, insbes. Art. 1 und 2. Abdruck des

Ausgangspunkt des heute üblichen soziologischen Verständnisses des Rassebegriffs ist die Erkenntnis, daß der Laie, ohne besondere Kenntnisse zu haben, „weiß", ob ein Mensch einer anderen als seiner eigenen „Rasse" angehört oder nicht. Es besteht die Vorstellung, daß die eine Gruppe charakterisierenden äußeren Merkmale Rassenmerkmale sind, gleichgültig, ob dies vom naturwissenschaftlichen Standpunkt aus korrekt ist. Diese subjektiven Qualifikationen bestimmen das Individual- und Gruppenverhalten im Sozialleben. Danach ist eine Rasse eine Gruppe von Menschen, die im tatsächlichen Leben als Rasse angesehen und als solche behandelt wird[16]. Diese Unterteilung wird der Laie in der Regel nach physischen Gesichtspunkten vornehmen, wie Haut- und Haarfarbe, Physiognomie etc.; gleichzeitig spielen kulturelle Aspekte, die auch unter „ethnische Abstammung" fallen, eine Rolle[17]. Maßgeblich ist, daß der andere als so fremd empfunden wird, daß er nicht als derselben Rasse angehörend erachtet wird[18]. Diese Definition erscheint als Zirkelschluß, funktioniert aber so lange, wie die Menschen ein subjektives Konzept von Rasse haben. Dabei ist ein Wesensmerkmal der Einteilungskriterien die Quasi-Unabänderlichkeit der für die Unterscheidung maßgeblichen Eigenschaften.

Zwar erscheint diese Definition sehr unbestimmt. Sie ist aber umfassend genug, um auch Gruppenkonflikte einzuschließen, die aus biologischer Perspektive keine Unterscheidungen erlauben, aber trotzdem Merkmale eines Rassenkonfliktes tragen[19]. Andererseits ist sie nicht so

---

Originaltextes in Lerner, The UN Convention on the Elimination of All Forms of Racial Discrimination, S. 236-244 und Unesco Standard-Setting Instruments, III C 1.

[16] Vgl. Delbrück, Die Rassenfrage als Problem des Völkerrechts und nationaler Rechtsordnungen, S. 15 m. w. N und S. 63; Ermacora, Juristische Blätter 95 (1973), S. 180; van den Berghe, Race and Racism, A Comparative Perspective, S. 9; Strauss, Das Verbot der Rassendiskriminierung, S. 25.

[17] Vgl. Pircher, Der vertragliche Schutz ethnischer, sprachlicher und religiöser Minderheiten im Völkerrecht, S. 30. Ebenso Strauss, Das Verbot der Rassendiskriminierung, S. 25; Fn. 12; ähnlich Jositsch, Strafrecht gegen Rassendiskriminierung, S. 5. Siehe auch Rudolf, Die thematischen Berichterstatter, S. 414 f.

[18] Siehe zur Zuordnung eines Individuums zu einer Gruppe auch *infra*, Kapitel 2, A. VI.

[19] Vgl. Delbrück, Die Rassenfrage als Problem des Völkerrechts und nationaler Rechtsordnungen, S. 15 m. w. N.

vage, daß andere Gruppenkonflikte, z. B. auch solche religiöser, politischer oder sozialer Art, miterfaßt sind.

Da beim soziologischen Rassenbegriff auf kulturelle Aspekte für die Einteilung einer Gruppe zurückgegriffen wird, überschneidet er sich mit dem Begriff des Volkstums bzw. der ethnischen Abstammung[20]. Eine klare Trennung der einzelnen Begriffe ist weder möglich noch für das von der Konvention angestrebte Ziel erforderlich[21].

Die ausdrückliche Aufführung der Hautfarbe als gesondertes Kriterium enthält keine weiteren, über den Begriff „Rasse" hinausgehenden Inhalte[22]. Dieses Unterscheidungskriterium wird lediglich hervorgehoben, da es eines der Hauptmerkmale ist, anhand derer sich Menschen in Rassen einteilen[23].

II. Nationaler Ursprung

Das dritte verbotene Unterscheidungsmerkmal ist der „nationale Ursprung" (national origin, origine nationale). Der Begriff hatte bei der Entstehung der Konvention zu Kontroversen geführt. Es bestand keine Übereinstimmung, ob der soziologische Sinn dieses Begriffs oder der politisch-rechtliche Sinn, nach welchem Nationalität mit Staatsangehörigkeit gleichzusetzen ist, maßgeblich sein sollte[24]. Hintergrund des

---

20 Vgl. dazu *infra*, Kapitel 2, A. III.

21 Delbrück, Die Rassenfrage als Problem des Völkerrechts und nationaler Rechtsordnungen, S. 15. Siehe auch Marten-Gotthold, Der Schutz der Sinti und Roma, S. 97.

22 Vgl. Vierdag, The Concept of Discrimination in International Law, S. 97 f.; Nowak, CCPR Commentary, Art. 2, Rz. 36 f.; Kipp, AVR 9 (1961-62), S. 145; Vincent, International Affairs, 58 (1982), S. 659.

23 Vgl. UN Doc. A/C.3/SR.1304, Zif. 4. So auch Vierdag, The Concept of Discrimination in International Law, S. 90, 97; Jositsch, Strafrecht gegen Rassendiskriminierung, S. 9. Auf keinen Fall kann aus der ausdrücklichen Aufzählung von Hautfarbe geschlossen werden, daß dieses Kriterium nicht mehr unter Rasse fällt. Siehe die Vorarbeiten zur AEM zu der Frage, ob Hautfarbe neben Rasse eingeführt werden sollte, E/CN.4/Sub.2/SR.4, S. 2 ff (dafür u.a. Indien, Australien, Großbritannien, Frankreich).

24 Vgl. UN Doc. E/873, Zif. 85, 99-101; UN Doc. A/C3./SR.1304, Zif. 3 ff.; UN Doc. A/C.3/SR.1304, Zif. 15; UN Doc. E/CN.4/SR.786 und E/CN.4/SR.809, E/3873, Zif. 99-100; UN Doc. E/CN.4/SR.809; UN Doc. A/C3./SR.130, Zif. 23. Der Konflikt wurde letztlich während der Vorarbeiten nicht

Streits war die unterschiedliche Bedeutung des Wortes im Französischen und Englischen einerseits und in den slawischen Sprachen, insbesondere dem Russischen, andererseits[25].

Aus Artikel 1 Absatz 2 und 3 RDK ergibt sich jedoch eindeutig, daß die Unterscheidung zwischen Staatsangehörigen und Nichtstaatsangehörigen von der Konvention gerade nicht erfaßt wird[26]. Denn Artikel 1 Absatz 2 RDK nimmt diese Unterscheidung gerade von der Konvention aus und Absatz 3 schließt einen möglichen Einfluß auf das nationale Staatsangehörigkeitsrecht grundsätzlich aus. Der Begriff stellt daher auf die Zugehörigkeit eines Menschen zu einer Gruppe im ethnischen Sinn ab. Nationale Herkunft meint die Vorfahren einer Person oder ihren Geburtsort, nicht ihre aktuelle Nationalität[27].

Guyaz vertritt die These, daß aufgrund des Anknüpfens an die frühere Staatsangehörigkeit des Diskriminierten der Begriff doch als überwiegend politisch-rechtlich motiviert einzuordnen sei[28]. Diese Auffassung

---

gelöst. Dazu ausführlich Lerner, The UN Convention on the Elimination of All Forms of Racial Discrimination, S. 30; Schwelb, ICLQ 15 (1966), S. 1006; Guyaz, L'incrimination de la discrimination raciale, S. 27.

25 Resich, UN Doc. A/C.3/1304, Zif. 3; Schwelb, ICLQ 15 (1966), S. 1003; Partsch, Rev. sc. crim. 1977, S. 20 f.

26 Partsch, Rev. sc. crim. 1977, S. 20 f. Durch diese Einschränkung wurde sichergestellt, daß temporäre Maßnahmen für neu eingebürgerte Staatsangehörige möglich blieben, sie z. B. für eine Übergangsperiode nicht dieselben politischen Rechte genießen wie andere Staatsangehörige. Siehe dazu UN Doc. E/CN.4/SR. 786, Zif. 99-101 und insgesamt Lerner, The UN Convention on the Elimination of All Forms of Racial Discrimination, S. 30.

27 Vgl. z.B. UN Doc. A/C.3/SR.1304, Zif. 23 und Zif. 15, ferner UN Doc. E/3873, Zif. 99-101. Siehe auch Harris; Cases and Materials on International Law, S. 675; Vierdag, The Concept of Discrimination in International Law, S. 88; Strauss, Das Verbot der Rassendiskriminierung, S. 94. Im Ergebnis auch Partsch, Rassendiskriminierung, S. 5 f.; ders., GYIL 20 (1977), S. 121/122; Remmelink, in: FS Jescheck, S. 608.

28 Guyaz; L'incrimination de la discrimination raciale, S. 27 f. Er stützt sich bei seiner Argumentation auf die Stellungnahmen der USA und Polens im Dritten Ausschuß der Generalversammlung. Vgl. UN Doc. A/C.3/SR.1304, Zif. 5 und Zif. 23. Siehe auch Schwelb, ICLQ 15 (1966), S. 1007. Dieser hält den politisch-rechtlichen und soziologischen Aspekt des Begriffs „Nationalität" aus Praktikabilitätsgründen gleichermaßen für relevant. Widersprüchlich ist jedoch, daß er auf S. 1009 verlangt, daß aus Gründen der Einheitlichkeit „nation" hier „ebenfalls" im politisch-rechtlichen Sinn zu verstehen sei.

vernachlässigt jedoch, daß in der Regel Ursache für eine Diskriminierung gerade nicht die rechtliche Zugehörigkeit zu einem Staat ist, sondern die Verfolgung bestimmter Traditionen und Verhaltensweisen, aufgrund derer die Umwelt bestimmt, daß ein Mensch (vermeintlich) einer anderen Gruppe angehört. Der politisch-rechtliche Aspekt des Begriffs wird nur insoweit relevant, als die ehemalige Staatsangehörigkeit ein konkreter Anknüpfungspunkt ist, der die Aufdeckung der Ungleichbehandlung aufgrund des nationalen Ursprungs leichter ermöglicht[29]. Bei Zugangsverboten im Gaststättenbereich ist es regelmäßig unerheblich, ob eine Person, die nicht eingelassen wird, weil sie türkischer, russischer, serbischer „Nationalität" ist, tatsächlich diese Staatsangehörigkeit besitzt oder z. B. deutscher Staatsangehöriger ist. Für den soziologischen Aspekt spricht auch, daß sich die Konvention auf unabänderliche, nicht durch das Individuum beeinflußbare Merkmale stützt. Die Staatsangehörigkeit kann unter besonderen Voraussetzungen gewechselt werden, beim nationalen Ursprung besteht diese Möglichkeit nicht im gleichen Maße[30].

Bei diesem Verständnis des „nationalen Ursprungs" ist eine Abgrenzung zum ethnischen Ursprung schwer und wenig ergiebig[31]. Es hat sich jedoch herausgestellt, daß eine Ungleichbehandlung aufgrund des „nationalen Ursprungs" leichter zu beweisen ist und daher gegenüber der „ethnischen Ungleichbehandlung" Vorteile hat[32]. Unter dieses Kriterium fallen die Zugangsverbote, die deutsche Gastwirte z.B. gegenüber „Türken", „Russen" oder anderen über die Nationalität bestimmten Gruppen verhängen.

III. Ethnischer Ursprung

Das vierte verbotene Anknüpfungskriterium des Artikels 1 RDK ist das „Volkstum". Mit diesem Begriff wurde im deutschen Bundesgesetzblatt

---

[29] Vgl. Banton, International Action Against Racial Discrimination, S. 194.

[30] Banton, International Action Against Racial Discrimination, S. 194; Mahalic/Mahalic, HRQ 9 (1987), S. 78.

[31] UN Doc. E/CN.4/Sub.2/L.583, S. 19 f.; im Erg. wie hier Strauss, Das Verbot der Rassendiskriminierung, S. 94; Schwelb, ICLQ 15 (1966), S. 1007. Siehe auch Partsch, Rev. sc. crim. 1977, 20 f.; Beynon/Love, The Law Quarterly Review 100 (1984), S. 121 ff. und Diaconu, UN Doc. E/CN.4/1999/WG.1/BP.10. Einen Unterschied bejaht Coleman, RDH/HRJ 2 (1969), S. 623.

[32] Banton, International Action Against Racial Discrimination, S. 194.

„ethnic origin" bzw. „origine ethnique" übersetzt. Treffender ist die Übersetzung ethnische Abstammung bzw. Ursprung[33]. Da nur die authentischen Sprachen für die Auslegung maßgeblich sind, wird im folgenden von diesem Begriff ausgegangen.

Der Ausdruck „ethnisch" stammt vom dem griechischen „ethnos" ab und bedeutet Volk[34]. Trotz existierender Abgrenzungs- und Definitionsschwierigkeiten ist unstrittig, daß der Begriff über soziale, kulturelle und historische Komponenten definiert wird[35]. Eine Ethnie ist, stark vereinfacht, eine Menschengruppe mit einheitlicher Kultur. Der Ausdruck nimmt Bezug auf die Gesamtheit der objektiven Eigenschaften, die einer Gruppe von Menschen gemeinsam sind und deren Vorhandensein sich diese Gruppe und ihre Umwelt bewußt sind[36]. Entsprechende kulturelle und historische Eigenschaften äußern sich insbesondere in der Herkunft, der gemeinsamen Geschichte, der Erziehung, der Sprache und Religion, in Sitten, Gebräuchen und Siedlungsgewohnheiten, in der wirtschaftlichen und sozialen Stellung und ganz allgemein in der Lebensart[37].

Damit sind auch Völker, die sich sehr ähnlich sind und nicht ohne weiteres anhand von physischen Merkmalen einer Gruppe zugeordnet werden können, erfaßt. Partsch führt als Beispiele Franzosen, Italiener

---

[33] Partsch, in: Wolfrum, Handbuch der Vereinten Nationen, Rz. 9, S. 651; ders., EuGRZ 1994, S. 430, Fn. 5.

[34] Court of Appeal, London, Urteil vom 29.7.1982, Mandla gegen Dowell-Lee, EuGRZ 1982, S. 352; Oxenknecht, Der Schutz ethnischer, religiöser und sprachlicher Minderheiten, S. 109.

[35] Vgl. UN Doc E/CN.4/Sub.2/80; UN Doc E/CN.4, Sub.2/L.583, S. 19; ferner Ansbach/Heintze, Selbstbestimmung und Verbot der Rassendiskriminierung im Völkerrecht, S. 82.

[36] Ansbach/Heintze, Selbstbestimmung und Verbot der Rassendiskriminierung im Völkerrecht, S. 82; Pircher, Der vertragliche Schutz ethnischer, sprachlicher und religiöser Minderheiten im Völkerrecht, S. 30. Vgl. auch Coleman, RDH/HRJ 2 (1969), S. 623. Siehe zur Definition der ethnischen Minderheit, Ténékidès, RdC 168 (1980 III), S. 383-387.

[37] House of Lords, London, Urteil vom 24.3.1983, Mandla gegen Dowell-Lee, EuGRZ 1983, S. 533; Court of Appeal, Neuseeland, King-Ansell gegen Police, [1979] 2 NZLR 531, EuGRZ 1983, S. 533; Pircher, Der vertragliche Schutz ethnischer, sprachlicher und religiöser Minderheiten im Völkerrecht, S. 30; Strauss, Das Verbot der Rassendiskriminierung, S. 93; Oxenknecht, Der Schutz ethnischer, religiöser und sprachlicher Minderheiten, S. 110 f.; Partsch, in: Wolfrum, S. 1005 f., Rz. 9.

und Spanier an[38]. Auch ein Zutrittsverbot für einen „Gastarbeiter" kann unter dieses Kriterium subsumiert werden.

Die Schwierigkeiten, die sich bei der konkreten Anwendung des Begriffs ergeben, verdeutlicht der britische Fall Mandla gegen Dowell-Lee aus dem Jahr 1982[39]. In diesem Fall wurde einem gläubigen Sikh die Einschulung in eine Privatschule verweigert, da er im Widerspruch zur geltenden Schulordnung darauf bestand, seine Haare nicht zu schneiden und einen Turban zu tragen[40]. Eines der Hauptprobleme des Falles war, ob die Sikhs eine Rasse im Sinne des Race Relation Act von 1976 waren. Während der Court of Appeal dies verneint hatte und die Sikhs ausschließlich als Angehörige einer Religion ansah, erkannte das House of Lords den Sikhs den Status der Rasse zu. Dem ist grundsätzlich zuzustimmen. Über den Begriff der Ethnie können auch religiös bedingte Diskriminierungen unter den Schutzbereich der Konvention fallen, sofern die Ungleichbehandlung nicht auf dem Glauben selbst, sondern auf der daraus folgenden kulturellen Andersartigkeit beruht[41]. Entgegen

---

[38] Partsch, Rev. sc. crim. 1977, S. 20. Vgl. auch das Beispiel Niewerts (Der kollektive und der positive Schutz von Minderheiten und ihre Durchsetzung im Völkerrecht, S. 37) von ethnischen Minderheiten: Serben, Kroaten, Slowenen.

[39] Vgl. dazu Court of Appeal, London, Urteil vom 29.7.1982, EuGRZ 1982, S. 352 ff. und House of Lords, London, Urteil vom 24.3.1983, EuGRZ 1983, S. 532 f. Kritisch Beynon/Love, The Law Quarterly Review, 121 ff. Vgl. auch Partsch, in: Coliver, S. 22 und Banton, CERD/C/SR.1199, Zif. 4; Gearty, in: Alston, S. 336 f.

[40] Als Grund für die Weigerung gab der Beklagte an, daß durch den Turban die Harmonie in der Schulgemeinschaft, in der verschiedene Religionen vertreten waren, gestört würde. Er meinte, daß das Tragen eines Turbans ausschließlich die religiöse Zugehörigkeit betone. Eine Rassendiskriminierung sei außerdem schon deshalb zu verneinen, weil von den 350 eingeschriebenen Schülern neben mehr als 200 Engländern, fünf Sikhs, 34 Hindus, sechs Schwarze, 16 Perser und sieben Chinesen seien. Keiner der anderen Sikhs bestehe darauf, einen Turban zu tragen. Der Kläger rügte einen Verstoß gegen Art. 1 I B des Race Relation Act von 1976, da die Anzahl der Sikhs, die dem Dress Code der Schule entsprechen könnten, erheblich geringer sei als die Zahl der Nicht-Sikhs. Vgl. EuGRZ 1982, S. 352 und EuGRZ 1983, S. 532.

[41] Yutzis, UN Doc. CERD/C/SR.688, Zif. 70 und Lamptey, ebenda, Zif. 56 und 58; Sadiq Ali, UN Doc. CERD/C/SR.1205, Zif. 37. Ebenso Ansbach/Heintze, Selbstbestimmung und Verbot der Rassendiskriminierung im Völkerrecht, S. 82 f.; Banton, International Action Against Racial Discrimination, S. 195. Vgl. auch Bahnev, UN Doc. CERD/C/SR.436, Zif. 18, siehe ferner UN Doc. GAOR (A/38/18), Zif. 156 und 360. Zu weitgehend Shahi, UN Doc.

dem ursprünglichen Anliegen wurden zwar Diskriminierung aufgrund der Religion und der Rasse nicht in eine einheitliche Konvention zusammengefaßt, da bezüglich der Religion kein Konsens erzielt werden konnte[42]. Die Anstrengungen der Vereinten Nationen gegen Diskriminierung aufgrund der Religion wurden daher in einem getrennten Verfahren fortgeführt[43]. Ebenso scheiterte der Versuch, zumindest Antisemitismus als besonders krasses Beispiel der Rassendiskriminierung explizit in die Konvention aufzunehmen[44]. Das heißt jedoch nicht, daß spezifische Phänomene wie der Antisemitismus aus dem Bereich der Konvention herausgenommen werden sollten. Der Konsens bestand darin, eine Regelung mit genereller Reichweite zu entwerfen, so daß keine Notwendigkeit bestand, einzelne Formen der Diskriminierung aufzuzählen[45]. Es ist daher anerkannt, daß unter den oben genannten

---

CERD/C/SR.688, Zif. 58, der die Konvention auf Religion ausdehnen will; vgl. auch UN Doc. GAOR (A/38/18), Zif. 140.

[42] Vgl. den Bericht des Dritten Ausschusses der Generalversammlung, UN Doc A/5305, 22. Nov. 1962. Siehe auch die Resolution der Generalversammlung 1780 (XVII) vom 7.12 1962 und 1781 (XVII) vom 7.12.1962 (UN Doc, GAOR, 17. Sess/1962, Supp. 17 (A/52/7), S. 32 f.); Schwelb; ICLQ 15 (1966), S. 998 f.; Hamburger, Vereinte Nationen 1968, S. 6; Partsch, in: Wolfrum, S. 1004, Rz. 7.

[43] Eine Einigung über ein Diskriminierungsverbot in diesem Bereich erwies sich als sehr viel schwieriger. Erst 1981 erging die Deklaration der Generalversammlung über die Beseitigung aller Formen von Intoleranz und von Diskriminierung aufgrund von Religion und Glaube UN Doc GAOR (1981) (A/36/51), S. 171. Eine eigene Konvention steht noch aus. Kritisch zu der Trennung Moskowitz, RDH/HRJ 4 (1971), S. 282 ff.

[44] Siehe UN Doc. E/CN.4/SR.789 und SR 807; E/3873, Zif. 271 ff.; E/CN.4/874; E/CN.4/SR.807 für das Verfahren im Menschenrechtsausschuß und UN Doc. A/C.3/SR.1301, Zif. 19 u. 21; UN Doc. A/C.3/L.1231; A/C.3/L.1211; A/6181, Zif. 10 (c). Ausführlich zu diesem Teil des Entstehungsprozesses Schwelb, ICLQ 15 (1966), S. 1010 ff.; Lerner, The UN Convention on the Elimination of All Forms of Racial Discrimination, S. 68; ders., Group Rights and Discrimination in International Law, S. 47; Hamburger, Vereinte Nationen 1968, S. 6.; Coleman, RDH/HRJ 2 (1969), S. 610; Zimmer, Hate Speech und Völkerrecht, S. 52 f.

[45] Vgl. UN Doc. A/C.3/SR.1311 und SR.1313. Dazu ausführlich Schwelb, ICLQ 15 (1966), S. 1014. Zu einer Ausschußdiskussion anläßlich eines norwegischen Falles vgl. UN Doc. CERD/C/SR.688, Zif. 56-70 und UN Doc. GAOR (A/39/18) Zif. 504, 507, 509. Siehe dazu Meron, AJIL 79 (1985), S. 304. Vgl. ferner Aboul-Nasr, Yutzis, CERD/C/SR.1211, Zif. 27 u. 28.

Voraussetzungen Antisemitismus unter den Schutzbereich der Konvention fällt[46]. Dafür spricht, daß gerade eine Welle des Antisemitismus Auslöser für die Erarbeitung der Konvention war[47]. Dasselbe gilt für andere Gruppen, deren äußeres Erscheinungsbild und Auftreten in der Gesellschaft religiös geprägt ist[48]. Dies wird durch die Tatsache belegt, daß es Menschen gibt, die sich als Juden oder Sikhs sehen oder als solche angesehen werden, ohne die Religion zu praktizieren. Die ethnische Gruppe ist daher größer als die religiöse.

IV. Abstammung

Verboten ist ferner Diskriminierung aufgrund der Abstammung („descent"/"l'ascendance"). Das Kriterium wurde erst im Dritten Ausschuß der Generalversammlung aufgrund eines indischen Vorschlags aufgenommen[49]. Aus dem Protokoll der Vorarbeiten ergibt sich kein Hinweis auf einen über ethnischen und nationalen Ursprung hinausgehenden Inhalt[50]. Es wird – nicht zuletzt weil es sich um eine Initiative des indischen Vertreters handelte – allgemein angenommen, daß damit der Anwendungsbereich der Konvention auf das indische Kastenwesen

---

[46] Vgl. UN Doc. A/C.3/SR.1313, Zif. 8 ff.; de Gouttes, UN Doc. CERD/C/SR.1228, Zif. 20; siehe aber van Boven, UN Doc. CERD/C/SR.1340, Zif. 9; vgl. ferner Schwelb, ICLQ 15 (1966), S. 1014; Hamburger, Vereinte Nationen, 1968, S. 6; Lerner, IYHR 1 (1971), S. 109 f.; vgl. auch ders., IHR 1 (1971), S. 103 ff.; Coleman, RDH/HRJ 2 (1969), S. 609 ff.; ferner Rudolf, Die thematischen Berichterstatter, S. 420.

[47] Vgl. *supra*, Einleitung, Fn. 8.

[48] Jositsch, Strafrecht gegen Rassendiskriminierung, S. 10; Partsch, in: Scheuner/Lindemann, S. 123; O'Flaherty, in: Pritchard, S. 165; implizit Banton, UN Doc. CERD/C/SR.1250, Zif. 33; vgl. auch Wolfrum, Max Planck UNYB 3 (1999), S. 499; Diaconu, UN Doc. E/CN.4/1999/WG1/BP.10, Zif. 16.

[49] UN Doc. A/C.3/L.1216 und L.1238; A/6181, Zif. 33, 37 und 41 (a). Siehe Schwelb, ICLQ 15 (1966), S. 1002; Harris, Cases and Materials on International Law, S. 675; Lerner, The UN Convention on the Elimination of All Forms of Racial Discrimination, S. 29.

[50] Vierdag, The Concept of Discrimination in International Law, S. 104; Strauss, Das Verbot der Rassendiskriminierung, S. 93, Fn. 3; Diaconu, UN Doc. E/CN.4/1999/WG.1/BP.10, Zif. 17. Einen strukturellen Unterschied zwischen Abstammung und nationalem und ethnischen Ursprung sieht Hamburger, Vereinte Nationen 1968, S. 5; ebenso McKean, Equality and Discrimination, S. 156.

ausgeweitet werden sollte[51]. Denn die Angehörigkeit zu einer Kaste wird durch Geburt erlangt[52]. Die Bedeutung dieses Kriteriums für das Kastenwesen beruht auf der Unklarheit, ob eine Kaste eine ethnische oder eine soziale Gruppe ist[53]. Nicht durch die Konvention erfaßt ist die soziale Abstammung, wie die Zugehörigkeit zum Adel, zu armen gesellschaftlichen Schichten, etc.[54].

V. Abgrenzung zu Diskriminierungen aufgrund anderer Kriterien

Bereits während der Behandlung des Kriteriums des ethnischen Ursprungs zeigte sich, daß nicht immer ohne weiteres ersichtlich ist, ob eine Diskriminierung auf der Rasse oder auf einem anderen Kriterium beruht.

Bei einer Gemengelage von Diskriminierungsmotiven besteht die Gefahr, daß die eigentliche Problematik eines Sachverhalts nicht aufgedeckt wird; denn nur wenn die wirkliche Ursache einer Diskriminierung herausgefiltert wird, kann sie effektiv bekämpft werden[55]. An-

---

51 Siehe hierzu ausführlicher Schwelb, ICLQ 15 (1966), S. 1003, Fn. 43; Zimmer, Hate Speech und Völkerrecht, S. 48 ff.; ferner Hamburger, Vereinte Nationen 1968, S. 5. A. A. inzwischen Indien, vgl. UN Doc. CERD/C/299/ Add.3 Vgl. aber die Concluding Observation zu Indien, CERD/D/304/Add.13, Zif. 27; Sadiq Ali, CERD/C/SR.1195, Zif. 6 und Wolfrum, Max Planck UNYB 3 (1999), S. 497.

52 Wolfrum, in: Baum/Riedel/Schaefer, S. 131.

53 Siehe Partsch, in: Coliver, S. 22 und ders., in: Wolfrum, S. 1006, Rz. 9; Remmelink, in: FS Jescheck, S. 609; McKean; Equality and Discrimination under International Law, S. 156.

54 Guyaz, L'incrimination de la discrimination raciale, S. 26; Remmelink, in: FS Jescheck, S. 609. Mißverständlich ist insoweit Partsch, in: Vasak, S. 86 und ders., in: Wolfrum, S. 1006, Rz. 9; siehe zur Erläuterung aber ders., Rassendiskriminierung, S. 6. Ebenso Schweizer BBl. 1992 III, S. 277.

55 Der Ausschuß ist sich über die Notwendigkeit der Abgrenzungen bewußt. Vgl. Sadiq Ali, UN Doc. CERD/C/SR.1113, Zif. 21; Banton, UN Doc. CERD/C/SR.1283, Zif. 42; van Boven, *ebenda*, Zif. 44; ferner Banton, International Action Against Racial Discrimination, S. 192, 195. Erschwert wird die Abgrenzung der Differenzierungsgründe dadurch, daß die Rassendiskriminierungskonvention die erste Antidiskriminierungskonvention war. Es bestand und besteht die Gefahr, daß die auch rassisch motivierten Diskriminierungen überhaupt nicht geahndet werden, wenn sie nicht in den Schutzbereich der Konvention aufgenommen werden.

dernfalls mutiert das Rassendiskriminierungsverbot zu einem schwer einschränkbaren allgemeinen Diskriminierungsverbot. Diese Konvention ist jedoch nicht geeignet, eine solche Rolle zu spielen, da die Anforderungen an die Rechtfertigung einer rassischen Diskriminierung hoch sind. Eine solche Funktion ist vielmehr – mangels eines völkergewohnheitsrechtlichen allgemeinen Diskriminierungsverbots – Artikel 26 IPbpR vorbehalten[56].

Überschneidungen können, wie bereits im Fall des ethnischen Ursprungs diskutiert, mit auf der Religion beruhenden Ungleichbehandlungen auftreten[57]. Beruht eine Diskriminierung auf religiösen Motiven, ist die Diskriminierung als Problem der Religionsfreiheit zu lösen. Die maßgebliche Frage ist, ob eine Person auch dann diskriminiert worden wäre, wenn sie einer anderen Rasse angehört hätte[58]. Schwierigkeiten, den wirklichen Grund einer Diskriminierung auszumachen, können auch bei Diskriminierung aufgrund des Geschlechts entstehen[59].

---

[56] Siehe dazu Nowak, CCPR Commentary, Art. 26, Rz. 12; Ramcharan, in: Henkin, S. 253; Opsahl, Equality and Non-Discrimination, in: Law and Equality, S. 193; Bayefsky, HRLJ 11 (1990), S. 2, 34; Delbrück, Discrimination, in: Wolfrum, S. 420, Zif. 7; dagegen Tomuschat, in: FS Schlochauer, S. 698, 708.

[57] Vgl. *supra*, Kapitel 2, A. III.

[58] Banton (in: International Action Against Racial Discrimination, S. 192 ff.) nennt diesen Test, den er in Anlehnung an die Praxis britischer Gerichte vorschlägt, „but for" test. Siehe auch Bartsch, EuGRZ 1982, S. 354. Im oben diskutierten Fall Mandla gegen Dowell-Lee (EuGRZ 1982, S. 352 und EuGRZ 1983, S. 532, vgl. Kapitel 2, Fn.39 f.) war dem Kläger das Tragen des Turbans aus religiösen Gründen Pflicht und wurde auch aus gerade diesen Gründen verweigert, da befürchtet wurde, daß die Harmonie durch das Zurschaustellen der Religion gestört werden könnte. Dem Gericht war jedoch ein Rückgriff auf die Religionsfreiheit verwehrt, da nur die Feststellung einer Diskriminierung aufgrund des Race Relation Act von 1976 im Verfahren begehrt worden war.

[59] Siehe zur geschlechtsbezogenen rassischen Diskriminierung General Recommendation XXV on Gender Related Dimensions of Racial Discrimination, UN Doc. GAOR (A/55/18), Annex V. A; ferner UN Doc. CERD/C/SR.1381, Zif. 5 ff.; UN Doc. CERD/C/SR.1391, Zif. 19 ff. Im März 1997 diskutierte der RDA, ob Mißhandlungen philippinischer Hausmädchen im Irak eine Diskriminierung aufgrund der Rasse oder des Geschlechts darstelle. Siehe dazu Sadiq Ali, CERD/C/SR.1113, Zif. 21. Wenn davon auszugehen ist, daß ein philippinischer Hausmann eine ähnlich schwache rechtliche Stellung hätte, wäre eine Diskriminierung aufgrund der Rasse zu bejahen. Vgl. ferner UN Doc. Banton, CERD/C/SR.1283, Zif. 42.

Besteht in diesen Fällen eine Gemengelage, bei der die „eigentliche" Ursache der Ungleichbehandlung nicht ermittelt werden kann, bleibt die RDK schon aus teleologischen Gründen anwendbar. Da die Konvention nicht verlangt, daß Rasse das einzige Motiv für eine Unterscheidung ist, liegt zumindest auch eine Diskriminierung aufgrund der Rasse vor[60]. In Zweifelsfällen werden die verschiedenen Ursachen der Diskriminierung – Rasse, Geschlecht, Religion etc. – gleichermaßen berücksichtigt.

VI. Zuordnung eines Individuums zu einer rassischen Gruppe

Von herausragender Bedeutung für die Anwendung der Konvention ist, wem die Kompetenz zukommt, die Zugehörigkeit eines Individuums zu einer Rasse und die Festlegung einer Gruppe als Rasse zu bestimmen. Denn nur wenn ein Individuum als zu einer anderen Rasse zugehörig anerkannt wird, kann eine Ungleichbehandlung im Verhältnis zur übrigen Bevölkerung auf ein rassisches Motiv zurückgeführt werden. Obläge diese Kompetenz den Staaten, hätten sie es in der Hand, die Anwendung der Konvention dadurch zu verhindern, daß sie die Existenz einer rassischen Gruppe verneinen[61].

Dies aber widerspricht dem umfassenden Schutzzweck der Konvention[62]. Aus dem soziologischen Ansatz des Rassebegriffs ergibt sich, daß einerseits die subjektive Einschätzung der Gruppe selbst und ihr Bewußtsein als Gruppe mit eigener separater Identität maßgeblich sein müssen, andererseits aber auch die Einschätzung der übrigen Bevölkerung zu beachten ist[63]. So kann ein Individuum oder eine Gruppe sich

---

[60] Vgl. Aboul-Nasr, UN Doc. CERD/C/SR.1283, Zif. 52; Schwelb ICLQ 15 (1966), S. 1015, Fn. 108; Banton, International Action Against Racial Discrimination, S. 195. Siehe zu den Abgrenzungsproblemen auch Ténékidès, RdC 168 (1980 III), S. 370 f.

[61] Vgl. Partsch, in: Wolfrum, S. 1005 f., Rz. 9.

[62] Wolfrum, in: Baum/Riedel/Schaefer, S. 131; vgl. auch Zimmer, Hate Speech im Völkerrecht, S. 45.

[63] Partsch, in: Wolfrum, S. 1005, Rz. 9; ders., in: Coliver, S. 22; Strauss, Das Verbot der Rassendiskriminierung, S. 26; Wolfrum, in: Referate zum 80. Geburtstag von Partsch, S. 17; Zimmer, Hate Speech im Völkerrecht, S. 29 f. Siehe auch House of Lords, London, 24.3.1983, Mandla gegen Dowell-Lee, EuGRZ 1983, S. 533 und Court of Appeal von Neuseeland, King-Ansell v. Police [1979] 2 NZLR 531, EuGRZ 1983, S. 533.

als voll in die Gesellschaft integriert betrachten, während die Landsleute nicht davon ausgehen[64]. Einem Staat ist daher nicht erlaubt, die Existenz einer ethnischen Gruppe zu leugnen, solange ihre Mitglieder sich ihrer Identität bewußt sind.

Von der Einteilung der Gruppe selbst ist die Frage abzugrenzen, ob ein bestimmtes Individuum Teil von ihr ist. In der „General Recommendation VIII" hat sich der Ausschuß dafür ausgesprochen, grundsätzlich auf die Selbsteinschätzung des einzelnen abzustellen, es sei denn, die Umstände rechtfertigen eine andere Einschätzung[65]. Dafür spricht, daß objektive Kriterien, wie z. B. die Beherrschung einer Minderheitensprache, wenig geeignet sind, eine klare Zuordnung zum subjektiv bestimmten Rassebegriff zu gewährleisten. Aber auch Fremdbestimmung durch Mitglieder anderer Gruppen kann maßgeblichen Einfluß für die Zuordnung eines Individuums zu einer rassischen Gruppe haben, wie das von Partsch aufgezeigte Beispiel der in Deutschland 1933 ansässigen Juden verdeutlicht[66]. Gerade im Bereich der Diskriminierung durch

---

64 Partsch, in: Wolfrum, S. 1006, Rz. 9 mit dem Beispiel der 1933 lang ansässigen Juden in Deutschland. Bekannt geworden ist ferner der Fall Phipps, in dem eine Frau, die sich als Weiße betrachtet hatte, als Schwarze eingestuft wurde, weil ihre Ur-Ur-Ur Urgroßmutter schwarz gewesen sei (Doe v. Department of Health and Human Resources, 479 So 2d 369 (La. Ct. App. 1985), zitiert bei Zimmer, Hate Speech und Völkerrecht, S. 45, Fn. 109.

65 General Recommendation VIII concerning the interpretation and application of article 1, paragraphs 1 and 4 of the Convention UN Doc. GAOR (A/45/18), HRI/GEN/1/Rev.1.: „Having considered reports from State parties concerning information about the ways in which individuals are identified as being members of a particular racial or ethnic groups, [The Committee] is of the opinion that such identification shall, if no justification exists to the contrary, be based upon self-identification by the individual concerned." Zur Diskussion siehe CERD/C/SR.883, Zif. 51 ff.; Aboul-Nasr, CERD/C/SR.867, Zif. 36 und Wolfrum, CERD/C/SR.984, Zif. 66 ff.; ferner UN Doc. GAOR (A/52/18), Zif. 570. Vgl. auch Capotorti, Study on the Rights of Persons belonging to Ethnic, Religious and Linguistic Minorities, S. 97; ferner United Nations, Possible ways and means of facilitating the peaceful and constructive solution of problems involving minorities, E/CN.4/1993/85, Zif. 19 und E/CN.4/Sub.2/1992/37/Add. 1 und Add. 2. Werden einer bestimmten Gruppe besondere Rechte gewährt, kann es jedoch auch auf die Einschätzung der Gruppe selbst ankommen. Vgl. dazu den Fall der Samis in Finnland, CERD/C/SR.1310, Zif. 39; dazu Wolfrum, in: Baum/Riedel/Schaefer, S. 131.

66 Partsch, in: Wolfrum, S. 1006, Rz. 9; ders., in: Wolfrum, Handbuch der Vereinten Nationen, Rz. 9; ders., in: Vasak, S. 85; siehe ausführlich hierzu Zimmer, Hate Speech und Völkerrecht, S. 45 ff.

Privatpersonen ist die Einschätzung der übrigen Bevölkerung von Bedeutung. Der diskriminierende Gastwirt bestimmt nicht nur, welcher Rasse er den Zugang zu seiner Gaststätte verbieten will, sondern auch, wen er zu dieser Rasse zählt.

VII. Zwischenergebnis

Insgesamt ist die Definition der Rasse sehr weit angelegt. Artikel 1 stellt nicht auf biologische Kriterien ab, sondern auf soziologische, kulturelle, und historische Elemente. Wie sich die einzelnen Kriterien unterscheiden, ist weder definiert noch genau feststellbar, so daß es zu Überschneidungen kommt[67]. Diese Unschärfe ist jedoch nicht als Mangel zu werten, sondern dient einerseits dem Ziel der Konvention, Diskriminierung aufgrund der Rasse möglichst umfassend auszuschalten[68]. Die Weite der Definition vermeidet Kontroversen. Andererseits ist der Begriff „Rasse" nicht genau präzisierbar; der Versuch einer absoluten Begriffsbestimmung ist von vornherein zum Scheitern verurteilt. Die Gesamtheit der aufgezählten Unterscheidungskriterien erlaubt, jede Diskriminierung aufgrund der „rassischen Zugehörigkeit" zu erfassen[69]. Verbleibende Definitionsprobleme werden dadurch gemildert, daß der Ausschuß zur Beseitigung der Rassendiskriminierung bei der Beratung der periodischen Berichte der Vertragsstaaten feststellt, ob ein konkre-

---

[67] So wird Rasse teilweise mit Ethnie erklärt und Ethnie mit Rasse. Vgl. z. B. Oxenknecht, Der Schutz ethnischer, religiöser und sprachlicher Minderheiten, S. 111.; Vierdag, The Concept of Discrimination, S. 90. Kritisch zu der Terminologie äußert sich Hamburger, Vereinte Nationen 1968, S. 5; vgl. auch Partsch, Rassendiskriminierung, S. 5 f.

[68] Diaconu, E/CN.4/1999/WG.1/BP.10, Ziff. 17; Ansbach/Heintze, Selbstbestimmung und Verbot der Rassendiskriminierung im Völkerrecht, S. 82; Partsch, in: Wolfrum, S. 1005 f., Rz. 9; Vierdag, The Concept of Discrimination in International Law, S. 90. Vgl. auch UN Doc. E/CN.4/Sub.2/L.583, S. 19 f. Angesichts des Unvermögens, Rasse biologisch zu bestimmen, ist vorgeschlagen worden, auf den Rassebegriff zu verzichten und von Ethnien zu sprechen. Vgl. UN Doc. E/CN.4/Sub.2/L.583, S. 20. Siehe auch Unesco, Four Statements on the Race Question, UNESCO Paris 1969, S. 31: „National, religious, geographic and cultural groups have wrongly been called races".

[69] Partsch, Racial Discrimination, in: Wolfrum, United Nations, S. 1005 f., Rz. 9; Strauss, Das Verbot der Rassendiskriminierung, S. 94; Delbrück, Die Rassenfrage als Problem des Völkerrechts und nationaler Rechtsordnungen, S. 154; siehe dazu auch Wolfrum, Max Planck UNYB 3 (1999), S. 497.

ter Fall unter die Definition von Art. 1 Abs. 1 RDK subsumiert werden kann. Einige Personengruppen haben sich als besonders gefährdet herausgestellt. Dazu zählen ethnische Minderheiten, autochthone Bevölkerungen oder Aborigines, Wanderarbeiter, Flüchtlinge, Sinti und Roma[70].

B. Unterscheidungen aufgrund der Staatsangehörigkeit

Absatz 2 des ersten Artikels nimmt Unterscheidungen aufgrund der Staatsangehörigkeit ausdrücklich aus dem Schutzbereich der Konvention heraus. Dort heißt es:

> „Dieses Übereinkommen findet keine Anwendung auf Unterscheidungen, Ausschließungen, Beschränkungen oder Bevorzugungen, die ein Vertragsstaat zwischen eigenen und fremden Staatsangehörigen vornimmt[71]."

In dieselbe Richtung geht Artikel 1 Absatz 3 RDK. Danach ist die Konvention „nicht so auszulegen, als berühre [sie] ... die Rechtsvorschriften der Vertragsstaaten über Staatsangehörigkeit, Staatsbürgerschaft oder Einbürgerung, sofern diese Vorschriften nicht Angehörige eines bestimmten Staates diskriminieren[72]." Ausgenommen aus dem

---

[70] Ténékidès, RdC (168) 1980 III, S. 383 ff.; Banton, CERD/C/SR.1352, Zif. 41; siehe auch van Boven, in: FS de Waart, S. 168; CERD/CR/SR.1404, Zif. 4 und SR. 1423; die General Recommendation XXVII, Discrimination against Roma, UN Doc. (A/55/18), Annex V und ferner Wolfrum, Annuaire Européen/European Yearbook 33 (1985), S. 75 ff.

[71] Der englische Text lautet: „This Convention shall not apply to distinctions, exclusions, restrictions or preferences made by a State Party to this Convention between citizens and non-citizens."

Die französische Fassung lautet: „La présente Convention ne s'applique pas aux distinctions, exclusions, restrictions ou préférences établies par un Etat partie à la Convention selon qu'il s'agit de ses ressortissants ou de non-ressortissants."

[72] Englische Fassung: „Nothing in this Convention may be interpreted as affecting in any way the legal provisions of States Parties concerning nationality, citizenship or naturalization, provided that such provisions do not discriminate against any particular nationality."

Französischer Text: „Aucune disposition de la présente Convention ne peut être interprétée comme affectant de quelque manière que ce soit les dispositions législatives des Etats partis à la Convention concernant la nationalité, la ci-

Geltungsbereich sind damit die gesamten Rechtsvorschriften im Bereich der Einbürgerung und des Staatsbürgerschaftsrecht. Für die diskriminierende Zugangsverweigerung im Gaststättenbereich ist diese Ausnahme nicht einschlägig[73].

Der Wortlaut des zweiten Absatzes läßt demgegenüber Zweifel darüber aufkommen, ob Staatsangehörige anderer Staaten oder Staatenlose überhaupt durch die Konvention geschützt werden[74]. Das hätte für die untersuchte Konstellation zur Folge, daß Diskriminierungen durch Gastwirte nur unter Artikel 5 (f) RDK fielen, wenn der nicht eingelassene „Türke", „Jude" oder „Sikh" die deutsche Staatsangehörigkeit hätte[75].

---

toyenneté ou la naturalisation, à condition que ces dispositions ne soient pas discriminatoires à l'égard d'une nationalité particulière."

[73] Bei Artikel 1 Absatz 3 besteht Uneinigkeit darüber, ob es den Staaten lediglich verboten ist, wegen einer bestimmten Staatsangehörigkeit in diesem Bereich zu diskriminieren mit der Folge, daß Ungleichbehandlungen aus anderen – auch rassischen – Gründen statthaft sind. Hiergegen zu Recht Lerner, The UN Convention on the Elimination of All Forms of Racial Discrimination, S. 30; Strauss, Das Verbot der Rassendiskriminierung, S. 104 f. m.w.N. A. A. u.a. Sachs, Grenzen des Diskriminierungsverbotes, S. 170; McKean, Equality and Discrimination under International Law, S. 157. Vgl. z. B. zum britischen Staatsangehörigkeitsrecht im Hinblick auf die Bewohner Hongkongs CERD/304/Add. 9 vom 28.3.1996, S. 4; Zou, CERD/C/SR. 1140, Zif. 21; UN Doc. GAOR (A/53/18) Zif. 29 f.; ferner Editorial, Hong Kong L. J. 1983, 1 ff., 2-4.

[74] Vgl. dazu die Diskussion in UN Doc. CERD/C/SR.345, Zif. 41 ff.; ferner Evrigenis, CERD/C/SR.603, Zif. 6; Sayegh, SR. 135, S. 32; von Boven, CERD/C/SR.966, Zif. 63. Die Staaten gingen daher teilweise davon aus, daß sie von den Berichtspflichten über Nichtstaatsangehörige befreit sind. Vgl. z.B. den 9./10. und 12. Bericht Deutschlands an den RDA, CERD/C/SR.844, Zif. 33; CERD/C/149/Add.21, Zif. 18; CERD/C/172/Add.13, Zif. 46; CERD/C/226/Add. 7, Zif. 158. Siehe dazu Banton, CERD/C/SR.844, Zif. 58 u. 65; SR. 967, Zif. 7. Ebenso wie die Staaten Sayegh, Aboul-Nasr, Nettel, UN Doc. CERD/C/SR.345, Zif. 41 und 47; Aboul-Nasr, UN Doc CERD/C/SR.844, Zif. 68; ders., SR.967, Zif. 10.

[75] So i. Erg. Freudenschuß, EuGRZ 1983, S. 630.

I. Keine Beschränkung der Konvention auf die eigenen Staatsangehörigen

Aus dem systematischen Zusammenhang der Konvention ergibt sich jedoch, daß unterschiedliche Behandlungen von Staatsangehörigen anderer Staaten und Staatenlosen aufgrund der Rasse durch die Norm nicht zugelassen werden sollen[76]. So ist die Pflicht des Artikels 4 RDK, strafrechtlich gegen Aufstachelung zum Rassenhaß vorzugehen, nicht sinnvoll auf die eigenen Staatsangehörigen zu beschränken[77]. Zudem sind die Staaten in Artikel 5 RDK dazu verpflichtet, das Recht „jedes einzelnen" auf Gleichheit vor dem Gesetz ohne Unterschied der Rasse, der Hautfarbe, des nationalen Ursprungs oder des Volkstums zu garantieren. Zwar ist Artikel 5 RDK seinerseits im Zusammenhang mit Artikel 1 RDK zu interpretieren, so daß eine Beschränkung auf Staatsangehörige möglich erscheint[78]. Aus der Entstehungsgeschichte ergibt sich jedoch, daß die Begrenzung auf Staatsangehörige in diesem Artikel als zu eng empfunden und statt „each citizen" ausdrücklich „everyone" in den Vertragstext aufgenommen wurde[79]. Das gleiche ergibt sich aus Artikel 6 RDK, der für jedermann innerhalb der Jurisdiktion eines Staates effektiven Rechtsschutz gegen Rassendiskriminierung verlangt[80]. Auch die Einschränkung des Artikels 1 Absatz 3 RDK, nach dem Regelungen

---

[76] Warzazi, Partsch, Dechezelles, Devetak, Bahnev, Nasinovsky, CERD/C/SR. 345, Zif. 42-44, 49, 51, 53, 54. A. A. Sayegh, Aboul-Nasr, Nettel, *ebenda*, Zif. 41, 47. Zusammenfassung durch den damaligen Vorsitzenden Kapteyn, *ebenda*, Zif. 59. Für die Einbeziehung auch Inglès, UN Doc. CERD/C/SR.148, S. 37; Partsch, UN Doc. CERD/C/SR.345, Zif. 53, Van Boven, CERD/C/SR. 965, Add. 1, Zif. 4; i. Erg. auch Diaconu, *ebenda*, Zif. 11 (vgl. aber seine Einschränkung in SR. 966, Zif. 62); de Gouttes, *ebenda*, Zif. 18; Banton, CERD/C/SR.844, Zif. 58 u. 65; SR. 966, Zif. 55 und SR. 967, Zif. 27; Wolfrum, CERD/C/SR.1081, Zif. 36; ferner Schwelb, ICLQ 15 (1966), S. 1007; McKean, Equality and Discrimination under International Law, S. 157; Meron, Human Rights Law-Making in the United Nations, S. 45 f.

[77] Mahalic/ Mahalic, HRQ 9 (1987), S. 76.

[78] Vgl. Sayegh, CERD/C/SR. 147, S. 22.

[79] Indiens Vertreter hatte zudem vorgeschlagen, „the right of everyone" zu streichen, um es den Staaten offen zu halten, ob sie dieselben Garantien Staatsangehörigen und Nichtstaatsangehörigen gewähren wollen. UN Doc. A/C.3/SR. 1299, Zif. 30. Trotzdem wurde der Begriff beibehalten. Vgl. Schwelb, ICLQ 15 (1966), S. 1007 f.; Mahalic/Mahalic, HRQ 9 (1987), S. 76; Strauss, Das Verbot der Rassendiskriminierung, S. 103; O'Flaherty, in: Pritchard, S. 167.

[80] Garvalov, CERD/C/SR.965, Add. 1, Zif. 15.

des Staatsbügerschaft nur insoweit nicht unter die Konvention fallen, als sie nicht Angehörige bestimmter Staaten diskriminieren, spricht für diese Auslegung, wie General Recommendation XI on non-citizens von 1993 ausdrücklich bestätigt[81].

Die von der Konvention angestrebte Beseitigung aller Formen von Rassendiskriminierung beinhaltet notwendigerweise auch die Beseitigung von Rassendiskriminierung gegenüber Staatenlosen und Angehöriger anderer Staaten. Diese Auslegung wird durch die Praxis des Ausschusses unterstützt, auch Informationen über diese Personengruppen zu verlangen, um festzustellen, ob eine rassische Ungleichbehandlung vorliegt[82]. Zum von der Konvention geschützten Personenkreis zählen somit alle Personen, die sich innerhalb des Jurisdiktionsbereiches der Vertragsstaaten befinden[83].

II. Erlaubte Unterscheidungen aufgrund der Staatsangehörigkeit

Zu untersuchen bleibt noch, ob die Weigerung eines deutschen Gastwirts, z. B. einen Türken in seine Gaststätte einzulassen, eine erlaubte Unterscheidung aufgrund der Staatsangehörigkeit ist. Zur Beantwortung dieser Frage ist auf den Sinn und Zweck des Artikels 1 Absatz 2 RDK zurückzugreifen.

Sinn dieser Bestimmung ist sicherzustellen, daß die Staaten weiterhin die historisch gewachsene Unterscheidung zwischen eigenen und fremden Staatsangehörigen vornehmen können[84]. Diese beruht zum einen auf dem besonderen Treueverhältnis zwischen dem Staat und seinen Bürgern mit den daraus erwachsenden Rechten und Pflichten. Zum an-

---

[81] General Recommendation XI on non-citizens (1993) UN Doc. GAOR (A/48/18), HRI/GEN/1/Rev.1, S. 66, Zif. 1.

[82] Vgl. General Recommendation XI on non-citizens (1993) UN Doc. GAOR (A/48/18), HRI/GEN/1/Rev.1, S. 66; ferner UN Doc. CERD/C/SR. 844, Zif. 58-65; Wolfrum, CERD/C/SR.1120, Zif. 2; Partsch, CERD/C/SR. 345, Zif. 44; Warzazi, Zif. 42; Dechezelles, Zif. 46; Devetak, Zif. 47; Diaconu, UN Doc. E/CN.4/1999/WG.1/BP.10, Zif. 32 u. 35.

[83] Ténékidès, RdC (168) 1980 III, S. 383; O'Flaherty, in: Pritchard, S. 167; Banton, International Action Against Racial Discrimination, S. 193 f.

[84] Aboul-Nasr, CERD/C/SR.1081, Zif. 38; Strauss, Das Verbot der Rassendiskriminierung, S. 104; Wölker, Zu Freiheit und Grenzen der politischen Betätigung von Ausländern, S. 159 f.; McKean, Equality and Discrimination under International Law, S. 156; ders., BYIL 44 (1970), S. 177.

deren ist es Ausfluß der staatlichen Souveränität, fremden Staatsangehörigen gemäß dem Reziprozitätsgrundsatz bestimmte Rechte nur dann zu gewährleisten, wenn der andere Staat den Angehörigen des ersten Staates die gleichen Rechte gewährt.

Die Regelung des Artikels 1 Absatz 2 RDK stellt letztlich klar, daß bei Differenzierungen wegen der Zugehörigkeit zum eigenen oder einem anderen Staat die innere Beziehung zu einem der in Artikel 1 Absatz 1 RDK genannten verbotenen Unterscheidungskriterien fehlt[85]. Diese Restriktion wird der Tatsache gerecht, daß nur gleiche Sachverhalte gleich behandelt werden sollen. Ungleiche Sachverhalte, wie sie zwischen eigenen und fremden Staatsangehörigen aufgrund der unterschiedlichen Pflichten und Rechte bestehen, verlangen auch unterschiedliche Behandlungen.

Angesichts des umfassenden Schutzzwecks der Konvention und der hohen Umgehungsgefahr erfaßt diese Ausnahme nur die Fälle, in denen eine Unterscheidung aufgrund der Staatsangehörigkeit auch tatsächlich auf einer der beiden hinter diesem Kriterium stehenden Erwägungen beruht. Bei wirtschaftlichen und politischen Rechten ist der notwendige Zusammenhang grundsätzlich zu bejahen[86]; bei den anderen Rechten ist je nach Einzelfall abzuwägen[87].

---

[85] Berchtold (Vertreter Österreichs vor dem Ausschuß), CERD/C/SR.368, Zif. 10; Strauss, Das Verbot der Rassendiskriminierung, S. 104; Sachs, Grenzen des Diskriminierungsverbotes, S. 170. Kritik an dieser Ausnahme übt Meron (AJIL 79 (1985), S. 311 und Human Rights Law-Making in the United Nations, S. 44).

[86] Vor allem in dem sensiblen Bereich der positiven Maßnahmen hat der Staat eine gewisse Einschätzungsprärogative, inwieweit er auch Nichtstaatsangehörige fördert. Eine Ungleichbehandlung von Angehörigen verschiedener fremder Staaten, z. B. bei der Gewährung von Privilegien, ist den Vertragsstaaten unbenommen, sofern diese Unterscheidung nicht auf der Rasse beruht. Vgl. van Boven, CERD/C/SR.966, Zif. 63; Kapteyn, CERD/C/SR.212, S. 127; de Gouttes, CERD/C/SR.965, Add. 1, Zif. 7; UN Doc. GAOR A/9018 (1973), Zif. 64; Partsch, TILJ 14 (1979), S. 191, 228; Mahalic/Mahalic, HRQ 9 (1987), S. 77 f. Zum Ermessen hinsichtlich der Förderungsmaßnahmen gem. Art. 2 Abs. 2 RDK, vgl. den 12. Deutschlandbericht (1992), CERD/C/226/Add. 7, Zif. 12; 13. Bericht (1996), CERD/C/229/Add. 5, Zif. 8.

[87] Vgl. die „General Recommendation on Article 5", UN Doc. CERD/C/365/Rev. 1, S. 15, Zif. 3. Siehe auch Banton, International Action Against Racial Discrimination, S. 215, vgl. auch S. 19. Teilweise wird vertreten, daß Grundrechte und bürgerliche Rechte nicht limitiert werden dürfen. Soler, Inglès, UN Doc. GAOR A/9018 (1973), Zif. 61-62. Siehe auch Meron, AJIL 79 (1985),

Im Bereich des Artikels 5 (f) RDK ist ein legitimes Interesse an einer Beschränkung aufgrund von staatsbürgerrechtlichen Belangen nicht vorstellbar. Privat betriebenen Gaststätten ist ein Abstellen auf die Staatsangehörigkeit bereits deswegen verwehrt, weil Unterscheidungen von privater Seite weder auf einem besonderen staatsbürgerlichen Rechte- und Pflichtenverhältnis beruhen können, noch der Wahrung des Reziprozitätsgrundsatzes dienen. Unterscheidungen aufgrund der Staatsangehörigkeit sind daher ausschließlich staatlichen Akteuren vorbehalten[88]. Verweigert ein Gastwirt einer Person wegen dessen Nationalität den Zugang zu seiner Wirtschaft, handelt es sich daher nie um eine erlaubte Unterscheidung aufgrund der Staatsangehörigkeit. Aber auch bei staatlich betriebenen Gaststätten und Servicebetrieben beruht die Bewirtung nicht auf dem Treueverhältnis Staat-Bürger, sondern auf dem Prinzip von Leistung und Gegenleistung im Rahmen eines Dienstleistungsverhältnisses. Dasselbe gilt für die Einschränkung des Rechts auf Zugang zu kulturellen Einrichtungen oder Parks für Angehörige fremder Staaten[89]. Das an einen Türken, Russen etc. gerichtete Zutrittsverbot fällt daher nie unter eine erlaubte Unterscheidung aufgrund der Staatsangehörigkeit.

S. 311. Einige Ausschußmitglieder verlangen darüber hinaus, daß auch Nichtstaatsangehörige Invaliditäts- oder Witwenrenten beziehen, unabhängig davon, ob bilaterale Abkommen, die solche Rechte vorsehen, bestehen. Vgl. UN Doc. GAOR Supp. A/34/18 (1979), Zif. 386; vgl. auch Shahi, CERD/C/SR.966, Zif. 56.

[88] Vgl. zudem das Beispiel von Banton, CERD/C/SR.966, Zif. 55; ders., Draft General Recommendation on Non-Citizens, CERD/C/SR.967, Zif. 27; Besprechung derselben in CERD/C/SR.965/Add.1, Zif. 5; Banton, International Action Against Racial Discrimination, S. 193. Siehe auch Wolfrum, Baum/Riedel/Schaefer S. 131. Vgl. auch CERD/C/SR.368. Dem folgend Rädler, Verfahrensmodelle zum Schutz vor Rassendiskriminierung, S. 31. Anders Shahi, CERD/C/SR. 965/Add.1, Zif. 5.

[89] Vgl. hierzu die Besprechung des 11. Frankreichberichts. Dort wurde diskutiert, ob bestimmte Berufe Staatsangehörigen vorbehalten werden können. Während das für Polizei und Armee bejaht wurde, gilt diese Freiheit z.B. für Briefträger nicht in gleichem Maße. Vgl. Concluding Observations, UN Doc. GAOR, A/49/18, Zif. 152; Banton, International Action Against Racial Discrimination, S. 215.

C. Die Merkmale der Diskriminierung

Untersucht wurde bisher, aufgrund welcher Kriterien eine Zugangsverweigerung von der RDK verboten wird. Voraussetzung dafür, daß ein derartiges Verhalten von der Konvention erfaßt wird, ist darüber hinaus, daß es sich dabei um eine Diskriminierung im Sinne des Artikels 1 Absatz 1 RDK handelt. Der Begriff Diskriminierung (englisch und französisch „discrimination") bezeichnet in der heutigen völkerrechtlichen Terminologie eine ungerechtfertigte Unterscheidung[90] und wird von der gerechtfertigten Unterscheidung, der Differenzierung, abgegrenzt[91]. Diese Wortbedeutung liegt auch der Rassendiskriminierungskonvention zugrunde[92].

Nach Artikel 1 Absatz 1 RDK ist eine Diskriminierung „jede auf der Rasse beruhende Unterscheidung, Ausschließung, Beschränkung oder Bevorzugung, die zum Ziel oder zur Folge hat, daß dadurch ein gleichberechtigtes Anerkennen, Genießen oder Ausüben von Menschenrechten und Grundfreiheiten im politischen, wirtschaftlichen, sozialen, kulturellen oder jedem sonstigen Bereich des öffentlichen Lebens vereitelt oder beeinträchtigt wird."

---

90 McKean, BYIL 44 (1970), S. 186 f.; ders., Equality and Discrimination, S. 286; Tomuschat, in: FS Schlochauer, S. 713; Jaenicke, in: Schlochauer, S. 387 f.; Jositsch, Strafrecht gegen Rassendiskriminierung, S. 1; Kewenig, Der Grundsatz der Nichtdiskriminierung im Völkerrecht der internationalen Handelsbeziehungen, S. 25-27; vgl. auch Bossuyt, L' Interdiction de la Discrimination, S. 10; Brownlie, Principles of International Law, S. 603; Zimmer, Hate Speech im Völkerrecht, S. 30 ff.

91 Ausführlich zu der Entwicklung des Begriffs „Discrimination" Bossuyt, L'Interdiction de la Discrimination, S. 8 - 26; McKean, BYIL 44, (1970), S. 178 u. 185; Ermacora, Diskriminierungsschutz und Diskriminierungsverbot in der Arbeit der VN, S. 9 und 232 f.; Jaenicke, in: Schlochauer, S. 387 f.; Vierdag, The Concept of Discrimination in International Law, S. 48; Kipp, AdV 1961, S. 137; Van Dyke, APSR 67 (1973), 1268; ferner Einarsen, NoJIL 64 (1995), 429.

92 Strauss, Das Verbot der Rassendiskriminierung, S. 38. Siehe auch Eide/Opsahl, in: 7. Colloque CEDH, S. 132; McKean, BYIL 44 (1970), S. 185 f.; ferner Paust, Michigan Journal of International Law 18 (1997), S. 662.

I. Benachteiligende Ungleichbehandlung im Bereich der Menschenrechte

1. Die Ungleichbehandlung

Das durch eines der verbotenen Kriterien motivierte Verhalten kann eine beliebige Unterscheidung durch menschliches Tun oder Unterlassen sein. Als mögliche Ungleichbehandlungen gibt der Vertragstext auch Ausschließung, Beschränkung oder Bevorzugung an. Da eine positive Bevorzugung immer auch eine negative Unterscheidung, also eine Beschränkung oder Ausschließung enthält, und sich nur der jeweilige Blickwinkel ändert, enthalten diese Begriffe keine über den Sinn von Unterscheidung hinausgehenden Inhalte[93].

Die Ungleichbehandlung ist dabei nicht aus sich heraus identifizierbar, sondern ergibt sich erst durch den Vergleich zweier Sachverhalte[94]. Voraussetzung dafür ist die Vergleichbarkeit der in Frage stehenden Rechtsbeziehungen[95]. Die Schwierigkeit liegt regelmäßig darin zu bestimmen, welche Sachverhalte gleich bzw. ungleich sind, welches also die für eine Einteilung relevanten Gesichtspunkte sind[96]. Bei Zugangsverweigerungen im Gaststättenbereich ist diese Ungleichbehandlung unschwer zu ermitteln: Sie liegt darin, daß nur bestimmten Personen

---

[93] Elkind, University of Pittsburgh Law Review 32 (1971), S. 319; Schwelb, ICLQ 15 (1966), S. 1001; Guyaz, L'incrimination de la discrimination raciale, S. 30 f.; Bossuyt, L'Interdiction de la Discrimination, S. 34 ; siehe auch Wolfrum, in: Baum/Riedel/Schaefer, S. 130.

[94] Vierdag, The Concept of Discrimination in International Law, S. 44; Jaenicke, in: Schlochauer, S. 390 f.; Kewenig, Der Grundsatz der Nichtdiskriminierung, S. 51, 73; Dinstein, IYHR 15 (1985), S. 11; Jositsch, Strafrecht gegen Rassendiskriminierung, S. 2; Ramcharan, in: Henkin, S. 252.

[95] Vgl. IGH-Richter Tanaka, Dissenting Opinion South West Africa Cases: Second Phase, Judgment of 18.7.1966, ICJ Rep. 1966, S. 6, 305 f. Siehe auch de Gouttes, RevTrimDrH 1996, S. 317; Dinstein, IYHR 15 (1985), S. 11; Partsch, in: EPIL 1 (1992), S. 1079 ff.; Mohr, in: Joerden, S. 272; McKean, BYIL 44 (1970), S. 181; ferner Ténékidès, RdC 168 (1980 III), S. 379 ff.

[96] Bossuyt, L'Interdiction de la Discrimination, S. 38; Perelmana, Egalité et Valeurs, L'égalité, vol I., 1971, S. 319; Guyaz, L'incrimination de la discrimination raciale, S. 31; Kewenig, Der Grundsatz der Nichtdiskriminierung, S. 51, 73. Letztlich ist ohne eine Wertung bei dieser Frage nicht auszukommen. Vgl. Guggenhein, René Cassin amicorum discipulorumque. liber, vol I, S. 100. Kritisch bzgl. dieser Formel Hart, The Concept of Law, S. 155.

der Zugang verweigert oder eine Leistung zu ungünstigen Bedingungen angeboten wird, anderen dagegen nicht.

2. Benachteiligung als Ziel oder Folge der Ungleichbehandlung

Laut Artikel 1 Absatz 1 RDK muß es Ziel oder Folge der Ungleichbehandlung sein, die Wahrnehmung der Menschenrechte oder Grundfreiheiten des einzelnen zu „vereiteln" oder zu „beeinträchtigen". Diesen Begriffen kommt nur exemplarische Bedeutung zu. Maßgeblich ist allein, daß eine Benachteiligung irgendeiner Art stattgefunden hat. Die bloße Ungleichbehandlung aufgrund der Rasse stellt terminologisch noch nicht notwendigerweise eine Diskriminierung dar[97].

Nach der Formulierung, daß die Menschenrechte „on an equal footing"/"dans des conditions d'égalité" garantiert werden müssen, drängt sich der Eindruck auf, daß auch die „separate but equal doctrin" mit der Konvention vereinbar ist, also die getrennten Einrichtungen für Angehörige verschiedener rassischer Gruppen[98]. Auch in diesem Fall würde eine Ungleichbehandlung, ein Nichtzulassen eines Angehörigen der Rasse A zu einer Gaststätte für Rasse B, dem Wortlaut nach nicht zu einer Benachteiligung führen.

Diese These ist jedoch nicht haltbar. Sie steht im Widerspruch zu Artikel 3 RDK, der ausdrücklich eine Verurteilung der Segregations- und Apartheidpolitik verlangt[99]. Außerdem ist sie nicht mit der Forderung des Artikels 2 Absatz 1 (e) RDK in Einklang zu bringen, allem entge-

---

97 Strauss, Das Verbot der Rassendiskriminierung, S. 37; Kewenig, Der Grundsatz der Nichtdiskriminierung, S. 153.

98 Meron, AJIL 79 (1985), S. 287, 290. Dies war gängige Praxis in den USA (Plessy v. Ferguson, 163 U.S. 537), bis sie in der berühmten Entscheidung Brown vs. Board of Education, 347 U.S. 483 (1954) aufgehoben wurde. Vgl. dazu Cashmore, Law: Civil Rights U.S.A.: in ders., Dictionary, S. 207; Viera, Constitutional Civil Rights in a Nutshell, S. 69 ff.; Delbrück, Die Rassenfrage als Problem des Völkerrechts und nationaler Rechtsordnungen, S. 177.

99 Artikel 3 RDK lautet: „Die Vertragsstaaten verurteilen insbesondere die Segregation und die Apartheid und verpflichten sich, alle derartigen Praktiken in ihren Hoheitsgebieten zu verhindern, zu verbieten und auszumerzen." Siehe auch die General Recommendation on Article 3, UN Doc. CERD/C/365/Rev.1, S. 4; ferner UN Doc. GAOR (A/55/18), Ziff. 196, Ziff. 280, 320, 339.

genzuwirken, was zur Rassentrennung beiträgt[100]. Die Erfahrung hat gezeigt, daß getrennte Einrichtungen nie völlig gleich sind und eine Gruppe im Vergleich zu den anderen benachteiligt wird. Die Einrichtungen der Minderheitsgruppen werden nicht selten stigmatisiert[101]. Getrennte Einrichtungen ermöglichen daher keine gleichberechtigte Ausübung von Menschenrechten. Gegen den Ansatz der „separate but equal" Doktrin sprechen auch die Gleichheit, die durch die Konvention angestrebt ist, die „affirmative action" Inhalte der Artikel 1 Absatz 4 und 2 Absatz 2 RDK und das Verbot des Artikels 1 Absatz 4 RDK, unterschiedliche Rechte für unterschiedliche Gruppen nach Erreichung der Ziele derentwillen sie gewährt wurden, aufrechtzuerhalten[102]. Eine „separate but equal"-Doktrin ist mit der Konvention nicht vereinbar.

Eine Ungleichbehandlung kann sich auch in einer Bevorzugung äußern. Auf den ersten Blick entfiele damit das benachteiligende Element einer Unterscheidung. Allerdings führt, wie bereits oben festgestellt[103], eine Bevorzugung aus dem Blickwinkel eines nicht zu dieser Gruppe gehörigen Individuums seinerseits zu einer verbotenen Benachteiligung aufgrund dessen Rasse. Daher ist im Bereich des Artikels 5 (f) RDK die einzig denkbare zulässige Ungleichbehandlung eine Bevorzugung im Rahmen einer positiven Ausgleichsmaßnahme nach Artikel 1 Absatz 4 und Artikel 2 Absatz 2 RDK[104]. Denn nach Artikel 1 Absatz 4 RDK werden positive Maßnahmen zum Ausgleich vormaliger Diskriminierung von den verbotenen Unterscheidungen ausgenommen. Außer in diesem Fall stellt eine Ungleichbehandlung somit notwendigerweise eine Benachteiligung dar. Eine Zugangsverweigerung benachteiligt den Betroffenen, weil er in der Ausübung seines Rechts auf gleichberech-

---

[100] Vgl. Delbrück, Die Rassenfrage als Problem des Völkerrechts und nationaler Rechtsordnungen, S. 64; Schwelb, ICLQ 15 (1966), S. 1021.

[101] Meron, AJIL 79 (1985), S. 290; ders.; Human Rights Law-Making in the United Nations, S. 16. Siehe auch – allerdings ideologisch gefärbt – Ansbach/Heintze, Selbstbestimmung und Verbot der Rassendiskriminierung im Völkerrecht, S. 119. Vgl. zu den Beispielen der Segregation in den USA im Bereich des Unterrichts und der Apartheidpolitik Südafrikas statt vieler Delbrück, Die Rassenfrage als Problem des Völkerrechts und nationaler Rechtsordnungen, S. 146 ff und 205 ff.; ders., Apartheid, in: EPIL 1 (1992), S. 192 ff.

[102] Meron, AJIL 79 (1985), S. 305; ders., Human Rights Law-Making in the United Nations, S. 36.

[103] Vgl. *supra*, Kapitel 2, C. I.

[104] Ebenso Guyaz, L'incrimination de la discrimination raciale, S. 44.

tigten Zugang zu den Orten und Dienstleistungen des Artikels 5 (f) RDK beeinträchtigt wird[105].

Die Benachteiligung muß „Ziel oder Folge" („purpose or effect"/"but ou effet") der Ungleichbehandlung sein. Damit genügt bereits nach dem Wortlaut ein kausaler Zusammenhang zwischen der Ungleichbehandlung und der Benachteiligung des Diskriminierten. Vorsatz dahingehend, daß eine Ungleichbehandlung zu einer Benachteiligung führen soll, ist nicht erforderlich. Die eigenständige Bedeutung dieses Kausalzusammenhangs ist indes gering, da ja, wie soeben festgestellt, die Ungleichbehandlung eine Benachteiligung impliziert, sofern nicht eine Ausnahme gemäß Artikel 1 Absatz 4 RDK vorliegt.

Nach dem Wortlaut ist für den Fall, daß der Diskriminierende die Absicht hat, jemanden in seiner gleichberechtigten Ausübung von Menschenrechten zu beeinträchtigen, noch nicht einmal eine konkrete Beeinträchtigung der gleichberechtigten Ausübung der Menschenrechte erforderlich[106]. Damit wird das „Kausalitätserfordernis" ausgeweitet; die negative subjektive Einstellung macht ein Fehlen im objektiven Bereich wett. Der Effekt dieser Ausweitung ist jedoch gering, da – wie oben festgestellt – bei einer Ungleichbehandlung zwangsläufig eine Benachteiligung bzw. Bevorzugung gegeben ist. Allerdings zeigt sich an dieser Wendung die präventive und erzieherische Intention der RDK[107].

3. Menschenrechte und Grundfreiheiten, auf die sich das Diskriminierungsverbot bezieht

Voraussetzung einer Diskriminierung im Sinne von Artikel 1 RDK ist ferner, daß die Benachteiligung des Betroffenen in den von Absatz 1 aufgezählten Menschenrechtsbereichen erfolgt. Die Konvention erfaßt diesen Zusammenhang wie folgt:

---

[105] Vgl. Guyaz, L'incrimination de la discrimination raciale, S. 44. Meron (in: Human Rights Law-Making in the United Nations, S. 17) hält das Vorliegen einer Beeinträchtigung für überflüssig und weist darauf hin, daß auch der Ausschuß in der Regel eine Unterscheidungen aufgrund der Rasse *per se* für verdächtig hält.

[106] Strauss, Das Verbot der Rassendiskriminierung, S. 95. Im deutschen Strafrecht wird in dieser Konstellation von „überschießender Innentendenz" gesprochen.

[107] Strauss, Das Verbot der Rassendiskriminierung, S. 95.

„... die Unterscheidung muß zum Ziel oder zur Folge haben, daß dadurch ein gleichberechtigtes Anerkennen, Genießen oder Ausüben von Menschenrechten und Grundfreiheiten im politischen, wirtschaftlichen, sozialen, kulturellen oder jedem sonstigen Bereich des öffentlichen Lebens vereitelt oder beeinträchtigt wird".

Wie oben bereits festgestellt, wird durch den Begriff „öffentliches Leben" das „private Leben" aus dem Anwendungsbereich der Konvention ausgeschlossen[108]. Darunter fällt die enge persönliche Lebenssphäre. Im Bereich der durch Sozialkontakte ausgeübten Privatsphäre hängt die Anwendbarkeit der Konvention von der Abwägung zwischen Privatsphäre und Diskriminierungsverbot ab[109]. Mit der Formulierung „im politischen, wirtschaftlichen, sozialen, kulturellen oder jedem sonstigen Bereich des öffentlichen Lebens" ist das gesamte gesellschaftliche Leben in einem Staat erfaßt, soweit es durch Rechtsnormen und damit auch durch menschenrechtliche Normen erfaßt ist bzw. erfaßt werden kann[110].

Auffällig ist, daß in dem Definitionsabsatz nur vier der fünf Kategorien genannt sind, in welche Menschenrechte in den Vereinten Nationen üblicherweise eingeteilt werden. Der Bereich der bürgerlichen Rechte fehlt. Demgegenüber enthält der in Artikel 5 RDK aufgelistete Menschenrechtskatalog auch Rechte, die nach dem Sprachgebrauch der Vereinten Nationen typischerweise aus dem Bereich der bürgerlichen Rechte stammen[111]. Das Recht auf Zugang zu Gaststätten läßt sich keiner der klassischen Kategorien eindeutig zuordnen, enthält aber den stärksten Bezug zu den bürgerlichen Rechten[112].

Trotz des widersprüchlichen Wortlauts besteht im Ergebnis Einigkeit darüber, daß das Fehlen der bürgerlichen Rechte in der Aufzählung nicht bewirken soll, daß Rassendiskriminierung in diesem Bereich nicht

---

[108] Vgl. *supra*, Kapitel 1, C. IV 2.

[109] Vgl. *supra*, Kapitel 1, C. IV 2.

[110] Van Boven, UN Doc. CERD/C/SR.969, Zif. 26; Meron, Human Rights Law-Making in the United Nations,S. 20; ders., AJIL 79 (1985), S. 293; i. Erg. auch Schwelb, in: Nathanson/ders., S. 7. Vgl. ferner McDougall/Lasswell/Chen, Human Rights and Word Public Order, S. 593.

[111] Dies gilt vor allem für die in Buchstabe d) aufgeführten Rechte. Vgl. das Zitat der Norm in Kapitel 1, Fn. 12. Vgl. Schwelb, ICLQ 15 (1966), S. 1004-1006; Strauss, Das Verbot der Rassendiskriminierung, S. 96; Harris, Cases and Materials on International Law, S. 678.

[112] Vgl. Art. 16, 17 und 26 IPbpR.

unter die Konvention fällt. Lediglich die Begründungsansätze für dieses Ergebnis variieren. Die Inkohärenz zwischen Artikel 1 und 5 RDK wird teilweise damit erklärt, daß der Definitionsartikel vor den operativen Vorschriften ausgearbeitet und später nicht mehr angepaßt wurde[113]. Ein anderer Ansatz erklärt das Fehlen der bürgerlichen Rechte damit, daß die Aufzählung der „politischen, wirtschaftlichen, kulturellen und sozialen Rechte" weder technisch noch abschließend zu verstehen sei[114]. Der Begriff „public life" sei auf derselben Ebene einzustufen wie die vier Rechte. Zusammen umfaßten die Begriffe alle Bereiche des organisierten Gemeinschaftslebens und damit letztlich auch die bürgerlichen Rechte[115]. Welcher der Ansätze zutrifft, bleibt angesichts der dürftigen Informationslage durch die Vorarbeiten[116] Spekulation und bedarf wegen der identischen Ergebnisse keiner Entscheidung. Ein sachlicher Grund, der einen Ausschluß der bürgerlichen Menschenrechte rechtfertigen würde, ist nicht ersichtlich[117] und ist auch nicht mit dem umfassenden Schutzzweck der Konvention zu vereinen.

Artikel 1 Absatz 1 RDK ist daher im Einklang mit Artikel 31 Absatz 1 WKV teleologisch dahingehend zu erweitern, daß auch bürgerliche

---

[113] Schwelb, ICLQ 15 (1966), S. 97; Strauss, Das Verbot der Rassendiskriminierung, S. 97; Guyaz, L'incrimination de la discrimination raciale, S. 41; vgl. auch Hamburger, Vereinte Nationen 1968, S. 7.

[114] McDougal/Lasswell/Chen, Human Rights and World Public Order, S. 592 f.

[115] Auch wenn diese Konsequenz nicht mehr ausdrücklich gezogen wurde. Vgl. McDougal/Lasswell/Chen, Human Rights and World Public Order, S. 590 f. Wenig hilfreich ist allerdings ihr pauschaler Verweis auf Elkind, University of Pittsburgh Law Review 32 (1971), S. 312-319. Dieser thematisiert dort ausschließlich den Begriff „public life", ohne Konsequenzen für das Fehlen der „bürgerlichen Rechte" zu ziehen.

[116] Schwelb, ICLQ 15 (1966), S. 1005.

[117] Strauss, Das Verbot der Rassendiskriminierung, S. 96. Er wurde auch bei den Vorarbeiten nicht vorgebracht. Siehe dazu Schwelb, ICLQ 15 (1966), S. 1005; Lerner, The UN Convention on the Elimination of All Forms of Racial Discrimination, S. 26 und 31; McDougal/Lasswell/Chen, Human Rights and World Public Order, S. 593; 1005; Elkind, University of Pittsburgh Law Review 32 (1971), S. 317; Delbrück, Die Rassenfrage als Problem des Völkerrechts und nationaler Rechtsordnungen, S. 65. Vgl. auch die Debatte vor der UN-Menschenrechtskommission, UN Doc. E/CN.4/SR.784-786; UN Doc. E/CN.4/L.689 und dazu Elkind, *ebenda.*

Rechte zum Kreis der geschützten Menschenrechte zählen[118]. Dementsprechend enthält auch die „General Recommendation on Article 5" des Ausschusses vom 8. März 1996 den ausdrücklichen Hinweis, daß sich die Staaten der Ausübung von Rassendiskriminierung in allen fünf Rechtskategorien zu enthalten haben[119]. Das Diskriminierungsverbot kommt überall dort zur Anwendung, wo ihr Korrelat, das Gleichbehandlungsgebot, Anwendung findet, d. h. in der gesamten Rechtsordnung eines Mitgliedstaates[120]. Dabei ist für die Konvention irrelevant, ob das Menschenrecht, das durch die Diskriminierung beeinträchtigt ist, selbst „verletzt" ist[121]. Maßgeblich ist allein der in der Diskriminierung liegende Gleichheitsverstoß.

---

[118] Schwelb, ICLQ 15 (1966), S. 1005 f.; Hamburger, Vereinte Nationen 1968, S. 6 f.; Ténékidès, RdC 1980 III (168), S. 288; Delbrück, Die Rassenfrage als Problem des Völkerrechts und nationaler Rechtsordnungen, S. 65; Meron, Human Rights Law-Making in the United Nations, S.11; Strauss, Das Verbot der Rassendiskriminierung, S. 96 f.; Guyaz, L'incrimination de la discrimination raciale, S. 41; Partsch, in: Coliver, S. 22; ders., TILJ 14 (1979), S. 240. Im Ergebnis ebenso das Ausschußmitglied de Gouttes, RevTrimDrH 1996, S. 518; vgl. auch ders., in: Liber Amicorum Marc-André Eissen, S. 189; ferner, allerdings mit nicht überzeugender Begründung, Jositsch, Strafrecht gegen Rassendiskriminierung, S. 11. Unklar Lerner, The UN Convention on the Elimination of All Forms of Racial Discrimination, S. 31; vgl. auch Newman, California Law Review 56 (1968), S. 1561.

[119] UN Doc. CERD/C/365/Rev.1, S. 15. Vgl. auch Communication Sent to States Parties 28. 1.1970, 1 CERD 1, UN Doc. CERD/C/R.12 (1970), reprinted in UN Doc. GAOR (A/8027) (1970), 32. Der Begriff ist allerdings in der General Recommendation XI on article 1, Paragraph 1, HRI/GEN/1/Rev. 2, Zif. 3, nicht enthalten.

[120] So auch van Boven, CERD/C/SR.1139; de Gouttes, RevTrimDrH 1996, S. 518; Communication to States, UN Doc. A/8027, S. 32-34, Zif. 1 (b); Partsch, TILJ 14 (1979), S. 218; Meron, Human Rights Law-Making in the United Nations, S. 11, 22; siehe auch Harris, Cases and Materials on International Law, S. 675; Lillich/Newman, International Human Rights, S. 137; vgl. auch Dinstein, IYHR, S. 20.

[121] Vgl. Vierdag, The Concept of Discrimination in International Law, S. 108 f.

II. Fehlen eines Rechtfertigungsgrundes

1. Begriffsbestimmung

Nach Artikel 1 Absatz 1 RDK setzt eine Diskriminierung voraus, daß dem einzelnen durch die Ungleichbehandlung die gleichberechtigte Ausübung der Menschenrechte verweigert wird. Das ist der Fall, wenn die Ungleichbehandlung – hier die Zugangsverweigerung – nicht gerechtfertigt werden kann. Entsprechend enthält die „General Recommendation XIV on article 1, paragraph 1" den Hinweis: „2. The Committee observes that a differentiation of treatment will not constitute discrimination if the criteria for such differentiation, judged against the objectives and purposes of the Convention, are legitimate or fall within the scope of article 1, paragraph 4, of the Convention."[122].

Für die Ermittlung von Rechtfertigungskriterien kann auf die Diskriminierungvorschriften und Auslegungen anderer menschenrechtlicher Diskriminierungsverbote weitgehend zurückgegriffen werden, da die angestrebten Ziele vergleichbar sind[123]. Instruktiv ist vor allem die Rechtsprechung des Europäischen Gerichtshofs für Menschenrechte, dessen Anforderungen an die Rechtfertigung einer Unterscheidung bereits vom Amerikanischen Gerichtshof für Menschenrechte und vom Menschenrechtsausschuß des IPbpR übernommen wurden[124].

---

[122] GAOR, Doc. A/48/18; HRI, GEN/1/Rev.1, S. 67 f. Vgl. Wolfrum, CERD/C/SR.981, Zif. 51 und UN Doc. GAOR (A/38/18), Zif. 168, 193; ders., Max Planck UNYB 3 (1999), S. 499 f. Zwar dient diese „General Recommendation" primär dazu, zu bestätigen, daß mittelbare Diskriminierung unter die Konvention fällt; dementsprechend soll auch die dort aufgeführte Rechtfertigungsmöglichkeit primär für diese Diskriminierungsform gelten (siehe hierzu auch Kapitel 2, Fn. 152). Da der Wortlaut des Artikels 1 Absatz 1 RDK nicht zwischen unmittelbarer und mittelbarer Diskriminierung unterscheidet, für den letzten Fall jedoch eine Rechtfertigungsmöglichkeit zwingend erforderlich und aus dem Wortlaut der Norm auch ableitbar ist, muß auch bei unmittelbare Diskriminierung als theoretischer Schritt geprüft werden, ob ein Rechtfertigungsgrund für eine Unterscheidung vorliegt. Ob eine Rechtfertigung tatsächlich bei vorsätzlicher oder unmittelbarer Diskriminierung jemals durchgreifen kann, ist eine hiervon zu trennende Frage, die unter *infra*, Kapitel 2, C. II 2 b) und c) näher geprüft wird.

[123] Ein ausdrückliches Verbot der Rassendiskriminierung ist in Art. 2 AEM, Art. 2 Abs. 1 und 26 IPpbR, Art. 2 Abs. 2 IPwksR, Art. 14 EMRK; Art. 1 AMRK; Art. 2 und 28 Banjul-Charta enthalten.

[124] Zur Rechtsprechung des EGMR für die EMRK, siehe statt vieler Peukert, in: Frowein/ders., Art. 14, Rz. 22 f. m. w. N. Vgl. zum AGMR: Amendments to

Eine Unterscheidung ist ungerechtfertigt, wenn sie ohne sachlichen und vernünftigen Grund ergeht oder unverhältnismäßig ist[125]. Ob ein Rechtfertigungsgrund besteht, ist anhand des Ziels und der Auswirkungen der gerügten Maßnahmen zu überprüfen[126]. Die Zugangsverweigerung und das vom Gastwirt verfolgte Ziel müssen also, damit diese Behandlung nicht unter die Konvention fällt, sachlich begründet und darf nicht unverhältnismäßig sein. Das angestrebte Ziel muß dabei mit dem Schutzzweck der Konvention übereinstimmen[127]. Der Grundsatz der Verhältnismäßigkeit erlaubt es, unbilligen Auswirkungen einer an sich sachlich (noch) zu rechtfertigenden Maßnahme im Einzelfall Rechnung

---

the Naturalization Provisions of the Constitution of Costa Rica, Advisory Opinion vom 19.1.1984, Sep. Op. Richter R.E. Piza Escalante, HRLJ 5 (1984), S. 161 (172), Rz. 56. Vgl. zum Menschenrechtsausschuß: General Comment 18 [37] (non-discrimination), CCPR/C/21/Rev. 1/Add.1 vom 21.11.1989. Siehe dazu Bayefsky, HRLJ 11 (1990), S. 13 f.

[125] McDougal/Lasswell/Chen, Human Rights and World Public Order, S. 596 hinsichtlich der RDK. Siehe ferner Wolfrum, CERD/C/SR.51 während der Diskussion zur Abgrenzung von „de facto" Diskriminierung zu erlaubten Unterscheidungen. Er stellt auf „reasonable and objective (differentiations") ab, die darauf abzielen „to achieve a purpose which is legitimate under the Convention". Zum Diskriminierungsverbot allgemein, McKean, BYIL 44 (1970), S. 185 f. Zur EMRK: EGMR Belgischer Sprachenfall, Entscheidung in der Hauptsache, Serie A 6-B, Zif. 10; Van Dijk/van Hoof.; Theory and Practice of the ECHR, S. 539; Bossuyt, in: Pettiti/Decaux/Imbert, Convention Européenne des Droits de l'Homme, Art. 14, S. 481; Renucci, Droit Européen des Droits de l'Homme, S. 136. Für die sachliche Rechtfertigung einer Ungleichbehandlung gelten dieselben Grundsätze beim IPbpR. Vgl. Individualbeschwerde Broeks und F.H. Zwaan-de Vries v. NL, Nr. 172/1984 und 182/1984, Zif. 12-15; General Comment 18 [37] (non-discrimination), CCPR/C/21/Rev.A/Add.1, Zif. 13. Eine Verhältnismäßigkeitsprüfung ist durch die Menschenrechtskommission bisher noch nicht vorgenommen worden – auch nicht im General Comment. Sie ist jedoch nach Nowak (in: CCPR Commentary, Art. 26, Rz. 24) unvermeidbar. Vgl. auch Eide/Opsahl, in: 7. Colloque CEDH, S. 127, Fn. 44.

[126] Ständige Rechtsprechung des EGMR, Belgischer Sprachenstreit, Entscheidung in der Hauptsache, Serie A 6-B, Zif. 10; Rasmussen v. DK, Serie A 87, Zif. 40; Inze vs. Österreich, Serie A 126 (28.10.1987). Siehe auch Van Dijk/van Hoof, Theory and Practice of the ECHR, S. 539; Bossuyt, in: Pettiti/Decaux/Imbert, Convention Européenne des Droits de l'Homme, Art. 14, S. 481; Villiger, Handbuch der EMRK, Art. 14, Rz. 664; siehe auch Schokkenbroek, HRLJ 19 (1998), S. 20 ff.

[127] Vgl. Wolfrum, CERD/C/SR.981, Zif. 51.

zu tragen[128]. In dem sensiblen Bereich der Rassendiskriminierung ist diese letzte Kontrolle des Ergebnisses unerläßlich. Im Einzelfall kann eine an sich sachgerechte Regelung Ausnahmeklauseln zugunsten einer bestimmten Rasse erfordern, um diese nicht unverhältnismäßig stark zu treffen[129].

2. Abhängigkeit der Rechtfertigung von der Art der Diskriminierung

Angesichts des umfassenden Schutzzwecks der Konvention ist an die sachliche Rechtfertigung ein strenger Maßstab zu legen[130]. Die konkreten Anforderungen, die an die sachliche Legitimation einer Unterscheidung aufgrund der Rasse zu legen sind, hängen maßgeblich davon ab, auf welche Art und Weise die Ungleichbehandlung erfolgt bzw. wie sie an das Rassekriterium anknüpft.

---

128 Peukert, in: Frowein/ders., EMRK Kommentar, Art. 14, Rz. 23, Fawcett, L'Egalité 5 (1977), S. 24.

129 So ist z.B. die Pflicht, beim Motorradfahren einen Helm zu tragen, aufgrund der Verletzungsrisiken ein sachgerechter Grund für die Maßnahme. Trotzdem wird damit Sikhs, für die die zwingende Pflicht besteht, einen Turban zu tragen, das Fahren von Motorrädern praktisch unmöglich gemacht und damit ihre gleichberechtigte Ausübung von Freiheiten stark beeinträchtigt. Das an sich rechtfertigende Unterscheidungskriterium des Helmtragens als Voraussetzung für das Motorradfahren ist in Ländern mit entsprechenden Bevölkerungsteilen daher nur mit einer Ausnahmeklausel für diese Gruppe konventionskonform. Vgl. dazu Bartsch, EuGRZ 1982, S. 354.

130 Im Gegensatz dazu wird bei Artikel 14 EMRK den Staaten grundsätzlich ein Ermessensspielraum bei der sachlichen Rechtfertigung zugebilligt (Handyside vs. UK, Serie A 24, Zif. 48; Dudgeon vs. UK, Serie A 45, Zif. 52; Sunday Times vs. UK, Serie A 30, Zif. 59; siehe dazu Schokkenbroek, HRLJ 19 (1998), S. 20 ff). Jedoch hat auch der EGMR anerkannt, daß für Unterscheidungen aufgrund des Geschlechts „very weighty reasons would have to be advanced before a difference of treatment on the grounds of sex could be regarded as compatible with the Convention", EGMR, Abdulaziz u.a. v. Großbritannien, 94, Zif. 78. Für die Rasse müssen dieselben Grundsätze gelten. Ebenso Schokkenbroek, *ebenda*, S. 22. Siehe auch Peukert, in: Frowein/ders., EMRK Kommentar, Art. 14, Rz. 22; Bayefsky, HRLJ 11 (1990), S. 18.

a) Formen diskriminierenden Handelns

Diskriminierungen sind in verschiedenen Formen denkbar. Eine Zugangsverweigerung kann unmittelbar an ein rassisches Kriterium anknüpfen oder an ein Kriterium, das zwar nicht an das rassische Element selbst anknüpft, aber an eines, das bei den Angehörigen einer rassischen Gruppe häufiger vorkommt als bei Menschen anderer rassischer Zugehörigkeit (mittelbare Diskriminierung). So kann ein Zutrittsverbot damit begründet werden, daß Sinti und Roma keinen Einlaß finden, aber auch damit, daß das Tragen der traditionellen Kleidung einer rassischen Gruppe nicht erlaubt ist. In Deutschland ist von einem Fall berichtet worden, in dem Sinti und Roma der Zugang zu Gaststätten nicht ausdrücklich verboten, ihnen aber der Zugang faktisch unmöglich gemacht wurde, indem ihnen Nahrungsmittel angeboten wurden, deren Genuß ihnen traditionell verboten war. Sie sollten so vom weiteren Kommen abgehalten werden[131].

Die Ungleichbehandlung kann vorsätzlich unmittelbar oder mittelbar an ein verbotenes Kriterium anknüpfen. Dies wird häufig, aber nicht notwendigerweise mit der Absicht, einen anderen zu benachteiligen, einhergehen. Möglich ist ferner, daß eine Rasse von einer Maßnahme häufiger betroffen wird als andere, ohne daß diese Folge gewollt ist. Die rassisch relevante Ungleichbehandlung ist in diesem Fall unvorhergesehene Folge einer Unterscheidung aufgrund eines an sich neutralen Kriteriums. Wo hier die Grenze zwischen einer erlaubten und verbotenen Unterscheidung verläuft, ist anhand der Rechtfertigungsgründe zu bestimmen. Gleichzeitig ist zu klären, ob der nach Artikel 1 Absatz 1 RDK notwendige kausale Zusammenhang zwischen der Rasse und der Zugangsverweigerung gegeben ist.

b) Rechtfertigung bei vorsätzlicher Diskriminierung

Eine von Artikel 1 Absatz 1 erfaßte Ungleichbehandlung „aufgrund der Rasse“ liegt zunächst bei einer vorsätzlichen Zutrittsverweigerung wegen der Rasse einer Person vor. Eine solche vorsätzliche Ungleichbehandlung ist per se verdächtig, ungerechtfertigt zu sein. Angesichts der grundsätzlichen Gleichheit der Menschen und der wissenschaftlichen Erkenntnis, daß keine relevanten Unterschiede zwischen den verschiedenen Rassen bestehen, kann ein sachlicher Grund für die Differenzie-

---

[131] Der Spiegel, 39/1997, 22.9.1997, S. 93.

rung regelmäßig ausgeschlossen werden[132]. Einen Menschen aufgrund seiner Rasse und nicht aufgrund seiner Individualität zu klassifizieren, beruht eher auf rassischen Vorurteilen als auf sachlichen Beweggründen[133]. Dies gilt unabhängig davon, ob die Diskriminierung durch den Staat oder eine Privatperson erfolgt. Dabei ist es grundsätzlich unerheblich, ob der Betreffende mit Benachteiligungsabsicht handelt, da bereits mit der Ungleichbehandlung eine tatbestandsmäßige, kausal verursachte Benachteiligung vorliegt[134].

Ein Zutrittsverbot für eine Rasse kann zum Beispiel grundsätzlich nicht damit begründet werden, daß es zwischen Mitgliedern der ausgeschlossenen und einer anderen rassischen Gruppe häufig zu Schlägereien gekommen ist. Zwar sind die körperliche Integrität des Gastwirts und seiner Gäste sowie das Inventar ein abwägungsfähiges, schützenswertes Gut. Die Gefahren für diese Güter gehen jedoch regelmäßig nicht von der rassischen Gruppe insgesamt aus, sondern nur von vereinzelten Mitgliedern. Das Abstellen auf die Rasse ist eine Typisierung. Diese erleichtert den Gastwirten im Einzelfall zwar, die Sicherheit in seiner Gaststätte zu gewährleisten. Gleichzeitig erweckt die Typisierung jedoch den Eindruck, daß jedes Mitglied dieser Rasse ein Schläger sei und verstärkt bestehende Vorurteile. Damit wird der Schutzzweck der Konvention unterlaufen; eine auf Rasse abstellende Typisierung ist einem Gastwirt daher nicht gestattet. Andernfalls bestünde die Gefahr, rassische Ungleichbehandlungen zu perpetuieren. Etwas anderes mag für den Fall gelten, daß die Rassenkonflikte in einem Staat derart eskalieren, daß ein Aufeinandertreffen der gegnerischen Gruppen quasi zwangsläufig zu einer gewaltsamen Auseinandersetzung führt, unabhängig von

---

[132] Vgl. Meron, Human Rights Law-Making in the United Nations, S. 17; ders., AJIL 79 (1985), S. 291; Schwelb , ICLQ 15 (1966), S. 1005; Bayefsky, HRLJ 11 (1990), S. 19 f. mit ausführlicher Begründung; Nowak, CCPR Commentary, Art. 26, Rz. 1 u. 25; Eide/Opsahl, 7. Colloque CEDH, S. 128; McKean, BYIL 44 (1970), S. 184; Strauss, Das Verbot der Rassendiskriminierung, S. 32; Bossuyt, L'Interdiction de la Discrimination, S. 60 f.; Guyaz, L'incrimination de la discrimination raciale, S. 38; wohl auch Jositsch, Strafrecht gegen Rassendiskriminierung, S. 2 f; siehe zur EMRK Schollenbroek, HRLJ 19 (1998), S. 22.

[133] Meron, Human Rights Law-Making in the United Nations, S. 17; Schwelb, ICLQ 15 (1966), S. 1005. Guyaz (L'incrimination de la discrimination raciale, S. 34 ff., 37 f.) hat dem Unterscheidungskriterium der Rasse deshalb eine prozessual-rechtlich Wirkung i. S. e. Vermutung für Willkür zugesprochen.

[134] Siehe *supra*, Kapitel 2, C. I 2.

den jeweils beteiligten Personen, und auf andere Weise nicht verhindert werden kann. Eine solche Situation ist jedoch eine selten vorkommende Ausnahme[135].

Die Anforderungen an eine vorsätzliche Diskriminierung, bei der eine Rechtfertigung ausgeschlossen ist, sind nicht zu hoch anzusetzen. Die Ungleichbehandlung muß durch die Überzeugung motiviert sein, daß eine andere Person zu einer bestimmten Rasse gehört und deshalb nicht in der Gaststätte bewirtet werden soll[136]. Unter intendierte Diskriminierung fallen zum einen die bewußt auf das Kriterium der Rasse zurückgreifenden Ungleichbehandlungen, die eine Benachteiligung zur Folge haben. Vorsätzliche Diskriminierung ist darüber hinaus auch für den Umgehungsfall zu bejahen, bei dem die Ungleichbehandlung zwar nicht direkt an die Rasse, jedoch bewußt an ein Kriterium anknüpft, das bei einer Rasse besonders selten oder häufig vorkommt und deshalb eine Rasse in besonderer Weise betrifft.

c) Rechtfertigung bei unmittelbarer Diskriminierung

Vorsätzliches Verhalten ist jedoch für das Vorliegen einer Diskriminierung nicht notwendig. Nach Artikel 1 Absatz 1 RDK genügt es, daß Ungleichbehandlungen „auf der Rasse beruhen" (based on race/fondé sur la race). Für den Zusammenhang zwischen dem Differenzierungskriterium und der benachteiligenden Ungleichbehandlung ist Kausalität ausreichend[137].

Die notwendige Ursächlichkeit ist nicht nur gegeben, wenn das Verhalten ausschließlich aufgrund der Rasse erfolgt. Unter den Wortlaut fällt auch eine Ungleichbehandlung, bei der Rasse nur eines von mehreren Motiven ist. Andere Motivationen wie Neid, Ehrgeiz, Angst etc. beeinflussen die Anwendbarkeit der Konvention nicht[138]. Diese weite

---

[135] Sie ist in Deutschland nicht gegeben und kann dort nicht als Rechtfertigung für Zugangsverbote angeführt werden.

[136] Ähnlich auch Banton, International Action Against Racial Discrimination, S. 65.

[137] Wolfrum, Max Planck UNYB 3 (1999), S. 499 unter Hinweis auf die General Recommendation XIV, UN Doc. HRI/GEN/1/Rev.2, 1996, S. 95 f.; im Erg. auch Greenberg, in: Meron, S. 322.

[138] Siehe dazu General Recommendation XIV (UN Doc. HRI/GEN/1/Rev.2., S. 95 f.). Vgl. ferner die Besprechung des 9. und 10. Österreichberichts, Banton, CERD/C/SR.947, Zif. 5; SR. 1250, Zif. 33 und ders., International Ac-

Auslegung entspricht der Ansicht des Ausschusses, daß mit „based on race"/„fondée sur la race" in Artikel 1 Absatz 1 RDK letztlich nichts anderes gemeint ist als „on the grounds of race" (auf Grund der Rasse) des siebten Absatzes der Präambel[139], zumal der französische Wortlaut in beiden Fällen „fondés sur la race" lautet. Der Versuch, Artikel 1 Absatz 1 RDK auf Hauptursachen zu begrenzen, wäre teleologisch nicht zu rechtfertigen, da Rassendiskriminierung regelmäßig aus einer Gemengelage subjektiver Faktoren erfolgt. Dazu kommt, daß es ausdrückliches Ziel der Konvention ist, „jede Form der Rassendiskriminierung" zu beseitigen.

Für die Rechtfertigung einer unmittelbaren Anknüpfung aufgrund der Rasse gelten im Ergebnis dieselben Erwägungen wie für eine vorsätzliche Diskriminierung. Ein sachlicher Grund für eine auf der Rasse beruhende Unterscheidung ist regelmäßig nicht vorstellbar. Auch das unmittelbare Anknüpfen einer Unterscheidung an die Rasse ist daher per se sachfremd.

Der IGH Richter Tanaka führt zu diesem Zusammenhang aus: „Race, colour, etc. do not constitute in themselves factors which can influence the rights and duties of the inhabitants as in the case of sex, age, language, religion, etc. If differentiation be required, it would be derived from the difference of language, religion, custom, etc., not from the racial difference itself."[140]

Im übrigen ist bei einem unmittelbaren Anknüpfen an ein rassisches Kriterium regelmäßig davon auszugehen, daß der Diskriminierende absichtlich handelt, zumindest aber weiß, was er tut.

---

tion Against Racial Discrimination, S. 191 f. Artikel 1 des Bundesverfassungsgesetzes zur Durchführung der RDK vom 3. Juli 1973 (österreichischen BGBl. 1972/377), der vorsieht, daß „Gesetzgebung und Vollziehung ... jede Unterscheidung aus dem alleinigen Grund der Rasse ... zu unterlassen haben", wurde als zu eng erachtet. Die gleiche Problematik stellte sich dem RDA beim niederländischen Gleichbehandlungsgesetz von 1994. Siehe dazu Banton, *ebenda*, S. 191 f. Für ein positives Beispiel, vgl. Australien, Banton, CERD/C/SR. 1058 f., Zif. 25; CERD/C/223/Add.1, Zif. 33.

[139] General Recommendation XIV on article 1, paragraph 1 of the Convention, HRI, GEN/1/ Rev.1, S. 67 f., Zif. 1.

[140] Tanaka, Diss. Op. , I.C.J. Rep. 1966, S. 314. Im Ergebnis ebenso Lochak, in: 7. Colloque CEDH, S. 147; vgl. auch Zimmer, Hate Speech im Völkerrecht, S. 34 f.

Diese indizielle Wirkung zwischen einer unmittelbaren Ungleichbehandlung aufgrund der Rasse und der fehlenden Möglichkeit, diese zu rechtfertigen, verlangt jedoch eine gewissenhafte Analyse des einer Unterscheidung zugrunde liegenden Differenzierungskriteriums. Wenn z.B. bei einem Mord bekannt ist, daß der Täter der „Rasse A" angehört, rechtfertigt dieser Verdacht, die Suche auf Personen dieser Rasse zu beschränken. Anknüpfungspunkt für die Unterscheidung ist nicht die Rasse, sondern der konkrete Tatverdacht, durch den der Täter individualisiert wird. In diesem Fall fehlt ein rassisches Motiv; die entsprechende eingeschränkte Suche der Polizei beruht auf einem sachlichen, die eingeschränkte Suche rechtfertigenden Grund[141].

Allerdings ist in jedem Einzelfall sicherzustellen, daß die Auswahl der an sich neutralen Unterscheidungskriterien nicht ihrerseits rassisch motiviert sind. So ist im Beispielsfall denkbar, daß der Tatverdacht nicht auf konkreten Hinweisen, z.B. auf Zeugenaussagen, beruht, sondern auf der Vermutung, „daß nur Personen der Rasse A ein solches Verhalten zuzutrauen ist". In diesem Fall liegt in der Suche nach einer bestimmten Rasse doch eine auf Rasse begründete, verbotene Diskriminierung[142].

---

[141] Vgl. Guyaz, L'incrimination de la discrimination raciale, S. 38, Fn. 83.

[142] In diesem Zusammenhang ist auch ein Kölner Fall relevant, in dem, nachdem ein ausgesetztes Baby gefunden wurde, aufgrund von Zeugenaussagen und der Pigmentuntersuchung eines Krankenhauses ein Asylantenheim von ca. 100 Polizisten umstellt, und alle anwesenden Frauen, in der Hauptsache Sinti und Roma, zwischen 15 und 40 zu einer Polizeidienststelle mitgenommen wurden, wo sie photographiert, Fingerabdrücke genommen und Bluttests durchgeführt wurden. Drei Frauen wurden einem zwangsgynäkologischen Test in einem Krankenhaus unterzogen. Siehe zum Sachverhalt UN Doc. E/CN.4/1996/72, Zif. 45 ff. Der Fall liegt grundsätzlich ebenso wie das obige Beispiel. Ein Eingriff aufgrund der Rasse liegt vor. Die Entscheidung, nur diese Frauen zu untersuchen, erscheint jedoch nicht *per se* willkürlich, sondern zulässig, wenn das Kind in räumlicher Nähe gefunden wurde und durch sein Erscheinungsbild eine Frau aus dem Asylantenheim als Mutter in Betracht kommt. Eine andere Frage ist, ob die Durchführungsmaßnahmen unverhältnismäßig waren und ob die Art und Weise der Durchführung nicht ungerechtfertigterweise durch die Rasse verursacht wurde. Auch darin kann eine Rassendiskriminierung liegen. Maßgeblich sind die Umstände des Einzelfalls. Wenn die Polizei bei allen anderen Staatsbürgern ebenso reagiert hätte, fehlt es bei der konkreten Maßnahme an einer Ungleichbehandlung.

Die untersuchende Staatsanwaltschaft hat festgestellt, daß die Aktion aufgrund der Schwere des Verbrechens zwar gerechtfertigt war, jedoch wurde bedauert, daß nicht vorsichtiger vorgegangen worden war. Diesem Befund stimmt

Eine dem Beispielsfall vergleichbare Konstellation ist bei Zugangsverweigerungen im Gaststättenbereich indes nicht vorstellbar[143].

d) Rechtfertigung bei mittelbarer Diskriminierung

(1) Schutz vor mittelbarer Diskriminierung durch die Konvention

Eine ursächliche Verknüpfung mit dem Rassekriterium besteht auch dann, wenn eine Ungleichbehandlung auf einem Merkmal basiert, das von einer Rassegruppe seltener oder häufiger als von anderen erfüllt wird. Das maßgebliche Unterscheidungskriterium kommt dabei typischerweise, aber nicht ausschließlich bei Mitgliedern einer Rasse vor. Eine kausale Beziehung zur Rasse besteht selbst dann, wenn eine Maßnahme auf ein an sich neutrales Kriterium zurückgreift, das nicht an die Rasse selbst gebunden ist, sondern bei dieser – insbesondere wegen vormaliger Diskriminierung und den daraus resultierenden schlechteren Ausgangsbedingungen – öfter anzutreffen ist als bei anderen rassischen Gruppen. Im Gaststättenbereich zeigt sich die Folge dieser Ungleichbehandlung daran, daß die Gruppe im Vergleich zur übrigen Bevölkerungszahl unter- oder überrepräsentiert ist[144]. Ein Gastwirt kann

---

der Justizminister Nordrhein-Westfalens zu. Vgl. *ebenda*, Zif. 61 ff. (Anders wurde jedoch eine Bemerkung des die Aktion leitenden Staatsanwalts bewertet. Dieser hatte die Anzahl der Polizeibeamten damit gerechtfertigt, daß sie aufgrund der Besonderheit der ethnischen Gruppe, wegzulaufen, notwendig gewesen sei [*ebenda*, Zif. 64]).

[143] Denkbar ist die Rechtfertigung eines rassisch motivierten Zugangsverbotes durch einen Gastwirt ausnahmsweise, wenn ihm von Dritten angedroht wird, andernfalls seine Gaststätte zu zerstören oder ihn oder seine Gäste zu verletzen, und Hilfe nicht rechtzeitig herbeigeholt werden kann. In diesem Fall stehen dem Anspruch auf Gleichbehandlung andere Menschenrechte als die bloße Entschließungsfreiheit des Gastwirtes gegenüber. Im Ergebnis kann dem Wirt nicht zugemutet werden, nennenswerte Verletzungen an seiner körperlichen Integrität oder seinem Eigentum hinzunehmen, um die Rechte Dritter durchzusetzen. Vgl. dazu ausführlicher, *infra*, Kapitel 5, A. IV 4 b.

[144] General Recommendation XIV on article 1, paragraph 1, of the Convention (HRI/GEN/1/Rev. 2, S. 95); ferner Draft General Recommendation Concerning demographic information on ethnic minorities, UN Doc. CERD/C/52/Misc. 46 mit Besprechung in CERD/C/SR.1281; UN Doc. GAOR (A/52/18), Zif. 518; implizit Diaconu, CERD/C/SR.1254, Zif. 26. Im Ergebnis auch Meron, Human Rights Law-Making in the United Nations, S. 14; ders., AJIL 79 (1985), S. 289; vgl. auch Strauss, Das Verbot der Rassendiskriminierung,

z. B. bewußt nur Frauen in kurzen Röcken in seine Diskothek lassen, um weibliche Angehörige einer bestimmten Rasse, denen das Tragen langer Röcke Pflicht ist, auszugrenzen. Dieselbe Selektion kann aber auch lediglich darauf beruhen, daß der Gastwirt ohne rassische Motive eine bestimmte Zielgruppe ansprechen will und sich von dieser einen guten Umsatz erhofft[145]. Faktische Unterrepräsentation liegt aber auch bereits dann vor, wenn sich Mitglieder einer Rasse, die sozial schlechter gestellt sind als Mitglieder anderer Rassen, den Besuch einer Gaststätte nicht leisten können und daher die Trennung der verschiedenen Gruppen aufrecht erhalten wird[146].

Auch diese sogenannte mittelbare Diskriminierung erfüllt den notwendigen Kausalzusammenhang zwischen der Rasse und einer Ungleichbehandlung und ist zunächst von dem Definitionsartikel erfaßt. Allerdings stellt sich hier die Frage nach einer Rechtfertigungsmöglichkeit in besonderem Maße.

S. 95; Lerner, The UN Convention on the Elimination of All Forms of Racial Discrimination, S. 30 f.; Wolfrum, Max Planck UNYB 3 (1999), S. 499. Diese Form der Ungleichbehandlungen ist als das dringendste Anliegen im Kampf gegen Rassendiskriminierung in den USA bezeichnet worden. Vgl. FAZ vom 24.1.2001, S. 32.

[145] Eine faktische Diskriminierung liegt auch vor, wenn für die Ausübung eines Berufs unnötig hohe Anforderungen verlangt werden und es so Mitgliedern einer Gruppe, denen in der Vergangenheit die notwendige Ausbildung verwehrt wurde, unmöglich gemacht wird, diesen Beruf zu ergreifen. Beispiel von Meron, Human Rights Law-Making in the United Nations, S. 14. Ebenso Devetak, UN Doc. GAOR (A/18/37), Zif. 468; Strauss, Das Verbot der Rassendiskriminierung, S. 95; Mahalic/Mahalic, HRQ 9 (1987), S. 79; Bossuyt, L'Interdiction de la Discrimination, S. 37. Widersprüchlich Lerner, The UN Convention on the Elimination of All Forms of Racial Discrimination, S. 28 und 30-31.

[146] Rudolf (in: Die thematischen Berichterstatter, S. 426) will die durch die Konvention erfaßte mittelbare Diskriminierung auf die Fälle beschränken, in denen der Staat die gesellschaftliche Marginalisierung einer rassischen Gruppe erhält oder fördert. Diese Sicht schränkt die kausale Beziehung zwischen Rasse und Ungleichbehandlung jedoch zu sehr ein, da auch ein unbewußtes oder gutgemeintes Anknüpfen an ein Kriterium, das zu mittelbarer Ungleichbehandlung einer rassischen Gruppe führt, die faktische Trennung der Gruppen aufrecht erhalten bzw. zu Benachteiligungen führen kann. Eine andere Frage ist, ob diese mittelbare Ungleichbehandlung auch ungerechtfertigt ist, was bei legitimen Rechtfertigungsgründen zu verneinen ist.

Daß das Ziel der de facto- Gleichheit ein zentrales Anliegen der Konvention ist, läßt sich der Überschrift der Konvention und dem zweiten Absatz der Präambel entnehmen[147]. Dort heißt es, daß „jeder ohne irgendeinen Unterschied ... Anspruch hat auf alle in der genannten Erklärung[148] aufgeführten Rechte".

Dasselbe ergibt sich aus Artikel 1 Absatz 4 und 2 Absatz 2 RDK. Diese Artikel sehen fördernde Maßnahmen zugunsten von bisher benachteiligten rassischen Gruppen vor, um bestehende auf vormaliger Diskriminierung beruhende Nachteile auszugleichen. Diese sogenannten „affirmative action" Maßnahmen sind nur unter der Prämisse systemgerecht, daß nicht nur rechtliche, sondern auch faktische Gleichheit durch die Konvention angestrebt werden soll[149]. Denn die Förderung der einen Rasse stellt gegenüber der anderen eine diese benachteiligende Ungleichheit dar, die die rechtliche Gleichheit der Betroffenen außer Acht läßt, um faktische Gleichheit zu erreichen. Das Ziel der faktische Gleichheit impliziert, das auch an sich neutrale Maßnahmen, die zu Ungleichbehandlungen führen, bekämpft werden sollen. Dies geht jedoch nur, wenn auch diese Ursachen von Benachteiligung unter den Diskriminierungsbegriff des Artikels 1 Absatz 1 RDK fallen, da nur dann der Anwendungsbereich der Konvention eröffnet ist.

Zudem sieht Artikel 2 Absatz 1 (c) RDK vor, daß Staaten verpflichtet sind, wirksame Maßnahmen zur Kontrolle der staatlichen und örtlichen Behörden zu ergreifen und „alle Gesetze und sonstigen Vorschriften zu ändern, aufzuheben oder für nichtig zu erklären, die eine Rassendiskri-

---

[147] Vgl Diaconu, UN Doc. E/CN.4/1999/WP.1/BP.10, Zif. 20; Banton, International Action Against Racial Discrimination, S. 65; im Erg. auch Wolfrum, Max Planck UNYB 3 (1999), S. 496; Guyaz, L'incrimination de la discrimination raciale, S. 44. Siehe als Beispiel UN Doc. GAOR (A/55/18) Zif. 217; Thornberry, Un Doc. CERD/C/SR.1475, Zif. 31.

[148] Verweis auf Absatz 1 der Präambel. Dort wird auf die VN-Satzung verwiesen, die „auf dem Grundsatz der angeborenen Würde und Gleichheit aller Menschen beruht und [darauf,] daß alle Mitgliedstaaten gelobt haben, gemeinsam und einzeln mit der Organisation zusammenzuwirken, um eines der Ziele der Vereinten Nationen zu erreichen, das darin besteht, die allgemeine Achtung und Beachtung der Menschenrechte und Grundfreiheiten für alle ohne Unterschied der Rasse, des Geschlechts, der Sprache oder der Religion zu fördern und zu festigen". Siehe dazu Meron, Human Rights Law-Making in the United Nations, S. 14.

[149] Meron, AJIL 79 (1985), S. 288, ders., Human Rights Law-Making in the United Nations, S. 14; Symonides, in: ders., S. 5.

minierung — oder dort, wo eine solche bereits besteht, ihre Fortsetzung — bewirken«[150]. Da vormalige Diskriminierung oft dazu führt, daß die betroffenen Gruppen noch immer durch eigentlich neutrale Regelungen benachteiligt werden, sind die Staaten gehalten, gegen diese fortdauernde Wirkung von Diskriminierung anzugehen[151]. Damit setzt auch Artikel 2 Absatz 1 (c) RDK voraus, daß an sich neutrale, de facto aber benachteiligende Regelungen unter den Begriff der Rassendiskriminierung i. S. d. Konvention fallen.

Auch der Ausschuß ist sich der Notwendigkeit, auch vor faktischer Diskriminierung durch die Konvention zu schützen, bewußt[152]. Zwar konnte er sich nicht darauf einigen, eine „General Recommendation" ausdrücklich zur de facto Diskriminierung zu erlassen, da die Sorge bestand, keine vernünftige Begrenzung des Begriffs der Rassendiskriminierung mehr zu finden[153]. Aber auch ohne expliziten Bezug auf faktische Diskriminierung kommt in der vom Ausschuß erlassenen „General Recommendation XIV on article 1, paragraph 1" zum Ausdruck, daß dieser von einem weiten Verständnis des Kausalitätsbegriffs ausgeht. Dort heißt es: „... A distinction is contrary to the Convention if it has either the purpose or the effect of impairing particular rights and freedoms[154]„. Der Verweis auf Artikel 2 Absatz 1 (c) RDK als Begründung für diese Definition weist in dieselbe Richtung.

Während das bewußte Verwenden eines derart wirkenden Kriteriums, mit der Absicht, den Angehörigen einer bestimmten rassischen Gruppe

---

[150] Vgl. auch den Entwurf der General Recommendation zur *de facto* Diskriminierung, UN Doc. CERD/C/SR.967, Zif. 31, Absatz 2; Wolfrum, *ebenda*, Zif. 31.

[151] Meron, Human Rights Law-Making in the United Nations, S. 14; vgl. auch Wolfrum, Max Planck UNYB 3 (1999), S. 496.

[152] Vgl. die Diskussion in UN Doc. CERD/C/SR.967, Zif. 31 ff. und SR. 981, Zif. 50 ff. und Banton, UN Doc. E/CN.4/1999/WG.1/BP.6; ders., International Action Against Racial Discrimination, S. 65.

[153] Siehe hierzu Diaconu, UN Doc. CERD/C/SR.967, Zif. 40 und Lamptey, *ebenda*, Zif. 62. Der Entwurf der geplanten General Recommendation ist in UN Doc. CERD/C/SR.967, Zif. 31 abgedruckt. Vgl. die Diskussion dazu in *ebenda*, Zif. 31 ff. und SR. 981, Zif. 51 ff. Statt der geplanten wurde die bereits oben zitierte General Recommendation zu Artikel 1 Absatz 1 RDK erlassen, UN Doc. CERD/C/SR.980, Zif. 72-73; HRI, GEN/1/Rev.2, S. 95 f.

[154] General Recommendation XIV on article 1, paragraph 1, of the Convention (HRI/GEN/1/Rev. 2, S. 95).

ungleich zu behandeln, wie bereits erwähnt, zu den verbotenen vorsätzlichen Diskriminierungen zählt, ist in den anderen Fällen fraglich, wo die Grenze zwischen erlaubter und verbotener Unterscheidung verläuft.

(2) Rechtfertigungsmaßstab für staatliches Handeln

Durch die Aufnahme faktischer Diskriminierung in den Schutzbereich der Konvention wird der Bereich der relevanten Unterscheidungen sehr stark ausgeweitet. Selbst Handlungen und Maßnahmen mit hehren, anerkennenswerten Intentionen, bei denen der rassische Effekt nicht abzusehen ist, sind erfaßt, wenn sie zu einer Beeinträchtigung der gleichberechtigten Ausübung der Menschenrechte führen[155]. Um nicht auch sinnvolle und notwendige Unterscheidungen zu erfassen, ist eine Beschränkung unumgänglich[156]. Diese Notwendigkeit kommt in der bereits erwähnten „General Recommendation on Article 1“ zum Ausdruck. Dort heißt es:

> „2. The committee observes that a differentiation of treatment will not constitute discrimination if the criteria for such differentiation, judged against the objectives and purposes of the Convention, are legitimate or fall within the scope of article 1, paragraph 4, of the convention“[157].

Auch für die Grenze zwischen erlaubter Unterscheidung und verbotener Diskriminierung ist nach einem verhältnismäßigen Rechtfertigungsgrund, also einem legitimen Unterscheidungsgrund, dessen

---

[155] Banton, International Action Against Racial Discrimination, S. 65; Meron, Human Rights Law-Making in the United Nations, S. 14; im Ergebnis auch Strauss, Das Verbot der Rassendiskriminierung, S. 37; Kewenig, Der Grundsatz der Nichtdiskriminierung, S. 197. Nach der Entstehungsgeschichte ist die General Recommendation XIV des RDA in diesem Sinn zu verstehen, UN Doc. HRI/GEN 1/Rev.2, S. 95. Vgl. dazu CERD/C/SR.967, Zif. 31 ff. Ebenso Wolfrum, Zif. 31 und 58, implizit Song Shuhua, Zif. 39; unklar Diaconu, der vor allem technische Bedenken anführt, Zif. 42 und 64; dagegen aber Lamptey, Zif. 38 und 62. Siehe auch CERD/C/SR.981, Zif. 50 ff. Vgl. ferner McKean, BYIL 44 (1970), S. 181; Bayefsky, HRLJ 11 (1990), S. 8 f. In Australien ist die Rechtslage entsprechend ausgestaltet; vgl. Racial discrimination Act 1975, Section 9, Subsection (1A), CERD/C/223/Add. 1, Zif. 31 ff.

[156] Diaconu, UN Doc. CERD/C/SR.967, Zif. 40; vgl. auch Banton, CERD/C/SR.981, Zif. 57; Wolfrum, *ebenda*, Zif 59.

[157] General Recommendation XIV (UN Doc. HRI/GEN/1/Rev.1, S. 67).

Zweck mit seinen Folgen in einem angemessenen Verhältnis steht, zu suchen. Nur so kann gewährleistet werden, daß einerseits ein Staat notwendige Unterscheidungen vornehmen darf und andererseits möglichst umfassende tatsächliche Gleichheit der rassischen Gruppen erreicht wird. Der Kritik, daß die Begriffe „objektive und vernünftige Gründe" und „legitimes Ziel" zu unpräzise seien, um eine Grenzziehung zwischen verbotener de facto Diskriminierung und erlaubter Differenzierung zu ermöglichen[158], kann die langjährige Erfahrung des Europäischen Gerichtshofs für Menschenrechte und der nationalen Rechtsordnungen entgegengestellt werden[159].

Vorteil dieser Begrenzung ist, daß eine Kontrolle stattfindet, ob trotz anerkennenswertem Zweck eine Maßnahme ausnahmsweise eine verbotene Diskriminierung darstellt, wenn die Zweck-Mittel Relation außer Verhältnis steht. Auf diese Weise besteht eine Gegenkontrolle, ob im konkreten Einzelfall die Unterscheidung erforderlich ist und ihre Folgen hinnehmbar sind[160]. An die von den Staaten angeführten Kriterien muß ein strenger Maßstab angelegt werden[161]. Ein zu weiter Ermessensspielraum würde den notwendigen Abbau unterschiedlicher Ausgangslagen für Menschen verschiedener Gruppen unnötig verhindern. Verlangt z.B. ein staatlich betriebenes Kasino das Tragen eines Zylinders, um das Ambiente des Betriebes zu beeinflussen, muß es Menschen, für die das Tragen eines Turbans eine aus der Tradition stammende Pflicht ist, eine Ausnahme zubilligen und der Festlichkeit eines Zylinders entsprechende Turbane ebenso als adäquate Kopfbedeckung anerkennen.

---

[158] Ferrero Costa, CERD/C/SR.981, Zif. 55; im Ergebnis ebenso Shari, *ebenda*, Zif. 58.

[159] Siehe dazu Bossuyt, in: Pettiti/Decaux/Imbert, CEDH, S. 481 ff. mit Aufzählung der Fälle, in denen EGMR eine Diskriminierung angenommen hat; Villiger, Handbuch der EMRK, Rz. 666; Peukert, in: Frowein/ders., EMRK-Kommentar, Art. 14, Rz. 22 ff.; Nowak, CCPR Commentary, Art. 26, Rz. 21 ff.

[160] Vgl. z. B. das Beispiel in Kapitel 2, Fn. 129.

[161] Vgl. dazu die Praxis der EMRK. Grundsätzlich sind Ermessensentscheidungen der Staaten nicht überprüfbar. Eine Ausnahme gilt für Unterscheidungen aufgrund des Geschlechts und zwischen ehelichen und nichtehelichen Kindern. Vgl. dazu Bayefsky, HRLJ 11 (1990), S. 18 f.

(3) Rechtfertigungsmaßstab für privates Handeln

Bei durch Privatpersonen verursachte mittelbare Diskriminierung erweitert sich im Gegensatz zu staatlicher Diskriminierung die Möglichkeit zur Rechtfertigung einer Unterscheidung mit unterschiedlichen Auswirkungen für die verschiedenen rassischen Gruppen[162].

Ein Fall nicht intendierter mittelbarer Diskriminierung durch Privatpersonen liegt in dem erwähnten Beispiel vor, daß ein Gastwirt seine Preise so hoch ansetzt, daß bestimmte rassische Gruppen sich aufgrund ihrer schlechten finanziellen Situation den Besuch einer Gaststätte nicht erlauben können und ihre Mitglieder in dem Lokal unterrepräsentiert sind. Für marktwirtschaftlich orientierte Staaten wäre es eine nicht akzeptable, von ihnen letztlich innerstaatlich nicht erfüllbare Forderung, von Gastwirten zu verlangen, ihre Preise so niedrig anzusetzen, daß es zu keiner Unterrepräsentation kommt. Eine solche Preispolitik kann weder Sinn noch Folge der Konvention sein. Das gleiche gilt grundsätzlich für die Festlegung einer Kleiderordnung, die nicht auf rassische Diskriminierung angelegt ist, sondern frei von jeglichen rassischen Motiven einzig dem Ziel dient, die Atmosphäre des Lokals bzw. die Zielgruppe festzulegen.

Denn im Gegensatz zu staatlicher Diskriminierung stehen dem Anspruch, nicht diskriminiert zu werden, eigene Menschenrechte und Grundfreiheiten des Gastwirtes gegenüber, die mit dem Anspruch auf gleichberechtigte Ausübung der Menschenrechte des Diskriminierten abgewogen werden müssen[163]. Der einzelne hat dafür Sorge zu tragen, daß jedermann unbeschadet der Rasse Zutritt zu seiner Gaststätte haben kann. Bereits insofern wird ihm eine Einschränkung seiner wirtschaftlichen Entscheidungsfreiheit zugemutet. Eine Fürsorgepflicht für Dritte besteht für den Gastwirt jedoch nicht und kann und soll durch die Konvention auch nicht eingeführt werden. Ihm eine Pflicht aufzu-

---

[162] Vgl. Eide/Opsahl, in: 7. Colloque CEDH, S. 118 f. Ob Privatpersonen in diesem Fall selbst Adressaten der Konvention sind oder ob der Staat diese Fälle durch geeignete, sich an Artikel 2 bis 7 RDK orientierende Maßnahmen unterbindet, ist eine hiervon zu trennende, anschließend zu behandelnde Frage. Vgl. Kapitel 3, E.

[163] Vgl. dazu Tomuschat (in: FS Schlochauer, S. 712): „[T]o forbid private discrimination in the same general manner [as discrimination by the State authority] would amount to a legal threat to private freedom". Ebenso Hangartner, in: FS Haug, S. 121. Siehe auch Wolfrum, in: FS P. Schneider, S. 520.

erlegen, dafür zu sorgen, daß jeder gleichermaßen von der Zutrittsmöglichkeit tatsächlich Gebrauch machen kann, hieße, seine wirtschaftlichen Freiheiten unverhältnismäßig zu begrenzen; ihm würde jegliche Gestaltungsfreiheit im Rahmen seines Gewerbebetriebes genommen[164]. Daher genügt in diesen Fällen regelmäßig, daß irgendein sachlicher Grund für den Preis oder die Zugangsbedingung besteht, um von einer gerechtfertigten Ungleichbehandlungen auszugehen.

Strengere Anforderungen ergeben sich nur ausnahmsweise, wenn das Ziel der Konvention durch die mittelbare Ungleichbehandlung im Gaststättenbereich unterlaufen zu werden droht. Eine solche Ausnahme ist anzunehmen, wenn ein Türsteher die Zielgruppe einer Diskothek so definiert, daß im Ergebnis einer Rasse unabhängig von ihrem Auftreten und Erscheinungsbild immer der Einlaß verweigert wird. In diesem Fall überwiegt im Rahmen der Verhältnismäßigkeitsprüfung das Interesse, rassische Diskriminierung auszumerzen, dem Gestaltungsinteresse des Gastwirts. Ihm wird zugemutet, zumindest einigen Personen einer sonst nicht eingelassenen Rasse Eintritt zu gewähren, die dem Erscheinungsbild der Zielgruppe nahekommen, um eine Umgehung des Konventionszwecks zu vermeiden. Die von ihm hinzunehmende Beeinträchtigung der Gestaltungsfreiheit ist geringer einzuschätzen als das Interesse an der Erfüllung der Konvention[165].

Mit Ausnahme dieses Grenzfalls kann faktische, nicht beabsichtigte Diskriminierung durch Privatpersonen beim Zugang zu Gaststätten regelmäßig von der Konvention ausgenommen werden. Unberührt bleibt dagegen die aus Artikel 2 Absatz 2 RDK erwachsende Pflicht für die Staaten, dafür zu sorgen, daß die Ausgleichslagen der verschiedenen Rassen sich derart angleichen, daß die neutralen Anknüpfungskriterien nicht mehr zu einer faktischen Ungleichbehandlung führen[166].

---

[164] Vgl. zur begrenzten Möglichkeit der Staaten, in die Privatautonomie einzugreifen: Hangartner, in: FS Haug, S. 121.

[165] In einem solchen Fall liegt ein vorsätzliches Verhalten nahe, zumindest wenn der Gastwirt auf die Folge für die Rassenintegration hingewiesen wurde.

[166] Siehe dazu ausführlicher *infra*, Kapitel 3 E. II. Daneben können die Staaten durch andere, insbesondere durch erzieherische Maßnahmen staatliche Anreize für die Aufnahme der Minderheitsgruppe in ein Arbeitsverhältnis etc. geben, um das Verhalten der Privaten zu beeinflussen.

D. Ausdrückliche Grenzen des Anwendungsbereichs der Konvention

Neben der Definition der Rassendiskriminierung in Absatz 1 enthält Artikel 1 RDK ausdrückliche Schranken des Diskriminierungsverbotes. Dazu zählen die bereits besprochenen Ausnahmen für die Staatsangehörigkeit und das Staatsbürgerschaftsrecht der Absätze 2 und 3[167]. Darüber hinaus nimmt Artikel 1 Absatz 4 bestimmte Formen der positiven Diskriminierung aus dem Anwendungsgebiet der Konvention heraus.

> „Sondermaßnahmen, die einzig zu dem Zweck getroffen werden, eine angemessene Entwicklung bestimmter Rassengruppen, Volksgruppen oder Personen zu gewährleisten, die Schutz benötigen, soweit ein solcher erforderlich ist, damit sie die Menschenrechte und Grundfreiheiten gleichberechtigt genießen und ausüben können, gelten nicht als Rassendiskriminierung, sofern diese Maßnahmen nicht die Beibehaltung getrennter Rechte für verschiedene Rassengruppen zur Folge haben und sofern sie nicht fortgeführt werden, nachdem die Ziele, um derentwillen sie getroffen wurden, erreicht sind[168].

Keine Diskriminierung ist daher eine Vorzugsbehandlung bestimmter Gruppen und Personen, die notwendig ist, um faktische Auswirkung

---

[167] Vgl. *supra*, Kapitel 2, B.

[168] Die englische Fassung lautet: „4. Special measures taken for the sole purpose of securing adequate advancement of certain racial or ethnic groups or individuals requiring such protection as may be necessary in order to ensure such groups or individuals equal enjoyment or exercise of human rights and fundamental freedoms shall not be deemed racial discrimination, provided, however, that such measures do not, as a consequence, lead to the maintenance of separate rights for different racial groups and that they shall not be continued after the objectives for which they were taken have been achieved".

Die französische Fassung heißt: „4. Les mesures spéciales prises à seule fin d'assurer comme il convient le progrès de certains groupes raciaux ou ethniques ou d'individus ayant besoin de la protection qui peut être nécessaire pour leur garantir la jouissance et l'exercice des droits de l'homme et des libertés fondamentales dans des conditions d'égalité ne sont pas considérées comme des mesures de discrimination raciale, à condition toutefois qu'elles n'aient pas pour effet le maintien de droits distincts pour des groupes raciaux différents et qu'elles ne soient pas maintenues en vigueur une fois atteints les objectifs auxquels elles répondaient."

von Diskriminierungen der Vergangenheit auszugleichen[169]. Allerdings ist diese Sonderbehandlung ausdrücklich zeitlich begrenzt. Eine Bevorzugung aufgrund der Rasse unterfällt nur solange nicht der Definition der Rassendiskriminierung, wie „diese Maßnahmen nicht die Beibehaltung getrennter Rechte für verschiedene Rassengruppen zur Folge haben und sofern sie nicht fortgeführt werden, nachdem die Ziele, um derentwillen sie getroffen wurden, erreicht sind"[170].

Eine Pflicht, positive Maßnahmen zu ergreifen, ist nicht in Artikel 1 Absatz 4, sondern in Artikel 2 Absatz 2 RDK statuiert[171]. Schon oben wurde festgestellt, daß beide Regelungen zusammen verdeutlichen, daß sich die Konvention nicht mit der Herstellung rechtlicher Gleichheit begnügt, sondern faktische Gleichheit zwischen den Rassen anstrebt. Damit ist das innere Spannungsverhältnis zwischen rechtlicher und faktischer Gleichheit zugunsten der letzteren aufgelöst. Eine Bevorzugung und die damit einhergehende rechtliche Ungleichbehandlung zwischen den Rassen ist so lange zu akzeptieren, bis für alle Menschen dieselbe Ausgangslage herrscht, die erst ermöglicht, rechtliche Gleichheit auch tatsächlich wahrzunehmen.[172].

Artikel 1 Absatz 4 RDK erlaubt also, die faktische Situation der verschiedenen rassischen Gruppen anzugleichen und so auch mittelbare Ungleichbehandlung im Privatrechtsverkehr aufgrund erlaubter Unterscheidungskriterien zu beseitigen.

---

[169] Vgl. zu positiven Ausgleichsmaßnahmen bereits das StIGH-Gutachten über die Stellung von Minderheitenschulen in Albanien, Series A/B 64, Gutachten vom 6. 4. 1935, S. 4:"L'égalité en fait peut ... rendre nécessaire des traitements différents en vue d'arriver à un résultat qui établisse l'équilibre entre de situations différentes". Siehe auch Meron, AJIL 79 (1985), S. 305; Eide/Opsahl, in: 7. Colloque CEDH, S. 135.

[170] Vgl. hierzu Delbrück; Die Rassenfrage als Problem des Völkerrechts und nationaler Rechtsordnungen, S. 63. Siehe auch UN. Doc. GAOR (A/38/18), Zif. 280. Der Ausschuß kritisierte, daß die grundsätzlich begrüßenswerte Maßnahme, für bestimmte benachteiligte Kasten 10 % der Parlamentssitze zu reservieren, nicht zeitlich beschränkt waren. Vgl. auch Meron, AJIL 79 (1985), S. 305, Fn. 109 und ders., Human Rights Law-Making in the United Nations, S. 36.

[171] Vgl. dazu *infra*, Kapitel 3, E. II.

[172] Siehe Meron, Human Rights Law-Making in the United Nations, S. 11; ders., AJIL 79 (1985), S. 286; i. Erg. ebenso Strauss, Das Verbot der Rassendiskriminierung, S. 38 ff.; vgl. auch Partsch, in: EPIL 1 (1992), S. 1079 ff.

E. Zwischenergebnis

Insgesamt gewährleistet die Konvention ein praktisch unbegrenztes Diskriminierungsverbot aufgrund der Rasse im Bereich des öffentlichen Lebens[173]. Das Rassendiskriminierungsverbot entfaltet nicht nur im Bereich der in der Konvention ausdrücklich genannten Menschenrechte Wirkung, sondern kommt darüber hinaus ganz allgemein dort zum Zug, wo sein Korrelat, das Gleichbehandlungsgebot, Anwendung findet, d.h. im gesamten Rechtssystem einer Vertragspartei. Bezogen auf Artikel 5 (f) RDK sind aus diesem Bereich nur Gaststätten, Cafés oder Hotels von echten privaten Clubs ausgeschlossen. Gaststätten der öffentlichen Hand sind immer als öffentlich im Sinne der Konvention einzustufen.

[173] Schwelb, ICLQ 15 (1966), S. 1001 f.; Strauss, Das Verbot der Rassendiskriminierung, S. 35; Ermacora, Diskriminierungsschutz und Diskriminierungsverbot in der Arbeit der Vereinten Nationen, S. 235. Ebenso umfassend sind nur das Übereinkommen über die Beseitigung jeder Form von Diskriminierung der Frau, die Erklärung über die Beseitigung aller Formen von Intoleranz und Diskriminierung aufgrund der Religion oder der Überzeugung und nach h. M. Art. 26 IPbpR. Im Gegensatz dazu ist das allgemeine Diskriminierungsverbot der EMRK akzessorisch, während das Übereinkommen Nr. 111 der ILO über die Diskriminierung in Beruf und Beschäftigung und das Übereinkommen der UNESCO gegen Diskriminierung im Unterrichtswesen für das Gebiet des Unterrichtswesens sachlich beschränkt sind.

3. Kapitel: Die staatlichen Handlungspflichten

Bisher wurde untersucht, welche Verhaltensweisen als Zugangsverbote im Sinne des Artikels 5 (f) RDK zu ahnden sind. Noch nicht geklärt ist, wie diese Ahndung zu erfolgen hat, welche Handlungspflichten Artikel 5 RDK den Vertragsstaaten also zur Eliminierung von Rassendiskriminierung im Gaststättenbereich auferlegt. Eine Konkretisierung der Anforderungen kann sich bereits aus der Praxis des Ausschusses ergeben. Weitere Maßgaben sind dem Einleitungsabsatz des Artikels 5 RDK zu entnehmen. Dieser sieht vor, daß im Einklang mit den in Artikel 2 RDK niedergelegten grundsätzlichen Verpflichtungen einerseits die Rassendiskriminierung beim Zugang zu Gaststätten in jeder Form zu verbieten und zu beseitigen und andererseits Gleichheit vor dem Gesetz zu gewährleisten ist. Die Beseitigungspflicht unterteilt sich nach ihrer Zielrichtung in Maßnahmen gegen durch die Staaten verübte Rassendiskriminierung und gegen durch Privatpersonen verursachte Diskriminierung und in fördernde Maßnahmen.

A. Adressaten der Verpflichtungen

Bevor jedoch die Handlungsanforderungen konkretisiert werden, soll zunächst auf die Adressaten dieser Verpflichtungen eingegangen werden.

Adressaten jeglicher Verpflichtungen aus der Konvention sind allein die Staaten als Völkerrechtssubjekte. Das heißt, ihnen obliegt es, im Bereich des Artikel 5 (f) RDK Gleichheit vor dem Gesetz zu gewährleisten und Rassendiskriminierung zu verbieten[1]. Die Konvention kreiert darüber hinaus keine unmittelbaren völkerrechtlichen Pflichten für Privatpersonen[2]. Private Gastwirte werden somit durch die Konvention nicht un-

---

[1] Banton, International Action Against Racial Discrimination, S. 67; vgl. auch Tomuschat, in: FS Schlochauer, S. 696 f.; Strauss, Das Verbot der Rassendiskriminierung, S. 99.

[2] Subjektive Rechte kreiert die Konvention nur im Rahmen des Individualbeschwerdeverfahrens nach Artikel 14 RDK. Vgl. Wolfrum, Max Planck

mittelbar verpflichtet, den Zugang zu ihren Gaststätten nicht rassendiskriminierend zu gestalten. Ebensowenig erlangen Diskriminierte einen Anspruch aus der Konvention, nicht aufgrund ihrer Rasse abgewiesen zu werden; denn die bestehenden Menschenrechtskonventionen gehen von einem freiheitlichen Grundrechtsverständnis aus, mit dem eine unmittelbare Verpflichtung der Individuen nicht in Einklang zu bringen ist[3]. Eine Ausnahme besteht nur dort, wo eine ausdrückliche Ausweitung der Pflichten der Menschenrechtsverträge auf Individuen im Normtext aufgenommen wurde und sich Menschenrechtsgarantien ausdrücklich auf das Verhältnis zwischen Privaten beziehen[4].

Die RDK enthält keine solche Klausel, die auch Privatpersonen als Adressaten der Konvention einbezieht. Sie beschränkt sich im Gegenteil in Artikel 2 Absatz 1 (d) ausdrücklich darauf, Vertragsstaaten zu verpflichten, jede durch Personen, Gruppen oder Organisationen ausgeübte Rassendiskriminierung mit allen geeigneten Mitteln, einschließ-

---

UNYB 3 (1999), S. 502. (Bisher haben sich 34 Staaten diesem Verfahren unterworfen – vgl. UN Doc. GAOR (A/56/18), Annex I, B). Davon zu trennen ist die oben beantwortete Frage, ob der Anwendungsbereich des Rassendiskriminierungsverbots auf das Verhältnis des Individuums zum Staat beschränkt ist oder auch das Verhältnis zwischen Privaten untereinander erfaßt.

[3] Strauss, Das Verbot der Rassendiskriminierung, S. 100; Tomuschat, AVR 1983, S. 307 und 314; Hangartner, in: FS Hans Haug, S. 117. Vgl. auch Frowein, in: ders./Peukert, EMRK Kommentar, Art. 1, Rz. 12 für die EMRK; für den IPbpR, Nowak, CCPR Commentary, Art. 2, Rz. 20; siehe aber auch Wiesbrock, Internationaler Schutz der Menschenrechte vor Verletzungen durch Private, S. 32 ff. Ausführlich zur internationalen Verantwortlichkeit von Individuen, Abellán Honrubia, RdC 280 (1999), S. 149 ff., 273 ff.

[4] Hangartner, in: Festschrift Haug, S. 119. Vgl. z.B. Art. 24 Abs. 1 IPbpR, der Rechte des Kindes auch gegenüber seiner Familie und der Gesellschaft anerkennt. Ferner Art. 29 AEM (allerdings ohne rechtliche Bindungswirkung), die fünften Präambelabsätze der VN Pakte, Art. 29-38 der 1948 in Bogotá verabschiedeten Amerikanischen Erklärung der Rechte und Pflichten des Menschen (American Declaration of the Rights and Duties of Man), abgedruckt in Ian Brownlie, Basic Documents of Human Rights, 2. Aufl. 1981, S. 381. Bei der AMRK hat man dagegen offenbar bewußt auf einen Pflichtenkatalog verzichtet mit Ausnahme des Art. 32 AMRK. Vgl. ferner die weitgehenden Bestimmungen der Art. 27 bis 29 der Charta von Banjul. Siehe dazu Tomuschat, AVR 1983, S. 291 f. mit prinzipieller Kritik an der Idee, den einzelnen völkerrechtlich generell als Pflichtenträger gegenüber der Gemeinschaft zu definieren auf S. 302 ff. Eine Entwicklung im Bereich des „Delictum iuris gentium“ stellt das Statut des Internationalen Strafgerichtshofs dar. Vgl. EuGRZ 1998, S. 618 ff.

lich Rechtsvorschriften, zu verbieten und zu beenden[5]. Etwas anderes ergibt sich auch nicht aus Artikel 5 (f) RDK. Das gleiche gilt für Artikel 4 (a) und (b) RDK, welche die Staaten verpflichten, bestimmte rassisch motivierte Verhaltensweisen für strafbar zu erklären. Eine unmittelbare völkerrechtliche Grundpflicht einer Privatperson im Sinne eines „delictum iuris gentium" kann aus der RDK nicht abgeleitet werden[6]. Die RDK verlangt staatliches Tätigwerden, bevor Private in die Verpflichtung einbezogen werden, Diskriminierung zu unterlassen.

B. Konkretisierung der Handlungspflichten durch die Praxis des Ausschusses zur Beseitigung jeder Form der Rassendiskriminierung?

I. Die in den „Concluding Observations" enthaltenen Anforderungen an die Staaten zu Artikel 5 RDK

Der Rassendiskriminierungsausschuß hat in den vergangenen Berichtsperioden die seiner Meinung nach bestehenden Handlungsanforderungen an die Staaten für den Bereich des Artikels 5 RDK deutlich formuliert. Obwohl weder dem Wortlaut des Artikels 5 noch des Artikels 2 RDK eine Verpflichtung zu entnehmen ist, ein Antidiskriminierungsgesetz zu erlassen, um im Gaststättenbereich Rassendiskriminierung zu beseitigen, forderte er die Bundesrepublik Deutschland anläßlich ihres 11. und 12. Berichts vom 11.8.1993[7] im Rahmen seiner heute verfolgten Politik, konkrete Vorschläge an die Staaten zu machen[8], auf, ein solches Spezialgesetz zu erlassen:

---

[5] Ebenso Strauss, Das Verbot der Rassendiskriminierung, S. 100.

[6] Vgl. dazu Verdross/Simma, Völkerrecht, S. 260 - 268; Tomuschat, AVR 1983, S. 292 ff.

[7] Abgedruckt in UN Doc. CERD/C/SR.999 und 1000; Bericht an die Generalversammlung in UN Doc. GAOR, (A/48/18), Zif. 426-452.

[8] In den ersten zwanzig Jahren seiner Tätigkeit hatte der Ausschuß von der Möglichkeit, im Rahmen von Art. 9 Abs. 2 RDK den Staaten konkrete materielle Vorschläge zu machen, keinen Gebrauch gemacht. Die einzigen Anfragen an die Staaten betrafen Nachfragen nach Zusatzinformationen. Zu Beginn seiner Tätigkeit beschränkte er sich darauf, die Art der Berichterstattung als „satisfactory" und „unsatisfactory" einzustufen. Diese Praxis gab er jedoch auf, um den Eindruck zu vermeiden, daß der Ausschuß mit der Einteilung auch eine Bewertung der Lage in den Mitgliedsstaaten vornahm. Der erste konkrete Vorschlag erging 1992 an Griechenland (UN Doc. GAOR (A/47/18), Zif. 92). Vgl.

„... taking into account that practices of racial discrimination in such areas as access to employment, housing and other rights referred to in article 5 (f) of the Convention were not always effectively dealt with, the German authorities should give serious consideration to the enactment of a comprehensive anti-discrimination law. Such a law would constitute a clear reaffirmation by the German authorities that racial discrimination was absolutely unacceptable, detrimental to human rights and human dignity. Other preventive measures such as informations campaigns, educational programmes and training programmes addressed particularly to law enforcement officials, in accordance with article 7 of the Convention and General Recommendation XIII of the Committee, would strengthen the effectiveness of legal provision“[9].

Nachdem Deutschland dieser Aufforderung nicht nachgekommen war, wiederholte der Ausschuß sie 1997 – diesmal unter besonderer Betonung der Diskriminierung auf dem privaten Arbeitsmarktsektor (Artikel 5 (e) (i) RDK)[10]. Er beanstandete vor allem, daß Diskriminierung durch Private nicht effektiv bekämpft werde[11]. Von Deutschland wird erwartet, daß es sich in dem nächsten Bericht diesem Bereich besonders widmet[12].

Banton, International Action Against Racial Discrimination, S. 198; Ténékidès, RdC 168 (1980 III), S. 332 f.; 459 f.; The First Twenty Years: Progress Report of the Committee on the Elimination of Racial Discrimination, New York, HR/PUB/91/4, Zif. 120; Das, RDH/HRJ 4 (1971), S. 226 ff.; vgl. auch Wolfrum, in: Symonides, S. 62 ff.

[9] UN Doc. GAOR (A/48/18), Zif. 447; siehe dazu von Boven, UN Doc. CERD/C/SR.999, Zif. 22; Shahi, *ebenda*, Zif. 77.

[10] UN Doc. CERD/C/304/Add.24, Zif. 4, Zif. 17: „Concern is also expressed at the absence of comprehensive legislation to prohibit racial discrimination in the private sector in accordance with articles 2 (1) (d) and 5 (e)(i) of the Convention.“ und Zif. 20, (Recommendation to enact an comprehensive anti-discrimination law).

[11] United Nations Press Release – Informations Service, United Nations Office at Geneva, HR/CERD/97/14, 11.3.1997 (Vormittag), S. 4 (Chigovera, Country Rapporteur); siehe dazu auch Weiß, MRM 1998; S. 98-100.

[12] DPI-Releases, Round Up Release HR/CERD/97/30, 21.3.1997, S. 4 (Internetadresse: http://www.unog.ch/news/newsen/03232998.eng). Auch der von der Menschenrechtskommission der Vereinten Nationen eingesetzte Special Rapporteur on contemporary forms of racism, racial discriminaton, xenophobia and related intolerance, submitted pursuant to Commission on Human Rights

Ähnlich äußerte sich der Ausschuß zu der Umsetzung von Artikel 5 RDK durch andere europäische Staaten, wenngleich nicht speziell zu Artikel 5 (f) RDK.

So wurde z.B. Frankreich nahegelegt:

> „[to] introduce legislation to provide effective protection of the exercise, without discrimination, of the rights to work and to housing, in both the public and private sectors, and to provide compensation to victims of discrimination".[13]

Die „Concluding Observations" legen damit die Annahme nahe, daß eine Verpflichtung zum Erlaß eines Antidiskriminierungsgesetzes, in dem die Diskriminierung durch Privatpersonen verboten wird, besteht. Die sich aufdrängende Frage ist, ob allein aus diesen Aussagen des Ausschusses den Vertragsstaaten eine entsprechende rechtliche Verpflichtung erwächst und sie ein nach dem Vertragstext möglicherweise bestehendes Ermessen der Staaten einschränken. In diesem Fall würden die Staaten, wenn sie den Ausschußvorschläge nicht nachkämen, gegen die Konvention verstoßen.

---

resolutions 1993/20 and 1995/12 Glélé-Ahanhanzo spricht sich für die Notwendigkeit eines Antidiskriminierungsgesetzes aus, E/CN.4/1996/72, Zif. 25; ebenso E/CN.4/1996/72/Add.2, Zif. 56. Vgl. zur Besprechung des 15. Berichts Deutschland an den RDA den Pressebericht des UNHCR vom 13.03. und 23.3.2001, http://www.unhcr.ch/huricane/huricane.nsf/NewsRoom?Open FrameSet – Stand vom 21.4.2001.

[13] UN Doc. GAOR (A/49/18), Zif. 155. Siehe auch Norwegen (UN Doc. GAOR (A/49/18), Zif. 259 und Großbritannien, UN Doc. GAOR (A/48/18), Zif. 417; Schweiz, UN Doc. CERD/C/304/Add. 44, Zif. 10. Weißrußland wurde der Erlaß eines speziellen Antidiskriminierungsgesetzes zu Artikel 2 Absatz 1 (d) RDK aufgegeben, vgl. UN Doc. CERD/C/304/Add.22, Zif. 19: „19. The Committee recommends that specific legislation be adopted to prohibit racial discrimination by private groups or organizations, in accordance with article 2, paragraph 1 (d), of the Convention. Vgl. auch Österreich, UN Doc. GAOR (A/47/18), Zif. 198; China, UN Doc. GAOR (A/56/18), Zif. 269. Für Schweden hatte der Ausschuß das Fehlen eines Antidiskriminierungsgesetzes im Bereich des Arbeitsmarktes bereits 1986 bemängelt (UN GAOR Doc. A/42/18, Zif. 353). Diese Kritikpunkte hatte der schwedische Staat bis 1994 beseitigt, in dem er Möglichkeiten vorsah, zivilrechtlichen Schadensersatz für rassische Diskriminierung in diesem Bereich zu erlangen, vgl. dazu Banton, International Action Against Racial Discrimination, S. 217.

II. Rechtliche Bedeutung der Praxis des Ausschusses

Bereits die in den „Concluding Observation“ gewählten vorsichtigen Formulierungen sprechen jedoch gegen eine Bindungswirkung der „General Recommendations“ des Ausschusses. Nach Artikel 9 Absatz 2 RDK beschränkt sich seine Kompetenz darauf, „auf Grund der Prüfung der den Vertragsstaaten eingegangenen Berichte und Auskünfte, Vorschläge [zu] machen und allgemeine Empfehlungen ab[zu]-geben“[14]. Damit ergibt sich aus dem Wortlaut, daß das Kontrollorgan einem einzelnen Staat noch nicht einmal eine bestimmte „Empfehlung“ geben darf, da die Empfehlung durch das Adjektiv „allgemein“ („general“/“général“) konkretisiert ist[15]. Seine Kompetenz ist darauf begrenzt, an die einzelnen Staaten Vorschläge zu richten. Diese Beschränkung wird durch die Entstehungsgeschichte der Konvention unterstrichen[16]. Sowohl ein Änderungsvorschlag, den Begriff „Vorschlag und“ aus Artikel 9 Absatz 2 RDK zu streichen, als auch einer, der vorsah, das Wort „general“ vor Empfehlung zu entfernen, scheiterten[17]. Die „Concluding Observations“ haben daher ausschließlich vorschlagenden Charakter, auch wenn es neuere Praxis des Ausschusses ist, den fünften Teil der „Observations“ mit „Suggestions and Recommendations“ zu überschreiben und den Staaten bestimmte Maßnahmen zu „empfehlen“ („recommend“)[18].

---

[14] Englische Fassung: „2. The Committee ...may make suggestions and general recommendations based on the examination of the reports and information received from the States Parties.“

Französische Fassung: „2. Le Comité ... peut faire des suggestions et des recommandation d'ordre général fondées sur l'examen des rapports et des renseignements recus des Etats parties.“ Siehe auch Meron, Human Rights Law-Making in the United Nations, S. 10.

[15] Gomez del Prado, HRQ 7 (1985), S. 500.

[16] Siehe dazu Lerner, The UN Convention on the Elimination of All Forms of Racial Discrimination, S. 74 ff.; Gomez del Prado, HRQ 7 (1985), S. 501.

[17] UN Doc. GAOR (A/6181), Zif. 113 f.; vgl. The First Twenty Years, HR/PUB/91/4, Zif. 118; ferner Gomez del Prado, HRQ 7 (1985), S. 498 ff.

[18] Wolfrum, Max Planck UNYB 3 (1999), S. 509; im Erg. ebenso für General Recommendation, Song Shuhua, UN Doc. CERD/C/SR.976, Zif. 24; Aboul-Nasr, CERD/C/SR.969, Zif. 32; siehe auch Parrat/Foley, EHRLR 1 (1996), S. 390; de Gouttes, Rev.sc.crim. 1991, S. 538 ff. Vgl. zur neueren Praxis z.B. die „Concluding Observations“ zum 10. - 14. Bericht von Pakistan, UN Doc. CERD/C/279/Add.2, Zif. 21 ff. Dort „empfiehlt“ der Ausschuß in allen Punk-

Eine rechtliche Verpflichtung läßt sich auch nicht dadurch begründen, daß durch die Praxis des Ausschusses die Konvention ausgelegt und diese Interpretation als Konkretisierung der Konvention rechtlich verbindlich wird. Allein dem IGH kommt nach Artikel 22 RDK die Kompetenz zu, die Konvention abschließend auszulegen[19]. Dem Ausschuß ist keine Befugnis zur authentischen Interpretation übertragen worden[20]. Die Interpretation, die der Ausschuß notwendigerweise in jeder Besprechung der Staatenberichte und daher im Rahmen seiner Kompetenzen vornimmt, bindet allein den Ausschuß selbst und ist ein wichtiges Indiz für die Bedeutung der Konvention[21]. Eine Bindungswirkung erwächst aus ihr nicht unmittelbar[22]. Die Generalversammlung stimmt den Vorschlägen und „General Recommendations" des Ausschusses regelmäßig zu und verleiht ihnen zusätzliche Autorität[23]. Rechtlich verpflichtend werden die Vorschläge auch dadurch nicht.

---

ten, die seiner Meinung nach Verbesserung bedürfen, und schlägt in keinem Fall etwas vor. Vgl. auch CERD/C/304/Add.22, Zif. 17 ff. (Weißrußland); CERD/C/304/Add.27, Zif. 15 f. (Island); CERD/C/304/Add.23, Zif. 18 ff. (Luxemburg); CERD/C/304/Add.26, Zif. 16 ff. (Belgien); CERD/C/304/Add.24, Zif. 20 ff. (Deutschland); CERD/C/304/Add.10, Zif. 18 ff. (Bolivien).

[19] Bisher ist vor dem IGH jedoch noch kein Fall, der die Auslegung der RDK betraf, anhängig gemacht worden.

[20] Vgl. Meron, Human Rights Law-Making in the United Nations, S. 10 u. 49; Wolfrum, Max Planck UNYB 3 (1999), S. 509; ders., in: E. Klein, S. 66. Siehe ferner Inglès, Positive Measures Designed to Eradicate all Incitement to, or Acts of, Racial Discrimination, CERD/2, Zif. 224 und 206. Zur Frage der Zulässigkeit von Vorbehalten hat das Sekretariat der Generalversammlung dem Ausschuß bereits mitgeteilt, daß selbst bei einstimmigen Entscheidungen von ihm, daß ein Vorbehalt der Staaten inakzeptabel sei, die Entscheidung keine rechtlichen Wirkungen habe. Siehe dazu Meron, *ebenda*, S. 49 und Inglès, *ebenda*, Rz. 206 u. 224.

[21] Wolfrum, Max Planck UNYB 3 (1999), S. 509; Beyani, in: FS Brownlie, S. 30; Buergenthal, TILJ 12 (1977), S. 207; ferner Lamptey, UN Doc. CERD/C/SR. 967, Zif. 25; Banton, *ebenda*, Zif. 27; Ferrero Costa, *ebenda*, Zif. 37; Aboul-Nasr, CERD/C/SR.969, Zif. 31 f. Siehe auch Meron, Human Rights Law-Making in the United Nations, S. 10. Ob der Ausschuß überhaupt Interpretationskompetenzen innehat, wurde von ihm in UN Doc. GAOR, (A/9018), Zif. 46-48, vor seiner Stellungnahme zu Artikel 5 RDK, diskutiert.

[22] Buergenthal, TILJ 12 (1977), S. 219; vgl. auch Song Shuhua, UN Doc. CERD/C/SR.976, Zif. 25; Hannum, in: Schachter/Joyner, S. 332.

[23] Buergenthal, TILJ 12 (1977), S. 221; Ténékidès, RdC 168 (1980 III), S. 425; vgl. auch Meron, Human Rights Law-Making in the United Nations, S. 49.

Die Interpretation der Konvention durch den Ausschuß formt die Praxis der Staaten bezüglich der Anwendung der Konvention und kann eine Übereinstimmung der Staaten in Bezug auf die Interpretation etablieren und reflektieren. Denkbar ist deshalb, daß die Kontrollergebnisse des Ausschusses die Staatenpraxis widerspiegeln und sie über Artikel 31 Absatz 3 (b) der WKV bei der Interpretation der Norm zu beachten wären[24]. Nach dieser Norm ist „jede spätere Übung bei der Anwendung des Vertrags, aus der die Übereinstimmung der Vertragsparteien über seine Auslegung hervorgeht," bei der Auslegung zu berücksichtigen. Die nachfolgende Praxis muß jedoch mehr oder weniger einheitlich sein und von den Vertragsparteien akzeptiert werden, um als Mittel der Vertragsauslegung dienen zu können. Nur dann stellt sie ein gesichertes und feststellbares Indiz dafür dar, wie die Parteien den Vertrag einvernehmlich verstehen und als Recht anwenden[25]. In diesem Fall läge eine authentische Auslegung durch die Vertragsparteien selbst mittels der Staatenpraxis vor[26].

Eine Vielzahl von Staaten haben zwar inzwischen spezielle Antidiskriminierungsgesetze im Bereich des Artikels 5 (f) RDK erlassen, die oder deren Rechtsfolgen jedoch ihrerseits unterschiedlicher Natur sind[27]. Teilweise sind die maßgeblichen Bestimmungen verfassungsrechtli-

---

[24] WKV vom 23.5.1969. UNTS, Bd. 1155, S. 331. Die Konvention ist zumindest völkergewohnheitsrechtlich auf die RDK anwendbar. Siehe dazu statt vieler Hilf, Die Auslegung mehrsprachiger Verträge, S. 49 ff, 100 f. m. w. N.

[25] YBILC 1966 II, S. 221; Heintschel von Heinegg, in: Ipsen, S. 119 f.; Bernhardt, Interpretation in International Law, EPIL II, E-I, 1995, S. 1421. Vgl. auch P.C.I.J. Series B, No. 2 (1922), S. 39; Corfu Channel Case, Urteil vom 9.4.1949, I.C.J. Rep. 1949, S. 4, S. 25.

[26] Vgl. Heintschel von Heinegg, in: Ipsen, S. 121; Bernhardt, ZaöRV 27 (1967), S. 491 ff.

[27] Partsch (in: TILJ 14 (1979), S. 250) kam 1979 noch zu dem Schluß, daß Artikel 5 bis dahin wenig Einfluß auf die Gesetzgebung der Vertragsparteien hatte. Die Staaten erachteten zu der Zeit Verfassungsbestimmungen, die Rassendiskriminierung verbieten, für ausreichend.

cher[28], oft strafrechtlicher[29], manchmal zivilrechtlicher[30] oder verwaltungsrechtlicher Natur[31]. Darüber hinaus haben die Antidiskriminie-

---

[28] Z. B. Pakistan in Artikel 26 der Verfassung, UN Doc. CERD/C/299/Add.6, Zif. 58; Indien, Artikel 15 Abs. 2 der Verfassung, CERD/C/299/Add.3, Zif. 15 und Kenia, vgl. Santa Cruz, Racial Discrimination, S. 113; Zif. 374.

[29] *Frankreich*: Loi No. 72-546 vom 1.7.1972 relative à la lutte contre le racisme, Journal Officiel 1972, 6803; Art. 225-1; Art. 225-2; Art. 432-7 Code pénal (1992). Siehe zur französischen Rechtlage: Costa-Lascoux, in: 7. Colloque CEDH, S. 308 ff.; Conseil de l'Europe, Commission européenne contre le racisme et l'intolérance, Mesures juridiques existant dans les Etats membres du Conseil de l'Europe en vue de combattre le racisme et l'intolérance, S. 175 ff.

Belgien: Gesetz vom 30.7.1981, Moniteur Belge 1981, 9928; geändert durch das Gesetz vom 12.4.1994, Moniteur Belge, 12885 sowie durch das Gesetz vom 13.4.1995, Moniteur Belge 1995, 10823. Siehe Conseil de l'Europe, *ebenda*, S. 33 ff.; Costa-Lascoux, Colloque CEDH, S. 303 f.; CERD/C/194/Add.3, Zif. 11-26.

Schweden: Kapitel 16, Artikel 9 Strafgesetzbuch (Brottsbalken), eingefügt durch Gesetz Nr. 225. Conseil de l'Europe, S. 421 ff.; CERD/C/158/Add.7, Zif. 43.

Brasilien: Gesetz Nr. 1,390, Afonso Arinos Gesetz von 1951, CERD/C/263/Add.10, Zif. 146; vgl. Santa Cruz, Racial Discrimination, S. 115, Zif. 377.

Schweiz: Artikel 261 bis Abs. 5 Strafgesetzbuch, CERD/C/270/Add.1, Zif.72. Eine Besprechung der Norm nimmt Niggli, Rassendiskriminierung, auf S. 277 ff. vor.

Die Niederlande: Artikel 137 g Wetboek van Strafrecht (Gesetz vom 14.11.1991, Staatsblad von het Konigrijk der Nederlanden 1991, 623) und Artikel 429 Abs. 4 WvS (eingefügt durch das Gesetz vom 18.12.1971, Sta 1971/309; geändert durch das Gesetz vom 14.11.1991, Stb 1991/623); Conseil de l'Europe, *ebenda*, S. 295 ff. Vgl. auch Thomas, Comparative and International Law Journal of South Africa, 28 (1995), S. 51 ff.

Dänemark: Artikel 1 und 2 des Strafgesetzbuchs, eingeführt durch Gesetz 1971/289 vom 9.6.1971; Conseil de l'Europe, *ebenda*, S. 87 ff.; CERD/C/280/Add.1; Zif. 67 ff. und CERD/C/362/Add.1, Zif. 246 ff.

Finnland: Kapitel 13, Art. 6 des Strafgesetzbuch, Conseil de l'Europe, *ebenda*, S. 105 ff.

Griechenland: Art. 3 des Gesetzes 1979/927 vom 25.6.1979, Conseil de l'Europe, *ebenda*, S. 189 ff.

Norwegen: Art. 349 a StrafGB, Conseil de l'Europe, *ebenda*, S. 323 ff.

Griechenland, Art. 2 des Gesetzes 927/1979 vom 25.6.1979; Conseil de l'Europe, *ebenda*, S. 189 ff.

Luxemburg, Artikel 454 II Strafgesetzbuch, Gesetz vom 9.8.1980.

Zypern, Section 2 a des Gesetzes Nr. 11 (III)/1992, Conseil de l'Europe, *ebenda*, S. 59 ff.

rungsgesetze die unterschiedlichsten Ausprägungen. Sie sind teilweise auf Rassendiskriminierung zugeschnitten, teilweise beziehen sie sich auf mehrere verbotene Kriterien oder beinhalten ein allgemeines Diskriminierungsverbot, das jedoch auf ausgewählte Bereiche der Rechtsord-

---

Österreich, vgl. CERD/C/319/Add. 5, Zif. 34.
Finnland, CERD/C/320/Add.2, Zif. 275 f.
Tschechien, vgl. UN Doc. CERD/C/SR. 1412, Rz. 19.
Vgl. Inglès, Positive Measures designed to eradicate Racial Discrimination, S. 113 ff.; ferner Rädler, Verfahrensmodelle zum Schutz vor Rassendiskriminierung, S. 247 ff.

[30] Großbritannien: Nach ss. 57 al. 1 Race Relations Act 1976 stehen bei Verstößen gegen Sec. 20 (Diskriminierung im Bereich von goods, facilities, services and premises) der zivilrechtliche Rechtsweg offen. Vgl. zur neuen Rechtslage CERD/C/SR.1420 Zif. 4 f. Das gleiche gilt nach dem Civil Rights Act von 1964, United States Code Annotated, Title 42, The Public Health and Welfare, Chapter 21, Subchapter II – Public Accommodations, § 2000a -2 (im folgenden zitiert U.S.C. § 2000 a) für die USA. Gegen Rassendiskriminierung sind eine Unterlassungsklage wie einstweiliger Rechtsschutz vorgesehen, jedoch kein Schadenersatz. Vgl. Rädler, Verfahrensmodelle zum Schutz vor Rassendiskriminierung, S. 62 ff., 120 ff. Die Niederlande haben neben dem Strafrecht auch eine zivilrechtliche Norm erlassen: Algemeine wet gelijke behandeling, Sta 1994/230 vom 2.3.1994. Conseil de l'Europe, *ebenda*, S. 311.

Schweden hat 1994 im Bereich des Rechts auf Arbeit (Art. 5 (e) (i) RDK) eine zivilrechtliche Regelung erlassen, nach der ein Verstoß gegen sie zu Schadensersatzansprüchen führt, anstatt die bereits bestehende strafrechtliche Umsetzungsnorm von Artikel 5 (f) RDK auch auf diesen Bereich auszuweiten (siehe dazu vorherige Fn.). Gesetz gegen ethnische Diskriminierung 1994/134, Conseil de l'Europe, S. 424 f. Vgl. bereits CERD/C/239/Add.1, Zif. 13 ff.

[31] Z. B. Österreich: Artikel IX Absatz I des Einführungsgesetzes zu den Verwaltungsverfahrensgesetzen (BGBL 1977/232 in der Neufassung vom 1.5. 1993 durch BG BGBl 1992/143): „Wer ...3. Personen öffentlich allein auf Grund ihrer Rasse, ihrer Hautfarbe, ihrer nationalen oder ethnischen Herkunft oder ihres religiösen Bekenntnisses ungerechtfertigt benachteiligt oder sie hindert, Orte zu betreten oder Dienstleistungen in Anspruch zu nehmen, die für den allgemeinen öffentlichen Gebrauch bestimmt sind, ... begeht ... eine Verwaltungsübertretung und ist von der Bezirksverwaltungsbehörde ... mit Geldstrafe bis zu 3000 S ... zu bestrafen". Eine Verwaltungsübertretung ist nach Artikel VI Absatz 3 eine Übertretung, die von den im Abs. 1 bezeichneten Behörden zu ahnden ist. Vgl. zur österreichischen Rechtslage Korinek, in: FS Rill, S. 183 ff. und Freudenschuß, EuGRZ 1983, S. 630 ff.

nung begrenzt sein kann[32]. Es gibt allerdings ebenfalls eine Reihe von Staaten, die kein spezielles Antidiskriminierungsgesetz erlassen haben[33]. Sie setzen Artikel 5 (f) RDK durch allgemeine Normen um, die aus dem öffentlichen Recht[34], Zivilrecht[35] oder aus anderen Bereichen[36] stammen.

Die Umsetzung des Artikels 5 (f) RDK ist daher zu uneinheitlich, als daß eine auf dem Konsensprinzip basierende autoritative Auslegung durch die Staaten vorliegen könnte, die durch den Ausschuß wiederge-

---

[32] Vgl. z. B. Irland, Art. 12 Hotel Proprietors Act, Gesetz von 1963, der (ausschließlich) Hotelinhabern Diskriminierung generell verbietet, Conseil de l'Europe, *ebenda*, S. 215.

[33] Neben der Bundesrepublik Deutschland sind das z.B. Italien, Conseil de l'Europe, *ebenda*, S. 239 ff.; Irland, *ebenda*, S. 215 ff.; Island, *ebenda*, S. 209 ff.; Portugal, *ebenda*, S. 339 ff.; Spanien, *ebenda*, S. 391 ff.; Liechtenstein, *ebenda*, S. 265 ff.; Ungarn, *ebenda*, S. 201 ff., (CERD/C/263/Add.6); Tschechien, *ebenda*, S. 69 ff.; Malta, *ebenda*, S. 289 ff.; Estland, *ebenda*, S. 99 ff.; Litauen, *ebenda*, S. 271 ff.; Polen, *ebenda*, S. 333 ff.; Rumänien, *ebenda*, S. 357; Slowakei, *ebenda*, S. 371 ff.; Slowenien, *ebenda*, S. 383 ff.; Türkei, *ebenda*, S. 439 ff.; Bulgarien, CERD/C/299, Add. 7; Guatemala, CERD/C/292/Add.1, Zif. 30 ff.; Ägypten, CERD/C/226/Add. 13; Irak, CERD/C/240/Add.3.

[34] Vgl. Banton, International Action Against Racial Discrimination, S. 220; Deutschland: §§ 15, 4 GastG (siehe dazu *infra*, Kapitel 6, B.); Guatemala, CERD/C/259/Add.1, Zif. 118 (allgemeines Verwaltungs- und Zivilrecht); Litauen, Gesetz von 1989 über Minderheiten, Conseil de l'Europe, *ebenda*, S. 271 ff.; Mazedonien, CERD/C/270/Add.2 Zif. 94; Estland, CERD/C/329/Add.2, Zif. 351 f.; Malta, CERD/C/337/Add.3, Zif. 92; Bahrain, CERD/C/353/Add.1, S. 32; Niederlanden, Drank-en Horecawet, Conseil de l'Europe, *ebenda*, S. 318. In den Niederlanden besteht somit strafrechtlicher, zivilrechtlicher und verwaltungsrechtlicher Schutz nebeneinander.

[35] Ungarn, Art. 76 des Zivilgesetzbuches von 1959, Conseil de l'Europe, *ebenda*, S. 201.

[36] Neben dem Verwaltungs(straf)recht enthält z.B. das österreichische Bundesverfassungsgesetz vom 3.7.1973 zur Durchführung des Internationalen Übereinkommens über die Beseitigung aller Formen rassischer Diskriminierung, BGBl. 1973/390, ein allgemeines Rassendiskriminierungsverbot. Das Gesetz hat – mangels Drittwirkung – keinen unmittelbaren Einfluß auf die Privatrechtsbeziehungen. Siehe Santa Cruz, Racial Discrimination, S. 114, Zif. 374. Art. 1 der Niederländischen Verfassung enthält ein allgemeines Diskriminierungsverbot, Conseil de l'Europe, *ebenda*, S. 299. Vgl. auch Art. 3 III GG.

geben würde, oder als daß von einer „Übereinstimmung" im Sinne des Artikel 31 Absatz 3 (b) WKV gesprochen werden könnte[37].

Im übrigen besteht trotz der „General Recommendations" auch innerhalb des Ausschusses kein Konsens darüber, daß Artikel 5 (f) RDK nur durch ein spezielles Antidiskriminierungsgesetz konventionskonform implementiert werden kann[38]. Ein Mitglied betonte ausdrücklich, daß in den verschiedenen Staaten unterschiedliche Maßnahmen zum Erfolg führen können[39]. Die „Empfehlungen", Antidiskriminierungsgesetze zu erlassen, beruhen auf der Erkenntnis, daß sich diese Umsetzung bei der Beseitigung der Rassendiskriminierung bewährt hat. Deshalb besteht eine Übung des Kontrollorgans, diese Gesetze zu empfehlen und zu begrüßen. Eine Rechtsüberzeugung, daß nur so dem Buchstaben der Konvention nachgekommen wird, ist daraus nicht ableitbar und nicht bei allen Ausschußmitgliedern vorhanden[40].

Auch der von der UN erlassenen „Model National Legislation"[41] kommt keine für die Auslegung nach Artikel 31 Absatz 3 (b) WKV relevante Bedeutung zu. Bei dieser „Modellgesetzgebung" werden den Staaten nur Richtlinien an die Hand gegeben, wie ein Antidiskriminierungsgesetz aussehen könnte bzw. welche Aspekte zu berücksichtigen sind. Ein autoritativer Einfluß auf die Konvention fehlt ihr.

---

[37] A. A. wohl Kühner, NJW 1986, S. 1398, der allerdings die vielen Staaten ohne Antidiskriminierungsgesetzgebung vernachlässigt.

[38] Vgl. Banton, UN Doc. CERD/C/SR. 1160; Rz. 49, ders., International Action Against Racial Discrimination, S. 220. Auch die Ausschußmitglieder Wolfrum und von Boven sehen in Artikel 5 (f) i. V. m. 2 Abs. 1 (d) RDK keine Pflicht zur Gesetzgebung (während einer persönlichen Befragung anläßlich des 13. und 14. Deutschlandberichts, Genf, 10. bis 11. März 1997.) Anders Chigovera, der sogar eine Strafrechtsnorm verlangt, vgl. dazu *infra*, Kapitel 3, D. II 1.

[39] Vgl. Aboul-Nasr, Rechetov, UN Doc. CERD/C/SR.1211, Ziff. 48 u. 50. Garvalov stellt daraufhin fest, daß der Ausschuß allen Staaten dieselben Maßnahmen empfiehlt, um konsequent zu sein, *ebenda*, Ziff. 49.

[40] Die möglicherweise über den Text der Konvention hinausgehenden Forderungen des Ausschusses an die Staaten erklären sich aus seinem Selbstverständnis, eine „Promotorfunktion" im Kampf gegen Rassendiskriminierung einzunehmen. Seine Rolle auf die schlichte Anwendung der Buchstaben der Konvention zu begrenzen, hieße, seine politische Aufgabe und seine Ratgeberfunktion zu limitieren.

[41] UN Doc. GA, CERD/C/1991/Misc.4, Model National Legislation for the Guidance of Governments in the Enactment of Further Legislation Against Racial Discrimination.

Eine verbindliche Aussage, welche Maßnahmen die Staaten in Hinblick auf den rassendiskriminierungsfreien Zugang zu Gaststätten und anderen öffentlich zugänglichen Orten und Dienstleistungen erfüllen müssen, ist mithin allein aus der Praxis des Ausschusses nicht abzuleiten. Die inhaltlichen Anforderungen an die von den Staaten zu ergreifenden Maßnahmen sind daher im Wege der Auslegung des Vertragstextes zu ermitteln.

C. Maßnahmen gegen staatliche Rassendiskriminierung

I. Der Wortlaut des Artikels 5 RDK

Die erste grundlegende Handlungsverpflichtung, die Artikel 5 RDK den Staaten auferlegt, besteht darin, Rassendiskriminierung im Bereich des Artikels 5 (f) RDK zu verbieten und zu beseitigen. Welche konkreten Anforderungen dadurch an die Staaten gestellt werden, ist in dem Artikel nicht näher bestimmt. Weder dem Begriff „Verbieten" noch dem Begriff „Beseitigen" sind eindeutige Handlungsdirektiven zu entnehmen. Ein Verbot beinhaltet seiner gewöhnlichen Wortbedeutung nach eine Untersagung, deren Nichtbefolgung in der Regel, wenngleich nicht zwingend, eine unangenehme Folge (Sanktion) nach sich zieht[42]. Ob und welche Konsequenzen ein Verstoß gegen dieses Verbot nach sich zu ziehen hat oder ob ein rein deklaratorischer Appell ausreicht, um der Pflicht des Artikels 5 RDK zu genügen, bleibt offen. Letztlich ist lediglich die Handlungsrichtung festgelegt.

Ebenso unbestimmt ist die Verpflichtung, Rassendiskriminierung zu beseitigen. Mit ihr wird lediglich das Ziel der Konvention wiedergege-

---

[42] Vgl. Ahlheim, Karl-Heinz/Preuß, Gisela; Meyers großes Universallexikon, Band 15, Ve-Zz, Mannheim, Wien, Zürich 1986, S. 35; und Drosdowski, Günther (Hrsg.), Köster, Rudolf/Müller, Wolfgang (Bearb.), Duden, Das große Wörterbuch der deutschen Sprache, Band 6, Sp-Z, Mannheim, Wien, Zürich, S. 2735. „To prohibit" bzw. „prohiber" „werden mit verbieten, untersagen oder verhindern übersetzt. Vgl. Pons-Globalwörterbuch, Englisch-Deutsch, Teil 1, Breitsprecher, Roland/Terrell, Peter/Calderwood-Schnorr, Veronika/Morris, Wendy V.A., Stuttgart, 1989, S. 877; Pons-Globalwörterbuch, Französisch-Deutsch, Weis, Erich/Mattutat, Heinrich, Nugue, Christian, Stuttgart, Dresden 1995, S. 804.

ben[43]. Zudem kommt zum Ausdruck, daß die Vertragsstaaten durch eigene Maßnahmen zur Beseitigung der Rassendiskriminierung beitragen müssen und nicht ein Tätigwerden der Vereinten Nationen oder ihrer Spezialorganisationen abwarten dürfen[44]. Wie dieses Ziel erreicht werden soll, ist unbestimmt. Die Beseitigung kann durch das eben erwähnte Verbot angestrebt werden. Ebenso könnten z. B. erzieherische Maßnahmen zur Beseitigung der Rassendiskriminierung beitragen.

II. Rückgriff auf Artikel 2 RDK

Für eine nähere Bestimmung der Begriffe „Verbieten" und „Beseitigen" kann Artikel 2 RDK herangezogen werden.

Der Rückgriff auf Artikel 2 RDK für die Auslegung von Artikel 5 RDK ist bereits im Wortlaut des Artikels 5 RDK angelegt, da seine beiden Verpflichtungen „im Einklang mit den in Artikel 2 niedergelegten grundsätzlichen Verpflichtungen" vorzunehmen sind. Er ergibt sich des weiteren daraus, daß in Artikel 5 RDK die Terminologie des Artikels 2 RDK verwandt wird und aus der Systematik der Konvention. Artikel 2 RDK enthält die Grundpflichten der Konvention, die durch Artikel 3 bis 7 RDK konkretisiert werden[45].

Der ausdrückliche Verweis auf Artikel 2 RDK ist daher eigentlich überflüssig[46]. Immerhin kann so eine Spezialität von Artikel 5 RDK zu Lasten von Artikel 2 RDK verneint werden. Das heißt, Artikel 5 RDK kann nicht so interpretiert werden, daß die Pflichten des Artikels 2 RDK verändert werden. Aus der ausschließlich in Artikel 5 RDK enthaltenen Formulierung, daß Rassendiskriminierung „in jeder Form" zu

---

[43] Nach Banton (in: International Action Against Racial Discrimination, S. 50) ist dieses Ziel eine „noble lie", da Rassendiskriminierung ein gesellschaftliches Problem sei, welches in der Natur des Menschen liege und nur verringert, nicht völlig ausgemerzt werden könne.

[44] Strauss, Das Verbot der Rassendiskriminierung, S. 106 f.; vgl. auch Buergenthal, International Human Rights in a Nutshell, S. 51.

[45] Schwelb, ICLQ 15 (1966), S. 1015; Lerner; The UN Convention on the Elimination of All Forms of Racial Discrimination, S. 36; McKean, Equality and Discrimination under International Law, S. 159; vgl. auch Comission on Human Rights, UN Doc. ECOSOC, Off. Rec.: 37th Sess., Supp. 8, Zif. 115; Wolfrum, in: FS Partsch, S. 89.

[46] Vgl. Partsch, TJIL 14 (1979), S. 197; Strauss, Das Verbot der Rassendiskriminierung, S. 129.

verbieten und beseitigen ist, kann insbesondere nicht abgeleitet werden, daß Artikel 5 RDK mögliche Lücken und Auslassungen des Artikels 2 RDK füllen soll[47]. Dieser Begriff stellt lediglich einen Bezug zu Artikel 1 RDK her, und zwar nicht nur zur Definition der Rassendiskriminierung des Absatzes 1, sondern auch zu den Einschränkungen und Klarstellungen der anderen Absätze[48].

Der erste Halbsatz des Artikels 5 RDK enthält somit mit den Verbots- und Beseitigungspflichten keine über Artikel 2 RDK hinausgehenden bzw. konkretisierten Verpflichtungen[49]. Die Begriffe „Verbieten und Beseitigen“ sind in beiden Artikeln gleich auszulegen. Läßt sich aus Artikel 2 RDK keine Pflicht zum Erlaß eines Antidiskriminierungsgesetzes ablesen, gilt dasselbe für Artikel 5 (f) RDK.

Der Einleitungsabsatz von Artikel 2 RDK enthält die allgemeine Verpflichtung, Rassendiskriminierung zu verurteilen und eine Politik der Beseitigung von Rassendiskriminierung und zur Förderung des Verständnisses der Rassen zu verfolgen. Die in Artikel 5 RDK wieder aufgegriffene Beseitigungspflicht erscheint hier zum ersten Mal in den materiellen Bestimmungen der Konvention. Daraus, daß Artikel 2 RDK von einer „Politik der Beseitigung“ spricht, ergeben sich keine inhaltlichen Unterschiede zu dem Beseitigen i. S. d. Artikels 5 RDK. Welche Maßnahmen eine Politik zur Beseitigung der Rassendiskriminierung und zur Förderung des Verständnisses unter den Rassen konkret erfordert, wird in den Buchstaben a) bis e) graduell konkretisiert[50]. Diese Bestimmungen lassen sich, wie bereits dargelegt, nach ihrer Zielrichtung in Maßnahmen gegen durch die Staaten und durch Privatpersonen verübte Rassendiskriminierung und in fördernde Maßnahmen unterscheiden. Artikel 2 Absatz 1 a) und c) betreffen Maßnahmen gegen staatliche Diskriminierung.

---

47 Partsch, TILJ 14 (1979), S. 197.

48 Partsch, TILJ 14 (1979), S. 197.

49 Vgl. Lerner, The UN Convention on the Elimination of All Forms of Racial Discrimination, S. 56.

50 Lerner, The U.N. Convention on the Elimination of all Forms of Racial Discrimination, S. 37.

III. Das Verbot staatlicher Diskriminierung

Das Gebot, Rassendiskriminierung zu beseitigen, richtet zunächst an die Staaten und ihre Handlungsträger selbst das Verbot, unmittelbar oder mittelbar aufgrund der Rasse zu diskriminieren. Diese grundlegende Verpflichtung der Vertragsstaaten enthält Artikel 2 Absatz 1 (a) RKD. Dort heißt es:

> a) „[Zum Zweck der Beseitigung der Rassendiskriminierung] verpflichtet sich jeder Vertragsstaat, Handlungen oder Praktiken der Rassendiskriminierung gegenüber Personen, Personengruppen oder Einrichtungen zu unterlassen und dafür zu sorgen, daß alle staatlichen und örtlichen Behörden und öffentlichen Einrichtungen im Einklang mit dieser Verpflichtung handeln“[51].

Die negative Verpflichtung an die Vertragsstaaten, sich selbst jeder rassendiskriminierenden Handlung oder Praxis in unmittelbarer oder mittelbarer Form zu enthalten, gilt nicht nur für den nach außen als Völkerrechtssubjekt auftretenden Staat, sondern soll nach der Lehre der Staatenverantwortung alle vom innerstaatlichen Recht eingesetzten Staatsorgane, unbeachtlich ihrer jeweiligen Stellung in der hierarchischen Struktur, erfassen[52]. Da eine Bundesstaatsklausel für die Konvention in dem Dritten Ausschuß der Generalversammlung abgelehnt wurde[53], sind auch sämtliche Organe von Gebietskörperschaften unab-

---

[51] Die englische Fassung lautet: „(a) Each State Party undertakes to engage in no act or practice of racial discrimination against persons, groups of persons or institutions and to ensure that all public authorities and public institutions, national and local, shall act in conformity with this obligation.“

Die französische Fassung heißt: „ (a) Chaque Etat partie s'engage à ne se livrer à aucun acte ou pratique de discrimination raciale contre des personnes, groupes de personnes ou institutions et à faire en sorte que toutes les autorités publiques et institutions publiques, nationales et locales, se conforment à cette obligation;“.

[52] McDougall, Howard LJ 40 (1997), S. 583; Lawson, FS Baehr, S. 94. Siehe zur Haftung der Staaten Art. 5-6 ILC-Entwurf zur Staatenverantwortlichkeit, UN Doc. GA (ILC) A/CN.4/L.528/Add. 2, S. 3. Vgl. dazu AGO, YBILC 1971 II/1, S. 238 ff. mit Nachweisen, S. 257 ff.; Ipsen, Völkerrecht, S. 551 ff.; Geiger, Grundgesetz und Völkerrecht, S. 418; Brownlie, Principles of Public International Law, S. 449 ff.

[53] Vgl. Lerner, The UN Convention on the Elimination of All Forms of Racial Discrimination, S. 6. Die ursprünglich vorgesehene Klausel ist in UN Doc. ECOSOC E/CN.4/L.679, S. 11 abgedruckt. Die Konvention entspricht insoweit dem ILC-Entwurf zur Staatenverantwortlichkeit. Dort wurde darauf ver-

hängig vom jeweiligen Grad der Autonomie genauso wie die Organe des Bundesstaates in die Pflicht genommen[54]. Ebenso sind sämtliche dezentralisierten öffentlichen Verwaltungsbetriebe, Organe öffentlichrechtlicher Körperschaften oder privater Gesellschaften, denen Teile der staatlichen Hoheitsgewalt übertragen wurden, in das Verbot einbezogen[55]. Damit sind auch Diskriminierungen durch staatliche Beförderungsunternehmen, Elektrizitätswerke, lokale kulturelle Einrichtungen und staatlich betriebene Gaststätten oder Cafés etc. durch Artikel 2 Absatz 1 (a) RDK verboten[56]. Angesichts der umfassenden Schutzrichtung der Konvention gilt das nicht nur im Rahmen von hoheitlichen Tätigkeiten, sondern auch bei rein fiskalischen Handlungen wie dem Einkauf von Büromaterial oder bei anderen Formen des öffentlichen Auftragswesens oder auch dem Betreiben einer Gastwirtschaft.

Für Artikel 5 (f) RDK folgt daraus, daß die Staaten nicht selbst den Zugang zu einer staatlich betriebenen Gaststätte oder Dienstleistung wegen der Rasse verweigern dürfen, unabhängig von deren rechtlicher Eingliederung in den Staatsaufbau. Zu beachten ist hierbei, daß Kriterien, die zu einer faktischen Diskriminierung führen, durch staatliche Akteure nur nach den Maßgaben einer strengen Rechtfertigungskontrolle als Unterscheidungskriterium gewählt werden dürfen.

---

zichtet, den Bundesstaaten durch eine Bundesstaatklausel eine Sonderstellung einzuräumen, da das Völkerrecht grundsätzlich auf die innerstaatliche Struktur keine Rücksicht nimmt. Vgl. Ago, YBILC 1971 II/1, S. 225 und 257 ff.; Ipsen, Völkerrecht, S. 554.

[54] Vgl. UN Doc. CERD/C/SR.1394, Zif. 52; UN Doc. CERD/C/SR.1393, Zif. 59. Siehe ferner O'Flaherty, in: Pritchard, S. 171; Artikel 7 ILC-Entwurf zur Staatenverantwortlichkeit UN Doc GA (ILC), A/CN.4/L.528/Add.2, S. 3; Ago, YBILC 1971, II/1, S. 253 ff.; Zemanek, Responsibility of States: General Principles, EPIL 10 (1. Aufl.), S. 367.

[55] Vgl. Ipsen, Völkerrecht, S. 560 ff.; Lawson, in: FS Baehr, S. 94; Zemanek, in: Neuhold/Hummer/Schreuer, S. 452 f. Bei Privatpersonen ist die Verantwortlichkeit des Staates auf die Fälle beschränkt, in denen bewiesen werden kann, daß sie Völkerrecht im Auftrag oder mit Billigung von Staatsorganen verletzen, oder wenn der Staat einer Schutzpflicht nicht nachgekommen ist. In der RDK bestehen diesbezüglich besondere Regelungen. Vgl. hierzu: United States Diplomatic and Consular Staff in Tehran Case, I.C.J. Rep. 1980, S 1, S. 31 f.; Art. 11 ILC-Entwurf, UN Doc. GA (ILC), A/CN.4/L.528/Add. 2, S. 6; Ago YBILC 1972 II, S. 118 ff., 123 f.; Sperduti, Responsibility of States for Activities of Private Law Persons, EPIL 10 (1. Aufl.), S. 373-375.

[56] Vgl. Strauss, Das Verbot der Rassendiskriminierung, S. 107.

Nach dem zweiten Halbsatz von Artikel 2 Absatz 1 (a) RDK haben die Staaten darüber hinaus dafür zu sorgen, daß alle staatlichen Stellen der obigen Verpflichtung auch tatsächlich nachkommen. Die Staaten müssen sicherstellen, daß keine legislative, administrative oder gerichtliche Maßnahme dazu führt, daß einem Menschen aus rassischen Gründen der Zugang zu einer Gaststätte verwehrt wird. Zu diesem Zweck sind die entsprechenden Amtsträger insbesondere auf die Konvention und Artikel 5 (f) RDK aufmerksam zu machen. Der Ausschuß hat diesbezüglich in „General Recommendation XIII" auf die Notwendigkeit hingewiesen, die Behörden, die bei der Rechtsanwendung maßgeblich beteiligt sind, wie z. B. die Staatsanwaltschaft oder die Polizei, im Hinblick auf die Konvention zu schulen[57]. Darüber hinaus sind weitere Maßnahmen zu erlassen, um Diskriminierungen durch staatliche Stellen in der Zukunft zu verhindern. Die Art dieser Maßnahmen liegt im Ermessen der Staaten, solange sie geeignet sind, das angestrebte Ziel zu erreichen. Dieser Pflicht können die Staaten nur nachkommen, wenn sie das tatsächliche Verhalten ihrer Organe kontrollieren, da sie nur so feststellen können, wo und welche Maßnahmen erforderlich sind. Deshalb steht Artikel 2 Absatz 1 (a) RDK in enger Beziehung mit Artikel 2 (c) RKD.

IV. Die Überprüfungspflichten der Staaten

In Artikel 2 Absatz 1 c) RDK wird die Verpflichtung der Vertragsstaaten, das Handeln der Behörden zu überprüfen, spezifiziert. Diese Bestimmung sieht vor:

> c) (Zu diesem Zweck) trifft jeder Vertragsstaat wirksame Maßnahmen, um das Vorgehen seiner staatlichen und örtlichen Behörden zu

[57] Vgl. General Recommendation XIII on the training of law enforcement officials in the protection of human rights, UN Doc. HIR/GEN/1 about the obligations their State has entered into under the Convention. Law enforcement officials should receive intensive training to ensure that in the performance of their duties they respect as well as protect human dignity and maintain and uphold the human rights of all person without distinction as to race, colour or national or ethnic origin." Als Beispiel hierfür können die Schulungsmaßnahmen der Berliner Polizeibeamten dienen, die als Folge von Übergriffen auf Ausländer durch Polizeibeamte angesetzt wurden. Die Beamten sollten so befähigt werden, auf Stressituationen angemessener zu reagieren. Vgl. Anhang I und II des 13. Deutschlandberichts vor dem RDA, CERD/C/299/Add. 5. Siehe auch Banton, UN Doc. CERD/C/SR. 1254, Ziff. 79.

> überprüfen und alle Gesetze und sonstigen Vorschriften zu ändern, aufzuheben oder für nichtig zu erklären, die eine Rassendiskriminierung — oder dort, wo eine solche bereits besteht, ihre Fortsetzung — bewirken, ...[58].

Die Vorschrift verpflichtet die Staaten ausdrücklich, die Politik der zentralen und lokalen Regierungs- und Verwaltungsbehörden auf rassendiskriminierende Elemente zu überprüfen[59]. Die Staaten trifft eine Pflicht zum Tätigwerden. Eine Einschätzungsprärogative, nur tätig zu werden, wenn nach ihrem Dafürhalten Rassendiskriminierung in ihrem Staatswesen tatsächlich vorkommt, steht ihnen nicht zu[60]. Obgleich hier im Gegensatz zu Artikel 2 Absatz 1 (a) RDK „öffentliche Einrichtungen" nicht genannt sind, ist aus der umfassenden Schutzrichtung der Konvention zu schließen, daß auch deren Verhaltensweisen zu kontrollieren sind[61]. Dies ist gerade im Bereich von Artikel 5 (f) RDK, bei denen es sich regelmäßig um dezentralisierte Einrichtungen handelt, von Bedeutung.

Darüber hinaus sind die Vertragsstaaten gehalten, ihre innerstaatliche Rechtsordnung auf Rassendiskriminierung zu untersuchen und die Bestimmungen, deren Zweck oder Erfolg rassendiskriminierend ist, zu ändern, aufzuheben oder für nichtig zu erklären. Gerade die Schwierigkeit, faktische Diskriminierung zu vermeiden, verlangt ein regelmäßiges kritisches Hinterfragen staatlicher Normen, Vorschriften und Maßnahmen, die zur Folge haben, daß eine rassische Gruppe in Gaststätten

---

[58] Englische Fassung: (to this end) ...(c) Each State Party shall take effective measures to review governmental, national and local policies, and to amend, rescind or nullify any laws and regulations which have the effect of creating or perpetuating racial discrimination wherever it exists; ... .

Französische Fassung: (à cette fin) ... (c) Chaque Etat partie doit prendre des mesures efficaces pour revoir les politiques gouvernementales nationales et locales et pour modifier, abroger ou annuler toute loi et toute disposition réglementaire ayant pour effet de créer la discrimination raciale ou de la perpétuer là où elle existe;... .

[59] Partsch, Rassendiskriminierung, S. 6; Jositsch, Strafrecht gegen Rassendiskriminierung, S. 76; Meron, AJIL 79 (1985), S. 289; Schwelb, ICLQ 15 (1966), S. 1017; Lerner, The UN Convention on the Elimination of all Forms of Racial Discrimination, S. 37.

[60] Meron, Human Rights Law-Making in the United Nations, S. 15.

[61] Vgl. Art. 31 Abs. 1 WKV. Ebenso Strauss, Das Verbot der Rassendiskriminierung, S. 108.

unterrepräsentiert ist. Soweit diese Folge nicht ausnahmsweise gerechtfertigt werden kann, sind die Maßnahmen zu ändern. Den Begriffen „ändern", „aufheben" und „für nichtig erklären" kommen keine inhaltlichen Unterschiede zu. Maßgeblich ist nur, daß die Rechtsordnung keine Rassendiskriminierung verursachen darf, sondern diese gänzlich beseitigt[62]. Wie dies zu geschehen hat, ist nicht näher definiert und bleibt daher im Ermessen der Staaten. Eine Pflicht, positive Maßnahmen in Form bestimmter gesetzlicher Maßnahmen zu ergreifen, ist in dieser Bestimmung nicht vorgesehen. Ein Antidiskriminierungsgesetz, das Rassendiskriminierung beim Zugang zu Gaststätten verbietet, kann daher nicht aus Artikel 2 Absatz 1 (c) i. V. m. Artikel 5 (f) RDK abgeleitet werden.

Die vorgesehene Kontrolle hat durch den Staat selbst zu erfolgen[63]. Es genügt nicht, wenn er rechtliche Möglichkeiten bereitstellt, die es den Privatpersonen erlaubt, die diskriminierenden Normen überprüfen zu lassen und gegen deren Anwendung vorzugehen[64]. Das Risiko eines Prozesses darf nicht dem Diskriminierten aufgebürdet werden, da sich viele der Betroffenen aus Unkenntnis oder Unsicherheit über die Rechtslage nicht wehren oder nicht bereit sind, das finanzielle Risiko eines Prozesses einzugehen.

Die Pflicht, staatliche Stellen zu kontrollieren, betrifft nicht nur die Umsetzung des Verbotes und die Beseitigung staatlicher Rassendiskriminierung. Zu überprüfen ist auch, ob die öffentlichen Stellen die durch Privatleute im Gaststättenbereich ausgeübte Diskriminierung konventionskonform verfolgen und in keiner Weise fördern. Denn ein unzureichendes staatliches Eingreifen gegen privates Fehlverhalten verstärkt deren diskriminierenden Effekt. Ein Verbot einer solchen indirekten Förderung privater Diskriminierung wird in Artikel 2 Absatz 1 (b) RDK aufgestellt.

---

[62] Strauss, Das Verbot der Rassendiskriminierung, S. 108; Lerner, The UN Convention on the Elimination of All Forms of Racial Discrimination, S. 37; Wolfrum, in: Baum/Riedel/Schaefer, S. 133.

[63] Commission on Human Rights, UN Doc. ECOSOC, Of. Rec, 37th Sess., Supp. 8, Zif. 117; Wolfrum, CERD/C/SR. 967, Zif. 31.

[64] Vgl. Ansbach/Heintze, Selbstbestimmung und Verbot der Rassendiskriminierung im Völkerrecht, S. 111 f., mit einer ideologisch motivierten Kritik an Partsch, in: Scheuner/Lindemann, S. 110.

D. Maßnahmen gegen Rassendiskriminierung durch Privatpersonen

Das bloße Verbot an den Staat, nicht selbst zu diskriminieren, vermag Diskriminierungen im Gaststättenbereich nicht Herr zu werden. In der überwiegenden Zahl von Fällen werden rassendiskriminierende Zutrittsverbote im Gaststättenbereich nicht durch staatliche Stellen, sondern durch Privatpersonen ausgeübt[65]. Wie Rassendiskriminierung im privaten Sektor beseitigt werden soll, ist in Artikel 2 Absätze 1 (b) und (d) RDK bestimmt.

I. Das Verbot, Rassendiskriminierung durch Dritte zu schützen oder zu fördern

Artikel 2 Absatz 1 (b) RDK verbietet es den Vertragsstaaten, von Privatpersonen ausgeübte Rassendiskriminierung in irgendeiner Form zu unterstützen. Dort heißt es:

> b) (Zu diesem Zweck) verpflichtet sich jeder Vertragsstaat, eine Rassendiskriminierung durch Personen oder Organisationen weder zu fördern noch zu schützen noch zu unterstützen.

Die drei Begriffe „fördern", „schützen" und „unterstützen" haben den der Konvention eigenen Charakter inne, daß sie schwer abgrenzbar sind. Wie bei der Definition der Rassendiskriminierung des Artikels 1 Absatz 1 RDK ist diese Überschneidung mit dem Anliegen zu erklären, umfassenden Schutz zu gewähren.

Unter den Begriff des Förderns fällt nicht nur jede positive Gewährung von Vorteilen an Personen oder Organisationen mit rassistischen Zielen, sondern jegliche Art der Hilfestellung, die geeignet ist, eine Rassendiskriminierung zu begünstigen. Den Staaten ist es daher verboten, einer diskriminierenden Person oder Organisation Verpflichtungen, die für andere Personen oder Organisationen bestehen, nicht aufzuerlegen

---

[65] Wolfrum, in: Baum/Riedel/Schaefer, S. 133. Vgl. dazu z. B. den 13./14. Bericht von Finnland an den RDA, UN Doc. CERD/C/320/Add.2, Zif. 277 und den 14. Bericht Dänemarks, UN Doc. CERD/C/362/Add.1 Zif. 247 ff.; dazu Yutzis, CERD/C/SR.1377, Zif. 17 f.

oder durchsetzen, indem sie Steuern nicht eintreiben bzw. Steuerbegünstigungen gewähren[66].

Schützen meint die Bewahrung vor Beeinträchtigung. Die Wortbedeutung von Unterstützen ist ähnlich wie die von Fördern. Verboten ist die Gewährung von Vorteilen oder Hilfestellung in irgendeiner Form. Der Staat darf weder Gelder noch andere Mittel einer Organisation zukommen lassen, welche von dieser für rassendiskriminierende Zwecke verwendet werden. Unerheblich ist, ob die Organisation die staatlichen Mittel unmittelbar für rassendiskriminierende Zwecke verwendet oder für Aktivitäten ohne rassische Bezüge ausgibt, da die Förderung von Teilbereichen einer Organisation immer auch ihrer Gesamtheit zugute kommt[67].

Für die Beseitigungs- und Verbotsverpflichtungen des Artikels 5 (f) RDK folgt daraus, daß die Staaten keine Gaststätten subventionieren dürfen, die rassisch motivierte Zugangsverbote verhängen[68]. Die Unterstützung darf auch nicht durch nichtpekuniäre Vorteile, wie die Erteilung bzw. Belassung einer Konzession an private Unternehmen erfolgen, die einen Vertragsabschluß von der Rasse des Vertragspartners abhängig machen[69].

Aus dem Unterstützungsverbot ergibt sich ferner, daß es den Vertragsstaaten nicht erlaubt ist, Vorteilen, die eine Privatperson durch ein diskriminierendes Verhalten erlangt hat, Geltung zu verschaffen. Den Gerichten ist es verwehrt, Ansprüche aus diskriminierenden Rechtsgeschäften durchzusetzen und den diskriminierenden Gastwirt so in den

---

[66] Meron, AJIL 79 (1985), S. 295; ders., Human Rights Law-Making in the United Nations, S. 22; Strauss, Das Verbot der Rassendiskriminierung, S. 108; Reisman, Denver Journal of International Law and Policy 1 (1971), S. 51.

[67] Mit diesem Umweg ist Strauss (in: Das Verbot der Rassendiskriminierung, S. 108) Recht zu geben, wenn er davon ausgeht, daß Artikel 2 Absatz 1 b) Fälle anvisiert, in denen eine Diskriminierung aufgrund der Rasse nicht vom Staat selbst, sondern von Personen oder Organisationen ausgeht, deren Tätigkeit der Staat auf irgendeine Weise fördert, schützt oder unterstützt.

[68] Siehe für weitere Beispiele Lerner, The UN Convention on the Elimination of All Forms of Racial Discrimination, S. 37; ferner Strauss, Das Verbot der Rassendiskriminierung, S. 108.

[69] UN Doc. GAOR (A/55/18), Zif. 418; vgl. auch Wildhaber, RDH/HRJ 4 (1971), S. 348; Guyaz, L'incrimination de la discrimination raciale, S. 165.

Genuß der durch die Diskriminierung erzielten Vorteile zu bringen[70]. In der Regel wird im Gaststättenbereich zwar den Diskriminierten der Vertragsschluß gänzlich versagt, so daß gerade keine rechtliche Verpflichtung entsteht. Denkbar ist jedoch auch, daß Angehörigen einer rassischen Gruppe Leistungen teurer oder zu ungünstigeren Konditionen angeboten werden[71]. Die Einhaltung eines Vertrages, der z. B. einen Aufschlag für die Gewährung einer Leistung an bestimmte ethnische Bevölkerungsgruppen enthält, darf dann nicht durch Gerichte durchgesetzt werden[72].

II. Die Pflicht, Rassendiskriminierung durch Private zu verbieten

Erst Artikel 2 Absatz 1 (d) RDK wendet sich unmittelbar gegen Diskriminierung durch Privatpersonen. Diese Norm enthält die wichtigste Konkretisierung der Pflicht, Rassendiskriminierung beim Zugang zu Gaststätten und anderen öffentlichen Plätzen und Dienstleistungen zu verbieten und zu beseitigen[73].

Dort heißt es:

---

[70] Vgl. dazu Delbrück, Die Rassenfrage als Problem des Völkerrechts und nationaler Rechtsordnungen, S. 114. Diese Form des Schutzes vor Diskriminierung durch den Staat wurde das erste Mal 1948 von einem US-amerikanischen Gericht entwickelt, Shelley v. Kraemer 334 US 1 (1948); Barrows v. Jackson 346 US 249 (1953).

[71] Vgl. z.B. die vormalige Praxis im deutschen Versicherungswesen für Kfz-Haftpflichtversicherungen. Mit Personen bestimmter Nationalitäten wurde eine Versicherung entweder überhaupt nicht oder zu deutlich ungünstigeren Konditionen abgeschlossen. Siehe dazu Littbarski, in: Joerden, S. 206 f. und ausführlich *infra*, Kapitel 5, B. III 2.

[72] Vgl. dazu Delbrück, Die Rassenfrage als Problem des Völkerrechts und nationaler Rechtsordnungen, S. 114. Auch die staatliche Anerkennung einer Klausel im Mietvertrag, wonach Zigeuner als geeignete Nachmieter ausscheiden, wäre eine verbotene Unterstützungshandlung. Vgl. dazu Amtsgericht Bochum, Urteil vom 25.9.1996, Aktenzeichen 38 C 157/96; FAZ vom 21.2.1997, S. 4 mit Besprechung in UN Doc. CERD/C/SR.1197, Zif. 46.

[73] Gleichzeitig wird auch Artikel 2 I (d) RDK durch Artikel 5 (f) RDK konkretisiert. Insofern besteht eine Wechselwirkung zwischen den Normen. Delbrück, Die Rassenfrage als Problem des Völkerrechts und nationaler Rechtsordnungen, S. 64; Schwelb, ICLQ 15 (1966), S. 1017; Kühner, NJW 1986, S. 1398; Meron, AJIL 79 (1985), S. 293; Strauss, Das Verbot der Rassendiskriminierung, S. 136; Harris, Cases and Materials on International Law, S. 678.

> d) „(Zu diesem Zweck) verbietet und beendigt jeder Vertragsstaat jede durch Personen, Gruppen oder Organisationen ausgeübte Rassendiskriminierung mit allen geeigneten Mitteln einschließlich der durch die Umstände erforderlichen Rechtsvorschriften[74].

Die Vertragsstaaten sind danach dafür verantwortlich, daß auch die Rassendiskriminierung im privaten Bereich beendet wird[75]. Artikel 2 Absatz 1 (d) RDK ist deshalb als die wichtigste und weitreichendste Verpflichtung der Konvention bezeichnet worden[76], die tief in das Privatrecht und die Privatautonomie eingreift[77]. Sie ist die zentrale Vorschrift für die Umsetzung von Artikel 5 (f) RDK. Der Artikel geht weit über die zur damaligen Zeit existierenden Menschenrechtsinstrumentarien hinaus[78].

---

[74] Die englische Fassung lautet: „[To this end]: ... (d) Each State Party shall prohibit and bring to an end, by all appropriate means, including legislation as required by circumstances, racial discrimination by any person, group or organization; ...".

Der französische Text heißt: „[A cette fin] ... (d) Chaque Etat partie doit, par tous les moyens appropriés, y compris, si les circonstances l'exigent, des mesures législatives, interdire la discrimination raciale pratiquée par des personnes, des groupes ou des organisations et y mettre fin; ...".

[75] Banton, International Action Against Racial Discrimination, S. 199; vgl. auch UN Doc. GAOR (A/56/18), Zif. 392. Abwegig die gegenteilige Ansicht von Timme, ZAR 1997, S. 137.

[76] Schwelb, ICLQ 15 (1966), S. 1017; ders., in: Nathanson/ders., S. 6; ders., in: ILA, Report of the 55th Conference, S. 586 f.; Lerner, The UN Convention on the Elimination of All Forms of Racial Discrimination, S. 38, Meron, The Meaning and Reach of the International Convention on the Elimination of All Forms of Racial Discrimination, S. 292; Jositsch, Strafrecht gegen Rassendiskriminierung, S. 77; Delbrück, Die Rassenfrage als Problem des Völkerrechts und nationaler Rechtsordnungen, S. 64; Wolfrum, in: Baum/Riedel/Schwarz, S. 137. Allerdings ist auch Artikel 4 dieser Titel der bedeutendsten Norm zugesprochen worden. Vgl. z. B. bei Banton, International Action against Racial Discrimination, S. 202.

[77] Schwelb, ICLQ 15 (1966), S. 1017; Strauss, Das Verbot der Rassendiskriminierung, S. 109.

[78] Schwelb, ICLQ 15 (1966), S. 1018. Vgl. Art. 7 AEM, Artikel 24 des Entwurfs des IPbpR (jetzt Art. 26), Artikel 14 EMRK, Artikel 3 des Übereinkommens der IAO über die Diskriminierung in Beruf und Beschäftigung von 1958; Art. 3 b des Übereinkommens der UNESCO gegen Diskriminierung im Unterrichtswesen von 1960 – diese Norm ist für das begrenzte Anwendungsgebiet so umfangreich wie Artikel 2 Absatz 1 (d) RDK.

1. Pflicht zum Ergreifen positiver Maßnahmen

Der Wortlaut der Bestimmung legt ein umfangreiches Ermessen bezüglich der Art und Weise der Umsetzung nahe[79]. Die Staaten ergreifen „alle geeigneten Mittel“ und Rechtsvorschriften nur, „soweit die Umstände es erfordern“. Nicht in ihrem Ermessen steht es indes, das Ergreifen der Maßnahmen gänzlich zu unterlassen. Nach dem Wortlaut sind positive Maßnahmen immer erforderlich[80].

Denkbar ist es freilich, die Norm so auszulegen, daß ausnahmsweise dann keine Pflicht zum Ergreifen von Maßnahmen besteht, wenn in einem Staat keine Rassendiskriminierung existiert[81]. Denn beim vollständigen Fehlen von Rassendiskriminierung ist ein Verbot derselben weder notwendig noch von den Umständen erfordert.

Diese Auslegung hat der Ausschuß jedoch zu Recht nie gelten lassen[82]. Zum einen schenken die Ausschußmitglieder der Behauptung eines Staates, es gäbe bei ihm keine Rassendiskriminierung, keinen Glauben[83]. Zum anderen gehen sie davon aus, daß eine solche Ansicht auf einer falschen Interpretation der Konvention beruht. Die in ihr enthaltenen Verpflichtungen sollen nicht nur existierende Rassendiskriminierung bekämpfen, sondern solche Praktiken auch für die Zukunft verhin-

---

79 Partsch, Rassendiskriminierung, S. 7; Kühner, NJW 1986, S. 1398.

80 Strauss, Das Verbot der Rassendiskriminierung, S. 109.

81 So noch Schwelb, ICLQ 15 (1966), S. 1018. Von den Staaten wird immer wieder vorgebracht, daß in ihnen keine Rassendiskriminierung vorkäme, vgl. z.B. Peru, CERD/C/SR. 1318, Zif. 4.

82 Nettel, UN Doc. CERD/C/SR.492, Zif. 21; UN Doc CERD/C/SR.389, Zif. 20 (zu Artikel 4 RDK); Banton, International Action Against Racial Discrimination, S. 204 (ebenfalls zu Artikel 4 RDK); UN Doc GAOR (A/55/18), Zif. 179; UN Doc. CERD/C/SR.1431, Rz. 3, 4 ; siehe auch Draft general Recommendation of the Training of Law Enforcement Officials, CERD/C/SR. 969, Zif. 1 ff. und die entsprechende General Recommendation XIII, HRI/GEN/1/Rev.2, S. 95. Vgl. ferner Guyaz, L'incrimination de la discrimination raciale, S. 64; Jositsch, Strafrecht gegen Rassendiskriminierung, S. 76 f.; Strauss, Das Verbot der Rassendiskriminierung, S. 109; Kühner, NJW 1986, S. 1398.

83 Vgl. von Boven, UN Doc. CERD/C/SR.1195, Zif. 35, Wolfrum, *ebenda*, Zif. 37; de Gouttes, *ebenda*, Zif. 38; Goundiam, CERD/C/SR. 492, Zif. 22; Partsch, UN Doc. CERD/C/SR.480, Zif. 37; de Gouttes, UN Doc. CERD/C/SR.1338, Zif. 22; van Boven, UN Doc. E/CH.4/1999/WG.1/BP.7; UN Doc. GAOR (A/56/18), Zif. 348; Wolfrum, Max Planck UNYB 3 (1999), S. 498.

dern[84]. Ein momentanes Fehlen jeglicher Rassendiskriminierung in einem Staat garantiert nicht, daß sie in der Zukunft nicht zu Tage tritt. Daher fordert die Klausel, daß alle Vertragsstaaten positive Maßnahmen implementieren, die den jeweiligen Bedürfnissen der Staaten zur Eliminierung der Rassendiskriminierung angepaßt sind[85].

Diese Argumentation ist von den Ausschußmitgliedern vor allem im Zusammenhang mit Artikel 4 RDK angeführt worden[86]. Der Gedanke läßt sich jedoch ohne weiteres auf Artikel 2 RDK übertragen, da auch bei rassendiskriminierender Zugangsverweigerung ein rasches Eingreifen nur durch Rückgriff auf bereits existierende Instrumentarien möglich ist[87]. Ferner gilt auch für diesen Bereich, daß in einer zusammenwachsenden Welt Rassismus sich über Grenzen hinweg verbreitet[88].

---

[84] Garvalov, UN Doc. CERD/C/SR.1202, Zif. 35; Ténékidès, RdC 168 (1980 III), S. 419; Banton, International Action Against Racial Discrimination, S. 204. Vgl. auch Inglès, Positive Measures Designed to Eradicate all Incitement to, or Acts of, Racial Discrimination, CERD/2, Zif. 221.

[85] Nettel, UN Doc. CERD/C/SR.492, Zif. 22 zu Artikel 4 RDK; Ténékidès, RdC 1980 III (168), S. 400, S. 419. Vgl. Strauss, Das Verbot der Rassendiskriminierung, S. 109; Guyaz, L'incrimination de la discrimination raciale, S. 64; Mahalic/Mahalic, HRQ 9 (1987), S. 85; implizit auch Bahnev, U.N. Doc CERD/C/SR.550 (1982), Zif. 21.

[86] Vgl. Nettel, UN Doc. CERD/C/SR.492, Zif. 21.

[87] Einige Autoren sprechen sich aus diesen Präventionsgesichtspunkten für eine Pflicht zum Erlaß von Antidiskriminierungsgesetzen im Rahmen von Artikel 2 Absatz 1 (d) aus. Die von ihnen zitierten Quellen beziehen sich, ohne daß sie es erwähnen, auf Artikel 4 RDK. Folglich müssen auch sie implizit von einer Übertragbarkeit dieser Gedanken von Artikel 4 auf Artikel 2 RDK ausgehen. Vgl. z.B. Strauss, Das Verbot der Rassendiskriminierung, S. 109 (Zitat: UN Doc CERD/C/SR.389 (Nettel) Zif. 20) und Mahalic/Mahalic, HRQ 9 (1987), S. 86 (Zitat: CERD/C/SR.389, Zif. 20 [präventive Gesetzgebung für Artikel 4 RDK notwendig] und CERD/C/387, Zif. 3 [Dieses Zitat von Nabavi behandelt nur die Frage, ob die Staaten die Mittel der Implementierung frei auswählen können. Nach Artikel 4 und 6 sieht er eine Pflicht, Gesetze zu erlassen.] und Inglès, UN Doc. CERD/C/SR.557 Zif. [Dort wird nur gesagt, daß für die Implementierung von Artikel 4 RDK eine Verfassungsnorm nicht ausreicht, da diese keine spezifischen Strafen bei einem Verstoß vorsieht].

[88] Mahalic/Mahalic, HRQ 9 (1987), S. 87. Vgl. auch Partsch, UN Doc CERD/C/SR.480, Zif. 37. Er spricht die Probleme der Rassendiskriminierung an, denen Gastarbeiter sich ausgesetzt sehen. Ferner Nettel, Goundiam, CERD/C/SR.492, Zif. 21 u. 22.

Deutlichstes Beispiel ist der globale Austausch von Hetzparolen über das Internet[89].

Aus der Formulierung „alle geeigneten Mittel" („all appropriate means" /"tous les moyens appropriés") läßt sich zudem ableiten, daß die Staaten Anstrengungen in verschiedene Richtungen zu unternehmen haben. Maßnahmen in eine Richtung, z.B. nur Verbote oder Erziehungsmaßnahmen, genügen dem nicht[90]. Die Formulierung kann dagegen nicht dahingehend interpretiert werden, daß Staaten, die Artikel 2 Absatz 1 (d) RDK ohne Vorbehalt ratifiziert haben, die Umsetzung auf „verfassungsgemäße" oder den eigenen nationalen Gesetzen entsprechende Maßnahmen begrenzen können, wenn sie den Anforderungen der Norm dann nicht genügen. Es gilt die allgemein anerkannte Regel des Völkerrechts, daß ein Staat Vorschriften des internen Rechts nicht geltend machen kann, um die Nichteinhaltung eines Vertrags zu rechtfertigen[91].

2. Pflicht zum Erlaß von Rechtsvorschriften, soweit die Umstände sie erfordern

a) Der Streitstand

Der Wortlaut der Vorschrift legt nahe, daß die Auswahl der zu treffenden Maßnahmen — im Gegensatz zur Pflicht, überhaupt tätig zu werden — gänzlich in das Belieben der Staaten gestellt ist[92]. Rechtsvorschriften sind nur unter dem ausdrücklichen Vorbehalt vorgesehen, daß die Umstände sie erfordern („legislation as required by circumstances"/"si les circonstances l'exigent, des mesures législatives"). Trotz die-

---

[89] Vgl. Shahi, UN Doc. CERD/C/SR.1274, Zif. 19 ff.; Glele-Ahanhanzo, UN Doc. E/CN.4/1999/WG.1/BP.4, Zif. 56, 134; Mahalic/Mahalic, HRQ 9 (1987), S. 87; FAZ, 3.8.2000, S. 3 (Reiner Burge, Aufrufe zum Mord im Internet, Rechtsextremismus als Anbieter im Netz).

[90] Wolfrum (in: Max Planck UNYB 3 (1999), S. 501) spricht sogar von einer Pflicht, alle zur Verfügung stehenden Mittel auszuschöpfen. Allerdings leitet er daraus keine Pflicht zu spezieller Antidiskriminierungsgesetzgebung ab. Vgl. auch ders., in: Baum/Riedel/Schaefer, S. 132.

[91] Vgl. Artikel 27 WKV; ferner Lillich/Newman, International Human Rights, S. 137 f.

[92] Partsch, GYIL 1977, S. 122; Strauss, Das Verbot der Rassendiskriminierung, S. 109.

ses scheinbar eindeutigen Wortlautes gibt es in der neueren Literatur immer mehr Anhänger der These, daß der Erlaß von Rechtsvorschriften in Form eines Antidiskriminierungsgesetzes unter der Rassendiskriminierungskonvention obligatorisch sei[93]. Begründet wird dies vor allem mit der teleologischen Erwägung, daß nur mit einem speziellen Antidiskriminierungsgesetz der Schutzzweck der Konvention effektiv erreicht werden könne[94]. Daher sei ein formelles Gesetz erforderlich, das Rassendiskriminierung durch Privatpersonen verbietet. Teilweise wird sogar behauptet, nur ein Strafgesetz könne Artikel 2 Absatz 1 (d) RDK gerecht werden[95].

Auch im Ausschuß ist eine Verpflichtung zum Erlaß eines formellen Antidiskriminierungsgesetzes von einigen Mitgliedern angenommen worden[96]. Die Tendenz des Ausschusses in den letzten Jahren von den

---

93 Mahalic/Mahalic, HRQ 9 (1987), S. 86 f.; Strauss, Das Verbot der Rassendiskriminierung, S. 109; Guyaz, L'incrimination de la discrimination raciale, S. 64; Jositsch, Strafrecht gegen Rassendiskriminierung, S. 76; vgl. auch Delbrück, Die Rassenfrage als Problem des Völkerrechts und nationaler Rechtsordnungen, S. 113; offen Kühner, NJW 1986, S. 1398.

94 Vgl. Strauss, Das Verbot der Rassendiskriminierung, S. 109; Mahalic/Mahalic, HRQ 9 (1987), S. 85 f.; Guyaz, L'incrimination de la discrimination raciale, S. 64.

95 Chigovera während einer Diskussion anläßlich der Besprechung des 13. und 14. Deutschlandberichts, Genf 13. März 1997; implizit auch Resich, CERD/C/SR.80, S. 86; vgl. auch Sayegh, UN Doc. CERD/C/SR.387, Zif. 28; UN Doc. GAOR (A/48/18) Zif. 432; Jositsch, Strafrecht gegen Rassendiskriminierung, S. 77; Mahalic/Mahalic, HRQ 9 (1987), S. 87; Ténékidès, RdC 168 (1980 III), S. 359. Dies wird aus dem Begriff „Verbot" selbst und daraus abgeleitet, daß die Pflicht, Rassendiskriminierung zu beseitigen, einen positiven und einen negativen Aspekt, nämlich Prävention und Repression, beinhalte. Für die präventive Seite sei der Erlaß von Strafrechtsvorschriften unabdingbar. Auch Partsch (in: Rassendiskriminierung, S. 7) interpretiert den Begriff „verbieten" in diesem Sinn, ohne jedoch eine Pflicht zum Erlaß von Strafrechtsnormen anzunehmen. Gegen eine Strafnorm: Kunz, RPS 109 (1992), S. 156; P. Müller, AJP 1996, S. 666; Guyaz, L'incrimination de la discrimination raciale, S. 64 f.; Partsch, in: Henkin, The International Bill of Rights, S. 229; ders., in: Coliver, S. 23. ders., Rev.sc.crim 1977, S. 21; GYIL 1977, S. 122; EuGRZ 1994, S. 429.

96 Dafür haben sich Resich, UN Doc CERD/C/SR.80, S. 86; Ténékidès, UN Doc. CERD/C/SR.387, Zif. 3; Sayegh, *ebenda*, Zif. 28 und Shahi, CERD/C/SR.1257, Zif. 5 ausgesprochen. Implizit auch Valencia Rodriguez, CERD/C/SR.1247, Zif. 57. Vgl. auch die Model Nation Legislation for the Guidance of Governments in the Enactment of Further Legislation Against Racial Discrimination, CERD/C/1991/Misc. 4. S. 5 ff.; UN Doc GAOR

Staaten verstärkt den Erlaß von Gesetzen zu verlangen, wie unter anderem von Deutschland gefordert, scheint in dieselbe Richtung zu zeigen[97].

Die Staaten sind jedoch nur zum Teil gewillt, sich dieser Interpretation zu beugen. Der Erlaß von Rechtsvorschriften sei nur eine von vielen Möglichkeiten und erst dann zwingend, wenn andere Maßnahmen keinen Erfolg versprächen, wenn die Umstände es also erforderten[98]. Und auch in der Literatur gibt es Stimmen, nach der aus Artikel 2 Absatz 1 (d) RDK keine Pflicht zum Erlaß eines Antidiskriminierungsgesetzes abzulesen sei[99].

Die Antwort auf die Frage nach der Reichweite von Artikel 2 Absatz 1 (d) RDK ergibt sich aus einer streng an den völkerrechtlichen Auslegungsmethoden des Artikels 31 WKV orientierten Interpretation der Norm[100].

(A/55/18), Ziff. 114, 127, 357 u. 366. Bei einer Befragung von RDA-Mitgliedern war eher eine Tendenz festzustellen, eine Pflicht zum Erlaß von Rechtsvorschriften zu verneinen (Banton, van Boven, Wolfrum, Genf, 10.3. und 12.3. 1997, anders Chigovera, 13.3.1997). Trotzdem haben sowohl van Boven, als auch Banton im Einzelfall nach spezieller Antidiskriminierungsgesetzgebung gefragt. Vgl. CERD/C/SR.1254, Ziff. 72; SR. 1256, Ziff. 37.

[97] Vgl. *supra*, Kapitel 3, B. I. Siehe auch UN Doc. GAOR (A/56/18), Appendix , Opinion concerning Communication No. 11/1998, S. 130, Ziff. 6.3.

[98] Bolivien, zitiert aus Mahalic/Mahalic, HRQ 9 (1987), S. 86; vgl. auch Staatenvertreter Kolumbiens, CERD/C/SR.368, Ziff. 51. Partsch, in: Coliver, S. 23.

[99] Lerner, The UN Convention on the Elimination of all Forms of Racial Discrimination, S. 38; Schwelb, ICLQ 15 (1966), S. 1018; Partsch, GYIL, 1977, S. 122; ders., Rev.Sc.crim 1977, S. 21; vgl. aber EuGRZ 1994, S. 429; siehe auch Wolfrum, in: FS Peter Schneider, S. 520.

[100] Die meisten der in der Literatur erfolgten Auslegungen sind eher dünn geblieben. Eine knappe Problematisierung erfolgt durch Strauss, Das Verbot der Rassendiskriminierung, S. 109 f.; Guyaz, L'incrimination de la discrimination raciale, S. 64 f. und Jositsch, Strafrecht gegen Rassendiskriminierung, S. 76 f. Sie begründen ihr Abweichen von dem Wortlaut der Konvention ohne weitere Erklärung durch die Teleologie. Die Autoren Mahalic (in: HRQ 9 (1987), S. 85 ff.) setzen sich mit dem Problem genauer auseinander, zitieren die Ausschußaussagen jedoch nicht korrekt und kommen daher nicht zu überzeugenden Schlußfolgerungen. Vgl. bereits Kapitel 3, Fn. 87.

b) Vorgaben des Wortlauts

(1) Die Eignung der Mittel

Nach dem Wortlaut des Artikels 2 Absatz 1 (d) RDK ist die Auswahl der konkreten Mittel für das Verbot der Rassendiskriminierung in das Ermessen der Staaten gestellt, sofern die Mittel geeignet sind, Diskriminierung durch Privatpersonen in ihrem Hoheitsgebiet zu unterbinden. Für Artikel 5 (f) RDK heißt das, daß die staatlichen Maßnahmen geeignet sein müssen, rassendiskriminierende Zugangsverbote durch Privatpersonen zu verhindern. Die Eignung ist hinreichende, aber auch notwendige Bedingung, an denen staatlichen Aktivitäten zu messen sind.

Geeignet im Sinne des Artikel 2 Absatz 1 (d) RDK ist zunächst jede Maßnahme, die Rassendiskriminierung zwischen Privaten wirksam begegnet[101]. Dazu gehören administrative, legislatorische, erzieherische, disziplinarische, vermittelnde und ausgleichende, repressive und präventive Maßnahmen[102]. Einige der möglichen Mittel werden in den Artikel 3 bis 7 RDK benannt. Nach Artikel 4 RDK sind die Vertragsstaaten z. B. verpflichtet, bestimmte, besonders aggressive Formen der Rassendiskriminierung unter Strafe zu stellen. Artikel 7 RDK sieht erzieherische Maßnahmen vor, um Rassendiskriminierung zu beseitigen.

(2) Verbieten und Beenden

Das zweite prägende Element der zu analysierenden Regelung ist die Maßgabe, Rassendiskriminierung zu verbieten und zu beenden.

Wie beim Begriff „beseitigen“ in Artikel 5 und dem Einleitungsabschnitt des Artikels 2 RDK ist mit der Pflicht zum „Beenden“ lediglich das Ziel vorgegeben, konkrete Maßnahmen sind indes nicht angesprochen[103].

Dagegen ist das vorzunehmende Verbot hier bestimmter vorgegeben als in Artikel 5 RDK. Aus dem Zusammenhang mit dem Einleitungsabsatz und der Artikel 2 RDK zugrundeliegenden Systematik ergibt sich, daß das Verbot nicht rein deklaratorisch ohne Androhung von Konsequenzen sein kann; denn für ein solches Verbot ohne Folgen käme nur eine

---

[101] Strauss, Das Verbot der Rassendiskriminierung, S. 109; Mahalic/Mahalic, HRQ 9 (1987), S. 85.

[102] Partsch, Racial Speech and Human Rights, in: Coliver, S. 23.

[103] Vgl. Sayegh, UN Doc. CERD/C/SR.397, Zif. 28.

staatliche Erklärung mit dem Inhalt, daß Rassendiskriminierung unter Privaten zu unterbleiben habe, in Betracht[104]. Die Pflicht zur moralischen Verdammung der Rassendiskriminierung ist jedoch bereits nach dem ersten Satz des einleitenden Teils von Artikel 2 Absatz 1 RDK vorzunehmen. Ob ein Staat die „Rassendiskriminierung verurteilt“ oder sie „verbietet“, ohne eine Sanktion bei einem Verstoß gegen das Verbot zu statuieren, läuft auf dasselbe hinaus. Daher wäre bei einer solchen Auslegung das von den Staaten vorzunehmende Verbot nur eine überflüssige Wiederholung einer schon bestehenden Verpflichtung. Nach dem Artikel 2 RDK immanenten System werden die vorzunehmenden Maßnahmen im Verhältnis zum Einleitungsabsatz immer weiter konkretisiert. Daraus folgt, daß ein staatliches Verbot hier höheren Anforderungen genügen muß als in dem ersten Teilsatz des Artikels 2 Absatz 1 RDK[105].

Die Erfahrung zeigt zudem, daß ein deklaratorisches Verbot ohne Sanktionen nicht geeignet ist, bestehende, in einer Gesellschaft verwurzelte Rassendiskriminierung sicher zu beseitigen[106]. Die Staaten haben sich jedoch dem Erfolg verpflichtet, Rassendiskriminierung auch zwischen Privaten zu beseitigen[107]. Durch eine bloße Deklaration ist dies nicht zu erreichen. Das zeigt schon die bloße Existenz der Konvention, für die neben der Rassendiskriminierungsdeklaration andernfalls kein Bedürfnis bestanden hätte.

Das Verbot privater Rassendiskriminierung setzt daher voraus, daß die Staaten Rassendiskriminierung untersagen, und daß das Übertreten des Verbots Konsequenzen nach sich zieht. Nicht geklärt ist bisher, wie diese Konsequenzen auszusehen haben und ob das Verbot ausschließlich durch ein spezifisches Antidiskriminierungsgesetz umgesetzt werden kann.

---

[104] Die Erklärung könnte durch das Parlament oder die Regierung vorgenommen werden, aber auch auf lokaler Ebene durch den Bürgermeister bzw. Verwalter einer Region.

[105] Vgl. Lerner, The UN Convention on the Elimination of All Forms of Racial Discrimination, S. 37.

[106] Dasselbe gilt für erzieherische und ausgleichende, vermittelnde Maßnahmen. Vgl. Nettel, Goundiam, UN Doc. CERD/C/SR.492, Zif. 21 u. 22; Partsch, UN Doc. CERD/C/SR. 480, Zif. 37.

[107] Vgl. aber Banton, International Action Against Racial Discrimination, S. 51.

(3) Der Begriff der Rechtsvorschriften

Das dritte prägende Element von Artikel 2 Absatz 1 (d) RDK ist der Zusatz, daß Rechtsvorschriften nur zu erlassen sind, wenn die Umstände es erfordern. Eine generelle Pflicht unabhängig von der konkreten Situation in dem jeweiligen Staat bestünde für den Fall, daß ein Verbieten und Beenden im Sinne der Konvention nur durch Rechtsvorschriften im Sinne der Norm erfolgen kann. Dann beschränkte sich das Ermessen der Staaten darauf, die Rechtsvorschriften auszugestalten und die neben den Rechtsvorschriften zu erlassenen Maßnahmen auszuwählen[108]. Eine zweite, hier noch zu vernachlässigende Frage wäre dann, wie diese Konsequenzen auszusehen haben.

Wesentlich für die Beantwortung der Frage, ob Rechtsvorschriften zwingend erforderlich sind, ist, was unter diesem Begriff zu verstehen ist[109]. Ausgangspunkt der Begriffsbestimmung ist nicht das deutsche Wort[110], sondern der englische und französische Begriff „legislation" beziehungsweise „mesures législatives"[111].

---

[108] So Mahalic/Mahalic, HRQ 9 (1987), S. 86. Bei dieser Aussage berufen sie sich auf den Ausschuß und zitieren U.N. Doc. CERD/C/SR.389, Zif. 20. In dem Zitat (SR. 389, Ziffer 20 (Nettel)) steht jedoch lediglich, daß Artikel 4 auf Prävention abzielt und nicht auf die Bestrafung von Diskriminierung aufgrund der Rasse. Vgl. bereits Kapitel 3, Fn. 87 und 100. Siehe ferner Resich, U.N. Doc. CERD/C/SR.80, S. 86; Strauss, Das Verbot der Rassendiskriminierung, S. 109; vgl. auch Jositsch, Strafrecht gegen Rassendiskriminierung, S. 76.

[109] Eine Bestimmung dieses Begriffes ist bisher von keinem Autor vorgenommen worden. Aus den Ausführungen ergibt sich, daß einige Autoren ein weites Verständnis des Begriffs Rechtsvorschriften zugrunde legen, während andere sich auf einen engen Bereich, nämlich strafrechtliche Vorschriften, beschränken. Vgl. dazu z. B. Guyaz, L'incrimination de la discrimination raciale, S. 64 einerseits und Jositsch, Strafrecht gegen Rassendiskriminierung, S. 77 andererseits.

[110] In der deutschen Terminologie zählen zu Rechtsvorschriften im Gegensatz zum formellen Parlamentsgesetz alle Formen von Gesetzen im materiellen Sinn. Dazu gehören neben der Verfassung und den Parlamentsgesetzen auch Rechtsverordnungen und Satzungen. Abgegrenzt werden Rechtsvorschriften von Verwaltungsvorschriften und sonstigen gesellschaftlichen Verhaltensregulativen wie Sitte, Ethik und Moral. Vgl. Weidenkaff, Rechtsvorschriften, in: Kaufmann (Hrsg.), Creifelds Rechtswörterbuch, S. 964 f.

[111] Diese sind von den Begriffen „law" bzw. „loi" zu unterscheiden. Diese Ausdrücke werden in Artikel 4 und 5 RDK verwandt. Nur Artikel 4 RDK ist zur Abgrenzung vom Begriff der Rechtsvorschriften im Sinne des Artikels 2

Unter „legislation“ wird „the process of deliberate law-making or law-changing by an expression of the will of a person or body recognized by a particular legal system as having the power and authority validly to declare law“[112] gefaßt. Ebenfalls Bestandteil von „legislation“ ist die „subordinate“ oder „delegated legislation“. Darunter fällt „legislation made by persons and bodies to whom restricted powers have been delegated by Parliament, within stated limits, to legislate“[113]. Diese Art der „legislation“ wird unter anderem von Ministern, der Krone, lokalen Behörden und „public corporations“ ausgeübt[114]. Damit diese „delegated legislation“ auch zur „legislation in nature“ zählt, ist Voraussetzung, daß die erlassene Rechtsregel von genereller Anwendbarkeit ist und sich so von einer bloßen „executive order“ unterscheidet[115]. Nicht zur „legislation“ zählt ferner die sogenannte „quasi-legislation“. Dazu gehören die administrativen Regeln, die keine direkte Rechtskraft haben (obgleich es sich um abstrakt-generelle Regeln handelt), die z. B. nicht rechtsverbindliche, aber in der Praxis relevante Maßstäbe für die Auslegung und Anwendung von Gesetzen für die Verwaltungsbehörde setzen[116] (Verwaltungsvorschriften). „Legislation“ ist darüber hinaus der

---

Absatz 1 (d) RDK geeignet, da es um vergleichbare Regelungsmaterien, den Erlaß von konkreten Maßnahmen gegen Rassendiskriminierung durch Private geht. Artikel 5 RDK dagegen beinhaltet die Pflicht der Staaten, die „Gleichheit vor dem Gesetz“ zu gewährleisten. Bei Artikel 4 RDK wird der Begriff „punishable by law“ bzw. „punissables par la loi“ als Strafgesetz, also als ein formelles Gesetz, verstanden. Vgl. Strauss, Das Verbot der Rassendiskriminierung, S. 119 f.

[112] Walker, The Oxford Companion to Law, S. 757. Vgl. auch Simpson, J.A./Weiner, E.S.C.; The Oxford English Dictionary, Vol. VIII, Oxford 1989, S. 810 und Webster's Third New International Dictionary of the English Language, Vol. II, H - R, Chicago u. a. 1981, S. 1291.

[113] Walker, The Oxford Companion to Law, S. 758. Vgl. auch Craig, Administrative Law, S. 270; Alder, Constitutional and Administrative Law, S. 78; Bailey/Gunn, Smith and Bailey on the Modern English Legal System, S. 267 ff.; Hood Phillips/Jackson, O.Hood Phillips' Constitutional and Administrative Law, S. 621-625.

[114] Bailey/Gunn, Smith and Bailey on the Modern English Legal System, S. 267, 269.

[115] Craig, Administrative Law, S. 270.

[116] Bailey/Gunn, The Modern English Legal System, S. 278-281; Craig, Administrative Law, S. 271 und 277.

Gegenbegriff zum Common Law. Nicht enthalten in diesem Begriff ist daher das durch Richter gesetzte Case Law[117].

Im Französischen bezeichnet der Begriff „législateur“ nach seinem materiellen Sinngehalt „tout organe pouvant édicter des règles juridiques générales (normes de droit), que ce soit le Gouvernement ou le Parlement“[118]. Législatif meint, „(ce) qui émane de la loi, par opp(osition au] ... droit coutumier, jurisprudentiel (et) doctrinal“[119].

Da der englische und französische Text gleichermaßen verbindlich sind, ist die Auslegung zu suchen, die beiden Texten entspricht[120]. Nach einer an diesen Maßstäben orientierten harmonisierenden Auslegung fallen sowohl unter den Begriff „legislation“ als auch unter den Begriff „mesures législatives“ alle von einem dazu befugten Rechtssetzungsorgan erlassenen Regelungen, unabhängig von dessen Stellung in der staatlichen Hierarchie. Ausgeschlossen sind Verwaltungsvorschriften und -praktiken, aber auch Richterrecht und Gewohnheitsrecht.

Schon vom Wortlaut zählen somit bestimmte Formen von Rechtsakten nicht unter den Begriff Rechtsvorschriften.

Verbote sind jedoch grundsätzlich auch im Common Law enthalten und sind zudem in Verwaltungsvorschriften denkbar, sofern diesen eine rechtliche Grundlage zugrunde liegt. Im Rahmen der EMRK ist das bei der Schrankenauslegung von Artikel 8 bis 11 EMRK vom Gerichtshof implizit anerkannt worden[121]. Damit sind Rechtsvorschriften nicht die

---

[117] Vgl. dazu Walker, The Oxford Companion to Law, S. 758. „As a source of law legislation is commonly contrasted with case-law, *jus scriptum* or written law, as contrasted with *jus non scriptum* or unwritten law.“

[118] Guillien/Vincent, Lexique de Termes Juridiques, S. 298. Im formellen Sinn ist der Begriff ein Synonym für das Parlament. Siehe *ebenda.*

[119] Cornu, Vocabulaire Juridique, S. 467.

[120] Artikel 33 Abs. 4 WKV; Hilf, Die Auslegung mehrsprachiger Verträge, S. 90. Dabei wird vermutet, daß die Ausdrücke des Vertrags in jedem authentischen Text dieselbe Bedeutung haben. Art. 33 Abs. 3 WKV. Vgl. zu den Maßstäben der Auslegung Hilf, *ebenda*, S. 102 f. Siehe auch Sinclair, The Vienna Convention on the Law of Treaties, S. 148 f.

[121] Danach sind Einschränkungen von den Freiheiten durch Common Law grundsätzlich auch unter der EMRK möglich. EGMR, Sunday Times Fall, Urteil vom 26. 4. 1979, Serie A Nr. 39, S. 30 ff., Zif. 46 ff .; S.W. v. GB, Urteil vom 22. November 1995, Series A 335-B, S. 41-42, Rz. 35. Vgl. auch Frowein, in: ders./Peukert, Vorbemerkung zu Artikel 8 - 11, Rz. 4. Das gleiche gilt für den

einzige Methode, ein Verbot mit rechtlichen Folgen auszusprechen. Die Umstände erfordern demnach nicht immer den Erlaß von „Rechtsvorschriften“ im Sinne von Artikel 2 Absatz 1 (d) RDK[122]. Ein effektives, zur Beseitigung der Rassendiskriminierung geeignetes Verbot kann nicht nur durch Gesetze im formellen, sondern auch im materiellen Sinn erfolgen.

c) Vorgaben aus der Systematik der RDK

(1) Artikel 4 RDK

Eine Pflicht zum Erlaß von Rechtsvorschriften wird in der Literatur aus Artikel 4 RDK abgeleitet[123]. Artikel 2 Absatz 1 (d) RDK müsse im Zusammenhang mit Artikel 4 RDK interpretiert werden. Unsicherheit über die Frage, ob Artikel 2 Absatz 1 (d) RDK zur Gesetzgebung verpflichte, sei zugunsten der spezielleren Regelung des Artikel 4 zu entscheiden, die unbedingt Gesetzgebung zum Verbieten von Rassendiskriminierung erfordere[124].

Diese Sicht verkennt jedoch das Verhältnis der beiden Normen zueinander. Artikel 2 Absatz 1 (d) RDK enthält die generelle Regel, die allgemein die Beseitigung von Rassendiskriminierung zwischen Privaten zum Ziel hat[125]. Artikel 4 RDK präzisiert die Anforderungen bezüglich

---

IPbpR. Anders dagegen der AGMR, Gutachten vom 9 Mai 1986 (No. OC-6/86), HRLJ 1986, S. 231, 237, vgl. auch §§ 34-38.

[122] Auch der von Elkind (in: University of Pittsburgh Law Review 32 (1971), S. 311 f.) vorgenommene Rückgriff auf den 3. und 10. Absatz der Präambel führt nicht zu einem anderen Ergebnis. Im 3. Absatz ist bestimmt, daß alle Menschen vor dem Gesetz gleich sind und ein Recht auf gleichen Schutz des Gesetzes gegen jede Diskriminierung und jedes Aufreizen zur Diskriminierung haben. Absatz 10 der Präambel nennt nur die Entschlossenheit, alle erforderlichen Maßnahmen zur raschen Beseitigung der Rassendiskriminierung zu treffen, ohne über Artikel 2 und 4 RDK hinausgehende Inhalte zu vermitteln. Besondere Anforderungen für die Begriffsbestimmungen von „legislation“ lassen sich aus den Regelungen nicht entnehmen.

[123] Strauss, Das Verbot der Rassendiskriminierung, S. 109; Mahalic/Mahalic, HRQ 9 (1987), S. 87.

[124] Mahalic/Mahalic, HRQ 9 (1987), S. 87; Strauss, Das Verbot der Rassendiskriminierung, S. 109.

[125] UN Doc. GAOR (A/42/18), Zif. 35; Ténékidès, RdC 168 (1980 III), S.420.

der Aufstachelung zum Rassenhaß. Nur für diesen Bereich sind besondere, weitergehende Maßnahmen zwingend vorgesehen. Die Anforderung aus Artikel 4 RDK, bestimmte, als besonders gravierend angesehene Formen des Rassendiskriminierung zu „durch Gesetz strafbaren Handlung[en]“ zu erklären, ist in der Praxis auf den Erlaß von Strafrechtsnormen konkretisiert worden[126]. Die Formulierung des Artikels 2 Absatz 1 (d) RDK, alle geeigneten Maßnahmen, inklusive Rechtsvorschriften, sofern die Umstände es erfordern, zu erlassenen, enthält im Gegensatz dazu eine sehr viel schwächere Formulierung. Bereits aus der Terminologie ergibt sich, daß zumindest Strafrechtsnormen bei Artikel 2 Absatz 1 (d) nicht obligatorisch sind[127]. Aus der speziellen Norm kann daher keine Aussage für die allgemeinere hergeleitet werden. Vielmehr stellen die Pflichten des Artikels 4 RDK gerade eine Erweiterung gegenüber den in Artikel 2 RDK festgelegten dar[128].

---

[126] Vgl. die erste „General Recommendation“ vom 24. Februar 1972, HRI/GEN/1/Rev.2., S. 88; die „General Recommendations“ von 1985 und 1993, *ebenda*, S. 91-92 und S. 96-97. Siehe auch Banton, UN Doc. CERD/C/SR. 1160, Rz. 49; Wolfrum, Max Planck UNYB 3 (1999), S. 501; ders., in: Baum/Riedel/Schaefer, S. 132; Inglès, Positive Measures designed to eradicate all incitement to, or acts of, racial discrimination, Zif. 221 ff.; Ténékidès, RdC 1980 III (168), S. 397; Partsch, in: Coliver, S. 23; Guyaz, L'incrimination de la discrimination raciale, S. 65; Delbrück, Die Rassenfrage als Problem des Völkerrechts und nationaler Rechtsordnungen, S. 65; vgl. auch Zimmer, Hate Speech im Völkerrecht, S. 215 ff. Strittig war und ist zwischen dem Ausschuß und den Staaten lediglich, wie weit die Pflicht zum Erlaß von Gesetzen besteht. Vgl. Lerner, The UN Convention on the Elimination of All Forms of Racial Discrimination, S. 179 (Beispiel Deutschland).

[127] Siehe dazu Inglès (in: Positive measures designed to eradicate all incitement to, or acts of, racial discrimination, Zif. 217-218), der ausdrücklich auf den Unterschied zwischen Artikel 4 RDK und den anderen materiellen Bestimmungen der Konvention hinweist.

[128] Ebenso verkennen die Staaten das Verhältnis von Artikel 2 und 4 RDK, die aus dem Ermessensspielraum des Artikels 2 Absatz 1 (d) RDK ableiten, daß keine Pflicht zu einer gesetzlichen Regelung bei Artikel 4 besteht. So z.B. Schweden, UN Doc. GAOR (A/42/18), Zif. 351. Siehe dazu Banton, International Action Against Racial Discrimination, S. 204, der das Beispiel Finnlands in dessen 7. Bericht (UN Doc GAOR (A/42/18), Zif. 351, anführt.

(2) Artikel 6 RDK: Effektiver Rechtsbehelf

Artikel 6 RDK enthält demgegenüber eine Konkretisierung für die sich aus Artikel 2 Absatz 1 (d) RDK ergebenden Staatenverpflichtungen[129]. Die Norm lautet:

> Die Vertragsstaaten gewährleisten jeder Person in ihrem Hoheitsbereich einen wirksamen Schutz und wirksame Rechtsbehelfe durch die zuständigen nationalen Gerichte und sonstigen staatlichen Einrichtungen gegen alle rassisch diskriminierenden Handlungen, welche ihre Menschenrechte und Grundfreiheiten im Widerspruch zu diesem Übereinkommen verletzen, sowie das Recht, bei diesen Gerichten eine gerechte und angemessene Entschädigung oder Genugtuung für jeden infolge von Rassendiskriminierung erlittenen Schaden zu verlangen[130].

(a) Anwendbarkeit auf Artikel 2 RDK

Die Vertragsstaaten haben danach wirksamen Schutz und wirksame Rechtsbehelfe gegen Diskriminierung zu gewähren. Als Handlungsträger sind Gerichte und andere staatliche Organe vorgesehen. Aus der Verwendung der Konjunktion „und" – im Gegensatz zu dem später in dem Artikel verwandten „oder" – ergibt sich, daß gerichtliche Verfahren zwingend vorgesehen sind. Daneben sind aber Rechtsbehelfe auch

---

[129] Im Ergebnis auch Partsch, in: Vasak, S. 88; Banton, International Action Against Racial Discrimination, S. 220; Sohn/Buergenthal, International Protection of Human Rights, S. 858.

[130] Der englische Text lautet: „States Parties shall assure to everyone within their jurisdiction effective protection and remedies, through the competent national tribunals and other State institutions, against any acts of racial discrimination which violate his human rights and fundamental freedoms contrary to this Convention, as well as the right to seek from such tribunals just and adequate reparation or satisfaction for any damage suffered as a result of such discrimination."

Im französischen Text heißt es: „Les Etats parties assureront à toute personne soumise à leur juridiction une protection et une voie de recours effectives, devant les tribunaux nationaux et autres organismes d'Etat compétents, contre tous actes de discrimination raciale qui, contrairement à la présente Convention, violeraient ses droits individuels et ses libertés fondamentales, ainsi que le droit de demander à ces tribunaux satisfaction ou réparation juste et adéquate pour tout dommage dont elle pourrait être victime par suite d'une telle discrimination."

durch außergerichtliche staatliche Einrichtungen, z. B. eine Verwaltungsbehörde, Regierungsstellen, Ombudspersonen oder etwa eine parlamentarische Kommission denkbar, sofern sie effektiv sind. Das Tätigwerden dieser staatlichen Stellen setzt notwendigerweise eine Rechtsnorm voraus, die durch sie umgesetzt wird bzw. deren Einhaltung sie überwachen.

Eine Verpflichtung, diese materiellen Normen zu erlassen, ist in Artikel 6 RDK ausdrücklich nicht genannt; sie werden durch die Bestimmung vielmehr vorausgesetzt. Die Pflicht, entsprechende Regelungen zu erlassen, gegen deren Verstoß geschützt wird, kann sich nur aus den anderen materiellen Bestimmungen der RDK, also aus Artikel 2 bis 7 RDK ergeben. Von diesen Bestimmungen enthält lediglich Artikel 4 RDK ein ausdrückliches Gebot zum Erlaß von Gesetzen gegen Rassendiskriminierung, die Grundlage einer staatlichen Kontrolle sein könnten. Daraus kann jedoch nicht gefolgert werden, daß nur in diesem Bereich, der Aufstachelung zum Rassenhaß, der von Artikel 6 RDK geforderte Rechtsschutz zu gewähren ist. Eine solche Beschränkung ist weder mit dem umfassenden Schutzzweck der Konvention zu vereinen noch dem Wortlaut von Artikel 6 RDK zu entnehmen. Dafür, daß auch das durch Artikel 2 RDK formulierte Verbot der Rassendiskriminierung den Anforderungen des Artikels 6 RDK genügen muß, spricht auch, daß Schutz und wirksame Rechtsbehelfe bei „alle[n] rassisch diskriminierenden Handlungen“ („any acts of racial discrimination“/“tous actes de discrimination raciale“) zu gewährleisten ist, sofern sie, und das ist die einzige Bedingung, die „Menschenrechte und Grundfreiheiten [der Betroffenen] im Widerspruch zu diesem Übereinkommen verletzen“ [131]. Diese Verletzung von Menschenrechten und Grundfreiheiten wird jedoch schon nach der Definition von Artikel 1 RDK vorausgesetzt[132]. Daraus folgt, daß gegen jede Diskriminierung im Sinne des Artikels 1 RDK ein Rechtsbehelf zu gewährleisten ist, auch gegen rassisch motivierte Diskriminierung von Privatpersonen. Daher setzt auch das Verbot privater Diskriminierung die Umsetzung durch eine Rechtsnorm

---

[131] Im Ergebnis ebenso Strauss, Das Verbot der Rassendiskriminierung, S. 138.

[132] Einzige Ausnahme hiervon bildet Artikel 4 RDK. Er verlangt schon Strafgesetze im Vorfeld einer Verletzung der Rechte der Betroffenen. Vgl. dazu *supra*, Kapitel 3, D. II 2. c) (1).

voraus, deren Befolgen durch Gerichte nach den Maßgaben des Artikels 6 RDK kontrolliert werden kann[133].

Im übrigen ist der Erlaß von Rechtsnormen das Ergebnis eines langwierigen Prozesses. Wird dieser erst in Gang gesetzt, wenn die Diskriminierung schon stattfindet, sind diskriminierende Handlungen in der Zwischenzeit nicht verfolgbar. Um eine Gesellschaft effektiv vor Rassendiskriminierung zu schützen, sind daher präventiv Rechtsnormen im Bereich des Artikels 2 Absatz 1 (d) RDK nötig[134]. Der hier verwandte Begriff der Rechtsnormen erfaßt die formellen Rechtsvorschriften, aber auch jede andere materielle Norm, die zur Umsetzung der Beseitigungspflicht geeignet ist, wie z. B. Common Law.

(b) Inhaltliche Vorgaben an das staatliche Verbot

Aus dem systematischen Zusammenhang zwischen Artikel 5, 2 und 6 RDK ergibt sich somit, daß das Verbot der Rassendiskriminierung im Gaststättenbereich durch rechtliche Normen im materiellen Sinn umgesetzt werden muß. Zu klären bleibt noch, wie diese Normen konkret auszugestalten sind. Auch hierbei bietet der Rückgriff auf Artikel 6 RDK weiteren Aufschluß. Zum einen sind effektiver Schutz und effektive Rechtsbehelfe zu gewährleisten; zum anderen werden die Konsequenzen, die ein Übertreten des Verbotes nach sich ziehen muß, auf eine gerechte und angemessene Entschädigung oder Genugtuung festgelegt. Um die Anforderungen zu erläutern, kann auf vergleichbare Vorschriften in anderen völkerrechtlichen Instrumenten zurückgegriffen werden, da bei der Ausarbeitung von Artikel 6 RDK auf Artikel 8 AEM, Artikel 13 EMRK und den Entwurf des späteren Artikel 2 Absatz 3 IPbpR Bezug genommen wurde[135]. Zudem hat sich der Ausschuß in einer jüngeren „General Recommendation" mit der Auslegung dieses Artikels beschäftigt[136].

---

133 Im Erg. ebenso Wolfrum, Max Planck UNYB 3 (1999), S. 503; Nickel, Gleichheit und Differenz, S. 108.

134 Siehe Meron, AJIL 79 (1985), S. 297; Mahalic/Mahalic, HRQ 9 (1987), S. 88; UN Doc GAOR A/33/18 (1978), S. 109. Vgl. auch, allerdings zu Artikel 4 RDK, UN Doc GAOR A/33/18 (1978), S. 110; Inglès, Positive measures designed to eradicate all incitement to, or acts of, racial discrimination, Zif. 221.

135 Strauss, Das Verbot der Rassendiskriminierung, S. 137 m. w. N. in Fn.163.

136 General Recommendation XXVI on Article 6, UN Doc. GAOR (A/55/18) Annex V, B; siehe auch Draft General Recommendation Concerning

Das Erfordernis der Effektivität stellt einerseits Anforderungen an die Institution, insbesondere an ihre Unabhängigkeit und Unparteilichkeit[137], andererseits an das Verfahren des Rechtsschutzes. Letzteres ist nur dann effektiv, wenn der Rechtsbehelf gegen private Diskriminierung zugänglich und adäquat ist und Aussicht auf Erfolg hat[138]. Zugänglichkeit ist zu bejahen, wenn das Verfahren insbesondere für die weniger rechtskundigen Einwohner eines Staates erreichbar ist. Dafür ist die Verbreitung von Informationen über den einzuschlagenden Rechtsweg bzw. die anderen Institutionen ebenso nötig wie Informationen über die Rechte der Opfer einer Rassendiskriminierung[139]. Die Adäquanz setzt voraus, daß in dem Verfahren die erlittene Verletzung wieder gutgemacht werden kann. Wie diese Wiedergutmachung im einzelnen ausgestaltet sein muß, liegt grundsätzlich im Ermessen der Staaten, solange sie einen wirksamen Schutz vor Diskriminierung gewährt[140]. Eine wirkliche Befriedigungsfunktion kommt gerichtlichen und anderen Einrichtungen nur zu, wenn sie die behauptete Rechtsverletzung durch zwingende Verpflichtungen rechtsverbindlich abstellen

---

Article 6, CERD/C/SR.1399, Zif. 9; vgl. auch die entsprechende Ansicht Schwedens, UN Doc. GAOR (A/56/18) Appendix, Opinion concerning Communication No. 11/1998, S. 144, Zif. 4.5 f.

[137] Ténékidès, RdC 168 (1980 III), S. 401; Strauss, Das Verbot der Rassendiskriminierung, S. 140. Die Voraussetzungen eines effektiven Rechtswegs sind auch im Rahmen des Art. 13 EMRK und des Art. 2 Abs. 3 IPbpR konkretisiert worden. Vgl. Drzemczewski/Giakoumopoulos, in: Pettiti/Decaux/Imbert, Art. 13, S. 467; Frowein, in: ders.,/Peukert, Art. 13, Harris/O'Boyle/Warbrick, ECHR, Art. 13, S. 443 ff. Siehe auch Nowak, CCPR Commentary, Artikel 2, Rz. 56 ff.

[138] Zu der genauen Ausgestaltung vgl. Ténékides, RdC 168 (1980 III), S. 402 f. und Strauss, Das Verbot der Rassendiskriminierung, S. 140 f. Siehe auch Mahalic/Mahalic, HRQ 9 (1987), S. 88; ferner Goudiam, UN Doc. CERD/C/SR.372, Zif. 22-24; UN Doc. GAOR (A/52/18), Zif. 549.; van Boven, CERD/C/SR.1256, Rz. 40; ders., in: FS Grahl-Madsen, S. 344 zum IpbpR. Siehe zum Begriff der Effektivität Krieger, Das Effektivitätsprinzip im Völkerrecht, S. 33 ff.

[139] Ténékidès, RdC 168 (1980 III) S. 399 ff., insbesondere S. 402; vgl. auch O'Flaherty, in: Pritchard, S. 180 f. und General Recommendation XIII on the training of law enforcement officials in the protection on human rights, HRI/GEN/1/Rev. 2, S. 95.

[140] Ténékidès, RdC 168 (1980 III), S. 402.

können[141]. Dafür müssen sie entscheidungsbefugt sein, den Sachverhalt einer Diskriminierung festzustellen und die notwendigen Maßnahmen aufzugeben oder selbst durchzuführen, um die Diskriminierung wiedergutzumachen[142]. Das bloße Aufstellen einer Rechtsregel in der Verfassung oder Gesetzgebung ohne subjektive Rechtsposition genügt nicht. Der Staat muß sicherstellen, daß den Opfern von Rassendiskriminierung effektiver Rechtsschutz zur Verfügung steht[143].

Die Effektivitätsanforderungen gelten auch auf der Tatsachenebene. Ausschußmitglieder haben darauf aufmerksam gemacht, daß die Anforderungen an die Beweislast des Diskriminierten nicht so hoch angesetzt werden dürfen, daß Rechtsmittel aus tatsächliche Gründen keine Aussicht auf Erfolg haben. Deshalb sind Beweislasterleichterungen vorgeschlagen worden. Der Diskriminierte solle nur einen Prima-Facie Beweis zu erbringen haben; danach gehe die Beweislast auf den Verletzter über. Dem ist zuzustimmen, da die Effektivität der Rechtsmittel nicht durch überhöhte Anforderungen an die Beweise unterlaufen werden darf[144]. Insofern ist an eine Beweislasterleichterung zu denken, mit der Möglichkeit des Gastwirtes darzulegen, daß die Zugangsverweigerung nicht rassisch, sondern auf andere Weise motiviert war[145].

Als Folge eines Verstoßes gegen das Diskriminierungsverbot im Gaststättenbereich sind durch die staatlichen Stellen angemessene Entschädigung oder eine Genugtuung („just and adequate reparation or satisfaction"/"satisfaction ou réparation juste et adéquate") zu gewähren. Angemessen ist die Entschädigung, wenn sie dem erlittenen Schaden

---

[141] Vgl. Ténékidès, RdC 168 (1980 III), S. 402. Ihm folgend Strauss, Das Verbot der Rassendiskriminierung, S. 140. Siehe dazu auch die vergleichbare Rechtslage bei der EMRK, insbes. den Fall Leander, Serie A.116 (1987), S. 29-30. Vgl. ferner van Dijk/van Hoof, Theory and Practice of the ECHR, S. 528.

[142] Ténékidès, RdC 168 (1980 III), S. 402. Vgl. auch EGMR, Klass, Serie A. 28 (1979), S. 30. „[T]he authority referred to in Article 13 may not necessarily in all circumstances be a judicial authority in the strict sense ... . Nevertheless, the powers and procedural guarantees an authority possesses are relevant in determining whether the remedy before it is effective". Siehe dazu van Dijk/van Hoof, Theory and Practice of the ECHR, S. 529.

[143] Ténékidès, RdC 168 (1980 III), S. 395, 398.

[144] Banton, CERD/C/SR.1317, Rz. 57.; Wolfrum, in: Baum/Riedel/Schaefer, S. 133 f.; vgl. auch den Vertreter Frankreichs, CERD/C/SR.1373, Rz. 3.

[145] Wolfrum, in: Baum/Riedel/Schaefer, S. 133 f.

entspricht. Dazu zählt auch der immaterielle Schaden[146]. Die Entschädigung kann materieller oder finanzieller Natur sein[147]. Nach Ansicht des Ausschusses genügt es jedoch nicht, wenn die Genugtuung allein in der Bestrafung des Täters liegt[148]. Als Wiedergutmachung kommt daher eine Entschädigung in Geld oder ein gerichtlich verhängter Kontrahierungszwang in Betracht.

Selbst bei schwerer, absichtlicher Diskriminierung aufgrund der Rasse besteht keine Pflicht, Strafzahlung in Form von „punitive damages" vorzusehen. Ein entsprechender Anspruch wurde vor dem Inter-Amerikanischen Gerichtshof für Menschenrechte im Fall Velásquez Rodríguez vs. Honduras geltend gemacht. Der Gerichtshof sah sich jedoch aufgrund der gegenwärtigen Lage im Völkerrecht nicht als befugt an, einen solchen Anspruch anzuerkennen, da die Formulierung „angemessene Entschädigung" kompensatorisch, nicht sanktionierend zu verstehen sei[149].

Verschiedene Verfahren und Rechtsschutzmittel können den Anforderungen genügen. Neben zivilrechtlichen und strafrechtlichen gerichtli-

---

[146] Lerner, The UN Convention on the Elimination of All Forms of Racial Discrimination, S. 62; Strauss, Das Verbot der Rassendiskriminierung, S. 142; zum IPbpR van Boven, in: FS Grahl-Madsen, S. 345.

[147] Ténékidès, RdC 168 (1980 III), S. 411. Aus Artikel 6 RDK ist nicht ersichtlich, daß der Schadensersatz bei privater Diskriminierung durch den Staat zu zahlen ist. Daß das deutsche Opferentschädigungsgesetz daher nur unter gewissen Einschränkungen für Nichtstaatsangehörige gilt, verstößt nicht gegen Artikel 6 RDK; erforderlich ist vielmehr, daß eine Entschädigung durch den Schädiger vorgesehen ist. Die Einschränkung des Opferentschädigungsgesetzes selbst steht im Einklang mit Artikel 1 Absatz 2 RDK. Während der Beratung des 13. und 14. Deutschlandberichts war kritisiert worden, daß Nichtstaatsangehörige keine staatliche Entschädigung erhielten. Dieser Aspekt ist unter D, Punkt 18, Principal Subjects of Concerns der Concluding Observation vom Ausschuß bemängelt worden, CERD/C/304/Add. 24, wenngleich der Hintergrund dort nicht ohne weiteres zu erkennen ist.

[148] General Recommendation XXVI on Article 6, UN Doc GAOR (A/55/18) Annex V, B; UN Doc. CERD/C/56/Misc.27; UN Doc. CERD/C/SR.1399, Zif. 9; UN Doc. GAOR (A/55/18), Zif. 218; ausführlich *ebenda*, Annex III, Opinion concerning Communication No. 17/1999, insbesondere Zif. 6.2 f.

[149] Urteil vom 21.7.1989, Zif. 37 f., EuGRZ 1991, 346, 347. Siehe auch Peukert, in: Frowein/Peukert, EMRK-Kommentar, Art. 50, Rz. 6; van Boven, in: Festschrift Grahl-Madsen, S. 347 ff.

chen Verfahren, die Schadenersatz, Entschädigung, Unterlassung, Widerruf und strafrechtliche Sanktion nach sich ziehen, kommen gerichtliche und außergerichtliche Verwaltungsverfahren in Betracht. Ferner sind Vergleichskommissionen, Schlichtungsstellen, Ombudspersonen und Untersuchungsausschüsse denkbar[150].

Ein möglicher Gradmesser für die Effektivität der Rechtsbehelfe ist, ob sie von Diskriminierten wahrgenommen werden. Das Fehlen jeglicher Anwendungsfälle der Rechtsmittel legt den Verdacht nahe, daß das Opfer sich deren Existenz nicht bewußt ist oder kein Vertrauen in sie hat[151]. Wenig überzeugend ist die teilweise von Staatenvertretern vorgebrachte Ansicht, daß das Fehlen von gerichtlich verfolgten Diskriminierungsfällen im privaten Bereich beweise, daß etwas derartiges nicht vorkäme.

Aus dem Zusammenspiel von Artikel 2 und 6 RDK ergibt sich mithin, daß das von den Staaten zu erlassene Verbot an Private, Rassendiskriminierung zu unterlassen, auf Rechtsnormen beruhen muß, deren Einhaltung in der in Artikel 6 RDK geforderten Weise überprüft werden kann. In Betracht kommt – abhängig von der Ausgestaltung des internen Rechtssystems – jede Art der Rechtsnormen, die diesen Anforderungen genügt, z. B. Gesetze im formellen Sinn („Rechtsvorschriften"), Common Law, Gewohnheitsrecht, Verwaltungsvorschriften etc.[152] Ein spezielles Antidiskriminierungsgesetz, Rechtsvorschriften im Sinne des Artikels 2 RDK oder Strafrechtsnormen zu erlassen, ist nicht der einzige Weg, diesen Anforderungen nachzukommen[153].

---

[150] Vgl. dazu Ténékidès, RdC 168 (1980 III), S. 403-408; Drezemczewski/Giakoumopoulos, in: Pettiti/Decaux/Imbert, Art. 13, S. 465 f. Vgl. ferner die vorgesehenen Verfahren in Model National Legislation for the Guidance of Governments in the Enactment of Further Legislation Against Racial Discrimination, UN GA, CERD/C/1991/Misc.4.

[151] Banton, International Action Against Racial Discrimination, S. 197.

[152] Der Ausschuß wacht sehr sorgfältig darüber, daß ein effektiver Rechtsschutz gewährt wird. Er verlangt von den Staaten, daß sie ihm die Verfahren und Verurteilungen berichten. Vgl. de Gouttes, RevTrimDrH 1996, S. 519.

[153] Insgesamt kritisch gegenüber der Effektivität von Gesetzen im Kampf gegen Rassendiskriminierung Hofmann, Incitement to National and Racial Hatred, in: Coliver, S. 170.

d) Teleologische Erwägungen

Dieses Ergebnis wird durch teleologische Erwägungen unterstützt. Den Befürwortern eines Antidiskriminierungsgesetzes ist insofern Recht zu geben, als daß der Kampf gegen die Rassendiskriminierung Prävention auch bei Diskriminierung nach Artikel 2 Absatz 1 (d) und Artikel 5 (f) RDK erfordert[154]. Die von ihnen gezogene Schlußfolgerung, zwingend ein Antidiskriminierungsgesetz zu verlangen, ist jedoch zu starr und wendet sich ohne Not gegen den Wortlaut des Artikels 2 RDK[155]. Ist eine Verbotsnorm ausreichend bestimmt und dem Bürger zugänglich und erkennbar, wird dem Gedanken der Prävention Rechnung getragen[156]. Durch Schadensersatz oder Genugtuung kann einerseits das Bedürfnis des Opfers nach Wiedergutmachung ausreichend berücksichtigt werden und andererseits neben der Repression des einzelnen Aktes eine abschreckende Wirkung gegen künftige Diskriminierung beim Täter und der Allgemeinheit erreicht werden. Andererseits ist dem Kampf gegen die Rassendiskriminierung am besten gedient, wenn die Staaten die den Bedürfnissen ihres Landes angemessenen Maßnahmen ergreifen können, ohne daß zu starre, die Flexibilität unnötig einschränkende Vorgaben gemacht werden.

Das Argument der Autoren Mahalic, daß nur durch Spezialgesetze sicherzustellen sei, daß die Gerichte die Antidiskriminierungsnormen durchsetzen[157], übersieht, daß auch bei dem „Umweg" über entspre-

---

[154] Vgl. dazu Nettel, UN Doc. CERD/C/SR.492, Rz. 21 und Partsch, U.N. Doc. CERD/C/SR.480, Zif. 37; UN Doc. GAOR (A/53/18), Zif. 111, 118, 288 u. Zif. 438. Insbesondere der Gedanke, daß kein Staat immun gegen Rassendiskriminierung in einer immer stärker zusammenwachsenden Welt ist, greift auch hier durch. Siehe UN Doc GAOR (A/38/18) (1983), Zif. 172; Mahalic/Mahalic, HRQ 9 (1987), S. 87.

[155] I. Erg. ebenso der Vertreter GB, in: UN Doc GAOR (A/38/18), Zif. 172. A. A. Strauss, Das Verbot der Rassendiskriminierung, S. 109; Mahalic/Mahalic, HRQ 9 (1987), S. 85 f.; Guyaz, L'incrimination de la discrimination raciale, S. 64.

[156] Als Vorbild kann hier die EMRK-Rechtsprechung zu den Schranken des Artikel 8 bis 11 EMRK dienen. Vgl. Sunday-Times v. GB, Urteil vom 26. 4. 1979, Series A 30, S. 30, Zif. 47. Siehe dazu auch Coussirat-Coustere, Artikel 8 Abs. 2, in: Pettiti/Decaux/Imbert, S. 334 ff. Vgl. zur Prävention auch: Ténékidès, RdC 168 (1980 III), S. 420.

[157] Mahalic/Mahalic, HRQ 9 (1987), S. 88. Die Autoren kritisieren, daß die Rechtsprechung der Gerichte und daher auch die Umsetzung der Konvention vom Zufall der Zusammensetzung des Gerichts abhängen. In dem von ihnen

chend ausgestaltete allgemeinere Normen das Ergebnis für das Gericht – Verbot der Rassendiskriminierung – durchaus zwingend sein kann. Die Autoren verraten damit ihre Skepsis gegenüber der Verläßlichkeit richterlicher Urteile. Diese muß aber in jedem Fall vorausgesetzt werden, auch bei einem speziellen Antidiskriminierungsgesetz[158].

Aus teleologischen Gründen läßt sich auch kein Bedürfnis ableiten, von Privatpersonen ausgeübte Rassendiskriminierung durch Strafrechtsnormen zu bekämpfen. Zwar kommt einem strafrechtlichen Verbot eine klare Appellfunktion zu. Es ist jedoch nicht erwiesen, daß Strafrecht immer der effektivste Weg des Schutzes gegen Rassendiskriminierung ist[159]. Zum einen bestehen im Zivilrecht weniger strenge Beweisanforderungen für den Kläger[160]. Zum anderen liegen strafrechtliche Verfahren in den Händen der Polizei oder der Staatsanwaltschaft, während in zivilrechtlichen Verfahren die Parteien den Verfahrensbeginn und -ablauf selbst in den Händen haben[161]. Zudem basieren strafrechtliche Verfahren auf dem „Alles oder Nichts-Prinzip". Das zivilrechtliche

---

angeführten Ausschußzitat (CERD/C/SR.372, Zif. 22 f.) war der Tatbestand der Rassendiskriminierung in vergleichbaren Fällen von verschiedenen angerufenen Gerichten bejaht worden. Einmal wurde jedoch die ausgesprochene Strafe zur Bewährung ausgesetzt, ein anderes Mal nicht.

158 Andernfalls greift hier Artikel 2 Absatz 1 (a) und (c) RDK ein.

159 So auch Partsch, in: Coliver, S. 23; ders., Rev.sc.crim. 1977, S. 21, 25; ders., EuGRZ 1994, S. 429; Morrison, in: FS Partsch, S. 264; Banton, International Action Against Racial Discrimination, S. 220 und S. 196; ders., Discrimination, S. 56; implizit auch Kunz, RPS 109 (1992), S. 156 und P. Müller, ZBJV 1994, S. 244; ders., AJP/PJA 1996, S. 666; Strathenwerth, Schweizerisches Strafrecht, BT II, Straftaten gegen Gemeinschaftsinteressen, S. 172; vgl. auch General Recommendation XXVI on Article 6, UN Doc GAOR (A/55/18) Annex V, B Zif. 2 und UN Doc. GAOR (A/55/18) Zif. 218, 417. Die Niederlande haben 1994 neben der bereits bestehenden strafrechtlichen Bestimmung für den Bereich des Art. 5 (f) RDK ein Gesetz erlassen, daß zivilrechtlichen Schutz einführt (Algemene wet gelikjebehandelung vom 2.3.1994, StB 1994, 233, in Kraft seit dem 1.9.1994). Ebenso Schweden im Bereich des Arbeitsrechts. Vgl. dazu Conseil de l'Europe, Commission européenne contre le racisme et l'intolérance, Mesures juridiques existant dans les Etats membres du Conseil de l'Europe en vue de combattre le racisme et l'intolérance, S. 295 ff., 311 u. 424.

160 Morrison, in: FS Partsch, S. 268; Banton,UN Doc. E/CN.4/1999/WG.1/BP.6, Zif. 24.

161 Morrison, in: FS Partsch, S. 269 f.; Banton, International Action Against Racial Discrimination, S. 220.

Verfahren eröffnet die Möglichkeit des Vergleichs[162]. Gleichzeitig bekommt das Opfer eine persönliche Befriedigung durch Widerruf, Entschädigung oder ähnliches. Aus dem Blickwinkel des Opfers ist das Strafrecht deshalb nicht unbedingt das wirksamste Mittel gegen Rassendiskriminierung. Nicht überzeugend ist auch die Behauptung, daß Strafrecht die einzig effektive Prävention sei[163]. Die verwaltungsrechtliche Drohung, eine Gaststättenerlaubnis zu entziehen, vermag sich ebenfalls effektiv präventiv auf das Verhalten eines Gastwirtes auszuwirken.

Strengere Anforderungen als eine rechtliche Verankerung des Rassendiskriminierungsverbotes, die effektiven Rechtsschutz ermöglicht, lassen sich aus teleologischen Motiven nicht ableiten[164].

e) Historische Ergänzungen

Die Vorarbeiten der Konvention unterstreichen diese Auslegung des Artikels 2 Absatz 1 (d) RDK[165]. In der VN-Menschenrechtskommission, dem zweiten Organ, das sich mit dem Entwurf der Konvention befaßte, fand eine Debatte zu der Frage statt, ob Artikel 2 Absatz 1 (d) RDK Gesetze zwingend verlangt, in welcher der Vertreter der Sowjetunion diese Pflicht in die Konvention aufgenommen wissen wollte, während der britische Vertreter selbst den Begriff Verbot nicht akzeptieren wollte, da er daraus eine Pflicht zur Gesetzgebung ableitete[166]. Durchsetzen konnte sich der Ausdruck „by all appropriate means", der vom türkischen Vertreter in der VN-Menschenrechtskommission an Stelle von „all necessary means" eingebracht wurde. Den Staaten sollte so der notwendige Spielraum gegeben werden, ohne sie zu

---

162 Banton, International Action Against Racial Discrimination, S. 221; ders., Discrimination, S. 56.

163 So aber Jositsch, Strafrecht gegen Rassendiskriminierung, S. 77.

164 Im Erg. ebenso Wolfrum, in: FS Peter Schneider, S. 520; Partsch, GYIL, 1977, S. 122; ders., Rev.sc.crim 1977, S. 21; vgl. auch ders., EuGRZ 1994, S. 429.

165 Die „Travaux préparatoires" können gemäß Artikel 32 WKV nur als ergänzende Auslegungsmittel herangezogen werden, um die sich unter Anwendung des Artikels 31 ergebenden Bedeutungen zu bestätigen oder die Bedeutung zu bestimmen, wenn die Auslegung nach Artikel 31 a) diese mehrdeutig oder unklar läßt oder b) zu einem offensichtlich sinnwidrigen oder unvernünftigen Ergebnis führt.

166 Vgl. UN Doc. ECOSOC E/CN.4/SR.788, S. 4 f.

verpflichten, neue Gesetze zu erlassen, wenn diese nicht nötig sind[167]. Der libanesische Vertreter legte diese Formulierung dahingehend aus, daß Gesetze dann nicht „appropriate“ seien, wenn Rassendiskriminierung bereits durch die Verfassung verboten oder wenn in Ländern des Common Law Schutz auf andere Weise als durch Gesetze gewährt wird. Für maßgeblich erachtete er:

> „The Convention should simply establish that the prohibition of racial discrimination was a fundamental principle to be embodied in Constitutions or laws. How that prohibition was to be implemented would depend on what measures were appropriate under the legal system of the State concerned.“[168]

Wenngleich einige Vertreter der Menschenrechtskommission „immediate actions“ im Bereich der Rassendiskriminierung forderten, ging die Tendenz eher dahin, andere Methoden wie erzieherische Maßnahmen vorzuziehen. Ein kategorisches Verbot der Rassendiskriminierung in diesem Bereich habe nicht unbedingt den gewünschten Erfolg, das Problem der Rassendiskriminierung zu lösen[169].

Ein erneuter Änderungsvorschlag des polnischen Vertreters im Dritten Ausschuß der Generalversammlung, der eine generelle Pflicht zum Erlaß von Rechtsvorschriften vorsah, konnte sich nicht durchsetzen[170]. Angenommen wurde vielmehr der Vorschlag des ghanesischen Vertreters, die Pflicht zur Gesetzgebung „in the absence thereof“ [of laws] durch „as required by circumstances“ zu ersetzen, da der Vorschlag Polens als zu kategorisch empfunden wurde[171].

---

[167] UN-Menschenrechtskommission, UN Doc. ECOSOC, 37. Sess, Supp. 8, Zif. 123.

[168] Vgl. UN Doc. ECOSOC E/CN.4/SR.788, S. 8 f. Siehe dazu auch die Aussage des türkischen Vertreters, der die Auslegung seines Vorschlags so akzeptiert (S. 9), und die Antwort des britischen Vertreters, den Text mit dieser Auslegung akzeptieren zu können (S. 9). Vgl. ferner die Zusammenfassung der Sitzung in UN Doc. ECOSOC 37. Sess., Supp. 8, E/3873, S. 32.

[169] VN-Menschenrechtskommission, UN Doc. ECOSOC, Of. Rec, 37. Sess., Supp. 8, Zif. 120.

[170] Resich, A/C.3/L.1210, vgl. auch Resich, Dritter Ausschuß, UN Doc. GAOR 20. Sess., A/C.3/SR.1307, Zif. 31, 33.

[171] UN Doc. GAOR, Dritter Ausschuß 20. Sess., A/C.3/SR.1308, Zif. 3. Ebenso gegen ein generelle Pflicht zum Erlaß von Rechtsvorschriften (legislation): Canada, *ebenda*, SR. 1308, Zif. 23; Irland, SR. 1305, Zif. 23; Niederlande, SR. 1308, Zif. 13; Italien, SR. 1308, Zif. 23. Abstimmung: SR. 1308, Zif. 26 f.

Elkind sieht in dem Verweis der Absätze 5 und 12 der Präambel auf die Deklaration den Beweis dafür, daß die Konvention die Deklaration umsetzen sollte[172]. Diese fordert die Staaten in Artikel 4 RDD auf[173], gesetzgeberisch tätig zu werden, um Rassendiskriminierung zu bekämpfen. Diese Argumentation überzeugt indes nicht. Genauso könnte eingewandt werden, daß diese allgemeine Pflicht, Rechtsvorschriften zu erlassen, gerade keinen Eingang in die Konvention gefunden hat und daher keine Übereinstimmung in diesem Punkt herrschte. Zwar waren die Verfasser der Konvention sich darüber einig, daß der Rassendiskriminierung effektiv begegnet werden sollte. Daß dies durch Rechtsvorschriften oder gar durch Antidiskriminierungsgesetzgebung zu erfolgen hätte, ist jedoch aus den historischen Unterlagen nicht ersichtlich[174].

---

[172] Elkind, University of Pittsburgh Law Review 32 (1971), S. 316. Absatz 5 der Präambel der RDK lautet: „Eingedenk der Erklärung der Vereinten Nationen vom 20. November 1963 [Entschließung 1904 (XVIII) der Generalversammlung] über die Beseitigung jeder Form von Rassendiskriminierung – einer Erklärung, die feierlich bekräftigt, daß es notwendig ist, jede Form und jedes Anzeichen von Rassendiskriminierung überall auf der Welt rasch zu beseitigen sowie Verständnis und Achtung zu wecken für die Würde der menschlichen Person; ...".

Im 12. Absatz der Präambel heißt es: „In dem Wunsch, die in der Erklärung der Vereinten Nationen über die Beseitigung jeder Form von Rassendiskriminierung niedergelegten Grundsätze zu verwirklichen und die möglichst rasche Annahme praktischer Maßregeln in diesem Sinn sicherzustellen, ...".

[173] Artikel 4 der Deklaration lautet: „Alle Staaten sind angehalten, wirkungsvolle Maßnahmen zu ergreifen, um die Politik der Regierungen und anderer öffentlicher Gewalten zu revidieren und Gesetze und Verordnungen außer Kraft zu setzen, die geeignet sind, neuer Rassendiskriminierung Vorschub zu leisten oder die bereits bestehenden zu verewigen drohen. Sie sind gehalten, alle gesetzlichen Vorkehrungen zu treffen, um jegliche Rassendiskriminierung zu verbieten und alle Maßnahmen zu ergreifen, um gegen all die Vorurteile anzukämpfen, die zum Rassenhaß führen". Zitiert aus Ermacora, Diskriminierungsschutz und Diskriminierungsverbot in der Arbeit der Vereinten Nationen, S. 79.

[174] A. A. Mahalic/Mahalic (in: HRQ 9 (1987), S. 88) unter Hinweis auf Human Rights Commission, U.N. Doc. E/CN.4/SR.788 (1964), S. 4 (20. Sitzung). In dieser Sitzung sprechen sich Großbritannien und die Niederlande jedoch gerade gegen die Pflicht zu spezieller Rassendiskriminierungsgesetzgebung aus. Zwar sind sich die Staaten der Reichweite der Regelung bewußt, engen aber die Pflichten ausdrücklich durch die Klausel „if appropriate" ein.

3. Zwischenergebnis – Die konkrete Ausgestaltung des Verbotes privater Rassendiskriminierung

Für den Bereich des Artikels 5 (f) RDK folgt aus der Auslegung im Einklang mit Artikel 2 Absatz 1 (d) RDK, daß durch Privatpersonen verübte Rassendiskriminierung im Gaststättenbereich durch eine Rechtsnorm zu verbieten ist, die den Anforderungen des Artikels 6 RDK entspricht[175]. Der Erlaß eines speziellen Antidiskriminierungsgesetzes bzw. von Rechtsvorschriften im Sinne von Artikel 2 Absatz 1 (d) RDK werden dagegen nicht immer „durch die Umstände" gefordert. Eine Verpflichtung, eine Norm zu erlassen, die ausdrücklich diskriminierende Zutrittsverweigerungen zu Gaststätten verbietet, ist Artikel 2 Absatz 1 (d) RDK daher nicht zu entnehmen[176].

Etwas anderes ergibt sich auch nicht daraus, wie von den Anhängern eines Antidiskriminierungsgesetzes häufig behauptet, daß der Ausschuß während der Diskussionen der Staatenberichte eine Pflicht zum Erlaß von Rechtsvorschriften bejaht habe[177]. Abgesehen davon, daß der Ausschuß nicht die Kompetenz hat, die Konvention bindend auszulegen, hat er aus dem Aspekt der Prävention nicht für Artikel 2 Absatz 1 (d), sondern für Artikel 4 RDK eine Pflicht zum Erlaß von formellen Gesetzen gefolgert[178]. Die von den Autoren als Beleg ihrer Thesen ange-

---

[175] I. Erg. wie die hier vertretene Meinung auch Wolfrum, in: FS Peter Schneider, S. 520; Kunz, ZStrR 1992, S. 164. Vgl. auch Sadiq Ali, CERD/C/SR. 1254, Zif. 49, zu konkret allerdings in Zif. 54; ferner Lerner, The UN Convention on the Elimination of All Forms of Racial Discrimination, S. 56; ; Banton, International Action Against Racial Discrimination, S. 220; ders., UN Doc. CERD/C/SR.1160, Rz. 49 – vgl. aber auch SR. 1254, Zif. 72; Partsch, in: Vasak, S. 88; ders., Rev.sc.crim. 1977, S. 24 f. Damit wendet er sich von einer früher geäußerten These ab, daß es den Staaten auch frei stehe, ausschließlich erzieherisch tätig zu werden. Z.B. Partsch, GYIL, 1977, S. 122 und ders., Rassendiskriminierung, S. 7.

[176] Vgl. implizit van Boven, UN Doc. CERD/C/SR.1248, Zif. 22; für Flexibilität auch Aboul-Nasr, CERD/C/SR.1211, Zif. 48. Ebenso Wolfrum, in: Baum/Riedel/Schaefer, S. 133, der jedoch darauf hinweist, daß ein Antidiskriminierungsgesetz dem Sinn und Zweck der Konvention entsprechen würde.

[177] So aber Strauss, Das Verbot der Rassendiskriminierung, S. 109; Mahalic/Mahalic, HRQ 9 (1987), S. 7; Guyaz, L'incrimination de la discrimination raciale, S. 64; Jositsch, Strafrecht gegen Rassendiskriminierung, S. 76 f.

[178] General Recommendation I, 24.2.1972, UN Doc GAOR A/8718 (1972), S. 38; UN Doc. GAOR A/31/18, Zif. 245; UN Doc GAOR A/34/18 (1979), Zif. 226; Inglès, Positive measures designed to eradicate all incitement to, or acts

führten Ausschußzitate beziehen sich jeweils auf Artikel 4 RDK[179]. Anderslautende Forderungen sind innerhalb der Mitglieder des Ausschusses die Ausnahme geblieben[180]. Auch die neuere Praxis des Rassendiskriminierungsausschusses, die Staaten aufzufordern, Antirassismusgesetze zu erlassen, führt, wie oben dargelegt, zu keiner anderen Bewertung[181].

Die Umsetzung von Artikel 5 (f) in Verbindung mit 2 Absatz 1 (d) RDK kann somit durch ein spezielles Antidiskriminierungsgesetz erfolgen. Es reicht aber auch eine Implementierung durch Verfassungsnormen aus, sofern sie justiziabel sind, auf Privatrechtsverhältnisse Anwendung finden können und das erforderliche Schutzniveau erreicht wird[182]. Die gegenteilige Position, daß Verfassungen zu vage seien, vermag nicht zu überzeugen[183]. Sie unterscheidet nicht hinreichend zwischen bloß deklaratorischen Verfassungen, die lediglich Programmsätze enthalten, und justiziablen Verfassungsrechten. Der Aufnahme einer

---

of, racial discrimination, Zif. 221; Banton, International Action Against Racial Discrimination, S. 204; Meron, AJIL 79 (1985), S. 297; vgl. auch Buergenthal, TILJ 12 (1977), S. 193 - 194; ferner Partsch, in: Henkin, S. 229.

179 So verhält es sich z.B. bei Strauss (in: Das Verbot der Rassendiskriminierung, S. 109) und seinem einzigen Ausschußzitat UN Doc. CERD/C/SR.389, Zif. 20. Guyaz (in: L'incrimination de la discrimination raciale, S. 64 f.) verzichtet sogar ganz auf ein Zitat des Ausschusses, obgleich er mit ihm argumentiert. Auch Jositsch (in: Strafrecht gegen Rassendiskriminierung, S. 76) bezieht sich bei dieser Frage nicht auf den Ausschuß. Die Autoren beziehen sich als Hauptreferenz auf Mahalic. Diese Autoren (in: Mahalic/Mahalic, HRQ 9 (1987), S. 85-88) stellen jedoch Aussagen zu Artikel 4 RDK ohne Erläuterung als zu Artikel 2 Absatz 1 d) gemachte dar (z.B.: CERD/C/SR.389, Zif. 20; SR.557, Zif. 66; SR.393, Zif. 18; SR.471, Zif. 22).

180 Wie z. B. Chigovera, Diskussion am 13.3.1997, Genf, anläßlich des 13. und 14. Deutschlandberichts (nicht im Summary Report 1196/1197 aufgenommen); implizit Valencia Rodriguez, UN Doc. CERD/C/SR.1247, Zif. 57.

181 Vgl. *supra*, Kapitel 3, B. II.

182 Im Erg. ebenso Banton, International Action Against Racial Discrimination, S. 195; Ténékides, RdC 168 (1980 III), S. 398; Partsch, GYIL 1977, S. 127; Wolfrum, in: FS Peter Schneider, S. 520; vgl. aber auch UN Doc. CERD/C/SR. 1254, Zif. 72.

183 So aber Mahalic/Mahalic, HRQ 9 (1987), S. 86 unter Hinweis auf Inglès, U.N. Doc. CERD/C/SR.557, Zif. 66. Dort heißt es allerdings lediglich, daß die untersuchte Verfassung für die Umsetzung von Artikel 4 RDK nicht ausreichte, weil sie in diesem Fall deklaratorisch und nicht gerichtlich durchsetzbar war.

Antidiskriminierungsnorm in die Verfassung wird aufgrund der Sonderstellung, die diese in der jeweiligen Rechtsordnung einnimmt, und der damit einhergehenden starken moralischen Verdammung besonderes Gewicht beigemessen[184]. Bei entsprechend ausgestalteten Rechtsordnungen können einfache Gesetze an diesem Prinzip durch ein Verfassungsgericht gemessen und für nicht unanwendbar erklärt werden[185].

Ferner ist eine Implementierung durch Common Law möglich, sofern die Anforderungen des Artikels 6 RDK erfüllt sind. In Betracht kommt auch der zivilrechtliche, verwaltungsrechtliche oder strafrechtliche Weg, unabhängig davon, ob dies durch Spezialnormen erfolgt oder auf allgemeine Generalklauseln zurückgegriffen wird. Alle Wege stehen, ihre Effektivität vorausgesetzt, grundsätzlich gleichwertig nebeneinander[186]. Den Staaten steht damit ein weites Ermessen bezüglich der Art und Weise der Umsetzung zu[187]. Erweisen sich die von ihnen ergriffenen Implementierungsmaßnahmen jedoch als ineffektiv, verlangt Artikel 2 Absatz 1 (d) RDK, daß effektivere Maßnahmen ergriffen werden[188].

Erst wenn ein Antidiskriminierungsgesetz der einzige Weg ist, rassisch motivierte Zutrittsverbote im Gaststättenbereich in einem Staat effektiv zu bekämpfen, konkretisiert sich die Umsetzungspflicht der Staaten auf eine Pflicht zum Erlaß formeller Rechtsvorschriften[189]. Zu entscheiden, ob dies der Fall ist, und welche Mittel die effektivsten sind, liegt in der

---

[184] Ténékidès, RdC 168 (1980 III), S. 398.

[185] Ténékidès, RdC 168 (1980 III), S. 398; Banton, International Action Against Racial Discrimination, S. 196.

[186] Vgl. dazu Partsch, GYIL, 1977, S. 126 f. Im Erg. ebenso Banton, International Action Against Racial Discrimination, S. 195 f. Vgl. auch Guyaz, L'incrimination de la discrimination raciale, S. 65.

[187] Banton, International Action Against Racial Discrimination, S. 195; Partsch, GYIL, 1977, S. 120, 127, vgl. aber auch S. 122. Im Ergebnis ebenso Wolfrum, in: FS Peter Schneider, S. 520; Buergenthal, International Human Rights in a Nutshell, S. 51.

[188] Vgl. z. B. UN Doc. GAOR (A/55/18), Zif. 102 (Aufforderung an Frankreich, trotz bestehendem Antidiskriminierungsgesetz die Maßnahmen bzgl. Artikel 5 (f) RKD zu verstärken), Meron, Human Rights Law-Making in the United Nations, S. 15; Partsch, in: Vasak, S. 89.

[189] Der Ausschuß kann den Staaten einen entsprechenden Hinweis geben, wenn er eine solche Situation für gegeben hält. Allein der IGH ist jedoch in der Lage, die RDK verbindlich zu interpretieren (Art. 22 RDK). Siehe dazu bereits *supra*, Kapitel 3, B. II.

Kompetenz der Staaten. Dem Ausschuß kommt in dieser Frage allerdings eine wichtige hinweisende und beratende Funktion zu.

Auch wenn somit regelmäßig keine spezielle Antidiskriminierungsgesetzgebung erforderlich ist, muß in einem am Rechtsstaatsprinzip orientierten Staat der kontinentaleuropäischen Rechtstradition jeder Eingriff in Freiheiten eines Bürgers freilich stets auf ein formelles Gesetz gestützt werden[190]. Damit muß auch jedem Verbot im Sinne des Artikels 5 (f) und 2 Absatz 1 (d) RDK ein formelles Gesetz zugrunde liegen, ohne daß dies jedoch speziell auf den Kampf gegen Rassendiskriminierung gemünzt sein müßte.

E. Fördernde Maßnahmen und allgemeine Pflichten zur Beseitigung der Rassendiskriminierung

Neben dem Verbot staatlicher und privater Diskriminierung sieht Artikel 2 RDK fördernde Maßnahmen vor, um Rassendiskriminierung zu beseitigen. Beide Aspekte sind untrennbar miteinander verbunden. Verständnis der Rassen füreinander ist Voraussetzung für eine Koexistenz ohne Diskriminierung; Rassendiskriminierung ist nur durch Verständnis und der daraus erwachsenden Toleranz auf Dauer zu beseitigen. Dem fördernden Aspekt sind Artikel 2 Absatz 1 (e) und Artikel 2 Absatz 2 RDK gewidmet. Auch diese Bestimmungen konkretisieren die in Artikel 5 RDK enthaltenen Beseitigungspflichten.

I. Förderung von Rassenintegration

Artikel 2 Absatz 1 (e) RDK lautet:

> e) „(Zu diesem Zweck) verpflichtet sich jeder Vertragsstaat, wo immer es angebracht ist, alle eine Rassenintegrierung anstrebenden vielrassischen Organisationen und Bewegungen zu unterstützen, sonstige Mittel zur Beseitigung der Rassenschranken zu fördern und allem entgegenzuwirken, was zur Rassentrennung beiträgt[191]."

---

[190] Vgl. Frowein, in: ders./Peukert, Vorbem. zu Art 8-11, Rz. 2.

[191] Der englische Text lautet: „ Each State Party undertakes to encourage, where appropriate, integrationist multi-racial organizations and movements and other means of eliminating barriers between races, and to discourage anything which tends to strengthen racial division".

Die Vertragsstaaten sind gehalten, Organisationen und Bewegungen, die sich die Promotion der Toleranz unter den Rassen zur Aufgabe gemacht haben, aber auch jede andere Methode, die geeignet ist, das Zusammenleben der Rassen zu fördern, zu unterstützen. Wie diese Unterstützung auszusehen hat, ob finanzieller, rechtlicher oder anderer Art, ist nicht definiert, sondern liegt im Ermessen der Staaten. Ziel dieser Förderung ist im Hinblick auf Artikel 5 (f) RDK, durch die Unterstützung privater Organisationen die Gesellschaft so zu beeinflussen, daß die Vorurteile, die zu rassisch motivierten Zugangsverboten im Gaststättenbereich führen, abgebaut werden[192].

Neben dieser positiven Verpflichtung haben die Staaten aktiv allem entgegenzutreten, was die Trennung der Rassen aufrecht erhält oder fördert. Auch bezüglich dieser Anforderung genießen die Staaten Ermessen hinsichtlich der genauen Ausgestaltung möglicher Maßnahmen[193]. Denkbar ist, diese Regelung aufgrund ihrer systematischen Stellung und des umfassenden Schutzzwecks der Konvention als Auffangtatbestand zu sehen. Auch die Formen von Rassentrennung, die noch nicht durch die Buchstaben a) bis d) erfaßt werden, sind durch die Staaten zu beseitigen[194].

II. Pflicht zum Ergreifen positiver Maßnahmen

Ebenfalls der Verpflichtung, Rassendiskriminierung zu beseitigen, dient das Ergreifen positiver Maßnahmen zugunsten der bisher diskriminierten Gruppen. Während Artikel 1 Absatz 4 RDK Ungleichbehandlungen zugunsten zuvor Diskriminierter aus dem Anwendungsbereich der Konvention herausnimmt, statuiert Artikel 2 Absatz 2 RDK die ent-

---

Der französische Text lautet: „Chaque Etat partie s'engage à favoriser, le cas échéant, les organisations et mouvements intégrationistes muliraciaux et autres moyens propres à éliminer les barrières entre les races, et à décourager ce qui tend à renforcer la division raciale".

[192] Siehe zur Pflicht der Staaten, auch selbst aktiv Vorurteile zu beseitigen, die zu Rassendiskriminierung führen, Art. 7 RDK.

[193] Strauss, Das Verbot der Rassendiskriminierung, S. 110; Lerner, The UN Convention on the Elimination of All Forms of Racial Discrimination, S. 38.

[194] Banton (in: International Action Against Racial Discrimination, S. 199) vertritt die Ansicht, daß dieser Absatz ähnlich extensiv wie Artikel 2 I (d) RDK in seiner Forderung ist, alles zu fördern, was der Beseitigung der Rassenschranken dient, und allem entgegenzuwirken, was zu ihrer Beibehaltung beiträgt.

sprechende Pflicht, Sondermaßnahmen auch tatsächlich zu treffen[195]. Artikel 2 Absatz 2 RDK lautet:

> „Die Vertragsstaaten treffen, wenn die Umstände es rechtfertigen, auf sozialem, wirtschaftlichem, kulturellem und sonstigem Gebiet besondere und konkrete Maßnahmen, um die angemessene Entwicklung und einen hinreichenden Schutz bestimmter Rassengruppen oder ihnen angehörender Einzelpersonen sicherzustellen, damit gewährleistet wird, daß sie in vollem Umfang und gleichberechtigt in den Genuß der Menschenrechte und Grundfreiheiten gelangen. Diese Maßnahmen dürfen in keinem Fall die Beibehaltung ungleicher oder getrennter Rechte für verschiedene Rassengruppen zur Folge haben, nachdem die Ziele, um derentwillen sie getroffen wurden, erreicht sind“[196].

Hintergrund der Bestimmung ist die Erkenntnis, daß es nicht ausreicht, bisher benachteiligte Bevölkerungsteile de iure mit dem übrigen Teil der Gesellschaft gleichzustellen. Damit Gleichheit auch faktisch erreicht wird, benötigt die bisher benachteiligte Gruppe besondere Förderung,

---

[195] Meron, AJIL 79 (1985), S. 305; ders.; Human Rights Law-Making in the United Nations, S. 36; Bayefsky, HRLJ 11 (1990), S. 27; siehe auch Paust, Michigan Journal of International Law, 18 (1997), S. 664 ff.; Eide, in: FS Opsahl, S. 224. Vergleichbare Pflichten enthält Artikel 4 der Frauenkonvention. Vgl. für den IPbpR „General Comment on Non-Discrimination“, CCPR/C/21/Rev.1/Add. 1 vom 21.11.1989 (A/45/40).

[196] Die englische Fassung lautet: „2. States Parties shall, when the circumstances so warrant, take, in the social, economic, cultural and other fields, special and concrete measures to ensure the adequate development and protection of certain racial groups or individuals belonging to them, for the purpose of guaranteeing them the full and equal enjoyment of human rights and fundamental freedoms. These measures shall in no case entail as a consequence the maintenance of unequal or separate rights for different racial groups after the objectives for which they were taken have been achieved.“

Die französische Fassung heißt: „2. Les Etats parties prendront, si les circonstances l'exigent, dans les domaines social, économique, culturel et autres, des mesures spéciales et concrètes pour assurer comme il convient le développement ou la protection de certains groupes raciaux ou d'individus appartenant à ces groupes en vue de leur garantir, dans des conditions d'égalité, le plein exercice des droits de l'homme et des libertés fondamentales. Ces mesures ne pourront en aucun cas avoir pour effet le maintien de droit inégaux ou distincts pour les divers groupes raciaux, une fois atteints les objectifs auxquels elles répondaient.“

um ihre schlechtere Ausgangslage wettmachen zu können[197]. Das Prinzip der rechtlichen Gleichbehandlung der Individuen wird zugunsten des Erreichens von Gleichheit im Ergebnis aufgegeben[198]. Ziel dieser Maßnahmen ist im Zusammenhang mit Artikel 5 (f) RDK, faktische Diskriminierung im Gaststättenbereich zu vermeiden. Wird zum Beispiel ein Angehöriger einer bisher benachteiligten Gruppe in seiner Ausbildung besonders gefördert, stehen auch ihm lukrative Berufe offen, die es ihm erlauben, Gaststätten zu frequentieren, in denen zuvor aufgrund des Preisniveaus Mitglieder seiner Rasse faktisch unterrepräsentiert waren.

Als Begünstige sind „bestimmte Rassengruppen“ (racial groups, groupes raciaux) vorgesehen. Artikel 2 Absatz 2 RDK gewährt mithin keine Individualrechte[199]. Der Artikel selbst definiert nicht, welche Gruppen von den Sondermaßnahmen profitieren sollen und um welchen Grad eine Gruppe von dem Rest der Bevölkerung abweichen muß, damit die Einführung solcher Maßnahmen erforderlich wird. Staaten könnten versuchen, positive Maßnahmen zu vermeiden, indem sie ethnische Verschiedenheit nicht anerkennen und so den Status der Rassengruppe aberkennen[200]. Die Identifizierung der Gruppen ist daher von erheblicher

---

[197] Pahr, UN Doc. CERD/C/SR.296, Zif. 37; Hailbronner, in: FS Schindler, S. 87; Reisman, Denver Journal of International Law and Policy 1 (1971), S. 51 - 54; McKean, Equality and Discrimination under International Law, S. 133, S. 159; Lerner, The UN Convention on the Elimination of All Forms of Racial Discrimination, S. 39; Delbrück, Die Rassenfrage als Problem des Völkerrechts und nationaler Rechtsordnungen, S. 23 f.; Nowak, CCPR, Commentary, Art. 26, Rz. 4 u. 28 f.; Tomuschat, in: FS Schlochauer, S. 715.

[198] Cassin, UN Doc. E/CN.4/L.655 und Corr. 1-2, E/CN.4/L.658; E/CN.4/SR.759-760.

[199] Devetak, UN Doc GAOR (A/37/18), Zif. 468; Strauss, Das Verbot der Rassendiskriminierung, S. 113; Meron, AJIL 79 (1985), S. 306; ders., Human Rights Law-Making in the United Nations, S. 37; vgl. auch Bossuyt, L'Interdiction de la Discrimination, S. 91-92; Ermacora, RdC 182 (1983 IV), S. 304. Damit sind Elemente des Minderheitenschutzes deutlich erkennbar. Vgl. Ansbach/Heintze, Selbstbestimmung und Verbot der Rassendiskriminierung im Völkerrecht, S. 117.

[200] Vgl. Meron, AJIL 79 (1985), S. 307; mit Beispiel in: ders., Human Rights Law-Making in the United Nations, S. 39 f.; siehe auch O'Flaherty, in: Pritchard, S. 172; Sigler, Minority Rights: A Comparative Analysis, S. 12-13; ferner UN GAOR (A/38/18), Zif. 494. So vertrat z.B. der Repräsentant Nigers hinsichtlich der Förderung von Nomaden die Auffassung, daß „the problem was economic in nature with the nomadic population and did not involve discrimi-

Bedeutung. Maßgeblich ist, wie im 2. Kapitel bereits erörtert wurde, das Selbstverständnis der Betroffenen und ihrer Umwelt[201].

Laut Konventionstext benötigt diejenige Gruppe Förderung, die nicht in vollem Umfang und gleichberechtigt in den Genuß der Menschenrechte und Grundfreiheiten gelangt. Aus Praktikabilitätsgründen ist für die Bestimmung der zu fördernden Gruppen auf das Ausmaß abzustellen, in dem die Gruppe an den politischen und wirtschaftlichen Rechten teilnimmt[202]. Aufgrund der Schwierigkeiten der Definition von rassischen Gruppen wird vorgeschlagen, auf die Beziehung einer Gruppe zum Rest der Bevölkerung zurückzugreifen[203]. Neben der Teilnahme am politischen, wirtschaftlichen und kulturellen Leben sind andere Gesichtspunkte, wie die soziale Stellung der Gruppe, der Grad der Integration und die Erhaltung der kulturellen Identität, zu beachten. Der Förderungsbedarf einer Gruppe ist nicht allein deshalb zu verneinen, weil sie den größten Prozentsatz der Bevölkerung ausmacht[204].

Die den positiven Maßnahmen inhärente Gefahr, die Trennung zwischen verschiedenen Gruppen aufrechtzuerhalten oder gar zu vertiefen[205], ist nicht zu unterschätzen. Dieser Gefahr soll Satz 2 zuvorkommen, indem er verbietet, daß es durch die Vorzugsbehandlung zur Beibehaltung ungleicher oder getrennter Rechte kommt, nachdem die Zie-

---

nation on ethnic grounds". Der RDA verlangt daher regelmäßig Auskunft über die verschiedenen Bevölkerungsgruppen eines Landes. Vgl. z. B. Pressebericht des UNHCR vom 22.03.2001 zum Bericht von Bangladesch, http://www.unhcr.ch/huricane/huricane.nsf/NewsRoom?OpenFrameSet – Stand vom 21.4.2001.

[201] Siehe *infra*, Kapitel 2, A. V. und General Recommendation VIII, HRI/GEN/1/Rev.2, S. 92.

[202] Vgl. Meron, AJIL 79 (1985), S. 307; Strauss, Das Verbot der Rassendiskriminierung, S. 112.

[203] Meron, AJIL 79 (1985), S. 307; ders., Human Rights Law-Making in the United Nations, S. 39 f. Vgl. auch Elkind, University of Pittsburgh Law Review 32 (1971), S. 328.

[204] O'Flaherty, in: Pritchard, S. 172; Meron, Human Rights Law-Making in the United Nations, S. 38; ders., AJIL 79 (1985), S. 307; Strauss, Das Verbot der Rassendiskriminierung, S. 112.

[205] Vgl. UN Doc. A/37/18, Zif. 101; Lerner, The UN Convention on the Elimination of All Forms of Racial Discrimination, S. 39; Strauss, Das Verbot der Rassendiskriminierung, S. 111; Mahalic/Mahalic, HRQ 9 (1987), S. 84.

le, um derentwillen sie getroffen wurden, erreicht sind[206]. Damit die Maßnahmen nicht bewirken, daß die einst benachteiligte Bevölkerungsgruppe privilegiert wird, verlangt der Ausschuß eine klare zeitliche Grenze bei ihrer Durchführung[207].

Mit der Regelung wird deutlich, daß das Ziel der Beseitigung der Rassendiskriminierung nur durch ein Nebeneinander von schützenden Maßnahmen zugunsten des Individuums und positiven Maßnahmen zugunsten der Gruppe zu erreichen ist[208]. Mit der Aufnahme faktischer Gleichheit beim Zugang zu Gaststätten stellt Artikel 2 Absatz 2 RDK hohe Anforderungen an die Staaten und fordert einen umfassenden Katalog von Maßnahmen zur Beseitigung der Diskriminierung ein. Hierbei wird den Staaten jedoch ein weites Ermessen eingeräumt, was unter anderem auf die Begrenztheit staatlicher Mittel und der Gefahr, die Mitgliedstaaten zu überfordern, zurückzuführen ist.

III. Allgemeine Politik der Beseitigung von Rassendiskriminierung

Daneben enthält Artikel 2 RDK in dem Einleitungsabschnitt des ersten Absatzes die allgemeine Verpflichtung, Rassendiskriminierung zu verurteilen und mit allen geeigneten Mitteln unverzüglich eine Politik der Beseitigung der Rassendiskriminierung und der Förderung des Verständnisses unter allen Rassen zu verfolgen[209]. Der normative Gehalt

---

[206] Hailbronner, in: FS Schindler, S. 87; Strauss, Das Verbot der Rassendiskriminierung, S. 111. Siehe auch Apiou, CERD/C/SR.576, Zif. 25. Diese zeitliche Grenze ist Artikel 2 Absatz 3 RDD nachgebildet.

[207] Vgl. Bayefsky, HRLJ 11 (1990), S. 27. Mahalic/Mahalic (in: HRQ 9 (1987), S. 84) verlangen sogar eine „kategorische Zeitgrenze". Das von ihnen zitierte Zitat des Ausschusses rechtfertigt einen solchen Schluß allein nicht, (vgl. Apiou, UN Doc. CERD/C/SR.576, Zif. 25 und UN Doc. GAOR (A/37/18), Zif. 101) läßt sich jedoch mit den Gefahren der positiven Maßnahmen begründen.

[208] Strauss, Das Verbot der Rassendiskriminierung, S. 113. Vgl. zum Ermessen der Staaten in diesem Bereich Bernhardt, in: FS Partsch, S. 102.

[209] „Die Vertragsstaaten verurteilen die Rassendiskriminierung und verpflichten sich, mit allen geeigneten Mitteln unverzüglich eine Politik der Beseitigung der Rassendiskriminierung in jeder Form und der Förderung des Verständnisses unter allen Rassen zu verfolgen; zu diesem Zweck ...".

Die englische Fassung lautet: „States Parties condemn racial discrimination and undertake to pursue by all appropriate means and without delay a policy of

der Verurteilungspflicht ist schwer zu erfassen. Indem ein Staat Mitglied der Konvention wird, die diese Bestimmung enthält, verurteilt er schon ipse iure Rassendiskriminierung[210]. Jede Art der Unterstützung von Rassendiskriminierung durch den Staat würde konkludent der Verurteilungspflicht zuwiderlaufen[211]. Aus der Verurteilungspflicht können jedoch keine unmittelbaren Anforderungen, wie gegen Diskriminierung im Gaststättenbereich durch Privatpersonen vorzugehen ist, abgeleitet werden.

Auch die Maßgabe, eine Politik zur Beseitigung der Rassendiskriminierung und der Förderung des Verständnisses unter den Rassen zu verfolgen, enthält keine weitergehende Konkretisierung des Artikels 5 RDK. In ihr kommt jedoch die dynamische Ausrichtung der Konvention zum Ausdruck[212]. Die Staaten haben sich zur Optimierung ihrer Maßnah-

---

eliminating racial discrimination in all its forms and promoting understanding among all races, and, to this end: ...".

Der französische Text lautet: „Les Etats parties condamnent la discrimination raciale et s'engagent à poursuivre par tous les moyens appropriés et sans retard une politique tendant à éliminer toute forme de discrimination raciale et à favoriser l'entente entre toutes les races, et, á cette fin: ...".

[210] Schwelb, ICLQ 15 (1966), S. 1015. Partsch, (in: Die Konvention zur Beseitigung der Rassendiskriminierung, S. 6) weist darauf hin, daß diese Verpflichtung eine der wenigen mit unmittelbar anwendbarem Gehalt ist. A. A. Strauss, Das Verbot der Rassendiskriminierung, S. 106.

[211] Schwelb, ICLQ 15 (1966), S. 1015.

[212] Dieser dynamische Aspekt, der ein aktives Fördern des angestrebten Ziels, Eliminierung der Rassendiskriminierung, verlangt, kommt auch in den Artikeln 2 Abs. 1 (e) und 7 RDK zum Ausdruck. Siehe Strauss, Das Verbot der Rassendiskriminierung, S. 106. Vgl. zur Auslegung der rechtlichen Verpflichtung, „eine Politik zu verfolgen" Jenks, ZaöRV 1958, S. 203; McDougal/Lasswell/Chen; Human Rights and World Public Order, S. 256 - 261, insbesondere S. 258 zu den fördernden Aspekten; Schwelb, ICLQ 15 (1966), S. 1016; Mohr, Fragen der Durchsetzung von Völkerrechtsnormen, S. 130 und AGO, YBILC 1977, Vol. II, Part 1, New York 1978, S. 4, Zif. 3. Kritisch zur Auswahl dieser Umsetzungsform in der RDK, Hamburger VN 1968, S. 4. Bei Anwendung dieser Technik werden Übereinkommen als „promotional conventions" bezeichnet. Sie ist der Konvention der IAO gegen Diskriminierung in Beruf und Beschäftigung von 1958 (Artikel 2) und dem UNESCO-Übereinkommen gegen Diskriminierung im Unterrichtswesen (Artikel 4) entlehnt. Vgl. außerdem schon den Artikel 2 Absatz 1 des Übereinkommens über die Gleichheit des Entgelts männlicher und weiblicher Arbeitskräfte für gleichwertige Arbeit von

men verpflichtet[213]. Das heißt, es besteht eine Pflicht zur qualitativen Steigerung der Bemühungen, falls die bisher angewandten Mittel sich als erfolglos erweisen. Kommt es also trotz bereits ergriffener Maßnahmen noch zu rassisch motivierten Zutrittsverboten durch Gastwirte, haben die Staaten nach effektiveren Umsetzungsmaßnahmen zu suchen und diese anzuwenden. Im Laufe der Zeit kann sich so der den Staaten zukommende Ermessensspielraum verringern.

Insgesamt beinhaltet die in Artikel 5 RDK statuierte Beseitigungs- und Verbotspflicht Handlungspflichten unterschiedlichster Richtungen. Artikel 2 RDK konkretisiert die im Bereich des Artikels 5 (f) RDK vorzunehmenden Maßnahmen in solche fördernder Natur und das Verbot staatlicher und privater Rassendiskriminierung. Diese Verbote haben auf einer rechtlichen Grundlage zu erfolgen, die den Anforderungen des Artikels 6 RDK gerecht wird. Gleichzeitig haben die Staaten über die Einhaltung der Normen durch ihre Organe zu wachen. Unmittelbar verpflichtet werden private Gastwirte durch Artikel 5 (f) RDK nicht.

F. Gleichheit vor dem und durch das Gesetz

I. Gleichheit ohne Unterscheidung aufgrund der Rasse

Mit der Beseitigungs- und Verbotspflicht ist nur die erste der beiden in Bezug auf Artikel 5 (f) RDK bestehenden Verpflichtungen der Staaten bestimmt. Die zweite Verpflichtung, die den Staaten im Einleitungsabschnitt des Artikels 5 RDK auferlegt wird und auf die sich der Artikel 5 (f) RDK bezieht, besteht darin, daß die Staaten „das Recht jedes einzelnen, ohne Unterschied der Rasse, der Hautfarbe, des nationalen Ursprungs oder des Volkstums, auf Gleichheit vor dem Gesetz [zu] gewährleisten“ haben. Ob Artikel 5 RDK neben dem Verbot der Rassendiskriminierung eine weitere rechtliche Verpflichtung enthält, war ursprünglich innerhalb des Ausschusses umstritten[214]. Heute wird dies

---

1951 (in: Übereinkommen und Empfehlungen der ILO, 1919-1991, Band 1, Übereinkommen 100). Dazu Jenks, *ebenda*; Schwelb, *ebenda*.

[213] Vgl. Strauss, Das Verbot der Rassendiskriminierung, S. 106.

[214] UN Doc. GAOR (A/9018), Zif. 38-67; UN Doc. CERD/C/SR.147-151, 164 u. 171; eingehend dazu Partsch, TILJ 14 (1979), S. 214 ff.; Buergenthal, TILJ 12 (1977), S. 209; Banton, International Action Against Racial Discrimi-

angesichts des klaren Wortlauts richtigerweise bejaht[215]. Die Entstehungsgeschichte unterstreicht dieses Verständnis der Norm, da das Recht auf Gleichheit vor dem Gesetz ursprünglich als Artikel 5 (a) RDK vorgesehen war und in der VN-Menschenrechtskommission in den Einleitungsabschnitt übernommen wurde, um zu betonen, daß es sich um ein allgemeines Prinzip handelt[216].

Anders als das Diskriminierungsverbot ist die Gewährung von Gleichheit vor dem Gesetz eigenständiger Gehalt des Artikels 5 RDK und nicht bloße Wiederholung des Artikels 2 RDK[217]. Der Gleichheitssatz wird hier in der gesamten Konvention am klarsten normiert[218] Er ist mit dem Nichtdiskriminierungsgebot nicht identisch, auch wenn beide Konzepte dem gleichen Zweck dienen und ein enger Zusammenhang zwischen Gleichheit und Nichtdiskriminierung besteht[219]. Das Verbot der Diskriminierung ist konkreter als das Gebot der Gleichbehandlung, indem es die für Artikel 5 (f) RDK unzulässigen Unterscheidungskrite-

---

nation, S. 209. Dagegen z.B. Aboul-Nasr, UN Doc. GAOR (A/9018), Zif. 53. Vgl. dazu auch die Ausführungen zu Artikel 5 RDK, Kapitel 1, B. I.

[215] Haastrup, UN Doc. GAOR (A/9018), Zif. 53; Soler, *ebenda*, Zif. 55. Vgl. auch Banton, International Action Against Racial Discrimination, S. 209. Allerdings ist das Recht auf Gleichheit vor dem Gesetz nicht in der General Recommendation on Article 5 vom 8.3.1996 erwähnt, UN Doc. CERD/C/365/Rev.1, S. 15.

[216] UN Doc. E/CN.4/873, E/CN.4/Sub.2/241, Zif. 89; UN Doc. E/3873, E/CN.4/874, Zif. 201; Delbrück, Die Rassenfrage als Problem des Völkerrechts und nationaler Rechtsordnungen, S. 56; Lerner, The UN Convention on the Elimination of All Forms of Racial Discrimination, S. 56; Partsch, TILJ 14 (1979), S. 204.

[217] Partsch, TILJ 14 (1979), S. 210, 226; Pircher, Der vertragliche Schutz ethnischer, sprachlicher und religiöser Minderheiten im Völkerrecht, S. 242; Lerner, The UN Convention on the Elimination of All Forms of Racial Discrimination, S. 56; Ramcharan, in: Henkin, S. 253. Siehe auch Banton, UN Doc. CERD/C/SR.967, Zif. 7.

[218] Strauss, Das Verbot der Rassendiskriminierung, S. 129.

[219] Wolfrum, Diaconu, CERD/C/SR.969, Zif. 24 u. 30; Eide/Opsahl, in: 7. Colloque CEDH, S. 106; Partsch, TILJ 14 (1979), S. 129; siehe auch Tomuschat, in: FS Schlochauer, S. 703; Einarsen, NoJIL 64 (1995), S. 429; Bayefsky, HRLJ 11 (1990), S. 1; Jaenicke, Gleichbehandlung, in: Schlochauer, S. 690; Dinstein, IYHR 15 (1985), S. 11; Van Dyke, Human Rights without Discrimination, APSR 67 (1973), S. 1270; Mohr, Aktuelle Konturen des völkerrechtlichen Diskriminierungsverbotes, in: Joerden, S. 267.

rien vorgibt[220]. In dieser Beschränkung auf ein verbotenes Kriterium ist die Wirkung des Zusatzes Gleichheit „ohne Unterscheidung aufgrund der Rasse..." begrenzt. Er transformiert nicht die Garantie auf Gleichheit vor dem Gesetz in eine Nichtdiskriminierungsregel[221].

Ziel des Gleichheitsgebots ist im Gegensatz zum Verbot der Rassendiskriminierung keine konkrete Maßnahme, sondern eine Garantie[222]. Die Konvention verlangt nicht, daß diese Garantie in einer bestimmten Form erfolgt. Möglich ist daher, den Gleichheitssatz ohne Diskriminierung aufgrund der Rasse durch die Verfassung, durch Gesetz oder auch als allgemeines Rechtsprinzip zu gewährleisten[223]. Dementsprechend ist die Ausschußpraxis bezüglich des Rechts auf Gleichheit vor dem Gesetz großzügig[224]. Die Staaten haben lediglich sicherzustellen, daß jedem unbeschadet seiner Rasse Gleichheit vor dem Gesetz garantiert wird. Was dies konkret von den Staaten verlangt, ist Gegenstand der folgenden Untersuchung.

1. Die Gleichheitsgarantie

Gleichheit im rechtlichen und im Konventionssinn meint nicht absolute Gleichheit, sondern die Übereinstimmung hinsichtlich einer einzigen, im Einzelfall entscheidungserheblichen Eigenschaft[225]. Während bei der allgemeinen Gleichheitsgarantie Ermessen für die Organe der Mitgliedsstaaten dahingehend besteht, welche Kriterien sie für die Gleichheit als wesentlich erachten und welche nicht, ist dieser Einschätzungs-

---

[220] Vgl. Partsch, ZaöRV 45 (1985), S. 7; ferner Ramcharan, in: Henkin, The International Bill of Rights, S. 252. Vgl. auch Bossuyt, L'Interdiction de la Discrimination, S. 38.

[221] Partsch, TILJ 14 (1979), S. 198. Vgl. auch S. 227: „The exclusion of discrimination is only one of the steps in the general development of the principle [of equality]".

[222] Partsch, TILJ 14 (1979), S. 196.

[223] Partsch, TILJ 14 (1979), S. 227.

[224] Vgl. Partsch, TILJ 14 (1979), S. 227 mit Nachweisen zur Praxis des Ausschusses.

[225] Siehe dazu Gusy, Der Gleichheitssatz, NJW 1988, S. 2505; Strauss, Das Verbot der Rassendiskriminierung, S. 31; Kipp, AVR 1961, S. 141; Vierdag, The Concept of Discrimination in International Law, S. 9; zur EMRK Livingstone, EHRLR 2 (1997), S. 26.

spielraum durch die Konvention auf die Rasse beschränkt[226]. Ob wegen anderer, nicht auf Rasse beruhender Kriterien ein Sachverhalt ungleich behandelt wird, ist dagegen unerheblich.

2. Verweis auf die Grundsätze des Artikels 1 RDK

Nach dem Wortlaut ist das Prinzip der Gleichheit vor dem Gesetz in Artikel 5 RDK „ohne Unterschied der Rasse" („without distinction as to race"/"sans distinction de race") zu gewährleisten und nicht, wie in der Terminologie des Artikels 1 RDK, ohne Diskriminierung aufgrund der Rasse. Die terminologischen Unterschiede zwischen Artikel 1 und 5 RDK erklären sich damit, daß bei Entstehung der Konvention die Begriffe Diskriminierung und Unterscheidung teilweise als Synonyme verwandt wurden und der fünfte Artikel vor dem ersten fertiggestellt wurde, ohne daß er später an den Definitionsartikel angepaßt wurde[227]. Aus diesen sprachlichen Unterschieden kann daher nicht abgeleitet werden, daß Artikel 5 RDK hier bewußt von der Diskriminierungsdefinition des Artikels 1 RDK abweicht, mit der Folge, daß es staatlichen Organen überhaupt verwehrt ist, bei ihren Entscheidungen an die Rasse anzuknüpfen, ohne daß eine Rechtfertigung ausnahmsweise möglich ist[228].

Die fehlende Abstimmung zwischen Artikel 5 und dem später fertiggestellten Artikel 1 RDK zeigt sich auch daran, daß Abstammung als verbotenes Unterscheidungskriterium fehlt. Gründe dafür, daß dieses Kri-

---

[226] Vgl. allgemein Ramcharan, in: Henkin, S. 252; ferner Partsch, ZaöRV 45 (1985), S. 7 ff.

[227] Vgl. dazu Bossuyt, L'Interdiction de la Discrimination, S. 12 ff. Das wird auch durch den dritten Absatz der Präambel bestätigt, in dem der Ausdruck „Gleichheit vor dem Gesetz" („Equality before the law"/ "égaux devant la loi") mit dem Begriff „Diskriminierung" („any discrimination"/"toute discrimination") in Zusammenhang genannt wird. Dort heißt es „In der Erwägung, daß alle Menschen vor dem Gesetz gleich sind und ein Recht auf gleichen Schutz des Gesetzes gegen jede Diskriminierung und jedes Aufreizen zur Diskriminierung haben". Auch in der EMRK von 1950 wurde bei Artikel 14 im englischen Text „discrimination", im französischen „différenciation" verwandt. Während im IPbpR in Artikel 2 Absatz 2 von „differentiation" die Rede ist, enthält der parallel ausgearbeitete IPwkpR den Begriff „discrimination.

[228] Vgl. zu den unterschiedlichen Anforderungen an eine Rechtfertigung, je nachdem, ob es sich um faktische oder vorsätzliche, mittelbare oder unmittelbare Diskriminierung handelt, *supra*, Kapitel 2, C. II 2.

terium beim Diskriminierungsverbot Teil des Rassebegriffs sein, nicht jedoch zu den verbotenen Unterscheidungskriterien des Artikels 5 RDK zählen soll, sind nicht ersichtlich[229]. Vielmehr sind die anderen Kriterien eingefügt worden, um den Geist der Konvention und somit den Bezug zu Artikel 1 RDK zu betonen[230]. Auch das Fehlen des Kriteriums „Abstammung" ist bei der Interpretation des Artikels 5 RDK daher durch einen Rückgriff auf Artikel 1 RDK zu korrigieren.

3. Begünstigte des Gleichheitsprinzips

Gemäß Artikel 5 RDK, 2. Halbsatz sind die Staaten verpflichtet, „jedermann" („everyone"/"chacun") das Recht auf Gleichheit vor dem Gesetz beim Zugang zu Gaststätten zu garantieren. Dieser Begriff wurde bewußt in Abgrenzung zu einem früheren Entwurf gewählt, nach dem die Garantie nur Staatsangehörigen zugute kommen sollte[231].

Der Artikel ist im Lichte des Artikels 1 RDK auszulegen, wonach eine Unterscheidung aufgrund der Staatsangehörigkeit möglich ist, sofern der Reziprozitätsgrundsatz oder das besondere Treueverhältnis zwischen einem Staat und seinen Bürgern Grund für diese Unterscheidung ist[232].

---

[229] Partsch, TILJ 14 (1979), S. 198; Strauss, Das Verbot der Rassendiskriminierung, S. 129.

[230] UN Doc. ECOSOC E/3873, E/CN.4/874, Zif. 203. Im Dritten Ausschuß der Generalversammlung wies die tschechische Vertreterin (Sekaninova, UN Doc. A/C.3/SR.1309, Zif. 3) darauf hin, daß „descent" und „national" in der Auflistung des Artikels 5 RDK fehlten. Während „national" aufgenommen wurde, verlangte die österreichische Vertreterin (Villgrattner, UN Doc. A/C.3/SR.1309, Zif. 4.), auf „descent" nicht zu bestehen, ohne allerdings dafür Gründe vorzubringen. Mit dieser Modifikation wurde der tschechische Vorschlag angenommen (UN Doc. A/C.3/SR.1309, Zif. 32).

[231] Schwelb, ICLQ 15 (1966), S. 1007 f.; Mahalic/Mahalic, HRQ 9 (1987), S. 76; Lerner, The UN Convention on the Elimination of All Forms of Racial Discrimination, S. 54 ff. Den genauen Inhalt des Begriffs „jedermann" zu ermitteln, bezeichnete Wolfrum anläßlich der Besprechung der „Draft General Recommendation" zu Artikel 5 RDK als ein Hauptproblem des Artikels 5 RDK, CERD/C/SR.1120, Zif. 2.

[232] Vgl. General Recommendation on Article 5, UN Doc. CERD/C/365/Rev.1, S. 15: „Many of the rights and freedoms mentioned in article 5, such as the right to equal treatment before tribunals, are to be enjoyed by all persons living in a given State; others such as the rights to participate in elections, to

Unterscheidungen aufgrund der Staatsangehörigkeit bei Menschenrechten, die in der Regel nur den eigenen Staatsangehörigen gewährt werden, z. B. das aktive und passive Wahlrecht aus Artikel 5 Absatz 1 (b) RDK, bleiben daher nach den oben dargestellten Grundsätzen möglich. Beim Zugang zu Gaststätten ist eine Einschränkung der Rechte von Ausländern mit der unterschiedlichen Staatsangehörigkeit jedoch nicht zu begründen[233]. Begünstigter der Gleichheitsgarantie ist im Bereich des Artikels 5 (f) RDK somit jeder, der unter die Hoheitsgewalt eines Staates fällt.

II. Gleichheit vor dem Gesetz

Gleichheit kann sich auf die Gleichheit vor dem Gesetz und auf Gleichheit durch das Gesetz beziehen. Beide Ausprägungen enthalten unterschiedliche Anforderungen an die Staaten.

1. Bedeutung des Prinzips

Mit Gleichheit vor dem Gesetz („equality before the law"/"égalité devant la loi") wird die Rechtsanwendungsgleichheit bezeichnet[234]. Den Staaten wird die ausnahmslose Verwirklichung des bestehenden Rechts ohne Ansehen der Rasse auferlegt. Jeder ist in gleicher Weise durch dieses Recht zu verpflichten und zu berechtigen[235]. Gleichzeitig ist es allen

---

vote, and to stand for election are the rights of citizens." Vgl. auch UN Doc GAOR, (A/9018), Zif. 61; Banton, Draft General Recommendation on effectiveness, 2. Abschnitt, UN Doc GAOR (A//9018), Zif. 59 ff. und CERD/C/SR.969, Zif. 61; UN Doc A/C.3/SR.1308, Zif. 58. Siehe ferner Partsch, TILJ 14 (1979), S. 198; Strauss, Das Verbot der Rassendiskriminierung, S. 129; Lerner, The UN Convention on the Elimination of All Forms of Racial Discrimination, S. 55 f.; McKean, Equality and Discrimination under International Law, S. 163. Zur Entstehungsgeschichte Partsch, *ebenda*, S. 203; Meron, Human Rights Law-Making in the United Nations, S. 44 f.

[233] Vgl. *supra*, Kapitel 2, B. II.

[234] Opsahl, Equality in Human Rights Law, in: FS Ermacora, S. 53; Nowak, CCPR Commentary, Art. 26, Rz. 14; Tomuschat, in: FS Schlochauer, S. 695 u. 706 bzgl. Art. 7 AEM; Starck, L'Égalité, 8 (1982), S. 564; vgl. auch Wilting, Vertragskonkurrenz im Völkerrecht, S. 188.

[235] Opsahl, in: FS Ermacora, S. 53; Eide/Opsahl, in: 7. Colloque CEDH, S. 131.

staatlichen Stellen verwehrt, bestehendes Recht zugunsten oder zu Lasten einzelner Personen nicht anzuwenden. Das Prinzip wendet sich daher nicht an den Gesetzgeber, sondern an die die Gesetze anwendende Exekutive und die Judikative, die darüber zu kontrollieren hat, ob bei der Anwendung der Gesetze im Bereich des Artikels 5 (f) RDK Gleichheit tatsächlich realisiert wurde[236].

Zwar ist in Artikel 5 (a) RDK „das Recht auf Gleichbehandlung vor den Gerichten und allen sonstigen Organen der Rechtspflege" auch gesondert aufgeführt[237]. Dennoch wird heute unter die Rechtsanwendungsgleichheit im Einleitungsabschnitt auch die Anwendung des Gleichheitssatzes durch die Gerichte gefaßt[238], da es sich um ein allgemeines Prinzip handelt, an welchem die Staaten bei der Realisierung der in Artikel 5 RDK aufgezählten Rechte gemessen werden sollen. Artikel 5 (a) RDK wird durch diese Auslegung nicht sinnentleert. Im Rahmen ihrer Berichtspflichten legen die Staaten unter diesem Absatz die spezielle Konkretisierung der Gleichbehandlung vor den Gerichten und der Menschenrechte im gerichtlichen Verfahren dar, wie z. B. die Unschuldsvermutung, das Recht auf eine Berufungsinstanz, das Recht auf ein unparteiisches und unabhängiges Gericht etc.[239].

Die Reichweite der Garantie des Artikels 5 RDK wird davon bestimmt, wie der Gesetzesbegriff auszulegen ist. Um eine möglichst weite, dem Normzweck entsprechende Wirkung zu erzielen, ist von einem materiellen Verständnis auszugehen. Unter den Begriff Gesetz fallen nicht nur Parlamentsgesetze, sondern auch Rechtsverordnungen, Satzungen, Richter- und Gewohnheitsrecht, nicht aber bloße Verwaltungsrichtlinien. Diese Auslegung entspricht der in Artikel 2 RDK angelegten Sy-

---

[236] Vgl. Tomuschat, in: FS Schlochauer, S. 696; Gusy, Der Gleichheitssatz, NJW 1988, S. 2505 ff.

[237] Ursprünglich waren beide Aspekte der Rechtsanwendungsgleichheit, die der Gerichte und der Verwaltung, in Artikel 5 (a) RDK vorgesehen. Nur der zweite Teil wurde in den Einleitungsabschnitt aufgenommen. Vgl. zur Entstehungsgeschichte E/CN.4/873, E/CN.4/Sub.2/241, Zif. 85 ff.; Lerner, The UN Convention on the Elimination of All Forms of Racial Discrimination, S. 54 ff.

[238] Vgl. dazu z. B. den 14. Bericht Pakistans, CERD/C/299/Add.6, Zif. 58; ferner Mc Kean, Equality and Discrimination, S. 162.

[239] Vgl. das Beispiel bei Banton, International Action Against Racial Discrimination, S. 211. Zu den Staatenberichten, vgl. CERD/C/279/Add.1, Zif. 78 ff. (Schweiz); CERD/C/240/Add.3, Zif. 37 f. (Irak); CERD/C/270/Add.2, Zif. 29 (ehemalige jugoslawische Republik Mazedonien). Siehe ferner Strauss, Das Verbot der Rassendiskriminierung, S. 130.

stematik der Konvention, jede Form des staatlichen Handelns zu erfassen[240].

2. Anforderungen an die Exekutive

a) Verpflichtung zur rechtlichen Gleichheit bei der Gesetzesanwendung

Die Pflicht der Vertragsstaaten, Gleichheit vor dem Gesetz zu gewährleisten, trifft vor allem die primär mit der Anwendung von Normen befaßte Verwaltung. Die Anforderungen, die die Rechtsanwendungsgleichheit an die Exekutive stellt, hängen davon ab, wieviel eigener Entscheidungsfreiraum ihr im Einzelfall zukommt.

Soweit ein Gesetz die maßgeblichen Differenzierungskriterien selbst vorgibt, steht der Verwaltung bei seiner Vollziehung keine eigene Auswahlfreiheit mehr zu[241]. In diesem Fall beinhaltet Rechtsanwendungsgleichheit lediglich eine Pflicht zur formalen Gleichbehandlung. Das heißt im Bereich des Artikels 5 (f) RDK, daß rechtliche Regelungen, die den Zugang zu Gaststätten und Dienstleistungen betreffen, unbeschadet der Rasse anzuwenden sind[242]. Verboten sind z. B. der Erlaß oder die Verwendung von Verwaltungsvorschriften oder internen Regelungen, die diesen Anforderungen nicht genügen. Häufigste Anwendungsfälle sind wohl die gleichmäßige Verwendung der Benutzungsregelungen von öffentlichen Orten oder Einrichtungen wie Parks, Verkehrsmittel, Schwimmbäder, Theater etc. Aber auch Regelungen, die den Zugang zu Dienstleistungen in privater Hand regeln, dürfen durch die Behörden nicht zu Lasten einer Gruppe unterschiedlich ausgelegt werden. Auf das Ergebnis der Rechtsanwendung hat die Verwaltung bei der Umsetzung des formalen Gleichheitsgebotes mangels eigenen Gestaltungsspielraums keinen Einfluß. Ob tatsächlich rechtliche Gleich-

---

[240] Zwar kommen so demselben Begriff in Artikel 4 und 5 RDK unterschiedliche Inhalte zu. Dies ist jedoch durch die gegenläufigen Schutzrichtungen der Normen bedingt. Bei Artikel 5 RDK geht es – im Gegensatz zu Artikel 4 RDK – nicht darum, einen (am effektivsten durch ein formelles Gesetz umgesetzten) rechtlichen Appell zu lancieren, sondern um die Bindung der staatlichen Gewalt. Die unterschiedliche Bedeutung desselben Begriffs ist daher nicht nur möglich, sondern notwendig.

[241] Gusy, NJW 1988, S. 2509; vgl. ferner Krumpholz, Der Gleichheitssatz im französischen Recht, S. 34.

[242] Vgl. allgemein Jaenicke, Gleichbehandlung, in: Schlochauer, S. 692; siehe auch Ténékidès, RdC 168 (1980 III), S. 359.

heit geschaffen wird, ob also jede Person rechtlich unbeschadet der Rasse die gleichen Chancen hat, z. B. in einer Gaststätte bedient zu werden, liegt außerhalb ihrer Entscheidungskompetenz[243].

Kommt der Exekutive demgegenüber ein eigener Gestaltungsspielraum zu, beschränkt sich also ihre Rolle nicht darauf, das Gesetz lediglich auszuführen, sondern macht sie die Anwendung einer Regel von eigenen Unterscheidungen abhängig, ist sie auch der materiellen Gleichheit verpflichtet.

Materielle Gleichheit stellt im Gegensatz zur formellen Gleichheit sicher, daß nicht nur „formal", sondern „tatsächlich" die gleichen rechtlichen Chancen eingeräumt werden[244]. Es haben auch solche staatlichen Maßnahmen zu unterbleiben, die zwar formal keine Unterscheidungen aufgrund der Rasse vornehmen, jedoch – etwa durch Hinzufügen bestimmter Bedingungen, die von einer rassischen Gruppe nicht oder nur unter erschwerten Umständen erfüllt werden können – so gestaltet sind, daß sie im Ergebnis zu einer Benachteiligung einer Gruppe führen[245]. Materielle Gleichheit stellt eine Sicherung gegen jeden Umgehungsversuch dar, mit scheinbar neutralen Unterscheidungen die rechtliche Gleichheit der Rassen inhaltlich zu entleeren[246]. Je weiter der Ge-

---

[243] Vgl. Starck, Égalité 8 (1982), S. 564; ferner Krumpholz, Der Gleichheitssatz im französischen Recht, S. 34. Siehe auch Opsahl, in: FS Ermacora, S. 53; Nowak, CCPR Commentary, Art. 26, Rz. 14; Tomuschat, in: FS Schlochauer, S. 706 ff.; Eide/Opsahl, in: 7. Colloque CEDH, S. 131; Ipsen, H.P., in: Neumann/Nipperdey/Scheuner, S. 147. Die Erreichung nicht nur formeller, sondern auch materieller Gleichheit wird im Gesetz vorausgesetzt. Daher wird unter Rechtsanwendungsgleichheit grundsätzlich kein substantielles, sondern lediglich ein formelles Gleichheitsgebot verstanden. Starck, *ebenda*; Opsahl, *ebenda*, S. 53.

[244] Kewenig, Der Grundsatz der Nichtdiskriminierung, S. 183; Strauss, Das Verbot der Rassendiskriminierung, S. 8 f.

[245] Jaenicke, Gleichbehandlung, in: Schlochauer, S. 692. Der StIGH hat entschieden, daß eine Gleichbehandlungspflicht grundsätzlich materiell auszulegen ist (Verbot der versteckten Diskriminierung). Vgl. Treatment of Polish nationals and other persons of Polish origin or speech in the Danzig territory, Advisory opinion of 4.2.1932, P. I.C.J. Series A/B No. 44, S. 28.

[246] Vgl. dazu auch den StIGH: „L'égalité en droit exclut toute discrimination ...", Minority schools in Albania, Advisory opinion of 6.4.1935, P.I.C.J. Serie A/B No. 64, S. 17 f. Siehe ferner German Settlers in Poland, Advisory Opinion of 10.9.1923, P.I.C.J. Serie B 6, S. 23 f. Sowohl die formelle als auch die materielle Gleichheit zählen zum Prinzip der rechtlichen Gleichheit. Vgl. Strauss, Das Verbot der Rassendiskriminierung, S. 39 m. w. N.

staltungsfreiraum der Exekutive durch fehlendes oder unbestimmtes Recht gezogen ist, desto stärker ist sie der materiellen Gleichheit verpflichtet. Die Verwaltung ist daher gehalten, im Rahmen des Anwendungsbereichs der Konvention kein Kriterium als Aufnahme-, Vertragsabschluß- oder Eintrittsbedingung auszuwählen, das von einer rassischen Gruppe seltener erfüllt werden kann als von anderen Gruppen. Bei entsprechendem Ermessen kann sie in dieser Richtung auch auf private Betreiber einwirken. Hierbei hat sie jedoch die Grenzen der Konvention zu beachten, die vor allem im „privaten Leben", dem Verbot der Willkür und den Kernbereichen anderer Menschenrechte liegen[247].

b) Verpflichtung zu faktischer Gleichheit?

Die materielle Gleichheit stellt sicher, daß Rasse weder mittelbar noch unmittelbar als Differenzierungskriterium eingesetzt wird[248]. Nicht mehr Teil der materiellen Gleichheit ist es, daß diese Einräumung gleicher Chancen und Möglichkeiten dazu führt, daß im Ergebnis alle „tatsächlich" gleich behandelt werden, die gleichen Chancen also von allen mit dem gleichen Nutzen wahrgenommen werden können[249]. Denkbar ist, daß die Verwaltung im Rahmen ihrer Gestaltungsfreiheit durch positive Maßnahmen dafür sorgt, daß in Gaststätten keine Rasse unterrepräsentiert ist, um faktische Gleichheit zu erreichen.

Daß diese faktische Gleichheit Ziel der Konvention ist, ergibt sich, wie oben dargestellt, aus Artikel 1 Absatz 4 und 2 Absatz 2 RDK[250]. Daraus kann jedoch nicht gefolgert werden, daß die Verwaltung im Rahmen der Rechtsanwendungsgleichheit der faktischen Gleichheit verpflichtet ist. Denn um faktische Gleichheit zu erreichen, muß die rechtliche Gleichheit bis zur Herstellung gleicher Ausgangsbedingungen durchbrochen werden[251]. Mit anderen Worten, die gleiche Behandlung vor

---

247 Vgl. dazu genauer *supra*, Kapitel 1, C.IV; Kapitel 2, C. II 2.

248 Vgl. Strauss, Das Verbot der Rassendiskriminierung, S. 38 f.

249 Kewenig, Der Grundsatz der Nichtdiskriminierung, S. 183.

250 Vgl. *supra*, Kapitel 3, E. II.

251 Geburtsstunde der Diskussion um die faktische Gleichheit war das Gutachten des StIGH in dem Fall Minderheitenschulen in Albanien, P.I.C.J. Rep. Series A/B No. 64, Gutachten vom 6.4.1935, S. 19: „L'égalité en droit exclut toute discrimination; l'égalité en fait peut, en revanche, rendre nécessaires des traitements différents en vue d'arriver à un résultat qui établisse l'équilibre entre des situations différentes. On peut facilement imaginer des cas dans lesquels un

dem Gesetz wird zugunsten einer rassischen Gruppe so lange ausgesetzt, bis reale Gleichheit entstanden ist[252]. Es ist bereits terminologisch ausgeschlossen, daß im Rahmen der Rechtsanwendungsgleichheit faktische Gleichheit verwirklicht wird. Vielmehr hat die Verwaltung das vorgegebene Recht im Rahmen dieses Prinzips gerade für alle gleich anzuwenden. Daher ist aus der Verpflichtung des Artikels 5 RDK, Gleichheit vor dem Gesetz zu gewähren, keine Pflicht für die Verwaltung zu entnehmen, im Rahmen ihres Gestaltungsspielraums faktische Gleichheit anzustreben[253].

Dem Ziel der faktischen Gleichheit dient die Exekutive, wenn sie ohne eigenen Gestaltungsspielraum Gesetze ausführt, die ihrerseits tatsächliche Gleichheit durch Förderungsmaßnahmen anstreben. Sie kann – nach Maßgabe der jeweiligen innerstaatlichen Rechtsordnung – bei eigener Gestaltungsfreiheit bestimmte Rassen fördern und faktische Gleichheit anstreben, um ihren Verpflichtungen aus Artikel 2 Absatz 2 RDK nachzukommen. Dann durchbricht sie aber – konventionskonform – das Prinzip der gleichen Anwendung des Gesetzes.

Beim Zugang zu Orten und Dienstleistungen in öffentlicher Hand kann die Verwaltung redistributive Maßnahmen zugunsten bisher benachteiligter Gruppen, wie z. B. Quotenregelungen oder vereinfachte oder günstigere Eintrittsbedingungen, daher nur in dem Fall verwirklichen, daß ihr gesetzlich ein entsprechender Freiraum durch eine derart ausgestaltete Berechtigungsnorm zuerkannt wurde. Bei privaten Dienstleistungen ist der Exekutive in der Regel nur eine indirekte Einflußnahme möglich. Handlungsrahmen bilden hier die jeweiligen Rechtsordnungen. Wer positive Förderungsmaßnahmen zugunsten benachteiligter

---

traitement égal de la majorité et de la minorité, dont la condition et les besoins sont différents, aboutirait à une inégalité en fait; un traitement de ce genre irait à l'encontre de la première phrase de l'alinéa 5. L'égalité entre majoritaires et minoritaires doit être une égalité effective, réelle; tel est le sens de cette stipulation.“

252 Siehe dazu Kewenig, Der Grundsatz der Nichtdiskriminierung, S. 185; Eide/Opsahl, in: 7. Colloque CEDH, S. 113; Strauss, Das Verbot der Rassendiskriminierung, S. 40; ferner Jaenicke, Gleichbehandlung, in: Schlochauer, S. 693; ferner Meron, Human Rights Law-Making in the United Nations, S. 11; ders., AJIL 79 (1985), S. 287 und Strauss, Das Verbot der Rassendiskriminierung, S. 41 f.

253 Etwas anderes gilt für die Gleichheit durch das Gesetz. Dieser Begriff ermöglicht das Anstreben faktischer, aber auch rechtlicher Gleichheit. Vgl. *infra*, Kapitel 3, F.III.

Gruppen in einem Staat vornimmt, liegt letztlich im Rahmen des nationalen Ausgestaltungsspielraums, wird aber regelmäßig vom Gesetzgeber bestimmt[254].

3. Anforderungen an die Judikative

Die Verpflichtung zur Rechtsanwendungsgleichheit bezieht sich auch auf die Judikative.

Die Justiz kontrolliert einerseits, ob die Verwaltung formell und bei eigenem Entscheidungsspielraum materiell dem Gleichheitsgebot Genüge getan hat. Wenn die Verwaltung selbst Differenzierungsziel und -kriterien festsetzt, eröffnen sich zusätzliche Kontrollerfordernisse für die Gerichte. Kein Fall der Rechtsanwendungsgleichheit ist jedoch die Kontrolle der Gesetze selbst[255].

Gleichheit bei der Rechtsauslegung und -anwendung bezieht sich auf die gesetzlichen Vorgaben, an welche die Rechtsprechung bei ihrer Tätigkeit gebunden ist[256]. Die Justiz ist verpflichtet, auf Menschen in derselben Situation eine Norm unabhängig von der Rasse entweder gleichmäßig anzuwenden oder nicht anzuwenden[257]. Eine Abweichung

---

[254] Vgl. Kapitel 3, E. II.

[255] Eide/Opsahl, in: 7. Colloque CEDH, S. 131; vgl. ferner McKean, Equality and Discrimination, S. 162; Partsch, TILJ 14 (1979), S. 229-231; Ténékidès, RdC 168 (1980 III), S. 361 f.

[256] Luchaire, La Protection Constitutionnelle des Droits et des Libertés, S. 261 f.

[257] Unter diesen Bereich fällt das Urteil eines Bochumer Richters, der „Zigeuner“ als Nachmieter als aus Vermietersicht nicht durchschnittlich geeignete Mieter bezeichnet hat, da „diese Bevölkerungsgruppe überwiegend nicht seßhaft“ sei. In dem rechtskräftigen Urteil ging es darum, daß ein zur Gruppe der Roma und Sinti gehörender Nachmieter vorgeschlagen, dieser vom Vermieter jedoch nicht akzeptiert wurde und daher das Mietverhältnis zwischen den beiden Parteien noch fortbestand (Amtsgericht Bochum, Urteil vom 25.9.1996, Aktenzeichen 38 C 157/96; vgl. FAZ vom 21.2.1997, S. 4). Später entschuldigte sich der Vorsitzende des Deutschen Richterbundes Voss im Namen des Richters.

Ist in diesem Fall die „Privatsphäre“ des Vermieters berührt ist, d. h., wenn die Wohnung des Ehepaars sich im gleichen Haus befindet und es sich um eine kleinere Wohneinheit handelt, ist die Konvention nicht einschlägig. Die Unterscheidung findet dann nicht im „öffentlichen Leben“ statt. Auch dadurch, daß eine dritte Partei, der Altmieter, betroffen ist, wird der Sachverhalt noch nicht

aufgrund der Rasse ist nur im Rahmen der Ausnahmen des Artikels 1 RDK zulässig. Die Kompetenz, den von einem Differenzierungskriterium angestrebten Zweck festzulegen, geht von der Verwaltung auf die Justiz über, wenn eine Begründung der Verwaltungsentscheidung, die die Zweckbestimmung darlegt, fehlt. In diesem Fall wandelt sich die Kompetenz der Gerichte von der bloßen Kontrolle, ob die Verwaltung den Gleichheitssatz konventionskonform angewandt hat, zu einer eigenständigen materiellen Gestaltungskompetenz. Dabei sind die Gerichte dann ebenfalls formell und materiell an den Gleichheitssatz des Artikels 5 RDK gebunden[258].

Für Artikel 5 (f) RDK folgt daraus insgesamt, daß die Judikative in gleicher Weise wie die Exekutive verpflichtet ist, gesetzliche Regelungen, die den Zugang bzw. die Benutzung von Dienstleistungen und Orten betreffen, für alle gleich, ungeachtet ihrer Zugehörigkeit zu einer rassischen Gruppe, anzuwenden. Außerdem hat sie darauf zu achten, daß die Exekutive das Recht in diesem Bereich tatsächlich gleich anwendet. Wenn weder der Gesetzgeber noch die Exekutive ihren Entscheidungsspielraum wahrgenommen haben, Differenzierungskriterien für eine rechtliche Regelungen aufzustellen, haben die Gerichte diese Aufgabe zu übernehmen. Insoweit legt die Konvention auch ihnen die Pflicht auf, die materielle rechtliche Gleichheit beim Zugang zu Gaststätten zu garantieren.

III. Gleichheit durch das Gesetz

1. Bindung des Gesetzgebers an das Gleichheitsgebot

Eng verbunden mit dem Recht auf Gleichheit vor dem Gesetz ist das Recht auf Gleichheit durch das Gesetz[259] („equal protection of the

„öffentlich". Handelt es sich nicht um eine privat genutzte Wohnung, (was vom Vermieter im betreffenden Fall nicht vorgetragen worden war), ist die RDK einschlägig. Eine willkürliche Ungleichbehandlung liegt somit vor. Zwar ist eine Ungleichbehandlung dann gerechtfertigt, wenn sich aus den Umständen ergibt, daß der Mietvertrag durch den Nachmieter nicht ordnungsgemäß erfüllt wird. Die Rasse stellt indessen für sich keinen solchen Umstand dar.

[258] Vgl. Gusy, NJW 1988, S. 2510.

[259] Opsahl, in: FS Ermacora, S. 52; Eide/Opsahl, in: 7. Colloque CEDH, S. 111; vgl. auch Nowak, CCPR Commentary, Art. 26, Rz. 15. Diese Formulierung wird auch in Artikel 26 IPbpR und 7 AEM verwendet, vgl. ferner 24 AMRK. Seine Relevanz erhielt der Begriff durch den 14. Zusatzartikel der Ver-

law"/"égale protection de la loi"). Nach diesem Prinzip ist auch der nationale Gesetzgeber an den Gleichheitssatz gebunden[260]. Eine Verpflichtung für die Staaten, auch Rechtsetzungsgleichheit zu garantieren, ist dem Wortlaut des Einleitungsabsatzes von Artikel 5 RDK nicht ausdrücklich zu entnehmen[261]. Ein Vorschlag des kanadischen Vertreters im Dritten Ausschuß der Generalversammlung, auch „equal protection of the law" in den Einleitungsabsatz des Artikels 5 RDK aufzunehmen, wurde nicht befolgt[262]. Kein taugliches Argument für die Bindung des Gesetzgebers ist, daß ohne sie Segregation möglich sei, da auch in diesem Fall die Gesetze gleichmäßig auf die jeweiligen Adressaten angewendet würden[263]. Insoweit schränkt schon Artikel 3 RDK die gesetzgeberische Freiheit ein[264].

Daß Artikel 5 RDK sich auch auf die Gleichheit durch das Gesetz bezieht, ergibt sich aus einer systematischen Interpretation der Norm mit Artikel 2 Absatz 1 (c) RDK, mit dem die Gleichheitsgarantie in Einklang zu bringen ist[265]. Artikel 2 Absatz 1 (c) RDK läßt sich entnehmen, daß auch die Rechtsetzung an den Gleichheitssatz gebunden wer-

---

fassung der USA, der in Folge des amerikanischen Bürgerkriegs erlassen wurde und daher direkt mit dem Verbot der Sklaverei zusammenhängt. Siehe Opsahl, *ebenda*; Tomuschat, in: FS Schlochauer, S. 699.

[260] Vgl. Nowak, CCPR Commentary, Art. 26, Rz. 17; Opsahl, in: FS Ermacora, S. 53; ebenso der Menschenrechtsausschuß des IPbpR in den Fällen S.W.M. Broeks und F.H Zwaan-de Vries, beide gegen die Niederlande, No. 172/1984, und No. 182/1984, jeweils Zif. 12-15, in: Selected Decisions of the Human Rights Committee under The Optional Protocol, Vol. 2, S. 200, S. 213; vgl. auch Eide, in: FS Opsahl, S. 224.

[261] Strauss (in: Verbot der Rassendiskriminierung, S. 129) verneint daher, daß Gleichheit durch das Gesetz garantiert werden müsse. Differenzierend Partsch, TILJ 14 (1979), S. 227: „Law making powers are only bound by this principle [of equality] when there is a separation of power, where, p. ex., the power of parliament is limited and where constitutional courts ensure that the limits are respected." Vgl. zum IPbpR zu diesem Punkt, Tomuschat, in: FS Schlochauer, S. 706 (Entstehungsgeschichte) einerseits und Eide/Opsahl, in: 7. Colloque CEDH, S. 132; Nowak, CCPR Commentary, Art. 26, Rz. 16 f. andererseits.

[262] MacDonald, UN Doc. A/C.3/SR.1309, Zif. 6.

[263] Vgl. dazu Tomuschat, in: FS Schlochauer, S. 704 und 709 f.

[264] Siehe zum Verbot der Segeration bereits *supra*, Kapitel 2, C.I.2.

[265] Vgl. zur Systemtik des Artikels 5 RDK, Partsch, TILJ 14 (1979), S. 195.

den sollte[266]. Die Vorschrift sieht, wie oben dargelegt, vor, alle Gesetze und sonstigen Vorschriften dahingehend zu überprüfen, ob sie rassendiskriminierende Elemente enthalten, und sie notfalls zu ändern beziehungsweise aufzuheben. Müssen aber bereits bestehende Gesetze und Vorschriften überprüft werden, muß erst recht eine Bindung an die Konvention beim Neuerlaß von Gesetzen bestehen. Eine andere Auslegung würde zu dem widersinnigen Ergebnis führen, daß der Gesetzgeber beim Erlaß einer Norm frei von jeglicher Bindung wäre, diese jedoch von ihrer Verkündung an dahingehend überprüft werden müßte, ob sie Ungleichbehandlung zwischen den Rassen herstellt oder perpetuiert.

Bestätigt wird diese Interpretation durch den dritten Absatz der Präambel, der das Recht aller Menschen auf „equal protection of the law against any discrimination"[267] vorsieht. Dasselbe ergibt sich aus Artikel 2 Absatz 1 a) RDK, nach dem die Staaten verpflichtet sind, rassendiskriminierende Handlungen zu unterlassen. Auch nach dem Grundsatz der Staatenverantwortlichkeit ist der Gesetzgeber in die Pflicht genommen[268]. Gesetze, die willkürlich entweder unmittelbar oder mittelbar eine rassische Gruppe stärker belasten oder weniger begünstigen als andere Gruppen, verstoßen gegen das Gebot der Gleichbehandlung und sind gleichzeitig eine durch die Konvention verbotene Diskriminierungsmaßnahme.

Das Prinzip der Gleichheit durch das Gesetz fordert von den nationalen Gesetzgebern, daß sie jedem durch das Gesetz unbeschadet seiner Rasse Zugang zu jedem Ort und jeder Dienstleistung gewähren, die zur Nutzung durch die Öffentlichkeit vorgesehen sind. Sie haben positiv die rechtlichen Voraussetzungen für diese Gleichbehandlung zu schaffen und sich negativ jeglicher Maßnahmen zu enthalten, die dieser Gleichheit widersprechen. Dabei darf sich das Gesetz nicht auf formelle rechtliche Gleichheit beschränken. Die Chancen, einen Park, ein Hotel

---

[266] So auch die Ansicht der Schweiz, vgl. Bundesblatt der Schweiz 1992 III, (1992 - 108) vom 2. März 1992, S. 269; i. Erg. auch Ortiz-Martin, UN Doc GAOR (A/9018), Zif. 55.

[267] Die deutsche Übersetzung der RDK „ein Recht auf gleichen Schutz des Gesetzes gegen Diskriminierung" entspricht nicht der heute verwandten Terminologie. „Equal protection of the law"/"égale protection de la loi", die Gleichheitsbindung bei der Gesetzgebung, wird heute mit „Gleichheit durch das Gesetz" umschrieben. Siehe dazu Pieroth/Schlink, Grundrechte, S. 101.

[268] Vgl. dazu *supra*, Kapitel 3, A.

oder ein Theater aufzusuchen, müssen materiell rechtlich für alle gleich sein[269].

Im Rahmen der Konvention ist der grundsätzlich sehr weite Spielraum der Legislative bei der Auswahl der von ihr verfolgten Ziele und dafür ausgewählten Differenzierungskriterien auf solche beschränkt, die mit dem Gebot, Rassendiskriminierung zu beseitigen, im Einklang stehen.

Ein Gebot, ein spezielles Antidiskriminierungsgesetz zu erlassen, folgt aus dem Prinzip der Gleichheit durch das Gesetz nicht.

2. Die Verpflichtung zur faktischen Gleichheit

Im Gegensatz zum „Prinzip der Gleichheit durch das Gesetz" ist der Gesetzgeber bei der Verwirklichung der „Gleichheit vor dem Gesetz" nicht von vornherein darauf beschränkt, das Gesetz ungeachtet der Rasse eines Menschen gleich anzuwenden. Ihm obliegt es, die Ziele der Gesetze festzulegen. Teil dieser Kompetenz ist es zu bestimmen, ob durch ein Gesetz faktische oder rechtliche Gleichheit verwirklicht werden soll.

Die Pflicht, faktische Gleichheit herzustellen und hierzu positive Maßnahmen zu erlassen, trifft die Staaten, wie oben dargestellt, schon ausdrücklich aus Artikel 2 Absatz 2 RDK[270]. Bereits hiernach sind die Staaten angehalten, darauf hinzuwirken, die unterschiedlichen Ausgangssituationen der verschiedenen Rassen einander anzugleichen, damit von der rechtlichen Möglichkeit, eine Gaststätte zu besuchen, auch tatsächlich jeder ungeachtet der Rasse Gebrauch machen kann. Der Grundsatz der Gleichheit durch das Gesetz enthält keine über Artikel 2 Absatz 2 RDK hinausgehenden Anforderungen oder Konkretisierungen. Vielmehr ergibt sich aus Artikel 2 Absatz 2 RDK die grundsätzliche Freiheit der Staaten bei der Ausgestaltung der Maßnahmen und ihre sachlichen Schranken. Eine weitergehende, über Artikel 2 Absatz 2 RDK hinausgehende Verpflichtung des Gesetzgebers, faktische Gleich-

---

[269] Vgl. allgemein Ortiz-Martin, UN Doc. GAOR (A/9018), Zif. 55.

[270] Vgl. Abs. 3 der Präambel; UN Doc. GAOR (A/33 /18), S. 110; Meron, Human Rights Law-Making in the United Nations, S. 12; ders., AJIL 79 (1985), S. 287; i. Erg. auch Strauss, Das Verbot der Rassendiskriminierung, S. 41 f.; Einarsen, NoJIL 64 (1995), S. 429; Hailbronner, in: FS Schindler, S. 87. Vgl. *supra*, Kapitel 3, E. II.

heit durch spezielle Gesetze zu schaffen, ist dem Prinzip der Gleichheit durch das Gesetz nicht zu entnehmen.

G. Zwischenergebnis

Insgesamt enthält Artikel 5 (f) RDK weitreichende Anforderungen an die Staaten. Gleichzeitig ermöglicht der Ermessensspielraum, der den Staaten im Kampf gegen die Rassendiskriminierung eingeräumt wurde, den individuellen Vorgaben und Bedürfnissen der verschiedenen Staaten gerecht zu werden.

Die erste Verpflichtung des Artikels 5 (f) RDK enthält die Maßgabe an die Staaten, auf der Rasse beruhende Zugangsverbote zu Gaststätten und anderen öffentlichen Dienstleistungen und Orten umfassend zu beseitigen. Dabei kommt es nicht darauf an, daß das Zugangsverbot unmittelbar an die Rasse anknüpft. Die Verpflichtung enthält ein an die Staaten und die für sie handelnden Organe gerichtetes Verbot, in Gaststätten, die in öffentlicher Hand sind, Personen den Zugang aufgrund der Rasse zu verweigern, die Leistungskonditionen für sie zu verschärfen oder gesonderte Bereiche für bestimmte Rassen zu schaffen. Der Begriff des Staates ist dabei umfassend zu verstehen, in vertikaler als auch in horizontaler Hinsicht.

Darüber hinaus ist es den Vertragsstaaten verboten, private Gastwirte, die Angehörige bestimmter rassischer Gruppen diskriminieren, in irgendeiner Weise zu fördern. Das heißt, der Staat bzw. seine Organe dürfen z. B. ein Hotel, in dem Mitglieder einer rassischen Gruppe nicht aufgenommen werden, nicht durch finanzielle oder andere Vergünstigungen unterstützen oder bestimmte Belastungen, wie Steuern, nicht auferlegen. Verboten ist es auch, Verträge, die rassendiskriminierende Elemente enthalten, durchzusetzen und den Privaten so zu den Vorteilen der Diskriminierung zu verhelfen.

Von besonderer Bedeutung für den Gaststättenbereich ist die Maßgabe, nicht nur staatliche, sondern auch private Diskriminierung im Gaststättenbereich zu verbieten. Verpflichtete sind nur die Staaten, nicht die Privaten selbst. Artikel 5 (f) RDK garantiert kein Individualrecht auf ungehinderten Zugang zu Gaststätten. Die Ausgestaltung des Verbots steht grundsätzlich im Ermessen der Staaten. Die Pflicht, ein spezielles Antidiskriminierungsgesetz zu erlassen, ist weder Artikel 5 noch Artikel 2 RDK zu entnehmen. Eine systematische Interpretation des Artikels 5 (f) mit Artikel 6 RDK ergibt jedoch, daß auch gegen durch Private vorgenommene Diskriminierungsakte Schutz durch ein Gericht oder eine andere staatliche Institution garantiert sein muß, der zu einer gerechten und angemessenen Entschädigung oder Genugtuung führt. Die Form des Verbots hängt von den jeweiligen Rechtsordnungen ab. Bei Staaten, in denen jede Freiheitsbeschränkung der Bürger letztlich auf ein Parlamentsgesetz zurückzuführen ist (Vorbehalt des Gesetzes), ist für ein Verbot eine gesetzliche Grundlage nötig. Spezielle Antidiskriminierungsgesetzgebung ist ein möglicher, aber nicht der einzige Weg, dieser Verpflichtung nachzukommen. Nur ausnahmsweise kann sich aus der Verpflichtung zur Effektivität das Ermessen der Staaten zur Pflicht, ein solches Gesetz zu erlassen, verdichten, wenn Zugangsverweigerungen nicht anders abwendbar sind. Die Anforderungen an die Staaten werden durch die Verpflichtung, die faktische Ausgangslage der verschiedenen Rassen innerhalb eines Staaten so anzugleichen, daß die Menschen nicht nur rechtlich, sondern auch tatsächlich die gleichen Chancen haben, eine Gaststätte ihrer Wahl zu besuchen, erheblich ausgeweitet.

Aus Artikel 2 Absatz 1 (d) RDK in Verbindung mit Artikel 2 Absatz 1 (c) RDK ergibt sich ferner die Verpflichtung für die Staaten, darauf zu achten, daß ihre Behörden der Aufgabe, die Rassendiskriminierung in Gaststätten und ähnlichen Bereichen zu unterbinden, ordnungsgemäß nachkommen und das staatliche Verbot durchsetzen. Die Beseitigung von Rassendiskriminierung im Sinne des Artikels 5 RDK verlangt zudem, daß die Staaten die Integration der verschiedenen rassischen Gruppen in die Gesellschaft fördern und die Rassenschranken beseitigen. Teil der zu beseitigenden Rassenschranken sind Vorurteile, die dazu führen, daß Privatpersonen in ihrem privaten, nicht unter die Konvention fallenden Leben Menschen aufgrund der Rasse diskriminieren. Daneben sind die Staaten verpflichtet, durch positive Maßnahmen nach Artikel 2 Absatz 2 RDK die faktischen Ausgangsbedingungen der verschiedenen rassischen Gruppen einander so anzugleichen, daß alle dieselben Ausgangschancen haben. Auf diese Weise wird die faktische Unterpräsentation bestimmter Gruppen in Servicebetrieben mit besonders schwer zu erfüllenden Zugangsbedingungen, die auf an sich neutralen Kriterien wie hohen Preisen beruhen, wettgemacht.

Zu entscheiden, welche Methoden Rassendiskriminierung im Gaststättenbereich effektiv beseitigen können, steht grundsätzlich im Ermessen der Staaten. Sie sind am besten in der Lage, den Kampf gegen die Rassendiskriminierung den jeweiligen Bedürfnissen anzupassen. Dem Rassendiskriminierungsausschuß obliegt es, darüber zu wachen, ob die ergriffenen Maßnahmen wirksam sind. Vor allem durch seine Forderung, daß die Staaten anhand statistischer Daten die tatsächliche Lage der benachteiligten Gruppen darzustellen haben, bringt er an den Tag, ob der eingeschlagene Weg geeignet ist, des Problems der Rassendiskriminierung Herr zu werden.

Aus den „Concluding Observations" an Deutschland aus den Jahren 1993 und 1997 erwächst für Deutschland keine unmittelbare Pflicht zum Erlaß eines Diskriminierungsgesetzes. Die fehlende rechtliche Verbindlichkeit dieser Vorschläge ist jedoch kein „Freibrief", ihnen nicht nachzukommen. Vielmehr hat der aus 18 Experten zusammengesetzte Ausschuß aufgrund seines großen Erfahrungsschatzes eine hohe sachliche Kompetenz im Bereich der Rassendiskriminierung. Als Ausfluß dieses Wissens sind seine Abschlußbemerkungen daher von hohem Wert. Fordert der Ausschuß einen Staat auf, sich bestimmten Bereichen besonders zuzuwenden, liegt der Verdacht nahe, daß der Staat der Rassendiskriminierung dort nicht effektiv nachgeht. Deshalb muß eine solche Aufforderung Anlaß für die Staaten sein, ihr eigenes System des Kampfes gegen Rassendiskriminierung erneut zu überprüfen und den aktuellen Bedürfnissen anzupassen. Die Staaten haben also die Ausschußentscheidung bei der Ausübung ihres Ermessens zu berücksichtigen. Können sie durch andere rechtliche Wege als durch den Erlaß eines formellen und spezifischen Antidiskriminierungsgesetzes Rassendiskriminierung effektiv bekämpfen, genügen sie den Anforderungen der Konvention.

Die zweite Verpflichtung aus Artikel 5 (f) RDK, die Garantie, Gleichheit vor dem Gesetz zu gewährleisten, beinhaltet für Exekutive und Judikative die Pflicht, Gesetze, die den Zugang zu Gaststätten regeln, unbeschadet der Rasse gleich anzuwenden. Soweit eine Norm der Verwaltung oder Gerichten eigenen Umsetzungsspielraum gewährt, haben sie darüber hinaus darauf zu achten, daß die von ihnen angewandten Unterscheidungskriterien nicht mittelbar zu einer Benachteiligung von Angehörigen einer bestimmen Rasse führen. Eine Pflicht, ihren Gestaltungsspielraum so anzuwenden, daß eine bisher benachteiligte Rasse gefördert wird, um zu erreichen, daß sich die tatsächliche Ausgangslage der verschiedenen Gruppen angleicht, ist aus der Rechtsanwendungsgleichheit nicht abzulesen, sondern besteht nur im Rahmen des Artikels 2 Absatz 2 RDK.

Auch die Legislative ist an den Gleichheitssatz gebunden. Das Prinzip der Gleichheit durch das Gesetz ist zwar nicht ausdrücklich im Einleitungsabschnitt des Artikels 5 RDK erwähnt; seine Einbeziehung ergibt sich jedoch aus einer systematischen Gesamtschau der Konvention. Die von der Legislative erlassenen Gesetze dürfen weder unmittelbar noch mittelbar dazu führen, daß der gleichberechtigte Zugang zu Gaststätten beeinträchtigt wird. Eine Pflicht, ein Antidiskriminierungsgesetz zu erlassen, ist dem Gleichheitsgebot jedoch nicht zu entnehmen. Die Gesetzgeber sind nicht nur rechtlicher, sondern auch faktischer Gleichheit verpflichtet. Allerdings steht den Staaten in diesem Bereich gemäß Artikel 2 Absatz 2 RDK ein weiter Ermessensspielraum zu.

2. Teil

Die Rechtslage in der Bundesrepublik Deutschland

Im ersten Teil dieser Arbeit wurde festgestellt, welche Anforderungen Artikel 5 (f) RDK an die Staaten stellt. Aufgabe des zweiten Teils wird es sein, die Bedeutung des völkerrechtlichen Verbots der Rassendiskriminierung beim Zugang zu Gaststätten im deutschen Recht zu ermitteln. Dafür ist die deutsche Rechtslage zu analysieren und der Umfang der bestehenden rechtlichen Vorschriften zu bestimmen. Mittelbar beantwortet sich dabei auch die Frage, ob und wie die deutsche Rechtsordnung den durch die Konvention auferlegten Verpflichtungen gerecht wird.

Zur Durchsetzung des Rassendiskriminierungsverbots stehen im deutschen Recht zwei sich ergänzende Wege zur Verfügung. Zum einen kann es durch innerstaatliche Rechtsnormen im deutschen Recht verankert sein. Zum anderen besteht die Möglichkeit, daß Artikel 5 (f) RDK unmittelbar oder mittelbar in die deutsche Rechtsordnung einwirkt. Dementsprechend teilt sich die Analyse der deutschen Rechtslage auf. Maßstab hierbei sind immer die im ersten Teil der Arbeit ermittelten völkerrechtlichen Verpflichtungen.

Zuerst soll untersucht werden, ob und auf welche Weise Artikel 5 (f) RDK das deutsche Recht beeinflußt (4. Kapitel). Die dem zugrundeliegende dogmatische Frage ist, wie Menschenrechtsverträge in die deutsche Rechtsordnung einwirken und wie dementsprechend der deutsche Rechtsanwender den Regelungsgehalt des Artikels 5 (f) RDK zu beachten hat. Um die Wirkung von Artikel 5 (f) RDK zu bestimmen, ist die Stellung dieser Norm im innerstaatlichen Recht zu klären. Ausgangspunkt der Untersuchung sind Artikel 59 Absatz 2 GG und – sofern Artikel 5 (f) RDK zu den allgemeinen Regeln des Völkerrechts zählt – Artikel 25 GG. Außerdem wird darauf eingegangen, inwieweit das Bundesverfassungsgericht die fachgerichtliche Anwendung von Artikel 5 (f) RDK kontrolliert.

Erst danach sollen die materiell-rechtlichen deutschen Rechtsnormen analysiert werden, die Rassendiskriminierung beim Zugang zu Gaststätten und anderen öffentlichen Orten im innerstaatlichen Recht verbieten. Dabei sind implizite Einflüsse des Artikels 5 (f) RDK zu berücksichtigen. Prüfungsgegenstand sind grundrechtliche Schutznormen, allen voran Artikel 3 Absatz 3 Satz 1 GG (5. Kapitel). Neben seiner Funktion als Abwehrrecht wird besondere Aufmerksamkeit auf die der Norm zu entnehmenden Schutzpflichten und auf die Ausstrahlungswirkungen — insbesondere im Bereich des Zivilrechts — gerichtet. Hinsichtlich der durch Artikel 3 Absatz 3 Satz 1 GG nicht erfaßten Fälle kommt ein Verstoß gegen den allgemeinen Gleichheitssatz des Artikels 3 Absatz 1 GG in Betracht. Da die in einer rassendiskriminierenden Zutrittsverweigerung regelmäßig enthaltene Zurücksetzung gleichzeitig das allgemeine Persönlichkeitsrecht des Opfers berührt, wird zudem kurz auf Artikel 2 Absatz 1 in Verbindung mit Artikel 1 Absatz 1 GG eingegangen.

Im Anschluß soll die Umsetzung der grundrechtlichen und völkerrechtlichen Anforderungen durch das einfachgesetzliche Gefahrenabwehrrecht behandelt werden (6. Kapitel). Dieses Kapitel zeigt auf, aufgrund welcher Rechtsnormen Behörden gegen rassendiskriminierende Zugangsverweigerung vorgehen können und müssen.

4. Kapitel: Einwirkung der RDK in den innerstaatlichen Rechtsraum

Völkerrechtlich ist die Bundesrepublik Deutschland verpflichtet, Rassendiskriminierung beim Zugang zu Gaststätten zu beseitigen und Gleichheit vor dem Gesetz zu gewährleisten. Das Entstehen bzw. Bestehen einer völkerrechtlichen Verpflichtung führt nicht automatisch zu einer Geltung der Norm im innerstaatlichen Rechtsraum[1]. Wie die Staaten völkerrechtliche Verträge in ihre Rechtsordnung umsetzen, ist grundsätzlich ihnen überlassen, es sei denn, aus den speziellen Regelun-

[1] Dahm/Delbrück/Wolfrum, Völkerrecht, Bd. I/1, S. 101; Verdross/Simma, Universelles Völkerrecht, S. 539 f.

gen eines Vertrages ergibt sich etwas anderes[2]. Die Völkerrechtsordnung ist allein am Ergebnis, dem völkerrechtskonformen Verhalten der Völkerrechtssubjekte, interessiert, nicht an der Technik, mit der sie dieses Ziel erreichen. Es besteht grundsätzlich auch keine Pflicht, die effektivste Umsetzungsform auszuwählen[3].

A. Rezeption der RDK

Eine inhaltliche Umsetzung von Artikel 5 (f) RDK kann bereits durch die Ratifikation erfolgt sein. Die Rezeption der RDK erfolgt im deutschem Recht als völkerrechtlicher Vertrag durch Artikel 59 Absatz 2 GG und, sofern die Konvention allgemeine Regeln des Völkerrechts widerspiegelt, durch Artikel 25 GG.

---

2 Nguyen Quoc/Daillier/Pellet, Droit International Public, S. 228; Steinberger, in: Isensee/Kirchhof, S. 544; Sorensen, in: 2. Kolloquium EMRK, S. 21; Nolte, IPrax 1985, S. 72; Bernhardt, in: FS Mosler, S. 76 f.; Wolfrum, in: Symonides, S. 48; Bleckmann, DÖV 1996, S. 140; Kimminich/Hobe, Einführung in das Völkerrecht, S. 217; vgl. auch UN Doc. A/2929, S. 49, Zif. 7 ff.; ferner Ago, ABILC 1977, Vol II, Part. 1, N.Y. 1978, S. 4, Zif. 3; Tomuschat, in: FS Zacher, S. 1146.

3 Koller, Die unmittelbare Anwendbarkeit völkerrechtlicher Verträge, S. 59; Meng, in: Koeppel, S. 6; Bossuyt, RBDI 15 (1980), S. 317; siehe auch BVerfGE 73, 339 (LS); vgl. zur RDK implizit Diaconu, UN Doc. CERD/C/SR.1275, Zif. 4. Die beiden grundlegenden Modelle, die sich herausgebildet haben, völkerrechtliche Verträge umzusetzen, sind zum einen, einen Vertrag nicht in das innerstaatliche Recht einzugliedern, sondern zur Vollziehung des Vertragsinhaltes eigene Rechtssätze nationalen Ursprungs zu erlassen (traditionell in Großbritannien und in den skandinavischen Staaten außer Finnland). Zum anderen können völkerrechtliche Verträge als solche in die innerstaatliche Rechtsordnung aufgenommen werden (westliche und östliche kontinentaleuropäische Staaten außer Ungarn). Das zweite Modell wird als das völkerrechtsfreundlichere betrachtet, da die staatlichen Organe die Völkerrechtsnormen ohne Vermittlung durch den Gesetzgeber beachten können. Vgl. EGMR, Ireland v. UK, Urteil vom 18. 1. 1978, Series A 25, S. 91, Zif. 239; Tomuschat, in: Isensee/Kirchhof, S. 495; Hilf, in: Mahrenholz/ders./Klein, S. 31; siehe auch Buergenthal, RdC 235 (1992 IV), S. 315 ff.

I. Artikel 59 Absatz 2 GG

1. Verfahren bei der RDK: Der Regelfall des Artikels 59 Absatz 2 GG

Das Grundgesetz hat sich in Artikel 59 Absatz 2 GG für eine individuelle Umsetzung völkerrechtlicher Verträge entschieden. Jede Völkerrechtsnorm bedarf eines eigenen nationalen Hoheitsaktes zur Herbeiführung der innerstaatlichen Geltung.

Das Zustimmungsgesetz, mit dem regelmäßig der Bundestag den Bundespräsidenten zur Ratifikation eines völkerrechtlichen Vertrages ermächtigt, hat neben dieser formellen ermächtigenden Funktion in der Regel die materielle Wirkung, den Vertragsinhalt in das deutsche Recht einzuführen[4]. Diese doppelte Funktion entfällt nur dann, wenn der Gesetzgeber einem Abkommen die innerstaatliche Anwendbarkeit ausdrücklich abgesprochen hat, wie es z. B. in Artikel 1 Absatz 2 des Zustimmungsgesetzes zum Übereinkommen über das auf vertragliche Schuldverhältnisse anwendbare Recht vom 19.6.1980 der Fall ist[5]. Von

---

[4] BVerfGE 1, 396, 410 f.; 6, 290, 294; BGHZ 52, 216, 219; Streinz, in: Sachs, Art. 59, Rz. 59; Frowein, in: Jacobs/Roberts, S. 65; Bleckmann, Grundgesetz und Völkerrecht, S. 216; Boehmer, Der völkerrechtliche Vertrag im deutschen Recht, S. 22 ff.; Rosengarten, Der Begriff der völkerrechtlichen Verträge, S. 55 f.

[5] Gesetz vom 25.7.1986 (BGBl. II, S. 809). Die Vertragsbestimmungen sind mit leichten Modifikationen in das EGBGB aufgenommen worden (Gesetz zur Neuregelung des IPR vom 25.7.1986 (BGB. I, S. 1142). Dabei besteht die Besonderheit, daß nach Artikel 36 EGBGB „bei der Auslegung ... dem internationalen Charakter der Vorschriften Rechnung zu tragen ist". Ähnliches gilt für das Übereinkommen der Vereinten Nationen über die Rechte des Kindes (angenommen durch Resolution 44/25 der Generalversammlung vom 20.11.1989, deutscher Text: BGBl. 1992 II, S. 122). Siehe dazu BT-Dr. 12/42 (24.1.1991), S. 54 und BGBl. 1992 II, S. 990. Bei dieser Konvention hat die Bundesregierung bei der Hinterlegung der Ratifikationsurkunde einen entsprechenden Vorbehalt erklärt. Insbesondere beim ersten Verfahren wird in der Literatur die Frage aufgeworfen, ob aus der Völkerrechtsfreundlichkeit des Grundgesetzes und insbesondere wegen Art. 1 Abs. 2 GG bei Menschenrechtsverträgen innerstaatlich ein verfassungsrechtliches Gebot erwächst, die effektivste Umsetzungsform auszuwählen, die regelmäßig in der unmittelbaren Übernahme der Verträge in das innerstaatliche Recht zu sehen ist. Denn in diesem Fall entzieht die Norm sich der alleinigen Herrschaft der beteiligten Regierungen. Eine Umsetzung durch Erlaß eines Parallelgesetzes erscheint angesichts der zu beobachtenden (Un-)"Kenntnis" deutscher Rechtsanwender von völkerrechtlichen Verpflichtungen nicht per se als völkerrechtsunfreundlich, sofern die Anbindung an den völkerrechtlichen Vertrag gelingt. Vgl. zu dieser Problematik Tomuschat, in: Isensee/Kirchhof, S. 496; ders., FS Zacher, S. 1143 ff., 1158; Geiger, Grundge-

dieser Möglichkeit hat der Bundesgesetzgeber im Zustimmungsgesetz zur Rassendiskriminierungskonvention vom 9.5.1969 keinen Gebrauch gemacht, so daß Artikel 5 (f) RDK nach den allgemeinen für Völkervertragsrecht geltenden Regeln des Artikels 59 Absatz 2 GG rezipiert wurde[6].

Da das Grundgesetz die Frage, wie völkerrechtliche Verträge im deutschen Recht rezipiert werden, nicht eindeutig klärt, war dies lange Zeit Thema juristischer Auseinandersetzungen[7]. Die praktischen Auswirkungen der unterschiedlichen Theorien sind heute in den wesentlichen Punkten gleich[8]. So ist im Ergebnis unstreitig, daß völkerrechtliche Verträge erst durch die Vermittlung eines staatlichen Hoheitsakts im innerstaatlichen Bereich Geltung erlangen, wie es durch das Zustimmungsgesetz für die RDK vorgenommen wurde[9]. Zudem besteht mit unterschiedlichen Begründungen inzwischen Einigkeit darüber, daß durch die Einbeziehung völkerrechtlicher Normen in das innerstaatliche Recht der Zusammenhang zwischen der Völkerrechtsnorm und ihrem innerstaatlichen Pendant nicht verloren geht[10]. Daraus folgt insbesondere, daß für solche Vorschriften auch nach ihrer Umsetzung die völkerrechtlichen Auslegungsregeln gelten[11]. Bei dem Rekurs auf Arti-

---

setz und Völkerrecht, S. 176; Nolte, IPrax 1985, S. 72 ff.; Meng, in: Koeppel, S. 7 u. 14; Kohler, EuR 1984, S. 165; Frowein, Diskussionsbeitrag, BDGV 27 (1986), S. 174; Engel, Völkerrecht als Tatbestandsmerkmal deutscher Normen, S. 207-211.

[6] BGBl 1969 II 961.

[7] Maßgeblich ist hierfür das Verhältnis von Völkerrecht zum Landesrecht. Für diesen Problemkreis stehen sich Dualismus und Monismus jeweils in ihren gemäßigten Formen gegenüber. Siehe dazu Brownlie, Principles of Public International Law, S. 31 f.; Bleckmann, Grundgesetz und Völkerrecht, S. 265 ff.; ders., AVR 18 (1979), S. 257 ff.; Menzel, in: BK, Art. 25, S. 23; Rudolf, Völkerrecht und deutsches Recht, S. 128-150; Dahm/Delbrück/Wolfrum, Völkerrecht, Bd I/1, S. 99-101; Seidl-Hohenveldern/Stein, Völkerrecht, S. 121 ff.

[8] Siehe aber Kunig, in Graf Vitzthum, S. 152 f.

[9] Schweitzer, Staatsrecht III, S. 13; Geiger, Grundgesetz und Völkerrecht, S. 16 f.; Uerpmann, Die EMRK und die deutsche Rechtsprechung, S. 23 f.; vgl. ferner Zuleeg, DÖV 1977, S. 467; Mann, JIR 18 (1976), S. 385.

[10] Rojahn, in: von Münch/Kunig, Art. 59, Rz. 33; Tomuschat, in: Isensee/Kirchhof, S. 495.

[11] So BVerfGE 4, 157 (168); BGHZ 52, 216, 219. Vgl. die Darstellung der Rechtsprechung des BVerfG bei Bernhardt, in: FS 25jähriges Bestehen BVerfG,

kel 5 (f) RDK sind daher auch für den deutschen Rechtsanwender die im Rahmen der völkerrechtlichen Interpretation erzielten Ergebnisse maßgeblich. Anstelle von Transformation, Adoption oder Vollzug[12] wird heute daher teilweise neutral von Umsetzung oder Übernahme einer völkerrechtlichen Norm gesprochen[13]. Dem soll für Artikel 5 (f) RDK im weiteren gefolgt werden.

2. Die Umsetzung des Artikels 5 (f) RDK: Innerstaatliche Geltung

a) Gegenstand der Umsetzung

Welche Normen gemäß Artikel 59 Absatz 2 GG in die deutsche Rechtsordnung umgesetzt werden, wird nicht einheitlich beantwortet. Teilweise wird die Umsetzungswirkung auf diejenigen Normen des Völkervertragsrechts beschränkt, die unmittelbar anwendbar sind. Nur solche Vertragsteile sollen in Deutschland Geltung erlangen, aus denen sich konkrete Rechte und Pflichten für die staatlichen Behörden und Staatsbürger ergeben und die daher geeignet sind, von Gerichten und Verwaltung als Obersatz für die Beantwortung einer Rechtsfrage angewandt zu werden[14]. Die übrigen völkerrechtlichen Regeln sind nach

---

Bd. 2, S. 184 ff. Siehe ferner Stern, Staatsrecht I, S. 482; Gloria, in: Ipsen (3. Aufl.), S. 1080 f. und Hilf, Die Auslegung mehrsprachiger Verträge, 143 ff.

[12] Vgl. zur Adoptions-, Transformations- und Vollzugstheorie Rudolf, Völkerrecht und deutsches Recht, S. 158-164; Streinz, in: Sachs, Art. 59, Rz. 60 ff.; Mosler, Das Völkerrecht in der Praxis der deutschen Gerichte, S. 13 ff.; Boehmer, Der völkerrechtliche Vertrag im deutschen Recht, S. 32 ff.; Partsch, in: Bericht DGVR 6 (1964), S. 14 ff., 86 ff., 142 ff. Die Gerichtspraxis ist nicht ganz einheitlich. Für die Transformationslehre: BVerwGE 35, 265 f.; vgl. auch NJW 1989, S. 2554, 2557 und die ältere Rechtsprechung BVerfGE 1, 396, 410; 29, 348, 360; ferner BGHZ 11, 135, 138; 16, 208, 211; NJW 1969, S. 2083, 2084; OVG Münster, NJW 1956, S. 1374, 1375. Das Bundesverfassungsgericht (z. B. in BVerfGE 46, 342, 363) scheint sich jetzt der Vollzugslehre zugewandt zu haben. Vgl. dazu zustimmend Steinberger, ZaöRV 48 (1988), S. 4; ders., in: Isensee/Kirchhof, S. 548; Rojahn, in: von Münch/Kunig, Art. 59, Rz. 33; Klein, in: Koppel, S. 37. Für die Vollzugslehre auch BGHZ 52, 216, 219.

[13] Jarass, in: ders./Pieroth, Art. 25, Rz. 1; Uerpmann, Die EMRK und die deutsche Rechtsprechung, S. 22.

[14] Vgl. BVerfGE 29, 348, 360; ferner BVerwGE 29, 20, 25 f.; 86, 99 (Fontes 1986-1993, Nr. 231.1 89/1); offen OVG Münster, NJW 1956, S. 1374, 1375. Ebenso Rudolf, Völkerrecht und deutsches Recht, S. 173; Pigorsch, Die Einordnung völkerrechtlicher Normen in das Recht der Bundesrepublik Deutsch-

dieser Meinung von der Umsetzungswirkung ausgenommen[15]. Für diese Normen ist danach stets ein weiterer Rechtsetzungsakt für ihre Umsetzung erforderlich. Danach wäre Artikel 5 (f) RDK nur dann Teil der deutschen Rechtsordnung, wenn die Norm unmittelbar wirken soll und nach Wortlaut, Zweck und Inhalt geeignet ist, wie eine innerstaatliche Norm rechtliche Wirkungen auszulösen, was angesichts des Wortlauts der Norm fraglich erscheint[16].

Gleichzeitig gehen aber auch die Anhänger dieser Meinung davon aus, daß auch die nicht umgesetzten Rechtsnormen im Rahmen der völkerrechtsfreundlichen Auslegung zu beachten sind[17]. Eine dogmatische Begründung, wie es deutschen Gerichten und Behörden möglich sein soll, eine völkerrechtliche Norm als Auslegungsmaßstab heranzuziehen, ohne daß sie Teil der deutschen Rechtsordnung geworden ist, blei-

---

land, S. 82 ff.; Meng, in: Koeppel, S. 13; Boehmer, Der völkerrechtliche Vertrag im deutschen Recht, S. 8; Schweitzer, Staatsrecht III, S. 147 f.; Randelzhofer, in: Tunkin/Wolfrum, S. 111; Bülow, in: Benda/Vogel/Maihofer, S. 1467; Partsch, Bericht BDGV 6 (1964), S. 106.; Boehmer, Der völkerrechtliche Vertrag im deutschen Recht, S. 76 f.; wohl auch Maunz, in: ders./Dürig, Art. 59, Rz. 24. Vgl. dazu auch Randelzhofer, AöR 1974, Beiheft 1, S. 32; siehe auch Kunig, in: Graf Vitzthum, S. 177, obwohl er zwischen Geltung und Anwendbarkeit trennt.

[15] Vgl. BVerfGE 29, 348, 360. Das Bundessozialgericht (RzW 1973, S. 319, 320) hat sogar einen Vertrag nur für transformierbar gehalten, wenn er Rechte und Pflichten für den einzelnen erzeugt. Siehe ferner Meng, in: Koeppel, S. 13; Schweitzer, Staatsrecht III, S. 147 f.; wohl auch Randelzhofer, in: Tunkin/Wolfrum, S. 110 f.

[16] Ausführlich zur unmittelbaren Anwendbarkeit von Artikel 5 (f) RDK, *infra*, Kapitel 4, B. II.

[17] Z. B. Meng, in: Koeppel, S. 15; Zeitler, Verfassungsgericht und völkerrechtlicher Vertrag, S. 215 ff. Vgl. auch die Rechtsprechung des BVerwG. Einerseits geht das Gericht davon aus, daß nicht unmittelbar anwendbares Recht keine das innerstaatliche Recht unmittelbar ändernde Wirkung hat. Dabei scheint es unmittelbare Anwendbarkeit mit subjektiven Rechten und Pflichten von Individuen gleichzusetzen. Unmittelbar anschließend greift es auf die geprüfte nur mittelbar anwendbare Norm im Wege der völkerrechtskonformen Auslegung zurück. Z. B. BVerwGE 67, 184 (186); offen in BVerwGE 86, 99 (Fontes 1986-1993, 231.1, Nr. 89.1); wieder eindeutig im Urteil vom 28.5.1991 (Fontes 1986-1993, 231.1, Nr. 91/1); siehe zur BVerwG-Rspr.: Rojahn, in: Geiger, S. 124 f. Vgl. ferner Masing, in: FS Böckenförde, S. 55.

ben sie jedoch schuldig[18]. Denn eine nicht umgesetzte völkerrechtliche Regel besteht nur in ihrer den Staat als Einheit verpflichtenden völkerrechtlichen Natur und ist nicht in eine deutsche Rechtsnorm umgewandelt bzw. für anwendbar erklärt worden[19].

Um diese dogmatischen Ungereimtheiten zu vermeiden, unterscheidet ein Teil des Schrifttums zwischen innerstaatlicher Geltung und unmittelbarer und mittelbarer Anwendbarkeit[20]. Nach dieser Meinung wird jede völkerrechtliche Norm, für die ein Zustimmungsgesetz erlassen wird, durch dieses innerstaatlich umgesetzt, unabhängig davon, ob sie unmittelbar anwendbar ist oder nicht. Durch diesen Umsetzungsakt bekommt die Norm „innerstaatliche Geltung". Sie wird somit Bestandteil der innerstaatlichen Rechtsordnung und bindet nicht mehr nur den Staat als Teil der Völkerrechtsordnung als solchen, sondern die staatlichen Organe selbst[21]. Erst anschließend, auf einer zweiten Stufe, stellt sich die Frage, ob der umgesetzte Völkerrechtssatz geeignet ist, unmittelbar von den deutschen Rechtsanwendern angewandt zu werden. Ob Artikel 5 (f) RDK unmittelbare Wirkung hat, kann danach auf dieser ersten Stufe noch offen bleiben.

---

[18] Ros (Die unmittelbare Anwendbarkeit der EMRK, S. 190) ist einer der wenigen Vertreter dieser Meinung, der das Problem überhaupt anspricht, ohne allerdings eine dogmatische Lösung aufzuzeigen. Siehe auch den Erklärungsversuch von Masing, in: FS Böckenförde, S. 55 f.

[19] Adressat dieser Normen ist daher noch der Staat in seiner Gesamtheit bzw. als Völkerrechtssubjekt und nicht Legislative, Exekutive und Judikative. Vgl. dazu Bleckmann, Grundgesetz und Völkerrecht, S. 279 f.

[20] Bleckmann, Grundgesetz und Völkerrecht, S. 279 f.; Geiger, Grundgesetz und Völkerrecht, S. 174 f.; Zuleeg AöR 100 (1975), S. 304; ders., JA 1983, S. 6; Rojahn, in: von Münch/Kunig, Art. 59, Rz. 35; Streinz, in: Sachs, Art. 59, Rz. 67; Koller, Die unmittelbare Anwendbarkeit völkerrechtlicher Verträge, S. 58 ff., 64 ff.; Gloria, in: Ipsen (3.Aufl.), S. 1099; Verdross/Simma, Universelles Völkerrecht, S. 550; Verhoeven, RBDI 15 (1980), S. 249. I. Erg. ebenso Klein, in: Koeppel, S. 38; vgl. auch Jacobs/Roberts, The Effect of Treaties in Domestic Law, Introduction, S. XXVII f.; Kühner, NJW 1986, S. 1399; Kunig, in: Graf Vitzthum, S. 123 f. Die begriffliche Unterscheidung nimmt das BVerfG z. B. in BVerfGE 73, 339, 375 vor.

[21] Vgl. Zuleeg, ZaöRV 35 (1975), S. 347; Rojahn, in: von Münch/Kunig, Art. 59, Rz. 35; im Erg. auch Uerpmann, Die EMRK und die deutsche Rechtsprechung, S. 160 ff.; vgl. auch Buergenthal, Rdc 235 (1992 IV), S. 318 f.; VG Frankfurt, NJW 1993, S. 2067; siehe auch AG Tauberbischofsheim, NJW RR 1992, S. 1098.

Für diese Lösung spricht neben der Tatsache, daß mit der innerstaatlichen Geltung der Norm das Völkerrecht bei der Auslegung deutscher Normen beachtet werden kann, vor allem, daß sich das Zustimmungsgesetz auf den völkerrechtlichen Vertrag als Ganzes bezieht, und nicht lediglich auf seine unmittelbar anwendbaren Bestimmungen. Eine Teilung eines Vertrags in unmittelbar anwendbare Normen und andere kann ihm nicht entnommen werden[22]. Eine sinnvolle Anwendung und Auslegung eines Vertrages müßte daran scheitern, wenn dem Normanwender lediglich Bruchstücke einer Gesamtregelung zur Verfügung stünden[23].

Darüber hinaus sind der deutschen Rechtsordnung Normen, die nicht ohne weiteres anwendbar sind, aber dennoch gelten, nicht fremd[24]. Als Beispiel werden die aufgrund des Artikels 80 a GG ergangenen Sicherstellungsgesetze angeführt, die ein weiteres Tätigwerden des Bundestages voraussetzen[25]. Zwar hat der deutsche Gesetzgeber bei völkerrechtlichen Verträgen im Gegensatz zum „normalen" Gesetzgebungsverfahren nicht die Möglichkeit, den ausgehandelten Vertragsinhalt zu modifizieren. Es liegt jedoch in seiner Hand, die Ratifizierungsgenehmigung an Vorbehalte anzuknüpfen bzw. die innerstaatliche Geltung zu beschränken. Daher besteht auch für völkerrechtliche Verträge eine ausreichende demokratische Legitimation[26].

Damit sind die Rassendiskriminierungskonvention und insbesondere Artikel 5 (f) RDK in ihrer Gesamtheit unabhängig davon Gegenstand der Umsetzung, ob sie unmittelbar anwendbar sind oder nicht. Sie ist

---

[22] Geiger, Grundgesetz und Völkerrecht, S. 175; Tomuschat, in: FS Zacher, S. 1150 f.

[23] Geiger, Grundgesetz und Völkerrecht, S. 175.

[24] Bleckmann, Begriff und Kriterien der innerstaatlichen Anwendbarkeit völkerrechtlicher Verträge, S. 62; Koller, Die unmittelbare Anwendbarkeit völkerrechtlicher Verträge, S. 73; Streinz, in: Sachs, Art. 59, Rz. 67; Buchs, Die unmittelbare Anwendbarkeit völkerrechtlicher Vertragsbestimmungen, S. 29; siehe auch Buergenthal, Rdc 235 (1992 IV), S. 368 f.

[25] Vgl. Streinz, in: Sachs, Art. 59, Rz. 67; Bleckmann, Begriff und Kriterien der innerstaatlichen Anwendbarkeit völkerrechtlicher Verträge, S. 62; Rojahn, in: von Münch/Kunig, Art. 59, Rz. 35; Tomuschat, in: FS Zacher, S. 1151.

[26] Die Funktion des Zustimmungsgesetzes bringt Stern (Staatsrecht I, S. 506) folgendermaßen auf den Punkt: „Das Zustimmungsgesetz will nur, aber auch uneingeschränkt regeln, daß der Vertrag innerstaatlich als Recht gilt. Inwieweit er anwendbar ist, bemißt sich allein nach seinem Inhalt".

ausweislich der Bekanntmachung vom 16.10.1969 am 15.6.1969 in Kraft getreten und seitdem innerstaatlich geltendes Recht[27].

b) Bedeutung der innerstaatlichen Geltung: Artikel 20 Absatz 3 GG

Folge der innerstaatlichen Geltung ist, daß Artikel 5 (f) RDK Bestandteil des objektiven Rechts im staatlichen Rechtsraum geworden ist. Die Regelung ist Teil des die Rechtsanwender nach Artikel 20 Absatz 3 GG bindenden „Recht und Gesetz" und verpflichtet die innerstaatlichen Rechtsorgane unmittelbar[28]. Die Rechtsanwender haben diese Regeln unter der Voraussetzung, daß die Völkerrechtsnorm Rechtswirkungen im innerstaatlichen Bereich entfalten soll bzw. die Natur des Vertrages eine innerstaatliche Wirkung erlaubt, zu beachten und, soweit sie anwendungsfähig sind, anzuwenden[29]. Ausgenommen von dieser Wir-

---

27 BGBl 1969 II, 2211.

28 Ebenso Rojahn, in: von Münch/Kunig, Art. 59, Rz. 35; Klein, in: Koeppel, S. 37 f.; ders., Menschenrechte: Stille Revolution des Völkerrechts und Auswirkungen auf die innerstaatliche Rechtsanwendung, S. 30; Geiger, Grundgesetz und Völkerrecht, S. 175; Bleckmann, Begriff und Kriterien der innerstaatlichen Anwendbarkeit völkerrechtlicher Verträge, S. 62; vgl. auch Ulsamer, in: FS Zeidler, Bd. 2, S. 1800; Herzog, DÖV 1960, S. 778. Vgl. ferner den deutschen Vertreter vor dem RDA, 3. Bericht, CERD/C/SR.142, S. 141. Siehe auch BVerfGE 72, 66 LS; VG Bremen, Fontes 1986-1993, 1130 (Frauenkonvention) (Nr.87/1); dagegen OVG Münster, Fontes *ebenda* (Nr. 89/1), NJW 1989, S. 2560. Zu eng Sachs (in: ders., Art. 20, Rz. 65), der ohne überzeugende Begründung nur jede geschriebene Rechtsnorm und „unmittelbar anwendbares EG-Recht" zu Art. 20 III GG zählt. Ebenso Jarass, in: ders./Pieroth, Art. 20, Rz. 38; BVerwGE 74, 241, 248 f.; BFHE 143, 383, 386.

29 Zuleeg, ZaöRV 35 (1975); S. 352 ff.; ferner BGH, NJW 1998, S. 2208, 2210; siehe auch Klein, in: Koeppel, S. 36; Bleckmann, Rechtsgutachten, I/37 f.; Ulsamer, in: FS Zeidler, Bd. 2, S. 1806 f.; für Artikel 5 (f) RDK Lohse, NJW 1985, S. 1681. Vom BVerfG wurde die Wirkung, daß Völkerrecht Teil des objektiven Rechts und Gesetz im Sinne des Artikels 20 Absatz 3 GG ist, bisher nur für die allgemeinen Regeln des Völkerrechts anerkannt, die nach Artikel 25 GG in das deutsche Recht eingegliedert werden (BVerfGE 46, 342, 363; siehe dazu Hofmann, in: FS Zeidler, Bd. 2, S. 1885 ff. Im Ergebnis auch OVG Mannheim, NVwZ 1994, S. 1233, 1234). In der Sache kann jedoch für völkerrechtliche Verträge, für die die innerstaatliche Geltung nicht ausgeschlossen wurde, aus den obigen Erwägungen nichts anderes gelten. Vgl. Klein, *ebenda*, S. 38; ferner Geiger, Grundgesetz und Völkerrecht, S. 175. Fehlgehend daher der Beschluß vom VGH Mannheim vom 16.2.1994, NVwZ 1994, S. 1233, 1234.

kung sind lediglich Verträge, für die der Gesetzgeber dies ausdrücklich bestimmt hat bzw. durch die lediglich der Gesetzgeber gebunden werden soll. Diese Ausnahmen sind jedoch für Artikel 5 (f) RDK ebensowenig einschlägig wie der Fall einer Beschränkung der Umsetzungswirkung, weil die Gesetzgebungskompetenz bei den Ländern liegt[30]. Artikel 5 (f) RDK teilt damit grundsätzlich die potentiellen Wirkungen innerstaatlicher Rechtsnormen und beschränkt sich nicht darauf, eine bloße Auslegungsregel zu sein[31].

Die Anordnung der innerstaatlichen Geltung erfaßt auch die Gesetzgebungsorgane und die Regierung als Staatslenkungsorgan[32]. Diese Wirkung kann insbesondere in einem Rechtssetzungsbefehl liegen. Eine innerstaatlich durchsetzbare Pflicht zum Erlaß eines Gesetzes besteht jedoch trotz des grundsätzlichen Entscheids der Rechtsordnung für einen Gleichlauf von Völkerrecht und internem Recht nicht. Bereits früh hat das Bundesverfassungsgericht entschieden, daß die Erfüllung völkerrechtlicher Vertragspflichten in der Verantwortung des zuständigen Gesetzgebers liegt[33]. Dieser ist daher innerstaatlich frei zu entscheiden, ob er ein Antidiskriminierungsgesetz erläßt, um Artikel 5 (f) RDK umzusetzen.

---

[30] Liegt ein solcher Fall vor, beschränkt sich die Wirkung des Vertragsgesetzes auf die Ermächtigungsfunktion. Die Umsetzung des völkerrechtlichen Vertrags obliegt dann den Ländern. Vgl. BVerwG, Fontes Juris Gentium, Series A II, 1976-1980, S. 151 f.; Frowein, in: Jacobs/Roberts, S. 66; Klein, Menschenrechte: Stille Revolution des Völkerrechts und Auswirkungen auf die innerstaatliche Rechtsanwendung, S. 30.

[31] So ist Artikel 5 (f) RDK i. V. mit dem Zustimmungsgesetz Teil der verfassungsmäßigen Ordnung i. S. d. Artikels 2 Absatz 1 GG, an dem sich freiheitsbeschränkende Gesetze messen lassen müssen; sie ist Bestandteil der durch die Polizeigesetze geschützten öffentlichen Sicherheit (siehe dazu auch *infra*, Kapitel 6). Vgl. auch BVerfGE 72, 66 LS 1. Das Gericht stellt fest, daß das Zustimmungsgesetz zu einem völkerrechtlichen Vertrag Inhalts- und Schrankenbestimmungen nach Art. 14 Abs. 1 Satz 2 GG sein kann. Ulsamer (in: FS Zeidler, Bd. 2, S. 1813) weist darauf hin, daß die Befolgungspflicht aus Art. 20 Abs. 3 GG auch die Verpflichtung einschließt, sich mit den völkerrechtlichen Auslegungsbesonderheiten vertraut zu machen.

[32] Klein, in: Koeppel, S. 36; Zuleeg, ZaöRV 35 (1975), S. 346 mit Erläuterung; Geiger, Grundgesetz und Völkerrecht, S. 175.

[33] BVerfG 6, 309, 363; siehe auch Kunig, in: Graf Vitzthum, S. 175; Geiger, Grundgesetz und Völkerrecht, S. 175.

Artikel 5 (f) RDK teilt mangels einer ausdrücklich anderslautenden Bestimmung innerstaatlich den Rang des Zustimmungsgesetzes[34]. Das heißt, die Norm hat grundsätzlich den Rang eines (einfachen) Bundesgesetzes mit den daraus erwachsenden Konsequenzen bei Gesetzeskonkurrenz[35]. Daher gilt insbesondere die *lex posterior derogat legis priori*-Regel. Die Konsequenzen, die aus der Gleichrangigkeit mit den einfachen Gesetzen erwachsen, können häufig durch die völkerrechtsfreundliche Auslegung und dadurch umgangen werden, daß in dem Völkerrechtsvertrag eine die allgemeinere Norm derogierende Spezialnorm gesehen wird. Bei einem ausdrücklich entgegenstehenden Wortlaut oder eindeutigen gesetzgeberischen Willen vermag dieser Weg indes nicht zu helfen[36]. Die Versuche, diese Folge dadurch zu vermeiden, daß Menschenrechtsnormen, und insbesondere der EMRK, zumindest ein übergesetzlicher Rang zuerkannt wird, müssen bisher als gescheitert angesehen werden[37]. Letztlich ist die Frage eines Übergesetzesranges

---

[34] Vgl. Zuleeg, JA 1983, S. 6; Gloria, in: Ipsen (3. Aufl.), S. 1099 f.; Bungert, DÖV 1994, S. 803.

[35] Siehe BVerfG 74, 358 (370) hinsichtlich der EMRK. Vgl. auch Stern, Staatsrecht I, S. 506; Klein, in: Koeppel, S. 46; Rojahn, in: von Münch/Kunig, Art. 59, Rz. 37; Boehmer, Der völkerrechtliche Vertrag im deutschen Recht, S. 66; Fiedler, in: Geiger, S. 16 f. Ausführlicher zur Rangproblematik einer unmittelbar anwendbaren völkerrechtlichen Norm Uerpmann, Die EMRK und die deutsche Rechtsprechung, S. 71-90.

[36] Uerpmann, Die EMRK und die deutsche Rechtsprechung, S. 71-90; Klein, Menschenrechte: Stille Revolution des Völkerrechts und Auswirkungen auf die innerstaatliche Rechtsanwendung, S. 31.

[37] So aber Echterhölter, JZ 1955, S. 691, Guradze, DÖV 1960, S. 286 ff.; i. Erg. auch Bleckmann, EuGRZ 1994, S. 154 f.; vgl. auch Fastenrath, Diskussionsbeitrag, in: Geiger, S. 28. Der jüngste, nicht überzeugende Ansatz in dieser Richtung ist der Vorschlag von Sternberg (in: Der Rang von Menschenrechtsverträgen im deutschen Recht, S. 219 ff), Artikel 1 Absatz 2 GG als Auslegungsregel zu begreifen, die in Verbindung mit Artikel 59 Absatz 2 GG zu einem Übergesetzesrang, für die EMRK sogar zu einem Verfassungsrang, der völkerrechtlichen Norm führt. Da der Übergesetzesrang bzw. die Kompetenz zu Hoheitsrechtsübertragung im Grundgesetz in den Artikeln 23 – 25 GG jedoch ausdrücklich normiert ist, erscheint eine Rangerhöhung des Zustimmungsgesetzes durch Artikel 1 Absatz 2 GG nicht zwingend und zumindest in seiner Pauschalität nicht überzeugend. Gegen Sternberg auch die Argumentation von Uerpmann, in: Die EMRK und die deutsche Rechtsprechung, S. 79. Nicht nachvollziehbar ist Sternbergs These, daß sich aus der unmittelbaren Anwendbarkeit einer Norm ergebe, daß sie mindestens Verfassungsrang haben müsse. Später schränkt er dies implizit – ebenfalls ohne weitere Begründung –

für Artikel 5 (f) RDK jedoch aus praktischen Erwägungen entbehrlich. Schon wegen der eindeutigen Wertentscheidung in Artikel 3 Absatz 3 Satz 1 und Absatz 1 GG kann ausgeschlossen werden, daß der Gesetzgeber ausdrücklich eine Artikel 5 (f) RDK widersprechende Norm erläßt.

II. Artikel 25 GG

Übergesetzlichen Rang hätte Artikel 5 (f) RDK, wenn das in ihm enthaltene Diskriminierungsverbot und Gleichbehandlungsgebot als allgemeine Regeln des Völkerrechts über Artikel 25 GG Eingang in die deutsche Rechtsordnung gefunden hätte[38]. Denn die nach dieser Norm umgesetzten Rechtsregeln gehen den einfachen Gesetzen und den im Rang darunter stehenden Rechtsnormen vor. Voraussetzung für diese Rezeption ist, daß Artikel 5 (f) RDK zu den allgemeinen Regeln des Völkerrechts zählt.

1. Verträge als allgemeine Regeln des Völkerrechts

Das Erfordernis der Allgemeinheit bezieht sich auf die zahlenmäßige Verbreitung der Regel unter den Mitgliedern der Völkergemeinschaft, nicht dagegen darauf, ob der Inhalt der völkerrechtlichen Norm selbst einen generellen Inhalt hat[39]. Auch das inhaltlich spezielle Verbot der

---

auf Verträge mit einer umfassenden Kontrolle durch rechtsprechende Organe wieder ein (S. 227). Vgl. aus der Fülle der Literatur gegen den Übergesetzesrang zusammenfassend Uerpmann, *ebenda*, S. 69 ff.; ferner Kirchhof, EuGRZ 1994, S. 27; Herzog, DÖV 1959, S. 45 f.; Hilf, in: Mahrenholz/ders./Klein, S. 35 ff.; Seibert, in: FS Hirsch, S. 521 ff.; Klein, in: Koeppel, S. 46; Dreier, GG-Kommentar, Art. 1 II GG, Rz. 15; Sommermann, AöR 114 (1989), S. 414 ff., 421; Bernhardt, in: Geiger, S. 149; ferner Kunig, in: Graf Vitzthum, S. 152 f.

[38] Auch bei Artikel 25 GG besteht Streit um die Art und Weise der Umsetzung – Transformation oder Invollzugsetzung. Auch hier gilt, daß für die Lösung eines Falles regelmäßig unerheblich ist, welche Theorie vertreten wird. Siehe hierzu Steinberger, in: Isensee/Kirchhof, S. 547 f.; Rojahn, in: von Münch/Kunig, Art. 25, Rz. 4; Menzel, in: BK, Art. 25, S. 5; Gloria, in: Ipsen (3. Aufl.), S. 1086 ff. Zur Rangfrage Kimminich/Hobe, Einführung in das Völkerrecht, S. 220 f.

[39] Steinberger, in: Isensee/Kirchhof, S. 541; Hofmann, ZaöRV 49 (1989), S. 46 f.; Kunig, Jura 1989, S. 669 f.; Rudolf, Völkerrecht und deutsches Recht, S. 240.

Rassendiskriminierung beim Gaststättenzugang kommt daher als allgemeine Regel des Völkerrechts in Betracht. Unter den Begriff werden jedoch nur universell geltendes Völkergewohnheitsrecht und allgemein anerkannte Rechtsgrundsätze gefaßt[40]. Völkervertragsrecht wird selbst dann nicht als Teil der allgemeinen Regeln des Völkerrechts angesehen, wenn es sich, wie bei der RDK, um eine Konvention mit hohem Verbreitungsgrad handelt. Vielmehr enthält das Grundgesetz für diese mit Artikel 59 Absatz 2 GG eine als lex specialis Artikel 25 GG vorgehende Sonderregel[41]. Die dort vorgesehene Umsetzung mittels eines Bundesgesetzes wird als abschließend betrachtet[42].

Wegen der Spezialität des Artikels 59 Absatz 2 GG konnte sich auch die Auffassung nicht durchsetzen, daß über den Satz „pacta sunt servanda" die Einhaltung von Völkervertragsrecht als konkretisierte Anwendung dieses Rechtssatzes zu definieren sei[43]. Wenn auch anerkannt ist, daß dieser allgemein anerkannte Grundsatz des Völkerrechts selbst über Artikel 25 GG Teil der deutschen Rechtsordnung wird, erstreckt sich diese Wirkung nicht auf die völkerrechtlichen Verträge. Andernfalls wä-

---

40 BVerfGE 15, 25, 32 f., 34 f.; 16, 27, 33; 23, 288, 317; 66, 39, 64 f.; 95, 96, 129. Vgl. Art. 38 Abs. I (b) und (c) des IGH-Statuts. Siehe ferner Rojahn, in: von Münch/Kunig, Art. 25, Rz. 6; Geiger, Grundgesetz und Völkerrecht, S. 163; Jarass, in: ders./Pieroth, Art. 25, Rz. 5; Uerpmann, Die EMRK und die deutsche Rechtsprechung, S. 60 f.

41 BVerfGE 23, 288, 317; NJW 1988, S. 1462, 1463. Vgl. auch Menzel, in: BK, Art. 25, S. 7 f.; Steinberger, in: Isensee/Kirchhof, S. 531 u. 542; Kimminich, AöR 93 (1963), S. 501; Kunig, Jura 1989, S. 667.

42 Geiger, Grundgesetz und Völkerrecht, S. 164; Uerpmann, Die EMRK und die deutsche Rechtsprechung, S. 61; Rojahn, in: von Münch/Kunig, Art. 25, Rz. 10 mit weiterer Erläuterung; Zuleeg, in: AK, Art. 24. Abs.3/Art. 25, Rz. 19; vgl. für die EMRK Frowein, in: Isensee/Kirchhof, S. 736; Hilf, in: Mahrenholz/ders./Klein, S. 39.

43 Siehe hierzu BVerfG 31, 145, 178; Klein, in: FS Laun, JIR 11 (1962), S. 153; Boehmer, Der völkerrechtliche Vertrag im deutschen Recht, S. 66 m. w. N. in Fn. 263; Kimminich, AöR 93 (1968), 501 f.; Heidenstecker-Menke, Die Bestandsgarantie völkerrechtlicher Verträge im österreichischen und deutschen Recht, S. 25; Klein, in: Koeppel, S. 38. Vgl. zu dem Prinzip „Pacta sunt servanda", Lachs, in: EPIL 3 (1997), S. 847 ff.

re jede weitere Bestimmung über die Umsetzung von Völkervertragsrecht in innerstaatliches Recht überflüssig[44].

2. Artikel 5 (f) RDK als Ausdruck von Völkergewohnheitsrecht

Damit steht fest, daß die RDK nicht in ihrer Eigenschaft als völkerrechtlicher Vertrag über Artikel 25 GG rezipiert wird. Nicht ausgeschlossen ist indes, daß die Konvention bzw. die hier interessierenden Verpflichtungen des Artikels 5 (f) RDK als Völkergewohnheitsrecht parallel zu der vertraglichen Verpflichtung bestehen. Die RDK könnte zum einen bereits bestehendes Völkergewohnheitsrecht kodifiziert haben oder zum anderen selbst zur Entstehung neuen Völkergewohnheitsrechts geführt haben[45]. In diesem Fall bestünde eine parallele Geltung der Regeln auf zwei Rangebenen[46]. Voraussetzung für das Vorliegen von Völkergewohnheitsrecht ist nach Artikel 38 Absatz 1 (b) des IGH-Statuts eine allgemein anerkannte, dauernde und einheitliche Staatenpraxis und eine entsprechende opinio iuris, also die Überzeugung, daß diese Übung rechtens ist. Diese Definition wird im Rahmen des Artikels 25 GG grundsätzlich übernommen[47].

Diese Voraussetzungen liegen für das Verbot rassischer Zugangsverweigerungen und das Gleichbehandlungsgebot im Gaststättenbereich indes noch nicht vor[48]. Zwar ist anerkannt, daß das allgemeine Verbot der Rassendiskriminierung sich zu Völkergewohnheitsrecht verdichtet

---

[44] BVerfGE 6, 303, 363; 31, 145, 178; Kimminich, AöR 93 (1968), S. 501; Frowein, in: Jacobs/Roberts, S. 67; Sternberg, Der Rang von Menschenrechtsverträgen im deutschen Recht, S. 180 f.

[45] Siehe zum Verhältnis von Gewohnheitsrecht zu Vertragsrecht Doehring, ZaöRV 36 (1976), S. 82 ff.; ders., Völkerrecht, S. 136 f.; Beyani, in: FS Brownlie, S. 39 ff.; Mendelson, RdC 277 (1998), S. 32 ff.

[46] Vgl. dazu Rojahn, in: von Münch/Kunig, Art. 25, Rz. 11; Uerpmann, Die EMRK und die deutsche Rechtsprechung, S. 62; Steinberger, in: Isensee/Kirchhof, S. 532.

[47] Tomuschat, in: Isensee/Kirchhof, S. 489 f.; Streinz, in: Sachs, Art. 25, Rz. 28 u. 32; Hofmann, in: FS Zeidler, Bd. 2, S. 1885 ff.; Heintschel von Heinegg, in: Ipsen, S. 183 ff.; Seidl-Hohenveldern/Stein, Völkerrecht, S. 99 f. Siehe zur Definition des Gewohnheitsrecht Doehring, Völkerrecht, S. 123 ff. und Perrin, Droit international public, S. 39.

[48] Im Erg. ebenso Kühner, NJW 1986, S. 1400, Fn. 63.

hat[49]. Die entsprechende opinio iuris wird eindrucksvoll durch die Tatsache demonstriert, daß praktisch alle allgemeinen Menschenrechtsinstrumente auf internationaler und regionaler Ebene Rassendiskriminierung verbieten. Belegt wird dies auch durch den hohen Ratifizierungsstand der RDK. Die Auflistung der Praxis der Staaten und internationaler Organisationen, die sich gegen Diskriminierung aufgrund der Rasse wenden, ist an anderer Stelle bereits vorgenommen worden und soll hier nicht wiederholt werden[50]. Das Verbot der Rassendiskriminierung wird sogar zu den Normen mit erga omnes Wirkung gezählt[51] und ist als Beispiel einer ius cogens-Norm genannt worden, weil ein Verstoß gegen dieses Gebot zu elementaren Menschenrechtsverletzungen führt[52]. Allerdings ist nur das Verbot systematischer, als Bestandteil staatlicher Politik betriebener Rassendiskriminierung heute dem ius cogens zuzurechnen, da nur in diesem Bereich davon ausgegangen werden

---

[49] So bereits Richter Tanaka in seiner Dissenting Opinion in den South West Africa Cases, I.C.J. Rep. 1966, S. 291 ff.; Barcelona Traction (Light and Power Company, Limited), Urteil vom 5.2.1970, I.C.J. Rep. 1970, 3, 32; Strauss, Das Verbot der Rassendiskriminierung, S. 78 m. w. N.; Ermacora, Diskriminierungsschutz und Diskriminierungsverbot in der Arbeit der Vereinten Nationen, S. 254; Kewenig, Der Grundsatz der Nichtdiskriminierung, S. 44; Brownlie, Principles of Public International Law, S. 602 m. w. N.; Sommermann, AöR 114 (1989), S. 407; Delbrück, Apartheid, in: EPIL 1 (1992), S. 192 ff.; anders noch in ders., Die Rassenfrage als Problem des Völkerrechts und nationaler Rechtsordnungen, S. 89-93. Siehe auch Rudolf, Die thematischen Berichterstatter, S. 412; Zimmer, Hate Speech im Völkerrecht, S. 89.

[50] Strauss, Das Verbot der Rassendiskriminierung, S. 72-78.

[51] Barcelona Traction, Urteil vom 5.2.1970, I.C.J. Rep. 1970, 3, 32; Jaenicke, International Public Order, in: EPIL 2 (1995), S. 1349 f. Vgl. allgemein zu erga omnes Normen: Frowein, in: FS Mosler, 241 ff.

[52] Barcelona Traction, Light and Power Company, Limited, Judgment of 5.2.1970, I.C.J. Rep. 1970, 3, 32; siehe dazu Kadelbach, Zwingendes Völkerrecht, S. 32 m. w. N. und ausführlich zur Frage, ob Rassendiskriminierung gegen ius cogens verstößt, Strauss, Das Verbot der Rassendiskriminierung, S. 78-89 (m. w. N. in Fn. 87); Zimmer, Hate Speech im Völkerrecht, S. 99 ff.; ferner Doehring, Völkerrecht, S. 422. In Artikel 19 des ILC Entwurfs zur Staatenverantwortlichkeit, in dem international crimes definiert werden, fehlt ein ausdrücklicher Verweis auf Rassendiskriminierung, A/CN.4/L.528/Add.2, S. 8 f. Allerdings sind Genozid, Apartheid und Sklaverei – die ersten beiden immer, letzteres oft eine besonders schwere Form der Rassendiskriminierung – erwähnt. Siehe allgemein zu ius cogens Frowein, in: EPIL 3 (1997), S. 65 ff.; Mann, in: FS Scheuner, S. 399 f.

kann, daß es sich um ein Verbot des allgemeinen Völkerrechts handelt, das von der internationalen Staatengemeinschaft in ihrer Gesamtheit als zwingend angenommen wurde[53]. Für eine erga omnes-Wirkung gilt für den Bereich der Rassendiskriminierung im Prinzip dieselbe Beschränkung[54].

Das gewohnheitsrechtliche Verbot der Rassendiskriminierung geht noch nicht so weit, daß die einzelnen spezifischen Ausprägungen, wie sie in der Liste des Artikels 5 RDK Ausdruck gefunden haben, von ihm umfaßt sind. Bis heute hat nur der Kernbestand der Menschenrechte Eingang in das Völkergewohnheitsrecht gefunden[55]. Die uneinheitliche Staatenpraxis für den darüber hinausgehenden Bereich spiegelt sich für die RDK bereits aus den Staatenberichten im Rahmen des Artikels 9 RDK wider, bei denen kein Staat ohne „principal subjects of concern" bleibt[56]. Hinzu kommt, daß die Ansprüche des Ausschusses an die Staaten, je nach Entwicklungsstand, unterschiedlich formuliert werden. Die Diskussionen innerhalb des Ausschusses und zwischen ihm und den Mitgliedsstaaten beweisen, daß eine generelle Akzeptanz der einzelnen Ausprägungen und Reichweite des Diskriminierungsverbotes nicht vorhanden ist. Viele Einzelpunkte der RDK sind umstritten und zu schwierig, um eine universelle Anwort zu finden, z. B. die Abwägung zwischen der Privatsphäre und dem Verbot der Rassendiskriminierung oder ihr Verhältnis zur Meinungsfreiheit (Artikel 4 RDK)[57]. Dies wird durch die umfangreichen Vorbehalte zur Konvention unter-

---

[53] Strauss, Das Verbot der Rassendiskriminierung, S. 85 f. mit ausführlicher Begründung; Kadelbach, Zwingendes Völkerrecht, S. 279, 306.

[54] Siehe dazu IGH, United States Diplomatic and Consular Staff in Tehran, Urteil vom 24.5.1980, I.C.J. Rep. 1980, S. 3, 42, Zif. 91. Vgl. auch Barcelona Traction, Urteil vom 5.2.1970, I.C.J. Rep. 1970, S. 3, 32, Zif. 33.

[55] Barcelona Traction, Urteil vom 5.2.1970, I.C.J. Rep. 1970, S. 3, 32; Frowein, in: FS Mosler, S. 243 f.; Verdross/Simma, Universelles Völkerrecht, S. 822 f.; vgl. auch BVerfGE 46, 346, 362; ferner Klein, in: Koeppel, S. 35 und Hannum, in: Schachter/Joyner, S. 341.

[56] Siehe dazu allein den Bericht des RDA an die UNO vom Jahr 2000, UN Doc (A/55/18).

[57] Siehe hierzu einerseits den EGMR in Jersild vs. Dk, Serie A 298, insb. Zif. 30-35 und andererseits den RDA, UN Doc (A/45/18), Rz. 56 und General Recommendation XV (42) vom 19.3.1993, Zif. 4; UN Doc GAOR (A/48/18), S. 114; UN Doc. CERD/C/SR.1404, Rz. 13. Vgl. auch de Gouttes, in: Gedächtnisschrift Pettiti, S. 251 ff.; ferner Jones, Human Rights: Group Defamation, S. 147 ff und Rudolf; Die thematischen Berichterstatter, S. 398, 427 ff.

strichen[58]. Es ist daher zwischen dem abstrakten Prinzip und gravierenden Verletzungen, insbesondere durch den Staat selbst, und den einzelnen Ausprägungen des Verbots der Rassendiskriminierung zu trennen. Eine universelle Übung des Verbots der Rassendiskriminierung beim Zugang zu öffentlich zugänglichen Orten und Dienstleistungen und eine entsprechende Rechtsüberzeugung ist nicht zu erkennen[59]. Die Rezeption von Artikel 5 (f) RDK ins deutsche Recht erfolgt mithin ausschließlich über Artikel 59 Absatz 2 GG.

B. Die Einwirkungsmöglichkeiten von Artikel 5 (f) RDK in die deutsche Rechtsordnung: Unmittelbare und mittelbare Anwendbarkeit

In der bisherigen Untersuchung wurde festgestellt, daß Artikel 5 (f) RDK über das Zustimmungsgesetz Teil der innerstaatlich geltenden Normen geworden ist. Welche Rechtswirkung die Bestimmung für einen Einzelfall entfaltet, hängt davon ab, ob sie unmittelbar oder mittelbar anwendbar ist[60]. Unmittelbar anwendbare Normen des Völkervertragsrechts können von Gerichten und der Exekutive ohne weitere Konkretisierung durch den Gesetzgeber in einem Fall als Entscheidungsgrundlage herangezogen werden[61]. Für Artikel 5 (f) RDK hieße das, daß die Verwaltung, gestützt auf das Zustimmungsgesetz, einem Gastwirt verbieten könnte, ein Mitglied einer bestimmten rassischen Gruppe nicht zu bewirten. Des weiteren könnte ein Gericht — sofern die Regelung ein Schutzgesetz im Sinne des § 823 Absatz 2 BGB wäre — den Gastwirt bei einer Verletzung des Verbots zu zivilrechtlichem Schadensersatz verurteilen. Daneben käme die Norm als gesetzliches Verbot im Sinne des § 134 BGB in Betracht. Mittelbare Normen können vor allem, aber nicht ausschließlich, als Auslegungsnormen zur

---

[58] Vgl. Lijnzaad, Reservations to UN-Human Rights Treaties, S. 141 ff.

[59] Siehe dazu bereits *supra*, Kapitel 3, B. II.

[60] Zur Entwicklung der verschiedenen Einwirkungsmöglichkeiten, die auf der Rechtsprechung US-amerikanischer Gerichte fußen, siehe Uerpmann, Die EMRK und die deutsche Rechtsprechung, S. 41 ff.

[61] Buchs, Die unmittelbare Anwendbarkeit völkerrechtlicher Vertragsbestimmungen, S. 29; Geiger, Grundgesetz und Völkerrecht, S. 161; Zuleeg, ZaöRV 35 (1975), S. 346; Ros, Die unmittelbare Anwendbarkeit der EMRK, S. 189.

Auffüllung unbestimmter Generalklauseln verwandt werden. Artikel 5 (f) RDK könnte auf diesem Weg über §§ 138, 242, 823 Abs. 1 und 826 BGB auf die deutsche Rechtsordnung einwirken.

Als weitere Möglichkeit, Artikel 5 (f) RDK in die deutsche Rechtsordnung zu integrieren, kann der Gesetzgeber eine parallele innerstaatliche Norm erlassen. Hierbei handelt es sich um eine Form der mittelbaren Anwendung, da die innerstaatlich geltende völkerrechtliche Regel — wie oben dargelegt — einen Gestaltungsauftrag an die Legislative enthält[62] Bisher sind derartige Gesetzgebungsakte weder zur Umsetzung der Konvention in ihrer Gesamtheit noch des Artikels 5 (f) RDK im speziellen durch die Bundesrepublik Deutschland erfolgt. Seit Beitritt zu der Konvention argumentiert die Bundesregierung insbesondere unter Hinweis auf Artikel 3 Absatz 3 Satz 1 GG, § 130 StGB und das Gaststättenrecht, daß die Bundesrepublik Deutschland ihre vertraglichen Verpflichtungen erfülle[63]. Während dies, wie eingangs erwähnt, völkerrechtlich und innerstaatlich an sich unbedenklich ist, ist diese Haltung zunehmend Kritik ausgesetzt[64]. In drei Fällen hat sich diese

---

[62] Vgl. *supra*, Kapitel 4, A. I 2. Daneben ist Artikel 5 (f) RDK geeignet, Teil des kollisionrechtlichen „ordre public international" zu bilden. Aus dem internationalen „ordre public" kann sich im Einzelfall ergeben, daß ein ausländisches oder internationales Verbotsgesetz innerstaatlich beachtet werden muß. Zu den Voraussetzungen, die für Artikel 5 (f) RDK vorlägen, vgl. Bleckmann, ZaöRV 34 (1974), S. 125 f., 129 f.; ferner Meessen, NJW 1981, S. 1132. Da jedoch Artikel 5 (f) RDK Teil der innerstaatlichen Rechtsordnung ist, ist ein Rückgriff auf den internationalen „ordre public" nicht als „Transformator" erforderlich, um die Norm im deutschen Recht zu berücksichtigen. Siehe zu dieser Rechtsfigur RG, JW 1927, S. 2288 f.; BGHZ 34, 169, 177; 59, 82, 85; 69, 295, 298; Schütz, Der internationale ordre public, S. 128 ff., 149 f.; Engel, RabelsZ 53 (1989), S. 49; Wiesbrock, Internationaler Schutz der Menschenrechte vor Verletzungen durch Private, S. 59 ff.

[63] Siehe die Nachweise *supra*, Einleitung, Fn. 20.

[64] Ansatzweise Kühner, NJW 1986, S. 1398; vor allem RDA, Concluding Observations on Germany, zum 11./12. Bericht, UN Doc. (A/48/18), Zif. 299 - 318; 13./14. Bericht, CERD/C/304/Add. 24; für den Bereich des Arbeitsrechts: Krummel/Küttner, NZA 1996, S. 75 f. Vgl. auch Delbrück, in: FS Weber, S. 223 ff., insbes. 237 f., der allerdings weitere gesetzgeberische Maßnahmen für notwendig hält, weil nach seiner Meinung Artikel 5 (f) RDK einen Kontrahierungszwang verlangt. Siehe auch Sieveking, Zeitschrift für Sozialreform 1994, S. 259 ff.; Internationale Konsultation der Evangelischen Akademie Tutzing und der Ausländerbeauftragten des Senats von Berlin über „Schutzgesetze gegen ethnische Diskriminierung" vom März/April 1992.

Kritik innerstaatlich auf Bundesebene zu einem Gesetzesentwurf konkretisiert[65]. Bisher ist das Verfahren über Gesetzesvorschläge jedoch noch nicht hinaus gekommen.

Neue Impulse erfahren diese Bestrebungen durch die auf europarechtlicher Ebene erlassene Richtlinie vom 29.6.2000 zur Anwendung des Gleichbehandlungssatzes ohne Unterschied der Rasse oder der ethnischen Herkunft, die einen gesetzlichen Rahmen gegen Diskriminierung verlangt[66]. Inzwischen ist ein erster „Diskussionsentwurf eines Gesetzes zur Verhinderung von Diskriminierung im Zivilrecht" auf deutscher Ebene eingebracht[67]. Die Umsetzungsfrist läuft am 19. Juli 2003 ab. Geplant ist, ein ausdrückliches zivilrechtliches Rassendiskriminierungsverbot einzuführen. Für die Folgen sollte ursprünglich auf die beste-

---

[65] Der erste, sehr weitgehende Entwurf eines Antidiskriminierungsgesetzes wurde 1993 und 1995 von der PDS vorgelegt und betraf ausschließlich Rassendiskriminierung. Vgl. BT-Dr. 12/6245 vom 25.11.1993 und BT-Dr. 13/1466 vom 19.5.1995; (ablehnende) Beschlußempfehlung und Bericht des Innenausschusses, BT-Dr. 12/7659 vom 24.5.1994 und BT-Dr. 13/4082 vom 13.3.1996; Debatte und Ablehnung des Entwurfs im Plenarprotokoll, Stenographischer Bericht 12/230, S. 20090 ff., 26.5.1994, und 13/160, S. 14476 ff. vom 27.2.1997. Ähnlich weit ging ein Vorschlag der Hamburger Grünen und Alternativen Liste für den Hamburger Senat, vgl. Bürgerschaft der Freien und Hansestadt Hamburg, Dr. 15/5451 vom 8.5.1996. Siehe auch FAZ, 11.6.1996, S. 4. Ein allgemeines, nicht auf Rasse beschränktes Antidiskriminierungsgesetz beinhaltet der Entwurf von Bündnis 90/Die Grünen vom 12.3.1996; Eckpunkte für ein Gesetz zum Schutz von Minderheiten vor ungerechtfertigter Ungleichbehandlung (Antidiskriminierungsgesetz), übersandt von Volker Beck, MdB (13. Wahlperiode), Bundeshaus, HT 312-313, 53223 Bonn. Siehe dazu Raible, ZaöRV 60 (2000), S. 949. Vgl. auch Özdemir, MdB, Deutscher Bundestag, Plenarprotokoll, Stenographischer Bericht, 13/160, S. 14482, 27.2.1997. Auch die SPD hat an einem Gleichbehandlungsgesetz gearbeitet. Entwurf eines Gesetzes zur Durchsetzung des Gleichbehandlungsgebotes des Artikels 3 GG (Gleichbehandlungsgesetz), übersandt von Dr. Cornelie Sonntag-Wolgast, MdB (13. Wahlperiode), Stand: Januar 1997; vgl. auch dies., BT, Plenarprotokoll, Stenographischer Bericht 13/160, S. 14480, 27.2.1997. Ausführlich zu den Gesetzesvorschlägen Nikkel, Gleichheit und Differenz, S. 188 ff.

[66] Richtlinie 2000/43/EG des Rates vom 29. Juni 2000 zur Anwendung des Gleichbehandlungsgrundsatzes ohne Unterschied der Rasse oder der ethnischen Herkunft – Amtsblatt Nr. L 180 vom 19.07.2000, S. 0022-0026. Siehe dazu Baer, ZRP 201, S. 501.

[67] Stand 10. Dezember 2001, www.bmj.bund.de/images/1132.pdf (9. März 2002).

henden zivilrechtlichen Sanktionen zurückgegriffen werden[68], derzeit ist jedoch ein eigenständig geregelter Anspruch auf Unterlassung, Folgenbeseitigung und Schadensersatz geplant[69].

I. Unmittelbare Anwendbarkeit

1. Voraussetzungen

Die Materialien und das Zustimmungsgesetz geben keinen Hinweis, ob die Gesetzgebungsorgane von einer unmittelbaren Anwendbarkeit der RDK ausgingen. Deshalb müssen Gerichte und Behörden durch Auslegung der Vertragsbestimmung im Zusammenhang mit dem Zustimmungsgesetz selbst entscheiden, ob und wie weit die RDK unmittelbar anwendbar ist.

Unmittelbare Anwendbarkeit setzt nach überwiegender Ansicht ein subjektives und objektives Kriterium voraus[70]. Die vertragschließenden Parteien müssen die unmittelbare Anwendbarkeit der Vertragsbestimmungen zum einen gewollt haben. Sie können bereits auf dieser Ebene diese Wirkung ausdrücklich ausschließen[71]. Da in der Regel genaue Angaben über den Parteiwillen in diesem Bereich fehlen, ist für die Er-

---

[68] Informationen des BMJ, Abteilung I B 2, Referentin Lange, vom Juli 2000.

[69] Siehe § 319 e des Diskussionsentwurfs, Stand 10. Dezember 2001, www.bmj.bund.de/images/1132.pdf (Stand: 9. März 2002). Kritisch zu diesem Entwurf Thüsing, Gregor, FAZ 7.2.2002, S. 11; siehe auch FAZ 11.03.2002.

[70] Danzig-Gutachten des StIGH, Gutachten vom 3.3.1928, P.I.C.J. Series B, Nr. 15, S. 15-18 (mit Betonung der subjektiven Seite); BGHZ 17, 309, 313; 18, 22, 26; RGZ 117, 284; Zuleeg, JA 1983, S. 6; Kühner, NJW 1986, S. 1399; Ros, Die unmittelbare Anwendbarkeit der EMRK, S. 10 ff.; vgl. auch Bleckmann, Begriff und Kriterien der innerstaatlichen Anwendbarkeit völkerrechtlicher Verträge, S. 138 ff. Teilweise wird allerdings auch vertreten, daß nur subjektive oder objektive Kriterien maßgeblich seien. Vgl. zum Streitstand Buchs, Die unmittelbare Anwendbarkeit völkerrechtlicher Vertragsbestimmungen, S. 46-48. Siehe auch Bungert, DÖV 1994, S.801. Auch hinsichtlich der einzelnen Voraussetzungen der objektiven und subjektiven Kriterien bestehen im einzelnen Divergenzen. Dazu Ros, Die unmittelbare Anwendbarkeit der EMRK, S.47 ff.

[71] Uerpmann, Die EMRK und die deutsche Rechtsprechung, S. 44; Kühner, NJW 1986, S. 1399; Klein, in: Koeppel, S. 39; Bleckmann, Begriff und Kriterien der innerstaatlichen Anwendbarkeit völkerrechtlicher Verträge, S. 157 ff.; ders., Rechtsgutachten, I/38.

mittlung des Willens auf objektive Kriterien zurückzugreifen. Anhaltspunkte können sich aus dem Wortlaut der Bestimmung ergeben. Zum anderen muß die Norm in objektiver Hinsicht nach Inhalt, Zweck und Fassung zur innerstaatlichen Anwendung geeignet sein[72]. Sie muß Rechtssätze enthalten, die Tatbestand und Rechtsfolge so genau umschreiben, daß der innerstaatliche Rechtsanwender sie ohne weitere Ausführungsakte vollziehen kann. Das Fehlen der unmittelbaren Anwendbarkeit läßt sich oft daran erkennen, daß die Vertragsparteien verpflichtet sind, zu ihrer Verwirklichung innerstaatliche Maßnahmen zu treffen[73].

Die Bestimmung der unmittelbaren Anwendbarkeit einer Norm erfolgt zunächst durch die völkerrechtliche Auslegung[74]. Aber selbst wenn ein Vertrag völkerrechtlich zur unmittelbaren Anwendung geeignet erscheint, kann die innerstaatliche Rechtslage einen gesonderten Ausführungsakt erfordern wie z. B. die Bestimmung der zuständigen Behörde oder das einzuhaltende Verfahren[75]. Relevant wird in diesem Zusam-

---

[72] Uerpmann, Die EMRK und die deutsche Rechtsprechung, S. 44; Kreuzer, JA 1998, S. 733; Bleckmann, Grundgesetz und Völkerrecht, S. 282; ders., Begriff und Kriterien der innerstaatlichen Anwendbarkeit völkerrechtlicher Verträge, S. 233; Nguyen Quoc/Daillier/Pellet, Droit International Public, S. 231. Klein (in: Koeppel, S. 39) weist darauf hin, daß die objektiven Kriterien von den deutschen Gerichten betont werden. Siehe z.B. BVerwG, Urteil vom 28.5.1991, Fontes 1986-1993, Übereinkommen Nr. 97 der ILO, 231.1 (Nr. 91/1); BAGE, Urteil vom 7.12.1993, Übereinkommen Nr. 132 der ILO, Fontes 1986-93, 231.1 (Nr. 93/1).

[73] Geiger, Grundgesetz und Völkerrecht, S. 175. Die als unmittelbar anwendbar qualifizierten Vorschriften werden auch als self-executing bezeichnet. Der Begriff entstammt aus der US-amerikanischen Verfassungspraxis. Vgl. dazu Buergenthal, Rdc 235 (1992 IV), S. 370 ff.; Vázquez, AJIL 89 (1995), S. 695 ff.

[74] Zuleeg, ZaöRV 35 (1975), S. 350; Binder, ZaöRV 35 (1975), S. 293; Buchs, Die unmittelbare Anwendbarkeit völkerrechtlicher Vertragsbestimmungen, S. 42; implizit Rojahn, in: Geiger, S. 128.

[75] Ebenso Zuleeg, ZaöRV 35 (1975), S. 349, 351; Klein, in: Koeppel, S. 40; Ros, Die unmittelbare Anwendbarkeit der EMRK, S. 191; Sorensen, in: 2. Kolloquium EMRK, S. 29; Vázquez, AJIL 89 (1995), S. 696; Buergenthal, Rdc 235 (1992 IV), S. 320 f.; ferner Schmidt, Rang und Geltung der EMRK in den Vertragsstaaten, S. 14. Vgl. zu dem im einzelnen bestehenden Streit, ob die unmittelbare Anwendbarkeit völkerrechtlich oder innerstaatlich bestimmt wird, Bleckmann, Völkerrecht und Grundgesetz, S. 285; Zuleeg, *ebenda*, S. 349. Im Ergebnis wird akzeptiert, daß die Auslegung der Normen völkerrechtlich zu erfolgen hat, aber auch die innerstaatliche Rechtsordnung relevant ist.

menhang auch der Maßstab, den das nationale Recht an die Justiziabilität eines jeden Rechtssatzes anlegt[76]. Darüber hinaus kann es auch auf nationaler Ebene einen die unmittelbare Anwendbarkeit verhindernden Vorbehalt geben, der entweder im Zustimmungsgesetz enthalten sein oder als Vorbehalt der Ratifikation eingelegt werden kann[77].

2. Anwendung der Grundsätze auf Artikel 5 (f) RDK

Die unmittelbare Anwendbarkeit bestimmt sich für jede Norm eines Vertrages im einzelnen, nicht für den Vertrag in seiner Gesamtheit[78]. Daher beschränkt sich die Untersuchung auf Artikel 5 (f) RDK. Es ist zwischen den beiden Regelungen – Verbot der Diskriminierung und Recht auf Gleichbehandlung – zu unterscheiden. Beide Pflichten sind grundsätzlich geeignet, in der innerstaatlichen Rechtsordnung zu wirken.

Deutsche Gerichte haben sich bisher mit der innerstaatlichen Anwendbarkeit von Artikel 5 (f) RDK nicht auseinandergesetzt, wie überhaupt der Rückgriff auf die Konvention die Ausnahme geblieben ist, selbst wenn es unmittelbar um rassische Diskriminierung im Privatrechtsverkehr ging[79]. Soweit ersichtlich, hat bisher einzig das VG Frankfurt die RDK zur Begründung einer Entscheidung im Zusammenhang mit dem Postgesetz herangezogen und entschieden, daß die RDK unmittelbar Rechte und Pflichten für die Bewohner des Bundesgebietes erzeuge[80].

---

[76] Vgl. Bleckmann, Begriff und Kriterien der innerstaatlichen Anwendbarkeit völkerrechtlicher Verträge, S. 308; Buchs, Die unmittelbare Anwendbarkeit völkerrechtlicher Vertragsbestimmungen, S. 42-43.

[77] Bleckmann, Rechtsgutachten, I/38; ders., Begriff und Kriterien der innerstaatlichen Anwendbarkeit völkerrechtlicher Verträge, S. 186 ff. Vgl. dazu bereits *supra*, Kapitel 4, A. I 1 und Kapitel 4, Fn. 5; ferner Zuleeg, in: AK, Art. 24. Abs.3/Art. 25, Rz. 29; Ros, Die unmittelbare Anwendbarkeit der EMRK, S. 32.

[78] Frowein, in: Jacobs/Roberts, S. 69; Bleckmann, Rechtsgutachten, I/40.

[79] Das OLG Düsseldorf (ZIP 1999, 1357) nahm in dem Fall einer Taxizentrale, die Fahrten „deutscher Fahrer" anbot, keinen Bezug auf die RDK. Im Ergebnis hielt es die Praxis wegen Verstoßes gegen Artikel 3 Absatz 1 GG für sittenwidrig, da eine ungerechtfertigte Unterscheidung aufgrund der Nationalität vorliege. Die RDK, aber auch Artikel 3 Absatz 3 Satz 1 GG, sind jedoch auch für diesen Fall einschlägig. Siehe *supra*, Kapitel 2, B. und *infra*, Kapitel 5, B. III.

[80] VG Frankfurt, NJW 1993, S. 2067 = Fontes 1986-1993, 1130 (Nr.90/1). Eine Begründung für seine Ansicht fehlt jedoch. Auch eine Unterscheidung

Auf die Frage der unmittelbaren Anwendbarkeit ist es nicht eingegangen; ihre Beantwortung ist jedoch notwendige Voraussetzung für die vom Gericht gezogene Schlußfolgerung.

a) Das Diskriminierungsverbot

Bereits im ersten Teil der Untersuchung wurde festgestellt, daß die Konvention keine unmittelbaren Rechte und Pflichten für private Gastwirte erzeugen soll[81]. Damit ist aber eine entsprechende Verpflichtung der staatlichen Rechtsanwendungsorgane nicht ausgeschlossen. Der Wille, daß das Verbot, bei Zugangsverweigerungen zu Gaststätten zu diskriminieren, unmittelbar gelten oder nicht gelten soll, ist weder auf der internationalen Ebene noch auf der nationalen ausdrücklich zum Ausdruck gekommen[82]. Der Rassendiskriminierungsausschuß selbst hat nicht ausgeschlossen, daß einige Bestimmungen der RDK unmittelbar anwendbar sind, jedoch, soweit ersichtlich, in diesem Punkt noch keine eindeutige Stellungnahme abgegeben, sondern vor allem die Pflicht zum Ergreifen weiterer innerstaatlicher Maßnahmen betont[83]. Nach dem Wortlaut wendet sich die Regelung ausschließlich an die Vertragsstaaten als solche und nicht direkt an die staatlichen Rechtsanwendungsorgane. Artikel 2 RDK unterstreicht dieses Ergebnis. Sein Einleitungsabschnitt „States Parties condemn racial discrimination and undertake to pursue ... a policy of eliminating racial discrimination ...", den die Buchstaben a) – e) lediglich konkretisieren, hat

---

zwischen unmittelbarer Anwendbarkeit und subjektiven Rechten und Pflichten nimmt das VG nicht vor. In dem Fall ging es um die Frage, ob die Post die Beförderung einer rassendiskriminierenden Schrift verweigern durfte, was das Gericht unter Verweis auf die RDK bejahte.

81 Siehe *supra*, Kapitel 3, A.

82 Vgl. Strauss, Das Verbot der Rassendiskriminierung, S. 288 ff.; Kühner, NJW 1986, S. 1399.

83 UN Doc. A/CON.92/8, Zif. 94. Bei der Besprechung des Art. 5 RDK von 1973 gingen die Ausschußmitglieder wohl davon aus, daß die Norm nicht unmittelbar anwendbar sei. Vgl. UN Doc. GAOR (A/9018), Zif. 46-67, z.B. Zif. 56. Auch der Special Rapporteur Santa Cruz stellt nur auf staatliche Maßnahmen ab (in: Racial Discrimination, Zif. 138, S. 46 und Zif. 374 ff., S. 113 ff.). I. Erg. wie hier Kühner, NJW 1986, S. 1399; ferner Partsch, Rassendiskriminierung, S. 6 (zu Art. 2 RDK, der für Art. 5, 1. HS RDK prägend ist). Siehe auch Teubal de Alhadeff, in: Bothe/Vinuesa, S. 165.

ausschließlich programmatischen Charakter[84]. Das OVG Münster hat wegen des sehr ähnlichen Artikels 2 der Frauenkonvention diesen Vertrag insgesamt als nicht self-executing angesehen[85].

Auch aus den historischen Unterlagen läßt sich entnehmen, daß die Staatenvertreter während des Entstehungsprozesses der Konvention davon ausgingen, daß die Staaten durch die Konvention verpflichtet werden sollten, Maßnahmen gegen Rassendiskriminierung zu ergreifen[86].

Von unmittelbar anwendbaren Normen war nie die Rede. Daher ist davon auszugehen, daß die Vertragspartner keine unmittelbare Anwendbarkeit gewollt haben.

Inhaltlich dagegen ist das Verbot, aufgrund der Rasse den Zutritt zu einer Gaststätte zu verweigern, eine eindeutige, hinreichend bestimmte Verhaltenspflicht und damit zur unmittelbaren Anwendbarkeit grundsätzlich geeignet[87]. Das Diskriminierungsverbot des Artikels 5 (f) i.V.m. Artikel 2 Absatz 1 (a) und (b) RDK ist für den Staat und seine Organe in der Sache nicht weiter konkretisierbar[88]. Zwar sind die Rechtsfolgen eines Verstoßes gegen das Verbot in der Konvention nicht normiert; allein daraus läßt sich jedoch nicht auf eine ungenügende Bestimmtheit des Verbotes schließen. Auch die EMRK kennt keine Rechtsfolgenbe-

---

[84] Absatz 10 der Präambel, wonach die Vertragsparteien übereingekommen sind, „to adopt all necessary measures for speedily eliminating racial discrimination..." unterstützt diese Einschätzung. I. Erg. ebenso Strauss, Das Verbot der Rassendiskriminierung, S. 289; Kühner, NJW 1986, S. 1399; siehe auch Uerpmann, Die EMRK und die deutsche Rechtsprechung, S. 4.

[85] OVG Münster, Beschluß vom 15.6.1989, NJW 1989, S. 2560, Fontes 1986-93, 1130 (Nr. 89/1).

[86] Vgl. z.B. UN Doc. ECOSOC E/3873, E/CN.4/874, Zif. 115 u. 120; ferner UN Doc. A/C.3/1207, Zif. 31 ff. u. 1208 Zif. 1 ff. Ebenso Kühner, NJW 1986, S. 1399; Partsch, Rassendiskriminierung, S. 7.

[87] Vgl. zur Bestimmtheit von Verbotsnormen die Rechtsprechung des EuGH, Van Gend & Loos, Urteil vom 5.2.1963, Sammlung der Rechtsprechung des EuGH 1963, 3, 25 ff. Siehe auch Koller, Die unmittelbare Anwendbarkeit völkerrechtlicher Verträge, S. 106 f. m. w. N; Bleckmann, Rechtsgutachten I/38.

[88] Vgl. die Verpflichtungen aus Art. 5 (f) i. V. m. Art. 2 Abs. 1 (a) u. (b) RDK.

stimmungen und ist dennoch von deutschen Gerichten für unmittelbar anwendbar erklärt worden[89].

Diese Erwägungen gelten allerdings nur für Rassendiskriminierung, die durch staatliche Akteure selbst verübt wird. Zur Bekämpfung von rassisch motivierten Zugangsverweigerungen durch private Gastwirte sind weitere Umsetzungsakte erforderlich wie die Bestimmungen, welche Folgen ein Verstoß für Privatpersonen hat, wer berufen ist, die Einhaltung des Verbotes zu kontrollieren, welcher Rechtsweg bei Streitfragen eröffnet ist etc. Die Staaten können nach Artikel 5 (f) in Verbindung mit Artikel 2 Absatz 1 (d) RDK zwischen straf-, zivil- oder verwaltungsrechtlichen Mitteln wählen oder sich auf das Common Law stützen, um Diskriminierung durch Private in diesem Bereich zu verhindern[90]. Insoweit scheidet eine unmittelbare Anwendbarkeit aus. Auch die in Artikel 2 Absatz 1 (a), (c) und (e) sowie Absatz 2 RDK vorgesehenen Kontroll- und Förderungspflichten sind zur unmittelbaren Anwendung nicht geeignet. Denn auch insoweit sind weitere Ausführungsmaßnahmen erforderlich, bei denen den Staaten beträchtliche Entscheidungsspielräume eingeräumt sind[91].

Aber selbst soweit das Verbot an die staatlichen Organe zur unmittelbaren Anwendbarkeit geeignet ist, spricht die klare Formulierung als Staatenverpflichtung gegen eine unmittelbare Anwendbarkeit. Indes ist darauf hingewiesen worden, daß völkerrechtliche Bestimmungen nicht immer im Hinblick auf die unmittelbare Anwendbarkeit formuliert sind[92]. Nicht selten hänge es vom Zufall ab, wie eine Vertragsbestimmung gestaltet ist. Ein Rückschluß vom Adressaten auf die unmittelbare Anwendbarkeit sei nicht immer ein sicheres Kriterium. Deshalb fordert Koller, daß nicht auf den im Vertragstext bezeichneten formellen,

---

[89] Ausführlich Uerpmann, Die EMRK und die deutsche Rechtsprechung, S. 90-96.

[90] A. A. El-Sheikh, REDI 33 (1977), S. 25, der allein auf den Begriff „Verbot" bei Artikel 2 Abs. 1 (d) RDK abstellt und daher die unmittelbare Anwendbarkeit bejaht, ohne auf das Ermessen, das den Staaten bleibt, einzugehen. Vgl. zu Artikel 2 und 5 RDK *supra*, Kapitel 1 und 3.

[91] Zu den genauen Inhalten, vgl. *supra*, Kapitel 3, C. IV und E.

[92] Buchs, Die unmittelbare Anwendbarkeit völkerrechtlicher Vertragsbestimmungen, S. 87; Bleckmann, Grundgesetz und Völkerrecht, S. 290; Koller, Die unmittelbare Anwendbarkeit völkerrechtlicher Verträge, S. 105.

sondern auf den materiellen Adressaten abzustellen sei[93]. Materieller Normadressat sei jeder, „den die Norm angeht“[94], worunter bei der Rassendiskriminierung die Mitglieder der diskriminierten rassischen Gruppe fielen. Für diese Auslegung spricht, daß so der Normzweck, der diskriminierungsfreie Zugang zu Gaststätten, besser gewährleistet ist.

Dieser Ansatz entspricht einer weiten „effet utile“-Auslegung und ist im Völkerrecht nicht unbekannt. In Richtung dieser materiellen Auslegung weist die Rechtsprechung des EuGH[95] und des EGMR zu Artikel 3 des ersten Zusatzprotokolles der EMRK[96]. Trotz dem jeweils eindeutig nur als Staatenverpflichtung formulierten Wortlaut bejahte sowohl der EuGH die unmittelbare Anwendbarkeit verschiedener europarechtlicher Normen als auch der EGMR, daß Artikel 3 des ersten Zusatzprotokolls subjektive Rechte gewährt. Damit scheint der Schluß nahezuliegen, daß für die Auslegung von EU-Recht und von Menschenrechtsverträgen besondere, am effet utile orientierte Maßstäbe gelten.

Allerdings kann diese Entwicklung in Richtung einer weiten Auslegung von Menschenrechtsverträgen nicht als abgeschlossen angesehen werden. Eine „effet utile“-Auslegung für die Frage nach der unmittelbaren Anwendbarkeit einer Norm, wie sie der EuGH praktiziert, hat sich im allgemeinen Völkerrecht noch nicht durchgesetzt[97]. So beruft sich der EuGH ausdrücklich darauf, daß „By contrast with ordinary international treaties, the E.E.C. Treaty has created its own legal system, which, on the entry into force of the Treaty became an integral part of the legal systems of the Member States and which their courts are

---

93 Koller, Die unmittelbare Anwendbarkeit völkerrechtlicher Verträge, S. 108; Strauss, Das Verbot der Rassendiskriminierung, S. 290 f.

94 Koller, Die unmittelbare Anwendbarkeit völkerrechtlicher Verträge, S. 108.

95 Van Gend & Loos, Urteil vom 5.2.1963, Sammlung der Rechtsprechung des EuGH 1963, 3, 25 (bzgl. Art. 12); Costa v. ENEL (bzgl. Art. 37 Abs. 2 EWG-Vertrag). Siehe dazu Buergenthal, Rdc 235 (1992 IV), S. 325 ff.

96 EGMR Mathieu-Mohin u. Clerfayt v. B, Urteil vom 2.3.1987, Series A 113, S. 22, Zif. 47 ff. Siehe auch Frowein, in: ders./Peukert, EMRK Kommentar, Art. 3 des 1. ZP., Rz. 1.

97 Vgl. hierzu den von Koller, (in: Die unmittelbare Anwendbarkeit völkerrechtlicher Verträge, S. 109-113) angeführten Meinungsstand.

bound to apply“[98]. Bei Artikel 3 des 1. Zusatzprotokolls der EMRK erlaubte der Gesamtzusammenhang der Norm den Schluß, daß Artikel 3 trotz seines Wortlauts in demselben Umfang Rechte und Pflichten vermitteln soll wie die EMRK und der Rest des Zusatzprotokolles. Insofern liegt kein Fall einer besonderen Auslegung aufgrund eines menschenrechtlichen Vertrags vor, sondern ein typischer Fall der systematischen Auslegung.

Als Argument für eine unmittelbare Anwendbarkeit ist außerdem Artikel 14 RDK angeführt worden, nach dem bei entsprechender Erklärung durch den Vertragsstaat eine Individualbeschwerde vor dem Rassendiskriminierungsausschuß für diejenigen zulässig ist, die behaupten „to be victim of a violation by that State Part of any rights set forth in this Convention“[99]. Artikel 1 des 1. Zusatzprotokolls zum IPbpR enthält jedoch eine ähnliche Vorschrift, ohne daß der IPbpR von deutschen Gerichten für unmittelbar anwendbar erachtet wurde[100]. Abgesehen davon hat die Bundesrepublik Deutschland sich dem Verfahren nach Artikel 14 RDK bisher noch nicht unterworfen.

Angesichts des klaren Wortlauts, der Praxis des Ausschusses und der Entstehungsgeschichte ist daher das Verbot der Rassendiskriminierung im Gaststättenbereich auch für die staatlichen Organe nicht unmittelbar anwendbar[101].

---

[98] CML Rev. 197-198 (1964-1965). Auffällig ist, daß der EuGH bei der Auslegung völkerrechtlicher Verträge, durch die die Drittstaaten (Nicht-EU-Staaten) nicht gebunden sind, die unmittelbare Anwendbarkeit zurückhaltender annimmt. Vgl. Koller, Die unmittelbare Anwendbarkeit völkerrechtlicher Verträge, S. 152 ff.; Buergenthal, RdC 235 (1992 IV), S. 325 ff. Siehe auch Doehring, Völkerrecht, S. 418 f.

[99] Angeführt wird dieses Argument allerdings nicht für das Diskriminierungsgebot, sondern für die Gleichheitsgewährleistung. Eine Begründung für diese Unterscheidung fehlt. Siehe Strauss, Das Verbot der Rassendiskriminierung, S. 291. Siehe zu Artikel 14 RDK van Boven, Max Planck UNYB 4 (2000), S. 271 ff. Bisher haben 30 Staaten eine Erklärung abgegeben, dieses Beschwerdeverfahren zu akzeptieren. Vgl. Presseerklärung UNHCR vom 2.03.2001 (http://www.unhcr.ch/huricane/huricane.nsf/NewsRoom?OpenFrameSet - Stand: 21. April 2001).

[100] Siehe BayVG München, Urteil vom 1.2.1989, M 6 K 87.5238 (zitiert nach Buchs, Die unmittelbare Anwendbarkeit völkerrechtlicher Vertragsbestimmungen, S. 86).

[101] Dieses Ergebnis wird durch einen Vergleich mit völkerrechtlichen Normen, die bereits von deutschen Gerichten als unmittelbar anwendbar anerkannt

b) Gleichheit vor dem Gesetz

Ähnlich verhält es sich mit der zweiten in Artikel 5 (f) RDK enthaltenen Pflicht, Gleichheit vor dem Gesetz in Hinblick auf den Zugang zu öffentlich Orten und Dienstleistungen zu gewähren. Auch diese Regelung enthält eine Verhaltensnorm, die bestimmt genug ist, den deutschen Staatsorganen unmittelbar wirksame Regelungen aufzuerlegen[102]. Das Gesetz ist ohne Rassendiskriminierung anzuwenden, Gestaltungsspielräume müssen ohne Ansehung der Rasse einer Person ausgefüllt werden. Jedoch wird auch sie mit der gegen eine unmittelbare Anwendbarkeit sprechende Formulierung „undertake to ... guarantee" eingeleitet. Strauss sieht in Absatz 3 der Präambel der RDK[103] und Artikel 7 RDD[104], deren Verwirklichung laut Absatz 12 der Präambel der RDK der Wunsch der Staaten ist, ein Argument für die unmittelbare Anwendbarkeit dieses Teils von Artikel 5 RDK. Die für die Interpretation zwar bedeutsame Präambel vermag den Gesamteindruck des Wortlauts, daß letztlich nur die Staaten als Völkerrechtssubjekte verpflichtet werden sollen, gegen Rassendiskriminierung durch Maßnahmen aktiv vorzugehen, jedoch nicht nachhaltig zu erschüttern. Es bestehen keine durchgreifenden Unterschiede zu der Verpflichtung, Ras-

---

wurden, unterstützt. Bejaht haben deutsche Gerichte die unmittelbare Anwendbarkeit für die Menschenrechtsgewährleistungen der EMRK, deren Wortlaut im Gegensatz zur RDK deutlich für eine unmittelbare Wirkung spricht. Siehe BGHZ 45, 30, 33 f.; 46, 49 ff.; 48, 63 f. Vgl. dazu Uerpmann, Die EMRK und die deutsche Rechtsprechung, S. 44 m. w. N.; Schmid, Rang und Geltung der EMRK in den Vertragsstaaten, S. 14. Dasselbe gilt für das Übereinkommen vom 28.9.1954 über die Rechtsstellung der Staatenlosen (siehe BVerwGE 87, 11, 13 f., BGBl. 1976 II S. 473) und für Teile der Genfer Flüchtlingskonvention (BVerwG AVR 1991, S. 408, 412). Ebenfalls für unmittelbar anwendbar erachtet wurde Artikel 6 Nr. 4 der Europäische Sozialcharta (BVerfGE 58, 233, 254; BAGE 33, 140, 156 f.; 46, 322, 348 ff.; dazu Seiter, Streikrecht und Aussperrungsrecht, S. 130 ff.; kritisch Frowein, in: Isensee/Kirchhof, S. 747. Vgl. auch die Denkschrift der Bundesregierung zum Entwurf eines Gesetzes zur Europäischen Sozialcharta vom 15.3.1964 (BT-Dr. IV/2117, S. 28), aus der ein Wille gegen eine unmittelbare Anwendung deutlich wird).

[102] Vgl. zum Inhalt dieser Verpflichtung, *supra*, Kapitel 3, F.

[103] „[A]ll human beings are entitled to equal protection of the law against any discrimination".

[104] „[E]veryone has the right to equality before the law and to equal justice under the law".

sendiskriminierung zu verbieten[105]. Daher ist auch das Gebot der Gleichheit vor dem Gesetz ohne Diskriminierung aufgrund der Rasse beim Zugang zu öffentlich zugänglichen Orten nicht unmittelbar anwendbar[106].

Wegen dieser fehlenden unmittelbaren Anwendbarkeit gewährleistet Artikel 5 (f) RDK keine subjektiven Rechte für den einzelnen, da dies eine besonders qualifizierte Form von unmittelbar anwendbaren Normen voraussetzt[107]. Der einzelne hat als lediglich Begünstigter ohne eigene unmittelbaren subjektiven Rechte die Rolle eines Reflexträgers inne[108]. Daraus folgt auch, daß sich aus Artikel 5 (f) RDK keine unmittelbar Pflicht, jeden unbeschadet seiner Zugehörigkeit zu einer rassischen Gruppe in seiner Gastwirtschaft zu bewirten, ergibt[109]. Das heißt, auf die Norm kann weder als Schutzgesetz im Rahmen des § 823 Abs. 2 BGB noch als Verbotsgesetz gemäß § 134 BGB zurückgegriffen werden[110].

---

105 Die Aussage des kanadischen Vertreters MacDonald im Dritten Ausschuß der Generalversammlung der VN „It seemed to him that article V attempted both to grant certain rights and to guarantee freedom from discrimination in the exercise of those rights“ (UN Doc. GAOR, A/C.3/SR.1309, Ziff. 6), weist auf einen möglichen Willen zu einem unmittelbar anwendbaren Recht hin. Er ist jedoch der einzige, der sich so äußert.

106 Ebenso Kühner, NJW 1986, S. 1399; Partsch, Rassendiskriminierung, S. 7; ders., TJIL 14 (1979), S. 199; Dürig, in: Maunz/ders., Art. 3 III, Rz. 67. Vgl. auch Bleckmann, Grundgesetz und Völkerrecht, S. 390; Ermacora, Juristische Blätter 1973, S. 184 f. und Freudenschuß, EuGRZ 1983, S. 630.

107 Die grundsätzliche Möglichkeit von Individuen, sich auf Völkerrechtsverträge zu berufen, wurde bereits vom StIGH im Rechtsgutachten über das Beamtenabkommen zwischen Polen und der Freien Stadt Danzig (Gutachten vom 3.3.1928, P.I.C.J. Series B, Nr. 15, S. 17 f.) bejaht. Voraussetzung dafür ist, daß 1. die Norm unmittelbar anwendbar ist und 2. dem einzelnen dadurch eigene Rechtspositionen eingeräumt werden. Vgl. Klein, in: Koeppel, S. 39; Kühner, NJW 1986, S. 1399; Geiger, Grundgesetz und Völkerrecht, S. 176 f.; Zuleeg, ZaöRV 35 (1975), S. 358; Rojahn, in: Geiger, S. 127.

108 Delbrück, Die Rassenfrage als Problem des Völkerrechts und nationaler Rechtsordnungen, S. 100; Kühner, NJW 1986, S. 1399.

109 Vgl. Kühner, NJW 1986, S. 1399; siehe zu den Anforderungen für unmittelbare Rechte und Pflichten aus einem völkerrechtlichen Vertrag, BVerfG 43, 203, 209.

110 Vgl. hierzu auch Rädler, NJW 1998, S. 1622; Heinrichs, in: Palandt, § 134, Rz. 3.

II. Mittelbare Anwendbarkeit

1. Die Auslegung deutscher Rechtsnormen unter Berücksichtigung von Artikel 5 (f) RDK

Auch wenn Artikel 5 (f) RDK nicht selbst als Ermächtigungsgrundlage staatlichen Handelns dienen kann, folgt daraus nicht, daß die Norm ohne Einfluß auf die deutsche Rechtsordnung ist. Artikel 5 (f) RDK kann vom Rechtsanwender zur Konkretisierung einer Norm des innerstaatlichen Rechts herangezogen werden[111]. Das Bundesverfassungsgericht hat in seiner grundlegenden Entscheidung vom 26.3.1987 festgestellt, daß Gesetze „im Einklang mit den völkerrechtlichen Verpflichtungen der Bundesrepublik Deutschland auszulegen und anzuwenden sind“[112], und zwar unabhängig davon, ob die zu beachtende Völkerrechtsnorm unmittelbar oder mittelbar anwendbar ist[113]. Die Pflicht von Verwaltung und Gerichten, Artikel 5 (f) RDK bei der Rechtsanwendung zu beachten, ergibt sich aus dem Status der Norm als Teil der innerstaatlichen Rechtsordnung. Denn es gilt der Grundsatz der Einheit der Rechtsordnung und das mit diesem zusammenhängende Gebot der systematischen Auslegung[114]. Auf diese Weise erlangen völkervertragli-

---

[111] Siehe Uerpmann, Die EMRK und die deutsche Rechtsprechung, S. 50 ff. Vgl. auch Zuleeg, JA 1983, S. 6; Kühner, NJW 1986, S. 1399; Delbrück, Die Rassenfrage als Problem des Völkerrechts und nationaler Rechtsordnungen, S. 103; ferner Bernhardt, in: Geiger, S. 147 f. Siehe auch die Beispiele bei Geburtig, ZaöRV 59 (1999), S. 306; Ziegler, ZaöRV 60 (2000), S. 226 f. Anders Geiger, Grundgesetz und Völkerrecht, S. 161; Meng, in: Koeppel, S. 13; Schweitzer, Staatsrecht III, S. 149 f.; speziell für die RDK: Dürig, in: Maunz/ders., Art. 3 III, Rz. 67, die so die Wirkung des Artikels 5 (f) RDK verkürzen.

[112] BVerfGE 74, 358, 370.

[113] Siehe zur völkerrechtsfreundlichen Auslegung BVerfG, Beschluß vom 25.9.1986, InfAuslR 1987, S. 37; BVerfGE 74, 102, 121; 82, 106, 114 f.; 83, 119, 128; 88, 112, (113). Siehe auch die Entscheidung des BVerwG zur Auslegung des alten Art. 16 II GG auf Grundlage der GFK: BVerwGE 67, 184, 186; ferner BVerwGE 4, 235, 237; 49, 202, 204 f.; 55, 82, 84; 68, 171, 172; Geburtig, ZaöRV 59 (1999), S. 306. Vgl. auch Bernhardt, in: FS 25jähriges Bestehen BVerfG, Bd. 2, S. 160. Auf die unmittelbare Anwendbarkeit stellen dagegen OVG Münster, Fontes 1986-1993, 1130 (Frauenkonvention) (Nr. 89/1) = NJW 1989, S. 2560 und AG Tauberbischofsheim, Fontes 1986-1993, (Art. 10 EMRK), 1112, Nr. 92/1 ab.

[114] Klein, in: Koeppel, S. 47; siehe allgemein zu diesem Grundsatz Bydlinski, Juristische Methodenlehre und Rechtsbegriff, S. 463 f.; Larenz, Methodenlehre

che Normen, soweit ihre innerstaatliche Geltung reicht, mittelbar für die deutsche Rechtsordnung Bedeutung[115].

Ein Rückgriff auf Artikel 5 (f) RDK kommt vor allem in Betracht, wenn die deutsche Rechtsordnung nur eine Generalklausel oder gar keine ausdrückliche Bestimmung enthält, während die völkerrechtliche Norm eine präzisere Anordnung trifft. Die Konvention trägt dazu bei, wertausfüllungsfähigen und -bedürftigen Generalklauseln schärfere Konturen zu geben, so im Zivilrecht insbesondere dem Begriff der Sittenwidrigkeit i. S. d. §§ 138 und 826 BGB[116]. Sie kann dazu dienen, den unbestimmten Rechtsbegriff der öffentlichen Sicherheit und Ordnung des Polizeirechts und der Unzuverlässigkeit i. S. d. § 4 Absatz 1 GastG zu bestimmen[117]; auch im Strafrecht ist eine Einwirkung nicht ausgeschlossen[118]. Wie bereits erwähnt, ist die Bezugnahme zur RDK in der Praxis bisher jedoch die Ausnahme geblieben.

Aus der innerstaatlichen Geltung des Artikels 5 (f) RKD und dem Grundsatz der Einheit der Rechtsordnung ergibt sich auch, daß von zwei oder mehreren möglichen Auslegungen diejenige auszuwählen ist, die mit Artikel 5 (f) RDK vereinbar ist[119]. Daneben besteht die Möglichkeit, das Auslegungsergebnis einer Norm des nationalen Rechts durch Rückgriff auf Artikel 5 (f) RKD zu kontrollieren[120]. Verstößt das

---

der Rechtswissenschaft, S. 266 ff., S. 313; Pawlowski, Methodenlehre für Juristen, S. 91 ff.; Zippelius, Rechtsphilosophie, S. 23 ff.

[115] Vgl. Bleckmann, DÖV 1979, S. 312; Giegerich, in: Grabenwarter/Hammer/Pelzl/Schulev-Steindl/Wiederin, S. 113, 115; Zuleeg, JA 1983, S. 6; Sternberg, Der Rang von Menschenrechtsverträgen im deutschen Recht, S. 192; vgl. auch BVerfGE 76, 1, 78 ff.; BVerwGE 110, 203, 205 f. und BGHSt 45, 321, 329.

[116] Dürig, in: Maunz/ders., Art. 3 III, Rz. 68; Kühner, NJW 1986, S. 1400. Vgl. auch BGHZ 59, 82, 85 ff. und 69, 295, 298. Im letzen Fall griff der BGH zur Auslegung des § 138 BGB auf Art. 2 Abs. 2 und Art. 3 Abs. 2 des 4. Zusatzprotokolls zur EMRK und Art. 12 Abs. 2 IPbpR zurück. Siehe dazu Uerpmann, Die EMRK und die deutsche Rechtsprechung, S. 50 f.

[117] Siehe *infra*, Kapitel 6.

[118] Kühl, ZStW 100 (1988), S. 406 ff.

119Vgl. BVerwG, Urteil vom 20.1.1987, Fontes Iuris Gentium, Nr. 389.2 (87/1); Tomuschat, in: Isensee/Kirchhof, S. 499; Zuleeg, JA 1983, S. 6; Klein, in: Koeppel, S. 47; Seibert, in: FS Hirsch, S. 525; siehe auch Bleckmann, Grundgesetz und Völkerrecht, S. 278 und Herzog, DÖV 1960, S. 778.

[120] Vgl. BVerfGE 83, 119, 128; BGHSt 19, 1, 4; OLG Stuttgart NVwZ 1982, S. 158, 159. Siehe dazu Uerpmann, Die EMRK und die deutsche Rechtsprechung, S. 53.

Ergebnis der Auslegung gegen die völkerrechtliche Norm, ist zu überprüfen, ob eine andere Auslegung diesen Widerspruch vermeidet. Darüber hinaus folgt aus der Völkerrechtsfreundlichkeit des Grundgesetzes, daß der Rechtsanwender gehalten ist, bei mehreren möglichen Auslegungen, die alle mit Artikel 5 (f) RDK vereinbar sind, diejenige auszuwählen, die der Wertentscheidung der Norm am besten entspricht[121]. Dieser Grundsatz ist auch Ursache dafür, daß zwar die RDK die Auslegung einer innerstaatlichen Norm zu beeinflussen vermag, nicht aber eine innerstaatliche Norm das Verständnis des Artikels 5 (f) RKD prägen kann[122].

Gleichzeitig mildert der Grundsatz die Auswirkungen der bei Normenkonkurrenz zweier gleichrangiger Normen grundsätzlich geltende Kollisionsregel „lex posterior derogat legis priori". Das Bundesverfassungsgericht hat die — widerlegliche — Vermutung entwickelt, daß der Gesetzgeber nicht gegen völkerrechtliche Verpflichtungen verstoßen will, sofern dieser Wille nicht klar zum Ausdruck kommt[123]. Ein späteres Gesetz ist daher in Einklang mit Artikel 5 (f) RDK auszulegen, wenn nicht — was für Artikel 5 (f) praktisch ausgeschlossen ist — ein klarer, anderslautender Wortlaut dieser Interpretation entgegensteht.

2. Die völkerrechtsfreundliche Auslegung der Grundrechte

Der Grundsatz der völkerrechtsfreundlichen Auslegung gilt nicht nur für das einfache Gesetz und das unter diesem Rang stehenden Recht, sondern auch für die Ebene des Verfassungsrechts unbeschadet der Tat-

---

[121] Uerpmann, Die EMRK und die deutsche Rechtsprechung, S. 27, 55.

[122] Vgl. zur Völkerrechtsfreundlichkeit des Grundgesetzes BVerfGE 6, 309, 362 f.; 18, 112, 121; 31, 58, 75 f.; 45, 83, 97; 63, 343, 370; 75, 1, 17. Grundlegend Vogel, Verfassungsentscheidung des Grundgesetzes für eine internationale Zusammenarbeit, S. 44-51; siehe ferner Tomuschat, in: Isensee/Kirchhof, S. 483 ff.; Kunig, in: FS Doehring, S. 536; Stern, Staatsrecht I, S. 474 f.; Bleckmann, DÖV 1979, S. 309 ff.; ders., DÖV 1996, S. 137 ff.; Giegerich, in: Grabenwarter/Hammer/Pelzl/Schulev-Steindl/Wiederin, S. 101.

[123] BVerfGE 74, 358, 370. Vgl. Bleckmann, Begriff und Kriterien der innerstaatlichen Anwendbarkeit völkerrechtlicher Verträge, S. 86; ders., Grundgesetz und Völkerrecht, S. 278; Klein, in: Koeppel, S. 46 f.; Seibert, in: FS Hirsch, S. 525; zur EMRK: Echterhölter, JZ 1955, S. 690; Hilf, in: Mahrenholz/ders./Klein, S. 40; siehe auch Isensee, in: ders./Kirchhof, S. 376 f.; Frowein, in: United Nations (Hrsg.), S. 87.

sache, daß selbst unmittelbar anwendbarem Völkervertragsrecht auch bei der Kodifikation von Menschenrechten nur einfachgesetzlicher Rang zukommt[124].

Zwar ist zu Recht darauf hingewiesen worden, daß aus den einzelnen Verfassungsbestimmungen nicht ohne weiteres auf ein Verfassungsprinzip geschlossen werden kann, aus dem losgelöst von den einzelnen Bestimmungen Rechtsfolgen abgeleitet werden, die über die Einzelbestimmungen hinausgehen[125]. Mit dem Gebot der völkerrechtsfreundlichen Auslegung von Grundrechten wird ein Schritt über den im Text angelegten Befund des Grundgesetzes gemacht. Eine systematische Gesamtschau der Bestimmungen des Grundgesetzes läßt diesen Schritt aber zwingend erscheinen, da eine rein staatsrechtliche Betrachtung internationaler Vereinbarungen dem Anliegen der Verfassung nicht gerecht wird[126]. So verdeutlichen Artikel 59 Absatz 2 und 25 GG das Bestreben, völkerrechtliche Verpflichtungen und innerstaatliches Recht in Einklang zu bringen[127]. Vor allem aber Artikel 1 Absatz 2 GG weist darauf hin, daß die Gewährleistung des Grundgesetzes auch vor dem Hintergrund eines internationalen Menschenrechtsschutzes zu sehen

---

[124] Die Versuche, der EMRK Verfassungsrang oder zumindest übergesetzlichen Rang zuzuerkennen, sind bisher gescheitert. Vgl. hierzu *supra*, Kapitel 4, Fn. 37.

[125] Kunig, in: FS Doehring, S. 536; vgl. auch ders., Das Rechtsstaatsprinzip, S. 109 f.; Sommermann, AöR 114 (1989), S. 415.

[126] Siehe dazu ausführlicher Bernhardt, in: FS 25jähriges Bestehen BVerfG, 2. Bd., S. 160; Kunig, in: FS Doehring, S. 536; ders., in: Graf Vitzthum, S. 108 ff.; Stern, Staatsrecht I, S. 474 f.; Zuleeg, in: AK, Art. 24. Abs.3/Art. 25, Rz. 32; Dreier, GG Kommentar, Art. 1 II GG, Rz. 22.; Tomuschat, in: Isensee/Kirchhof, S. 499; Bleckmann, DÖV 1979, S. 312 ff.; Sommermann, AöR 114 (1989), S. 415.

[127] Ferner enthalten Artikel 23 und 24 GG die Entscheidung zur supranationalen Zusammenarbeit und Art 26 verbietet die Störung des friedlichen Zusammenlebens der Völker. Auch der über Artikel 25 GG ins deutsche Recht rezipierte Rechtsgrundsatz „pacta sunt servanda" führt dazu, daß die vertraglichen Verpflichtungen durch den Staat und seine Organe zu beachten sind. Dies gilt unbeschadet der Tatsache, daß er der RDK keinen höheren Rang zu vermitteln vermag. Ausführlicher Bernhardt, in: FS 25jähriges Bestehen BVerfG, Bd. 2, S. 160; Zuleeg, JA 1983, S. 2. Vgl. auch Sommermann, AöR 114 (1989), 415; Rojahn, in: von Münch/Kunig, Art. 24, Rz. 4; Uerpmann, Die EMRK und die deutsche Rechtsprechung, S. 117; Bleckmann, DÖV 1979, S. 312 f.; Seibert, in: FS Hirsch, S. 522 f.; siehe auch BVerwG NJW 1987, S. 2691.

ist[128]. Dementsprechend hat das Bundesverfassungsgericht anerkannt, daß die Grundrechte im Zusammenhang mit dem international erreichten Standard des Menschenrechtsschutzes auszulegen sind[129]. Einer vertraglich begründeten Pflicht muß ein deutscher Rechtsanwender nur dann nicht nachkommen, wenn seine Erfüllung gegen unabdingbare verfassungsrechtliche Grundsätze oder zwingende völkerrechtliche Regeln verstieße[130].

Selbstverständlich ist nicht jede völkervertragliche Vereinbarung in der Lage, diese Wirkungen zu produzieren. Schließlich handelt es sich – im Gegensatz zu den allgemeinen Regeln des Völkerrechts im Sinne des Artikels 25 GG – um Akte freiwilliger Selbstverpflichtungen, für die die Verfassung die Einhaltung sowohl ihrer Kompetenzvorschriften als auch der von ihr aufgestellten materiellen Schranken vorschreibt[131]. Sie sind daher grundsätzlich einer verfassungsrechtlichen Überprüfung zugänglich. Eine Einflußnahme auf die Verfassung bleibt die Ausnahme[132]. Auch Artikel 1 Absatz 2 GG kann nicht entnommen werden, daß jede sich vollziehende Entwicklung aus dem Bereich der Menschenrechte unbesehen zu übernehmen ist. Nur die Menschenrechtsverträge, für die im Grundgesetz ein thematischer Anknüpfungspunkt besteht, sind ge-

---

[128] BVerfGE 74, 358, 370; 82, 106, 115; 83, 119, 128; Seibert, in: FS Hirsch, S. 522 f.; Dreier, GG Kommentar, Art. 1 II GG, Rz. 16; Sommermann, AöR 114 (1989), S. 416 ff.; zusammenfassend von Hodenberg, Das Bekenntnis des deutschen Volkes zu den Menschenrechten in Art. 1 Abs. 2 GG, S. 24 f. und S. 115 ff.

[129] BVerfGE 74, 358, 370; vgl. auch BVerfGE 82, 106, 115, BVerfG, Beschluß vom 25.9.1986 - 2 BvR 966/86, InfAuslR 1987, S. 37; ferner BVerfGE 15, 249, 252 und 255 f.; 19, 342, 347; 20, 162, 208; 35, 311, 320. Siehe auch Frowein, in: FS Zeidler, Bd. 2, S. 1764 und ders., DÖV 1998, S. 809; Seibert, in: FS Hirsch, S. 523; Kunig, in: von Münch/ders., Art. 1, Rz. 38 u. 44; Dreier, GG Kommentar, Art. 1 II GG, Rz. 16; Tomuschat, in: Isensee/Kirchhof, S. 500. Zur Rechtsprechung des BVerwG, vgl. Rojahn, in: Geiger, S. 136.Gegen ein Gebot der menschenrechtskonformen Verfassungsinterpretation: Höfling, in: Sachs, Art. 1, Rz. 69.

[130] BVerfGE 75, 1, 19 f.; Zuleeg, in: AK, Art. 24. Abs.3/Art. 25, Rz. 33. Das gilt nur auf der Ebene des nationalen Rechts. Auf völkerrechtlicher Ebene läge ein Vertragsverstoß vor.

[131] Tomuschat, in: Isensee/Kirchhof, S. 500; ferner Dreier, GG Kommentar, Art 1 II GG, Rz. 16; vgl. auch Doehring, in: FS Bernhardt, S. 359.

[132] Tomuschat, in: Isensee/Kirchhof, S. 500.

eignet, Hinweise für die Auslegung der Verfassung zu geben[133]. Außerdem ist ein Absenken des Schutzniveaus durch einen Rückgriff auf Menschenrechtsverträge nicht zulässig[134]. Nur wenn diese Bedingungen erfüllt sind, kann ein multilateraler Vertrag, der einen internationalen Wertekonsens widerspiegelt, Orientierungspunkt für die Auslegung des Grundgesetzes sein[135].

Wegen der universellen Akzeptanz der RDK und des ausdrücklich in Artikel 3 Absatz 3 Satz 1 GG niedergelegten Verbots der Rassendiskriminierung durch das Grundgesetz zählt auch die Rassendiskriminierungskonvention zu diesen den Grundrechten „verwandten" Menschenrechten, die Teil eines internationalen Wertekonsenses sind. Die RDK enthält im Bereich der Rassendiskriminierung als Spezialabkommen mit seinen Detailregelungen Anhaltspunkte für die Auslegung des Artikels 3 GG. So kann auf die genauere Definition der Rasse und die umfangreiche Ausschußinformation hierzu zurückgegriffen werden, auf die völkerrechtlich vorgesehene Abwägung zwischen den privaten Bereichen, in denen eine Zugangsverweigerung ausnahmsweise zulässig ist und dem Verbot der Rassendiskriminierung, auf die Einbeziehung mittelbarer Diskriminierung etc. Auch Artikel 5 (f) RDK ist als spezielle Ausprägung des Rassendiskriminierungsverbotes im Bereich der Gaststätten und anderer öffentlich zugänglichen Bereiche geeignet, das grundrechtliche Diskriminierungsverbot und den allgemeinen Gleichheitssatz zu konkretisieren. Gleichzeitig schiebt es dem Argument des Hausrechts des Gastwirts einer öffentlichen Gaststätte im Sinne der Konvention einen Riegel vor.

Diese Auslegungsgrundsätze gelten nicht nur für das Bundesverfassungsgericht, sondern für die Rechtsanwendung durch alle drei Staatsgewalten überhaupt. Dabei sind auch den durch den Ausschuß ermittelten Entwicklungen Rechnung zu tragen. Es ist jedoch zu beachten,

---

133 Diese Einschränkung ist bereits in BVerfGE 74, 358, 370 angelegt. Ausführlich Sommermann, AöR 114 (1989), S. 419 f.; Tomuschat, in: Isensee/Kirchhof, S. 500.

134 Sommermann, AöR 114 (1989), S. 421; vgl. auch Coester-Waltjen, BDGV 38 (1998), S. 13.

135 Vgl. BVerfG 74, 358, 370; Tomuschat, in: Isensee/Kirchhof, S. 500; Dreier, GG Kommentar, Art. 1 II GG, Rz. 16; siehe auch Giegerich, in: Grabenwarter/Hammer/Pelzl/Schulev-Steindl/Wiederin, S. 115; Bleckmann, DÖV 1979, S. 312; Sommermann, AöR 114 (1989), S. 421; Klein, in: Koeppel, S. 47; ders., in: Mahrenholz/Hilf/ders., S. 54; Seibert, in: FS Hirsch, S. 522 f.; weitergehend Hoffmeister, Der Staat (40) 2001, S. 367 ff.

daß er keine judiziellen Kompetenzen hat und seinen „Concluding Observations“ und „General Recommendations“, aber auch seinen Vorschlägen nach Artikel 9 RDK, nicht dieselbe Autorität zukommt wie den Urteilen des EGMR, nach denen sich die Vertragsstaaten gemäß Artikel 53 EMRK zu richten haben[136]. Ein Rückgriff auf Artikel 5 (f) RDK ist nur im Rahmen bestehender Auslegungsspielräume möglich[137]. Grenze der Auslegung ist immer der klare Wortlaut und ein eindeutig widersprechender Sinn und Zweck des Gesetzes[138]. Da letzteres jedoch ausgeschlossen werden kann, steht Artikel 5 (f) RDK den Rechtsanwendern uneingeschränkt als Orientierungshilfe zur Verfügung. Von dieser Möglichkeit haben die Rechtsanwender bisher jedoch praktisch keinen Gebrauch gemacht. Damit kommt der rechtlich vorgesehenen mittelbaren Wirkung des Artikels 5 (f) RDK auf die deutsche Rechtsordnung faktisch keine nennenswerte Bedeutung zu.

C. Die Kompetenz des Bundesverfassungsgerichts, die Einhaltung von Artikel 5 (f) RDK zu kontrollieren

Eine effektive Kontrolle durch das Bundesverfassungsgericht könnte zur faktischen Durchsetzung des Artikels 5 (f) RDK erheblich beitragen. Deshalb soll im folgenden untersucht werden, inwieweit das Bundesverfassungsgericht überwachen kann, ob Gerichte und Verwaltung Artikel 5 (f) RDK ausreichend Rechnung tragen.

Die Versuche, menschenrechtlichen Verträgen Verfassungsrang zuzuerkennen, konnten sich, wie oben bereits angesprochen, bisher nicht durchsetzen. Die Verfassungsbeschwerde kommt nach ständiger Rechtsprechung des Bundesverfassungsgericht bei Verstoß gegen völkerrechtliche Verträge auch im Bereich der Menschenrechte nicht in Betracht, da sich § 90 BVerfGG vom Wortlaut her nur auf die Überprüfung der Grundrechte des Grundgesetzes beschränkt[139]. Der jüngste

---

[136] Tomuschat, in: Isensee/Kirchhof, S. 498.

[137] Klein, in: Koeppel, S. 46 f.; Uerpmann, Die EMRK und die deutsche Rechtsprechung, S. 117; vgl. auch Seibert, in: FS Hirsch, S. 521 f. A. A. Bleckmann, DÖV 1996, S. 142.

[138] Kühner, NJW 1986, S. 1400; Sommermann, AöR 114 (1989), S. 418, 421; Bleckmann, DÖV 1996, S. 138; ders., DÖV 1979, S. 313.

[139] Siehe auch § 95 BVerfG. Diese Norm sieht nur die Feststellung der Verletzung des Grundgesetzes vor. Vgl. die entsprechende Rechtsprechung zur

Ansatz von Sternberg, der über Artikel 1 Absatz 2 GG eine Rangerhöhung menschenrechtlicher Verträge vorsieht, würde Artikel 5 (f) RDK nicht zu Verfassungsrang, sondern lediglich zu einem Übergesetzesrang verhelfen und führt daher nicht zu einem anderen Ergebnis[140]. Im übrigen greift § 90 BVerfGG für Artikel 5 (f) RDK schon deshalb nicht, weil Artikel 5 (f) RDK keine subjektiven Rechte in der deutschen Rechtsordnung verleiht. Auch eine Verfassungsbeschwerde über Artikel 25 GG i. V. m. Artikel 2 Absatz 1 GG[141] scheidet aus, da die Norm keine allgemeine Regel des Völkerrechts enthält[142]. Nichtsdestotrotz stehen dem Bundesverfassungsgericht Möglichkeiten zur Verfügung, die Einhaltung von Menschenrechtsverträgen zu kontrollieren.

I. Die Willkürkontrolle (Artikel 3 Absatz 1 GG)

Das Bundesverfassungsgericht überprüft, ob eine fehlerhafte Anwendung oder Nichtanwendung eines völkerrechtlichen Vertrags durch ein Gericht, dessen Entscheidung mit der Verfassungsbeschwerde angegriffen wird, willkürlich im Sinne des Artikels 3 Absatz 1 GG ist[143]. Es

---

EMRK: BVerfGE 4, 110, 111; 6, 389, 440; 10, 271, 274; 34, 384, 395; zum ILO-Abkommen Nr. 102: BVerfGE 92, 365, 392. Siehe ferner Frowein, in: FS Zeidler, Bd. 2, S. 1764; Ress, in: FS Zeidler, Bd., 2, S. 1789; Zuck, in: Lechner/ders., § 90, Rz. 113; Steinberger, ZaöRV 44 (1988), S. 7; Kley/Rühmann, in: Umbach/Clemens, § 90, Rz. 41; Herzog, DÖV 1960, S. 778.

[140] Sternberg, Der Rang von Menschenrechtsverträgen im deutschen Recht, S. 219 ff. Zur Kritik zu diesem Ansatz, vgl. *supra*, Kapitel 4, Fn. 37.

[141] Hinsichtlich Artikel 25 GG hat das BVerfG ausdrücklich anerkannt, daß eine Rüge über Art. 2 I GG selbst für nur objektiv geltende, dem Kläger kein eigenes Recht vermittelnde, allgemeine Regeln des Völkerrechts möglich ist. BVerfGE 15, 25, 33 f.; 16, 27, 33; 46, 342, 362 f.; siehe dazu Giegerich, in: Grabenwarter/Hammer/Pelzl/Schulev-Steindl/Wiederin, S. 107. Vgl. zu den Unterschieden und Gemeinsamkeiten von Artikel 25 GG und 59 Abs. 2 GG in dieser Frage, Uerpmann, Die EMRK und die deutsche Rechtsprechung, S.104 f. Gegen eine Vergleichbarkeit mit Artikel 25 GG im Falle der EMRK, Steinberger (HRLJ 6 (1985), S. 405, Fn. 15).

[142] Vgl. *supra*, Kapitel 4, A. II 2.

[143] BVerfGE 58, 1, 34; 64, 135, 157; 74, 102, 128; unklar 76, 1, 78 ff.; Beschluß der 2. Kammer des 2. Senats, 2 BvR 1720/89 (zitiert bei Uerpmann, Die EMRK und die deutsche Rechtsprechung, S. 99). Zur Entwicklung dieser Rechtsprechung, vgl. Steinberger, ZaöRV 44 (1988), S. 8 f. Siehe auch ders., HRLJ 6 (1985), S. 405; Frowein, in: FS Zeidler, Bd. 2, S. 1767, ders., NvWZ 2002, S. 29;

setzt dabei das allgemeine Gebot willkürfreier Normenauslegung und -anwendung um[144]. Da das Völkervertragsrecht den Rang eines einfachen Bundesgesetzes hat, müssen auch hinsichtlich Artikel 5 (f) RDK grundsätzlich die für Gesetze geltenden Regelungen angewendet werden.

Bei der Kontrolle fachgerichtlicher Anwendung einfachen Rechts beschränkt sich das Gericht auf die Prüfung, ob eine Verletzung von Verfassungsrecht vorliegt[145]. Für Rechtsnormen nationalen Ursprungs hat es den Grundsatz aufgestellt, daß ein Verstoß gegen das Willkürverbot „nicht schon dann vor[-liegt], wenn die Rechtsanwendung oder das eingeschlagene Verfahren Fehler enthalten. Hinzukommen muß vielmehr, daß diese bei verständiger Würdigung der das Grundgesetz beherrschenden Gedanken nicht mehr verständlich sind und sich daher der Schluß aufdrängt, daß sie auf sachfremden Erwägungen beruhen"[146]. Hinsichtlich der willkürfreien Anwendung innerstaatlich geltender völkerrechtlicher Verträge hat das Bundesverfassungsgericht jedoch strengere Maßstäbe angelegt als bei sonstigem nationalen Recht[147].

E. Klein, in: Mahrenzholz/Hilf/Klein, S. 58. Kritisch Kirchberg, NJW 1987, S. 1992 f.

[144] Steinberger, ZaöRV 44 (1988), S. 8; Ress, in: FS Zeidler, Bd. 2, S. 1790; vgl. auch Rennert, NJW 1991, S. 12 f.; Bender, Die Befugnis des BVerfG zur Prüfung gerichtlicher Entscheidungen, S. 402 und Steinwedel, „Spezifisches Verfassungsrecht" und „einfaches Recht", S. 39 ff.; Starck, in: BK, Art 3, Rz. 258.

[145] BVerfGE 1, 418, 420; 4, 1, 7; 18, 85, 92 f. in std. Rspr. Siehe dazu Schlaich, Das Bundesverfassungsgericht, S. 188; Steinberger, ZaöRV 44 (1988), S. 8; Starck, JZ 1996, S. 1033 ff.; Schenke, Verfassungsgerichtsbarkeit und Fachgerichtsbarkeit, S. 37 f.; Simon, in: Benda/Maihofer/Vogel, § 34, Rz. 49; Löwer, in: Isensee/Kirchhoff, S. 828, 833 ff.; Broß, BayVBl 2000, S. 514 ff.; kritisch Erichsen, Jura 1996, S. 532; ferner Robbers, NJW 1998, S. 936 ff.

[146] BVerfGE 4, 1, 7; vgl. ferner 18, 85, 92 f.; 62, 189, 192; 66, 199, 206; 67, 90, 94; 70, 93, 97; 74, 102, 127. Siehe auch Steinberger, ZaöRV 44 (1988), S. 8; Herzog, Das Bundesverfassungsgericht und die Anwendung einfachen Gesetzesrechts, S. 8 ff.; Sturm, in: Sachs, Art. 93, Rz. 17; kritisch Hesse, JZ 1995, S. 268. Im einzelnen mag die Abgrenzung schwierig sein, die Aufgabenteilung ist jedoch grundsätzlich anerkannt; Schlaich, Das Bundesverfassungsgericht, S. 187 ff; Pestalozza, Verfassungsprozeßrecht, S. 167. In der Praxis wird die Beschränkung nicht immer eingehalten. Vgl. z. B. BVerfGE 78, 279 f., NJW 1996, S. 1529.

[147] BVerfGE 18, 85, 92 f.; 58, 1, 34 mit Anmerkung Frowein, EuGRZ 1982, S. 180; 74, 102, 127; st. Rspr. Siehe dazu Steinberger, ZaöRV 44 (1988), S. 8; Sommermann, AöR 114 (1989), S. 412.

Der Zweite Senat hat wiederholt darauf hingewiesen, daß das Gericht im Rahmen seiner Gerichtsbarkeit in besonderem Maße darauf zu achten habe, daß Verletzungen des Völkerrechts durch falsche bzw. fehlende Anwendung völkerrechtlicher Normen durch deutsche Gerichte, die eine völkerrechtliche Verantwortlichkeit begründen können, „nach Möglichkeit zu verhindern oder zu beseitigen" seien[148]. Das Gericht hat ferner ausgeführt, daß dies im Einzelfall eine umfassende Nachprüfung gebiete[149].

Diese Entscheidung des 58. Bandes warf noch die Frage auf, ob diese erweiterte Prüfungskompetenz auf die Fälle beschränkt war, in denen im völkerrechtlichen Vertrag ein eigenes Verfahren vorgesehen war, um einen Vertragsverstoß verbindlich festzustellen[150], oder ob völkerrechtliche Verantwortlichkeit i. S. d. Gerichts unabhängig von einer konkret drohenden Haftungsfolge bei jedem nicht gerechtfertigten Verstoß gegen Völkerrecht begründet wird. In den anschließenden Entscheidungen griff das Gericht jedoch nicht auf das Kriterium eigener Kontrollverfahren zurück und hat auch die Einhaltung von Verträgen überprüft, die keinen dem EGV oder der EMRK entsprechenden Mechanismus haben[151]. Es kann daher davon ausgegangen werden, daß diese ursprünglich für die EMRK und den EGV entwickelte Rechtsprechung

---

[148] BVerfGE 58, 1, 34; 59, 63, 89; einschränkend aber BVerfGE 81, 208, 216. Vgl. Frowein, EuGRZ 1982, S. 180; Steinberger, ZaöRV 44 (1988), S. 8 f.; Sommermann, AöR 114 (1989), S. 412 f. Giegerich, in: Grabenwarter/Hammer/Pelzl/Schulev-Steindl/Wiederin, S. 107 f.

[149] BVerfGE 58, 1, 34; 59, 63, 89; EuGRZ 1985, S. 654; vgl. dazu E. Klein, in: Mahrenholz/Hilf/ders., S. 57 f.

[150] So im Rahmen der EG wegen des Vertragsverletzungsverfahrens gemäß Art. 226 EGV und für die EMRK wegen Art. 53 EMRK. Vgl. Frowein, EuGRZ 1982, S. 180.

[151] BVerfGE 76, 1, 78 ff. unter Berufung auf die Eurocontrollentscheidung (Überprüfung von Art. 8 EMRK; Art. 12 des Assoziierungsabkommens zwischen der EWG und der Türkei vom 12.9.1963, Art. 17 Abs. 1 und 23 Abs. 1 IPbpR; Art. 19 Nr. 6 der Europäischen Sozialcharta; Art. 2 Abs. 1, Art. 10 Nr. 1 IPwskR; Niederlassungsabkommen zwischen dem Deutschen Reich und der Türkischen Republik vom 12.1.1927 (RGBl. 1927 II S. 76; BGBl. 1952 II S. 608). Nicht im Zusammenhang von Artikel 3 GG, sondern einzig bei der Auslegung von Grundrechten berücksichtigt das Gericht völkervertragliche Normen in BVerfGE 74, 358, 370 (Art. 6 EMRK); 82, 106, 114 (Art 6 Abs. 2 und 5 Abs. 1 (c) EMRK); 83, 119, 128 (Hinweis auf Art. 4 Abs. 3 EMRK u. Art. 8 Nr. 3 (c) IPbpR); 88, 103 (112) (ESC).

zumindest im Bereich der Menschenrechte auch auf andere völkerrechtliche Verträge ausdehnbar ist[152]. Dieser erweiterte Prüfungsumfang gilt unabhängig davon, ob eine Norm mittelbar oder unmittelbar anwendbar ist, und damit auch für Artikel 5 (f) RDK. Zwar beschränkt sich die verfassungsrechtliche Kontrolle bei mittelbar anwendbaren Normen nicht allein auf die Anwendung der völkerrechtlichen Norm. Denn gleichzeitig überprüft das Gericht die innerstaatliche Regelung, bei deren Auslegung Völkerrecht nicht oder fehlerhaft angewandt wurde. Für diese gilt an sich die übliche eingeschränkte Kontrolldichte. Ein Gleichheitsverstoß ergibt sich indes auch hier letztlich aus der Nichtbeachtung der relevanten völkerrechtlichen Rechtsnorm. Denn wenden einige Verwaltungsgerichte deutsches Recht nach Maßgabe von Artikel 5 (f) RDK an und andere nicht, führt dies zu einer unterschiedlichen Behandlung des gleichen Sachverhalts und daher zu einer verbotenen Ungleichbehandlung. Das Bedürfnis, die Effektivität des Vollzuges des Völkerrechts im nationalen Rechtsraum zu sichern, besteht unabhängig davon, ob eine Norm self-executing ist oder nicht. Ein Verstoß gegen Artikel 5 (f) RDK, der z. B. darauf beruht, daß die Verwaltung und die Fachgerichte die Relevanz dieser Norm bei der Abwägung mit der Privatautonomie verkennen, würde unweigerlich zu einer Verurteilung durch den Ausschuß führen bzw. in dem Bericht an die Generalversammlung der Vereinten Nationen als „principal subject of concern" aufgeführt werden[153].

Auch das Bundesverfassungsgericht hat seine Prüfungskompetenz nicht auf die Prüfung unmittelbar anwendbarer Normen begrenzt und ist auf die Unterscheidung in diesem Zusammenhang mit keinem Wort eingegangen[154]. Die erweiterte Überprüfung von Artikel 5 (f) RDK ent-

---

[152] Im Erg. ebenso Sommermann, AöR 114 (1989), S. 412 f.; Bleckmann, DÖV 1996, S. 140; Klein, in: Koeppel, S. 47; vgl. auch Steinberger, ZaöRV 44 (1988), S. 8 f.

[153] Ein Beispiel für eine grob fehlerhafte Interpretation, die dem Sinn und Zweck der Konvention zuwiderläuft, wäre z. B., Artikel 5 (f) RDK unter Verkennung der Bedeutung von „public life" in Artikel 1 RDK als Norm zu qualifizieren, die nicht im privatrechtlichen Bereich wirken will, oder Diskriminierungen einer Minderheit gegen die Mehrheitsgruppe von der Konvention auszunehmen. So aber z. B. Timme, ZAR 1997, 133, 135.

[154] Vgl. BVerfG, InfAuslR 1987, S. 37 f. (zur Auslegung vom Niederlassungsabkommen zwischen dem Deutschen Reich und dem Kaiserreich Persien vom 17. Februar 1929). Auch in BVerfGE 58, 1, 34; 59, 63, 89, 74, 102, 128, in

spricht im übrigen einer völkerrechtsfreundlichen Auslegung im Zusammenhang mit Artikel 6 RDK. Diese Norm sieht effektiven Rechtsschutz gegen jede Form der Rassendiskriminierung vor. Zwar will sie nicht die Verfahrensordnung selbst verändern, sondern sieht ein Handeln der Staaten vor. Eine erweiterte Willkürkontrolle ist jedoch in besonderer Weise geeignet, diesem Gebot nachzukommen[155].

Insgesamt ist die Kontrolldichte bei der Willkürprüfung jedoch auch für Normen völkerrechtlichen Ursprungs reduziert bzw. – positiv ausgedrückt – beläßt das Bundesverfassungsgericht den Gerichten bei der Prüfungsdichte Spielraum[156]. Dieses Ergebnis wird auch nicht durch Artikel 6 RDK beeinflußt, da die Auslegungsgrundsätze nur soweit wirken, wie eine entsprechende Grundentscheidung im deutschen Recht besteht. Nicht jede fehlerhafte Anwendung von Artikel 5 (f) RDK ist daher auf diesem Wege rügbar. Im übrigen hat das Gericht in jüngster Zeit von dieser Möglichkeit, die Einhaltung völkerrechtlicher

---

dem es um die Auslegung der EMRK geht, hat das Gericht keine derartige Einschränkung angedeutet.

Die Qualität der Norm mag jedoch für die Qualifizierung einer Fehlinterpretation beachtlich sein. Bei einer Völkervertragsnorm, die subjektive Rechte einräumt, kann eine Fehlinterpretation gravierender sein als bei einer Norm, die nur abstrakte Ziele vorgibt. Dasselbe gilt für innerstaatliches Recht konkretisierende Völkervertragrechtsnormen im Vergleich zu solchen, die sehr abstrakte Regelungen beinhalten und daher nicht geeignet sind, interne Normen auszufüllen. Eine fehlerhafte Auslegung überschreitet im ersten Fall eher die Willkürschwelle, als dies bei dem zweiten Normtyp der Fall wäre. Vgl. hierzu Sommermann, AöR 114 (1989), S. 420 f.

[155] Im Bereich von Art. 5 (f) RDK ist es zudem vertretbar, eine intensivierte Prüfung der Grundrechte wegen der Intensität der Grundrechtsbeeinträchtigung zu verlangen. Wird einem einzelnen z. B. Schadensersatz nach § 823 Absatz 1 BGB nach einer rassisch motivierten Zugangsverweigerung in eine Gaststätte verweigert (z.B. wegen der Vertragsfreiheit), liegt darin ein grundsätzlicher Eingriff in sein Recht auf Gleichbehandlung. In Fällen höchster Eingriffsintensität hat das Gericht ausdrücklich darauf hingewiesen, daß es befugt ist, die von den Fachgerichten vorgenommenen Wertungen durch seine eigene zu ersetzen. Bisher hat das Gericht diese Rechtsprechung allerdings nur im Zusammenhang mit der Meinungsfreiheit praktiziert. Siehe BVerfGE 42, 143, 148 f.; 43, 130, 136; dazu Herzog, Das Bundesverfassungsgericht und die Anwendung einfachen Gesetzesrechts, S. 16 ff.

[156] Steinberger, ZaöRV 44 (1988), S. 8; ders., HRLJ 6 (1985), S. 405; Sommermann, AöR 114 (1989), S. 413; Hilf, in: Mahrenholz/ders./Klein, S. 38; Uerpmann, Die EMRK und die deutsche Rechtsprechung, S. 99.

Verträge zu sichern, selten Gebrauch gemacht[157]. Die Nachtarbeiterentscheidung legt sogar nahe, daß es von dem erweiterten Prüfungsumfang wieder Abstand genommen hat[158]. Auffällig ist zudem, daß das Bundesverfassungsgericht in Hinblick auf die EMRK zwar mehrmals eine Willkürprüfung durchgeführt, im Ergebnis jedoch nie einen Verstoß gegen Artikel 3 Absatz 1 GG festgestellt hat[159].

II. Auslegung der Grundrechte

Eine weitere Möglichkeit für das Bundesverfassungsgericht, die Anwendung des Artikels 5 (f) RDK durch Fachgerichte zu kontrollieren, ist die Berücksichtigung der Norm bei der Auslegung von Grundrechten, insbesondere des Artikels 3 Absatz 3 Satz 1 GG. Hierbei gelten die oben erwähnten Einschränkungen, daß der Grundrechtsschutz nicht unterschritten werden darf und es sich um mit dem Grundgesetz verwandte Menschenrechte handeln muß[160].

Anders als in dem vorherigen Ansatz geht es in diesem Fall nicht um eine Überprüfung einfachen Rechts. Daher hat das Bundesverfassungsgericht eine uneingeschränkte Prüfungskompetenz[161]. Verkennt ein Rechtsanwender, daß die Wertung des Artikels 5 (f) RDK bei der Auslegung von Artikel 3 Absatz 3 Satz 1 und 3 Absatz 1 GG zu berücksichtigen ist und kommt er deshalb zu einem Ergebnis, das mit der Norm nicht in Einklang zu bringen ist, verletzt er auch den spezifi-

---

[157] So hat das Gericht z.B. in BVerfGE 82, 106, 114 f.; 83, 119, 128; 88, 103, 112 keine Willkürprüfung vorgenommen.

[158] Vgl. BVerfGE 94, 315, 328: „Alle übrigen [Völkerrechtsnormen, die nicht unter Artikel 25 GG fallen] völkerrechtlichen Regeln und insbesondere das Völkervertragsrecht haben die Fachgerichte selbst anzuwenden und auszulegen. Die verfassungsgerichtliche Nachprüfung ihrer Entscheidungen folgt den dafür geltenden allgemeinen Maßstäben für die Kontrolle von Gerichtsentscheidungen". Dabei verweist das Gericht auf seine früheren Entscheidungen, in denen es von einem erweiterten Prüfungsumfang ausging. Vgl. auch BVerfGE 88, 103, 112. Damit steht die Entscheidung im Widerspruch zu BVerfGE 76, 1, 81.

[159] Vgl. BVerfGE 64, 135, 157; 74, 102, 128.

[160] Vgl. *supra*, Kapitel 4, B. II 2.

[161] Vgl. § 90 b BVerfGG; ferner Gusy, Die Verfassungsbeschwerde, S. 53; Schlaich, Das Bundesverfassungsgericht, S. 193 f.; Rinken, in: AK, Vorbem. zu Art. 93 GG, Rz. 115 ff.; siehe auch Floren, Grundrechtsdogmatik im Vertragsrecht, S. 240 ff.

schen Gehalt des Grundrechts, den dieses durch die völkerrechtsfreundliche Auslegung erhält[162]. Diese Grundrechtsverletzung zu ahnden ist Aufgabe des Verfassungsgerichts.

Werden Grundrechte allerdings ihrerseits bei der Auslegung einfachen Rechts herangezogen, entsteht wieder ein Kompetenzkonflikt zwischen den Fachgerichten und dem Bundesverfassungsgericht mit dem daraus folgenden eingeschränkten Prüfungsumfang des Gerichts[163]. Legt aber ein Fachgericht eine Generalklausel so aus, daß das Auslegungsergebnis nicht mit Artikel 5 (f) RDK im Einklang steht, liegt eine Grundrechtsverletzung zumindest nahe. Denn erkennt ein Gericht nicht, daß Artikel 5 (f) RDK aufgrund der Offenheit der Verfassung und der völkerrechtsfreundlichen Auslegung bei der Auslegung von Grundrechten miteinzubeziehen ist, liegt der Verdacht nahe, daß es von einem falschen Verhältnis von Menschenrechtsnorm und Verfassung ausgeht. Hängt von dieser Berücksichtigung das Ergebnis eines Falles ab, verkennt das Gericht in grundlegender Weise die spezifische Bedeutung des Grundrechts bei der Auslegung einfachen Rechts. Es mißachtet den Inhalt, den das Grundrecht im Zusammenspiel mit der völkerrechtlichen Norm erhält. Dasselbe gilt, wenn ein Gericht den Einfluß der völkerrechtlichen Norm zwar erkennt, ihren Inhalt aber falsch auslegt, weil es beispielsweise nicht die völkerrechtlichen Auslegungsregeln beachtet. Denn letztlich wird so mittelbar auch das Grundrecht falsch konkretisiert. Daher wird in diesen Fällen regelmäßig eine grundsätzlich unrichtige Auffassung von der Wirkungsweise der Grundrechte, ihrer Reichweite und dem Einfluß des Artikels 5 (f) RDK auf sie anzunehmen sein. In diesem Fall liegt ein vom Bundesverfassungsgericht kon-

---

[162] Etwas anderes gälte nur, wenn die völkerrechtliche Norm mit der Verfassung nicht zu vereinbaren ist. In diesem Fall ist aber bereits die völkerrechtsfreundliche Auslegung des Grundgesetzes ausgeschlossen. Vgl. zur unterschiedlichen Prüfungsdichte je nach betroffenem Grundrecht Robbers, NJW 1998, S. 940.

[163] Zum Problem der Überprüfung fachgerichtlicher Urteile bei der Auslegung auffüllungsbedürftiger Generalklauseln, BVerfG 7, 198, 207; ferner BVerfGE 12, 113, 124; 13, 318, 325 f.; 42, 143, 148; vgl. auch Herzog, Das Bundesverfassungsgericht und die Anwendung einfachen Gesetzesrechts, S. 13 f.; Gusy, Die Verfassungsbeschwerde, S. 52 ff.; Schuppert, AöR 103 (1978), S. 43 ff., insbes. 55 ff.; Schenke, Verfassungsgerichtsbarkeit und Fachgerichtsbarkeit, S. 43 ff. und Steinwedel, „Spezifisches Verfassungsrecht" und „einfaches Recht", S. 58 ff.; kritisch: Depenheuer, ThürVBl 1996, S. 274 f.

trollierbarer Fall von Grundrechtsverletzung vor und nicht bloß eine falsche Auslegung einfachen Rechts.

Klagt z. B. das Opfer einer rassisch motivierten diskriminierenden Zugangsverweigerung zu einer Gaststätte gerichtlich Schadensersatz nach §§ 823 Absatz 1 und 2, 826 BGB ein und lehnt das Gericht diesen ab, weil es der Auffassung ist, daß die Privatautonomie und das Hausrecht dem Recht auf Gleichbehandlung vorgehen, mißachtet es nicht nur den von ihm zu berücksichtigenden Artikel 5 (f) RDK, sondern es verkennt auch den Gehalt, den Artikel 3 Absatz 3 Satz 1 GG unter Berücksichtigung der völkerrechtlichen Norm hat. Über die Kontrolle von Grundrechten kann das Bundesverfassungsgericht daher mittelbar auch über das Verbot, wegen der Rasse beim Zugang zu Gaststätten zu diskriminieren, wachen.

Auf diese indirekte Art und Weise, Völkerrecht zu berücksichtigen, hat das Bundesverfassungsgericht auch in jüngerer Zeit zurückgegriffen[164].

III. Artikel 2 Absatz 1 GG

Eine mittelbare Kompetenz des Bundesverfassungsgerichts, die Einhaltung des Artikels 5 (f) RDK durch die rechtsanwendenden Organe zu überprüfen, könnte darüber hinaus auch über Artikel 2 Absatz 1 GG abgeleitet werden. Dieser Ansatz ist auf zwei verschiedenen Wegen diskutiert worden.

Ein Begründungsversuch für die Kontrolle völkerrechtlicher Verträge durch das Bundesverfassungsgericht geht vom Grundsatz der Völkerrechtsfreundlichkeit des Grundgesetzes aus. Dieser sei Teil der verfassungsmäßigen Ordnung im Sinne des Artikels 2 Absatz 1 GG. Die Nichtbeachtung völkervertraglicher Normen könne daher mit einer auf Artikel 2 Absatz 1 GG gestützten Verfassungsbeschwerde gerügt werden[165].

---

[164] So z. B. in BVerfGE 88, 103, 112; 83, 119, 128; 82, 106, 114; siehe auch Beschluß vom 25.9.1986 – 2 BvR 955/86 (1. Kammer), InfAuslR 1987, S. 37 f.; BVerfGE 58, 233, 253 und allen voran BVerfGE 74, 358, 370.

[165] Seibert, in: FS Hirsch, S. 526; Klein, in: Mahrenholz/Hilf/ders., S. 56; Bleckmann, DÖV 1979, S. 314; DÖV 1996, S. 142; ähnlich Ress, in: 5. Kolloquium EMRK, S. 284 und Fn. 245. Allerdings will er den Prüfungsumfang auf die „vorrangige Beachtung" der Urteile des EGMR beschränken, mit der Folge, daß das Verfahren vor dem BVerfG nicht die „richtige" Auslegung und Anwendung der EMRK zum Gegenstand hat.

Bei diesem Weg realisiert sich jedoch die oben angesprochene Gefahr, den Grundsatz der Völkerrechtsfreundlichkeit von seinen ursprünglichen Regelungen zu trennen und auf ein Gebiet zu erweitern, auf die sich diese Regelungen nicht beziehen. Weder Artikel 24 bis 26 noch Artikel 59 Absatz 2, Artikel 1 Absatz 2 GG noch der Präambel sind zu entnehmen, daß jede Anwendung völkerrechtlicher Verträge durch Fachgerichte der umfassenden Kontrolle des Bundesverfassungsgerichts unterliegen soll. Der Umkehrschluß aus Artikel 25 GG spricht sogar eher gegen diese Interpretation[166]. Es erscheint daher dogmatisch bedenklich, allein auf einen rechtlich verselbständigten Grundsatz statt auf die ihn begründenden Regelungen abzustellen[167].

Die dogmatische Schwäche dieser Konstruktion würde vermieden, wenn nicht der Grundsatz der Völkerrechtsfreundlichkeit, sondern Artikel 5 (f) RDK in Verbindung mit dem Zustimmungsgesetz selbst unter den Schutz des Artikels 2 Absatz 1 GG fiele. Dieser Ansatz wird in der Literatur für die EMRK diskutiert[168], kann jedoch für Artikel 5 (f) RDK nicht fruchtbar gemacht werden. Ausgangspunkt ist hier, daß die in der EMRK gewährten, völkerrechtlich bindenden Freiheitsgewährleistungen zum Wesensgehalt der freien Entfaltung der Persönlichkeit zählen und daher in ihrer Gesamtheit unter den unveränderlichen Kern des Artikels 2 Absatz 1 GG fallen[169]. In der RDK geht es jedoch um das Herstellen von rechtlicher und faktischer Gleichheit und nur mittelbar um die so gewonnene Handlungsfreiheit. Artikel 2 Absatz 1 GG ist nicht das primär einschlägige Grundrecht. Im übrigen wird ein mittelbarer Verfassungsrang über Artikel 2 Absatz 1 GG nur für die Freiheitsgewährleistungen angenommen, die unmittelbar anwendbar

---

[166] Fiedler, in: Geiger, S. 16.

[167] Kunig, in: FS Doehring, S. 536; ders., Das Rechtsstaatsprinzip, S. 109 f.; Sommermann, AöR 114 (1989), S. 415.

[168] Frowein, in: FS Zeidler, Bd. 2, S. 1770; ders., ZaöRV 46 (1986), S. 286 f. Vgl. ferner Steinberger, HRJL 6 (1985), S. 405 f.; i. Erg. auch Ress, in: FS Zeidler, Bd. 2, S. 1794 und wohl auch Klein, Menschenrechte: Stille Revolution des Völkerrechts und Auswirkungen auf die innerstaatliche Rechtsanwendung, S. 32; siehe dazu Uerpmann, Die EMRK und die deutsche Rechtsprechung, S. 80, S. 102 ff.; Sommermann, AöR 114 (1989), S. 409 f.; Sternberg, Der Rang von Menschenrechtsverträgen im deutschen Recht, S. 45 ff.; Hoffmeister, Der Staat 40 (2001), S. 367.

[169] Frowein, in: FS Zeidler, Bd. 2, S. 1770 f.; siehe auch ders., NVwZ 2002, S. 29.

sind[170], was bei Artikel 5 (f) RDK gerade nicht der Fall ist. Für den Bereich der Rassendiskriminierung könnte dieser Weg allenfalls über Artikel 3 GG verfolgt werden. Da aber Diskriminierung wegen der Rasse ausdrücklich in Artikel 3 Absatz 3 Satz 1 GG verboten wird und Artikel 5 (f) RDK mittelbar über die Beeinflussung dieses Grundrechts an dem Verfassungsrang teilhat, besteht für den von der RDK abgedeckten Bereich kein Bedürfnis für eine weitere mittelbare Verfestigung ihres verfassungsrechtlichen Status. Die völkerrechtsfreundliche Auslegung des Diskriminierungsverbotes endet erst, wenn das erzielte Ergebnis gegen die Grundwerte der Verfassung verstieße. In diesem Fall wäre die RDK aber auch nicht mehr Wesensgehalt der einschlägigen Grundrechtsnorm. In allen anderen Fällen bindet sie Verwaltung und Gericht und, soweit der Wesensgehalt des Artikels 3 Absatz 3 und 1 GG betroffen ist, auch den Gesetzgeber[171]. Gegen die praktische Bedeutung dieses Ansatzes spricht zudem, daß das Bundesverfassungsgericht den für die EMRK vorgeschlagenen Weg nicht übernommen hat, obwohl er seit über zehn Jahren diskutiert wird[172].

Denkbar wäre noch, völkerrechtliche Verträge über Artikel 2 Absatz 1 GG im Zusammenhang mit dem Rechtsstaatsprinzip der Kontrolle des Bundesverfassungsgerichts zu unterstellen[173]. Als Teil des in-

---

[170] Frowein, in: FS Zeidler, Bd. 2, S. 1771 f.; Steinberger, HRLJ 6 (1985), S. 405. Für eine nicht weiter konkretisierte Beschränkung spricht sich auch Herzog, DÖV 1960, S. 778 aus.

[171] Damit ist jedoch lediglich der Schutzbereich des Artikels 2 Absatz 1 GG betroffen. Dessen ungeachtet bleibt Artikel 5 (f) RDK in Verbindung mit dem Zustimmungsgesetz ein Teil der verfassungsmäßigen Ordnung im Sinne des Schrankentrias des Artikels 2 Absatz 1 GG, der die Freiheitsgewährleistungen beschränkt.

[172] Unklar BVerfG 58, 1, 34; 59, 63, 89; 76, 1, 8. Auch der vielbeachtete Pakelli-Beschluß läßt nicht eindeutig den Schluß zu, daß sich das Gericht auf Artikel 25 i. V. m. Artikel 2 Absatz 1 GG stützt oder zumindest für die EMRK auf Artikel 2 Absatz 1 GG. Siehe hierzu Uerpmann, Die EMRK und die deutsche Rechtsprechung, S. 105; Ress, in: FS Zeidler, Bd. 2, 1790 u. 1794; Frowein, ZaöRV 46 (1986), S. 286. Der im Pakelli-Beschluß angedachte Weg wurde vom BVerfG nicht weiterverfolgt. Vgl. z.B. BVerfG 88, 103, 112 ff.; 94, 315, 328. Ausführlicher Uerpmann, *ebenda*, S. 106.

[173] Vgl. zum Schutz des Rechtsstaatsprinzip durch Artikel 2 Absatz 1 GG, Kannengießer, in: Schmidt-Bleibtreu/Klein, Art. 2, Rz. 15 ff. Zum Rechtsstaatsprinzip und dem Prinzip der Rechtssicherheit, Schmidt-Bleibtreu, in: ders./Klein, Art. 20, Rz. 40 ff.

nerstaatlichen Rechts stellt ein Verstoß gegen eine Norm gleichzeitig eine Mißachtung dieses Grundsatzes dar. Seine verfassungsgerichtliche Kontrolle hat das Gericht in diesem Zusammenhang jedoch vor allem auf das Recht auf ein faires Verfahren erstreckt und nicht auf die Einhaltung des geltenden Rechts durch Verwaltung und Gerichte[174]. Angesichts der diesbezüglichen Prüfung im Rahmen der allgemeinen Willkürkontrolle ist ein weiterer Anknüpfungspunkt für die Sicherung des geltenden Rechts nicht erforderlich.

Im übrigen müßte im Ergebnis auch hier der eingeschränkte Prüfungsumfang fachgerichtlicher Entscheidungen zum Tragen kommen, um die Willkürrechtsprechung zu Artikel 3 Absatz 1 GG nicht zu unterlaufen. Das Bundesverfassungsgericht hat es, wenn auch ohne Begründung, in einer Entscheidung ausdrücklich abgelehnt, einen Verstoß gegen das Rechtsstaatsprinzip wegen Nichtbeachtung einer völkervertraglichen Norm in einer Verfassungsbeschwerde zu prüfen[175].

IV. Zwischenergebnis

Die Einhaltung von Artikel 5 (f) RDK kann somit über die Willkürprüfung nach Artikel 3 Absatz 1 GG und über die Auslegung von Grundrechten vom Bundesverfassungsgericht kontrolliert werden. Vor allem der letzte Weg ist regelmäßig vom Gericht eingeschlagen worden, wenn auch noch nicht für die RDK. Insbesondere bei der Anwendung von Artikel 3 Absatz 3 Satz 1 GG kann das Gericht das in Artikel 5 (f) RKD enthaltene Verbot, beim Zugang zu Gaststätten aufgrund der Rasse zu diskriminieren, berücksichtigen und implizit die Einhaltung der Norm kontrollieren. Vernachlässigen die Fachgerichte den Einfluß des Artikels 5 (f) RDK, verkennen sie die Wirkung und Reichweite des Grundrechtes.

Von seiner umfassenden Kompetenz zur Überprüfung fachgerichtlicher Urteile bei völkerrechtlichen Verträgen scheint das BVerfG dagegen im Rahmen des Artikels 3 Absatz 1 GG lange Zeit Abstand genommen zu haben. Die völkerrechtsfreundliche Haltung des Gerichts hatte sich in

---

[174] Siehe Dreier, in: ders., Art. 2 Abs. 1, Rz. 24. Kannengießer, in: Schmidt-Bleibtreu/Klein, Art. 2, Rz. 16 f.

[175] BVerfG 88, 103, 112; siehe auch Ress, in: FS Zeidler, Bd. 2, S. 1794.

den letzten Jahren verringert[176]. Als Gründe für die restriktive Haltung des Gericht werden „Imageverlust" für den Fall einer widersprechenden Entscheidung durch internationale Organe und – vor allem – prozeßökonomische Gründe, insbesondere die Angst vor Überlastung des Gerichts, angeführt[177]. Neueste Entwicklungen scheinen jetzt wieder eine gegenteilige Entwicklung anzudeuten[178]. Es ist daher zu hoffen, daß sich das Bundesverfassungsgericht wieder stärker seiner Rolle als „Hüter des völkerrechtmäßigen Handelns" bewußt wird. Das Beispiel der erst einmal in fachgerichtlichen Urteilen entscheidungserheblich gewordenen RDK zeigt, daß die Fachgerichte dem Völkervertragsrecht nicht in ausreichendem Maße Rechnung tragen. Es liegt auch am Bundesverfassungsgericht, eine völkerrechtliche Verantwortlichkeit der Bundesrepublik Deutschland und den damit einhergehenden internationalen Imageverlust, der gerade im Bereich der Rassendiskriminierung droht, zu vermeiden.

D. Zusammenfassung und Bewertung

Auch ohne spezielles Antidiskriminierungsgesetz steht den Rechtsanwendern ein nicht unerhebliches Instrumentarium zur Verfügung, Artikel 5 (f) RDK bei ihren Entscheidungen zu berücksichtigen. Zwar ist diese Norm nicht unmittelbar anwendbar; an ihrer Eignung, mittelbar

---

[176] Im Erg. ebenso Hoffmeister, Der Staat 40 (2001), S. 376 f.; vgl. auch Frowein, NVwZ 2002, S. 29.

[177] Zu den politischen Erwägungen, die gegen eine weite Prüfungskompetenz des BVerfGs sprechen, siehe Uerpmann, Die EMRK und die deutsche Rechtsprechung, S. 106 f. und Steinberger, HRLJ 6 (1986), S. 406. Vgl. auch Hesse, JZ 1995, S. 268 und 269 ff.; Kunig, in: Vitzthum, S. 179; ferner Frowein, NVwZ 2002, S. 29 f.

[178] Das BVerwG hatte, entgegen der Rechtsprechung des EGMRs, eine Verletzung von Artikel 3 EMRK im Fall nichtstaatlicher Verfolgung verneint, BVerwG, Urteil vom 15.4.1997, InfAuslR 1997, S. 341 ff.; Urteil vom 2.9.1997, DVBl 1998, S. 271. Dem im Ergebnis beipflichtend Buß, DÖV 1998, S. 323 ff. Kritisch zu dieser Rechtsprechung Frowein, DÖV 1998, S. 809 ff., Zimmer, ZAR 1998, S. 119 ff., Christ, InfAuslR 1996, S. 377 ff.; Anmerkungen von Heinhold zum Urteil vom 17.10.1995, InfAuslR 1996, S. 255 f. Das BVerfG ist dieser Rechtsprechung in einem Beschluß vom 10.8.2000 entgegengetreten (AZ 2 BVR 260/98 und 2 BVR 1353/98). Vgl. aber Hoffmeister, Der Staat 40 (2001), S. 375 ff.

auf die deutsche Rechtsordnung einzuwirken, besteht jedoch kein Zweifel. Sie ist inhaltlich dazu in der Lage und hinreichend bestimmt. Als geltendes deutsches Recht ist die Norm daher Hilfsmittel für die Ausfüllung unbestimmter Rechtsbegriffe des Grundgesetzes und des einfachen Rechts. Über Artikel 3 Absatz 1 GG und bei der Auslegung von Grundrechten obliegt es dem Bundesverfassungsgericht, darüber zu wachen, daß Verwaltung und Gerichte die Konvention anwenden und ihr Verhältnis zu anderen gesetzlichen Regeln nicht verkennen. Vorteil dieser Rückgriffsmöglichkeit auf das Völkerrecht als Erkenntnisquelle ist, daß Artikel 5 (f) RDK präzise Maßstäbe liefert und damit zur Rechtssicherheit beiträgt.

Eine rechtlich effektive Umsetzung ist jedoch nicht immer eine faktisch effektive[179]. Schwächen der mittelbaren Anwendung sind die sehr unregelmäßige Anwendung von Völkerrechtsnormen durch die deutschen Rechtsanwender[180]. Der deutschen Verwaltung und den Gerichten fehlt oft die Kenntnis der völkerrechtlichen Normen und ihrer Auslegungsmethoden[181]. Darüber hinaus müßte der deutsche Rechtsanwender auch die Ausführungen des Ausschusses kennen, um sie bei seinen Entscheidungen einfließen lassen zu können. Denn obgleich unverbindlich, konkretisiert dieses Organ die Konventionsrechte und ist daher bei der völkerrechtlichen Auslegung zu berücksichtigen. Das setzt eine weitere Verbreitung der „Concluding Observations“ zu den Berichten Deutschlands an den Rassendiskriminierungsausschuß und der „General Recommendations“ als bisher der Fall, aber auch der Implikationen der Konvention auf die deutsche Rechtsordnung überhaupt, voraus.

Obgleich Rassendiskriminierung in Deutschland ein stark beachtetes Thema ist, fristet die Rassendiskriminierungskonvention selbst ein Schattendasein. Ein Rückgriff der Rechtsanwender auf Artikel 5 (f)

---

[179] Vgl. Tomuschat, in: Isensee/Kirchhof, S. 496 f.; siehe auch Frowein, Diskussionsbeitrag, in: Geiger, S. 24.

[180] Das gilt selbst für die bekannte EMRK. Siehe dazu Uerpmann, Die EMRK und die deutsche Rechtsprechung, S. 168 ff.; Seibert, in: FS Hirsch, S. 523; Ulsamer, in: Frowein/ders., S. 36; Simma/Khan/Zöckler/Geiger, in: Conforti/Francioni, S. 72. Siehe aber auch Fiedler, in: Geiger, S. 25 und Rojahn, in: Geiger, S. 123 ff., 136 ff.

[181] Vgl. zu dieser Problematik, allerdings bezogen auf das Kindschaftsrecht, Klein, in: Koeppel, S. 48; Oellers-Frahm, in: Koeppel, S. 151 ff.; ferner Ulsamer, in: Frowein/ders., S. 43 f.; Frowein, DÖV 1998, S. 809.

RDK zur Auslegung von Generalklauseln, Beurteilungsspielräumen und Ermessensentscheidungen ist die Ausnahme.

5. Kapitel: Schutz vor Rassendiskriminierung im Grundgesetz

Während das 4. Kapitel dazu diente, den Einfluß von Artikel 5 (f) RDK selbst auf die deutsche Rechtsordnung zu bestimmen, wenden sich Kapitel 5 und 6 den konkreten materiellen Bestimmungen zu, die Rassendiskriminierung beim Zugang zu Gaststätten verbieten bzw. das Verbot umsetzen. Im nationalen Recht ist das Diskriminierungsverbot zunächst in den Grundrechten verankert. Allen voran stehen hier die speziellen Diskriminierungsverbote des Artikels 3 Absatz 3 Satz 1 GG. Von Bedeutung ist daneben der allgemeine Gleichheitssatz des Artikels 3 Absatz 1 GG und das aus der Menschenwürde abgeleitete allgemeine Persönlichkeitsrecht nach Artikel 2 Absatz 1 i. V. m. Artikel 1 Absatz 1 GG[1]. Wie weit die grundrechtlichen Diskriminierungsverbote reichen, ist Gegenstand der folgenden Untersuchung. Dabei sind die Vorgaben des Artikels 5 (f) RDK und sein Einfluß auf die jeweiligen Normen zu berücksichtigen.

Die Untersuchung konzentriert sich auf die erste der Verpflichtungen von Artikel 5 (f) RDK, das Verbot der Rassendiskriminierung. Die Verpflichtung, Gleichheit vor dem Gesetz beim Zugang zu Gaststätten und anderen öffentlichen Plätzen zu gewährleisten, wird durch Artikel 3 Absatz 1 GG mit Berücksichtigung der Wertung des Absatzes 3 gewährleistet. Über ihre Einhaltung durch Gesetzgeber und Verwaltung wacht die Judikative. Durch Private kann dieser Teil des Artikels 5 (f) RDK nicht verletzt werden. Ein Verstoß der deutschen öffentlichen

---

[1] Auf Länderebene enthalten die Verfassungen Berlins und Bayerns spezielle Verbote der Rassenhetze bzw. des Rassenhasses. Nach Art. 119 BayVerf sind Rassen- und Völkerhaß verboten und strafbar. Gemäß Art. 29 Abs. 2 BlnVerf widersprechen „Rassenhetze und Bekundung nationalen oder religiösen Hasses“ dem Geist der Verfassung und sind unter Strafe zu stellen. Diese verfassungsrechtlichen Bestimmungen haben indes keinen Niederschlag in der Gesetzgebung der Länder gefunden. Ihre Funktion beschränkt sich daher auf die landesverfassungsrechtliche Verankerung der bundesgesetzlichen Strafnorm des § 130 StGB. Vgl. Institut für Migrations- und Rassismusforschung, Comparative Assessment, S. 38 f.; Meder, Die Verfassung des Freistaates Bayern, Art. 119, Rz. 2.

Gewalt gegen die Gleichheit vor dem und durch das Gesetz im Bereich des Artikels 5 (f) RDK ist vom Ausschuß bisher nicht beanstandet worden[2].

A. Artikel 3 Absatz 3 Satz 1 GG

Nach Artikel 3 Absatz 3 Satz 1 GG darf niemand wegen seines Geschlechtes, seiner Abstammung, seiner Rasse, seiner Sprache, seiner Heimat, seiner Herkunft, seines Glaubens oder seiner religiösen oder politischen Anschauung benachteiligt werden. Bereits aus dem Wortlaut der Norm werden Parallelen, aber auch Unterschiede zu der Rassendiskriminierungsdefinition des Artikels 1 RDK deutlich, die durch die Rechtsprechung des Bundesverfassungsgerichts und die Lehre teilweise verschärft und teilweise abgeschwächt worden sind. Der Begriff der Diskriminierung wurde in Absatz 3 Satz 1 GG nicht verwandt[3]. In Anlehnung an das völkerrechtliche Verständnis wird in dieser Arbeit darunter auch im Rahmen der deutschen Rechtslage eine ungerechtfertigte Ungleichbehandlung verstanden.

Die Untersuchung beschränkt sich auf die für Artikel 5 (f) RDK relevanten Kriterien der Rasse, Abstammung, Sprache, Herkunft und Heimat. Ob die Untersuchungsergebnisse für die Kriterien des Geschlechts und der religiösen und politischen Anschauungen gelten, wird ebenso außer Acht gelassen wie der von diesen Kriterien umfaßte Schutzbereich. Prüfungsgegenstand wird insbesondere die Reichweite der Unterscheidungsverbote und ihre Ausstrahlungswirkung sein. Zu klären ist darüber hinaus, ob sich aus Artikel 3 Absatz 3 Satz 1 GG auch eine Pflicht ableitet, die Ursachen faktischer Benachteiligung zu beseitigen.

Grundrechtsträger ist schon nach dem Wortlaut jedermann, unabhängig davon, ob er die deutsche Staatsangehörigkeit besitzt oder nicht. Die Differenzierungsverbote greifen nur ein, wenn jemand wegen seiner Eigenschaften benachteiligt wird. Wird eine Person benachteiligt oder bevorzugt, weil eine andere Person ein Merkmal des Artikels 3 Absatz 3

---

[2] Vgl. Nickel, Gleichheit und Differenz, S. 70.

[3] Das BVerfG verwendet jedoch im Zusammenhang mit diesem Artikel die Ausdrücke „verbotene Diskriminierung“ bzw. „Diskriminierungsverbot“. Vgl. BVerfG 2, 255, 286; 59, 128, 157; 92, 91, 109. Parallel hat das Gericht den Begriff „Differenzierungsverbot“ verwandt. Vgl. BVerfGE 3, 225, 241; 5, 9, 12; 9, 124, 128.

Satz 1 GG erfüllt, ist Artikel 3 Absatz 1 GG einschlägig[4]. Wird einem Menschen z. B. der Zugang verweigert, weil seine Begleitung einer bestimmten Rasse angehört, liegt im Hinblick auf die erste Person keine verbotene Diskriminierung im Sinne des Artikels 3 Absatz 3 Satz 1 GG vor.

I. Die verbotenen Unterscheidungskriterien

1. Rasse

Auch im deutschen Recht ist den enumerierten Kriterien gemeinsam, daß sie nur schwer oder überhaupt nicht von dem Betroffenen verändert werden können[5]. Rasse ist ausdrücklich als verbotenes Unterscheidungskriterium benannt. Dieser Begriff wird jedoch in der deutschen Kommentarliteratur und Rechtsprechung noch primär biologisch definiert. Unter Rasse wird im Rahmen des Artikels 3 Absatz 3 Satz 1 GG die Zugehörigkeit zu einer Gruppe mit gemeinsamen vererblichen Merkmalen verstanden[6]. Allerdings wird es als ausreichend angesehen, daß die Existenz einer rassischen Gruppe von der Staatsgewalt postuliert wird; sie müsse nicht (biologisch-) wissenschaftlich nachweisbar sein[7]. Entscheidend sei der herkömmliche Gebrauch des Begriffs, nicht zuletzt auch unter Rückgriff auf die nationalsozialistische Rassengesetzgebung und -ideologie. Eine Zuwendung zum soziologischen Ras-

---

[4] Starck, in: BK, Art. 3, Rz. 348; vgl. zum Verhältnis von Abs. 3 und Abs. 1, Dürig, in: Maunz/ders., Art. 3 Abs. 3, Rz. 3.

[5] BVerfG NJW 1998, S. 131, S. 132. Vgl. Dürig, in: Maunz/ders., Art. 3 Abs. 3, Rz. 33 ff., 58. Siehe auch *supra,* Kapitel 2, A. Religion und politische Anschauung werden demgegenüber als Anknüpfungskriterium verboten, weil sie zur elementaren Entfaltung der Persönlichkeit zählen.

[6] Sachs, in: Isensee/Kirchhof, S. 1037; Jarass, in: ders./Pieroth, Art. 3, Rz. 92; Gubelt, in: von Münch/Kunig, Art. 3, Rz. 97; Dürig, in: Maunz/ders., Art. 3 Abs. 3, Rz. 60 ff.; Starck, in: BK, Art. 3, Rz. 358; Stein, in: AK, Art. 3, Rz. 88. Vgl. auch BayVerfGHE vom 19.1.1967 nach Meder, Die Verfassung des Freistaates Bayern, Art. 119, Rz. 1; H.P. Ipsen, Gleichheit, in: Neumann/Nipperdey,/Scheuner, S. 145. Das BVerfG hat zu dem Merkmal Rasse bisher keine Stellung genommen; vgl. zur Verfolgung aus „politischen, rassischen oder religiösen Gründen", BVerfGE 23, 98, 111.

[7] BGHSt, NStZ 1981, S. 258; Sachs, in: Isensee/Kirchhof, S. 1037; Osterloh, in: Sachs, Art. 3, Rz. 293; Dürig, in: Maunz/ders., Art. 3 Abs. 3, Rz. 61; Starck, in: BK, Art. 3, Rz. 358; Rüfner, in: BK, Art. 3 Abs. 2 u. 3, Rz. 830.

sebegriff ist damit zumindest angedeutet, wenn auch noch nicht vollzogen[8].

Der Grund für diese rückständig anmutende Definition des Rassebegriffs dürfte darin liegen, daß diesem Kriterium in der Rechtsprechung lange keine tragende Rolle mehr zukam[9]. Auch die in den Kommentaren genannten Beispiele, Farbige, Mischlinge, Juden, Sinti und Roma[10], liegen in diesem Trend. Wenngleich die genannten Gruppen auch weiterhin gefährdet sind, ist auffällig, daß aktuellere Beispiele wie „Türken", „Gastarbeiter", „Aussiedler" etc. fehlen. Auch in diesen Fällen erfolgt die Gruppenbildung aufgrund angeblicher „biologischer Unterschiede" in Aussehen und Wesensart und ist daher rassisch i. S. d. noch vorherrschenden Verständnisses des Artikels 3 Absatz 3 Satz 1 GG.

Angesichts der völkerrechtlichen Erfahrungen und der Vorgaben durch die RDK erscheint ein Umstellen auf den sozialen Rassebegriff erforderlich. Hierauf wird ausführlicher in der unten angeführten Bewertung eingegangen. Es sei noch darauf hingewiesen, daß Juden, Moslems, Sikhs etc. vor allem unter dem hier nicht erörterten Kriterium der Religion erfaßt sind, es sei denn, die Ungleichbehandlung ist durch die kulturelle Andersartigkeit bedingt.

2. Heimat

Ebenfalls von Bedeutung für den Bereich der rassisch motivierten Zutrittsverweigerungen zu Gaststätten ist das Kriterium der Heimat. Der Begriff stellt auf die örtliche Herkunft im Sinne von Geburt oder An-

---

[8] Diese Ausweitung des Rassebegriffs ist vor dem Hintergrund zu sehen, daß die NS-Definition des Juden in § 5 Abs. 1 S. 2, § 2 Abs. 2 S. 2 der Ersten Verordnung zum Reichsbürgergesetz vom 14.11.1935 (RGBl. I, S. 1333) in Zweifelsfällen auf die jüdische Religionszugehörigkeit abstellte. Vgl. Sachs, in: Isensee/Kirchhof, S. 1037; Dürig, in: Maunz/ders., Art. 3 Abs. 3, Rz. 60 f.; Osterloh, in: Sachs, Art. 3, Rz. 244.

[9] Entscheidungserheblich war der Rassebegriff vor allem in BVerfGE 23, 98; 106 f. Dort hatte das Gericht es abgelehnt, der pauschalen Ausbürgerung der Juden nach der 11. Verordnung zum Reichsbürgergesetz vom 25.11.1941 aus rassischen Gründen Rechtswirksamkeit zuzuerkennen.

[10] Jarass, in: ders./Pieroth, Art. 3, Rz. 70; Gubelt, in: von Münch/Kunig, Art. 3, Rz. 97.

sässigkeit ab[11]. Da der Wohnort jederzeit veränderbar ist, muß die Heimat nicht mit dem Geburtsort identisch sein. Maßgeblich ist regelmäßig der persönlichkeitsprägende örtliche Bereich während der Kindheit oder Jugend[12]. Als nicht ausreichend ist der derzeitige Wohnsitz oder Aufenthaltsort erachtet worden[13]. Aber auch Differenzierungen danach, wo ein Mensch ständig lebt, sind vom Bundesverfassungsgericht nicht an Artikel 3 Absatz 3 Satz 1 GG gemessen worden[14].

In erster Linie ist das Kriterium bei Flüchtlingen und Vertriebenen, aber auch bei Aussiedlern einschlägig[15]. Damit fällt z. B. die Zutrittsverweigerung gegenüber einem „Rußlanddeutschen" unter Artikel 3 Absatz 3 Satz 1 GG. Dasselbe gilt für Gastarbeiter. Bei einer Benachteiligung von in Deutschland aufgewachsenen „Ausländern der zweiten oder dritten Generation"[16], also den Kindern und Enkel dieser Gastarbeiter, liegt dieses Kriterium regelmäßig nicht vor, zumindest nicht, wenn sie überwiegend in Deutschland aufgewachsen sind[17].

Insgesamt ist das Kriterium Heimat eng mit dem Begriff „national origin", nationaler Ursprung der RDK verwandt – allerdings mit der Besonderheit, daß aufgrund des Abstellens auf die Prägung durch den Wohnort der Jugend nur die Einreisenden selbst, nicht aber ihre Kinder und Enkel erfaßt sind.

---

[11] BVerfGE 5, 17, 22; 9, 124, 128; 23, 258, 262; BVerwGE 22, 66, 69; Heun, in: Dreier, Art. 3, Rz. 116; Rüfner, in: BK, Art. 3 Abs. 2 u. 3, Rz. 322; Papier, ZVersWiss 1982, S. 479.

[12] BVerfGE 5, 17, 22; Rüfner, in: BK, Art. 3 Abs. 2 u. 3, Rz. 839; Starck, in: BK, Art. 3, Rz. 365; Jarass, in: ders./Pieroth, Art. 3, Rz. 93; Osterloh, in: Sachs, Art. 3, Rz. 295.

[13] BVerfGE 38, 128, 135; 48, 281, 287; vgl. auch BVerwG, NVwZ 1983, S. 223, 224 für den Wohnsitz und ständigen Arbeitsplatz. Siehe auch Gubelt, in: von Münch/Kunig, Art. 3, Rz. 99; Rüfner, in: BK, Art. 3 Abs. 2 u. 3, Rz. 840; Leibholz/Rinck/Hesselberger, Grundgesetz, Art. 3, Rz. 3096.

[14] Vgl. BVerfGE 53, 164, 178 f.; zum Ausschluß der im Ausland lebenden Deutschen vom Wahlrecht vgl. BVerfGE 5, 2, 6; 36, 139, 142; 58, 202, 205.

[15] Starck, in: BK, Art. 3, Rz. 365; Gubelt, in: von Münch/Kunig, Art. 3, Rz. 99.

[16] Vgl. zu dem Begriff Igstadt, ZAR 1998, S. 99. Teilweise wird diese Gruppe auch „Bildungsinländer" genannt, um zu zeigen, daß sie oft ihre gesamte schulische und berufliche Ausbildung in Deutschland genossen hat.

[17] I. Erg. ebenso Rüfner, in: BK, Art. 3 Abs. 2 u. 3, Rz. 841.

3. Sprache

Das Merkmal der Sprache richtet sich gegen eine Bevorzugung oder Benachteiligung aufgrund der Muttersprache bzw. aufgrund der von einem Menschen (bevorzugt) gebrauchten Sprache[18]. Denn nur in diesem Fall handelt es sich um ein mit den anderen Merkmalen vergleichbares unveränderliches, identitätsprägendes Merkmal des Artikels 3 Absatz 3 Satz 1 GG. Es gilt für in geschlossenen Gebieten zusammenwohnende sprachliche Minderheiten (z.B. die friesische, dänische und sorbische Minderheit) ebenso wie für verstreut lebende Gruppen (Gastarbeiter oder Flüchtlinge)[19]. Nicht gemeint sind dagegen bloße Sprachkenntnisse[20], auch wenn dies der Hauptanlaß für Diskriminierungen durch Private ist[21]. Es fehlt in diesem Fall an der (Quasi-) Unabänderlichkeit und damit an der Betroffenheit im Kernbereich der persönlichen Rechtsgleichheit, die durch Artikel 3 Absatz 3 Satz 1 GG geschützt werden soll. Beim Zugang zu Gaststätten ist jedoch die Muttersprache einer Person regelmäßig nicht das entscheidende Differenzierungskriterium. Bei Diskotheken wird die Entscheidung, eine Person nicht einzulassen, in den meisten Fällen aufgrund ihres Aussehens gefällt, ohne daß vorher eine verbale Kommunikation stattgefunden hat.

4. Abstammung und Herkunft

Obgleich Abstammung und Herkunft auch in der RDK als verbotene Unterscheidungskriterien enthalten sind, sind beide Begriffe nach deutschem Grundrechtsverständnis für den Bereich der Rassendiskriminierung nicht einschlägig.

---

[18] Rüfner, in: BK, Art. 3 Abs. 2 u. 3, Rz. 833; Sachs, Grenzen des Diskriminierungsverbotes, S. 223; ders., in: Isensee/Kirchhof, S. 1037; Jarass, in: ders./Pieroth, Art. 3 , Rz. 93; Dürig, in: Maunz/ders., Art. 3 Abs. 3, Rz. 69 f.; Stein, in: AK, Art. 3, Rz. 89.

[19] Heun, in: Dreier, Art. 3, Rz. 115; Gubelt, in: von Münch/Kunig, Art. 3, Rz. 98; Starck, in: BK, Art. 3, Rz. 360; Jarass, in: ders./Pieroth, Art. 3, Rz. 93; Siegert, Minderheitenschutz in der Bundesrepublik Deutschland, S. 102.

[20] Sachs, Grenzen des Diskriminierungsverbotes, S. 223; ders., in: Isensee/Kirchhof, S. 1037.

[21] Vgl. die Aussage der Ausländerbeauftragten der Bundesregierung Schmalz-Jacobsen, FAZ vom 30.7.1997, S. 5.

Unter Abstammung subsumiert das Bundesverfassungsgericht vornehmlich die „natürliche biologische Beziehung eines Menschen zu seinen Vorfahren“[22]. Das heißt, es stellt darauf ab, daß jemand Abkömmling einer bestimmten Vorfahrenreihe ist. Ziel dieses Kriteriums ist es, Sippenhaft oder Vetternwirtschaft auszuschließen[23]. Im deutschen Recht wird der Begriff im Gegensatz zur RDK somit nicht mit soziologischen oder ethnologischen Elementen in Verbindung gebracht. Als Begründung wird angeführt, daß eine solche Auslegung wegen des Merkmals Herkunft im Rahmen des Artikels 3 Absatz 3 Satz 1 GG überflüssig sei[24]. Für die Diskriminierung beim Zutritt zu Gaststätten spielt die so verstandene Abstammung regelmäßig keine Rolle; denn die Abweisung eines Menschen beruht in den meisten Fällen nicht darauf, daß seine Eltern oder Großeltern einer bestimmten Gruppe zugeordnet werden, sondern daß er selbst zu dieser Gruppe gezählt wird.

Die Herkunft wird nach der Rechtsprechung des Bundesverfassungsgerichts in die Kontinuität der traditionellen Verbote von Standesunterschieden gestellt[25]. Sie bezeichnet die soziale und standesmäßige Verwurzelung, nicht jedoch die in den eigenen Lebensumständen begründete Zugehörigkeit zu einer bestimmten sozialen Schicht[26]. Da die Klassengesellschaft rechtlich längst obsolet geworden ist, ist die Herkunft

---

[22] BVerfGE 9, 124, 128 f.; Heun, in: Dreier, Art. 3, Rz. 113, Jarass, in: ders./Pieroth, Art. 3, Rz. 93; Starck, in: BK, Art. 3, Rz. 356; Dürig, in: Maunz/ders., Art. 3 Abs. 3, Rz. 38; Bleckmann, Staatsrecht II, S. 734; Leibholz/Rinck/Hesselberger, Grundgesetz, Art. 3, Rz. 3096.

[23] Starck, in: BK, Art. 3, Rz. 356; Sachs, in: Isensee/Kirchhof, S. 1037; Dürig, in: Maunz/ders., Art. 3 Abs. 3, Rz. 51 ff.; Jarass, in: ders./Pieroth, Art. 3, Rz. 93. Als Beispiele für Sippenhaft gibt Starck das Differenzierungsverbot für Kinder von Protestanten oder Katholiken, von Flüchtlingen, politischen Gegnern, Nationalsozialisten, Kommunisten oder Straftätern an. Diese Form von Diskriminierung wird regelmäßig durch andere Merkmale des Abs. 3 nicht erfaßt, da das Merkmal bei dem Benachteiligten selbst gegeben sein muß. Im Einzelfall, z. B. bei Flüchtlingen, kann aber auch ein eigenes rassisches Differenzierungskriterium gegeben sein.

[24] Starck, in: BK, Art. 3, Rz. 356. A. A. Marten-Gotthold, Der Schutz der Sinti und Roma, S. 135.

[25] BVerfGE 9, 124, 128; Sachs, in: Isensee/Kirchhof, S. 1038; Rüfner, in: BK, Art. 3 Abs. 2 u. 3, Rz. 845; Papier, ZVersWiss 1982, S. 478; Leibholz/Rinck/Hesselberger, Grundgesetz, Art. 3, Rz. 3096.

[26] BVerfGE 5, 17, 22; 9, 124, 128. Siehe auch BVerwG 22, 66, 70; Rüfner, in: BK, Art. 3 Abs. 2 u. 3, Rz. 845; Gubelt, in: von Münch/Kunig, Art. 3, Rz. 100.

auf die nicht rechtlich formalisierte Klassen- oder Schichtenstruktur der Gesellschaft zu beziehen[27]. Obgleich vom Wortlaut, nach dem Herkunft örtlich zu bestimmen sein könnte, nicht zwingend vorgegeben, ist dieses Kriterium für die hier untersuchten Fälle diskriminierender Zugangsverbote somit ohne Bedeutung.

5. Das erlaubte Unterscheidungskriterium der Staatsangehörigkeit

Die Staatsangehörigkeit ist nicht als verbotenes Kriterium in Artikel 3 Absatz 3 Satz 1 GG aufgeführt. Insofern besteht eine Parallele zur Rassendiskriminierungskonvention. Auch aus den aufgezählten verbotenen Differenzierungskriterien — insbesondere der Sprache, Heimat oder Herkunft — kann nicht ohne weiteres ein generelles Differenzierungsverbot wegen der Staatsangehörigkeit hergeleitet werden.

Dennoch sind Bestrebungen zu erkennen, Artikel 3 Absatz 3 Satz 1 GG auf die Staatsangehörigkeit auszuweiten[28]. Dies hätte jedoch die nicht akzeptable Folge, daß die Staatsangehörigkeit als Rechtsbegriff ausscheiden müßte, obwohl der Begriff im Völkerrecht und nationalen Recht durchwegs als notwendig anerkannt ist[29]. Auch die im Grundgesetz angelegte Unterscheidung zwischen „Deutschengrundrechten“ und „Jedermanngrundrechten“ setzt die Staatsangehörigkeit als Anknüpfungskriterium voraus[30]. Eine weitere mögliche Konsequenz einer solchen Ausweitung des Artikels 3 Absatz 3 Satz 1 GG wäre, daß notwendige Ausnahmen vom Unterscheidungsverbot für die Staatsangehörigkeit gestattet werden müßten. Damit würden aber die strengen Anforderungen des Artikels 3 Absatz 3 Satz 1 GG aufgeweicht und der klare Appell dieser Norm unterhöhlt. Deshalb überzeugen die Ausweitungstendenzen nicht[31]. Die Zulässigkeit von Unterscheidungen aufgrund

---

[27] Sachs, in: Isensee/Kirchhof, S. 1038. Bevorzugungen der Kinder von Akademikern, Diplomaten, Arbeitern etc. sind somit verboten.

[28] Vgl. Gubelt, in: von Münch/Kunig, Art. 3, Rz. 99; Zuleeg, DÖV 1973, S. 363.

[29] Stein, in: AK, Art. 3, Rz. 94.

[30] Heun, in: Dreier, Art. 3, Rz. 36; Rüfner, in: BK, Art. 3 Abs. 1, Rz. 135; Maunz/Zippelius, Deutsches Staatsrecht, S. 22; Scholz/Pitschas, NJW 1984, S. 2725 f.

[31] Vgl. BVerfGE 51, 1, 30; EuGRZ 1982, 508, 509; BVerwGE 22, 66, 69 f.; 67, 177, 183; Stern, Staatsrecht III/1, S. 1030; Isensee, VVDStRL 32 (1974), S. 75; Robbers, in: Benda/Maihofer/Vogel, S. 399; Starck, in: BK, Art. 3, Rz. 366;

der Staatsangehörigkeit bemißt sich vielmehr nach den Artikeln 3 Absatz 1 und 2 Absatz 1 GG[32].

Von Unterscheidungen aufgrund der Staatsangehörigkeit sind jedoch unzulässige Zutrittsverbote gegenüber „Ausländern“ nach den Merkmalen des Artikels 3 Absatz 3 Satz 1 GG zu trennen[33]. Die Staatsangehörigkeit kann nicht ohne weiteres mit dem umgangssprachlichen Gebrauch des Begriffs „Ausländer“ in Deutschland gleichgesetzt werden[34]. Häufig zielt diese Bezeichnung nicht auf die staatsrechtliche Zugehörigkeit eines Menschen zu einem Staat im Sinne eines Rechten- und Pflichtenverhältnisses, sondern auf eine andere Kultur, ethnische Abstammung, Heimat oder Rasse des Betreffenden ab[35]. Dasselbe gilt für Abweisungen von „Türken“, „Russen“ etc. Ob der Betreffende tatsächlich diese Staatsangehörigkeit hat, ist bei Diskriminierungen im Gaststättenbereich regelmäßig unerheblich. Für diese Fälle bleibt Artikel 3 Absatz 3 Satz 1 GG einschlägig. Welcher Bedeutungsgehalt einer Unterscheidung tatsächlich zukommt, ob sie an die Staatsangehörigkeit oder an rassische Aspekte anknüpft, ist im Einzelfall festzustellen.

6. Vergleich mit der Rassendiskriminierungskonvention und Würdigung

a) Vergleich mit der Rassendiskriminierungskonvention

Drei der fünf verbotenen Kriterien der Rassendiskriminierungskonvention, nämlich Rasse, Abstammung und „national origin“ bzw. Herkunft, sind wortgleich oder sehr ähnlich im Grundgesetz enthalten. Angesichts dieser sprachlichen Gemeinsamkeiten fällt die unterschiedli-

---

Papier, ZVersWiss 1982, S. 475 f.; Nickel, Gleichheit und Differenz, S. 70, Fn. 202. Anders in einem *obiter dictum* BGH NJW 1981, 518; siehe aber dagegen Sachs, NJW 1981, 1133; vgl. auch Zuleeg, DÖV 1973, S. 363.

[32] Vgl. hierzu *infra*, Kapitel 5, B. III.

[33] Starck, in: BK, Art. 3, Rz. 366; Isensee, VVDStRL 32 (1974), S. 75; Jarass, in: ders./Pieroth, Art. 3, Rz. 94.

[34] Kritisch zu dem deutschen Sprachgebrauch: Aukerman, Netherlands Quarterly of Human Rights 13 (1995), S. 238 ff.

[35] Es ist daher durchaus vorstellbar, daß ein Deutscher türkischer Abstammung, also eine Person mit deutscher Staatsbürgerschaft und türkischen Eltern oder Großeltern, noch als „Ausländer“ bezeichnet bzw. dazu gerechnet wird. Vgl. Aukerman, Netherlands Quarterly of Human Rights 13 (1995), S. 238 ff.

che Auslegung der Kriterien auf, da weder Herkunft noch Abstammung bei Artikel 3 GG mit rassischen Elementen in Zusammenhang gebracht werden. Zu erklären sind diese Differenzen vor allen Dingen damit, daß die RDK auf eine umfassende Auslegung des Rassebegriffs ausgerichtet ist, um jede Form der rassischen Diskriminierung erfassen zu können. Tatbestände, die von der Definition nicht erfaßt werden, bleiben außerhalb des Schutzbereiches der Rassendiskriminierungskonvention. Ein entsprechendes Bedürfnis besteht im Rahmen des Artikels 3 Absatz 3 Satz 1 GG nicht, da nicht erfaßte Fälle durch andere grundgesetzliche Bestimmungen, insbesondere Artikel 3 Absatz 1 GG, aufgefangen werden können. Für das grundrechtliche Diskriminierungsverbot besteht demgegenüber ein Bedürfnis, möglichst unterschiedliche Anknüpfungskriterien festzulegen, um auf verschiedenste Formen von Diskriminierung reagieren zu können. Insofern sagt die unterschiedliche Auslegung der Begriffe noch nichts über die Umsetzung der Konvention aus.

Einschlägig für den Bereich des Artikels 5 (f) RDK sind im Rahmen des Artikels 3 Absatz 3 Satz 1 GG lediglich die Kriterien Rasse, Heimat und Sprache. Die Heimat umfaßt dabei nur einen Teil der Differenzierungskriterien, die in der Rassendiskriminierungskonvention zum nationalen Ursprung gezählt werden. Erfaßt sind kulturelle Eigenheiten aufgrund des Geburtsorts, im Gegensatz zur Konvention aber nicht die Eigenheiten, die von den Vorfahren abgeleitet werden. Außerdem ist der in Artikel 3 Absatz 3 Satz 1 GG bisher verwandte biologische Rassebegriff enger als der in der Konvention verwandte.

Für den Vergleich des Schutzbereichs von Artikel 3 Absatz 3 Satz 1 GG mit Artikel 1 RDK ist es im Ergebnis unerheblich, daß das völkerrechtliche Kriterium der „Abstammung" in der deutschen Norm faktisch keine Entsprechung gefunden hat, da diesem Kriterium in der RDK kein nennenswerter eigener Schutzbereich zukommt. Insofern besteht keine Schutzlücke. Das nicht ausdrücklich erwähnte Kriterium der Hautfarbe ist auch nach der traditionellen Auslegung im deutschen Recht im Begriff der Rasse enthalten. Von den fünf aufgezählten Kriterien der Konvention ist daher lediglich das Kriterium des ethnischen Ursprungs im Grundgesetz ohne Pendant. Dazu kommt das im Vergleich zur Konvention engere Verständnis von Rasse und Herkunft, letzterem entspricht der „nationale Ursprung". Wie im ersten Teil der Untersuchung dargestellt, kommt jedoch nach Artikel 1 Absatz 1 RDK den Begriffen nationaler und ethnischer Ursprung unter der Konvention praktisch dieselbe Bedeutung zu, allenfalls mit dem Unterschied, daß eine Diskriminierung aufgrund des „national origin" im Einzelfall leichter nachzuweisen sein mag als eine aufgrund der ethnischen Herkunft[36]. Auch der vom biologischen Rassebegriff nicht erfaßte Bereich des soziologischen Rassebegriffs deckt sich regelmäßig mit dem von dem ethnischen Ursprung erfaßten Bereich, da für ersteren nicht nur das „andersartige Aussehen", sondern auch kulturelle Unterschiede maßgeblich sind[37]. Es bleibt daher lediglich zu klären, inwieweit Artikel 3 Absatz 3 Satz 1 GG Schutz vor Diskriminierung wegen des ethnischen Ursprungs gewährt.

b) Das Kriterium des ethnischen Ursprungs

Eine analoge Anwendung des grundgesetzlichen Diskriminierungsverbotes auf „ethnischen Ursprung" oder „Abstammung" i. S. der RDK kommt nicht in Betracht, da die Enumeration der Kriterien des Artikels 3 Absatz 3 Satz 1 GG abschließend ist[38]. Das ergibt sich aus dem klaren Wortlaut und dem systematischen Argument, daß Artikel 3 Absatz 3 Satz 1 GG als Ausnahme von Artikel 3 Absatz 1 GG eng auszulegen ist. Jedes Aufweichen der Kriterien birgt das Risiko, daß das strikte Unterscheidungsverbot durch dann möglicherweise erweiterte Rechtfertigungsmöglichkeiten ausgehöhlt wird. Diese Gefahr läuft dem Schutzzweck der Norm und auch der Konvention zuwider, so daß eine Ausweitung auch nicht im Hinblick auf Artikel 1 RDK im Rahmen einer völkerrechtsfreundlichen Auslegung geboten ist.

Vor allem aber besteht kein Bedürfnis nach einer analogen Anwendung von Artikel 3 Absatz 3 Satz 1 GG. Mögliche Lücken im Schutzbereich der Norm können bereits durch eine konventionskonforme Auslegung geschlossen werden. So ist denkbar, Rasse in Artikel 3 Absatz 3 Satz 1 GG im Rahmen einer völkerrechtsfreundlichen Auslegung mit dem Gesamtbegriff „Rasse" gleichzusetzen, da ja dieser Begriff in der Konvention nicht nur als eines der fünf Kriterien, sondern auch als Oberbegriff eingesetzt wird. Bei diesem Verständnis der Rasse sind auch die Kriterien des ethnischen und nationalen Ursprungs von dem Begriff erfaßt.

---

[36] Vgl. *supra*, Kapitel 2, A. II und III. In Deutschland erhärtet sich diese Aussage unter anderem am Beispiel der Diskriminierung von Menschen mit türkischen Eltern bzw. Großeltern.

[37] Vgl. *supra*, Kapitel 2, A. I.

[38] Siehe dazu allg. Jarass, in: ders./Pieroth, Art. 3, Rz. 94; Dürig, in: Maunz/ders., Art. 3 Abs. 3, Rz. 27.

Selbst wenn man dem nicht folgt, weil dann der Begriff „Heimat" nur noch einen geringen eigenständigen Gehalt hätte, erfaßt Artikel 3 Absatz 3 Satz 1 GG die Diskriminierung aufgrund ethnischer Abstammung unter der Voraussetzung, daß der Rassebegriff nicht mehr biologisch, sondern soziologisch definiert wird. Denn auch wenn Rasse und Ethnie in der Rassendiskriminierungskonvention als zwei unterschiedliche Kriterien aufgenommen sind, überschneiden sich der soziologische Rassebegriff und der Begriff der Ethnie (und damit auch des nationalen Ursprungs) regelmäßig und sind kaum abgrenzbar[39].

Für die Abkehr vom biologischen Rassebegriff spricht, daß dieser nicht dem Stand der internationalen Forschung, allen voran den Untersuchungen der UNESCO und der Praxis des Rassendiskriminierungsausschusses, entspricht. Ein Rückgriff auf das soziologische Rassenverständnis bei der Auslegung des Grundgesetzes entspricht dem Sinn und Zweck des Artikels 3 Absatz 3 Satz 1 GG, den Gefahren für das Individuum effektiv, d. h. der Realität entsprechend, zu begegnen, und darüber hinaus dem Prinzip der Völkerrechtsfreundlichkeit. Die Rassendiskriminierungskonvention ist insoweit geeignet, das Grundgesetz zu konkretisieren bzw. zu modernisieren. Deshalb wird im Rahmen dieser Untersuchung auch der Rassebegriff des Grundgesetzes soziologisch ausgelegt. Eine entsprechende Hinwendung ist im deutschen Recht in der Literatur, aber auch in der Rechtsprechung bereits eingeleitet worden[40]. Auf einfachgesetzlicher Ebene zeigt sich die zunehmende Gleichsetzung der „ethnischen" und „rassischen" Diskriminierung an § 81 (e) VAG, in dem ein Abstellen auf die „Zugehörigkeit zu einer ethnischen Gruppe" untersagt wird[41].

---

[39] Vgl. dazu *supra*, Kapitel 2, A. I und III. Siehe auch Stopp, Die Behandlung ethnischer Minderheiten als Gleichheitsproblem, S. 12.

[40] Vgl. Kapitel 5, Fn. 7 und 8; ferner Rädler, Verfassungsmodelle zum Schutz vor Rassendiskriminierung, S. 8; Marten-Gotthold, Der Schutz der Sinti und Roma, S. 139; vgl. auch Nickel, Gleichheit und Differenz, S. 111, Fn. 388. Siehe auch die Ausführungen von Osterloh (in: Sachs, Art. 3, Rz. 244), nach der für die Merkmale Rasse, Sprache, Heimat und Herkunft und der daraus resultierenden besonderen Gefährdung maßgeblich ist, ob der Träger eines dieser Merkmale gegenüber der jeweiligen Mehrheit „fremd" erscheint; a. A. wohl Britz, Kulturelle Rechte und Verfassung, S. 138.

[41] § 81 e Abs. 1 VAG: „Als Mißstand im Sinne des § 81 Abs. 2 sind auch Tarifbestimmungen und Prämienkalkulationen anzusehen, die auf die Staatsangehörigkeit des Versicherungsnehmers oder des Versicherten oder auf deren Zugehörigkeit zu einer ethnischen Gruppe abstellen" (BGBl. 1994 I 1630). Siehe

Unter den so verstandenen Rassebegriff fallen auch Diskriminierungen gegen die Gruppe der „Ausländer der zweiten und dritten Generation" bzw. die bereits eingebürgerten Personen mit ausländischen Eltern oder Großeltern[42]. Sie wird von der sie unterschiedlich behandelnden Umwelt als eigene, aufgrund äußerlicher „biologischer" oder kultureller Merkmale getrennte Gruppierung betrachtet.

Mit der hier vertretenen Auslegung entspricht der durch Artikel 3 Absatz 3 Satz 1 GG geschützte Personenkreis dem der von der Konvention geschützten. Sollten im Einzelfall dennoch Personengruppen oder Individuen, die eine Ungleichbehandlung erleiden, nicht unter eines der Kriterien fallen, ist Artikel 3 Absatz 1 GG einschlägig.

II. Keine Benachteiligung wegen eines verbotenen Merkmals

1. Keine Benachteiligung oder Bevorzugung

Derjenige, der nicht in eine Gaststätte eingelassen wird, wird im Vergleich zu denen, denen Zutritt gewährt wird, benachteiligt. Eine solche nach Artikel 3 Absatz 3 Satz 1 GG verbotene Benachteiligung kann durch Tun oder Unterlassen erfolgen[43]. Untersagt ist daher nicht nur, einer Person aufgrund der Rasse den Zutritt zu einer Gaststätte durch aktives Tun zu verbieten, sondern auch, sie nicht zu bedienen. Ebensowenig ist eine Bevorzugung aufgrund der Rasse beim Zugang zu Gaststätten erlaubt. Wie auch bei der Rassendiskriminierungskonvention ist mit dem Verbot von Benachteiligung und Bevorzugung letztlich jede ungerechtfertigte Unterscheidung ausgeschlossen[44].

---

auch den neuen § 130 StGB. Dort wird Volksverhetzung gegen „nationale, rassische, religiöse oder durch ihr Volkstum bestimmte Gruppen" erfaßt.

[42] Vgl. zur rechtlichen Stellung von Ausländern der 2. Generation Igstadt, ZAR 1998, S. 99 ff.

[43] Gubelt, in: von Münch/Kunig, Art. 3, Rz. 103; Starck, in: BK, Art 3, Rz. 51.

[44] Vgl. Heun, in: Dreier, Art. 3, Rz. 104 mit Hinweisen zu den Besonderheiten des Staatskirchenrechts; a. A. Rüfner, BK, Art. 3 Abs. 2 u. 3, Rz. 552; siehe auch Baer, ZRP 2001, S. 502. Vgl. bereits die Ausführungen zu Artikel 1 Absatz 1 RDK, Kapitel 2 C. I.

Eine Bevorzugung oder Benachteiligung entfällt nicht dadurch, daß sie mit anderen, gegenläufigen Wirkungen zusammentrifft[45]. Aus diesen Gründen verstößt auch das Konzept des „separate but equal" gegen Artikel 3 Absatz 3 Satz 1 GG. Alternativ angebotene, gleichwertige öffentliche Einrichtungen sind nicht geeignet, das emotionale Interesse an dem Besuch auch der jeweils anderen auszugleichen. Dieses Ergebnis wird durch Artikel 3 RDK unterstrichen.

2. Die Verknüpfung von Unterscheidung und verbotenem Merkmal

a) Rasse als Anknüpfungsverbot

Nach Artikel 3 Absatz 3 Satz 1 GG darf niemand „wegen" der dort aufgeführten Merkmale ungleich behandelt werden. Dem läßt sich entnehmen, daß ein kausaler Zusammenhang zwischen der Ungleichbehandlung und dem verbotenen Kriterium bestehen muß. Finalität ist dagegen nicht erforderlich, wie das BVerfG in der Nachtarbeitsentscheidung ausdrücklich entschieden hat[46].

Auf die Kriterien des Artikels 3 Absatz 3 Satz 1 GG darf daher auch dann nicht für eine Unterscheidung abgestellt werden, „wenn eine Regelung nicht auf eine nach Art. 3 III verbotene Ungleichbehandlung angelegt ist, sondern in erster Linie andere Ziele verfolgt"[47]. Entgegen der früher vorherrschenden Ansicht kommt es daher auf den Willen des handelnden Organs nicht an[48].

---

[45] Dies kann allenfalls für den Fall in Betracht kommen, daß sich Rechtsfolgen rechnerisch aufheben; andernfalls liegt eine Kumulation beider Effekte vor. Sachs, in: Isensee/Kirchhof, S. 1041; ders., Grenzen des Diskriminierungsverbotes, S. 285 ff. m. w. N.

[46] BVerfGE 85, 191, 206.

[47] BVerfGE 85, 191, 206; Klarstellung von BVerfGE 75, 40, 70; ebenso Gubelt, in: von Münch/Kunig, Art. 3, Rz. 104.

[48] Vgl. zur alten Rechtsprechung neben BVerfGE 75, 40, 70; BVerwGE 75, 86, 96; BAG, NJW 1973, S. 77, 78. Siehe dazu Seißer, Das Verhältnis des allgemeinen Gleichheitssatzes (Art. 3 Abs. 1 GG) zu besonderen Gleichheitssätzen, S. 102 ff. Nach dieser Auffassung verbietet Artikel 3 Absatz 3 Satz 1 GG nicht Vor- oder Nachteile, die die Folge einer ganz anders intendierten Regelung sind. So auch Bleckmann, Staatsrecht II, S. 735.

Das Bundesverfassungsgericht hat das erforderliche Kausalitätsverhältnis als „Anknüpfungsverbot“ bezeichnet[49]. An Rasse, Heimat etc. darf eine Ungleichbehandlung, hier eine Zugangsverweigerung, nicht anschließen. Dieses „Anknüpfungsverbot“ entspricht der im ersten Teil beschriebenen unmittelbaren Diskriminierung aufgrund der Rasse. Auch im Rahmen des Artikels 3 Absatz 3 Satz 1 GG reicht es, daß das verbotene Merkmal Teil eines Motivbündels ist, das eine Entscheidung beeinflußt, um rechtswidrig zu sein[50]. Zudem ergibt sich aus dem Umgehungsverbot, daß ein Ausweichen auf ein anderes Kriterium nur zu dem Zweck, eine bestimmte Rasse zu benachteiligen, ebenfalls unter Artikel 3 Absatz 3 Satz 1 GG fällt[51]. Zu denken ist z.B. an die strikte Anweisung an den Türsteher, nur Frauen mit engen Röcken oder Hosen einzulassen, mit dem Ziel, Sinti und Roma auszuschließen. Daß möglicherweise auch Mitglieder anderer Rassen von der Abweisung betroffen sein können, ist bei absichtlichem Verhalten sowohl für den Diskriminierenden als auch für die rechtliche Einschätzung irrelevant. Ob eine derartige mittelbare Diskriminierung immer durch den besonderen Gleichheitssatz verboten wird oder nur im Fall einer bewußten Umgehung von Artikel 3 Absatz 3 Satz 1 GG, hängt maßgeblich davon ab, ob die Norm eine Rechtfertigung von Ungleichbehandlungen erlaubt.

b) Rechtfertigungsmöglichkeiten: Die Zulässigkeit positiver Maßnahmen

Ob beim Vorliegen eines unmittelbaren Zusammenhangs zwischen Rasse und Ungleichbehandlung immer eine verbotene Diskriminierung an-

---

[49] BVerfGE 85, 191, 206; NJW 1998, S. 131. Zu den verschiedenen anderen Kausalitätsmodellen und der Diskussion zu dieser Problematik, vgl. Sachs, Grenzen des Diskriminierungsverbotes, S. 390 ff., 428 ff.; Sacksofsky, Das Grundrecht der Gleichberechtigung, S. 139 ff.; Huster, Rechte und Ziele, S. 313 ff.

[50] BVerfGE 89, 276, 288. Der entschiedene Fall betraf eine geschlechtsbezogene Auswahl durch eine Privatperson. Der dort zum Ausdruck kommende Gedanke gilt erst recht für staatliche Maßnahmen. Vgl. auch BVerfGE 85, 191, 206; Rüfner, in: BK, Art. 3 Abs. 2 u. 3, Rz. 562; ders., in: FS Friauf, S.333 f.

[51] Im Ergebnis ebenso Rüfner, in: FS Friauf, S. 336; ders., in: BK, Art. 3 Abs. 2 u. 3, Rz. 562; Jarass, in: ders./Pieroth, Art. 3, Rz. 94, 98; Sachs, in: Isensee/Kirchhof, S. 1031 u. 1054 f. (bei der Anknüpfung an ein Merkmal, das nur, aber nicht immer, bei Mitgliedern einer Gruppe auftaucht).

zunehmen ist oder ob — wie bei der Rassendiskriminierungskonvention — eine Rechtfertigungsmöglichkeit für eine Ungleichbehandlung besteht, ist in der Lehre umstritten. Bedeutsam ist dies neben der angesprochenen Ausweitung der erfaßten Diskriminierungen auf mittelbare Diskriminierungen vor allem für die Frage, ob Artikel 3 Absatz 3 Satz 1 GG besondere Förderungsmaßnahmen für bisher benachteiligte rassische Gruppen, wie von Artikel 1 Absatz 4 i. V. m. Artikel 2 Absatz 2 RDK gefordert, ermöglicht. Diese positiven Maßnahmen können in den unterschiedlichsten Formen erfolgen. Zu denken ist an die Einrichtung von Stellen, die den Diskriminierten helfen, ihre Rechte wahrzunehmen. Im Bereich des Artikels 5 (f) RDK käme auch eine staatliche Förderung der rassisch diskriminierten Gruppe in Betracht, die ihr dazu verhilft, ihren sozialen Status zu verbessern, so daß auch ihre Mitglieder Gaststätten besuchen können, in denen sie — allein aus finanziellen Gründen — bisher praktisch nicht vertreten waren.

Für Rechtfertigungsmöglichkeiten sprechen vor allen Dingen Zweckmäßigkeitserwägungen. Wenn das Diskriminierungsverbot als wertungsoffenes Gleichbehandlungsgebot bzw. Begründungsverbot verstanden wird, bleibt Raum für eine sachbezogene, regelungs- und bereichsspezifisch differenzierende Abwägung unter Berücksichtigung des Schutzzwecks des Verbotes[52]. Untersagt wäre danach, Unterscheidungen mit der Rasse zu begründen und auf diese Weise ein Unwerturteil über die Personengruppe zum Ausdruck zu bringen. Fördernde Maßnahmen für bisher benachteiligte Gruppen blieben zulässig. Ein weiteres Argument für diese Auffassung ist, daß so der bereits historisch bedingten Heterogenität der einzelnen Differenzierungskriterien des Artikels 3 Absatz 3 Satz 1 GG besser Rechnung getragen werden könnte[53].

---

[52] Vgl. Osterloh, in: Sachs, Art. 3, Rz. 239 und 241 ff.; Heckel, in: FS Dürig, S. 241 ff.; Heun, in: Dreier, Art. 3 Abs. 3, Rz. 110; Podlech, Gehalt und Funktion des allgemeinen verfassungsrechtlichen Gleichheitssatzes, S. 94 f.; siehe auch Kannengießer, in: Schmidt-Bleibtreu/Klein, Art. 3, Rz. 40 f.; i. Erg. auch Stopp, Die Behandlung ethnischer Minderheiten als Gleichheitsproblem, S. 132 f.; wohl auch Pastor, Die rechtliche Stellung der Sorben in Deutschland, S. 55 f. und Marten-Gotthold, Der Schutz der Sinti und Roma, S. 168 f., siehe aber auch S. 166. Weitere Nachweise bei Huster, Rechte und Ziele, S. 314.

[53] Podlech, Gehalt und Funktion des allgemeinen verfassungsrechtlichen Gleichheitssatzes, S. 91; ferner Osterloh, in: Sachs, Art. 3, Rz. 256; Heckel, in: FS Dürig, S. 243; siehe auch Huster, Rechte und Ziele, S. 317 f.

Der Vorteil des Zweckmäßigkeitsarguments stellt gleichzeitig seinen Nachteil dar. Die Unterscheidungsmerkmale fixieren bei diesem Verständnis der Norm lediglich einen Mindeststandard unzulässiger Differenzierungen. Gleichzeitig wird relativierenden Abwägungen zugunsten von im Grunde beliebiger – im Zweifel in Einzelfällen nur vorgeschobener – Sachgründe Raum gegeben[54]. Der Normzweck des Artikels 3 Absatz 3 Satz 1 Satz 1 GG, die Handlungsspielräume effektiv zu beseitigen, die im Rahmen eines bloßen Sachlichkeitsgebots jede den Vorurteilen der jeweiligen Zeit entsprechenden Differenzierungen ermöglichen, wird unterlaufen[55]. Deshalb propagiert ein Teil der öffentlich-rechtlichen Literatur ein striktes Anknüpfungs- bzw. Unterscheidungsverbot ohne Möglichkeit einer Rechtfertigung[56].

Für diesen Ansatz läßt sich der Wortlaut des Artikels 3 Absatz 3 Satz 1 GG anführen, der im Gegensatz zum neu aufgenommenen Verbot, aufgrund einer Behinderung zu benachteiligen, ausdrücklich sowohl Benachteiligungen als auch Bevorzugungen verbietet – und damit schlechthin ein Abstellen auf die verbotenen Kriterien[57]. Auch die Gesamtschau des Artikels 3 GG spricht für dieses Verständnis, da der Absatz bei einer Rechtfertigungsmöglichkeit seines eigenständigen Gehalts gegenüber dem allgemeinen Gleichheitssatz zum großen Teil beraubt würde[58]. Das Nebeneinander von allgemeinem Gleichheitssatz und be-

---

[54] Vgl. Sachs, Grenzen des Diskriminierungsverbotes, S. 409 ff., insbes. S. 421 ff.; ders., in: Isensee/Kirchhof, S. 1044; ferner Starck, in: BK, Art. 3, Rz. 342.

[55] Sachs, in: Isensee/Kirchhof, S. 1044 unter Hinweis auf die zögerliche Beseitigung unterschiedlicher Regelungen aufgrund des Geschlechts nach 1949.

[56] Osterloh, in: Sachs, Art. 3, Rz. 239 ff.; Rüfner, in: BK, Art. 3 Abs. 2 u. 3, Rz. 561; Sachs, Grenzen des Diskriminierungsverbotes, S. 390 ff.; vgl. auch Seißer, Das Verhältnis des allgemeinen Gleichheitssatzes (Art. 3 Abs. 1 GG) zu besonderen Gleichheitssätzen, S. 107. Diese Auslegung entspricht auch der Rechtsprechung des Bundesverfassungsgerichts zur Geschlechtergleichheit, vgl. BVerfGE, 85, 191, 206. Die anerkannten Ausnahmen, bei denen wegen biologischer Gründe differenzierende Regelungen zwingend erforderlich sind, wie z.B. die Schwangerschaft (BVerfGE 85, 191,206; 92, 91, 109), sind bei dem Merkmal Rasse von vornherein ausgeschlossen. Ebenso Rädler, Verfahrensmodelle zum Schutz vor Rassendiskriminierung S. 15.

[57] Frowein, Rechtsgutachten, S. 6; vgl. auch BVerfG, NJW 1998, S. 131, 132; ferner Rädler, Verfahrensmodelle zum Schutz vor Rassendiskriminierung, 15.

[58] Vgl. Sachs, in: Isensee/Kirchhof, S. 60 f. Sachs weist darauf hin, daß namentlich die Vorschriften des Staatskirchenrechts nicht über die religionsbezo-

sonderem Unterscheidungsverbot impliziert vielmehr, daß letzterem weitaus strengere Anforderungen zugeordnet werden müssen[59]. Außerdem bliebe für Artikel 3 Absatz 2 GG bei der weiten Auslegung kein eigener Regelungsgehalt mehr. Der flexibleren Handhabung eines Begründungsverbotes bzw. Gleichbehandlungsgebotes ist insgesamt die starke Appellfunktion eines klaren Anknüpfungsverbotes vorzuziehen.

Auch die Rassendiskriminierungskonvention gebietet keine andere Auslegung der Norm. Zwar sind nach Artikel 1 Absatz 1 RDK Rechtfertigungen von Ungleichbehandlungen aufgrund der Rasse möglich. Ursache für diese Rechtfertigungsmöglichkeiten ist der sehr weite Rassebegriff und die Aufnahme von mittelbarer Diskriminierung unter den Schutzbereich der Konvention. Beides erklärt sich aus dem Wunsch, ein umfassendes Instrument zur Bekämpfung der Rassendiskriminierung zu schaffen. Beim Grundgesetz kann demgegenüber auf das allgemeine Gleichheitsgebot zurückgegriffen werden, das die Überprüfung von nicht von Artikel 3 Absatz 3 Satz 1 GG erfaßten Fällen unter Berücksichtigung von Rechtfertigungsgründen ermöglicht. Der Zwang zu einer abschließenden Regel für Rassendiskriminierung besteht daher nicht im gleichen Maße. Im übrigen entspricht es den Wertungen der Rassendiskriminierungskonvention, bei bewußter beziehungsweise unmittelbarer Diskriminierung aufgrund der Rasse eine Rechtfertigung auszuschließen[60].

Für die von der Gegenseite angeführte notwendige Förderung bisher benachteiligter Gruppen, die den Staaten nach Artikel 2 Absatz 2 RDK auferlegt ist, ist in den meisten Fällen ein Rückgriff auf das Kriterium der Rasse, Herkunft, Sprache oder Heimat nicht erforderlich[61]. Der Förderungsbedarf ergibt sich regelmäßig nicht daraus, daß jemand „Jude", „Gastarbeiter", „Moslem", „Sorbe" etc. ist, sondern weil die faktische Ausgangslage der Betroffenen schlechter ist als im Vergleich zur übrigen Bevölkerung, mit der bekannten Folge, daß die Benachteiligten

---

genen Merkmale die Gesamtbedeutung des Art. 3 Abs. 3 GG diktieren (So aber Heckel, in: FS Dürig, S. 241 f. u. 248 ff.). Vielmehr seien diese Vorschriften im Lichte des Art. 3 III GG zu verstehen und gegebenenfalls als Durchbrechung zu sehen.

[59] Sachs, Grenzen des Diskriminierungsverbotes, S. 327 f. mit rechtsvergleichenden Hinweisen.

[60] Vgl. *supra*, Kapitel 2, C. II 2 b und c. Siehe insbesondere Diss. Op. Tanaka, I.C.J. Rep. 1966, 314.

[61] Im Erg. ebenso Starck, in: BK, Art. 3, Rz. 362.

die existierende rechtliche Chancengleichheit aus tatsächlichen Gründen nicht wahrnehmen können. Maßgeblicher Anknüpfungspunkt für positive Maßnahmen ist allein diese schlechte Ausgangslage, nicht aber die vermeintliche Zugehörigkeit zu einer Rasse. Es ist daher sachgerecht, auf diese Ausgangslage abzustellen und nicht auf die Rasse[62]. Gleichzeitig bietet eine solche Anknüpfung den Vorteil, daß der die Unterschiede herausstellende und Gemeinsamkeiten negierende Rassebegriff nicht bemüht wird. Letztlich trägt nämlich das Abstellen auf das Kriterium der Rasse, Heimat etc. immer die Gefahr in sich, diese Vorstellungen zu perpetuieren. Grundsätzlich braucht das Kriterium der Rasse nicht bemüht zu werden, um benachteiligten rassischen Gruppen Förderungsmaßnahmen zukommen zu lassen[63].

Nur ausnahmsweise sind Fälle denkbar, in denen eine notwendige Maßnahme ohne den Rückgriff auf das Kriterium „Rasse" etc. nicht auskommen kann[64]. Wenn z. B. der Rassendiskriminierung im privaten Sektor ohne Einrichtung von Antidiskriminierungskommissionen nicht beizukommen wäre, wäre ein Rückgriff auf das verbotene Kriterium unumgänglich. Der Versuch, in diesen Fällen eine Anknüpfung an die Rasse zu verneinen, überzeugt nicht. Es ist vorgeschlagen worden, bei den Antidiskriminierungskommissionen darauf abzustellen, daß sie nicht eine Rasse im speziellen schützen, sondern alle Mitglieder der Bevölkerung. Damit läge keine verbotene Bevorzugung vor[65]. Dieser Ansatz vernachlässigt jedoch, daß es gerade Ziel der Kommissionen ist, eine oder mehrere Gruppen im Gegensatz zu anderen zu unterstützen, da nur sie schutzbedürftig sind. Auch faktisch ist die Einrichtung einer solchen Stelle eine unter den Wortlaut des Artikels 3 Absatz 3 Satz 1

---

[62] So auch Starck, in: BK, Art. 3, Rz. 343.

[63] Notwendige Folge dieser neutral formulierten Förderungsmaßnahmen ist es, daß auch andere Gruppen mit ähnlicher Ausgangslage unter die Förderung fallen. Die damit einhergehende Mehrbelastung des Staates bzw. Beschränkung der Maßnahmen auf die Bedürftigsten stellt nur scheinbar eine Ausweitung der Förderungsmaßnahmen dar. Sie nicht einzubeziehen verstieße ihrerseits gegen den Gleichheitssatz.

[64] Das zugunsten zwingender religiöser Gründe eingeschränkte Schächtungsverbot gemäß § 4 a II Nr. 2 TierSchG ist ein Beispiel aus dem Bereich der Religion, bei dem ein Anknüpfen an ein verbotenes Kriterium nicht vermieden werden kann. Vgl. Osterloh, in: Sachs, Art. 3, Rz. 246; Brandhuber NVwZ 1994, S. 561 ff.

[65] So im Ergebnis Sachs, in: Isensee/Kirchhof, S. 1069.

GG fallende Bevorzugung bestimmter Gruppierungen, was als Benachteiligung i. S. d. Diskriminierungsverbotes ausreicht.

Die Zulässigkeit solcher positiven Maßnahmen zugunsten Angehöriger bisher benachteiligter Rassen kann daher nicht allein aus Artikel 3 Absatz 3 Satz 1 GG abgeleitet werden, sondern ergibt sich im Zusammenspiel mit Artikel 1 Absatz 1 GG, der den besondere Gleichheitssatz konkretisiert, und dem Sozialstaatsprinzip[66]. Das Diskriminierungsverbot ist wie die anderen vorbehaltlos gewährleisteten Grundrechte im Einklang mit den anderen Verfassungsbestimmungen auszulegen und erhält so seine verfassungsimmanenten Grenzen[67].

Aus dem Zusammenhang mit dem Gebot, die Menschenwürde zu achten, ergibt sich, daß über das „formale" Diskriminierungsverbot hinaus das angestrebte „Fern"-Ziel des Grundgesetzes ist, Rasse als Unterscheidungsmerkmal zu eliminieren[68]. Auch die Ratifikation der Rassendiskriminierungskonvention ist als Ausdruck der Überzeugung zu verstehen, daß das Parlament, stellvertretend für den Staat, sich diesem Ziel verpflichtet fühlt. Anzustreben ist die Herstellung gleicher Chancen zur Persönlichkeitsentfaltung ungeachtet der Rassen[69]. Erreicht werden kann dies nur, wenn bereits bestehende faktische Unterschiede zwischen den verschiedenen Rassen eingeebnet werden[70]. Der rechtliche Rahmen für das Anstreben nicht nur rechtlicher, sondern faktischer

---

[66] Vgl. Frowein, in: FS Zacher, S. 159 ff.; Rüfner, in: BK, Art. 3 Abs. 2 und 3, Rz. 590 ff.; Sachs, in: Isensee/Kirchhof, S. 1066 f.; ders., NJW 1989, S. 556 m. w. N.; vgl. auch Heun, in: Dreier, Art. 3, Rz. 58 ff.; Ebsen, Jura 1990, S. 516 ff.; Zippelius, VVDStRL 47 (1989), S. 15; Jarass, in: ders./Pieroth, Art. 3, Rz. 76; Maunz/Zippelius, Deutsches Staatsrecht, S. 214; Starck, in: BK, Art. 3, Rz. 343, siehe aber auch Rz. 284 ff.; ferner ders., Praxis der Verfassungsauslegung, S. 118; siehe aber auch Rädler, Verfahrensmodelle zum Schutz vor Rassendiskriminierung, S. 25.

[67] Sachs, Grenzen des Diskriminierungsverbotes, S. 52 ff.; Ebsen, in: Benda/Maihofer/Vogel, S. 279; Osterloh, in: Sachs, Art. 3, Rz. 254 m. w. N.; siehe allg. Terwiesche, Die Begrenzung der Grundrechte durch objektives Verfassungsrecht, S. 43 ff.

[68] Vgl. Frowein, in: FS Zacher, S. 159; Rüfner, in: BK, Art. 3 Abs. 2 u. 3, Rz. 590 ff.; Starck, in: BK, Art. 3, Rz. 343; Dürig, in: Maunz/ders., Art. 3 Abs. 3, Rz. 1.

[69] Siehe Sachs, in: Isensee/Kirchhof, S. 1067; Frowein, in: FS Zacher, S. 159.

[70] *Supra*, Kapitel 3, E. II.

Gleichheit, ist im Grundgesetz das Sozialstaatsprinzip[71]. Danach hat der Staat dafür Sorge zu tragen, daß der rechtlichen durch die Grundrechte garantierten Freiheitschance auch eine reale Freiheitschance in den gesellschaftlichen Bedingungen korrespondiert, damit die rechtliche Gleichheit nicht zur Farce wird[72]. Die sozialstaatlichen Maßnahmen müssen sich ihrerseits im Rahmen der Freiheit und Individualität sichernden Grundrechte bewegen[73]. Da das sozialstaatliche Ziel auf die Zugehörigkeit zur Gesellschaft und nicht auf diejenige zum Staatsverband abstellt, gelten die aus dem Sozialstaat erwachsenden Pflichten nicht nur gegenüber dem Staatsbürger, sondern auch gegenüber ausländischen Bürgern – abgestuft nach der Dauer ihres Aufenthalts und dem Grad ihrer grundrechtlichen Status-Verfestigung[74].

Wenn die faktische Ausgangslage zwischen verschiedenen rassischen Gruppen derart auseinanderklafft, daß ohne staatliche Maßnahmen die rechtliche Chancengleichheit zur Farce würde, ergibt sich aus dem Menschenwürdegebot und dem Sozialstaatsprinzip sowie dem Artikel 3

---

[71] Isensee, VVDStRL 32 (1974), S. 86; Stern, Staatsrecht I, S. 929 f.; siehe auch Benda, in: ders./Maihofer/Vogel, S. 786; Sachs, in: Isensee/Kirchhof, S. 1066; Starck, in: BK, Art. 3, Rz. 343. Demgegenüber ist der allgemeine Gleichheitssatz vor allem der rechtlichen Gleichheit verpflichtet. Schoch, DVBl 1988, S. 867 m. w. N. in Fn. 46; siehe aber auch Zippelius, VVDStRL 47 (1989), S. 15. Vgl. zwischen der Abwägung dieser beiden einander ausschließenden Prinzipien im Rahmen des Art. 3 GG, Rüfner, in: BK, Art. 3 Abs. 1, Rz. 53 ff.; Hesse, AöR 77 (1951/52), S. 197 f.; Alexy, Theorie der Grundrechte, S. 377 f. Siehe aber auch Zacher, in: Isensee/Kirchhof, S. 1068; Kirchhof, in: Isensee/ders., S. 872 ff.; Robbers, DÖV 1988, S. 757; BVerfG 12, 354, 367.

[72] Vgl. Isensee, VVDStRL 32 (1974), S. 86 u. 104; Stern, Staatsrecht I, S. 930; Zacher, in: Isensee/Kirchhof, S. 1069; Herzog, in: Maunz/Dürig, Art. 20, Rz. 37 f.; Benda, in: ders./Maihofer/Vogel, S. 785. Angestrebt ist Chancengleichheit, Gleichheit der Entwicklungsmöglichkeit, nicht Ergebnisgleichheit und die Herstellung einer egalitären Gesellschaft.

[73] Stern, Staatsrecht I, S. 929; Zacher, in: Isensee/Kirchhof, S. 1062 ff.; Benda, in: ders./Maihofer/Vogel, S. 777. Siehe auch BVerfGE 12, 354, 367; Starck, in: BK, Art. 3, Rz. 284.

[74] Mit zunehmendem Aufenthalt verfestigt sich die Stellung eines ausländischen Individuums in der Grundrechtsordnung. Damit erhöhen sich auch die Verpflichtungen des Staates, auch für diese Personen faktische Gleichheit zu schaffen. Vgl. ausführlicher Isensee, VVDStRL 32 (1974), S. 85 u. 104; Stern, Staatsrecht III/1, S. 1032 f.; siehe auch Starck, in: BK, Art. 3 Abs. 1, Rz. 211 ff.; Dieterich, Grundgesetz und Privatautonomie, S. 117 ff.; Scholz/Pitschas, NJW 1984, S. 2725; Hailbronner, NJW 1983, S. 2109; ferner BVerfGE 51, 1, 30.

Absatz 3 Satz 1 GG zugrunde liegenden Schutzgedanken die Pflicht, benachteiligte rassische Gruppen zu fördern. Können diese Ungleichheiten nicht effektiv bekämpft werden, ohne auf die Rasse oder ein anderes verwandtes Kriterium abzustellen, steht Artikel 3 Absatz 3 Satz 1 GG ausnahmsweise einem Rückgriff nicht entgegen[75]. Hierbei ist jedoch ein striktes Verhältnismäßigkeitsgebot zu wahren[76].

Diese Rechtslage ist mit Artikel 2 Absatz 2 RDK vereinbar. Denn nach dieser Norm ist nur das Ziel, nicht der Weg für die Förderung bisher benachteiligter rassischer Gruppen vorgegeben. Ob die Förderungsmaßnahmen an neutrale Kriterien oder die Rasse anknüpfen, ist unerheblich, sofern ein Ausgleich der unterschiedlichen Ausgangslagen zur Herstellung faktischer Gleichheit erreicht wird.

Im engen Zusammenhang mit der Zulässigkeit positiver Maßnahme steht die Frage, ob aus Artikel 3 Absatz 3 Satz 1 GG eine grundrechtliche Schutzpflicht abzuleiten ist, fördernde Maßnahmen zugunsten einer Rasse zu erlassen, um faktische Gleichheit herzustellen[77]. Dagegen

---

[75] Diese differenzierende Lösung wird von der Rechtsprechung zu Unterscheidungen aufgrund des Geschlechts bestätigt. Vgl. BVerfGE 85, 191, 207 ff.; 92, 91, 111. Im Ergebnis wie die hier vertretene Ansicht: Rüfner, in: BK, Art. 3 Abs. 2 und 3, Rz. 590 ff.; Jachmann, ZBR 1996, S. 166; Frowein, in: FS Zeidler, Bd. 2, S. 157 ff.; wohl auch Bothe, VVDStRL 54 (1995), S. 36; Starck, in: BK, Art. 3, Rz. 342. Siehe auch Osterloh, in: Sachs, Art. 3, Rz. 245, allerdings im Rahmen der von ihr vertretenen umfassenden Rechtfertigungsmöglichkeit von Ausnahmen des Diskriminierungsverbotes. In Anlehnung an die zur Gleichberechtigung der Frauen entwickelten Dogmatik ist bei einem Nachteilsausgleich zu beachten, daß nur die Kompensation individueller Nachteile zulässig ist. Es ist insbesondere sicherzustellen, daß Angehörige einer bislang benachteiligten Gruppe, die eine besondere Förderung erhalten sollen, auch tatsächlich dieser Förderung bedürfen. Vgl. Huster, AöR 118 (1993), S. 114. A. A. Starck, in: FS für Dieterich, S. 653.

[76] Osterloh, in: Sachs, Art. 3, Rz. 254 m. w. N.; Jarass, in: ders./Pieroth, Art. 3, Rz. 78, 103; Ebsen, in: Benda/Maihofer/Vogel, S. 279.

[77] Diskutiert wird diese Frage vor allem für die „Quotenregelungen" zugunsten von Frauen. Siehe aus der umfangreichen Literatur Sacksofsky, Das Grundrecht auf Gleichberechtigung, S. 167 ff., 305 ff.; Breuer, Antidiskriminierungsgesetzgebung; Wisskirchen, Mittelbare Diskriminierung von Frauen im Erwerbsleben; Slupik, Die Entscheidung des Grundgesetzes für Parität im Geschlechterverhältnis; Friauf, Gleichberechtigung der Frau als Verfassungsauftrag; Huster, AöR 118 (1993); S. 109 ff., jeweils m. w. N.; vgl. auch Britz, Kulturelle Rechte und Verfassung, S. 147. Siehe allgemein zur Überwindung von Dis-

spricht jedoch schon die soeben diskutierte Ausgestaltung der Norm als striktes Anknüpfungsverbot[78]. Auch das Bundesverfassungsgericht hat das Ziel, die Gleichberechtigung der Geschlechter für die Zukunft durchzusetzen, gerade aus dem über Absatz 3 hinausgehenden Inhalt des Gleichberechtigungsgebotes des Artikels 3 Absatz 2 abgeleitet[79].

Außerdem stünde dann der objektiv-rechtliche Gehalt des Grundrechts — Verpflichtung zur umfassenden Schaffung tatsächlicher Gleichheit — der subjektiv-abwehrrechtlichen Komponente — keine Differenzierung aufgrund der Rasse — in einem sich widerstreitenden Verhältnis gegenüber[80]. Denn die Bevorzugung der Mitglieder einer Rasse stellt aus Sicht der Mitglieder einer anderen Rasse notwendigerweise eine Benachteiligung dar. In einem solchen Fall kann jedoch nicht von der Präponderanz der objektiv-rechtlichen Seite des Grundrechts zu Lasten der abwehrrechtlichen Komponente ausgegangen werden, da der objektiv-rechtliche Gehalt eines Grundrechts stets nur eine Verstärkung der vorrangigen abwehrrechtlichen Geltungskraft eines Grundrechts ist[81]. Eine Heranziehung des objektiven Aspekts zur Begrenzung individualrechtlicher Grundrechtspositionen desselben Grundrechts läuft dem Ziel der Schutzpflichten entgegen und ist schon aus grundrechts-

---

kriminierung als Staatsauftrag, Frowein, in: FS Zacher, S. 158; zu kompensatorischen Maßnahmen, Starck, in: BK, Art. 3, Rz. 342 f.

78 Ebenso Sachs, in: Isensee/Kirchhof, Fn. 343.

79 BVerfGE 92, 91, 109; 89, 276, 285 f.; 85, 191, 207 f. Vgl. zum Ziel, die Gleichberechtigung der Geschlechter für die Zukunft herzustellen, bereits BVerfGE 48, 327, 340; 56, 369, 376 f.; 57, 335, 345 f.; 74, 163, 179. Siehe auch Rüfner, in: FS Friauf, S. 338; Sacksofsky, Das Grundrecht der Gleichberechtigung, S. 23 ff., 305 ff., 386 ff.; Friauf, Gleichberechtigung der Frau als Verfassungsauftrag, S. 28 ff.

80 Gleichzeitig stünden dann faktische und rechtliche Gleichheit in einem widerstreitendem Verhältnis zueinander. Vgl. dazu Alexy, Theorie der Grundrechte, S. 378; Huster, AöR 118 (1993), S. 119.

81 Siehe dazu z.B. BVerfGE 50, 290, 337; ferner Böckenförde, NJW 1974, S. 1537; Heun, in: Dreier, Art. 3, Rz. 57; Dietlein, Die Lehre von den grundrechtlichen Schutzpflichten, S. 85; vgl. auch Papier, ZVersWiss 1982, S. 474. Dem steht auch nicht entgegen, daß vom „Doppelcharakter" der Grundrechte gesprochen wird. Hesse, Grundzüge des Verfassungsrechts der Bundesrepublik Deutschland, S. 127; Stern, Staatsrecht III/1, S. 906; Alexy, Theorie der Grundrechte, S. 122 ff.

dogmatischen Gründen nicht zulässig[82]. Auch aus diesem Grund ergibt sich der Auftrag zur Herstellung faktischer Gleichheit somit nicht allein aus Artikel 3 Absatz 3 Satz 1 GG, sondern aus Artikel 1 Absatz 1 GG in Verbindung mit dem Sozialstaatsprinzip.

c) Keine mittelbare Diskriminierung

Verstanden als striktes, eine Rechtfertigung grundsätzlich ausschließendes Anknüpfungsverbot scheidet eine Ausweitung des Artikels 3 Absatz 3 Satz 1 GG auf mittelbare Diskriminierung aus[83]. Denn Anknüpfungspunkt ist bei mittelbarer Diskriminierung nie ein Merkmal von Artikel 3 Absatz 3 Satz 1 GG, sondern ein „neutrales" Kriterium, das bei einer rassischen Gruppe typischerweise oder unvergleichlich häufiger auftritt als bei anderen. Diese Fälle erfordern regelmäßig eine dezi-

---

[82] Siehe ausführlicher Sacksofsky, Das Grundrecht auf Gleichberechtigung, S. 202 ff.; Heun, in: Dreier, Art. 3 Abs. 59 f.; vgl. auch Isensee, in: ders./Kirchhof, S. 190; Schmalz, Grundrechte, S. 105; Ossenbühl, in: Schröder/Lower/Di Fabio/von Dannwitz„ S. 193. In den Fällen, in denen das BVerfG einen subjektiven Abwehranspruch zugunsten des objektiv-rechtlichen Charakters bejaht hat, war nie ausschließlich die positive und negative Seite desselben Grundrechts betroffen. Vgl. z. B. BVerfGE 38, 1, 41 ff., 68 ff. Der Ausgleich verschiedener grundrechtlich geschützter Rechtspositionen ist ein typischer Fall der objektiv-rechtlichen Bedeutung von Grundrechten. Ihm ist daher wesensimmanent, daß es beim Ausgleich kollidierender Grundrechtsinteressen zwischen Privaten aufgrund des objektiven Prinzips auch zur Reduzierung von Freiheit führen kann. Bei einem „Nachteilsausgleich" wegen vorher erlittener Diskriminierung stehen sich jedoch nur die objektiv-rechtliche und die subjektive Seite desselben Grundrechts gegenüber.

[83] Vgl. BVerfGE 3, 225, 241; JZ 1983, 659, 663; Sachs, in: Isensee/Kirchhof, S. 1030 ff.; ders., BayVBl 1984, S. 208; Rädler, Verfahrensmodelle zum Schutz vor Rassendiskriminierung, S. 18; Ebsen, in: Benda/Maihofer/Vogel, S. 277; ferner Starck, in: BK, Art. 3, Rz. 350. Im Erg. auch Rüfner, in: BK, Art. 3 Abs. 2 u. 3, Rz. 566; ders., in: FS Friauf, S. 334. A. A. scheinbar Jürgens (DVBl 1997, S. 411 f.), der Art. 3 III 1 GG bei Behinderten auch auf mittelbare Diskriminierung anwenden will. Im Ergebnis stellt aber auch er darauf ab, ob objektiv eine Benachteiligung wegen des verbotenen Merkmales vorliegt. Vgl. in diese Richtung auch Gubelt, in: von Münch/Kunig, Art. 3, Rz. 86 (bei Diskriminierung aufgrund des Geschlechts); siehe jetzt auch Osterloh, in: Sachs, Art. 3, Rz. 255; offen BVerfG NJW 1998, S. 1215, 1216; Jarass, in: ders./Pieroth, Art. 3, Rz. 98. A. A. Pastor, Die rechtliche Stellung der Sorben in Deutschland, S. 55 f.

dierte Untersuchung in Betracht kommender Rechtfertigungsgründe, die der Rahmen des Unterscheidungsverbotes nicht leisten kann[84].

Mittelbare Ungleichbehandlungen unterfallen daher den allgemeinen Rechtfertigungsanforderungen des Artikels 3 Absatz 1 GG. Die Wertungen des Artikels 3 Absatz 3 Satz 1 GG und des Artikels 1 Absatz 1 GG sind auch in diesem Fall zu beachten. D. h., es sind erhöhte Anforderungen an die Rechtfertigungen von Maßnahmen und Regelungen zu stellen, die zu mittelbarer Ungleichbehandlung aufgrund der Rasse führen[85]. Eine Ausnahme gilt jedoch — wie bereits erwähnt — für den Fall der absichtlichen mittelbaren Diskriminierung.

III. Wirkungen des Diskriminierungsverbotes

1. Subjektives Abwehrrecht gegen den Staat

Die primäre grundrechtliche Schutzfunktion des speziellen Diskriminierungsverbotes liegt wie bei jedem Grundrecht in dem subjektiven Abwehrrecht gegenüber dem Staat. Der gesamten Staatsgewalt ist ein Anknüpfen an Rasse, Heimat oder Sprache zur Rechtfertigung einer Ungleichbehandlung verboten[86]. Diese Verpflichtung besteht unabhän-

---

[84] Rüfner, in: BK, Art. 3 Abs. 2 u. 3, Rz. 567 u. 572; ders., in: FS Friauf, S. 334 f.; Schlachter, Wege zur Gleichberechtigung, S. 80; Ebsen, in: Benda/Maihofer/Vogel, S. 277. A. A. Wisskirchen, Mittelbare Diskriminierung von Frauen im Erwerbsleben, S. 58 ff. Nach Sacksofsky (in: Das Grundrecht auf Gleichberechtigung, S. 374) enthält allein Absatz 2, nicht Absatz 3 GG das Verbot der mittelbaren Diskriminierung; ebenso Gubelt, in: von Münch/Kunig, Art. 3, Rz. 86; Schlachter, *ebenda.*

[85] Vgl. Sachs, in: Isensee/Kirchhof, S. 1054. Seine Aussage bezieht sich zwar nur auf Art. 3 Abs. 2 GG, ist jedoch auf Abs. 3 übertragbar. Siehe auch Rüfner, BK, Art. 3 Abs. 2 u. 3, Rz. 569 ff. mit Beispielen, in denen das strikte Verbot mittelbarer Differenzierungen unsachgemäß wäre.

Nach den Literaturstimmen, die in Art. 3 III GG kein striktes Anknüpfungsverbot, sondern lediglich ein Begründungsverbot sehen, entspricht es dem abwehrrechtlichen Schutzgehalt der speziellen Gleichheitssätze, auch typische mittelbare Diskriminierungen unter Artikel 3 Absatz 3 Satz 1 GG zu erfassen, allerdings mit abgeschwächten Rechtfertigungsanforderungen. Siehe Osterloh, in: Sachs, Art. 3, Rz. 256. Ob Abs. 3 GG deshalb nur analog anzuwenden ist, läßt die Autorin offen.

[86] Vgl. zum Abwehrrecht und den Adressaten der Grundrechte Jarass, AöR 120 (1995), S. 347 ff.; Sachs, Grundgesetz Kommentar, Vor Art. 1, Rz. 16 ff.;

gig von der gewählten Rechtsform, die die öffentliche Hand zur Erfüllung ihrer Aufgaben wählt, also auch bei bloßem fiskalen Tätigwerden des Staates[87]. Das Verbot gilt auch bei der Zuteilung von Leistungen und der Teilhabe an Einrichtungen[88]. Der Staat darf daher nicht als Anbieter öffentlich zugänglicher Leistungen aufgrund der Rasse diskriminieren. Zudem verstößt eine staatliche Förderung bestimmter Gruppierungen mit den oben genannten Ausnahmen gegen Artikel 3 Absatz 3 Satz 1 GG, wenn nicht den anderen Gruppen die gleiche Förderung zuteil wird.

Die abwehrrechtliche Komponente bezieht sich jedoch nicht auf die gerichtliche Durchsetzung diskriminierender privatrechtlicher Verträge. Die aus den USA stammende Doktrin, nach der Gerichte in privatrechtlichen Verträgen enthaltene Diskriminierungen nicht durchsetzen dürfen, konnte sich in der Bundesrepublik Deutschland nicht durchsetzen[89]. Eine rassendiskriminierende Klausel wird jedoch regelmäßig wegen Sittenwidrigkeit gemäß § 138 BGB nichtig sein. Zum Tragen kommt dabei nicht die abwehrrechtliche Funktion des Grundrechts, sondern mittelbare Grundrechtswirkungen im Rahmen der Ausstrahlungswirkungen auf das einfache Recht. Auf diesen Aspekt wird in einem gesonderten Abschnitt eingegangen.

Darüber hinaus ist es nicht mit Artikel 3 Absatz 3 Satz 1 GG zu vereinbaren, daß der Staat Rassendiskriminierungen Privater in irgendeiner Form fördert.

---

ders., in: Stern III/1, S. 558 ff.; Isensee, in: ders./Kirchhof, S. 383 ff.; Rüfner, in: Isensee/Kirchhof, S. 525 ff.; Pieroth/Schlink, Grundrechte, S. 17, 41.

[87] Vgl. zu der umstrittenen Frage Schnapp, in: von Münch/Kunig, Art. 20, Rz. 40; von Münch, in: *ebenda*, Vorb. Art. 1-19, Rz. 34 ff.; Bleckmann, Allgemeine Grundrechtslehren, S. 130; Hesse, Grundzüge des Verfassungsrecht, S. 154 m. w. N.; Pietzcker, AöR 107 (1982), S. 61 f., 69 ff.; Dürig, in: FS Nawiasky, S. 184 f. Die gegenteilige Auffassung kommt zumindest zu einer mittelbaren Bindung. Vgl. von Münch, *ebenda*.

[88] Vgl. zu derivaten Leistungsrechten aus Artikel 3 Absatz 1 GG Sendler, DÖV 1978, S. 581; Sachs, in: ders., Vor Art. 1, Rz. 46 ff.

[89] So aber Schwabe, NJW 1973, S. 230. Dagegen Doehring (in: Staatsrecht, S. 209): „Die Tatsache allein, daß ein Gericht als Staatsorgan eine private Rechtsbeziehung zu beurteilen hat, ändert nicht deren Rechtscharakter. Das Gericht hat die Grundrechte zu beachten, soweit sie gelten; nicht etwa gelten sie, weil das Gericht entscheidet". Ihm folgend von Münch, in: ders./Kunig, Vorb. Art. 1-19, Rz. 33 m. w. N.; vgl. auch Dürig, in: Maunz/ders., Art. 1 Abs. 3, Rz. 121; Papier, ZVersWiss 1982, S. 470; Erichsen, Jura 1996, S. 529.

Die Staatsgewalt verstößt gegen diese Norm, wenn sie Privatpersonen oder Vereinigungen unterstützt, die den Zugang zu im übrigen öffentlich angebotenen Leistungen aufgrund der Rasse verhindern oder erschweren. Diesen Betrieben darf er beispielsweise keine Steuervorteile oder finanzielle Unterstützung zukommen lassen[90]. Eine verbotene Unterstützungshandlung liegt auch dann vor, wenn die Verwaltung einem Gewerbetreibenden eine Gaststättenerlaubnis erteilt, obwohl der Betreffende Menschen anderer Rasse nicht einlassen wird. Hier liegt jedoch der Grenzbereich zu den objektiv-rechtlichen Wirkungen von Artikel 3 Absatz 3 Satz 1 GG. Ob das Verbot als Folge der abwehrrechtlichen Funktion oder aus der Schutzpflicht der Norm erwächst, ist für das Ergebnis irrelevant und bedarf daher keiner Prüfung.

2. Die staatlichen Schutzpflichten

a) Schutzpflichten aus Artikel 3 Absatz 3 Satz 1 GG

Darüber hinaus können sich aus den objektiv-rechtlichen Wirkungen des Diskriminierungsverbotes Pflichten des Staates herleiten, rassisch motivierten Zugangsverweigerungen vorzubeugen. Bestehen für Artikel 3 Absatz 3 Satz 1 GG solche Schutzpflichten, gelten sie sowohl für Grundrechtsverletzungen seitens des Staates als auch seitens nichtstaatlicher Dritter[91]. Voraussetzung eines entsprechenden Handlungsgebots ist, daß das Diskriminierungsverbot zu einer solchen Schutzfunktion

---

[90] Vgl. als Beispiel einer gesetzlichen Ausformulierung dieses Verbotes § 19 des Filmförderungsgesetz vom 25. 6.1979 in der Fassung der Bekanntmachung vom 25.1.1993: Danach dürfen Förderungshilfen für Filme nicht gewährt werden, „wenn der Referenzfilm, der neue Film oder das Filmvorhaben gegen die Verfassung oder gegen die Gesetze verstoßen oder das sittliche oder religiöse Gefühl verletzen.“

[91] Vgl. Pieroth/Schlink, Staatsrecht II, S. 24 f.; Jarass, AöR 120 (1995), S. 351 f.; Dreier, in: ders., Vorbemerkungen vor Art. 1 GG, Rz. 55 f.; Hesse, Grundzüge des Verfassungsrechts, S. 133 f.; siehe auch Rädler, DÖV 1997, S. 112. Siehe allgemein zu den Schutzpflichten Dietlein, Die Lehre von den grundrechtlichen Schutzpflichten, S. 17 mit umfangreichen Literaturnachweis; Breuer, Antidiskriminierungsgesetzgebung, S. 41 f.; Stern, Staatsrecht III/1, S. 888 ff.; Isensee, in: ders./Kirchhof, S. 185; Böckenförde, Der Staat, 29 (1990), S. 1 ff.; E. Klein, NJW 1989, S. 1633. Kritisch Schmalz, Grundrechte (2. Aufl.), S. 285 ff.; Oeter, AöR 119 (1994), S. 537 ff., 561.

geeignet ist und zu seiner Verwirklichung positive Maßnahmen erforderlich sind[92].

Teilweise wird den Gleichheitsrechten die Eignung zu Schutzfunktionen generell abgesprochen[93]. Dem ist hinsichtlich des allgemeinen Gleichheitsgrundsatzes zuzustimmen, da dieser für sich genommen keinen zu objektiven Generalisierungen geeigneten „abstrakten Wert" darstellt. Er erhält seine Wertigkeit erst durch die Ausübung staatlicher Macht[94].

Unbeschadet der Tatsache, daß das Diskriminierungsgebot als konkrete Ausprägung des allgemeinen Gleichheitssatzes verstanden wird, enthält Artikel 3 Absatz 3 Satz 1 GG demgegenüber eine objektiv zu schützende Wertentscheidung[95]. Diese Schutzwürdigkeit und -bedürftigkeit des Diskriminierungsverbots leitet sich aus seiner Nähe zum Menschenwürdegebot ab[96]. Das Unwerturteil, das durch ein rassisch motiviertes

---

[92] Vgl. dazu BVerfG 49, 89, 142; Friauf, Gleichberechtigung der Frau als Verfassungsauftrag, S. 26; Erichsen, Jura 1997, S. 86; Canaris, Grundrechte und Privatrecht, S. 74 ff.; Brüning, JuS 2000, S. 956.

[93] Isensee, in: ders./Kirchhof, S. 188 f.; Heun, in: Dreier, Art. 3, Rz. 123. Die überwiegende Zahl der verfassungsgerichtlichen Entscheidungen, in denen bisher objektive Schutzpflichten angenommen wurden, bezogen sich auf Artikel 2 II 1 GG. Vgl. BVerfGE 39, 1, 42; 46, 160, 162 f.; 49, 89, 141, 53, 30, 57; 56, 54, 73; 79, 174, 201 f. Siehe Friauf, Gleichberechtigung der Frau als Verfassungsauftrag, S. 26.

[94] Dazu ausführlicher Dietlein, Die Lehre von den grundrechtlichen Schutzpflichten, S. 84; vgl. auch Erichsen, Jura 1997, S. 87.

[95] Vgl. BVerfG NJW 1998, S. 131, 132. Im Ergebnis ebenso Dietlein, Die Lehre von den grundrechtlichen Schutzpflichten, S. 84; Sachs, in: Isensee/Kirchhof, S. 1068; Osterloh, in: Sachs, Art. 3, Rz. 237; Rüfner, in: BK, Art. 3 Abs. 2 und 3, Rz. 589; Heun, in: Dreier, Art. 3, Rz. 57 f.; Canaris, AcP 184 (1984), 235 f.; siehe auch Dürig, in: Maunz/ders., Art. 3 Abs. 3, Rz. 1; Sachs, in: Isensee/Kirchhof, S. 1065; Starck, in: BK, Art. 3, Rz. 339; Erichsen, Jura 1997, S. 87; Caspar, EuGRZ 2000, S. 141. Offen Sacksofsky, Das Grundrecht auf Gleichberechtigung, S. 201.

[96] Vgl. dazu Zippelius, in: BK, Art. 1 Abs. 1 u. 2, Rz. 13; ferner Dietlein, Die Lehre von den grundrechtlichen Schutzpflichten, S. 28; Dürig, in: Maunz/ders., Art. 1, Rz. 16, 102. Zum Verständnis der Menschenwürde, vgl. BVerfGE 30, 1 26; 30, 33, 40; Becker, Das „Menschenbild des Grundgesetzes" in der Rechtsprechung des Bundesverfassungsgerichts, S. 74 ff.; Brugger, Menschenwürde, Menschenrechte, Grundrechte, S. 29 ff.; Dürig, AöR 81 (1956), S. 125 ff.; Geddert-Steinacher, Menschenwürde als Verfassungsbegriff, S. 22 ff.; Stern, Staatsrecht III/1, S. 30 ff.

Zugangsverbot zu einer Gaststätte zum Ausdruck kommt, stellt eine verächtliche, gegen die Menschenwürde verstoßende Behandlung dar. Rädler unterscheidet zwischen Diskriminierungen, die diesen Unwertgehalt zum Ausdruck bringen und solchen, die „neutral" sind und damit keine Menschenwürdeverletzung darstellen[97]. Angesichts der ausländerfeindlichen Tendenzen in der heutigen Gesellschaft und der gefährdeten Stellung bestimmter rassischer Gruppen sollten diesen „neutralen Diskriminierungen" enge Grenzen gesetzt werden. Aus der Sicht eines objektiven Beobachters bringt eine Abweisung wegen der Rasse für den Bereich der Zutrittsverweigerungen angesichts der gegenwärtig sensibilisierten gesellschaftlichen Situation auch ohne besondere, verschärfende Umstände regelmäßig zum Ausdruck, daß die abgewiesene Person den sozialen Mindestanforderungen für den Besuch einer Gaststätte nicht erfüllt. Daher ist ein Bezug zur Menschenwürde anzunehmen. Eine Ausnahme bildet lediglich der Fall, daß eine andere ethnische Minderheit durch die Zurückweisung gefördert werden soll, ohne daß damit zugleich der Unwertgehalt des Zurückgewiesenen ausgedrückt wird[98].

Hinzu kommt, daß in besonderem Maße ein Bedürfnis besteht, vor Rassendiskriminierungen im Gaststättenbereich zu schützen. Ohne staatliche Vorkehrungen liefe das Recht auf Gleichbehandlung in diesem Sektor Gefahr, durch Eingriffe Privater ausgehöhlt zu werden. Zwar ist Adressat des Menschenwürdegebotes ausschließlich die staatliche Gewalt. Aus der Unantastbarkeit der Menschenwürde ergibt sich jedoch, daß sie tabu gegen jedwede Übergriffe ist, gleichgültig ob aus dem staatlichen oder nichtstaatlichen Bereich. Daher verstoßen auch private Übergriffe unmittelbar gegen das Menschenwürdegebot[99]. Durchgesetzt werden kann die jedermann auferlegte Pflicht zum Respektieren der Menschenwürde im Privatrechtsverkehr nur mittelbar durch staatliche Organe. Der Staat ist daher auch gehalten, den von privater Seite stammenden Angriffen gegen Artikel 3 Absatz 3 Satz 1 GG

---

97 Rädler, Verfahrensmodelle zum Schutz vor Rassendiskriminierung, S. 23 f.

98 So auch das Beispiel von Rädler, Verfahrensmodelle zum Schutz vor Rassendiskriminierung, S. 23 f. Vgl. zur Auslegung „neutraler" Zurückweisungen durch Gastwirte ausführlicher *infra*, Kapitel 6, A. II 1 d.

99 Neuner, NJW 2000, 1823 m. w. N.

entgegenzutreten[100]. Da der Schutz vor Diskriminierungen jedermann gewährt ist, besteht diese Verpflichtung unabhängig von der Staatsangehörigkeit[101].

b) Inhalt der Schutzpflichten

Aus den Schutzpflichten erwächst für die Legislative der Auftrag, für einen Mindeststandard ausreichender Schutznormen zu sorgen. Als mögliche Gestaltungsformen von Schutzvorrichtungen gegen Rassendiskriminierung im Gaststättenbereich kommen z.B. Verbote, Genehmigungsverfahren und andere verfahrensrechtliche Vorgaben oder Strafvorschriften in Frage[102]. Bei der Ausgestaltung läßt das Bundesverfassungsgericht dem Gesetzgeber grundsätzlich beträchtliche Entscheidungsfreiheit[103]. Als Leitlinie gilt, daß nur das Ob, nicht aber das Wie einer Schutzpflicht grundrechtlich geboten ist[104]. Nur wenn die

---

[100] Dietlein, Die Lehre von den grundrechtlichen Schutzpflichten, S. 29; Kunig, in: von Münch/ders., Art. 1, Rz. 31; Stern, Staatsrecht III/1, S. 30 m. w. N.; Bleckmann, DVBl 1988, S. 941.

[101] Dienen Schutz- und Förderungsmaßnahmen bisher Benachteiligter dem Ziel, faktische Gleichheit herzustellen, und beruhen sie auf dem Sozialstaatsprinzip, besteht für Ausländer ein geringerer Schutzumfang als für Deutsche. Dieser Schutzumfang verstärkt sich jedoch mit zunehmender Dauer des Aufenthalts und fortschreitender Statusverbundenheit des einzelnen mit dem Staat. Bei „Ausländern der 2. oder 3. Generation" besteht daher ein sehr hohes Schutzniveau, bei Touristen ein geringes. Das unterschiedliche grundrechtliche Schutzniveau beruht auf der Annahme, daß Menschen ohne deutsche Staatsangehörigkeit primär ihrem Heimatstaat zugeordnet sind. Vgl. dazu Isensee, VVDStRL 32 (1974), S. 78 ff. u. 81 ff.; Probst, Rundfunkfreiheit für Ausländer, S. 57; Stern, Staatsrecht III/1, S. 1032 f.; Dietlein, Die Lehre von den grundrechtlichen Schutzpflichten, S. 117 ff.; siehe ferner Thedieck, Deutsche Staatsangehörigkeit im Bund und in den Ländern, S. 22 ff.

[102] Vgl. BVerfGE 39, 1, 45; 53, 30, 60 ff. Siehe auch Jarass, in: ders./Pieroth, Vorbemerkungen vor Art. 1, Rz. 6 ff. m. w. N.; Hesse, in: Benda/Maihofer/Vogel, S. 138 f.; ferner Dietlein, Die Lehre von den grundrechtlichen Schutzpflichten, S. 70 f.; Murswiek, in: Sachs. Art. 2, Rz. 29 f.

[103] BVerfGE 77, 170, 214; 79, 174, 202; 85, 191, 212; Breuer, Antidiskriminierungsgesetzgebung, S. 42.

[104] Insofern wird von einem „Untermaßverbot" gesprochen. Siehe Erichsen, Jura 1997, S. 88. Allerdings hat das BVerfG dem Gesetzgeber im Einzelfall sehr konkrete Vorgaben gemacht. Vgl. z.B. BVerfGE 88, 203. Kritisch dazu Her-

Rechtsordnung defizitär ist und Ansatzpunkte für eine Lückenschließung durch Ausstrahlungswirkungen über bestehende Regelungen fehlen, besteht eine Verpflichtung zum Erlaß schützender Rechtsnormen[105]. Der Schutzpflicht korrespondiert ein Anspruch auf grundrechtlichen Schutz. Diese Rechtsposition ist jedoch nur verletzt, „wenn die öffentliche Gewalt Schutzvorkehrungen entweder überhaupt nicht getroffen hat oder die getroffenen Regelungen und Maßnahmen gänzlich ungeeignet oder völlig unzulänglich sind, das gebotene Schutzziel zu erreichen, oder erheblich dahinter zurückbleiben“[106].

Diesen Mindestanforderungen werden die einschlägigen Normen für den Gaststättenbereich gerecht. §§ 130 und 185 StGB im Strafrecht, §§ 823 Absatz 1, 826 BGB, 1004, 138 und 242 BGB im Zivilrecht, die polizeiliche Generalklausel und §§ 15 i. V. m. 4 GastG aus dem Bereich des öffentlichen Rechts erlauben Verwaltung und Gerichten, auf private Zugangsverweigerungen zu reagieren. Ein darüber hinaus gehendes ausdrückliches Verbot der Rassendiskriminierung kann der grundrechtlichen Schutzpflicht nicht entnommen werden[107]. Daß einem ausdrücklichen Verbot eine größere Appellwirkung zugesprochen wird, ist hierbei ohne Belang. Zwar wird die gesetzgeberische Freiheit durch die Verpflichtungen aus der Rassendiskriminierungskonvention eingeschränkt. Nach Artikel 6 RDK muß jede diskriminierende Zugangsverweigerung durch Gerichte oder andere Institutionen verfolgbar sein und Genugtuung oder Schadensersatz erlangt werden können[108]. Ein erweiterter grundrechtlicher Anspruch auf Tätigwerden erwächst aus der völkerrechtlichen Norm jedoch nicht.

---

mes/Walther, NJW 1993, S. 2337; siehe auch Dreier, in: ders., Vorbemerkungen vor Art. 1 GG, Rz. 64.; ferner E. Klein, NJW 1989, S. 1637 f.; siehe auch Enders, AöR 115 (1990), S. 610 ff.; Wahl/Masing, JZ 1990, S. 553.

105 Vgl. Sachs, in: Isensee/Kirchhof, S. 1068; ferner Brüning, JuS 2000, 657 f.; Michael, JuS 2001, 151. Bei besonderer Gefährdung können spezielle Schutzmaßnahmen für Angehörige bestimmter Rassen notwendig werden. Siehe Rüfner, in: BK, Art. 3 Abs. 2 und 3, Rz. 589.

106 BVerfGE 92, 26, 46; ferner Pieroth/Schlink, Staatsrecht II, S. 24 f.; Starck, Praxis der Verfassungsauslegung, S. 62, 64.

107 Siehe jedoch zum Antidiskriminierungsgesetz, das zur Umsetzung der EU-Richtlinie vom 29.6.2000 zur Anwendung des Gleichheitssatzes ohne Unterschied der Rasse oder der ethnischen Herkunft erarbeitet wird, bereits *supra*, Kapitel 4, B.

108 Vgl. *supra*, Kapitel 3, D. II 2 c) (2).

Damit hat es der Gesetzgeber letztlich der Verwaltung und den Gerichten überlassen, Artikel 3 Absatz 3 Satz 1 GG bei der Auslegung des einfachen Rechts zu berücksichtigen und den Ausgleich zwischen Freiheit und Diskriminierungsverbot zu formulieren[109]. Für beide Gewalten ergibt sich aus Artikel 3 Absatz 3 Satz 1 GG der Vollzugsauftrag, effektiv vor Rassendiskriminierung zu schützen, unabhängig davon, ob hierauf ein subjektiver Anspruch des Bürgers besteht[110]. Den Gerichten obliegt zudem die Kontrolle darüber, ob die anderen beiden Gewalten ihren Schutzpflichten nachkommen[111]. Als Leitlinien der Norminterpretation legen die Schutzpflichten diesen beiden Gewalten auf, der Ausstrahlungswirkung des Diskriminierungsverbotes bei der Auslegung einfachen Rechts nachzukommen. Für die Verwaltung ergibt sich so eine Verengung ihrer Handlungsspielräume im Rahmen von Ermessensentscheidungen und Beurteilungsspielräumen[112].

Auf der Verwaltungsebene widmen sich insbesondere die Ausländerbeauftragten von Bund und Ländern, Städten und Gemeinden dem Schutz vor Diskriminierung und geben rechtlichen und praktischen Rat, wie Opfer juristisch gegen die Diskriminierenden vorgehen können[113]. Z. B.

---

[109] Vgl. Wolfrum, in: FS P. Schneider, S. 524.

[110] Isensee, in: ders./Kirchhof, S. 191; siehe auch Starck, Praxis der Verfassungsauslegung, S. 62 ff. Dem einzelnen kommt hierbei grundsätzlich ein Anspruch auf Schutzgewährung zu. Dieser ist jedoch durch das Ermessen des Staates begrenzt, zu prüfen, ob der Schutzgewährung im konkreten Fall Allgemeininteressen oder andere private Interessen entgegenstehen können. Vgl. Doehring, Allgemeine Staatslehre, S. 218. Im einzelnen streitig, vgl. Wiesbrock, Internationaler Schutz der Menschenrechte vor Verletzungen durch Private, S. 188 m. w. N.

[111] Dietlein, Die Lehre von den grundrechtlichen Schutzpflichten, S. 72. Vgl. z. B. BVerfG NJW 1996, S. 2021; siehe auch Terwiesche, Die Begrenzung der Grundrechte durch objektives Verfassungsrecht, S. 30.

[112] Vgl. Böckenförde, Der Staat 29 (1990), S. 8 ff., Sachs, in: Isensee/Kirchhof, S. 1068; ausführlich Dietlein, Die Lehre von den grundrechtlichen Schutzpflichten, S. 71; siehe allgemein Stern, Staatsrecht III/1, S. 951 f.; siehe auch Doehring, Allgemeine Staatslehre, S. 217.

[113] Vgl. aus den zahlreichen Publikationen: Rechtlicher Schutz gegen Diskriminierung, Ein Leitfaden, herausgegeben von den Ausländerbeauftragten verschiedener Länder und Städte, von Rainer Nickel (1996); Die Mitteilung der Bundesbeauftragten zur Diskriminierung von Ausländern in den Kfz-Versicherungen (1995); Die Broschüre „Was tun gegen Diskriminierungen?“ von der Ausländerbeauftragten Berlin (1994), jeweils mit konkreten Anweisungen, wie sich die Betroffenen nach einer Diskriminierung verhalten sollten; vgl. ferner

durch Zusammenführen von Vertretern der betroffenen Gruppen – Opfer, Gastwirte und Diskothekenbesitzer und die für die Erteilung der Gaststättenerlaubnis zuständigen Behörden – in Diskussionsrunden versuchen sie, die gegenseitigen Positionen aufzuzeigen und Verständnis für sie zu wecken. Damit kommen sie den aus Artikel 5 (f) i. V. m. 2 Absatz 1 (e) erwachsenen Pflichten, Toleranz zwischen den verschiedenen Gruppen zu fördern, nach. Zudem werden durch Bund und Länder verschiedene Kommissionen eingesetzt und Konzepte gesucht, um der Rassendiskriminierung Herr zu werden[114]. Anlaß dieser Maßnahmen waren schwere körperliche Übergriffe aus rassistischen Motiven[115]. Da für diesen Bereich die bestehenden Gesetze grundsätzlich als ausreichend empfunden werden, richten sich die Bemühungen insbesondere auf die Förderung von Toleranz und Zivilcourage. Durch die aktuelle Diskussion ist die Bevölkerung sehr stark sensibilisiert worden. Es ist zu erwarten, daß diese Sensibilität sich nicht nur auf Rassendiskriminierung, die zu körperlichen Übergriffen führt, beschränkt, sondern sich auch auf Ungleichbehandlungen im Privatrechtsverkehr erstrecken wird.

Von der seit langem diskutierten Möglichkeit, einem Gastwirt die Gaststättenerlaubnis nach rassisch motivierten Zugangsverboten gemäß §§ 15, 4 GastG zu entziehen, ist jedoch, soweit ersichtlich, bisher selten Gebrauch gemacht worden[116]; immerhin sind in jüngerer Zeit Fälle bekannt geworden, in denen der Widerruf einer Gaststättenerlaubnis auf die Verbreitung nationalsozialistischen Gedankenguts gestützt wur-

---

das Diskussionspapier Integration in Städten und Gemeinden der Ausländerbeauftragten des Bundes (Berlin, Bonn Dezember 2000).

[114] Siehe z.B. FAZ, 1.8.2000, S. 2; 2.8.2000; S.1; 24.8. 2000, S. 6.

[115] Vgl. *supra*, Einleitung, Fn. 14; ferner FAZ, 21.7.2000; 26.7.2000, S. 2; 27.7.2000, S. 2.

[116] Es besteht die Schwierigkeit, daß empirische Daten über ein entsprechendes oder anderes Vorgehen gegen diskriminierende Zugangsverweigerungen nicht gesammelt und veröffentlicht werden. Als Anhaltspunkte müssen daher Einzelfälle dienen. Vgl. Nickel, Gleichheit und Differenz, S. 76. Das VG Stuttgart (GewArch 1976, S. 27) hat den Widerruf einer Gaststättenerlaubnis wegen Rassendiskriminierung beim Zugang für möglich erachtet, im konkreten Fall in dem vorläufigen Verfahren wegen nicht hinreichend geklärter Tatumständen die Voraussetzungen für eine sofortige Vollziehung aber verneint. Vgl. auch OVG Münster, GewArch 1967, S. 118, dazu Kapitel 5, Fn. 119.

de[117]. Die gerichtliche Praxis im Hinblick auf das verbreitete Phänomen der diskriminierenden Zutrittsverweigerung ist demgegenüber sehr gering[118]. Trotz aller Bemühungen der Ausländerbeauftragten ist bisher kein Fall bekannt, in dem das Opfer einer Diskriminierung im Gaststättenbereich zivilrechtlichen Schadensersatz eingeklagt hat. Und auch strafrechtliche Maßnahmen blieben bisher seltene Ausnahmen[119]. Ob Gerichte ihren Schutzverpflichtungen nachgekommen sind, läßt sich angesichts der geringen gerichtlichen Praxis schwer beurteilen. Die wenig umfangreiche Spruchpraxis ist wahrscheinlich darauf zurückzuführen, daß die Opfer einer Diskriminierung die ihnen zur Verfügung stehenden Mittel des Zivilrechts, aber auch des öffentlichen Rechts oder Strafrechts, nicht ausnutzen. Dieses Defizit läßt darauf schließen, daß sie den Wunsch hegen, die erlittene Kränkung möglichst schnell zu vergessen, das finanzielle Risiko eines Prozesses scheuen oder sich ihrer rechtlichen Möglichkeiten nicht bewußt sind. Insofern hat die Verwaltung sowohl präventiv als auch bei konkretem Anlaß Aufklärung über die möglichen Rechtsmittel zu leisten, um ihrem Schutzgebot nach Artikel 3 Absatz 3 Satz 1 GG nachzukommen. Dabei ist auch auf die Möglichkeit, Prozeßkostenhilfe zu beantragen, hinzuweisen. Hier setzt die gerade erwähnte Arbeit der Ausländerbeauftragten bereits an; nicht minder gefordert sind jedoch die im konkreten Fall sachlich zuständigen Behörden.

---

[117] Siehe VG Schleswig, NJW 2001, S. 387. Auch in diesem Fall hat das Gericht einen Widerruf der Erlaubnis für möglich erachtet, das Vorliegen der tatsächlichen Voraussetzungen jedoch verneint. Siehe auch VG Arnsberg, NVwZ-RR 2000, S. 17; Bay VGH 1994, S. 239 zu Gewerbeuntersagungen aus demselben Grund, die von den Gerichten bestätigt wurden.

[118] Die einzig bekanntgewordenen Fälle sind OVG Münster, GewArch 1967, S. 118; VG Stuttgart, GewArch 1976, 27; OLG Frankfurt, NJW 1985, S. 1720; BayObLG, NJW 1983, S. 2040. In keinem Fall bezogen sich die Gerichte auf die RDK.

[119] Das BayObLG (NJW 1983, S. 2040) hat aufgrund des hier diskutierten Verhaltens wegen Beleidigung verurteilt, das OLG Frankfurt (NJW 1985, 1720) hat einen Verstoß gegen § 130 StGB im konkreten Fall verneint.

Die Entscheidung des OVG Münster (GewArch 1967, S. 118) erging, bevor Deutschland die RDK ratifiziert hatte. Es ging dort um den Widerruf einer Gaststättenerlaubnis wegen eines Schildes, das Ausländern den Zutritt verbot. Hintergrund war, daß vor allem Italiener mehrfach die Inneneinrichtung zerstört und die Frau des Inhabers mit dem Messer bedroht hatten. Das Gericht hat eine Verletzung von Artikel 3 Absatz 3 GG angesichts der Bedrohung verneint und das Schild für zulässig erklärt.

Die Verwaltung kommt der ihr obliegenden Aufgabe insbesondere durch die Ausländerbeauftragten nach. Ob dies auch für die Behörden, die für die Erteilung der Gaststättenerlaubnisse zuständig sind, gilt, ist dagegen zweifelhaft, da bisher erst eine Erlaubnisentziehung wegen rassendiskriminierender Zugangsverweigerung publik wurde. Alles in allem ist jedoch dem schutzrechtlichen Untermaßverbot genüge getan. Inwieweit den Anforderungen des Artikels 5 (f) RDK ausreichend Rechnung getragen wird, ist eine hiervon zu trennende Frage.

3. Ausstrahlungswirkung auf die Privatrechtsordnung

a) Privatrechtswirkungen des Artikels 3 Absatz 3 Satz 1 GG

Von fundamentaler Bedeutung für die Umsetzung des Verbotes, einen Menschen beim Zugang zu einer Gaststätte zu diskriminieren, ist die Ausstrahlungswirkung des Artikels 3 Absatz 3 Satz 1 GG, die Teil der objektiven Wirkung dieses Grundrechts ausmacht[120]. Nach der ständigen Rechtsprechung des Bundesverfassungsgerichts verkörpern die Grundrechte „eine objektive Wertordnung, die als verfassungsrechtliche Grundentscheidung für alle Bereiche des Rechts gilt und Richtlinien und Impulse für Gesetzgebung, Verwaltung und Rechtsprechung gibt“[121]. Da der Gesetzgeber den Schutzauftrag gegen Rassendiskriminierung im Gaststättenbereich nicht einfachgesetzlich ausgestaltet hat, geht die Aufgabe, einen Mindestschutz der Grundrechtspositionen zu gewährleisten, auf die Gerichte und Verwaltung über, die das einfache Recht im Lichte der Grundrechte auszulegen oder – richterrechtlich – fortzubilden haben[122]. Im folgenden werden die Ausstrahlungswir-

---

[120] Vgl. BVerfGE 7, 198, 205; Jarass, in: ders./Pieroth, Vorbemerkungen. vor Art. 1, Rz. 11; von Münch, in: ders./Kunig, Vorb. Art. 1-19, Rz. 22; Canaris, AcP 184 (1984), S. 201 ff.; Böckenförde, Der Staat 29 (1990), S. 8; Schmalz, Grundrechte, S. 106 f.

[121] BVerfGE 7, 198, 205; 35, 79, 114; 39, 1, 41; 49, 89, 142; 89, 214, 229. Siehe auch Dreier, Grundgesetz-Kommentar, Art. 2 I, Rz. 47; Alexy, Der Staat 29 (1990), S. 49; Denninger, in: AK, Rz. 29-30 vor Art. 1; Jarass, AöR 120 (1995), S. 352; Sachs, in: ders., Vor Art. 1, Rz. 32.. Kritisch zum Ausufern dieser Institution Oeter, AöR 119 (1994), S. 561.

[122] BVerfGE 81, 242, 254 f.; 89, 214, 229 f. und 89, 276, 285 für Diskriminierungen aufgrund des Geschlechts. Speziell für die RDK: Dürig, in: Maunz/ders., Art. 3 Abs. 3, Rz. 68; Kühner, NJW 1986, S.1400. Siehe ferner Rüfner, in: BK, Art. 3 Abs. 1, Rz. Rz. 195; Starck, in: BK, Art. 3, Rz. 341; Clas-

kungen des Diskriminierungsverbotes am Beispiel des Privatrechts dargelegt. Die Ausstrahlungswirkungen des Artikels 3 Absatz 3 Satz 1 GG im öffentlichen Recht werden im Rahmen des 6. Kapitels behandelt.

Für das Privatrecht stellt sich jedoch die Frage, inwieweit dieses Rechtsgebiet überhaupt geeignet ist, dem Schutz vor Rassendiskriminierung zu dienen. Dies ist deshalb problematisch, weil die soziale Inanspruchnahme einzelner Privatrechtssubjekte oft zufällig wirkt, wie gerade des Beispiel des Gaststättenzugangs beweist[123]. Demgegenüber vermag der Staat durch sein Steuerungssystem die sozialen Lasten nach individueller Leistungsfähigkeit gerecht zu verteilen. Unterstützungsleistungen des Staates sind indes nur bei materiellen Leistungen möglich und scheiden zur Durchsetzung des Wunsches, eine bestimmte private Gaststätte unbeschadet der Rasse zu besuchen, grundsätzlich aus. Jenseits von materiellen Leistungen sind regelmäßig nur Privatpersonen in der Lage, den erforderlichen sozialen Schutz zu gewährleisten[124]. Ohne die Inpflichtnahme des einzelnen liefe der Diskriminierungsschutz im Gaststättenbereich daher in weiten Teilen leer. Wie an anderer Stelle bereits festgestellt, sind auch die Privatpersonen dem Diskriminierungsverbot verpflichtet, da der Menschenwürdekern der Betroffenen durch rassisch motivierte Zugangsverbote verletzt wird. Gleichzeitig ist eine Zugangsverweigerung zu öffentlich zugänglichen Dienstleistungen geeignet, die Betroffenen ganz aus dem Privatrechtsverkehr auszuschließen. Die soziale Inanspruchnahme des privaten Gastwirts ist deshalb keine willkürliche Inpflichtnahme des einzelnen, sondern eine sachnotwendige Konsequenz aus dem Verzicht auf eine planwirtschaftliche Versorgung[125]. Neuner hat deshalb die Verpflichtung der Privatrechtssubjekte, den Menschenwürdekern ihres Gegenübers zu beach-

---

sen, AöR 122 (1997), S. 92 f.; Nipperdey, Grundrechte und Privatrecht, S. 25 f.; Canaris, AcP 184 (1984), S. 227; Hager, JZ 1994, S. 374; Hesse, Verfassungsrecht und Privatrecht, S. 27 ff.

[123] Neuner, NJW 2000, S. 1823 im Zusammenhang mit Behindertenschutz; Jarass, in: ders./Pieroth, Vorbemerkungen vor Art. 1, Rz. 11. Gegen die Berücksichtigung öffentlicher Interessen im Privatrecht, Pawlowski, Allgemeiner Teil des BGB, S. 4.

[124] Neuner, Privatrecht und Sozialstaat, S. 158 ff., 238 f.; Canaris, Grundrechte und Privatrecht, S. 60 f.

[125] Neuner, NJW 2000, S. 1823; vgl. auch Dolderer, Objektive Schutzpflichten, S. 196 ff, 215 f.

ten, als Voraussetzung der Privatautonomie und nicht als Einschränkung derselben bezeichnet[126].

Heute ist daher im wesentlichen anerkannt, daß Artikel 3 Absatz 3 Satz 1 GG zwar keine unmittelbare Wirkung zwischen Privaten beanspruchen kann, aber über zwingende Normen und Generalklauseln des Privatrechts mittelbare Drittwirkung entfaltet[127]. „Einbruchsstellen“ für diese mittelbare Wirkung sind vor allem die zivilrechtlichen Generalklauseln der §§ 138, 242, 823 Absatz 1 und 826 BGB in Form des als sonstiges Recht geschützten Persönlichkeitsrechts und § 1004 BGB analog (quasi-negatorischer Unterlassungsanspruch)[128]. Mangels direkter Privatwirkung zählen Grundrechte nicht zu den allgemeinen Verbotsgesetzen i. S. d. § 134 BGB oder zu den Schutzgesetzen i. S. d. § 823 Absatz 2 BGB[129].

---

[126] Neuner, NJW 2000, S. 1823; siehe auch Paulus/Zenker, JuS 2001, 1 f.

[127] Grundlegend BVerfGE 7, 198, 205; vgl. auch BVerfGE (zur Nichtigkeit von Eheverträgen), FAZ vom 6.02.2001 und die Rechtsprechung zur Sittenwidrigkeit von Bürgschaften, BVerfGE 89, 214, 231 ff.; NJW 1994, 2467. Siehe auch Dürig, in: Maunz/ders., Art. 3 Abs. 1, Rz. 509; Erichsen, Jura 1996, S. 528; Langner, Die Problematik der Geltung der Grundrechte zwischen Privaten, S. 48 ff., 55 ff., 107 ff.; Stern, Staatsrecht III/1, S. 1509 ff.; Floren, Grundrechtsdogmatik im Vertragsrecht, S. 19 ff.; Nipperdey, Grundrechte und Privatrecht, S. 17; für die RDK: Delbrück, in: FS Weber, S. 229 f. Vollständig ist der Streit über die Wirkung der Grundrechte in Privatrechtsverhältnissen nicht gelöst. Der Auseinandersetzung soll hier nicht weiter nachgegangen werden. Siehe dazu Hager, JZ 1994, S. 374; Oeter, AöR 119 (1994), S. 529 ff.; Sachs, in: Stern, Staatsrecht III, S. 1538 ff.; Neuner, NJW 2000, 1822 jeweils m. w. N. Kritisch zu Grundrechten als Wertordnung Diedrichsen, Jura 1997, S. 57 ff.; ders, in: Starck, S. 39 ff.

[128] Nipperdey, Grundrechte und Privatrecht, S. 17; Heun, in: Dreier, Art. 3, Rz. 123; Stern, Staatsrecht III/1, S. 1557 f. u. S. 1584; vgl. Canaris, AcP 198 (1984), S. 222 f.; Rüfner, in: Gedächtnisschrift W. Martens, 225 f.; Classen, AöR 122 (1997), S. 70; siehe auch Park, Die verfassungskonforme Auslegung als richterliche Verfassungskonkretisierung, S. 23 ff., 36.

[129] Vgl. dazu ausführlicher Rädler, NJW 1998, S. 1621 m. w. N.; von Münch, in: ders./Kunig, Vorb. Art. 1-19, Rz. 31; Bezzenberger, AcP 1996, S. 402; Heinrichs, in: Palandt, § 134, Rz. 4. Anders für Artikel 3 Absatz 3 GG ausdrücklich BAG NJW 1973, 77 (78) unter der Annahme, daß Grundrechte unmittelbare Wirkung zwischen Privaten entfalten; ebenso Canaris, AcP 184 (1984), S. 236. Zur Definition des Verbotsgesetzes, vgl. Beater, AcP 197 (1997), S. 505 ff. und Canaris, Gesetzliches Verbot und Rechtsgeschäft, S. 20 ff. Im Anwendungsbereich des EGV ist bei Diskriminierungen wegen der Staatsangehörigkeit ein

b) Nichtigkeit

Rassisch motivierte Zugangsverweigerungen im Bereich der öffentlich zugänglichen Dienstleistungen und Orte verstoßen gegen das „Anstandsgefühl aller billig und gerecht Denkenden" und sind daher sittenwidrig i. S. d. § 138 BGB[130]. Das grundrechtliche Diskriminierungsverbot kommt über diesen unbestimmten Rechtsbegriff in der Privatrechtswirkung zum Tragen. Folge der Sittenwidrigkeit ist, daß die diskriminierenden Klauseln eines Vertrages nichtig sind[131]. Sittenwidrig und daher nichtig ist z. B. der Vertrag eines Gastwirtes mit einer Zeitung über den Abdruck einer Werbungsanzeige mit diskriminierenden Inhalt. Das gleiche gilt für einen Pachtvertrag über eine Gaststätte mit der Auflage, die Verpachtung davon abhängig zu machen, daß bestimmte Rassen nicht bedient werden.

Falls ein Vertrag wegen der Rasse eines Vertragspartners zu ungünstigeren Bedingungen als allgemein üblich abgeschlossen wird, erstreckt sich die Nichtigkeit entgegen der Regel des § 139 BGB nicht auf den gesamten Vertrag, sondern wird auf den nicht sittenwidrigen Teil reduziert. Andernfalls würde der durch Artikel 3 Absatz 3 Satz 1 GG und Artikel 5 (f) RDK Geschützte die Rechte aus dem Vertrag verlieren und sich damit der durch das Gesetz bezweckte Schutz gerade in sein Ge-

---

Rückgriff auf Art. 12 EGV möglich, da das dort statuierte Diskriminierungsverbot unmittelbar auch im Verhältnis unter Privaten wirkt. Es ist daher ein Verbotsgesetz i. S. d. § 134 BGB und ein Schutzgesetz i. S. d. § 823 II BGB. Siehe dazu Bezzenberger, AcP 196 (1996), S. 427; Steffen, in: RGRK, § 823, Rz. 538, 551. Das Diskriminierungsverbot wegen der Rasse wirkt nach seinem Wortlaut nicht unmittelbar; seine Umsetzung ist jedoch mit der Richtlinie vom 28.6.2000 beschlossen, vgl. *supra*, Kapitel 4, B.

[130] So bereits Dürig, in: Maunz/ders., Art. 3 Abs. 1, Rz. 516; mit ausführlicher Begründung und Bestimmung des Begriffs der Sittenwidrigkeit Bezzenberger, AcP 196 (1996), S.397 ff.; Bydlinski, AcP 180 (1980), S. 44, Fn. 69; Timme, ZAR 1997, S. 134 f.; Otto, Personale Freiheit und soziale Bindung, S. 146 ff.; Gubelt, in: von Münch/Kunig, Art. 3, Rz. 2 am Ende; vgl. auch Sachs, in: Isensee/Kirchhof, S. 1068; Zippelius, VVDStRL 47 (1989), S. 13; Mertens, in: Münchener Kommentar, § 826, Rz 164; siehe auch OLG Düsseldorf, ZIP 1999, S. 1359. Für einen grundsätzlichen Vorrang der Auswahlfreiheit dagegen Pawlowski, Allgemeiner Teil des BGB, Grundlehren des bürgerlichen Rechts, S. 4 f., 12.

[131] Canaris, AcP 184 (1984), S. 236; Flume, BGB AT, S. 389; Bezzenberger, AcP 1996, S. 422 f.

genteil verkehren[132]. Der Vertrag gilt daher als zu den Bedingungen abgeschlossen, die ohne Diskriminierung Vertragsinhalt geworden wären[133].

Neben § 138 BGB kommt außerdem ein Verstoß gegen Treu und Glauben nach § 242 BGB in Betracht[134].

c) Entschädigung in Geld

(1) § 823 BGB

In der Regel liegt die Diskriminierung im Gaststättenbereich jedoch nicht in einem Vertragsabschluß zu ungünstigeren Bedingungen, sondern gerade in der Verweigerung eines Vertragsschlusses. Durch die darin zum Ausdruck kommende Negation seiner Menschenwürde wird das durch § 823 Absatz 1 BGB geschützte zivilrechtliche allgemeine Persönlichkeitsrecht des Diskriminierten verletzt[135]. Gleichzeitig kann eine Zutrittsverweigerung einen Verstoß gegen § 185 oder § 130 StGB darstellen[136], die zu den Schutzgesetzen i. S. d. § 823 Absatz 2 BGB zählen.

Voraussetzung eines Schadensersatzes im Deliktsrecht ist darüber hinaus, daß die Rechtsgutsverletzung einen Schaden kausal verursacht. Der Schadensersatz der §§ 249 ff. BGB ist gemäß § 253 BGB grundsätzlich auf materielle, vermögensrechtliche Schäden beschränkt. Wegen Verlet-

---

[132] Siehe Hefermehl, in: Soergel, § 139, Rz. 49.

[133] Bezzenberger (in: AcP 196 (1996), S. 421 ff.) führt verschiedene denkbare Fallkonstellationen für einen Vertrag, in dem aufgrund der Rasse diskriminiert wird, und ihre Folgen an. Ein ausdrückliches Diskriminierungsverbot im Rahmen eines bestehenden Vertragsverhältnisses enthält § 75 BetrVerfG.

[134] A. A. Bydlinksi, AcP 180 (1980), S. 44 f., Fn. 69.

[135] Salzwedel, in: FS Jahrreiß, S. 341 ff.; Dürig, in: Maunz/ders., Art. 3, Rz. 516; Bezzenberger, AcP 196 (1996), S. 424 w. m. N.; Timme, ZAR 1997, S. 134; Eisermann, ArbuR 1988, S. 231; Hager, in: Staudinger, § 823, Rz. C 239. A.A. Herrmann, ZfA 1996, S. 48 ff., insbes. S. 50 und Ehmann, in: Erman, Anhang zu § 12, Rz. 699. Vgl. zum zivilrechtlichen Persönlichkeitsrecht, das nicht mit dem grundrechtlichen allgemeinen Persönlichkeitsrecht identisch ist (dazu Jarass, NJW 1989, S. 858) Schwerdtner in: Karlsruher Forum, S. 27 ff., ders., JuS 1978, S. 290 f.; Ehmann, JuS 1997, S. 193 ff., Steindorff, Persönlichkeitsschutz im Zivilrecht, 17 ff., 27 ff.

[136] Vgl. dazu *infra*, Kapitel 6, A. II.

zung des Persönlichkeitsrechts kommt ein Ersatz von Vermögensschäden nach diesen Grundsätzen nur in Betracht, wenn sie als Folgeschäden mit der Ehrverletzung inhaltlich zusammenhängen und in den Schutzbereich des Persönlichkeitsrechts fallen. Dazu gehören die zur Schadensabwendung entstandenen Kosten der Rechtsverfolgung[137]. Ob dies nach der Abweisung einer Person aus einer Gaststätte für die Zusatzkosten gilt, die aus dem Besuch einer teureren Einrichtung resultieren samt weiterer damit zusammenhängenden Kosten wie Fahrgeld dorthin, ist zweifelhaft. Denn der Schutzzweck beschränkt sich auf die Ehrverletzung und erfaßt nicht das Interesse an einem bestimmten, nächstgelegenen, preiswerten oder aus anderen Gründen günstigen Restaurant, Café, Hotel etc[138].

Auch eine unterstellte Ausweitung des Schadensbegriffs von jeder nachteiligen Einwirkung auf die Vermögenslage auf jede Beeinträchtigung eines rechtlich anerkannten Interesses würde zu keinem befriedigendem Ergebnis führen[139]. Denn eine Naturalrestitution nach § 249 Absatz 1 GG scheidet aus. Eine Herstellung des Zustands, der ohne die Diskriminierung des Gastwirtes bestehen würde, ist unmöglich, da die erlittene Ehrverletzung nicht ungeschehen gemacht, sondern lediglich Genugtuung erlangt werden kann. Selbst ein Kontrahierungszwang vermag nur vor Verletzungen in der Zukunft zu schützen, hilft aber dem bereits entstandenen Schaden nicht vollständig ab[140]. Zum Ausgleich der durch ein Zugangsverbot erlittenen Beeinträchtigung kommt daher nur ein Schadensersatz in Geld in Betracht[141].

Als Ausgleich für erlittene Kränkung und als Genugtuung wurde von der Rechtsprechung ein Schadensersatz für Persönlichkeitsrechtsverletzungen entwickelt[142]. Zunächst aus § 847 BGB entwickelt, geht die

---

[137] Vgl. Teichmann, in: Jauernig, § 249, Rz. 7; Heinrichs, in: Palandt, § 249, Rz. 20; Grunsky, in: Münchener Kommentar, Vor § 249, Rz. 66.

[138] Bezzenberger, AcP 196 (1996), S. 425.

[139] So die Schadensdefinition des § 826. Siehe hierzu Mertens, in: Münchener Kommentar, § 826, Rz. 51; vgl. auch Schiemann, in: Erman, § 826, Rz. 1.

[140] Das übersieht Timme, ZAR 1997, S. 132; Herrmann, ZfA 1996, S. 46 ff.

[141] Bezzenberger, AcP 196 (1996), S. 425; Salzwedel, in: FS Jahrreiß, S. 351; Kühner, NJW 1986, S. 37; Bydlinski, AcP 180 (1980), S. 45; Timme, ZAR 1997, S. 132, 135.

[142] BVerfG NJW 2000, S. 2187; BGHZ 128, 1, 7 ff. VersR 1996, S. 339, 340. Die Zubilligung einer Geldentschädigung beruht auf dem Gedanken, daß ohne einen solchen Anspruch Verletzungen der Würde und Ehre des Menschen häu-

Rechtsprechung inzwischen davon aus, daß es sich bei dem Anspruch um ein Recht handelt, das auf den Schutzauftrag aus den Artikeln 1 Absatz 1 und 2 Absatz 1 GG zurückgeht[143]. Ein entsprechender Schutzauftrag ist auch Artikel 3 Absatz 3 Satz 1 GG und Artikel 5 (f) und 6 RDK für den Bereich der Rassendiskriminierung zu entnehmen. Bei dieser Entschädigung stehen – anders als beim Schmerzensgeld – regelmäßig die Gesichtspunkte der Genugtuung des Opfers und die Prävention im Vordergrund[144], während der Ausgleichsgedanke in den Hintergrund tritt.

Voraussetzung für diese Geldentschädigung ist, wie auch bei § 847 BGB, eine schwere Beeinträchtigung des geschützten Rechtsguts, Verschulden und daß die Einbuße nicht auf andere Art auszugleichen ist (Subsidiarität)[145]. Die aufgrund der Zugehörigkeit zu einer rassischen Gruppe motivierte Abweisung von einem Lokal oder der Vertragsabschluß zu ungünstigeren Konditionen führen zu einer derartig schwer-

fig ohne Sanktion bliebe, mit der Folge, daß der Rechtsschutz der Persönlichkeit verkümmert.

143 BVerfG NJW 2000, S. 2187; BGHZ 128, 1, 7 ff. VersR 1996, S. 339, 340; offen NJW 1971, S. 698, 699. Siehe auch H. Ehmann, in: Erman, Anhang zu § 12, Rz. 791, 798 ff.; Steffen, NJW 1997, S. 10 f.; Seitz, NJW 1996, S. 2848; Bydlinski, Juristische Blätter 1965, S. 177; Zeuner, in: Soergel, § 823, Rz. 70 ff.; Schwerdtner, in: Münchener Kommentar, § 12, Rz. 276 ff.; keine entsprechende Unterscheidung macht Teichmann, in: Jauernig, § 847, Rz. 3. Kritisch bzgl. der Ausweitung des Schadensersatz auf Persönlichkeitsverletzungen wegen Mißachtung des § 253 BGB, Murswiek, in: Sachs, Art. 2, Rz. 67; siehe auch Starck, JZ 1979, S. 63; ders., in: von Mangoldt/Klein/ders., Art. 2 Abs. 1, Rz. 156.

144 Siehe bereits BGH 26, 349, 3 58 (Herrenreiter-Fall); 35, 369 (Ginseng); grundlegend auch BGHZ 128,1 (Caroline v Monaco I). Dieser Sanktions- und Präventionsgedanken wurde vom BVerfG im Soraya-Beschluß ausdrücklich gebilligt (BVerfGE 34, 269); ebenso BVerfG NJW 2000, S. 2187. Vgl. Steffen, NJW 1997, S. 12 f.; Rosengarten, NJW 1996, S. 1935 f.; Prinz, NJW 1995, S. 820. Zur Funktion des Entschädigungsanspruchs Deutsch ZRP 1998, S. 292; Lange, Schadensersatzrecht, S. 8; Grunsky, in: Münchener Kommentar, Vor § 249, Rz. 3; speziell bei Verletzung des Persönlichkeitsrechts Prinz, NJW 1996, S. 954; Schlechtriem, JZ 1995, S. 363 f.; kritisch zum Präventionsgedanken Medicus, VersR 1981, S. 601; Seitz, NJW 1996, S. 2848; Schwerdtner, in: Münchener Kommentar, § 12, Rz. 289 f; Soehring, NJW 1997, S. 372. Siehe dagegen H. Ehmann, in: Erman, Anhang zu § 12, Rz. 801.

145 BGH, NJW 1996, S. 984, 985; H. Ehmann, in: Ermann, Anhang zu § 12, Rz 803.

wiegenden Verletzung des Persönlichkeitsrechts[146]. Eine Genugtuung für die bereits erlittene Verletzung ist auf andere Weise nicht zu erwarten. Damit liegen die Voraussetzung für eine Geldentschädigung vor.

Eine nicht zu gering bemessene Entschädigung ist grundsätzlich ein geeignetes Mittel, künftige Zugangsverweigerungen zu verhindern. Bei der Bemessung seiner Höhe müssen die Wertungen der Artikel 3 Absatz 3 Satz 1 GG, 5 (f) und 6 RDK berücksichtigt werden. Um den dort formulierten Effektivitätsansprüchen zu genügen, darf es sich nicht lediglich um eine symbolische Zahlung, sondern es muß sich um eine echte Kompensation des erlittenen Schadens handeln. Für die Bemessung sind Intention des Schädigers, Wiederholungsgefahr und Intensität des Eingriffs zu berücksichtigen[147]. Die Heranziehung moralisierender oder strafrechtlicher Gesichtspunkte in das zivile Schadensersatzrecht haben die Verfasser des BGB dagegen bewußt abgelehnt. Sanktionen sind im deutschen Recht dem Strafrecht vorbehalten[148]. Auch in Abgrenzung zum „punitive damage" des anglo-amerikanischen Zivilrechts neigten die Gerichte bisher regelmäßig zu geringen Entschädigungen bei Verletzungen des allgemeinen Persönlichkeitsrecht. Wie hoch eine gerichtlich zuerkannte Entschädigung ausfällt und ob ihre Höhe geeignet sein wird, weitere Diskriminierungen effektiv zu verhindern, kann nicht definitiv bestimmt werden[149].

Angesichts der bisherigen Praxis steht zu befürchten, daß der Anspruch nicht sehr hoch veranschlagt wird[150]. Allerdings ist die Rechtsprechung in dieser Frage zur Zeit im Fluß.

Für den Bereich des Presserechts hat der Bundesgerichtshof in den Urteilen vom 15.11.1994 und 5.12.1995[151] einen radikalen Wandel hin-

---

[146] Vgl. BVerfG NJW 1971, S. 698, 699; Salzwedel, in: FS Jahrreiß, S. 347-351; Bezzenberger, AcP 196 (1996), S 425; siehe auch Medicus, Schuldrecht AT, S. 44.

[147] Stein, in: Münchener Kommentar, § 847, Rz. 5; Prinz, NJW 1996, S. 954 f.; Steffen, NJW 1997, S. 11.

[148] Lange, Schadensersatzrecht, S. 12; Seitz, NJW 1996, S. 2848 f.; Rosengarten, NJW 1996, S. 1935 ff.

[149] Prinz, NJW 1996, S. 820.

[150] Vgl. dazu z. B. Rosengarten, NJW 1996, S. 1936; Prinz, NJW 1995, S. 820; siehe zu den „alten Grundsätzen" der Geldentschädigungen, die ohne die Caroline von Monaco-Rechtsprechung gelten, Ehmann, in: Erman, Anhang zu § 12, Rz. 816.

sichtlich der Höhe des Schmerzensgeldes eingeleitet. Beide Fälle betrafen eine rücksichtslose Vermarktung des Privatlebens der Prinzessin von Monaco, unter anderem durch ein erfundenes Interview. Die zu entscheidenden Fälle waren dadurch gekennzeichnet, „daß die Beklagte unter vorsätzlichem Rechtsbruch die Persönlichkeit der Klägerin als Mittel zur Auflagensteigerung und damit zur Verfolgung kommerzieller Interessen eingesetzt hat. Ohne eine für die Beklagte fühlbare Geldentschädigung wäre die Klägerin einer rücksichtslosen Zwangskommerzialisierung ausgeliefert. Eine Verurteilung zur Geldentschädigung ist aber nur dann geeignet, den aus dem Persönlichkeitsrecht heraus gebotenen Präventionszweck zu erreichen, wenn die Entschädigung der Höhe nach ein Gegenstück auch dazu bildet, daß hier die Persönlichkeit zur Gewinnerzielung“[152] benutzt wurde.

Denkbar ist, daß die den Urteilen zugrunde liegenden Rechtsgedanken auch auf rassisch motivierte Zugangsverbote übertragbar sind und damit der zu leistende Schadensersatz steigt. Auslöser der erhöhten Schmerzensgeldsummen waren jeweils eine vorsätzliche, rücksichtslose Kommerzialisierung der Persönlichkeit durch die Presse. Ziel der Rechtsprechung war, durch die Höhe der Geldentschädigung einen echten Hemmeffekt für eine Vermarktung der Persönlichkeit zu kreieren[153]. Eine Mißachtung des Persönlichkeitsrechts sollte sich betriebswirtschaftlich nicht mehr lohnen[154]. Liegen diese Voraussetzungen auch bei Zutrittsverboten vor, muß auch diese Persönlichkeitsverletzung zu einem erhöhten Schadensersatzanspruch führen.

Bei einer von einem Gastwirt allein aus persönlicher Abneigung verübten rassischen Diskriminierung fehlt der Kommerzialisierungsgedanke bei der Persönlichkeitsverletzung gänzlich. Eine Erhöhung des Entschädigungsbetrags kommt für derart motivierte Zugangsverbote nicht

---

[151] BGHZ 128,1; BGH, VersR 1996, S. 339. Vgl. dazu Steffen, NJW 1997, S. 10 ff.

[152] BGHZ 128, 1, 15 f.

[153] BGHZ 128, 1, 7 ff.; BGH, VersR 1996, S. 339, 340. Bestätigt durch BVerfG, NJW 2000, S. 2187, 2188. Vgl. auch Stein, in: Münchener Kommentar, § 847, Rz. 9; Ehmann, in: Erman, Anhang zu § 12, R. 815; Stürner, FS Großfeld, S. 1202.

[154] Schwerdtner, Persönlichkeitsschutz im Zivilrecht, in: Karlsruher Forum, S. 39. Diese Ausdehnung der Schutzfunktion des Schmerzensgeldes ist nicht mit „punitive damages“ zu verwechseln. Vgl. dazu Cordewener, JA 1998, S. 168 ff. m. w. N.

in Betracht. Allein in den Fällen, in denen Gastwirte Menschen wegen ihrer Rasse bzw. Zugehörigkeit zu einer rassischen Gruppe nicht bewirten, weil sie befürchten, ihre anderen Gäste zu verlieren, oder hoffen, durch den Ausschluß neue Gäste anzuziehen, kommt die Erhöhung einer Entschädigung aus dem Präventionsgedanken in Betracht. Der Gastwirt verübt dann eine vorsätzliche Persönlichkeitsrechtsverletzung mit dem Ziel, den eigenen Umsatz zu halten oder zu steigern. Dabei mag er behaupten, er selber habe nichts gegen die betroffene Person, sondern beuge sich nur dem Wunsch anderer Gäste. Trotzdem erfolgt nach den strafrechtlichen Vorsatzkriterien auch diese Rassendiskriminierung absichtlich im Sinne von *dolus directus* ersten Grades[155]. Es kommt dem Gastwirt zwar vor allem auf die Realisierung seines Endzieles – Erhalt der Stammkundschaft bzw. Gewinnen neuer Kunden – an; notwendiges Zwischenziel dafür ist aber zumindest nach der Vorstellung des Gastwirtes die diskriminierende Zugangsverweigerung. Die Persönlichkeitsverletzung weist daher dieselbe skrupellose Einstellung zu Lasten des geschützten Rechtsguts auf wie bei der medialen Vermarktung. Zwar ist der Kommerzialisierungsgedanke bei der Zutrittsverweigerung mit dem Ziel, Stammgäste zu halten, nicht genauso ausgeprägt wie bei dem Verkauf eines falschen Interviews. Eine vergleichbare aggressive Kommerzialisierung der Persönlichkeitsverletzung liegt im Gaststättenbereich jedoch zumindest dann vor, wenn der Gastwirt damit wirbt, daß er bestimmten Rassen den Zugang verweigert, um so Mitglieder der gewünschten Gruppe anzulocken – wenn er also mit der von ihm ausgeübten Persönlichkeitsverletzung wirbt, um potentielle Kunden anzusprechen[156]. Hier erzielt der Wirt (möglicherweise) einen „zusätzlichen Gewinn", dessen Abschöpfung aus Präventionszwecken angebracht sein könnte.

Aber selbst in diesem Fall fehlt ein weiteres tragendes Element der BGH-Entscheidungen. Ihnen liegt die Besonderheit des Medienbereichs zugrunde, daß sich andere Formen des Schadenersatzes wie Gegendarstellung und Widerruf oft als wirkungslos erweisen und sich die Presse in den seltensten Fällen von dem Abdruck eines Artikels abhalten läßt, sofern sie sich dadurch eine Auflagensteigerung erhofft[157]. Tra-

---

[155] Siehe Steffen, NJW 1997, S. 10.

[156] Das Kriterium der Verletzung von Persönlichkeitsrechten zu Werbezwecken nennt auch Stein (in: Münchener Kommentar, § 847, Rz. 9).

[157] Zu der Funktion der Ausweitung dieser Rechtsprechung als *ultima ratio*-Behelf, siehe Steffens, NJW 1997, S. 10; vgl. auch Schwerdtner, Persönlichkeits-

gende Säule der Rechtsprechung ist, daß der einzelne der rücksichtslosen Vermarktung seiner Persönlichkeit ohne eine Geldeinbuße, die quasi zur „Gewinnabschöpfung" führt, hilflos gegenüber stünde. Der Diskriminierte ist einem Eingriff in sein Persönlichkeitsrecht jedoch nicht gleichermaßen hilflos ausgeliefert. Es kann schon nicht von vornherein ausgeschlossen werden, daß bereits ein geringes Schmerzensgeld die Diskriminierung für den Gastwirt unrentabel macht. Vor allem aber müßte die zuständige Behörde auf eine Anzeige dieses Verhaltens dem Inhaber die Erlaubnis zum Betreiben der Gaststätte entziehen[158]. Daneben kommt eine Strafanzeige wegen Volksverhetzung und Beleidigung in Betracht[159]. Dem Diskriminierten stehen somit andere, erfolgversprechende Wege neben dem Schmerzensgeld offen, um gegen die Verletzung vorzugehen. Ein erhöhtes Schmerzensgeld kann daher nicht mit der neuen Rechtsprechung des Bundesgerichtshofs zum Presserecht begründet werden.

(2) § 826 BGB

Neben einem Verstoß gegen § 823 Abs. 1 BGB kann eine diskriminierende Zutrittsverweigerung Schadensersatzansprüche aus § 826 BGB begründen. Nach dieser Norm ist derjenige, der in einer gegen die guten Sitten verstoßenden Art und Weise einem anderen vorsätzlich Schaden zufügt, diesem zu Schadensersatz verpflichtet. Wie bei § 138 BGB ist eine Verhaltensweise, die gegen Artikel 3 Absatz 3 Satz 1 GG verstößt, ein solches sittenwidriges Verhalten[160]. Der Vorsatz setzt kein Bewußtsein von der Sittenwidrigkeit des Handelns voraus. Es genügt, daß dem Handelnden die tatsächlichen Umstände bekannt sind, auf die sich die Sittenwidrigkeit stützt[161]. Als ersatzfähiger Schaden gelten nicht

---

schutz im Zivilrecht, in: Karlsruher Forum, 36 ff. mit Beispielen und Stürner, JZ 1994, S. 866 ff.; siehe auch Ehmann, in: Erman, Anhang zu § 12, Rz. 815.

[158] Vgl. zum Gaststättenrecht ausführlich, *infra*, Kapitel 6, B.

[159] Siehe ausführlich *infra*, Kapitel 6, A. II; ferner Nickel, Rechtlicher Schutz gegen Diskriminierung, S. 86 f.

[160] Allerdings überschneiden sich die Anwendungsbereiche der Begriffe der „guten Sitten" in §§ 138 und 826 BGB lediglich und sind nicht miteinander identisch. Vgl. dazu ausführlich Oechsler, in: Staudinger, § 826, Rz. 44 m. w. N. Zum Begriff der guten Sitten, siehe Oechsler, *ebenda*, Rz. 24 ff.; Hönn, in: Soergel, § 826, Rz. 5 ff.; Mertens, in: Münchener Kommentar, § 826, Rz. 7 ff.

[161] St. Rspr. BGH NJW 1988, S. 1965, 1967; Kötz, Deliktsrecht, S. 77 f.; Schiemann, in: Erman, § 826, Rz. 10 f f.; Hönn, § 826, Rz. 54, 56.

nur Vermögensminderungen, sondern jede Beeinträchtigung eines rechtlich geschützten Interesses[162].

Diese Voraussetzungen sind bei diskriminierenden Zutrittsverboten wegen mit der Rasse verwandten Kriterien praktisch per definitionem gegeben, da die Sittenwidrigkeit gerade in der gewollten kausalen Verknüpfung von rassischer Verschiedenheit und Ungleichbehandlung liegt[163]. Der entsprechende Wille zu diesem Verhalten setzt die Kenntnis der verknüpfenden Tatsachenelemente voraus bzw. schließt sie mit ein. Geschädigte Rechtsgüter sind zum einen das allgemeine Persönlichkeitsrecht des Opfers und zum anderen mögliche Vermögensschäden, die der Diskriminierte z. B. dadurch erleidet, daß er gezwungen ist, mit einem Taxi zu einer anderen Gaststätte zu fahren[164].

Voraussetzung eines Schadensersatzanspruchs gemäß § 826 BGB ist ferner, daß der eingetretene Schaden und seine ursächliche Entstehung vom Vorsatz des Schädigers umfaßt sind. Dieser muß den Schadenseintritt beabsichtigen, als notwendige Folge seines Tuns voraussehen oder zumindest mit bedingtem Vorsatz den als möglich erkannten Schaden billigend in Kauf nehmen[165]. Für die Voraussicht des Kausalverlaufs und des Schadenserfolgs genügt es, daß Art und Richtung des Schadenseintritts in ihren Umrissen vom Vorsatz erfaßt sind[166].

Hinsichtlich der Ehrverletzung ist das regelmäßig der Fall. Für den Umfang des Schadensersatzes ergeben sich im Vergleich zu § 823 Absatz 1 i. V. m. Artikel 1 und 2 Absatz 1 keine Besonderheiten. In Hinsicht auf den daneben erlittenen Vermögensschaden kommt es auf den Einzelfall und die jeweilige Bedeutung der vorenthaltenen Leistung an. Die Verpflichtung zum Schadensersatz hängt davon ab, inwieweit der Diskriminierende erkennt, daß dem Abgewiesenen durch das Vorenthalten der Leistung ein Schaden droht. Weiß er von der möglichen

---

[162] Mertens, in: Münchener Kommentar, § 826, Rz. 51; Schiemann, in: Erman, § 826, Rz. 1; Hönn, in: Soergel, § 826, Rz. 54 m. w. N.

[163] Im Erg. ebenso Bezzenberger, AcP 196 (1996), S. 425; Dürig, in: Maunz/ders., Art. 3, Rz. 519; vgl. auch Starck, in: BK, Art. 3, Rz. 256; Bork, in: Staudinger, vor § 145, Rz. 24.

[164] Ausführlich Bezzenberger, AcP 196 (1996), S. 425 ff.

[165] RGZ 90, 106, 108; 143, 48, 51 f.; BGHZ 8, 387, 393; NJW 1986, S. 180, 181; Hönn, in: Soergel, § 826, Rz. 60 ff.; Oechsler, in: Staudinger, § 826, Rz. 66; Schiemann, in: Erman, § 826, Rz. 14.

[166] Mertens, in: Münchener Kommentar, § 826, RZ. 62; Schiemann, in: Erman, § 826, Rz. 15.

Schadensfolge, wird eine tatsächliche Vermutung dafür sprechen, daß er diese Folgen auch billigend in Kauf nimmt[167].

d) Kontrahierungszwang

Es stellt sich die Frage, ob dem Diskriminierten neben oder statt eines Schadenersatzes in Geld ein Anspruch auf die verweigerte Leistung zusteht, also auf Abschluß eines Vertrages, wie er Menschen anderer rassischer Gruppen offensteht. Diese Form der Wiedergutmachung ist zwar nicht in der Lage, die bereits erlittene Beeinträchtigung unmittelbar wieder auszugleichen. Sie ist vor allem zukunftsorientiert, indem sie eine wirksame Prävention gegen eine erneute Zugangsverweigerung bietet. Daneben vermittelt das Wissen des Diskriminierten, daß der Gastwirt in Zukunft verpflichtet ist, die gewünschte Leistung tatsächlich zu erbringen, dem Kontrahierungszwang auch eine Genugtuungsfunktion und stellt insofern eine weitere Form der Wiedergutmachung für die erlittene Ehrverletzung dar. Zudem wird der Kontrahierungszwang der Tatsache gerecht, daß es im Rahmen der Ausstrahlungswirkungen des Artikels 3 Absatz 3 Satz 1 GG und des Artikels 5 (f) RDK nicht allein um Ehre, sondern auch um die gleichberechtigte Teilhabe am Güter- und Leistungsverkehr geht[168].

(1) Gesetzliche Fälle des Kontrahierungszwangs

Einem ausdrücklichen Zwang, mit jedermann zu angemessenen Konditionen Verträge zu schließen, unterliegen bisher bestimmte vormals öffentliche, inzwischen oftmals privat betriebene Monopolbetriebe wie die Eisenbahn, Wasser- und Elektrizitätswerke[169]. Private Betreiber öffentlicher Transportmittel unterliegen als Kehrseite der Konzessionie-

---

[167] Vgl. Bezzenberger, AcP 196 (1996), S. 426 f.

[168] Dürig, in: Maunz/ders., Art. 3, Abs. 1, Rz. 515-519; Bezzenberger, AcP 196 (1996), S. 425. Artikel 5 (f) RDK selbst ist eine Pflicht, einen Kontrahierungszwang vorzusehen, nicht unmittelbar zu entnehmen (vgl. *supra*, Kapitel 1,C. II). Dieses Mittel stellt lediglich eine von mehreren möglichen Methoden dar, die Rassendiskriminierung im Gaststättenbereich zu bekämpfen, wenn auch eine besonders effektive. Für die effektive Umsetzung der grundrechtlichen Schutzpflichten des Artikels 3 Absatz 3 Satz 1 GG ist dies jedoch ohne Bedeutung.

[169] Vgl. § 10 AllgEisenbahnG; § 6 Energiewirtschaftsgesetz.

rung einem Kontrahierungszwang aus § 22 Personenbeförderungsgesetz[170]. Für den Fluglinienverkehr besteht eine Beförderungspflicht nach § 32 Absatz 2 Luftverkehrsgesetz[171]. Nach § 5 Abs. 2 des Pflichtversicherungsgesetzes für Kraftfahrzeughalter (PflG) sind Versicherer der Kraftfahrzeughaftpflichtversicherung verpflichtet, jedem Kfz-Halter eine Haftpflichtversicherung nach den gesetzlichen Vorschriften zu gewähren[172]. Für den Gaststättenbereich besteht eine entsprechende Norm bisher nicht.

(2) Anerkannte Fälle eines mittelbaren Kontrahierungszwangs

Neben den gesetzlich ausdrücklich geregelten Kontrahierungszwängen ist durch die Rechtsprechung ein mittelbarer Kontrahierungszwang aus § 826 BGB für die Fälle entwickelt worden, in denen ein marktbeherrschendes Unternehmen oder ein Monopolunternehmen jemandem eine Leistung verweigert und ihn damit schädigt, weil er sich die begehrte Leistung nicht oder nur unter erschwerten Bedingungen woanders beschaffen kann[173]. In seinem Geltungsbereich ist auch jede Ungleichbehandlung nach Rasse, Heimat und Sprache ausgeschlossen.

---

[170] Zu den öffentlichen Transportmitteln zählen nach § 1 PBefG insbesondere Busse, Straßenbahnen und Taxen. Verweigert ein Transportunternehmen die Beförderung aus rassischen Motiven auch nach einer Abmahnung, führt diese Pflichtverletzung zum Entzug der Konzession nach § 25 PBefG. Vgl. dazu auch *infra*, Kapitel 6, vor A.

[171] Weitere Vorschriften, die einen Kontrahierungszwang vorsehen, sind § 15 Bundesnotarordnung, §§ 48, 49 Bundesrechtsanwaltsordnung und § 61 Urheberrechtsgesetz. Vgl. auch § 5 Schwerbehindertengesetz. Allerdings gewährt diese Vorschrift keinen individuellen Anspruch auf Vertragsabschluß, sondern verpflichtet Betriebe bestimmter Größen, eine vorgegebene Anzahl Schwerbehinderter zu beschäftigen oder eine Ausgleichsabgabe zu zahlen.

[172] Zur vorherigen Praxis einiger Versicherungen, Angehörige bestimmter Nationalitäten nicht oder zu schlechteren Bedingungen zu versichern, siehe ausführlicher *infra*, Kapitel 5, B. III. Siehe zu weiteren gesetzlichen Abschlußzwängen die Aufzählung bei W. Hefermehl, in: Erman, vor § 145, Rz. 17.

[173] RGZ 48, 114, 127; 79, 224, 229; 115, 253, 258; 133, 388, 391; BGHZ 63, 282, 284 f.; BGH, Urteil vom 7.7.1994, BGHR Zivilsachen, § 826, Kontrahierungszwang 1; zusammenfassend BGH NJW 1990, S. 761, 762 f. Durch § 26 GWB ist dieses Institut jedoch wieder weitgehend verdrängt worden. Vgl. dazu Mestmäcker, JZ 1964, S. 441 ff.; Bork, in: Staudinger, Vorbem. zu §§ 145 ff. Rz. 15 ff.; K. Schmidt, DRiZ 1977, S. 98; Busche, Privatautonomie und Kontrahierungszwang, S. 162 ff. Wie diese Folge dogmatisch begründet wird – als An-

Dieser Kontrahierungszwang beruht auf der Grundkonzeption, daß die Verhandlungsparität durch das Übergewicht einer Seite so weitgehend gestört ist, daß die Richtigkeitsvermutung für einen ausgewogenen Vertragsinhalt entkräftet wird, die Privatautonomie damit aufgrund faktischer Gegebenheiten gerade nicht besteht[174]. Die Austauschgerechtigkeit wird im Wege richterlicher Inhaltskontrolle von außen wieder hergestellt[175]. Da die Verweigerung des Vertragsschlusses ebenso belastend sein kann wie die Bindung an einen unausgewogenen Vertrag, greift anstelle der Inhaltskontrolle ein Kontrahierungszwang. In diesen Fällen wird die Privatautonomie durch einen Kontrahierungszwang nicht beeinträchtigt, sondern tatsächlich erst wiederhergestellt[176].

Zwischen Gastwirt und Kunde fehlt es regelmäßig an einem Machtgefälle, das über das im Vertragsrecht üblicherweise bestehende hinausgeht. Zudem nimmt der Gastwirt keine öffentlichen Versorgungsaufgaben wahr. Die Erteilung der Gaststättenerlaubnis dient nicht der Daseinsvorsorge, sondern lediglich gewerbepolizeilichen Zwecken. Der Diskriminierte ist von der Leistung des Gastwirtes regelmäßig nicht in besonderem Maße abhängig und daher nicht auf einen Vertragsabschluß angewiesen. Etwas anderes gilt nur, wenn der Abgewiesene z. B. auf Reisen ist und Nahrung und Getränke nur in dieser Gaststätte erhalten kann. Die Privatautonomie des Diskriminierten ist daher grundsätzlich nicht in vergleichbarer Weise wie bei einem marktbeherrschenden Betrieb beeinträchtigt. Aus dem der Rechtsprechung zu Monopolbetrieben zugrunde liegenden Konzept kann daher nur in Ausnahmesituation ein Kontrahierungszwang für den Gaststättenbereich abgeleitet werden.

---

spruch auf Naturalrestitution nach § 249 S. 1 BGB, als negative Folge des rechtlichen Verbots oder als quasi-negatorischer Unterlassungsanspruch – ist im einzelnen umstritten. Vgl. zu dem Streit Bezzenberger, AcP 196 (1996), S. 401 ff.; Larenz, Schuldrecht AT, S. 45; Bydlinski, AcP 180 (1980), S. 11; Kramer, in: Münchener Kommentar, Vor § 145, Rz. 13; Busche, *ebenda*, S. 235; Oechsler, in: Staudinger, § 826, Rz. 272.

[174] Bezzenberger, AcP 196 (1996), S. 407 m. w. N.; Kilian, AcP 180 (1980), S. 52; W. Hefermehl, in: Erman, vor § 145, Rz. 18; Dieterich, Grundgesetz und Privatautonomie, S. 22 f.; Paulus/Zenke, JuS 2001, 5. Vgl. allg. zur Privatautonomie, Lorenz, Der Schutz vor dem unerwünschten Vertrag, S. 15 ff.

[175] Kilian, AcP 180 (1980), S. 52; Nipperdey, Grundrechte und Privatrecht, S. 19 f.; vgl. auch Ferrer i Riba/Coderch, in: von Münch/dies., S. 81 f.

[176] BVerfGE 81, 242, 254 ff.; Kilian, AcP 180 (1980), S. 52, 57; Meyer-Cording, in: FS Nipperdey, S. 541, 544; Grunsky, Vertragsfreiheit und Kräftegleichgewicht, S. 8; ferner Kötz, in: FS Mestmäcker, S. 1039.

(3) Kontrahierungszwang aus Artikel 3 Absatz 3 Satz 1 GG i. V. m. Artikel 1 Absatz 1 GG

(a) Abwägung zwischen Diskriminierungsverbot und Privatautonomie

Ob darüber hinaus für die Fälle der Verweigerung eines Vertragsabschlusses aus rassischen Gründen ein Kontrahierungszwang aus § 826 BGB abgeleitet werden kann, hatten die Zivilgerichte bisher nicht zu entscheiden[177]. Im Gegensatz zu den eben diskutierten Fällen würde ein Kontrahierungszwang in diesen Fällen nicht primär dazu dienen, die Privatautonomie des Diskriminierten zu ermöglichen , sondern vor allem dazu, den Anforderungen von Artikel 3 Absatz 3 Satz 1 GG in Verbindung mit Artikel 1 Absatz 1 GG gerecht zu werden.

Ausgangspunkt der Untersuchung ist, daß die Privatrechtsordnung auf dem Grundsatz „Präponderanz der Freiheit gegenüber der Gleichheit"[178] basiert[179]. Privatpersonen wird grundsätzlich das Recht zuerkannt, Verträge aus sachfremden, willkürlichen Gründen abzuschließen[180]. Eine Pflicht zum Vertragsabschluß obliegt dem Gastwirt danach

---

[177] In der Lehre ist dies umstritten. Für einen Kontrahierungszwang bei rassisch motivierten Zugangsverweigerungen zu Gaststätten: Otto, Personale Freiheit und soziale Bindung, S. 147 f., 151, 156, 165; Dürig, in: Maunz/ders., Art. 3 Abs. 1, Rz. 519; Bezzenberger, AcP 196 (1996), S. 427 f.; Delbrück, in: FS W. Weber, S. 233; Larenz, Schuldrecht AT, S. 65; Sachs, in: Isensee/Kirchhof, S. 1068; Frowein, in: FS Zacher, S. 160; Heinrichs, in: Palandt, Einf. vor § 145, Rz. 10; Neuner, NJW 2000, 1829; vgl. auch Gubelt, in: von Münch/Kunig, Art. 3, Rz. 2; Jarass, in: ders./Pieroth, Art. 3, Rz. 101; Mager, ZAR 1992 S. 173; Heun, in: Dreier, Art. 3, Rz. 123; Strauss, Das Verbot der Rassendiskriminierung, S. 255; wohl auch Larenz/Wolf, BGB AT, S. 110; Metzner, Gaststättengesetz, § 1, Rz. 13; vgl. ferner Bleckmann, DVBl 1988, S. 946; dagegen z.B. Busche, Privatautonomie und Kontrahierungszwang, S. 214; Herrmann, ZfA 1996, S. 50, 52; Kühner, NJW 1986, S. 1401; Salzwedel, in: FS Jahrreiß, S. 351. Siehe für eine Aufzählung der Rspr. zum Kontrahierungszwang, Busche, *ebenda*, S. 162 ff.

[178] Dürig, in: Maunz/ders., Art. 3 Abs. 1, Rz. 135, 507.

[179] Stern, Staatsrecht III, S. 1580; Larenz, BGB AT, 7. Aufl., S. 82 ff.; Sachs, in: Isensee/Kirchhof, S. 1068; Bydlinski, AcP 180 (1980), S. 32 f.; Dürig, in: Maunz/ders., Art. 3 Abs. 1, Rz. 135, 507 ff.; Salzwedel, in: FS Jahrreiß, S. 347; Herrmann, ZfA 1996, S. 25; Flume, BGB AT II, S. 22.; Ehmann, in: Ermann, Anhang zu § 12, Rz. 98; Busche, Privatautonomie und Kontrahierungszwang, S. 195.

[180] Vgl. BGHZ 70, 313, 324 f.; Hesse, Grundzüge des Verfassungsrecht, S. 159 f.; Bezzenberger, AcP 196 (1996), S. 395 u. S. 403; Roth, in: Münchener

nur in Notfällen, in denen eine Weigerung den Tatbestand der unterlassenen Hilfestellung i. S. d. § 323 c StGB erfüllt[181].

Aus dieser Erkenntnis läßt sich jedoch kein prinzipieller Vorrang der Privatautonomie vor dem Diskriminierungsverbot aufgrund der Rasse ableiten[182]. Aus dem Schutzauftrag des Artikels 3 Absatz 3 Satz 1 GG leitet sich die Pflicht ab, Verstöße gegen das Diskriminierungsverbot auch im Privatrecht so effektiv wie möglich zu sanktionieren. Zu den möglichen Sanktionen zählt auch der Kontrahierungszwang[183]. Da aber die Gerichte gleichermaßen verpflichtet sind, die Vertragsabschlußfreiheit des Gastwirtes als Teil der grundrechtlich geschützten Handlungsfreiheit und das Institut der Privatautonomie zu bewahren, müssen sie die widersprechenden Schutzpflichten im Rahmen der Ausstrahlungswirkung durch Abwägung (praktische Konkordanz) in Einklang brin-

---

Kommentar, § 242, Rz. 41; Larenz, BGB AT, 7. Aufl., S. 84; Dürig, in: FS Nawiasky, S. 167 ff.; 173 ff.; Meyer-Cording, in: FS Nipperdey, S. 537 ff.; Mertens, in: Münchener Kommentar, § 826, Rz. 164; Oechsler, in: Staudinger, § 826, Rz. 440. Dieses Verhalten ist – im Gegensatz zu einer rassendiskriminierenden Zugangsverweigerung – somit auch nicht sittenwidrig i. S. d. BGB und erfüllt nicht den Tatbestand der Beleidigung. Auch das Urteil des BayObLG (NJW 1983, S. 2040, 2041) kann nicht anders verstanden werden. So aber Michel/Kienzle, Gaststättenrecht, § 4, Rz. 22. Auf der Freiheit des Gastwirts, ohne Angaben von Gründen von seinem Hausrecht Gebrauch machen zu dürfen und keinem Kontrahierungszwang zu unterliegen, beruht der Beschluß des OVG Münster von 1964 (GewArch 1967, S. 118 f.). Das Gericht hielt ein Schild, das Ausländern allgemein das Betreten der Gaststätte untersagte, – entgegen den Wertungen des Artikels 3 Absatz 3 GG – für nicht ordnungswidrig. Es berief sich dabei auf ein Urteil des Reichsgerichts vom 12.5.1930 (JW 1931, S. 887, 888), in dem es heißt: „Ein Gastwirt, der Gäste zurückweist, macht damit nur von einem ihm zustehenden Rechte Gebrauch". Dort handelte es sich jedoch um ein Strafverfahren, in dem eine Beleidigung zu verneinen war, da „der Angeklagte bestimmte, ihm jedenfalls triftig erscheinende Gründe hatte, Militärpersonen in Uniform, abgesehen von Offizieren, aus seinen Gasträumen fernzuhalten". Vgl. zu diesem Verfahren, das mit einem Vergleich endete, auch *infra*, Kapitel 5, Fn. 235.

181 Vgl. Michel/Kienzle, Gaststättenrecht, § 4, Rz. 22; Seitter, Gaststättenrecht, Einführung, Rz. 3.

182 Vgl. Bezzenberger, AcP 196 (1996), S. 407 f. Siehe auch Canaris, AcP 184 (1984), S. 236.

183 Im Ergebnis ebenso Neuner, NJW 2000, 1829; Suelmann, Die Horizontalwirkung des Artikels 3 Absatz 3 GG, S. 129, 79 ff.

gen[184]. Überwiegt bei der Abwägung die Privatautonomie, scheidet ein Kontrahierungszwang zugunsten des Diskriminierten aus, im umgekehrten Fall ist er rechtlich zulässig. Der Versuch, die Privatautonomie dieser Abwägung gänzlich zu entziehen[185], überzeugt nicht, da sie – wie auch das Diskriminierungsverbot – nur im Rahmen der objektiven Wertordnung des Grundgesetzes gewährleistet wird[186]. Eine weiterge-

---

[184] Zur Anwendung des Verhältnismäßigkeitsgrundsatzes beim Kontrahierungszwang Kilian, AcP 180 (1980), S. 80; ferner BVerfGE 81, 242, 255; Höfling, Vertragsfreiheit, S. 58; zur Abwägung Canaris, Grundrechte und Privatrecht, S. 60 f.; siehe auch Neuner, Privatrecht und Sozialstaat, S. 158 ff.; Paulus/Zenker, JuS 2001, S. 4. Die Frage, inwieweit Grundrechte auf das Privatrecht einwirken können, ist in der Literatur – insbesondere bezogen auf die Frage einer möglichen Inhaltskontrolle – in den letzten Jahren ausführlich diskutiert worden und ist sehr umstritten. Siehe dafür überzeugend Canaris, *ebenda*, S. 23 ff.; dagegen Isensee, FS Großfeld, S. 486 ff. jeweils mit weiteren Nachweisen; vgl. auch Lorenz, Der Schutz vor dem unerwünschten Vertrag, S. 512 und Floren, Grundrechtsdogmatik im Vertragsrecht, S. 212 ff. Im Rahmen dieser Untersuchung wird von der grundsätzlichen Einwirkung der Grundrechte auf die Privatrechtsnormen ausgegangen, wie es das BVerfG anerkannt hat. Vgl. BVerfGE 81, 242, 252 ff.; 89, 214, 229 ff.; 96, 56. Zur genauen Darstellung der Problematik sei auf die oben zitierte Literatur, die beiden folgenden Fn. und Kapitel 5, Fn. 123, 127 verwiesen. Siehe zur grundrechtlichen Gewährleistung der Privatautonomie Lorenz, *ebenda*, S. 18 f.; Busche, Privatautonomie und Kontrahierungszwang, S. 44, 53 ff.

[185] Vgl. z. B. Zöllner, JuS 1988, S. 335 f.; ferner von Münch, in: ders./Coderch/Ferrer i Riba, S. 29; Kötz, in: FS Mestmäcker, S. 1046 f.; Busche, Privatautonomie und Kontrahierungszwang, *passim*; kritisch zur Beeinflussung des Privatrechts durch Grundrechte auch Oeter, AöR 119 (1994), S. 531; Hesse, JZ 1995, S. 268; Isensee, JZ 1996, S. 1089; ders., in: FS Großfeld, S. 490 ff. Weitere Nachweise bei Langner, Die Problematik der Geltung der Grundrechte zwischen Privaten, S. 73.

[186] Vgl. Dieterich, Grundgesetz und Privatautonomie, S. 15 f.; Canaris, Grundrechte und Privatrecht, S. 23 ff.; Höfling, Vertragsfreiheit, S. 38 ff.; Larenz, Schuldrecht AT, S. 59; Otto, Personale Freiheit und soziale Bindung, S. 165; Jarass, in: ders./Pieroth, Vorbemerkungen vor Art. 1, Rz. 8; Medicus, BGB AT, Rz. 178; implizit auch ders., Schuldrecht AT, S. 44; Nickel, Gleichheit und Differenz, S. 138; ausführlich Suelmann, Die Horizontalwirkung des Artikels 3 Absatz 2 GG, S. 76 ff. Der BGH (BGHZ 16, 350, 353) spricht bezüglich der Gleichheit von Menschen verschiedener Rassen von einem „übergesetzlichen Gleichheitssatz ..., der geradezu das Fundament einer jeden Rechtsordnung darstellt. Nur im Rahmen dieser Rechtsordnung ist die Freiheit des einzelnen gewährleistet". Siehe zu den Grenzen der Privatautonomie die Entscheidung des BVerfG zu Bürgschaften naher Angehöriger, BVerfGE, 89, 214, 231 f.;

hende gesetzliche Legitimation für einen möglichen Kontrahierungszwang als die grundrechtliche Ausstrahlungswirkung im Rahmen des § 826 BGB ist nicht erforderlich, wenn eine Person nur auf diese Weise vor rassendiskriminierender Zugangsverweigerung bewahrt werden kann[187].

Primär betroffen durch einen Kontrahierungszwang ist der individualrechtliche Gehalt der Privatautonomie, die Vertragsfreiheit, da dem Gastwirt die Entscheidung, einen bestimmten Gast wegen seiner Rasse nicht zu bewirten, nicht mehr freisteht. Die Verpflichtung, unbeschadet der Rasse einen Vertrag abzuschließen, verweigert für eine Einzelleistung die selbstbestimmte Verfügung über sie. Einem Gastwirt steht jedoch nicht zuletzt angesichts der kurzen Dauer der vertraglichen Beziehungen eine große Anzahl an Leistungsangeboten für Vertragsschlüsse zur Verfügung[188]. Die Verpflichtung des Gastwirts, einen Bewirtungsvertrag mit einem potentiellen Kunden unbeschadet der Rasse abzuschließen, greift bezogen auf die tatsächlich vorhandenen Leistungsangebote, über die er weiterhin nach Belieben verfügen kann, nur geringfügig in seine Privatautonomie ein. Dazu kommt, daß der Inhaber bereits durch das Betreiben eines öffentlichen Gewerbes einen Teil seiner Schutzwürdigkeit preisgegeben hat. Denn damit bringt er seinen generellen Willen zum Ausdruck, im Rahmen seines Betriebszwecks mit der nicht näher konkretisierten Öffentlichkeit Verträge abzuschließen[189]. Dieser Wille wird zur Grundlage von generellen Erwartungen anderer Verkehrsteilnehmer[190]. Eine entsprechende Erwartung wird auch durch das Verbot rassendiskriminierender Verhaltensweisen, das über §§ 138, 823 und 826 BGB inhaltlich auf die Privatrechtsordnung einwirkt, geschaffen.

---

und NJW 1994, S. 2467; dazu Grunsky, Vertragsfreiheit und Kräftegleichgewicht, S. 15 f.

[187] Ebenso Auskunft BMJ, Frau Lange Referat I B 2, Juli 2000; vgl. auch Herdegen, Der Diskriminierungschutz für Behinderte im Grundgesetz, S. 39 u. S. 45 und Kapitel 5, Fn. 177. Vgl. ferner BVerfGE 89, 214 (229 f.). A. A. Busche, Privatautonomie und Kontrahierungszwang, S. 161; siehe auch Isensee, FS Großfeld, S. 502.

[188] Vgl. Müller, AJP/PJA 1996, S. 666; Guyaz, L'incrimination de la discrimination raciale, S. 290.

[189] Bydlinksi, AcP 1980 (180), S. 39; Timme, ZAR 1997, S. 135.

[190] Bydlinski, AcP 180 (1980), S. 39; vgl. auch Delbrück, in: FS Weber, s. 233.

Bei einem eng begrenzten als ultima ratio eingesetzten Kontrahierungszwang läuft die Vertragsfreiheit auch nicht leer, da nur eine Vertragsverweigerung aus spezifischen, als besonders schädlich erachteten Gründen zu einer Vertragsabschlußpflicht führt. Jede andere Ungleichbehandlung bleibt zulässig[191], z. B. die Zutrittsverweigerung wegen inkorrekter Kleidung oder schlechten Benehmens. Daher bleibt der Wesensgehalt dieses Schutzgutes unberührt.

Praxisfern ist weiterhin das Argument, daß dem Diskriminierten nicht der Vertrag selbst, sondern nur die Möglichkeit zum Vertragsabschluß durch die Rechtsordnung gewährt wird, ein Kontrahierungszwang aber über dieses Ziel hinausginge[192], da es gerade die Besonderheit des von Artikel 5 (f) RDK geschützten Bereichs ist, daß die Vertragsabschlußfreiheit faktisch regelmäßig in einen Vertragsabschluß mündet. Auch in der bestehenden Rechtsprechung zum Kontrahierungszwang wegen Ausnutzung einer Monopolstellung hat dieses Argument keine Berücksichtigung gefunden.

Bei der Abwägung ist zugunsten der Schutzgüter des Diskriminierten zu beachten, daß Rassendiskriminierung in Deutschland heute praktisch ausschließlich von Privatpersonen ausgeübt wird. Das Recht auf gleichberechtigte Teilhabe am Rechtsverkehr würde dem einzelnen verwehrt, wenn ihm kein Mittel zur Verfügung stünde, dieses Recht auch effektiv durchzusetzen. Weigert sich auch nur ein Gastwirt trotz einer drohenden Schadenersatzverpflichtung, den Betroffenen einzulassen, ist dieses Recht beeinträchtigt. Die Menschenwürde des Diskriminierten wird jedesmal verletzt, wenn er vergeblich versucht, in die Gaststätte einzukehren oder wenn er nicht hineingeht, um sich die Abweisung zu ersparen.

Verstärkt wird die Wahrnehmung dieser Rechtsverletzungen durch die geschichtlichen Erfahrungen, die zu einer besonderen Empfindlichkeit gegenüber Diskriminierung aufgrund der Rasse geführt haben, aber auch durch die gegenwärtig wiederkehrenden Ausschreitungen gegen Menschen anderer Rassen[193]. Das Empfinden des Abgewiesenen, als

---

[191] Vgl. Mager, ZAR 1992, S. 173. A. A. Herrmann, ZfA 1996, S. 50, 52, die bei einer Zulassung des Kontrahierungszwanges in diesem Bereich die Abschlußfreiheit an sich als gefährdet ansieht.

[192] So aber Busche, Privatautonomie und Kontrahierungszwang, S. 215.

[193] Vgl. hierzu Einleitung, Fn. 14. Im Ergebnis ebenso Otto, Personale Freiheit und soziale Bindung, S. 148; siehe auch Blau, JR 1986, S. 83 und Jekewitz, Referate zum 80. Geburtstag von Partsch, S. 37 f.

gleichberechtigte Person in der Gesellschaft zu leben, wird durch das Zutrittsverbot empfindlich beeinträchtigt. Ohne Kontrahierungszwang wäre er dem rechtswidrigen Verhalten des Gastwirtes ausgesetzt, ohne sein Recht auf diskriminierungsfreie Behandlung gegenüber dem Gastwirt selbst tatsächlich durchsetzen zu können. Dazu kommt, daß eine solche Diskriminierung nach einem Muster erfolgt, das geeignet ist, den Diskriminierten gänzlich aus dem Privatrechtsverkehr auszuschließen, was mit Artikel 3 Absatz 3 Satz, 1 Absatz 1 GG und 5 (f) RDK nicht zu vereinbaren wäre. Sinn des Schadensersatzrechts ist im übrigen neben Genugtuung und Ausgleich auch eine wirksame Prävention vor neuen Rechtsverletzungen[194]. Diese würde durch einen prinzipiellen Ausschluß, die Privatautonomie durch einen Kontrahierungszwang einzuschränken, verkürzt.

Darüber hinaus sind Diskriminierungen bei öffentlich zugänglichen Orten und Dienstleistungen dazu prädestiniert, den inneren Frieden einer Gesellschaft zu gefährden, andere Menschen mit der gleichen Intoleranz zu infizieren und sie zu bestärken, diese zum Ausdruck kommen zu lassen[195]. Bei einem – im Extremfall vorstellbaren – Abbruch aller privaten Rechtsverbindungen zu Menschen anderer Rasse wäre das friedliche Zusammenleben der verschiedenen Kulturen innerhalb der Gesellschaft gefährdet[196]. Es besteht die Wahrscheinlichkeit, daß sich die benachteiligten Gruppen dann auf sich selbst besinnen und ihre Dienstleistungen nur noch unter sich austauschen würden mit der Folge, daß die Beziehungen zwischen den unterschiedlichen ethnischen Kulturen weiterhin abnehmen[197]. Angesichts des wachsenden Anteils von Menschen der verschiedensten Kulturen und der immer größeren multikulturellen Vielfalt in Städten und Gemeinden wäre das friedliche gesellschaftliche Zusammenleben empfindlich gestört[198].

Die Schutzpflicht des Staates, einem Menschen unbeschadet seiner Rasse Zugang zu Gaststätten zu verschaffen, ist daher insgesamt höher zu

---

[194] BVerfG 2000, 2187; BGH NJW 1996, 984, 985; Neuner, NJW 2000, 1829.

[195] Otto, Personale Freiheit und soziale Bindung, S. 147, 156, 165; vgl. auch den 7. Absatz der Präambel der RDK.

[196] Otto, Personale Freiheit und soziale Bindung, S. 147, 156, 165.

[197] Vgl. dazu FAZ, 14.2.1998, S. 3. In dem Artikel „Ein Ghetto muß ja kein Slum sein" beschreibt Markus Wehner, daß das Leben der Deutschen und Türken in einigen Bezirken Berlins ein Nebeneinander, kein Miteinander ist.

[198] Vgl. FAZ, 14.2.1998, S. 3. Im Ergebnis ebenso Otto, Personale Freiheit und soziale Bindung, S. 147, 156, 165; Bezzenberger, AcP 196 (1996), S. 411 f.

bewerten, als die Freiheit des einzelnen, seinen Vertragspartner nach rassischen Kriterien auszusuchen[199]. Ein Kontrahierungszwang im Bereich des Artikels 5 (f) RDK greift nicht in unzumutbarer Weise in die Privatautonomie ein. Die Abwägung der verschiedenen Interessen führt ausnahmsweise zu dem Ergebnis, daß ein Kontrahierungszwang die Privatautonomie nicht übermäßig einschränkt, und zwar unbeschadet der Tatsache, daß die grundrechtlichen Ausstrahlungswirkungen grundsätzlich weniger Schutz vermitteln als die klassische Abwehrfunktion[200]. Um die Beschränkung der Privatautonomie jedoch so gering wie möglich zu halten, kann der Kontrahierungszwang nur als ultima ratio eingesetzt werden, wenn ein effektiver Schutz vor Rassendiskriminierung nicht auf andere Weise zu erzielen ist[201]. Weiß der Gaststätteninhaber, daß der von ihm Diskriminierte die Möglichkeit hat, notfalls gerichtlich den Zugang und Vertragsabschluß zu erwirken, wird sich dies

---

[199] Ebenso Dürig, in: Maunz/ders., Art. 3, Abs. 1, Rz. 516; Starck, in: BK, Art. 3, Rz. 341; Heun, in: Dreier, Art. 3, Rz. 123; offen Jarass, in: ders./Pieroth, Art. 3, Rz. 101; im Erg. ebenso Nickel, Gleichheit und Differenz, S. 132, 146; a. A. Michel/Kienzle, Gaststättenrecht, § 4, Rz. 22; offen Paulus/Zenker, JuS 2001, S. 5.

[200] Ebenso BMJ, Frau Lange, Referat I B 2, in einer telefonischen Stellungnahme vom Juli 2000; Bork, in: Staudinger, Vorbem zu §§ 145, Rz. 24; Heinrichs, in: Palandt, Vor 145, Rz. 10; Neuner, Privatrecht und Sozialstaat, S. 239. Vgl. auch die Nachweise in Kapitel 5, Fn. 177 und 187. Siehe auch die Nachweise der Literatur in der vorherigen Fn. Ein Vergleich mit dem Theaterkritikerfall (RGZ 133, 388, 389 ff.) bestätigt diese Einschätzung: In diesem Fall ging es um einen Kunstkritiker, der nicht in ein Theater gelassen wurde, da eine negative, schädigende Kritik befürchtet wurde. Mit einem Rückgriff auf Artikel 5 und 12 GG wird heute in der Literatur hier ausnahmsweise ein Kontrahierungszwang für zulässig erachtet (anders noch RGZ 133, 388); vgl. Medicus, Schuldrecht AT, S. 44; Kilian, AcP 180 (1980), S. 69 f. Aufgrund der herausragenden Rolle der Meinungsfreiheit für die freiheitliche Demokratie einerseits und der staatlichen Subventionierung von Theatern andererseits ist dem zuzustimmen. Dem Verbot der Rassendiskriminierung und den verwandten Unterscheidungsverboten liegt aus dem eben erörterten Grund ein ebenso gewichtiger Gedanke zugrunde. A. A. Medicus, *ebenda*. Vgl. zu Freiheitsbeschränkungen durch Schutzpflichten Langner, Die Problematik der Geltung der Grundrechte zwischen Privaten, S. 214 f.

[201] Neuner, NJW 2000, 1829; telefonische Stellungnahme des BMJ vom 20. Juli 2000, Frau Lange, Referat I B 2, vgl. vorherige Fn. Mit diesen Beschränkungen wird auch dem Hinweis von Canaris Rechnung getragen, daß Diskriminierungen nicht ausnahmslos mit dem Kontrahierungszwang begegnet werden sollte (Canaris, AcP 184 (1984), 243).

auf seine Bereitschaft auswirken, schon von vornherein den Zugang zu gestatten[202]. Der gewerberechtliche Widerruf der Gaststättenerlaubnis stellt gegenüber dem Kontrahierungszwang ein sehr viel schärferes Mittel dar.

(b) Entgegenstehende gesetzgeberische Wertung aus § 611 a BGB?

Das Abwägungsergebnis spricht daher für einen Kontrahierungszwang. Im folgenden soll noch knapp auf weitere, gegen den Kontrahierungszwang vorgebrachte Argumente eingegangen werden. So besteht bei der Auslegung des § 826 BGB die Beschränkung, daß der Richter nicht seine eigene Güterabwägung an die Stelle derjenigen setzen darf, die der Gesetzgeber bereits vorgenommen hat[203]. Eine vorrangige gesetzgeberische Wertung wäre anzunehmen, wenn er zum Ausdruck gebracht hätte, daß er einzig Schadensersatz in Geld als Ausgleich gegen Rassendiskriminierung gewährleisten will. Als eine solche Wertung kommt hier § 611 a BGB in Betracht[204]. In dieser Norm wird als Folge einer Diskriminierung aufgrund des Geschlechts im Arbeitsleben lediglich eine finanzielle Entschädigung vorgesehen, nicht dagegen ein Kontrahierungszwang[205].

Die dem § 611 a BGB zugrunde liegende Wertung ist indes nicht auf den Fall der Zugangsverweigerung zu Gaststätten übertragbar[206]. Die Vertragsbeziehungen bei einem Gaststättenbesuch sind im Gegensatz

---

202 Ebenso Bork, in: Staudinger, Vorbem zu §§ 145, Rz. 24; Timme, ZAR 1997, S. 132.

203 BVerfGE 37, 132, 146; 81, 242, 260; Classen, AöR 122 (1997), S. 86; Höfling, Vertragsfreiheit, S. 55.

204 Vgl. Mager, ZAR 1992, S. 173; ferner Canaris, AcP 184 (1984), S. 243. Siehe auch Eisermann, ArbuR 1988, S. 232 ff., der sich gegen eine abschließende Regelung durch § 611 a BGB ausspricht.

205 Vgl. zur neuen Fassung des § 611 a, BGBl 1998 I, 1694 und bereits Herrmann, ZfA 1996, S. 30 f., mit Kritik auf den S. 36 ff. Ursprünglich war der Schadensersatz auf die Bewerbungskosten beschränkt („Portoparagraph"). Die Gerichte erkannten trotzdem einen darüber hinausgehenden Schadensersatzanspruch über § 823 I BGB an. Vgl. insgesamt Göddeke, Die mittelbare Diskriminierung im System der Gleichbehandlung, S. 60 ff. Siehe auch BAGE 61, 209, 212 f.

206 So aber Mager, ZAR 1992, S. 173; Timme, ZAR 1997, S. 135; vgl. auch Canaris, AcP 184 (1984), S. 243.

zu denen des Arbeitsrechts in der Regel nicht auf Dauer und auf die Individualisierung des Vertragspartners angelegt. Die Schutzwürdigkeit des Gastwirtes und die ihm zugemutete Freiheitsbeschränkung sind aus diesem Grund mit der in § 611 a BGB zum Ausdruck kommenden gesetzgeberischen Wertung nicht vergleichbar.

(c) Mangelndes Interesse des Diskriminierten an einem erzwungenen Vertragsschluß?

Gegen den Kontrahierungszwang wird des weiteren eingewandt, daß er nicht zu dem gewünschten Erfolg führe, da der Diskriminierte in der Regel kein Interesse am Besuch einer Gaststätte habe, in der er nur widerwillig bedient würde. Daher seien der Weg über eine Entschädigung in Geld und verwaltungsrechtliche Maßnahmen vorzuziehen[207].

Das Argument vermag nicht zu überzeugen. Die freiheitliche Ordnung der Grundrechte führt dazu, daß es gerade Sache des Grundrechtsträgers bleiben soll, die Verletzung seiner Rechte zu verfolgen[208]. Ob der einzelne sein erstrittenes Recht auf Zugang tatsächlich ausübt oder nicht, ist eine persönliche Entscheidung, die ihm nicht abgenommen werden kann, nicht jedoch ein dogmatischer Einwand[209]. Der Diskriminierende wird zudem auf zweifelhafte Weise in Schutz genommen.

Das deutsche Zivilrecht geht grundsätzlich davon aus, daß die Parteien ihre Rechte eigenständig und -verantwortlich in einem Zivilprozeß

---

[207] Bydlinski, AcP 180 (1980), S. 44, Fn. 44; ihm folgend Medicus, Schuldrecht AT, S. 44. Das von Bydlinski angeführte Argument, der Diskriminierte hätte bei einem Kontrahierungszwang Vorrang vor anderen Leistungsempfängern, auch wenn sie die Leistung dringender benötigten, überzeugt nicht. Erhält das Individuum eine begehrte Leistung in einer solchen Konstellation nicht, liegt keine Diskriminierung aufgrund der Rasse, sondern eine Ungleichbehandlung aufgrund der Dringlichkeit vor. Bestehen daneben rassische Motive des Leistungsanbieters, begründen diese einen Schadensersatzanspruch nach den oben aufgeführten Grundsätzen; ein Anspruch auf Abschluß eines Vertrages ist jedoch – wegen der zu beachtenden Rechtspositionen Dritter – ausgeschlossen.

[208] Emmerich/Würkner, NJW 1986, S. 1204; vgl. auch Neuner, Privatrecht und Sozialstaat, S. 239. Die Notwendigkeit der Eigeninitiative ist gerade Kehrseite der Freiheit und Implikat der Gleichrangigkeit bestehender Grundrechte. Vgl. auch Benda, in. ders/Vogel, S. 167.

[209] Ebenso Timme, ZAR 1997, S. 132; Mager, ZAR 1992, S. 173; Neuner, NJW 2000, 1829.

durchsetzen. Daher ist der Einwand, es bestehe schon verwaltungsrechtlicher Rechtsschutz gegen eine Diskriminierung beim Zugang zu Gaststätten und bedürfe deshalb keines weitergehenden Privatrechtsschutzes, systemfremd und stellt wiederum – ohne sachliche Notwendigkeit – eine Bevorzugung des Diskriminierenden dar. Einem „parallelen Verfahren" neben dem Verwaltungsrechtsweg ist nicht per se seine Berechtigung abzusprechen. Durch die private Klage wird die Wiederherstellung des Rechtsfriedens zusätzlich gestützt[210].

(d) Zumutbares Ausweichen auf andere Angebotsquellen

Eine Verpflichtung zum Vertragsschluß wird in Fällen rassischer Diskriminierung auch mit der Begründung verneint, daß dem Diskriminierten aus der Vertragsverweigerung regelmäßig kein Schaden drohe, weil er auf andere zumutbare Angebotsquellen ausweichen könne[211].

Der Schaden liegt jedoch nicht allein darin, daß der Betroffene die gewünschte Leistung nicht erhält, sondern in der erlittenen Ehrverletzung, da durch das Verhalten seine inferiore Lage und der ihm zugemessene mindere Wert zum Ausdruck kommt. Diese Ehrverletzung wird weder dadurch beseitigt, daß der Diskriminierte in ein anderes Lokal gehen kann, noch durch ein Schmerzensgeld. Denn dieses Lokal wird ihm auch für die Zukunft ein „verbotenes Gebiet" sein, genauso wie die schädliche Wirkung für die Öffentlichkeit für die Zukunft fortwirkt. Ein wirtschaftlicher Schaden ist für § 826 BGB nicht erforderlich. Da die Diskriminierung ideelle Güter verletzt, besteht der vorbeugende Anspruch darin, die ehrverletzende Abweisung zu unterlassen. Dies führt notwendigerweise zur Teilhabe an den verweigerten Leistungen[212].

Auch aus dem Gedanken des § 254 BGB läßt sich keine Ausweichpflicht ableiten. Denn allein darin, daß der Diskriminierte Teilhabe an der öffentlich angebotenen Leistung verlangt, wirkt er gerade nicht

---

[210] Timme, ZAR 1997, S. 132. Otto (Personale Freiheit und soziale Bindung, S. 148) schreibt den polizeilichen Mitteln eine größere Breitenwirkung zu, führt jedoch aus, daß dem diskriminierten Personenkreis nicht damit geholfen sei, daß dem Gastwirt die Konzession entzogen wird.

[211] Siehe dazu Bydlinski, AcP 180 (1980), S. 44 f.; Salzwedel, in: FS Jahrreiß, S. 350.

[212] Bezzenberger, AcP 196 (1996), S. 430; so auch Salzwedel, in: FS Jahrreiß, S. 351, obgleich er letztlich einen Kontrahierungszwang verneint.

schuldhaft bei der Entstehung der Ehrverletzung gemäß § 254 Absatz 1 BGB mit. Ein Ausweichen ist kein seinem wohlverstandenen Interesse entsprechendes Verhalten[213]. Das Gegenteil behaupten hieße, seine gleichberechtigte Teilhabe am Rechtsverkehr öffentlich zugänglicher Güter unbeschadet der Rasse von vornherein zu verneinen. Eine Obliegenheit, dieser Ehrverletzung auszuweichen und den Schaden nicht durch erneutes Verlangen eines Vertragsschlusses zu vergrößern, besteht gerade nicht[214].

Auch ein praktischer Aspekt spricht gegen die Zumutbarkeit eines Ausweichens. Wenn Leistungsverweigerungen durch Gastwirte oder – vor allem – Diskothekeninhaber nicht mehr die Ausnahme, sondern die Regel werden, wie teilweise in Zeitungsberichten behauptet[215], fehlt es dem Diskriminierten an zumutbaren Ausweichalternativen.

(4) Zwischenergebnis

Aus § 826 BGB ist somit ein Kontrahierungszwang ableitbar. Auf die Norm können die Gerichte zurückgreifen, wenn ein Schadensersatz in Geld nach ihrer Einschätzung nicht ausreicht, um effektive Prävention zu gewähren. Der grundsätzlich flexible Schutzauftrag, bei der Auslegung des einfachen Rechts auch das Rassendiskriminierungsverbot zu beachten, konkretisiert sich bei dieser Auslegung – bei entsprechendem Antrag des Diskriminierten – auf einen Anspruch auf Abschluß eines Vertrages zu den üblichen Bedingungen[216]. Demgegenüber müs-

---

[213] Zu den Voraussetzungen des § 254 BGB, insbesondere dem Grundgedanken des vorwerfbaren Verstoßes gegen Gebote des eigenen Interesses, siehe Teichmann, in: Jauernig, § 254, Rz. 3; Heinrichs, in: Palandt, § 254, Rz. 1 f.; Kuckuck, in: Erman, § 254, Rz. 3.; Grunsky, in: Münchener Kommentar, § 254, Rz. 2, jeweils m. w. N.

[214] Bezzenberger, AcP 196 (1996), S. 430.

[215] Siehe hierzu die Angaben in der Einleitung, Fn. 16.

[216] Im Ergebnis ebenso Larenz, Schuldrecht AT, S. 65; Sachs, in: Isensee/Kirchhof, S. 1068; Frowein, in: FS Zacher, S. 160; Bezzenberger, AcP 196 (1996), S. 427 ff.; Delbrück, in: FS W. Weber, S. 230 u. 233; Otto, Personale Freiheit und soziale Bindung, S. 165; Heinrichs, in: Palandt, Einf. vor § 145, Rz. 10; Starck, in: BK, Art. 3, Rz. 341, 347; Dürig, in: Maunz/ders., Art. 3, Abs. 1, Rz. 516, 519; vgl. auch Zippelius, VVDStRL 47 (1989), S. 13; Gubelt, in: von Münch/Kunig, Art. 3, Rz. 2; Heun, in: Dreier, Art. 3, Rz. 123. Zu den weitergehenden Fragen, ob ein gesetzliches oder vertragliches Schuldverhältnis entsteht, ob gleichzeitig auf Abgabe einer Willenserklärung und Leistung geklagt werden

sen die Freiheitsinteressen des Wirtes zurücktreten. Dieses Ergebnis entspricht dem Effektivitätsgebot des Artikels 6 RDK und damit dem Gebot der völkerrechtsfreundlichen Auslegung. Ein Schadensersatzanspruch in Geld kommt neben diesem Anspruch in Betracht, da eine gerichtliche Durchsetzung eines Kontrahierungszwanges vor allem zukunftsgerichtet ist. Werden beide Ansprüche zusammen geltend gemacht, verringert sich die Schadensersatzsumme, da auch der Anspruch auf Vertragsabschluß eine Genugtuungsfunktion gewährleistet.

Ob sich die Zivilgerichte der hier vorgenommenen Wertung anschließen werden, ist allerdings offen. Der Kontrahierungszwang ist nur einer von verschiedenen — unterschiedlich effektiven — Wegen, Artikel 5 (f) RDK und den Schutzpflichten des Artikels 3 Absatz 3 Satz 1 GG nachzukommen[217]. Für den Rechtsuchenden bleibt daher ein nicht zu vernachlässigender Unsicherheitsfaktor, wenn er einen Anspruch auf Vertragsabschluß einklagt[218].

---

kann und wie die Beweislast verteilt ist vgl. Bydlinski, AcP 180 (1980), S. 15 ff.; Bezzenberger, AcP 196 (1996), S. 431 f.; Kilian, AcP 180 (1980), S. 75 f. u. 82 f.; jeweils unter Hinweis auf Nipperdey, Hans Carl, Kontrahierungszwang und diktierter Vertrag, Jena 1920, S. 116 ff.

[217] Vgl. dazu Schwerdtner, in: Münchener Kommentar, § 12, Rz. 286. Er weist im Rahmen der Fragestellung, ob bei der Verletzung des allgemeinen Persönlichkeitsrechts trotz § 253 BGB ein Schmerzensgeld nach § 847 BGB denkbar ist, darauf hin, daß es darauf ankomme, ob der Ersatz des Nichtvermögensschadens bei Persönlichkeitsrechtsverletzungen mit dem Grundgesetz vereinbar sei und nicht darauf, ob das GG einen derartigen Persönlichkeitsschutz unabweisbar gebiete. Aus Art. 1 I i. V. m. Art. 2 I GG könne unmöglich auf eine bestimmte Auslegung des Persönlichkeitsschutzes geschlossen werden. Vgl. auch Bydlinski, Juristische Blätter 1965, S. 177.

[218] Als weitere objektiv-rechtliche Wirkung des Diskriminierungsverbotes kommt ein Einfluß auf die Gestaltung staatlicher Einrichtungen in Betracht. Für Unterscheidungsverbote können die den Grundrechten entnehmbaren Organisations- und Verfahrensgehalte für die Lebensbereiche Bedeutung gewinnen, in denen es erfahrungsgemäß zu unzulässiger Diskriminierung kommt. Diese Pflicht besteht vor allem im Bereich des öffentlichen Rechts. So hat der Staat durch Bestimmung eines angemessenen Auswahlverfahrens dafür zu sorgen, daß keine verschleierte Diskriminierung beim Ämterzugang ausgeübt wird. Dasselbe gilt für andere versteckte Diskriminierung der Staatsgewalten, die im Bereich des Artikels 5 (f) RDK jedoch schwer vorstellbar sind. Darüber hinaus ist der Grundrechtsschutz durch Verfahrensrechte auch in der Form von Gleichberechtigungsbeauftragten oder Antidiskriminierungskommissionen

IV. Grenzen des Rassendiskriminierungsverbots aus Artikel 3 Absatz 3 Satz 1 GG

Zu untersuchen bleibt, welchen Grenzen der besondere Gleichheitssatz unterworfen ist. Da Artikel 3 Absatz 3 Satz 1 GG nicht unter einem Gesetzesvorbehalt steht, kommen lediglich verfassungsimmanente Schranken in Betracht[219]. Die Ausnahmefälle, in denen dem Staat ein Anknüpfen an die Rasse nicht verboten ist, wurden bereits dargelegt. Die hier erörterten Grenzen betreffen daher die Ausstrahlungswirkungen des Artikels 3 Absatz 3 Satz 1 GG auf Rechtsverhältnisse zwischen Privatpersonen. Ist einem privaten Gastwirt ausnahmsweise eine Ungleichbehandlung aufgrund der Rasse erlaubt, stellt das Anknüpfen an die Rasse keine schadensersatzauslösende rechtswidrige Persönlichkeitsverletzung dar und ist nicht sittenwidrig.

1. Der höchstpersönliche Lebensbereich

Verfassungsimmanente Schranken des Diskriminierungsverbotes bestehen vor allem zum Schutz des Kernbereichs persönlicher Lebensführung. Wie bereits im völkerrechtlichen Rahmen dieser Untersuchung dargestellt, verdichtet sich die Freiheit, Unterscheidungen aufgrund der rassischen Zugehörigkeit eines Menschen vorzunehmen um so mehr, je stärker ein Handlungszusammenhang den Kernbereich der persönlichen Freiheitssphäre berührt. Ein Staat, der von einem Menschenbild des grundsätzlich selbstbestimmten, eigenverantwortlich handelnden Individuums geprägt ist, muß diesem einen Bereich lassen, in dem er seine Persönlichkeit durch freie Entscheidungen entfalten kann[220]. Artikel 2 Absatz 1 GG i. V. m. Artikel 1 Absatz 1 GG garantiert daher dem

---

denkbar. Dem Gesetzgeber bleibt eine weite Entscheidungsfreiheit. Vgl. BVerfGE 77, 170, 215; Sachs, in: Isensee/Kirchhof, S. 1068 f.

[219] Vgl. Bleckmann, DVBl 1988, S. 946. Verfassungsrechtlich ausdrücklich genannte Ausnahmen zu Artikel 3 III 1 GG enthalten z. B. Art. 12a I u. IV GG; Art. 6 IV GG, Art. 6 V GG. Siehe dazu Rüfner, in: BK, Art. 3 Abs. 2 u. 3, Rz. 576 m. w. N.

[220] Bezzenberger, AcP 196 (1996), S. 415.

Individuum einen unantastbaren Bereich privater Lebensgestaltung, der der Einwirkung der öffentlichen Gewalt entzogen ist[221].

Das gilt vor allem im Familienrecht, zum Beispiel bei Eheschließung, Scheidung und Adoption[222]. Ein weiteres Rechtsverhältnis, das sich im Rahmen persönlicher Lebensführung abspielt oder diesen Bereich nachhaltig bestimmt, ist die Vermietung von Wohnraum in der selbstgenutzten Wohnung. Ähnlich verhält es sich bei Gefälligkeitshandlungen außerhalb des rechtsgeschäftlichen Bereichs wie bei individuellen Schenkungsgeschäften[223]. Wo hier die Grenze zu ziehen ist, bleibt unbestimmt[224]. Letztlich kommt es auf den Grad des persönlichen Kontakts und auf die konkreten Umstände des Einzelfalls an. Für die Grenzziehung kann auf die Abgrenzung in der Konvention zwischen privatem Leben und öffentlichem Leben zurückgegriffen werden.

Da die öffentlich zugänglichen Gaststätten und Dienstleistungen nach Artikel 5 (f) RDK nur geschäftliche Kontakte ohne engen personalen Bezug von geringer Dauer und Intensität, oft bis an die Grenze der Anonymität, erfassen, ist die Schranke der geschützten individuellen Lebensführung in diesem Bereich nicht berührt.

2. Vereinigungsfreiheit

Das im anglo-amerikanischen Rechtsraum bekannte Abwägungsproblem zwischen Vereinigungsfreiheit und dem Verbot der Rassendiskri-

---

[221] BVerfGE 6, 32, 41; Grimm, Persönlichkeitsschutz im Verfassungsrecht, in: Lorenz, S. 9; im Erg. ebenso Bleckmann, DVBl 1988, S. 946.; siehe auch Correll, Freiheit und Individuum, S. 125.

[222] Otto, Personale Freiheit und soziale Bindung, S. 148; Larenz, Schuldrecht AT, S. 65; Bezzenberger, AcP 196 (1996), S. 416. Zur umstrittenen Frage, ob die Testierfreiheit Vorrang vor dem Diskriminierungsverbot hat vgl. Bezzenberger, *ebenda*; Dürig, in: Maunz/ders., Art. 3 Abs. 1, Rz. 516; Canaris, AcP 1864 (1984), S. 236; Thielmann, Sittenwidrige Verfügungen von Todes wegen, 1973, S. 48 ff., 201 ff., 299 ff.; siehe ferner BGHZ 70, 313, 325; 140, 118,128 f.

[223] Bezzenberger, AcP 196 (1996), S. 416. Dasselbe gilt bei Dienst- und Werkverträgen, die ein gesteigertes persönliches Vertrauen erfordern, z. B. Verträge mit Haushaltshilfen oder Ärzten.

[224] Bezzenberger (AcP 196 (1996), S. 416) verneint z. B. den Vorrang des Persönlichkeitsrechts schon, wenn es um die Vermietung eines vom Vermieter selbst bewohnten Zwei- oder Dreifamilienhauses geht. A. A. Otto, Personale Freiheit und soziale Bindung, S. 148. Vgl. auch Bleckmann, DVBl 1988, S. 939.

minierung stellt sich in Deutschland beim Zugang zu öffentlichen Gaststätten, Cafés etc. nicht im gleichen Maße. Funktion des Artikels 9 Absatz 1 GG ist es, die Freiheit der Persönlichkeitsentfaltung und -entwicklung in Gruppenform zu garantieren[225]. Der Schutzbereich beschränkt sich jedoch im Rahmen der positiven Vereinigungsfreiheit auf den Schutz der Vereinsautonomie, die Freiheit des Beitritts und Verbleibens in dem Verein und auf die Organisations- und interne Betätigungsfreiheit[226]. Die externe Betätigung unterfällt demgegenüber nicht umfassend der Vereinigungsfreiheit[227]. Wird eine Vereinigung „wie jedermann im Rechtsverkehr tätig", ist für den Grundrechtsschutz dieser Betätigung nicht Artikel 9 GG einschlägig[228]. Die Norm vermittelt einem gemeinschaftlich verfolgten Zweck keinen größeren Schutz, als ihn die Grundrechte einem individuell verfolgten Zweck gewähren[229]. Deshalb richtet sich der Grundrechtsschutz nach den materiell einschlägigen Individualgrundrechten[230]. Wenn also eine Vereinigung eine der Allgemeinheit zugängliche Gaststätte, ein Café oder ein Hotel betreibt, steht ihr kein besonderer Schutz aus Artikel 9 Absatz 1 GG zu. Es gelten die oben dargelegten Grundsätze.

---

[225] Rinken, in: AK, Art. 9 Abs. 1, Rz. 42; siehe auch Scholz, in: Maunz/Dürig, Art. 9, Rz. 34.

[226] Jarass, in: ders./Pieroth, Art. 9, Rz. 6; Höfling, in: Sachs, Art. 9, Rz. 16 f.; vgl. aber Scholz, in: Maunz/Dürig, Art. 9, Rz. 78 ff.

[227] Im einzelnen streitig. Siehe aber BVerfGE 70, 1, 25. Vgl. einerseits Jarass, in: ders./Pieroth, Art. 9, Rz. 10; Bauer, in: Dreier, Art. 9, Rz. 41; Höfling, in: Sachs, Art. 9, Rz. 19 f.; Mertens, in: Isensee/Kirchhof, S. 795 und andererseits von Mutius, Jura 1984, S. 196; Scholz, in: Maunz/Dürig, Art. 9, Rz. 86.

[228] BVerfGE 70, 1, 25; Bauer, in: Dreier, Art. 9, Rz. 41; Höfling, in: Sachs, Art. 9, Rz. 20; Jarass, in: ders./Pieroth, Art. 9 Rz. 10.

[229] BVerfG 30, 227, 243; 54, 237, 251; BVerwG 88, 9, 11 f.; Mertens, in: Isensee/Kirchhof, S. 795; Höfling, in: Sachs, Art. 9, Rz. 20.

[230] Mertens, in: Isensee/Kirchhof, S. 795; Höfling, in: Sachs, Art. 9, Rz. 20; Jarass, in: ders./Pieroth, Art. 9, Rz. 10; Rinken, in: AK, Art. 9 Abs. 1, Rz. 54. Auch die Vertreter der Ansicht, daß der gesamte Bereich der externen Beziehungen des Vereins unter den Schutzbereich des Art. 9 Abs. 1 GG fällt, kommen zu keinem anderen Ergebnis. Denn für diesen Bereich wenden sie die Schranken der allgemeinen Gesetze i. S. d. Art. 5 GG für Maßnahmen an, deren Eingriffsschwelle unterhalb der eines Verbotes liegt. Siehe dazu Scholz, in: Maunz/Dürig, Art. 9, Rz. 86; von Mutius, Jura 1984, S. 196. Damit sind wieder die allgemeinen zivilrechtlichen Grundsätze anwendbar (Scholz, *ebenda*, Rz. 87; vgl. BVerfG 30, 227, 243, in: Leibholz-Rinck-Hesselberger, Art. 9, Rz. 90).

Eine Gaststätte, die nur für Mitglieder zugänglich ist, ist, soweit diese in dem Verein ihre eng verstandene Privatsphäre ausleben, nicht öffentlich im Sinne des Artikels 5 (f) RDK[231]. Ist die erforderliche Privatheit nicht gegeben, ist es dem Verein zumutbar, von seiner Freiheit, seine Mitglieder auszuwählen, nur in den Schranken des Rassendiskriminierungsverbotes Gebrauch zu machen. Auf diese Weise ist sichergestellt, daß Menschen unbeschadet der Rasse Zugang zu den Dienstleistungen des Vereins haben. Beschränken sich Zweck oder Tätigkeit des Vereins darauf, einen Gaststättenbetrieb zu unterhalten, um Menschen bestimmter Rassen abzuweisen, tritt schon die unmittelbare Schranke des Artikels 9 Absatz 2 GG ein. Eine solche Vereinigung verstößt gegen § 130 StGB, die individuelle Zurückweisung gegen § 185 StGB[232] und ist gemäß Artikel 9 Absatz 2 GG verboten.

3. Rechtswidriges Vorverhalten von Mitgliedern der diskriminierten rassischen Gruppe

Ein häufig von Gastwirten vorgebrachtes Argument für Zugangsverweigerungen gegenüber einer bestimmten rassischen Gruppe ist, daß diese weibliche Gäste belästigten und Schlägereien verursachten[233]. Ein entsprechendes Fehlverhalten braucht der Gastwirt oder Hotelbesitzer nicht zu tolerieren. Gegenüber dem Störer kann er nicht nur berechtigterweise sein Hausrecht ausüben; er ist zum Schutz seiner übrigen Gäste im Einzelfall sogar verpflichtet, ein Zugangsverbot zu verhängen[234]. Die Zugangsverweigerung beruht dann ausschließlich auf dem störenden Verhalten, nicht auf der Rasse.

---

[231] Vgl. auch § 1 GastG. Siehe dazu Michel/Kienzle, Gaststättenrecht, § 1, Rz. 49.

[232] Siehe dazu *infra*, Kapitel 6, A. II 1 und 2.

[233] Süddeutsche Zeitung, 1.4.1997, S. 47; vgl. auch OLG Düsseldorf, ZIP 1999, S. 1357.

[234] Aus zivilrechtlicher Sicht ergibt sich eine Schutzpflicht aus den Grundsätzen der pVV. Im Gaststättenrecht zählt der Schutz vor Angriffen durch andere Gäste zu der für die Zuverlässigkeit eines Gastwirtes maßgeblichen Fürsorge- und Aufsichtspflicht. Vgl. BGH NJW 1978, S. 2028, 2029; ferner Michel/Kienzle, Gaststättenrecht, § 4, Rz. 23 f.; Metzner, Gaststättengesetz, § 1, Rz. 13. Ausführlich zu strafrechtlich relevanten Schutzpflichten Molketin, GewArch 1989, S. 255 f. m. w. N. in Fn. 19.

Die Störung des Gaststättenbetriebes durch einige Mitglieder einer rassischen Gruppe vermag freilich nicht ein Zugangsverbot für die gesamte Gruppe zu rechtfertigen[235]. Andernfalls würden Nachteile, die nur für einzelne Angehörige der betroffenen Gruppe sachlich gerechtfertigt sind, der ganzen Gruppe auferlegt[236]. Rasse ist nicht der hinter dieser Ungleichbehandlung stehende Grund, sondern lediglich eine Typisierung. Eine solche Typisierung ist geeignet, Vorurteile zu verstärken. Es entsteht der Eindruck, daß die entsprechende Gruppe „per se" gefährlich ist bzw. das für einen Gaststättenbesuch vorausgesetzte Mindestmaß an sozialem Wohlverhalten nicht aufweist. Damit schlägt der Schutzzweck des Artikels 3 Absatz 3 Satz 1 GG und des Artikels 5 (f) RDK durch[237]. Wenn der private Rechtsverkehr auf Typisierungen angewiesen ist, darf auf rassische Kriterien wegen ihrer schädlichen Wirkung für das Zusammenleben der Gesellschaft nicht zurückgegriffen werden. Zugangsverbote sind auf konkrete Personen, Mitglieder einer „Jugendgang" etc. zu beschränken oder müssen auf anderen, nicht rassisch motivierten Kriterien beruhen.

Eine rassische Typisierung kommt deshalb grundsätzlich auch dann nicht in Betracht, wenn der Gastwirt die Störer nicht erkennt und daher vorsichtshalber alle potentiellen Störer ausschließen will, indem er der ganzen Gruppe Hausverbot erteilt. Das Recht der nicht kriminellen Mitglieder einer solchen Gruppe auf gleichberechtigten Zugang zu den

---

[235] So aber OVG Münster, GewArch 1967, S. 118 (vgl. dazu bereits Kapitel 5, Fn. 116 und 119); ihm folgend Michel/Kienzle, Gaststättenrecht, § 4, Rz. 22; Seitter, Gaststättenrecht, Einführung, Rz. 3. Der Beschluß des Gerichts ist jedoch nicht rechtskräftig geworden. Das Hauptverfahren ist durch Vergleich beendet worden, nachdem dem Gastwirt zugestanden wurde, ein Schild mit folgender Aufschrift anzubringen: „Personen und Gruppen von Personen gleich welcher Nationalität, die meine Gäste und mein Personal beleidigen, bedrohen oder sonstwie belästigen, ist der Zutritt und der Aufenthalt in meinem Lokal verboten. Zuwiderhandlungen werden bestraft."

[236] Vgl. BVerwGE 79, 326, 334 f.; Beschlußkammer BAV, VersichR 1985, S. 651, 652; Bezzenberger, AcP 196 (1996), S. 420.

[237] Im Erg. (für das Versicherungsrecht) ebenso Littbarski, in: Joerden (Hrsg.), S. 207; vgl. auch Kaulbach, VersR 1985, S. 656. Siehe auch BVerwGE 79, 326, 334 f.; Bezzenberger, AcP 196 (1996), S. 420. Zu zulässigen Typisierungen siehe Weyreuther, DÖV 1997, S. 522 ff. Das Argument von Michel/Kienzle (in: Gaststättenrecht, § 4, Rz. 22), der Wirt sei zur Verhinderung von Ordnungsstörungen verpflichtet, daher müsse er auch die Mittel bekommen, dieser Verantwortung durch die Zusammensetzung seiner Gäste gerecht zu werden, gilt nur im Rahmen des Art. 3 III 1 GG und vermag diesen nicht auszuhebeln.

öffentlich zugänglichen Leistungen und ihr aus der Menschenwürde fließender Anspruch, nicht mit diesen Personen auf eine Stufe gestellt zu werden, überwiegt grundsätzlich die Sicherheitsinteressen des Gastwirts und seiner Gäste[238]. Ausnahmen mögen allenfalls bei erheblichen Gefahren für die körperliche Integrität von Inhaber und Gästen oder das Eigentum des Gastwirtes bestehen und sind durch Einzelfallabwägung zu ermitteln.

4. Druck von dritter Seite

Zu prüfen bleibt, ob als mögliche Grenze des Diskriminierungsverbotes auch ein durch Dritte verursachtes Verhalten in Betracht kommt. Ein wiederholt vorgebrachtes Argument gegen einen Einlaß in Gastwirtschaften ist, daß die „deutschen Gäste", die in der Regel mehr konsumierten, dann ausblieben. Denkbar ist auch, daß ein Gastwirt von seinen übrigen Kunden aufgefordert wird, einem Angehörigen einer anderen ethnischen Gruppe die Bedienung zu verweigern.

Die Duldung fremden Drucks ist im Verhältnis zum Verbot, einen Vertrag nicht aufgrund der Rasse zu verweigern, eine weitergehende Beeinträchtigung der grundrechtlichen Positionen des Gastwirts. Ausgangspunkt für die Untersuchung, inwieweit ihm diese noch zugemutet werden kann, bleibt die im Rahmen des Privatrechts vorzunehmende Abwägung zwischen dem Verbot der Rassendiskriminierung und der Privatautonomie, zu der sich als weiterer, möglicherweise rechtfertigender Aspekt das Verhalten der Dritten gesellt.

a) Ausbleiben anderer Gäste – wirtschaftlicher Druck

Das Argument, daß konsumfreudigere deutsche Gäste ausblieben, ist freilich nur so lange stichhaltig, als es dem Gaststätteninhaber freisteht, bestimmte Gruppen nicht zu bedienen. Nur in diesem Fall besteht für die mit Boykott drohenden Deutschen die Alternative, auf ein anderes, ihre Forderungen erfüllendes Lokal auszuweichen. In dem Moment, in dem kein Gastwirt dieser Drohung legitimerweise nachgeben kann, bzw. der Diskriminierte einen einklagbaren Anspruch auf Zugang zu

---

[238] Der Gastwirt kann den Mitgliedern einer Rasse auch nicht in rechtfertigender Weise sein Hausrecht entgegensetzen. Vgl. dazu *infra*, Kapitel 5, A. IV 4 b.

der Gaststätte hat, entfällt die Ausweichmöglichkeit, mit welcher dem Gastwirt gedroht werden könnte, auf Dauer[239]. Eine solche Argumentation des Gastwirts eröffnet einen Teufelskreis, der weder mit der Zielsetzung der Rassendiskriminierungskonvention noch mit Artikel 3 Absatz 3 Satz 1 GG vereinbar ist. Bereits aus diesem Grund beinhaltet der Einwand keine über den Aspekt der Vertragsfreiheit hinausgehende Rechtfertigung für eine Diskriminierung beim Zugang zu Gaststätten, die bei der Abwägung der sich widersprechenden Interessen zu einem anderen Ergebnis führen würde[240].

b) Androhung oder Ausübung von Gewalt

Demgegenüber ist das Androhen oder die Ausübung von Gewalt gegenüber dem Wirt oder seinen Gästen eine über den Kontrahierungszwang hinausgehende Belastung für den Gastwirt. Würde von ihm verlangt, den Kunden in diesem Fall unbeschadet der drohenden Gewalt zu bewirten, würde ihm zugemutet, ein im Einzelfall ungewolltes Ergebnis unter Aufwendung eigener Rechtsgüter zu verteidigen[241]. Ob ihm diese weitergehenden Opfer neben der beschränkten Privatautonomie zugemutet werden können, ist zweifelhaft.

Eine Haftung des Wirtes für das von ihm aufgrund einer Bedrohung ausgesprochene Zugangsverbot scheidet in diesem Fall nicht bereits deshalb aus, weil die Handlung nicht aus freiem Entschluß, sondern durch die vorausgehende Handlung eines Dritten motiviert ist[242]. Seine

---

[239] Diesen Aspekt vernachlässigt Otto (Personale Freiheit und soziale Bindung, S. 149), wenn er davon ausgeht, daß ein diskriminierendes Verhalten des Wirtes „in einem milderen Licht“ erscheint, wenn es auf dem Verlust der überwiegenden Zahl bisheriger Stammgäste beruht.

[240] Im Erg. wohl ebenso, Michel/Kienzle, Gaststättenrecht, § 4, Rz. 22. Siehe auch OLG Düsseldorf, ZIP 1999, S. 1359. Davon unberührt bleibt der vorgetragene Fall, daß Gäste wegen des Fehlverhaltens anderer Gäste ausbleiben. Störern kann der Wirt das Hausrecht verweigern.

[241] Davon zunächst zu trennen ist die Frage, ob der Wirt selbst rechtlich verpflichtet ist, den Diskriminierten vor Angriffen anderer Gäste zu verteidigen. Strafrechtlich beurteilt sich diese Frage nach § 323 c StGB; zivilrechtlich kann sich eine solche Pflicht allenfalls aus den Grundsätzen der culpa in contrahendo (cic) oder der positiven Vertragsverletzung ergeben.

[242] Im Erg. ebenso OLG Düsseldorf, ZIP 1999, S. 1359; siehe ferner Römer, NJW 1971, S. 1735.

Verantwortlichkeit für die Rassendiskriminierung wird nicht durch das Verhalten des Drohenden abgeschnitten, da die Weigerung des Wirts erst nach der ursprünglichen Aggression einsetzt[243]. Hinzu kommt, daß die in der Zugangsverweigerung begründete Diskriminierung ausschließlich vom Inhaber der Gaststätte oder seinen Angestellten vorgenommen werden kann und insofern eine eigenständige, von der Diskriminierung des Angreifers zu trennende Aggression darstellt.

Seiner ihm zugemuteten Verpflichtung, Menschen unbeschadet der Rasse in seiner Gaststätte zu bewirten, kann der Gastwirt auch nicht dadurch ausweichen, daß er Personen einer anderen Rasse — als „Ursache" möglicher Streitereien — Hausverbot erteilt, dessen Zuwiderhandlung als Hausfriedensbruch gemäß § 123 StGB zu werten wäre. Wenn der Berechtigte einen Raum für eine bestimmte Publikumsbetätigung zugänglich gemacht hat, kann das durch § 123 StGB geschützte Rechtsgut der räumlichen Sphäre des Inhabers nur noch durch Handlungen verletzt werden, die über die vom Berechtigten zugelassene Nutzung der Räume hinausgehen[244]. Die bloße Zugehörigkeit zu einer anderen Rasse ist keine solche Handlung[245].

Der Konflikt ist im Rahmen der Abwägung der Rechtsgüter des Diskriminierten und des Gastwirtes zu lösen, wobei auf Seiten des Gastwirtes neben der Privatautonomie die durch den Dritten bedrohten Rechtsgüter zu berücksichtigen sind. Dabei ist allerdings zu beachten, daß der Gastwirt durch die Ausweisung seine eigenen Rechtsgüter auf Kosten des Diskriminierten schützt. Ein Eingriff in fremde Rechtsgüter, von denen kein Angriff ausgeht, ist allenfalls dann zulässig, wenn nur auf diese Weise die Gefahr für eigene Rechtsgüter abgewendet werden kann. Daran fehlt es, wenn der Wirt denjenigen, der mit der Gewalt droht oder sie ausübt, zur Ordnung bringen oder aus der Gaststätte weisen kann, ohne Schäden von nicht völlig unerheblichem Ausmaß zu

---

[243] Vgl. zum Abschneiden der Kausalität durch Verhalten Dritter Larenz, Schuldrecht AT, S. 449; Heinrichs, in: Palandt, Vorbem. v. § 249, Rz. 73 ff.; Medicus, Bürgerliches Recht, S. 486 f; siehe auch Kühl, Strafrecht AT, S. 63 ff.

[244] Bernsmann, Jura 1981, S. 409; Blau, JR 1986, S. 84; vgl. auch Bohnert, GA 1983, S. 5 f.

[245] Siehe Bernsmann, Jura 1981, S. 407; i. Erg. ebenso, aber über die Anwendung des § 138 BGB: Lenckner, in: Schönke/Schröder, § 123, Rz. 19; Bohnert, GA 1983, S. 5 f.; Blau, JR 1986, S. 84; Molketin, GewArch 1989, S. 86 f.

riskieren[246]. Das heißt, ihm ist zuzumuten, zu versuchen, auf den Angreifer selbst Einfluß zu nehmen, bevor er seine Rechtsgüter zu Lasten des Rechts des Betroffenen auf gleichberechtigte Teilnahme am Privatrechtsverkehr schützt[247]. Das Gleiche gilt, wenn der Inhaber die Polizei alarmieren und so die angedrohte Gewalt durch staatliches Eingreifen wirksam gebannt werden kann. Maßgeblich ist der Einzelfall, insbesondere das Ausmaß der Gefahr für die Rechtsgüter des Gastwirtes.

Freilich stellt die Duldung fremden Drucks im Verhältnis zum Verbot, einen Vertrag nicht aufgrund der Rasse zu verweigern, eine weitergehende Beeinträchtigung der grundrechtlichen Positionen des Gastwirts dar. Die durch eine Schlägerei bedrohten Rechtsgüter sind in erster Linie die körperliche Integrität des Gastwirtes, seines Personals und seiner Gäste sowie sein Eigentum. Zwar ist der rassisch Diskriminierte auf das Verhalten des Gastwirtes angewiesen, um sein Recht auf gleichberechtigte Teilnahme am Privatrechtsverkehr unbeschadet seiner Rasse verwirklichen zu können. Daraus leitet sich jedoch keine Pflicht des Wirtes ab, über den zu erduldenden Eingriff in seine Privatautonomie hinaus weitere Beeinträchtigungen seiner grundrechtlich geschützten Positionen oder der seiner Gäste hinzunehmen, um das Recht des Diskriminierten zu realisieren. Den einzelnen vor Diskriminierungen zu schützen, ist vielmehr Aufgabe des Staates, der diese nicht auf andere Grundrechtsberechtigte abwälzen kann[248]. Mehr als das ernsthafte Bemühen, sich an den störenden Gast oder die Polizei zu wenden, wäre unverhältnismäßig und kann dem Gastwirt im Wege der grundrechts-

---

[246] Eine entsprechende Pflicht, einem Gast den Zutritt zu verweigern, besteht aus strafrechtlicher, zivilrechtlicher und gaststättenrechtlicher Sicht. Vgl. Molketin, GewArch 1989, S. 255 m. w. N.; Michel/Kienzle, Gaststättenrecht, § 4, Rz. 24.

[247] Im Rahmen von § 5 Abs. 1 Nr. 1 GastG kann dem Gastwirt zum Schutz der Gäste eine Auflage mit dem Inhalt gemacht werden, die Duldung bestimmter Personen, die zu Gewalttätigkeit neigen, zu verbieten. Vgl. Michel/Kienzle, Gaststättengesetz, § 5, Rz. 7; ferner Metzner, Gaststättengesetz, § 5, Rz. 11.

[248] I. Erg. ebenso Bezzenberger, AcP 196 (1996), S. 419; Michel/Kienzle, Gaststättenrecht, § 4, Rz. 22. Zu den grundsätzlich engeren Grenzen der Ausstrahlungswirkungen von Grundrechten im Verhältnis zu den Abwehrrechten wegen der begriffsnotwendig damit einhergehenden Beeinträchtigung von Freiheitsrechten anderer Grundrechtsträger vgl. Sachs, in: Isensee/Kirchhof, S. 1068; Dürig, in: Maunz/ders., Art. 3 Abs. 1, Rz. 516; Starck, in: BK, Art. 3, Rz. 341; vgl. auch Jarass, in: ders./Pieroth, Art. 3, Rz. 101. Siehe ferner BVerfG 66, 116, 135.

konformen Auslegung der Generalklauseln daher nicht auferlegt werden[249].

Selbstverständlich entfällt die Rechtswidrigkeit der Diskriminierung nur, wenn der Gastwirt die Diskriminierung ausschließlich zum Schutz der genannten Rechtsgüter verübt. Nimmt er die Bedrohung durch andere Gäste zum Anlaß, aus eigenen rassischen Motiven zu handeln, z.B. indem er das Zugangsverbot in zusätzlich beleidigender Weise ausspricht, kommt eine Rechtfertigung für den über das „bloße" Zugangsverbot überschießenden Teil nicht in Betracht[250].

---

[249] Gerechtfertigt ist damit lediglich die in der Diskriminierung liegende Herabsetzung. Verletzt der Gastwirt Rechtsgüter des Diskriminierten in anderer Weise, gilt die übliche Güterabwägung.

[250] Dieses Ergebnis wird durch einen Vergleich mit dem Strafrecht bestätigt. Dort hat ein Gastwirt grundsätzlich keine Garantenpflicht für die Gäste (Zu den Ausnahmen vgl. Stree, in: Schönke/Schröder, § 13, Rz. 43, 51 ff.). Seine Schutzpflichten richten sich nach dem allgemeinen Gebot der Hilfeleistung nach § 323 c StGB. Die in diesem Fall weitergehenden Pflichten des Gastwirtes, zunächst den Angriff des eigentlichen Störers abzuwehren, ergeben sich aus den in Art. 3 Abs. 3 GG enthaltenen besonderen Anforderungen.

Auch die allgemeinen zivilrechtlichen Grundsätze kennen keine weitergehende Haftung des Gastwirtes. Eine Verkehrssicherungspflicht hat der Gastwirt für seine Gäste nicht. Eine solche wird zwar für Veranstalter einer Massenveranstaltung angenommen, mit entsprechenden Sicherungspflichten für das umliegende Gelände. Die Verantwortung kann jedoch auf den Gastwirt nicht übertragen werden, da dort keine Gefährlichkeit aus der unkontrollierbaren Menschenmasse resultiert, sondern von den individualisierbaren Gästen, auf die ein Einwirken möglich bleibt (vgl. zu Verkehrssicherungspflichten für Gaststätten: Thomas, in: Palandt, § 823, Rz. 84; Mertens, in: Münchener Kommentar, § 823, Rz. 242, allgemein: Kötz, Deliktsrecht, S 94 ff.; Larenz/Canaris, Lehrbuch des Schuldrechts, BT/2, S. 399 ff.).

Eine Schutzpflicht für seine (übrigen) Gäste ergibt sich für den Gastwirt aus den Grundsätzen der pVV. Da mit dem Diskriminierten in der Regel noch kein Vertrag abgeschlossen wurde, ergibt sich eine vertragliche Schutzpflicht nur aus cic. In diesem Rahmen ergeben sich dieselben Erwägungen. Gefahr für eigene relevante Rechtsgüter muß der Gastwirt nicht hinnehmen. Aus seinen vertraglichen Schutzpflichten ergeben sich jedoch Beschränkungen der ihm zur Verfügung stehenden Verteidigungsmittel, bzw. bei besonderem Anlaß können sich Verpflichtungen zu personeller oder organisatorischer Vorsorge ergeben, wenn es zu Ausschreitungen zwischen den Gästen kommt (vgl. BGH NJW 1978, S. 2028 f.). Ein solcher Anlaß kann eine Diskriminierung eines Mitglieds einer anderen Rasse durch andere Gäste sein (vgl. Mertens, *ebenda*, § 823, Rz. 242 – unter dem Stichwort Verkehrssicherungspflichten).

5. Zwischenergebnis

Grenzen, in denen eine Ungleichbehandlung aufgrund der Rasse ausnahmsweise zulässig ist, ergeben sich in dem von Artikel 5 (f) RDK erfaßten Bereich regelmäßig nicht aus der Privatsphäre des einzelnen, da der Anwendungsbereich der Konvention das „private Leben" nicht miteinschließt. Auch die Vereinigungsfreiheit rechtfertigt keine diskriminierende Zugangspolitik bei von Vereinen öffentlich betriebenen Gaststätten. Bei Androhung von Gewalt ist der Gastwirt grundsätzlich gehalten, sich an den Störer zu halten. Der nennenswerte Einsatz eigener oder fremder Rechtsgüter ist ihm dabei jedoch nicht zumutbar. Insofern ergibt sich aus seiner Rolle als nicht unmittelbar Grundrechtsverpflichteter eine Grenze des Diskriminierungsverbotes.

Abgesehen von diesen Grenzen gilt das Verbot, den Zutritt zu einer Gaststätte wegen der Rasse zu verbieten, bei unmittelbarer Diskriminierung aufgrund der Rasse und den Umgehungsversuchen nach Artikel 3 Absatz 3 Satz 1 GG umfassend und ist bei der Anwendung einfachen Rechts zu beachten. Die von Artikel 5 (f) RDK verlangten positiven Maßnahmen können nicht aus diesem grundrechtlichen Diskriminierungsverbot abgeleitet werden, ergeben sich jedoch im Zusammenspiel mit dem Sozialstaatsprinzip und Artikel 1 Absatz 1 GG. Über die Ausstrahlungswirkung des Artikels 3 Absatz 3 Satz 1 GG wirkt es sich auch auf Diskriminierungen durch Privatpersonen aus. Entsprechende Verhaltensweisen lösen deliktsrechtliche Schadensersatzansprüche aus, die auf Geld, aber auch auf den begehrten Vertragsabschluß gerichtet sein können.

B. Artikel 3 Absatz 1 GG

In den Fällen, in denen ein Zutrittsverbot an die Rasse anknüpft, ist Artikel Absatz 3 GG das speziellere, ausschließlich anwendbare Grundrecht. Dasselbe gilt bei intendierter mittelbarer Diskriminierung, da in diesem Fall ein nicht schutzwürdiger Umgehungsversuch vorliegt. In den übrigen Fällen mittelbarer Anknüpfung an die Rasse kommt ein Verstoß gegen den allgemeinen Gleichheitssatz in Betracht[251].

---

[251] Vgl. Rüfner, in: FS Friauf, S. 337; Bezzenberger, AcP 196 (1996), S. 412. Zum Verhältnis des Art. 3 III GG zu Art. 3 I GG, siehe Seißer, Das Verhältnis des Allgemeinen Gleichheitssatzes (Art. 3 Abs. 1 Grundgesetz) zu den besonde-

Eine Beeinträchtigung des Artikels 3 Absatz 1 GG im Bereich der Rassendiskriminierungskonvention liegt dann vor, wenn eine Ungleichbehandlung beim Einlaß in Gaststätten ohne rechtlichen Grund aufgrund eines Differenzierungskriteriums erfolgt, welches bei Angehörigen einer rassischen Gruppe häufiger anzutreffen ist als bei Vertretern anderer Gruppen[252]. Die zweite, bei einem Zugangsverbot regelmäßig zu bejahende Voraussetzung ist, daß der Betroffene durch die Ungleichbehandlung benachteiligt wird. Ob die Benachteiligung geringfügig oder gewichtig ist, spielt keine Rolle[253]. Der Gleichheitssatz ist nicht auf Deutsche beschränkt. Auch Personen ausländischer Staatsangehörigkeit dürfen im Verhältnis zueinander und im Verhältnis zu den Deutschen nicht willkürlich ungleich behandelt werden[254].

Im Gegensatz zu Artikel 3 Absatz 3 Satz 1 GG ist eine Rechtfertigung von Ungleichbehandlungen, die nicht unmittelbar an die Rasse anknüpfen, möglich. Grundsätzlich gilt, daß lediglich willkürliche Ungleichbehandlungen, also solche ohne sachlichen Grund, durch den allgemeinen Gleichheitssatz verboten werden[255]. Die konkreten Anforderungen an die Rechtfertigung einer Ungleichbehandlung hängen davon ab, ob die Differenzierung beim Einlaß zu Gaststätten an den Status einer Person oder ihr Verhalten anknüpft oder ob sie lediglich Nebenfolge einer Maßnahme ist, die selbst keine Unterscheidung vornimmt.

---

ren Gleichheitssätzen, S. 110 ff. Allgemein zum Wesen des Gleichheitssatzes, Hesse, AöR 77 (1951/52), S. 167 ff.

[252] Ein Verstoß gegen den Gleichheitssatz kommt allerdings nur in dem Fall in Betracht, in dem die Vergleichsfälle in den Kompetenzbereich der handelnden Stelle fallen. Denn der Gleichheitssatz bindet jeden Träger öffentlicher Gewalt allein in dessen konkretem Zuständigkeitsbereich. Grundsätzlich zulässig sind z.B. verschiedene Regelungen desselben Sachverhaltes in den verschiedenen Bundesländern. BVerfGE 10, 354, 371; 12, 319, 324; 16, 6, 24; stg. Rspr.; Bethge, AöR 110 (1985), S. 208; Bleckmann, Staatsrecht II, S. 638.

[253] BVerfGE 71, 39, 50; Jarass, in: ders./Pieroth, Art. 3, Rz. 11.

[254] Bleckmann, Staatsrecht II, S. 636.

[255] Vgl. BVerfGE 1, 14, 52; 4, 144, 155; 23, 98, 106 f.; 49, 148, 165; 52, 277, 280 f.; 68, 287, 301; 71, 255, 271; 81, 108, 118; std. Rspr.; Rüfner, in: BK, Art. 3 Abs. 1, Rz. 4; Pieroth/Schlink, Staatsrecht II, S. 102; siehe auch Bleckmann, Die Struktur des allgemeinen Gleichheitssatzes, S. 70 ff.; Jarass, in: ders./Pieroth, Art. 3, Rz. 15; Krugmann, JuS 1998, S. 7; Ipsen, J., Staatsrecht II. s. 240; Martini, Artikel 3 Abs. 1 GG als Prinzip absoluter Rechtsgleichheit, S. 17. ff.

I. Abhängigkeit der Rechtfertigungsanforderungen von den Differenzierungsformen

1. Personenrechtliche Betroffenheit

Am stärksten ist die Freiheit zu differenzierenden Maßnahmen eingeschränkt, wenn eine Regelung an den Status von Personen anknüpft[256]. Auch der allgemeine Gleichheitssatz beinhaltet das Gebot, die Gleichheit der Menschen in ihrer persönlichen Rechtsstellung zu achten[257]. Der grundlegende Status des Menschen, seine Würde, sein Anspruch auf Freiheit, seine Teilhabe am Rechtsleben und Geschäftsverkehr sind vom Staat zu achten und formal gleich zu behandeln[258]. Diese Bindung ist um so enger, je mehr sich die personenbezogenen Merkmale den in Art. 3 Absatz 3 GG genannten annähern und je größer deshalb die Gefahr ist, daß eine an sie anknüpfende Ungleichbehandlung zur faktischen Diskriminierung einer rassischen Gruppe führt[259]. Hintergrund ist wie bei Artikel 3 Absatz 3 Satz 1 GG, daß die Betroffenen bei personenbezogenen Anknüpfungspunkten die Kriterien einer Ungleichbehandlung nicht oder nur schwer selbst beeinflussen können[260]. Der einzelne ist daher den unterscheidenden Regelungen ohne Ausweichmög-

---

[256] BVerfGE 88, 87, 96. Vgl. Rüfner, in: BK, Art. 3 Abs. 1, Rz. 47; Kirchhof, in: Isensee/ders., S. 925; Starck, in: BK, Art. 3, Rz. 5; Osterloh, in: Sachs, Art. 3, Rz. 13 ff.; vgl. auch Martini, Art. 3 Abs. 1 GG als Prinzip absoluter Rechtsgleichheit, S. 44 ff.; Hesse, AöR 109 (1984), S. 189; ders., in: FS Lerche, S. 128.

[257] Rüfner, in: BK, Art. 3 Abs. 1, Rz. 46; Starck, in: BK, Art. 3, Rz. 16.

[258] Vgl. BVerfGE 88, 87, 96; Leibholz/Rinck/Hesselberger, Grundgesetz an Hand der Rechtsprechung, Art. 3, Rz. 64: „Da der Grundsatz, daß alle Menschen vor dem Gesetz gleich sind, in erster Linie eine ungerechtfertigte Verschiedenbehandlung von Personen verhindern soll, unterliegt der Gesetzgeber bei einer Ungleichbehandlung von Personengruppen regelmäßig einer strengen Bindung." Siehe ferner Kirchhof, in: Isensee/ders., S. 925; Starck, in: BK, Art. 3, Rz. 55.

[259] Die besonderen Gleichheitssätze sind gerade ein Ausdruck dieser persönlichen Rechtsgleichheit. Vgl. BVerfGE 88, 87, 96; 96, 1, 6; Leibholz/Rinck/Hesselberger, Grundgesetz an Hand der Rechtsprechung, Art. 3, Rz. 2, 64; Rüfner, in: BK, Art. 3 Abs. 1, Rz. 50; Herdegen, Der Diskriminierungsschutz für Behinderte im Grundgesetz, S. 11; Kannengießer, in: Schmidt-Bleibtreu/Klein, Art. 3, Rz. 40; Michael, JuS 2001, S. 152; Bethge, AöR 110 (1985), S. 208.

[260] BVerfGE NJW 1993, S. 1517; Pieroth/Schlink, Staatsrecht II, S. 104; Jarass, NJW 1997, S. 2547.

lichkeit ausgeliefert[261]. Werden z. B. dem aktuellen Schönheitsmaß entsprechend (und ohne jegliches rassische Motiv) nur Menschen ab einer bestimmten Körpergröße in eine Diskothek gelassen, sind die Kleinwüchsigen — aller Rassen — ausgeschlossen, ohne das Einlaßkriterium durch eigenes Verhalten erfüllen zu können. Sind in einer rassischen Gruppe besonders viele kleinwüchsige Menschen, liegt eine mittelbare Ungleichbehandlung wegen der Rasse vor.

Aus der Grundentscheidung gegen eine Ungleichbehandlung von Personengruppen in Artikel 3 Absatz 1 und 3 GG sowie Artikel 1 Absatz 1 GG, aber auch aus der Rassendiskriminierungskonvention, ergibt sich, daß bei Statusbetroffenheit der Normadressaten für die staatlichen Stellen eine grundsätzliche Pflicht zur Gleichbehandlung besteht. Eine statusbezogene staatliche Maßnahme, die dazu führt, daß einer Rasse die gleichberechtigte Teilnahme am Rechtsverkehr im Bereich des Artikels 5 (f) RDK erschwert oder verwehrt wird, ohne direkt an ein verbotenes Kriterium anzuschließen, ist unter Artikel 3 Absatz 1 GG nur ausnahmsweise zu rechtfertigen. Rechtfertigungen kommen allenfalls in Betracht, wenn wichtige Güter von Verfassungsrang eine entsprechende Ungleichbehandlung unbedingt erfordern und diese im Einzelfall bei der Abwägung mit dem Anspruch auf Gleichbehandlung überwiegen[262]. Zu berücksichtigen ist neben dem Wert des angestrebten Zwecks die Intensität des Eingriffs in die Gleichheit, seine Auswirkung auf das Zusammenleben der verschiedenen rassischen Gruppen, die Beeinträchtigung der Menschenwürde der Betroffenen etc. Im Einzelfall können bei an sich legitimen Zugangsregeln Ausnahmevorschriften für eine rassische Gruppe erforderlich werden. Ein Rechtfertigung von

---

261 Jarass, in: ders./Pieroth, Art. 3, Rz. 19; ders., NJW 1997, S. 2547; Rüfner, in: BK, Art. 3 Abs. 1, Rz. m. w. N. Siehe auch Kirchhof, in: Isensee/ders., S. 925.

262 Nach der sog. „neuen Formel" des BVerfGs ist auch im Rahmen des Art. 3 I GG im Erg. die praktische Konkordanz zwischen widerstreitenden Interessen herzustellen. Vgl. hierzu BVerfGE 51, 1, 24; 55, 72, 88; 81, 208, 224; 85, 238 244; siehe auch Huster, Rechte und Ziele, S. 62 m. w. N.; S. 193 ff.; Müller, VVDStRL 47 (1989), S. 50; Wendt, NVwZ 1988, S. 781 f.; Jarass, NJW 1997, S. 2549; Alexy, Theorie der Grundrechte, S. 100, 391; Zippelius, VVDStRL 47 (1989), S. 29; Schoch, DVBl 1988, S. 874. Zu der umstrittenen dogmatischen Frage, ob im Rahmen des Art. 3 I GG eine Verhältnismäßigkeitsprüfung im eigentlichen Sinn überhaupt möglich ist, vgl. Huster, JZ 1994, S. 543 f.; ders., Rechte und Ziele, S. 191 ff.; Borowski, Grundrechte als Prinzipien, S. 370 ff.; siehe auch Martini, Artikel 3 Absatz 1 GG als Prinzip absoluter Rechtsgleichheit, S. 192 ff.

statusbezogenen Unterscheidungen, die Auswirkungen auf den gleichberechtigten Zugang zu Parks, Hotels, Cafés, Gaststätten, Theatern und ähnlichen Einrichtungen haben, ist jedoch ähnlich schwer vorstellbar wie bei Artikel 3 Absatz 3 Satz 1 GG[263]. Ein Differenzierungsmerkmal, das beim Zugang zu öffentlich zugänglichen Orten und Dienstleistungen besonderer Überprüfung bedarf, und auf das gesondert eingegangen werden soll, ist die Staatsangehörigkeit[264].

2. Verhaltensbezogene Maßnahmen

Auch in Fällen, in denen die Ungleichbehandlung der Rassen nicht auf personenbezogenen Merkmalen beruht, sondern auf verhaltensbezogene Kriterien abstellt, ist ein engerer Prüfungsmaßstab anzuwenden als beim allgemeinen Willkürverbot[265]. Verhaltensbezogen ist z. B. die Zu-

---

[263] Denkbar ist auch, daß die staatlichen Entscheidungsspielräume, Sachverhalte ungleich zu behandeln, beschränkt sind, wenn diese Entscheidung die Aufgabe identitätsbildender, eigener kultureller Traditionen nach sich ziehen würde. Ein entsprechendes Recht auf Achtung kultureller Identität ist im Rahmen der grundrechtlichen Schranken und Wertentscheidungen des Grundgesetzes aus dem allgemeinen Persönlichkeitsrecht, aber auch aus den Grundrechten der Meinungs-, Weltanschauungs- und Religionsfreiheit und dem elterlichen Erziehungsrecht ableitbar. Vgl. dazu Isensee, VVDStRL 32 (1974), S. 89; Incesu, Recht und Politik 1995, S. 201, 204; Mäder, ZAR 1997, S. 31; Osterloh, in: Sachs, Art. 3, Rz. 244 f. Zur Offenheit des Grundgesetzes für andere Kulturen vgl. Robbers, in: Benda/Maihofer/Vogel, S. 423 f. Vorbehalte aber bei Murswiek in: Isensee/Kirchhof, S. 685 f. Siehe zu den Grenzen staatlicher Pflichten Schönbohm, ZAR 1997, S. 5, der insbesondere eine Pflicht zur multikulturellen Gesellschaft verneint. Ebenso Mäder, *ebenda*, S. 37.

[264] Vgl. dazu ausführlicher *infra*, Kapitel 5, B. III. Die in Art. 3 III 1 GG enthaltenen Wertentscheidungen sind bei der Auslegung des Art. 3 I GG somit zu beachten. Dieses Ergebnis folgt auch aus Art. 1 I GG, da die Menschenwürde bei mittelbarer Diskriminierung im selben Maße betroffen sein kann wie bei unmittelbarer Diskriminierung aufgrund der Rasse. Vgl. BVerfGE 42, 63, 73; 71, 39, 58; 88, 87, 96. Siehe auch Robbers, DÖV 1988, S. 753 f. und umfassend, Kirchhof, in: Isensee/ders., S. 947; Starck, in: BK, Art. 3, Rz. 339; Rüfner, in: BK, Art. 3 Abs. 1, Rz. 50; ferner Stein, in: AK, Art. 3, Rz. 94. Vgl. zum Rekurs auf die sonstigen Wertungen der Verfassung, um den Inhalt des Gleichheitssatzes zu konkretisieren: Rüfner, *ebenda*, Rz. 4 u. 66 ff. m. w. N; Zacher, AöR 93, S. 356 f.

[265] BVerfGE 88, 87, 96 mit Verweis auf BVerfGE 55, 72, 89; vgl. auch Jarass, NJW 1997, S. 2547.

gangspolitik eines Restaurants, die nur Frauen im Minirock oder Männer ohne Kopfbedeckung einläßt. Verstößt z. B. das Tragen kurzer Röcke gegen das Anstandsgefühl einer rassischen Gruppe, ist den betroffenen Frauen der Besuch einer Gaststätte mit einer derartigen Kleidervorschrift faktisch unmöglich. Dasselbe gilt für Menschen, die aus traditionellen Gründen einen Turban tragen. Das Bundesverfassungsgericht führt aus: „Bei lediglich verhaltensbezogenen Unterscheidungen hängt das Maß der Bindung davon ab, inwieweit die Betroffenen in der Lage sind, durch ihr Verhalten die Verwirklichung der Merkmale zu beeinflussen, nach denen unterschieden wird“[266]. Verhaltensweisen, die den kulturellen Traditionen einer rassischen Gruppe entspringen, sind oft ähnlich bindend für die Betroffenen wie personenbezogene Merkmale. In diesem Fall gelten dieselben Anforderungen an die Rechtfertigung einer Ungleichbehandlung wie beim Abstellen auf personenbezogene Elemente. Damit erübrigt sich die im Einzelfall schwere Unterscheidung, ob z. B. das Tragen eines Turbans oder eines Kopftuchs als verhaltensbezogen oder personenbezogen einzustufen ist[267]. Maßgeblich ist allein, daß eine staatliche Stelle für öffentliche Leistungen Zugangskriterien wie Kleiderordnungen aufstellt, die von den Mitgliedern einer rassischen Gruppe nicht erfüllt werden können, so daß es ihnen praktisch unmöglich ist, diese Leistung in Anspruch zu nehmen. Für diese Fälle ist eine Ausnahmeregelung erforderlich, die es erlaubt, einerseits dem staatlichen Ziel soweit wie möglich gerecht zu werden, andererseits aber diese Gruppe nicht von den öffentlichen Leistungen auszuschließen[268]. Im oben genannten Beispiel könnte das Zugangskriterium z. B. auf „Abendgarderobe“ umgestellt werden.

3. Nebenfolgen

Auch Maßnahmen, die eigentlich keine Unterscheidung bezwecken, können eine Nebenfolge haben, die eine faktische Diskriminierung dar-

---

[266] BVerfGE 88, 87, 96 unter Verweis auf BVerfGE 55, 72, 89.

[267] Auf die Schwierigkeit, zwischen sach- und personenbezogenen Merkmalen zu unterscheiden, weist auch Sachs (in: JuS 1997, S. 128) hin.

[268] Oft können die verhaltensbezogenen Unterscheidungen bereits unter den soziologischen Rassebegriff subsumiert werden, so daß sogar unmittelbar Artikel 3 Absatz 3 Satz 1 GG einschlägig ist. Vgl. dazu *supra*, Kapitel 5, A. I 6 b.

stellt[269]. Das gilt z. B. für die Inanspruchnahme von Luxushotels; aber auch die Benutzung öffentlicher Verkehrsmittel kann für die finanziell am schlechtesten gestellte Schicht zu teuer und damit faktisch unmöglich sein.

Daß für das Vorliegen einer Benachteiligung nicht das Ziel der staatlichen Maßnahme, sondern ihre materiell-rechtlichen Auswirkungen maßgeblich sind, hat das Bundesverfassungsgericht bereits in dem Parteispendenurteil festgestellt[270].

Bei reinen Nebenfolgen einer an sich unbedenklichen Regelung wie in den oben genannten Beispielen wird eine relevante Ungleichbehandlung abgelehnt, wenn nur eine verhältnismäßig kleine Zahl von Personen von der durch eine typisierende Regelung entstehenden Ungleichheit betroffen wird und der Verstoß gegen den Gleichheitssatz nicht intensiv ist[271]. Ersteres ist im Fall von mittelbarer rassischer Diskriminierung in den meisten Fällen, letzteres immer zu verneinen. Schon die Wertung des Artikels 3 Absatz 3 Satz 1 GG und der Rassendiskriminierungskonvention sprechen gegen eine per se unbedeutende Beeinträchtigung. Staatliche Maßnahmen, die geeignet sind, tatsächliche Unterschiede zwischen den Rassen zu verursachen oder zu verfestigen, sind aufgrund ihrer möglichen Auswirkungen auf die Gesellschaft nicht irrelevant. Zudem verlangt die Rassendiskriminierungskonvention auch bei einer

---

[269] Als klassisches Beispiel aus einem anderen Bereich sind vor allem die Zugangsvoraussetzungen für die Universitäten zu nennen. Obwohl für alle Personen gleich, waren z. B. Schwarze in den USA dort unterrepräsentiert. Die an sich neutralen Aufnahmekriterien führten zur Perpetuierung bestehender Unterschiede. Zur Bekämpfung dieser Situation wurden „affirmative action", Programme mit Quotenregelungen eingeführt. Vgl. dazu Delbrück, Die Rassenfrage als Problem des Völkerrechts und nationaler Rechtsordnungen, S. 146 ff., 189 ff. Heute werden in den USA z. B. die Unterrepräsentanz in Luxusrestaurants oder schlechtere Aufstiegschancen im Beruf herausgestellt. Siehe FAZ, 24.1.2001, S. 32.

[270] BVerfGE 8, 51, 64: „[A]uch ein Gesetz, das in seinem Wortlaut eine ungleiche Behandlung vermeidet und seinen Geltungsbereich abstrakt-allgemein umschreibt, widerspricht dem Gleichheitssatz dann, wenn sich aus seiner praktischen Auswirkung eine offenbare Ungleichheit ergibt und diese ungleiche Auswirkung gerade auf die rechtliche Gestaltung zurückzuführen ist. Nicht die äußere Form, sondern der materiell-rechtliche Gehalt ist entscheidend".

[271] BVerfGE 6, 7, 77; 12, 151, 168 f.; 13, 334, 341 f.; 26, 265, 275 f., vgl. auch Leibholz/Rinck/Hesselberger, Grundgesetz an Hand der Rechtsprechung, Art. 3, Rz. 88.

mittelbaren Diskriminierung einen Rechtfertigungsgrund[272]. Eine völkerrechtskonforme Auslegung des Grundgesetzes verlangt daher, jede staatliche Maßnahme, die zur faktischen Ungleichbehandlung bestimmter rassischer Gruppen führt, an dem Gleichheitssatz zu messen.

An die Unterscheidungsgründe werden jedoch weniger hohe Anforderungen gestellt als bei status- oder verhaltensbezogenen Ungleichbehandlungen. Auch bei rassischer Ungleichbehandlung, die reine Nebenfolge an sich nicht differenzierender Maßnahmen ist, darf der Differenzierungsgrund nicht außer Verhältnis zu der verursachten Folge stehen. Ob die Maßnahme im Rahmen der Verhältnismäßigkeitsprüfung erforderlich ist, bleibt grundsätzlich der Einschätzung der regelnden Stelle vorbehalten[273]. Strengere Anforderungen würden die grundsätzliche Gestaltungsfreiheit des primär regelungsberechtigten Gesetzgebers zu stark einschränken und seine Möglichkeit, die Verfassung durch seine Wertungen über den vorzunehmenden Ausgleich der verschiedenen Interessen zu konkretisieren, beschneiden. So sind hohe Fahrpreise für öffentliche Verkehrsmittel grundsätzlich mit dem Kostendeckungsprinzip und der eingeschränkten staatlichen Leistungsfähigkeit zu rechtfertigen. Daß weniger Mitglieder einer rassischen Gruppe befördert werden, ist in diesem Fall hinzunehmen; aus dem Sozialstaatsprinzip kann sich im Einzelfall eine Pflicht ergeben, sozial Schwache unabhängig von ihrer Rasse zu unterstützen[274].

II. Die Bindungswirkungen

1. Bindungen für den Staat

Hinsichtlich der Wirkungen des allgemeinen Gleichheitssatzes gelten dieselben Grundsätze wie bei Artikel 3 Absatz 3 Satz 1 GG: Der Gleichbehandlungsgrundsatz steht dem einzelnen als Abwehrrecht zur Verfügung. Daneben ergeben sich objektive Schutzpflichten mit entsprechender Ausstrahlungswirkung auf die gesamte Rechtsordnung auch für den Bereich der mittelbaren Diskriminierung. Begründet werden diese Schutzpflichten jedoch mit den Wertungen des Artikels 3 Absatz 3 Satz 1 GG; Artikel 3 Absatz 1 GG stellt aus sich selbst heraus

[272] Vgl. *supra*, Kapitel 2, C. II 2 d.

[273] Vgl. zu der unterschiedlichen Prüfungsintensität beim Verhältnismäßigkeitsgrundsatz, Jarass, NJW 1997, S. 2549; Sachs, JuS 1997, S. 126 f.

[274] Vgl. dazu *supra*, Kapitel 5, A. II 2 b.

keinen abstrakten Wert dar, sondern erfährt seine Wertigkeit immer erst mit der Ausübung staatlicher Macht[275]. Artikel 3 Absatz 1 GG i. V. m. den Grundsätzen des Artikels 5 (f) RKD verpflichtet insbesondere den Gesetzgeber, den Gleichbehandlungsgrundsatz bei dem Erlaß von Rechtsnormen zu beachten, die den Zugang zu Gaststätten betreffen[276]. Daneben werden Verwaltung und Gerichte in dem unter Artikel 3 Absatz 3 Satz 1 GG beschriebenen Umfang verpflichtet. Für beide gewinnt der durch die Artikel 5 (f) RDK und 3 Absatz 3 GG konkretisierte Gleichheitssatz vor allem im Rahmen der Ausstrahlungswirkung auf das einfache Recht an Bedeutung.

2. Ausstrahlungswirkung für Privatpersonen

Eine Modifikation besteht jedoch für mittelbare Diskriminierung durch Privatpersonen. Eine Pflicht zur Gleichbehandlung gilt für sie – auch im Rahmen der Ausstrahlungswirkungen von Grundrechten – aufgrund der Privatautonomie grundsätzlich nicht[277]. Die Abwägung im Rahmen der Schutzpflichten des Staates zwischen den Gleichheitsinteressen des mittelbar Diskriminierten und der Freiheit des betroffenen Gastwirtes fällt daher regelmäßig zugunsten des letzteren aus. Ausgangspunkt der Verhältnismäßigkeitsprüfung ist auch hier die grundsätzliche Zulässigkeit von Unterscheidungen. Ist das gewählte Differenzierungskriterium zulässig und geeignet, einen legitimen Zweck zu erreichen, geht die Verhältnismäßigkeitsprüfung nur in Ausnahmefällen zugunsten des Diskriminierten aus.

Etwas anderes gilt nur für Unterscheidungen, die den Wertungen des Artikels 3 Absatz 3 Satz 1 GG und Artikel 5 (f) RDK nahekommen. In diesen Fällen müssen sich die Ungleichbehandlungen an den Rechtfertigungsvoraussetzungen des Artikels 3 Absatz 1 GG messen lassen. Statusbezogene Unterscheidungen, die mittelbar zu Ungleichbehand-

---

[275] Vgl. dazu ausführlich Dietlein, Die Lehre von den grundrechtlichen Schutzpflichten, S. 84; Isensee, in: ders./Kirchhof, S. 188.

[276] Entgegen dem Wortlaut verlangt der allgemeine Gleichheitssatz nach einhelliger Meinung die Rechtsanwendungsgleichheit und Rechtssetzungsgleichheit. Begründet wird dies mit Art. 1 III GG und der Entstehungsgeschichte. Vgl. statt vieler Zippelius, VVDStRL 47 (1989), S. 11. Allgemein zur Bindungswirkung des Art. 3 I GG für die drei Staatsgewalten Gusy, NJW 1988, S. 2505 ff.; Kirchhof, in: Isensee/ders., S. 976 ff.

[277] Vgl. auf völkerrechtlicher Ebene Kapitel 2, C. II 2 d (3).

lung aufgrund der Rasse führen, oder gleichgestellte verhaltensbezogene Differenzierungen sind daher auch unter Privatpersonen nur zulässig, wenn sie einem legitimen Differenzierungsziel dienen und nicht unverhältnismäßig sind.

Vor diesem Hintergrund steht dem Gastwirt das Recht der freien Preisgestaltung auch dann zu, wenn er dadurch sein Publikum gezielt auswählen will. Eine Pflicht, Güter zu einem günstigen Preis anzubieten, besteht für ihn aufgrund von Artikel 3 Absatz 1 GG nicht. Dasselbe gilt grundsätzlich für die Vorgaben einer Kleiderordnung[278]. Auch die Ausgestaltung der Innenräume oder der Karte bleibt alleinige Entscheidungsfreiheit des Inhabers des Betriebes. Wenn dadurch bestimmte Gruppen stärker angesprochen werden als andere, ist das eine hinzunehmende Nebenfolge dieser Freiheit. Etwas anderes gilt dann, wenn die Ausgrenzungen ausschließlich auf den kulturellen Eigenheiten einer rassischen Gruppe beruhen. Es liegt dann der Verdacht einer verdeckten Rassendiskriminierung nahe, die bereits unter den Schutzbereich des Artikels 3 Absatz 3 Satz 1 GG fällt.

III. Staatsangehörigkeit als Differenzierungskriterium

1. Zulässigkeitsvoraussetzungen des Unterscheidungskriteriums

Das Differenzierungskriterium, bei dem die Gefahr einer mittelbaren Diskriminierung besonders groß ist, ist die Staatsangehörigkeit bzw. die Ausländereigenschaft[279]. Zwar ist dieses Merkmal, wie oben erörtert, ein grundsätzlich zulässiges Unterscheidungskriterium. Da der einzelne seine Staatsangehörigkeit grundsätzlich nicht frei wählen kann, führt ein Anknüpfen an dieses Merkmal zu einer Statusbetroffenheit.

Weil die in Deutschland lebenden Menschen nicht-deutscher Abstammung überwiegend auch eine andere Staatsangehörigkeit haben, würde die Ungleichbehandlung aufgrund der Staatsangehörigkeit, wollte man sie zum allgemeinen Prinzip erheben, nicht minder gesellschaftszerstö-

---

[278] Vgl. Michel/Kienzle, Gaststättenrecht, § 4, Rz. 22.

[279] Allerdings ist im nichtjuristischen Sprachgebrauch der Begriff Ausländer nicht mit der Staatsangehörigkeit identisch. Es ist durch Auslegung zu ermitteln, ob mit einer Unterscheidung tatsächlich die Staatsangehörigkeit des Betroffenen gemeint ist oder seine Nationalität als Ausdruck seiner Zugehörigkeit zu einer bestimmten rassischen Gruppe verwandt wird. Vgl. bereits ausführlicher *infra*, Kapitel 5, A. I 5.

rend wirken als die Ungleichbehandlung nach Heimat und Rasse. Daher müssen sich auch Unterscheidungen aufgrund dieses grundsätzlich zulässigen Unterscheidungskriteriums an den durch Artikel 3 Absatz 3 Satz 1 GG konkretisierten Anforderungen des allgemeinen Gleichheitssatzes messen lassen, mit den entsprechend hohen Maßgaben an ihre Rechtfertigung[280]. Den Anforderungen der Sachgerechtigkeit genügt eine solche Ungleichbehandlung nur, wenn mit der Unterscheidung dem hinter dem Kriterium der Staatsangehörigkeit stehenden Sinn nachgekommen werden soll. Wie bereits im ersten Teil der Untersuchung dargestellt, beruht dieser vor allem auf der besonderen Treuepflicht zwischen dem Staat und seinen Bürgern mit den einhergehenden staatsbürgerlichen Rechten und Pflichten[281]. Ausdruck dieses unterschiedlichen Bandes zum Staat sind insbesondere die Deutschengrundrechte der Artikel 8, 9 Absatz 1, 11, 12 und 16 Absatz 2 Satz 1 GG [282]. Darüber hinaus soll dem Staat die Möglichkeit offenbleiben, die Gewährung von Rechten an ausländische Staatsangehörige davon abhängig zu machen, daß Deutschen in dem betroffenen Staat dieselben Rechte gewährt wer-

---

[280] Rüfner, in: BK, Art. 3 Abs. 1, Rz. 136; Quaritsch, in: Isensee/Kirchhof, S. 721 f.; im Erg. ebenso Robbers, in: Benda/Maihofer/Vogel, S. 399; Bleckmann, Staatsrecht II, S. 130; Stein, in: AK, Art. 3, Rz. 94. Siehe auch Bezzenberger, AcP 196 (1996), S. 414 und Gubelt, in: von Münch/Kunig, Art. 3, Rz. 5.

[281] Vgl. bereits *infra*, Kapitel 2, B. II. Siehe zur deutschen Rechtslage Geiger, Grundgesetz und Völkerrecht, S. 293; Bezzenberger, AcP 196 (1996), S. 415; Maunz/Zippelius, Deutsches Staatsrecht, S. 22; Grawert, Der Staat, 23 (1984), S. 179, 183 u. 197 f. Vgl. zur Staatsangehörigkeit ferner Makarov, Allgemeine Lehren des Staatsangehörigkeitsrecht, passim; Grawert, Staat und Staatsangehörigkeit, S. 102 ff., 225 ff. und BVerfG, EuGRZ 1982, 508, 509. Damit einher geht die Respektierung der Personalhoheit des Heimatstaates und des Zugriffs auf die eigenen Staatsangehörigen bei der Durchsetzung staatsbürgerlicher Pflichten. Siehe Isensee, VVDStRL 32 (1974), S. 78, Fn. 70; Hailbronner, Ausländerrecht, Rz. 15, S. 21 f.; Doehring, VVDStRL 32 (1974), S. 46.

[282] Vgl. Maunz/Zippelius, Deutsches Staatsrecht, S. 22; Quaritsch, in: Isensee/Kirchhof, S. 722; ferner Hailbronner, in: Frowein/Stein, S. 386. Die Deutschengrundrechte können als Orientierung für eine sachliche Rechtfertigung einer Ungleichbehandlung aufgrund der Staatsangehörigkeit dienen. Siehe Quaritsch, in: Isensee/Kirchhof, S. 722. Die Frage, ob sich für „Ausländer der 2. oder 3. Generation", also für Personen mit ausländischen Eltern, die in Deutschland geboren und aufgewachsen sind, Modifikationen dieser Grundsätze ergeben, wird hier nicht vertieft.

den[283]. Ausgeschlossen ist die Anwendung des Gegenseitigkeitsprinzips jedoch für solche Rechte, die von der Verfassung unbedingt garantiert werden[284].

Nach diesen Grundsätzen ist auch nach deutschem Recht allein der Staat zu Unterscheidungen aufgrund der Staatsangehörigkeit befugt. Privaten ist diese Anknüpfung verwehrt, da sich die genannten Gründe nicht auf das Privatrecht übertragen lassen[285]. Eine Ausnahme gilt nur für solche Fälle, in denen das private Handeln an vorhergehende staatliche Maßnahmen anknüpft. Ein grundsätzlich sachlich nicht zu beanstandender Grund für eine Ungleichbehandlung wäre, wenn ein Ausländer, der nicht EU-Angehöriger ist und dem die erforderliche Aufenthaltsgenehmigung fehlt, im Einzelfall nicht als geeigneter Partner für ein Dauerrechtsverhältnis erachtet wird. Sachgrund ist in diesem Fall das Fehlen einer Aufenthaltsgenehmigung, aus der sich eine öffentlichrechtliche Ausreisepflicht und die Möglichkeit der Abschiebung ergeben kann[286]. Entsprechende rechtliche Gründe sind für den Gaststättenbereich nicht ersichtlich, da es gerade nicht um einen auf Dauer angelegten Vertrag geht, sondern vor allem auf die Bonität des potentiellen Kunden ankommt.

Aber auch für staatliche Akteure ist im Bereich des Artikels 5 (f) RDK schwer vorstellbar, daß die oben genannten Ziele hinter einer Unterscheidung stehen können und daß somit ein Anknüpfen an die Staatsangehörigkeit zulässig ist[287].

---

[283] BVerfG, EuGRZ 1982, S. 508, 509; Heun, in: Dreier, Art. 3, Rz. 36; Gubelt, in: von Münch/Kunig, Art. 3, Rz. 5; Bezzenberger, AcP 196 (1996), S. 415; Robbers, in: Benda/Maihofer/Vogel, S. 399; Starck, in: BK, Art. 3, Rz. 217.

[284] Isensee, VVDStRL 32 (1974), S. 79, Fn. 70 mit Beispielen. Eine Auflistung der Grundrechte, die auf Ausländer unbedingt Anwendung finden, nimmt Hailbronner (in: Frowein/Stein, S. 386 f.) vor.

[285] Bezzenberger, AcP 196 (1996), S. 415. Vgl. auch LG Rottweil, NJW-RR 1989, S. 536 und LG Berlin, NJW-RR 1989, S. 1112. Beide Gerichte erachteten die Kündigung von Ausländern als rechtsmißbräuchlich, wenn sie allein durch die ausländische Staatsangehörigkeit motiviert ist. Siehe zudem den 15. Bericht Deutschlands an den RDA, Artikel 5 Zif. 4, www.bmj.bund.de/inhalt.html, Stand: 3.3.2001.

[286] Vgl. §§ 42, 49 ff. AuslG. Die Weigerung, langfristige Verträge mit Ausländern zu schließen oder dies nur zu schlechteren Bedingungen zu tun, kann auch durch das Risiko der Rechtsverfolgung im Ausland motiviert sein.

[287] Vgl. bereits *supra*, Kapitel 2, B. II. Problematisch ist die Entscheidung des BVerwG in E 22, 66, 73, in dem das Gericht eine um 400 % höhere Schanksteu-

2. Das Beispiel der Kraftfahrzeugversicherungen

Ein Beispiel für eine unzulässige Anknüpfung an die Staatsangehörigkeit stellte die frühere Praxis deutscher Kraftfahrzeug-Haftpflichtversicherer dar, von Versicherungsnehmern türkischer, jugoslawischer und griechischer Staatsangehörigkeit erhebliche Beitragszuschläge zu fordern oder dem Versicherungsvertreter für den Abschluß eines Vertrages mit diesen Personengruppen keine oder geringe Prämien zu zahlen[288]. Hintergrund dieser Unterscheidungen war das sachlich neutrale und grundsätzlich auch zu rechtfertigende Kriterium, daß viele Menschen dieser Gruppen regelmäßig enge Verbindungen zu ihrem Staat haben. Einerseits besteht daher die erhöhte Möglichkeit eines Wegzugs, andererseits die Wahrscheinlichkeit regelmäßiger, langer Autofahrten in die Staaten mit teilweise schlechteren Straßen und dem einhergehenden erhöhten Unfallrisiko[289]. Die Schadenshäufigkeit der betroffenen Gruppen ist statistisch gesehen überdurchschnittlich hoch[290].

Für einen zulässigen Rückgriff auf die Staatsangehörigkeit fehlte es den privaten Versicherern bereits an einem der oben genannten Regelungszwecke, aufgrund derer ein Rückgriff auf die Staatsangehörigkeit zulässig ist. Gleichzeitig wird die diskriminierende Wirkung dieses Kriteriums deutlich. Die Nachteile, die nur für einzelne Angehörige der betroffenen Gruppe sachlich gerechtfertigt waren, wurden der ganzen Gruppe auferlegt. Damit wurden auch solche Personen erfaßt, bei denen die erhöhten Risiken tatsächlich nicht vorlagen[291]. Die Staatsangehörigkeit wurde als Zurechnungskriterium für Risikomerkmale, die nicht von kollektivem, sondern individuellem Verhalten abhängen und

---

er bei ausländischen Staatsangehörigen für unbedenklich hielt. Isensee (in: VVDStRL 32 (1974), S. 81 ff.) übt zu Recht Kritik an dieser Entscheidung; ebenso Zuleeg, DÖV 1973, S. 363. Siehe zur zulässigen Anknüpfung an die Staatsangehörigkeit auch Doehring, VVDStRL 32 (1974) S. 48.

[288] Vgl. zu dieser Praxis umfassend Littbarski, in: Joerden (Hrsg.), S. 204 f.; ferner Nickel, Rechtlicher Schutz gegen Diskriminierung, S.88; Papier, ZVersWiss 1982, S. 461 ff. Das Bundesaufsichtsamt für Versicherungswesen hat die Genehmigung dieser erhöhten Ausländertarife 1983 abgelehnt und den erhobenen Einspruch zurückgewiesen. BAV-Beschlußkammer, VersR 1985, S. 635. Die hiergegen erhobene Klage wurde abgewiesen, BVerwGE 79, 326.

[289] Vgl. dazu Bezzenberger, AcP 196 (1996), S. 420; Papier, ZVersWiss 1982, S. 461 f, 466.

[290] Littbarski, in: Joerden (Hrsg.), S. 205.

[291] Vgl. BVerwG, 79, 326, 334; Bezzenberger, AcP 196 (1996), S. 420.

nicht notwendigerweise mit der Staatsangehörigkeit einhergehen, verwandt. Es entstand der Eindruck, daß diese Gruppen „per se“ riskantes Fahrverhalten zeigen. Da eine solche Typisierung geeignet ist, Vorurteile zu verstärken, kommt hier der Schutzzweck des Artikels 3 Absatz 3 Satz 1 GG und der RDK zum Tragen[292]. Es gelten letztlich dieselben Erwägungen wie bei einer rassischen Diskriminierung wegen gefährlichen Vorverhaltens eines der Mitglieder dieser Rasse[293].

Daher ist diese Praxis durch die Einführung des § 81 e VAG, der für das gesamte Versicherungswesen gilt, durch das Dritte Durchführungsgesetz/EWG zum VAG vom 21. Juli 1994 verboten worden[294]. Als Mißstand im Sinne des § 81 Abs. 2 VAG sind seitdem auch Tarifbestimmungen und Prämienkalkulationen anzusehen, die auf die Staatsangehörigkeit des Versicherungsnehmers oder Versicherten oder auf deren Zugehörigkeit zu einer ethnischen Gruppe abstellen. In Verbindung mit § 81 Absatz 2 VAG ist eine Schlechterbehandlung wegen der Staatsangehörigkeit durch Versicherungsunternehmen nicht mehr zulässig. Aus der Entstehungsgeschichte dieser Norm ergibt sich darüber hinaus, daß Tarifbestimmungen und Prämienkalkulationen keine abschließende Aufzählung, sondern nur Beispiele von Mißständen i. S. v. § 81 Absatz 2 VAG sind[295]. Auch vergleichbare Formen der Diskriminierung von ausländischen Staatsangehörigen sind daher unzulässig[296].

---

[292] Vgl. BVerwGE 79, 326, 334 f.; Bezzenberger, AcP 196 (1996), S. 420; Litbarski, in: Joerden (Hrsg.), S. 206 f.; ferner Kaulbach, VersR 1985, S. 656.

[293] Vgl. *supra*, Kapitel 5, A. IV 3.

[294] BGBl. I S. 1630 vom 28.7.1994. Zur Vorgeschichte, siehe BAV, VerBAV 1984, 331 ff.; BAV, Beschlußkammerentscheidung vom 3.4.1984, VersR 1985, S. 653 ff. mit Anmerkung Kaulbach; BVerwGE 79, 326, 333 ff.; BT-Dr. 12/6959, S. 109; Bundesrat: BT-Dr.: 12/6959, S. 120. Siehe auch Nickel, Gleichheit und Differenz, S. 125 ff. Unter Berufung auf BVerwG 22, 60, 70 (siehe zur Kritik an dieser Entscheidung bereits *infra*, Kapitel 5, Fn. 287) wurde in der Literatur die Praxis der Versicherungsunternehmen zeitweilig gerechtfertigt. Vgl. Papier, ZVersWiss 1982, S. 476, 483 f., 486 f.

[295] Vgl. dazu die Materialien zum Dritten Durchführungsgesetz/EWG zum VAG BT-Drs. 12/6959, S. 46, 109, 120, 136. Das ergibt sich im übrigen auch aus den Grundsätzen der Entscheidungen des BVerwG in BVerwG 79, 326, 334 f.

[296] Vgl. dazu Mitteilungen der Beauftragten der Bundesregierung für die Belange der Ausländer, Diskriminierung von Ausländern in der Kfz-Versicherung, Dezember 1995. Vgl. im Erg. auch OLG Düsseldorf, ZIP 1000, S. 1357 und den 15. Bericht Deutschlands an den RDA, zu Artikel 5, Zif. 4, enthalten in www.bmj.bund.de/inhalt.html, Stand: 3.3.2001.

IV. Zwischenergebnis

Bei personenbezogenen Maßnahmen, die mittelbar zu einer stärkeren Benachteiligung einer rassischen Gruppe im Gaststättenbereich führen, bestehen für den Staat hohe Anforderungen an eine Rechtfertigung. Dasselbe gilt bei verhaltensbezogenen Maßnahmen mit ähnlicher Betroffenheit des Diskriminierten. Ist die mittelbare Diskriminierung lediglich Nebenfolge einer Ungleichbehandlung, genügen bereits sachliche Gründe, um eine Ungleichbehandlung zu rechtfertigen. Eine Unterscheidung aufgrund der Staatsangehörigkeit ist zwar grundrechtlich vorgesehen und unter Berücksichtigung des zugrunde liegenden Zwecks zugunsten eines wichtigen Verfassungsgutes zulässig. Da beim Zugang zu Gaststätten weder das staatliche Treueverhältnis noch das Reziprozitätsprinzip berührt sind, scheidet ein Rückgriff auf dieses Differenzierungskriterium im Bereich des Artikels 5 (f) RDK regelmäßig aus. Die deutsche Rechtslage ist insoweit mit der der RDK vergleichbar.

Bei der Abwägung der Grundrechte des Gastwirts mit denen des mittelbar Benachteiligten überwiegen – im Gegensatz zur unmittelbaren Rassendiskriminierung – regelmäßig die Interessen des Gastwirtes. Für faktische Gleichheit zu sorgen, ist ihm nicht zumutbar. Im Rahmen der Schutzpflichten haben Verwaltung und Gerichte ihren Spielraum in diesem Fall zugunsten des Gastwirts auszuüben. Denn eine mittelbare Diskriminierung durch eine Privatperson ist nur ausnahmsweise mit einer unmittelbaren zu vergleichen. In der Regel wird dann bereits eine von Artikel 3 Absatz 3 Satz 1 GG erfaßte verdeckte Diskriminierung vorliegen. Ein Beispiel einer unzulässigen Typisierung, die zu einer verbotenen Diskriminierung führt, ist jedoch das Anknüpfen an die Staatsangehörigkeit innerhalb des Privatrechtsverkehrs.

C. Artikel 2 Absatz 1 i.V.m. Artikel 1 Absatz 1 GG

Die Weigerung, einer Person wegen ihrer Rasse oder eines verwandten Merkmals nicht den Einlaß in eine Gaststätte oder einen ähnlichen Betrieb zu gewähren, ist darüber hinaus geeignet, das durch die Menschenwürde konkretisierte allgemeine Persönlichkeitsrecht des Diskriminierten zu verletzen.

Das allgemeine Persönlichkeitsrecht schützt die geistig-seelische Integrität der menschlichen Person[297]. Eine der anerkannten Facetten des allgemeinen Persönlichkeitsrechts ist der Schutz des personalen Geltungsanspruches einschließlich des Schutzes der persönlichen Ehre[298]. Aus der Integrität der personalen Identität jedes Menschen wird ein Recht auf Schutz gegen herabsetzende Äußerungen und Verhaltensweisen abgeleitet[299].

Mit der rassisch motivierten Zugangsverweigerung wird der soziale Wert- und Achtungsanspruch des Diskriminierten, der ihm allein wegen seines Menschseins zukommt, aberkannt[300]. Denn die Vorenthaltung einer im übrigen für jedermann zugänglichen Leistung verweigert ihm nicht nur die gleichberechtigte Teilnahme am Rechts- und Gesellschaftsleben; sie bringt auch konkludent zum Ausdruck, daß der Dis-

---

[297] BVerfGE 27, 344, 351 unter Hinweis auf BVerfGE 17, 108, 117; 27, 211, 218 f.; Dreier, Grundgesetz-Kommentar, Art. 2 Abs. 1, Rz. 16; Erichsen, in: Isensee/Kirchhof, S. 1202; Jarass, in: Erichsen/Kollhoser/Welp, S. 89 ff.; ferner Steindorff, Persönlichkeitsschutz im Zivilrecht, S. 16 ff. Zur Entwicklung vgl. Degenhart, JuS 1992, S. 362 f.; Scholz, AöR 1975, S. 80 ff. u. 265 ff.; siehe auch Correll, Freiheit und Individuum, S. 120 ff.

[298] Vgl. BVerfGE 54, 148, 154; 54, 208, 217; 67, 213, 228; 75, 369, 378 ff.; Erichsen, in: Isensee/Kirchhof, S. 1209; Degenhart, JuS 1992, S. 361; Grimm, in: Karlsruher Forum 1996, S. 10 f.; Mackeprang, Ehrenschutz im Verfassungsstaat, S. 27 ff. mit Definitionsversuch auf S. 161 ff.; Wellbrock, Persönlichkeitsschutz und Kommunikationsfreiheit, S. 101 ff.; Tettinger, Die Ehre – ein ungeschütztes Verfassungsgut?, S. 11 ff.; Fischer, Die strafrechtliche Beurteilung von Werken der Kunst, S. 88.

[299] BVerfGE 54, 148, 158; 54, 208, 217; Murswiek, in: Sachs, Art. 2, Rz. 74; Mackeprang, Ehrenschutz im Verfassungsstaat, 1990, insb. 27 ff.; Knauff, Verwaltungsrundschau 2000, S. 39.

[300] Die Anerkennung der „Gleichwertigkeit" begründet erst die Möglichkeit des einzelnen, sich selbst als Persönlichkeit entfalten zu können. Vgl. dazu Mackeprang, Ehrenschutz im Verfassungsstaat, S. 177 ff.; ferner Hubmann, Das Persönlichkeitsrecht, S. 288; Herdegen, VSSR 1992, S. 257. Vgl. zu den Voraussetzungen einer ehrverletzenden Persönlichkeitsbeeinträchtigung BVerfGE 87, 209, 228; Mackeprang, *ebenda*, S. 161 ff.; vgl. ferner BVerfGE NJW 1994, S. 1179, 1180 und Hubmann, Das Persönlichkeitsrecht, S. 292 f. Für das Gewicht der jeweiligen Persönlichkeitsverletzung ist auf den Inhalt des fraglichen Verhaltens, aber auch auf deren Form und auf die Breitenwirkung abzustellen. Vgl. hinsichtlich der Form der Äußerung BVerfGE 54, 129, 137; für die Breitenwirkung BVerfGE 35, 202, 232 ff.; zur Rassendiskriminierung Zippelius, in: BK, Art. 1 Abs. 1 u. 2, Rz. 13.

kriminierte allein wegen seiner Rasse das für den Besuch einer Gaststätte erforderliche Mindestmaß an sozialen Grundregeln für das menschliche Zusammenleben nicht beherrscht und seine Anwesenheit den anderen Gästen nicht zugemutet werden soll[301]. Angesichts der zur Zeit bestehenden Sensibilisierung weiter Teile der Bevölkerung in diesem Bereich enthält auch ein an sich „neutrales" Zugangsverbot ohne darüber hinausgehende Angriffe gegen die Ehre, z. B. durch die Form des Verbots, nach dem objektiven Beobachterhorizont einen Angriff gegen die Ehre des Abgewiesenen. Dies gilt auch dann, wenn die Abweisung „unter vier Augen" erfolgt. Denn das Recht auf den gleichen Geltungsanspruch unbeschadet der Rasse ist nicht auf die Darstellung der eigenen Person in der Öffentlichkeit beschränkt[302]. Der entsprechende Aussagewert eines Zugangsverbotes entfällt lediglich in dem Fall, in dem der Gastwirt sich ausdrücklich auf den Wunsch Dritter beruft und deutlich macht, daß er diese Meinung nicht teilt. In diesem Fall liegt keine Verletzung des allgemeinen Persönlichkeitsrechts, wohl aber eine Beeinträchtigung des Artikels 3 Absatz 3 Satz 1 GG vor.

Als Persönlichkeitsverletzung kommt darüber hinaus die durch das Anknüpfen an die Rasse verbundene Einschränkung der aktiven Persönlichkeitsentfaltung in Betracht[303]. Schon allein durch das Abstellen auf die rassische Zugehörigkeit kann die Entwicklung persönlicher Vorstellungen und Fähigkeiten beschränkt werden, weil die individuellen Eigenschaften des Betroffenen hinter unverfügbaren Merkmalen zu-

---

[301] Vgl. z. B. die eingangs erwähnte Begründung für Zugangsverbote, Männer bestimmter Rassen belästigten die Frauen oder neigten zu Schlägereien.

[302] Mackeprang, Ehrenschutz im Verfassungsstaat, S. 30. Gegen die Tendenzen, eine derartige auch als „innere Ehrverletzung" bezeichnete Beeinträchtigung ausschließlich bei Art. 1 I GG anzusiedeln, wendet sich überzeugend Mackeprang, *ebenda*, S. 181 f. Siehe auch Schmitt Glaeser, in: Isensee/Kirchhof, S. 55 f. Ein Verstoß gegen die Menschenwürde kann bei systematischen Demütigungen und entwürdigenden Ehrverletzungen zusätzlich vorliegen. Vgl. dazu Dürig, in: Maunz/ders., Art. 1 Abs. 1 Rz. 41.

[303] Vgl. BAG, JZ 1991, 43, 44; Rädler, Verfassungsmodelle zum Schutz vor Rassendiskriminierung, S. 26 f. mit ausführlicher Begründung. Vgl. ferner Dix, Gleichberechtigung durch Gesetz 1984, S. 333 und Eisermann, ArbuR 1988, S. 231. Dieser Bezug des Art. 3 III GG zur freien Persönlichkeitsentfaltung kommt jetzt in Art. 3 III 2 GG zum Ausdruck. Siehe dazu Frowein, Rechtsgutachten, S. 6.

rückgestellt werden[304]. Da an personenbezogene Merkmale angeknüpft wird, kann die Freiheitsbeeinträchtigung nicht mehr unter die allgemeine Handlungsfreiheit gefaßt werden, sondern ist vorrangig als Beeinträchtigung des allgemeinen Persönlichkeitsrechts einzuordnen[305]. Die rassisch motivierte Zugangsverweigerung stellt nicht nur die allgemeine Persönlichkeitsentfaltung in Frage, sondern auch die Identität einer Person, die im sozialen und gesellschaftlichen Leben mit einem bestimmten Merkmal verknüpft wird.

Die Schranken des allgemeinen Persönlichkeitsanspruchs, aus denen sich eine Rechtfertigung eines solchen Eingriffs ergeben könnte, bestimmen sich nach der Schrankentrias des Artikels 2 Absatz 1 GG. Von Bedeutung ist einzig die Schranke der verfassungsmäßigen Ordnung. Hierbei gilt ein striktes Gebot der Verhältnismäßigkeit[306]. Weil es um die Achtung der Menschenwürde geht, also um das Sein und nicht nur um ein bloßes Verhalten des Menschen, erhöhen sich die Anforderungen an eine Eingriffsrechtfertigung im Vergleich zur allgemeinen Handlungsfreiheit[307]. Den Staat trifft aufgrund der ihm obliegenden Schutzpflichten auch im Rahmen des allgemeinen Persönlichkeitsrechts das Gebot, Eingriffe durch private Dritte zu verhindern[308].

Da die Persönlichkeitsrechtsverletzung grundsätzlich ein anderer Prüfungsgesichtspunkt ist als die Gleichbehandlung, tritt Artikel 2 Absatz 1 GG regelmäßig nicht hinter Artikel 3 GG zurück[309]. Damit sind beide

---

[304] Vgl. BAG, JZ 1991, 43, 44. Ausführlicher Rädler, Verfassungsmodelle zum Schutz vor Rassendiskriminierung, S. 27. Im Erg. ähnlich Podlech, in: AK, Art. 1 Abs. 1, Rz. 19.

[305] Siehe Rädler, Verfassungsmodelle zum Schutz vor Rassendiskriminierung, S. 27 f.

[306] BVerfGE 65, 1, 46; Jarass, NJW 1989, S. 861; Dreier, Grundgesetz-Kommentar, Art. 2 Abs. 1, Rz. 59; Schmitt Glaeser, in: Isensee/Kirchhof, S. 63; Murswiek, in: Sachs, Art. 2, Rz. 103.

[307] Dreier, Grundgesetz-Kommentar, Art. 2 Abs. 1, Rz. 59; Jarass, in: ders./Pieroth, Art. 2, Rz. 43 f. Daher legt das BVerfG stets strengere Maßstäbe an die „verfassungsmäßige Ordnung“ an. Vgl. z. B. BVerfGE 65, 1, 44; 89, 69, 84; 92, 191, 197.

[308] Vgl. Jarass, in: ders./Pieroth, Art. 1, Rz. 4; Grimm, in: Karlsruher Forum 1996, S. 20 f.; ferner Dürig: in: Maunz/ders., Art. 1 Abs. 1, Rz. 16.

[309] Starck, in: BK, Art. 2, Abs. 1, Rz. 59.

Grundrechte nebeneinander als Prüfungsmaßstab denkbar[310]. Das Verbot der Rassendiskriminierung zielt jedoch gerade darauf ab, der in einer solchen Diskriminierung liegenden Menschenwürdebeeinträchtigung des einzelnen entgegenzutreten. Damit schützt das Verbot gleichzeitig das ebenfalls beeinträchtigte Persönlichkeitsrecht[311]. Deshalb ergeben sich für die Abwägung im Rahmen der Verhältnismäßigkeit grundsätzlich dieselben Wertungen und Fragen wie bei Artikel 3 Absatz 3 Satz 1 und Absatz 1 GG, insbesondere auch zu den grundrechtlichen Grenzen. Insofern kann auf die dort vorgenommenen Erwägungen verwiesen werden.

D. Zusammenfassung und Bewertung

Insgesamt gewähren Artikel 3 Absatz 3 Satz 1 und Absatz 1 sowie Artikel 2 Absatz 1 GG einen umfassenden rechtlichen Schutz gegen diskriminierende Zutrittsverweigerungen. Allen voran steht hier Artikel 3 Absatz 3 Satz 1 GG unter Berücksichtigung von Artikel 5 (f) RDK. Über die Ausstrahlungswirkung beeinflußt dieser Schutz auch das Rechtsverhältnis von Privatpersonen. Rassisch motivierte Zugangsverbote verstoßen gegen § 138 BGB und ziehen eine Schadensersatzpflicht gemäß §§ 823 und 826 BGB nach sich. Aus § 826 BGB ist zudem ausnahmsweise ein Kontrahierungszwang ableitbar, da diese Maßnahme effektiv vor dem verbotenen Verhalten schützt, ohne daß der damit erfolgte Eingriff in die Privatautonomie unverhältnismäßig wäre.

Angesichts der formelhaften Wiederholung, daß die Privatautonomie nicht durch den Gleichheitssatz einschränkbar sei, ist indes zweifelhaft, ob die Zivilgerichte dieser Auslegung folgen. Zu befürchten bleibt, daß sie auch weiterhin der Vertragsfreiheit ohne weiteres den Vorzug geben und damit einen Kontrahierungszwang ablehnen werden. In diesem Fall bleibt der unstreitig anerkannte Rückgriff auf einen Schadenersatz in Geld, der grundsätzlich geeignet ist, eine effektive Prävention gegen

---

[310] Starck, in: BK, Art. 2, Abs. 1, Rz. 59. Vgl. auch BVerfGE 13, 21, 26 u. 30, wo das Gericht allerdings einen Verstoß gegen Art. 2 I und Art. 3 I 1 GG verneinte.

[311] In seiner Entscheidung vom 13.7.1996 (JZ 1996, S. 1073, 1074) hat das BVerfG die gerügte Verletzung von Art. 2 Abs. 1 GG wegen der Verletzung von Art. 3 III 2 GG offengelassen. Vgl. auch Rädler, Verfahrensmodelle zum Schutz vor Rassendiskriminierung, S. 27 f.

Zutrittsverweigerungen zu gewähren, sofern die Höhe der Ausgleichszahlung hoch genug angesetzt wird.

Für Fälle mittelbarer Diskriminierung erlaubt Artikel 3 Absatz 1 GG eine angemessene Lösung dank der unterschiedlichen Abstufungen der Rechtfertigungsvoraussetzungen je nach Annäherung der Unterscheidungskriterien an die Wertungen des Artikels 3 Absatz 3 Satz 1 GG. Sachgerechte und notwendige Unterscheidungen bleiben möglich, müssen sich jedoch an ihren Auswirkungen für den gleichberechtigten Zugang zu Gaststätten messen lassen. Allerdings führt die Abwägung zwischen den Rechten des Gastwirtes und des Diskriminierten im Rahmen der Ausstrahlungswirkungen regelmäßig dazu, daß der Gastwirt Zugangskriterien, die lediglich faktisch zu einer Unterrepräsentanz einer rassischen Gruppe führen, aufstellen kann. Eine Ausnahme gilt beim Versuch der Umgehung des Artikels 3 Absatz 3 Satz 1 GG oder bei Differenzierungskriterien, die denen der Rasse entsprechen. An die Staatsangehörigkeit darf ein Zugangsverbot eines privaten Gastwirts jedoch nicht anknüpfen.

Die in einem rassisch motivierten Zugangsverbot liegende Ehrverletzung beeinträchtigt darüber hinaus das allgemeine Persönlichkeitsrecht des Diskriminierten nach Artikel 2 Absatz 1, 1 Absatz 1 GG.

Insgesamt stellen die Grundrechte ein effektives Instrumentarium zur Verfügung, um die Verpflichtungen des Artikels 5 (f) RDK i. V. m. Artikel 6 RDK umzusetzen. Da der Rechtsschutz vor Diskriminierung unabhängig von der Staatsangehörigkeit gewährt wird, werden unter Rückgriff auf den soziologischen Rassebegriff sämtliche von der Konvention geschützten Gruppen auch nach deutschem Recht geschützt. Daß nicht intendierte, mittelbare Diskriminierung dabei nicht unmittelbar von Artikel 3 Absatz 3 Satz 1 GG, sondern von Artikel 3 Absatz 1 GG erfaßt wird, ist dabei nicht nur unschädlich, sondern erlaubt, den auch in der Konvention angelegten unterschiedlichen Rechtfertigungsmaßstäben – je nach Art der Anknüpfung an ein verbotenes Kriterium – Rechnung zu tragen. Durch die umfassende abwehrrechtliche Komponente der Grundrechte gegen jede Form von staatlicher Diskriminierung in dem Bereich des Artikels 5 (f) RDK und durch die weitreichenden Schutzfunktionen – insbesondere in Form der Ausstrahlungswirkung in das Privatrecht – verlangt und gewährt das bestehende deutsche Recht auf grundrechtlicher Ebene effektiven Schutz vor Rassendiskriminierung im Gaststättenbereich.

6. Kapitel: Gefahrenabwehrrecht

Die Umsetzung des Verbotes aus Artikel 5 (f) RDK ist auf einfachgesetzlicher Ebene nicht auf die Ausstrahlung auf das Privatrecht beschränkt. Auch im Recht der Gefahrenabwehr stehen dem deutschen Rechtsanwender Wege zur Verfügung, das Verbot der Rassendiskriminierung im Gaststättenbereich durchzusetzen.Diese aufzuzeigen ist Aufgabe des folgenden Kapitels. Wie schon zuvor konzentriert sich die Untersuchung dabei auf die öffentlich zugänglichen Bereiche des Artikels 5 (f) RDK, die diskriminierende Zugangsverbote für Gaststätten, Cafés und Hotels verhindern.

Für den von Artikel 5 (f) RDK ebenfalls erfaßten Bereich des Transportwesens ist die Umsetzung im deutschen Recht im übrigen unproblematisch. Für Betriebe in öffentlicher Hand ergibt sich das Verbot der Rassendiskriminierung unmittelbar aus Artikel 3 Absatz 3 Satz 1 GG[1]. Die Eisenbahn unterliegt nach § 10 des Allgemeinen Eisenbahngesetzes und der Fluglinienverkehr nach § 32 Absatz 2 Luftverkehrsgesetz einer Beförderungspflicht[2]. Private Betreiber öffentlicher Transporte unterliegen als Kehrseite der Konzessionierung einem Kontrahierungszwang aus § 22 Personenbeförderungsgesetz[3]. Verweigert ein Transportunternehmen die Beförderung aus rassischen Motiven auch nach einer Abmahnung, führt diese Pflichtverletzung zum Entzug der Konzession

---

[1] Das gilt unabhängig von der rechtlichen Form, die die öffentliche Hand wählt, weil eine „Flucht ins Privatrecht" nicht stattfinden soll. Siehe Schnapp, in: von Münch/Kunig, Art. 20, Rz. 40 m. w. N.; Ossenbühl, DÖV 1971, S. 519.

[2] Zu den Ausnahmen der Beförderungspflicht siehe § 8 der Eisenbahn-Verkehrsordnung.

[3] Diese Regelung gilt nach § 1 PBefG insbesondere für Busse, Straßenbahnen und Taxen. Siehe zum sachlichen Geltungsbereich des PBefG Fromm, Erläuterungen zum Personenbeförderungsgesetz, in: Das Deutsche Bundesrecht, VI C 50, S. 47 f. Vgl. auch § 13 der Verordnung über den Betrieb von Kraftfahrunternehmen im Personenverkehr. Ein Anspruch auf Beförderung besteht im Umfang der Beförderungspflicht nach § 2 der Verordnung über die Allgemeinen Beförderungsbedingungen für den Straßenbahn- und Obusverkehr sowie den Linienverkehr mit Kraftfahrzeugen.

nach § 25 Personenbeförderungsgesetz[4]. Entsprechende öffentlichrechtliche Normen, die einen Kontrahierungszwang vorschreiben, bestehen für Inhaber einer Gaststätte, eines Cafés oder eines Hotels nicht. Zur Verwirklichung des Verbots aus Artikel 5 (f) RDK im Verwaltungsrecht muß auf die allgemeinen Regelungen des Gaststättenrechts und die polizeiliche Generalklausel zurückgegriffen werden.

Für Theater und Parks gelten im Ergebnis ähnliche Erwägungen. Bei Institutionen der öffentlichen Hand gilt Artikel 3 Absatz 3 Satz 1 GG. Die Vergabe von Subventionen hat bei diskriminierenden Betrieben zu unterbleiben[5]. Bei privat geführten kulturellen Einrichtungen können Maßnahmen gegen rassendiskriminierende Zugangsverbote auf die allgemeine polizeiliche Generalklausel gestützt werden, sofern im Einzelfall keine spezielleren landesrechtlichen Regelungen eingreifen.

A. Die polizeirechtliche Generalklausel

Eine Diskriminierung beim Zugang zu Gaststätten ist geeignet, als „Verstoß gegen die öffentliche Sicherheit und Ordnung" in den durch die polizeirechtliche Generalklausel geschützten Bereich zu fallen und die Polizei zum Eingreifen zu ermächtigen. Diese landesrechtliche Norm ist zwar im Verhältnis zu den spezielleren Normen des Gaststättengesetzes subsidiär. Ihre Tatbestandsmerkmale — und damit ihr materiell-rechtlicher Gehalt — werden jedoch zur Tatbestandsauffüllung der bei rassisch motivierten Zugangsverboten maßgeblichen Normen des Gaststättengesetzes, § 15 Absatz 2 und § 4 Absatz 1 GastG,

---

[4] Siehe insgesamt Institut für Migrations- und Rassismusforschung, Comparative Assessment, S. 44. Für den Güterverkehr besteht keine Beförderungspflicht. Rassisch diskriminierende Verweigerungen können in diesem Bereich zur Unzuverlässigkeit des Betreibers führen, so daß die Voraussetzung für die Erteilung der Genehmigung gem. § 10 und § 80 Güterkraftverkehrsgesetz (GüKG) entfallen. Nach § 99 GüKG ist dies eine Ordnungswidrigkeit. Die Genehmigung oder Erlaubnis kann nach § 102 b GüKG widerrufen werden. Hierfür gelten dieselben Erwägungen wie im GastG. Dazu ausführlicher *infra*, Kapitel 6, B.

[5] Vgl. dazu beispielhaft § 19 Filmförderungsgesetz: „Förderungshilfen dürfen nicht gewährt werden, wenn der Referenzfilm, der neue Film oder das Filmvorhaben gegen die Verfassung oder gegen die Gesetze verstoßen ... ".

herangezogen. Deshalb wird die Generalklausel hier ausnahmsweise vor den Spezialnormen untersucht.

Die polizeirechtliche Generalklausel erlaubt einen Eingriff zur Abwehr einer Gefahr oder Störung für die öffentliche Sicherheit und die öffentliche Ordnung[6]. In der Literatur ist bisher praktisch ausschließlich ein möglicher Verstoß gegen die öffentliche Ordnung untersucht und im Ergebnis angenommen worden. Ob das in Artikel 5 (f) RDK enthaltene Verbot Teil der vorrangigen „öffentlichen Sicherheit" ist, wird regelmäßig nicht erörtert[7]. In jüngerer Zeit haben allerdings einige Bundesländer die öffentliche Ordnung wegen Zweifel an ihrer Verfassungsmäßigkeit oder an ihrer Notwendigkeit als besonderes Schutzgut aus ihren Polizeigesetzen eliminiert[8]. Auch deshalb ist zuerst die Frage zu untersuchen, ob das Verbot der Rassendiskriminierung beim Zugang zu Gaststätten bereits unter das Tatbestandsmerkmal der öffentlichen Sicherheit fällt.

I. Artikel 5 (f) RDK als Teil der öffentlichen Sicherheit

Das Schutzgut der öffentlichen Sicherheit umfaßt die Unverletzlichkeit der Rechtsordnung und der subjektiven Rechtsgüter und Rechte des einzelnen, den Schutz der Einrichtungen und Veranstaltungen des Staates und den Schutz der objektiven Rechtsordnung[9]. Als Teil der ge-

---

[6] Vgl. die Polizeigesetze der Länder: §§ 1 I i. V. m. 3 BadWürtPolG; Art. 2 I, 11 I BayPAG; §§ 6, 7 II Nr. 3 Bay LStvG; § 17 I BlnASOG; §§ 1 I, 10 I BremPolG; § 1 BrandbPAG, § 3 I HbgSOG; §§ 1 I, 11 HessSOG; § 13 MeckVorSOG, §§ 1, 11 NdsGefAG; §§ 1 I, 8 I NWPolG; §§ 1 I, 14 I NWOBG; §§ 1 I, 9 I RPfOPOG, §§ 1 II, 8 I SaarlPolG; §§ 3 i. V. m. 1 SächsPolG; § 13 SachAnhSOG, § 174 SchlHlVwG.

[7] So z. B. Michel/Kienzle, Gaststättenrecht, § 4, Rz. 22; ihm folgend Kühner, NJW 1986, S. 1400; Lohse, NJW 1985, S. 1681; Metzner, Gaststättengesetz, § 1, Rz. 13; Wolfrum, in: FS P. Schneider, S. 524; siehe auch Klein, DVBl 1971, S. 238. Timme (in: ZAR 1997, S. 136) prüft einen Verstoß gegen die öffentliche Sicherheit, verneint ihn aber im Ergebnis; anders einzig Stock, ZAR 1999, S. 123 wegen des möglichen Verstoßes gegen Strafrechtsnormen.

[8] Zuerst §§ 1 I, 10 I BremPolG; nunmehr auch §§ 1 II, 8 I SaarlPolG, §§ 1 I, 8 I NWPolG (anders nach wie vor § 14 NWOBG); §§ 11 i. V. m. 2 NdsGefAG, § 174 I SchlHLVwG. Siehe dazu Schenke, in: Steiner, S. 196; Denninger, in: Lisken, ders., S. 140, Fn. 19; Mußgnug, in: FS Quaritsch, S. 349 ff.

[9] Vgl. die historische Generalklausel des § 14 PrPVG, abgedruckt in Drews/Wacke/Vogel/Martens, Gefahrenabwehr, S. 232, und § 2 Nr. 2

schützten öffentlichen Sicherheit, gegen die ein Gastwirt durch eine rassisch motivierte Zugangsverweigerung verstoßen könnte, kommen Artikel 5 (f) RDK selbst, §§ 130, 185 StGB und § 118 OWiG sowie Individualrechtsgüter in Betracht.

1. Schutz der objektiven Rechtsordnung

Artikel 5 (f) RDK wird nicht in seiner Eigenschaft als völkerrechtliche Norm durch die öffentliche Sicherheit geschützt. Denn die Rechtsordnung wird als Ganzes zum Bestandteil der öffentlichen Sicherheit gezählt, weil und sofern sich in ihr der verbindliche Wille des deutschen Gesetzgebers zur Ordnung und Gestaltung des menschlichen Zusammenlebens manifestiert[10]. Als Regel des Völkerrechts reflektiert Artikel 5 (f) RDK nicht den Willen des deutschen Gesetzgebers, sondern den der Völkerrechtsgemeinschaft — zumindest soweit es sich nicht um Völkergewohnheitsrecht i. S. d. Artikels 25 GG handelt.

An dem Schutz der polizeilichen Generalklausel kann Artikel 5 (f) RDK daher nur in seiner Eigenschaft als Teil der deutschen Rechtsordnung teilhaben. Daß die Norm über das Zustimmungsgesetz Teil des deutschen „Recht und Gesetzes" wurde und von Legislative, Exekutive und Judikative als objektives Recht zu beachten ist, wurde bereits im 4. Kapitel dargelegt. Die Konvention wurde zwar nicht vom deutschen Gesetzgeber geschaffen. Durch ihre vorbehaltlose Umsetzung durch das Zustimmungsgesetz wird jedoch deutlich, daß sie seinem Willen entspricht und er sich ihren Inhalt auch für die deutsche Rechtsordnung

---

BremPolG; § 54 Nr. 1 ThürOBG; § 3 Nr. 1 SächsAnhSOG. Ferner Friauf, in: Schmidt-Aßmann, S. 126; Götz, Polizei- und Ordnungsrecht, S. 42; Rupprecht, Polizei Lexikon, S. 380.

[10] Drews/Wacke/Vogel/Martens, Gefahrenabwehr, S. 236; Kirchhof, JuS 1974, S. 650; von Mutius, Jura 1986, S. 653; Erichsen, VVDStRL 35 (1977), S. 187; Schenke, in: Steiner, S. 191; ferner Martens, Öffentlich als Rechtsbegriff, S. 179 ff., 186 ff. Siehe auch VGH Mannheim, NVwZ 1988, S. 166.

zu eigen machen will[11]. Damit ist auch sie Ausfluß deutscher Staatsgewalt und ihr Inhalt Teil der geschützten objektiven Rechtsordnung[12].

Für die Durchsetzung von Artikel 5 (f) RDK durch die Landespolizei ist dabei unerheblich, daß es sich bei dem Zustimmungsgesetz um eine Norm des Bundesrechts handelt[13]. Nur bei anderweitigen, abschließenden spezialgesetzlichen Zuständigkeitsregeln ist der Polizei ein Eingreifen verwehrt. Diese sind für Artikel 5 (f) RDK bisher jedoch nicht ausformuliert.

2. Notwendigkeit einer Einschränkung?

a) Der Sinn und Zweck des Polizeirechts

Allerdings gibt es Stimmen in Literatur und Rechtsprechung, die den Bereich der geschützten Rechtsordnung, deren Verletzung zu einem Eingriff berechtigt, begrenzen wollen[14]. Ein entsprechendes Bedürfnis zeige sich bereits daran, daß beim Schutz der gesamten Rechtsordnung selbst die Verletzung von Verwaltungsverfahrensrecht ein polizei- oder ordnungsbehördliches Einschreiten ermögliche[15]. Der Schutz der öf-

---

[11] Andernfalls hätte es dem Parlament offen gestanden, der Konvention die unmittelbare Geltung – als objektives Recht – abzusprechen und den Weg einzuschlagen, der für die Kinderkonvention gewählt wurde. Vgl. ausführlicher *supra*, Kapitel 4, A. und B.

[12] Vgl. ansatzweise BVerwG 64, 55, 59. Anders dagegen VGH Mannheim NVwZ 1994, S. 1233, 1234. Das Gericht stellt dort ausdrücklich fest, daß Völkerrecht grundsätzlich nicht zu den geschützten Normen zählt, „da es als Staatenrecht nur die Staaten im Verhältnis zueinander bindet, nicht aber die Staatsangehörigen." Damit vernachlässigt es die innerstaatliche Geltung für die öffentliche Hand, die das Völkerrecht durch das Zustimmungsgesetz erfährt. Vgl. hierzu ausführlicher, *supra*, Kapitel 4, A. 2 b und B. II.

[13] Konkludent in BVerwG, NJW 1981, S. 242 f.; vgl. ferner Wolf, in: Reiff/Wöhrle/ders./Stephan, § 1, Rz. 62.

[14] Bzw. es wird vorgeschlagen, auf die objektive Rechtsordnung als Schutzgut zu verzichten. Vgl. VGH Mannheim, NVwZ 1994, S. 1233, 1234; Würtenberger/Heckmann/Riggert, Polizeirecht in Baden-Württemberg, S. 126; Dürig, in: Maunz/ders., Art. 2 Abs. 1, Rz. 80; Reichert/Ruder/Fröhler, Polizeirecht, S. 136; Wolf, in: Reiff/Wöhrle/ders./Stephan, § 1, Rz. 60 ff.; Klein, DVBl 1971, S. 238; Berner/Köhler, Polizeiaufgabengesetz, Art. 2, Rz. 6.

[15] Würtenberger/Heckmann/Riggert, Polizeirecht in Baden-Württemberg, S. 126; siehe dazu Stock, ZAR 1999, S. 123.

fentlichen Sicherheit soll sich nach dieser Ansicht auf die Verletzung von Normen des öffentlichen Rechts beschränken, die Verhaltenspflichten begründen und von den einzelnen durch Handeln oder Unterlassen verletzt werden können[16]. Nach dieser Definition bewegte sich Artikel 5 (f) RDK nicht mehr innerhalb des geschützten Bereichs. Die Norm enthält zwar ein eindeutiges, durch eine Handlung bzw. ein Unterlassen verletzbares Verbot; als lediglich mittelbar geltende Norm begründet sie jedoch keine unmittelbaren Verhaltenspflichten für den einzelnen[17].

Dieser einschränkenden Auffassung kann jedoch nur insofern zugestimmt werden, als es nicht Ziel des Polizeirechts ist, die Gesamtrechtsordnung umfassend vor Rechtsbrüchen zu schützen[18]. Die Aufgabe der Polizei beschränkt sich auf die Gefahrenabwehr für Rechtsgüter[19]. Mit Rechtsgüterschutz ist aber das Erfordernis einer zwingenden Verhaltenspflicht mit Ge- oder Verbotscharakter für polizeiliches Eingreifen nicht überzeugend zu begründen. Im Gegenteil, wie eine Gefahr für ein durch eine Rechtsnorm geschütztes Gut entsteht, ist für ein polizeiliches Eingreifen gerade unerheblich[20]. Das zeigt sich beispielhaft an der

---

[16] Würtenberger, in: Achterberg/Püttner/ders., S. 444. Wolff/Bachof (in: Verwaltungsrecht III, § 125, II, Rz. 10, S. 49) verengt den Bereich der öffentlichen Sicherheit auf die Normen, deren Ge- und Verbote straf- oder ordnungswidrigkeitenrechtlich gesichert sind; damit einher geht ein umfassender Rückgriff auf die öffentliche Ordnung für den dann noch nicht erfaßten Bereich. Ihm folgend Wolf, in: Reiff/Wöhrle/ders./Stephan, § 1, Rz. 60. Nicht alle Autoren verlangen eine Norm, die Verhaltenspflichten für Privatpersonen beinhaltet. Teilweise wird lediglich darauf abgestellt, daß eine Norm ein Ge- oder Verbot enthalten muß, das durch eine Handlung oder ein Unterlassen verletzt werden kann. Diesem Maßstab würde Artikel 5 (f) RDK genügen. Vgl. Habermehl, Polizei- und Ordnungsrecht, S. 56; Rupprecht, Polizei Lexikon, S. 381; ferner Belz, in: ders./Mußmann, Polizeigesetz für Baden-Württemberg, § 1, Rz. 24, allerdings mit Verweis auf das oben zitierte Urteil des VGH BW, NVwZ 1994, S. 1233, 1234. Dort verlangt der VGH BW zunächst nur Ge- bzw. Verbotsnormen, stellt später jedoch auf die Fähigkeit einer Norm ab, unmittelbare Rechte und Pflichten zu begründen.

[17] *Supra*, Kapitel 4, B. I und II.

[18] Klein, DVBl 1971, S. 238; vgl. auch Drews/Wacke/Vogel/Martens, Gefahrenabwehr, S. 237.

[19] Kirchhof, DÖV 1976, S. 454; Klein, DVBl 1971, S. 238; Götz, Polizei- und Ordnungsrecht, S. 39; Gusy, Polizeirecht, S. 39 ff., 43 f.

[20] Kirchhof, DÖV 1976, S. 454.

Haftung des Zustandsstörers, der unabhängig davon zur Gefahrenabwehr herangezogen werden kann, ob durch sein Verhalten die Gefahr geschaffen wurde oder ob er als Eigentümer einer Sache im Einzelfall überhaupt Einflußmöglichkeiten auf die Gefahrentwicklung hatte. Noch stärker tritt dies durch die Möglichkeit hervor, einen Nichtstörer zur Gefahrenabwehr heranzuziehen, wenn nur so der Störungserfolg beseitigt oder vermieden werden kann[21]. Zwar wird es „praktisch" in den meisten Fällen darum gehen, „die Gefahr der Verletzungen solcher Rechtsnormen abzuwehren, die sich mit zwingenden Anforderungen an den einzelnen wenden und daher durch sein Handeln oder Unterlassen verletzt werden können"[22]. Daraus den Schluß zu ziehen, daß diese Normen die einzigen sind, die durch die Polizei geschützt werden, hieße, das Gefahrenabwehrrecht für Rechtsgüter in ein „Verhaltensabwehrrecht" nach dem Vorbild des Straf- oder Ordnungswidrigkeitenrecht zu verwandeln[23].

Voraussetzung dafür, daß eine Norm Bestandteil der geschützten Rechtsordnung wird, ist daher lediglich, daß sie dem Schutze eines Rechtsguts dient. Auch dann, wenn Adressat gesetzlich geregelter Rechte und Pflichten allein die öffentliche Hand ist, steht das geschützte Rechtsgut nicht zur Disposition des Bürgers[24]. Die polizeiliche

---

[21] Kirchhof, DÖV 1976, S. 454. Siehe auch Schoch, JuS 1994, S. 935 f., 1026 ff.

[22] So Götz, Polizei- und Ordnungsrecht, 11 Aufl., S. 46. Dies spiegelt sich in der Rechtsprechung wider. Vgl. z.B. VGH Kassel, NVwZ 1990, S. 336; OVG Münster NJW 1979, S. 1058 f.; NJW 1981, S. 242 f.; und DVBl 1975, S. 588 f. BVerwG NVwZ 1986, S. 470, 470 f.

[23] Für einen umfassenden Schutz der objektiven Rechtsordnung: Drews/Wacke/Vogel/Martens, Gefahrenabwehr, S. 236; von Mutius, Jura 1986, S. 653; Jochum/Rühle, Polizei- und Ordnungsrecht, S. 94; Schenke, in: Steiner, S. 194; Kay/Böcking, Allgemeines Verwaltungs- und Eingriffsrecht im Polizeidienst, S. 110; Friauf, in: Schmidt-Aßmann, S. 128; Frotscher, DVBl 1976, S. 698; Kirchhof, JuS 1974, S. 650; Erichsen, VVDStRL 35 (1977), 187 m.w.N. in Fn. 104; Prümm/Sigrist, Allgemeines Sicherheits- und Ordnungsrecht, S. 37; offenbar auch Schoch, JuS 1994, S. 572; Haus/Wohlfarth, Allgemeines Polizei- und Ordnungsrecht, S. 167; Götz, Polizei- und Ordnungsrecht, S. 49; wohl auch Berg/Knape/Kiworr, Allgemeines Polizei- und Ordnungsrecht für Berlin, S. 43 f. Offen bei Denninger, in: Lisken/ders., S. 135. Vgl. zur Rechtsprechung BVerwGE 64, 55, 59; 82, 34, 40; BVerwG, NVwZ 1986, S. 470; OVG NW DÖV 1984, S. 80, 81; VGH Mannheim, NVwZ 1988, S. 16; VG Sigmaringen, DÖV 1976, S. 570, 571, der Sache nach auch BVerwG NVwZ 1987, S. 493.

[24] Jochum/Rühle, Polizei- und Ordnungsrecht, S. 94.

Generalklausel erlaubt, die gesetzgeberische Entscheidung durch ein Verbot zu konkretisieren und im Rahmen der Verhältnismäßigkeit die notwendigen Maßnahmen zu ergreifen[25]. Die Polizei erläßt dann für diesen Bereich erstmalig eine Maßnahme mit unmittelbarer Wirkung gegen den einzelnen. Sie ist nicht auf den Erlaß konkretisierender Verfügungen für bereits bestehende Verbote beschränkt. Darauf würde aber die Meinung, die eine zwingende Verhaltenspflicht für den einzelnen verlangt, hinauslaufen.

Das Gesagte gilt nicht nur für originär deutsche Normen, sondern auch für völkervertragliche Bestimmungen, sofern der Gesetzgeber – wie für Artikel 5 (f) RDK geschehen – seine vorbehaltslose Zustimmung zu der Norm erteilt, ohne von der Möglichkeit Gebrauch zu machen, ihre innerstaatliche Geltung zu verhindern[26]. Der Gesetzgeber hat mit seiner Zustimmung zum Ausdruck gebracht, daß er Ziel und Schutzgut von Artikel 5 (f) RDK als eigenes anerkennt und die Regelung für das Gemeinwohl als unerläßlich erachtet.

Da Artikel 5 (f) RDK darüber hinaus dem Rechtsgüterschutz dient – der Menschenwürde und dem Recht auf gleichberechtigte Teilhabe am Rechtsverkehr –, ist die Norm geeignet, als Teil des objektiven deutschen Rechts an dem Schutz der öffentlichen Sicherheit teilzuhaben.

---

[25] Vgl. BVerwG DVBl 1974, S. 297, 300. Das Gericht entschied, daß eine Bedrohung von Gütern, deren Schutz ein Gesetz bezweckt, auch dann eine Gefahr für die öffentliche Sicherheit darstellen kann, wenn eine Subsumtion des Lebenssachverhalts unter die speziellen Tatbestände des Gesetzes nicht möglich ist. Dem folgend Drews/Wacke/Vogel/Martens, Gefahrenabwehr, S. 236; von Mutius, Jura 1986, S. 653. Siehe auch VGH Mannheim NVwZ 1988, S. 166; BVerwG, NVwZ 1987, S. 493 f.

[26] Erste Ansätze in diese Richtung enthält BVerwGE 64, 55, 59. Dort ging es um die §§ 22, 29 des Wiener Übereinkommens über diplomatische Beziehungen vom 18. April 1961. Konkret angesprochen, im Ergebnis jedoch offengelassen, hat das Gericht hier die Frage, ob diese Normen die Freiheit von Privatpersonen begrenzen bzw. die Rechtfertigungsgründe der Vorschriften über Ehrkränkungen beschränken.

b) Die Prärogative des Gesetzgebers hinsichtlich der Umsetzung völkerrechtlicher Verträge

Bedenken gegen diese Einbeziehung von Artikel 5 (f) RDK können sich jedoch aus dem grundsätzlichen Verhältnis von Völkerrecht und deutschem Recht ergeben.

Auf völkerrechtlicher Ebene haben sich die Staaten die Art und Weise der Umsetzung ausdrücklich vorbehalten. Insofern stellt sich die Frage, ob die Einbeziehung von Artikel 5 (f) RDK in die öffentliche Sicherheit überhaupt vor einer konkreten innerstaatlichen Umsetzungsanordnung für diese Norm erfolgen kann oder ob nicht die Entscheidungsprärogative des Gesetzgebers hinsichtlich der Umsetzung des völkerrechtlichen Vertrages gegen eine solche Einbeziehung spricht. Darf bzw. muß die Polizei eine lediglich mittelbar wirksame Norm umsetzen oder ihre Einhaltung verlangen oder muß der Gesetzgeber die Wirkungsweise der Norm konkretisieren?

Aufgrund der Ergebnisse des 4. Kapitels ist die erste Frage zu bejahen und damit die zweite zu verneinen. Einerseits umgeht eine derartige Einbeziehung von Artikel 5 (f) RDK in dem von der Polizei geschützten Bereich das grundsätzliche Entscheidungsmonopol des Gesetzgebers über die Umsetzung völkerrechtlicher Normen nicht. Denn bei Artikel 5 (f) RDK ist das Verhaltensgebot, welches der Staat und seine Organe sich umzusetzen verpflichtet haben, eindeutig. Das angestrebte Ziel läßt dem Gesetzgeber damit keinen Entscheidungsspielraum, der durch eine polizeirechtliche Umsetzung umgangen werden könnte.

Ein Entscheidungsspielraum bleibt dem Gesetzgeber lediglich hinsichtlich der Art und Weise der Umsetzung, von dem er bisher keinen Gebrauch gemacht hat[27]. Auch in diese Freiheit wird nicht in grundsätzlicher Weise eingegriffen. Der Gesetzgeber ist jederzeit befugt, eine Regelung zu treffen, die die Ausführung des Verbotes konkretisiert. Tut er das, verbietet die Subsidiarität der Generalklausel einen Rückgriff auf diese Norm. Die gesetzgeberische Entscheidungsbefugnis wird somit nicht beschnitten[28]. Eine Umsetzung von Artikel 5 (f) RDK im Rahmen der polizeilichen Generalklausel ist kein Vorgriff einer gesetzgeberischen Entscheidung, sondern logische Folge der Anwendbarkeit der

---

[27] Vgl. dazu *supra*, Kapitel 4, A. I 2 b und B. vor I.

[28] Vgl. BVerwGE 64, 55, 59 zur Subsidiarität hinsichtlich völkerrechtlicher Normen.

Norm im deutschen Recht und der Völkerrechtsfreundlichkeit der Rechtsordnung.

Andererseits erlaubt ein Rückgriff auf Artikel 5 (f) RDK der Verwaltung, den ihr aus dem Zustimmungsgesetz erwachsenen Pflichten Rechnung zu tragen. Denn die innerstaatliche Geltung verlangt auch von der Exekutive, die Regelungen der Konvention zu respektieren und ihr Geltung zu verschaffen. Die Einbeziehung dieses Artikels ist daher notwendige Folge der Offenheit der deutschen Rechtsordnung.

c) Vereinbarkeit mit dem Rechtsstaatsprinzip

Diese Einbeziehung des Artikels 5 (f) RDK i. V. m. dem deutschen Zustimmungsgesetz führt nicht zu einem Verstoß gegen das vom Rechtsstaatsprinzip erfaßte Bestimmtheitsgebot. Für die notwendige Bestimmtheit und Vorhersehbarkeit einer Norm setzt das Bundesverfassungsgericht die Anforderungen nicht hoch an. Ausreichend ist ihre Bestimmbarkeit[29]. Diesen Anforderungen entspricht die polizeiliche Generalklausel auch dann noch, wenn unter dem geschützten gesetzgeberischen Willen auch die innerstaatlich geltenden Normen völkerrechtlichen Ursprungs erfaßt werden, die einen klaren Verbotsgehalt aufweisen. Der Inhalt der polizeilichen Generalklausel kann daher auch unter Einbeziehung des Artikels 5 (f) RDK mit hinreichender Sicherheit festgestellt werden.

Ebensowenig erfordert die Wesentlichkeitslehre, nach der die wesentlichen Entscheidungen in grundlegenden normativen Bereichen dem parlamentarischen Gesetzgeber vorbehalten sind[30], eine einschränkende Auslegung der polizeilichen Generalklausel. Zum einen ist eine entsprechende parlamentarische Entscheidung für den Bereich des Artikels 5 (f) RDK, wie bereits erwähnt, mit dem Zustimmungsgesetz getroffen. Zum anderen hat bereits der Verfassungsgeber mit Artikel 3 Absatz 3 Satz 1 GG eine Grundentscheidung zugunsten des Rassendiskriminierungsverbots gefällt, zu dessen Schutz der Staat berufen ist. Die wesentliche Frage, nämlich das Verbot der Rassendiskriminierung im Gaststättenbereich, hat der Gesetzgeber somit bereits entschieden. Eine

---

[29] Vgl. BVerfGE 4, 352, 357; 11, 234, 237; 14, 245, 253; 54, 143, 144 f.; Schnapp, in: von Münch/Kunig, Art. 20, Rz. 25 m. w. N.

[30] BVerfGE 61, 260, 275; Pieroth/Schlink, Staatsrecht II, S. 61 f.; Schnapp, in: von Münch/Kunig, Art. 20, Rz. 46.

weitere gesetzliche Konkretisierung ist nur noch für die Rechtsfolgen möglich. Daß diese vom Gesetzgeber vorgegeben werden müssen, ist der Wesentlichkeitstheorie nicht mehr zu entnehmen. Zusätzliche Anforderungen an die gesetzlichen Entscheidungen kommen allenfalls unter dem Aspekt in Betracht, daß je nachhaltiger die Grundrechte des einzelnen Bürgers betroffen oder je gewichtiger die Auswirkungen für die Allgemeinheit sind, desto präziser und enger die gesetzliche Regelung sein muß[31] und desto weniger der Exekutive an eigenem Entscheidungsspielraum bleiben darf. Eine solche Entscheidungsmacht ist der Verwaltung hier jedoch nicht eingeräumt, da die zuständige Behörde den Verstoß gegen das materielle Polizeirecht nach Maßgabe der jeweils einschlägigen, bereits gesetzlich determinierten Verfahrensregeln zu verhindern hat[32]. Im übrigen entspricht es gerade dem Sinn und Zweck der öffentlichen Sicherheit, Gefahren von den Rechtsgütern abzuwenden, für die keine Sonderregelungen vorgesehen sind.

Es bleibt somit festzustellen, daß Artikel 5 (f) RDK Teil der objektiven Rechtsordnung ist, die zum Schutzgut der öffentlichen Sicherheit zählt. Die allgemeine polizeiliche Generalklausel ermächtigt die Polizei daher, das Gebot des Artikels 5 (f) RDK zu konkretisieren und einem Gastwirt zu verbieten, Menschen aufgrund ihrer Rasse den Zugang zu seiner Gaststätte zu verweigern. Für die Vollstreckung dieses Verbots gelten die Regeln der jeweils einschlägigen Landesvollstreckungsgesetze[33]. Ein Rückgriff auf Artikel 5 (f) RDK könnte allenfalls durch eine Regelung ausgeschlossen sein, die umfassend die von dieser Norm erfaßten Fälle verbietet. Zumindest erübrigte sich in diesem Fall ein solcher Rekurs[34]. Solange diese Norm fehlt, steht der hier aufgezeigte Weg offen.

---

[31] Maurer, Allgemeines Verwaltungsrecht, S. 110; Jarass, in: ders./Pieroth, Art. 20, Rz. 46.

[32] Das Ergebnis wird durch den Vergleich mit den vom BVerfG entschiedenen Fällen bestätigt, in dem es die gesetzgeberische Grundlage einer Maßnahme für nicht ausreichend erachtete. In den Entscheidungen BVerfGE 34, 165, 192 f.; 45, 400, 417 ff.; 58, 257, 268 hatten die Behörden jeweils eigene Ausgestaltungsbefugnisse und beschränkten sich nicht darauf, ein klares Ge- oder Verbot durch Ausfüllung bereits bestehender Regelungen umzusetzen. Vgl. zum gegenteiligen Fall BVerfGE 49, 89, 126 ff.

[33] Als Vollstreckungsmaßnahmen kommen Zwangsgeld und Beugehaft in Betracht. Eine Ersatzvornahme scheidet aus, da nur der Wirt die Bewirtung eines Gastes vornehmen kann.

[34] Vgl. dazu BVerwG 64, 55, 59.

II. Verstoß gegen Normen des Straf- und Ordnungswidrigkeitenrechts

Daneben kommt eine Maßnahme zur Gefahrenabwehr wegen einer rassendiskriminierenden Zugangsverweigerung auch aufgrund von Strafrechtsnormen in Betracht[35]. Für die Frage der Umsetzung der Rassendiskriminierungskonvention als adäquates Mittel zur Bekämpfung der Rassendiskriminierung verweist die Bundesregierung regelmäßig auch auf §§ 130 f. und 185 ff. StGB[36]. Obwohl allein der Rückgriff auf Artikel 5 (f) RDK eine Gefahrenabwehr bereits erlaubt und fordert, sollen deshalb auch diese Normen behandelt werden. Im Bereich der diskriminierenden Zugangsverweigerung sind allein der Straftatbestand der Volksverhetzung, der heutige § 130 Absatz 1 StGB, und die Beleidigung nach § 185 BGB einschlägig. Da es ausschließlich um Rechtsgüterschutz geht, reicht es im Rahmen des Gefahrenabwehrrechts aus, wenn der objektive Tatbestand einer strafrechtlichen Norm verwirklicht zu werden droht[37]. Die Untersuchung beschränkt sich auf die theoretischen Grundlagen und umfaßt nicht die in der Praxis entscheidungserheblichen Beweisfragen.

1. § 130 StGB

Ein Schild, das z. B. Türken, Italienern oder Russen den Zugang zu einer Gaststätte untersagt, oder eine entsprechende Bemerkung eines Türstehers sind geeignet, den Tatbestand der Volksverhetzung zu erfüllen. Nach § 130 Absatz 1 StGB[38] macht sich der Volksverhetzung

---

[35] Bei dem Rückgriff auf Strafrechtsnormen ist zwischen repressivem und präventiven Handeln zu unterscheiden. Polizeiliches Handeln setzt voraus, daß die Gefahr weiterer Zugangsverbote besteht. Dies ist jedoch nach allgemeiner Lebenserfahrung zu bejahen, wenn der Gastwirt bereits einen Menschen wegen der Rasse abgewiesen hat. Der Gastwirt haftet im übrigen unabhängig davon, ob er selbst oder seine Angestellten tätig werden. Vgl. dazu Stock, ZAR 1999, S. 123.

[36] Siehe BT-Dr. V/3960, S. 22 und BT-Dr. 9/1882, S. 3 f.; BT-Dr. V/4127, 10. Vgl. ferner die Berichte an den RDA, CERD/C/R.3/Add. 29; CERD/C/R.70/Add. 24; CERD/C/172/Add. 13, Zif. 4, 49 ff.; siehe auch Institut für Migrations- und Rassismusforschung, Comparative Assessment, S. 53.

[37] Drews/Wacke/Vogel/Martens, Gefahrenabwehr, S. 236.

[38] Diese Norm wurde als Folge der antisemitischen und nazistischen Ausschreitungen im Winter 1959/1960, die auch Anlaß für die Erarbeitung der RDK waren, von der „Anreizung zum Klassenkampf“ in den Straftatbestand

strafbar, wer in einer Weise, die geeignet ist, den öffentlichen Frieden zu stören, entweder zum Haß gegen Teile der Bevölkerung aufstachelt oder zu Gewalt- oder Willkürmaßnahmen gegen sie auffordert oder die Menschenwürde anderer dadurch angreift, daß er Teile der Bevölkerung beschimpft, böswillig verächtlich macht oder verleumdet[39].

a) Teile der Bevölkerung

Unmittelbarer Angriffsgegenstand der Tathandlungen des § 130 StGB sind im Inland lebende Teile der Bevölkerung, d. h. Personenmehrheiten nicht ganz geringfügiger Größe und Bedeutung, die von der Gesamtheit der Bevölkerung aufgrund äußerer oder innerer Merkmale als unterscheidbarer Teil abgegrenzt werden können[40]. Dazu gehören auch nationale, rassische, religiöse oder durch Volkstum bestimmte Gruppen. Hierunter werden namentlich die Juden gezählt[41], aber auch Sinti und Roma[42], Schwarze[43], ausländische Gastarbeiter oder bestimmte Gastar-

---

der Volksverhetzung umgewandelt. Vgl. zur Entstehungsgeschichte Schafheutle, JZ 1960, S. 470; siehe zur erneuten Änderung durch das Verbrechensbekämpfungsgesetz als Antwort auf die Brandanschläge in Hoyerswerda und Rostock/Lichterfelde im Jahre 1993 Neumann, StV 1994, S. 273; Dahs, NJW 1995, S. 553; von Bubnoff, in: LK, § 130, vor Rz. 1 und Rz. 1.

39 Neben Absatz 1 kommt bei einer Zugangsverweigerung ferner ein Verstoß gegen Absatz 2 in Betracht, allerdings nur unter der Voraussetzung, daß die Zugangsverweigerung durch eine Schrift erfolgt. Ob ein Schild mit der Aufschrift „Türken ist der Zugang verboten" eine Schrift im Sinne des § 11 III StGB ist, kann hier offenbleiben. Denn die Voraussetzungen der Tathandlungen sind mit Ausnahme der Eignung zur Störung des öffentlichen Friedens in beiden Fällen gleich. Siehe § 130 Abs. 2 – 5. Dazu von Bubnoff, in: LK, § 130, Rz. 32 ff.; Rudolphi, in: SK StGB, § 130, Rz. 14 ff.

40 BGH, GA 1979, S. 391; BayObLG, NJW 1994, S. 952, 953 und NJW 1995, S. 145; LG Bremen, StV 1997, S. 358; OLG Zweibrücken, NStZ 94, S. 490; Geilen, NJW 1976, S. 279; Lohse, NJW 1971, S. 1246; ders., NJW 1985, S. 1679; Schafheutle, JZ 1960, S. 472; Stein, Michigan Law Review 85 (1986-1987), S. 285 f.; Hofmann, in: Coliver, S. 164. Die Tathandlung muß unmittelbar gegen diese Gruppe gerichtet sein. Nicht ausreichend ist z. B. eine antisemitische Äußerung, die sich nur gegen den Staat Israel und nicht gegen die inländischen Juden richtet, Hamburg, NJW 1970, S. 1649, 1650.

41 Vgl. BGHSt 16, 49, 56; 21, 371, 373; 29, 26; OLG Köln, NJW 1981, S. 1280; Louven, DRiZ 1960, S. 212.

42 OLG Karlsruhe, NJW 1986, S. 1276, 1277: „Zigeuner".

beitergruppen, speziell die Türken[44], ferner Asylanten bzw. Asylbewerber ohne Anspruch auf Asyl[45]. Unerheblich ist, ob es sich um Deutsche, Personen ausländischer Staatsangehörigkeit oder um Staatenlose handelt[46].

Diffamierungen von Einzelpersonen oder Angehörigen einer Personengruppe gehören nur dann unter den Tatbestand, wenn diese Diffamierungen zugleich gegen Teile der inländischen Bevölkerung gerichtet sind[47]. Eine diskriminierende Zugangsverweigerung verstößt somit nur dann gegen § 130 StGB, wenn sie auf eine Art und Weise erfolgt, durch die nicht nur der einzelne, sondern ein Bevölkerungsteil insgesamt angegriffen wird, z. B. Ausländer, Gastarbeiter, oder Türken. Da eine Diskriminierung aufgrund der Rasse begriffsnotwendig gruppenbezogen ist, richtet sich der in ihr enthaltene Angriff auch dann gegen eine Gruppe als Ganzes, wenn er nur gegenüber einem einzelnen erfolgt. Angriffsobjekt einer Zugangsverweigerung ist daher unabhängig davon, ob das Verbot nur an den Eintrittswilligen ausgesprochen oder durch ein Schild allgemein sichtbar wird, die diskriminierte rassische Gruppe in ihrer Gesamtheit. Zu prüfen bleibt in diesen Fällen regelmäßig nur, ob die betroffene rassische Gruppe einen Teil der inländischen Bevölkerung ausmacht. Bei den gefährdeten Gruppen wie Türken, Russen, Kosovo-Albanern oder „Ausländern" ist das der Fall.

---

[43] Bzw. Menschen anderer Hautfarbe, vgl. Hamburg, NJW 1975, S. 1088 mit der zumindest inzwischen überholten Kritik von Geilen, NJW 1976, S. 280, daß „Neger" in Deutschland keine relevante Minderheit ausmachten.

[44] Vgl. OLG Celle, NJW 1970, S. 2257 mit Anm. Blei, JA 1971, S. 27; Lohse, NJW 1971, S. 1246; ders., NJW 1985, S. 1680; Römer NJW 1971, S. 1735; OLG Frankfurt NJW 1985, S. 1720.

[45] OLG Düsseldorf, MDR 1995, S. 948; OLG Frankfurt, MDR 1995, S. 735, 736; LG Hannover, Niedersächsische Rechtspflege 1995, S. 110; vgl. auch BayObLG, NJW 1994, S. 952, 953 (mit Anm. Otto, JR 1994, S. 473) und NJW 1995, S. 145; OLG Frankfurt, NJW 1995, S. 143, 144. Siehe insgesamt Kühl, in: Lackner, § 130, Rz. 2.

[46] BayObLG, NJW 1994, S. 952, 953; OLG Celle, NJW 1970, S. 2257; OLG Hamburg, MDR 1981, S. 71; Lenckner, in: Schönke/Schröder, § 130, Rz. 3; von Bubnoff, in: LK, § 130, Rz. 9a.

[47] BGH 21, 371; vgl. ferner von Bubnoff, in: LK, § 130, Rz. 9.

b) Eignung, den öffentlichen Frieden zu stören

Ein Zugangsverbot verstößt nur dann gegen den objektiven Tatbestand des § 130 Absatz 1 StGB, wenn es geeignet ist, den öffentlichen Frieden zu stören[48]. Unter „öffentlichem Frieden" wird der Zustand der allgemeinen Rechtssicherheit und das – auch durch das Vertrauen in die allgemeine Rechtssicherheit begründete – Gefühl der Sicherheit in der Bevölkerung verstanden[49]. Die Störung des öffentlichen Friedens kann daher entweder durch eine Erschütterung des Vertrauens in die allgemeine Rechtssicherheit erfolgen oder durch ein Aufhetzen des Publikums und die dadurch begründete Gefahr von Übergriffen[50].

Die Eignung zur Friedensstörung liegt beim Zugangsverbot in der bereits im Vorfeld von Aggressionsbereitschaft liegenden Vergiftung des öffentlichen Klimas. Diese erfolgt durch die Ausgrenzung bestimmter Bevölkerungsgruppen und die Weigerung, sie gleichberechtigt an der Nutzung öffentlich angebotener Dienstleistungen teilhaben zu lassen[51]. Auf diese Weise wird den Angehörigen der betroffenen rassischen Gruppe pauschal der sittliche, personale oder soziale Geltungswert abgesprochen. Angesichts des in bestimmten Bevölkerungsteilen verbreiteten ausländerfeindlichen Klimas[52] ist jede Form der Zugangsverweigerung geeignet, bei dem angegriffenen Bevölkerungsteil das Gefühl einer

---

48 Seit dem Verbrechensbekämpfungsgesetz von 1994 ist ein Angriff gegen die Menschenwürde bei den ersten beiden Tathandlungsalternativen der Nr. 1 des 1. Absatzes nicht mehr erforderlich. Vgl. dazu Lenckner, in: Schönke/Schröder, § 130, Rz. 5; kritisch Neumann, StV 1994, S. 274.

49 OLG Hamburg, NJW 1975, S. 1088; Rudolphi, in: SK StGB, § 130, Rz. 9. Siehe auch Wehinger, Kollektivbeleidigung - Volksverhetzung, S. 74 ff.; ferner Fischer, GA 1989, S. 451.

50 OLG Hamburg, NJW 1975, S. 1088; OLG Celle, NJW 1970, S. 2257; VG Hannover, Niedersächsische Rechtspflege 1995, S. 110, 111; Maurach/Schroeder/Maiwald, Strafrecht BT II, § 60 V, Rz. 66, S. 124.

51 Siehe dazu Lenckner, in: Schönke/Schröder, § 130, Rz. 10; Tröndle/Fischer, Strafgesetzbuch, § 130, Rz. 2 m. w. N.

52 Vgl. hierzu die Nachweise in *supra*, Einleitung, Fn. 14. Vorhandene offene und latente Gewaltpotentiale gegen bestimmte rassische Gruppen, ihre bereits gefährdete Position in der Gesellschaft und die Empfänglichkeit der Öffentlichkeit sind anerkannte Kriterien, die bei der Beurteilung der Eignung zur Friedensstörung ins Gewicht fallen. Siehe Lenckner, in: Schönke/Schröder, § 130, Rz. 11; Tröndle/Fischer, Strafgesetzbuch, § 130, Rz. 2; von Bubnoff, in: LK, § 130, Rz. 13 - 13 b.

Bedrohung ihrer eigenen rechtlichen Stellung in der Gesellschaft und damit von Rechtsunsicherheit hervorzurufen. Die Mitglieder der Gruppe verlieren so das Bewußtsein, ohne Furcht in Ruhe und Frieden leben zu können[53]. Die in der Zugangsverweigerung liegende Abwertung ist darüber hinaus geeignet, vergeltende Reaktionen der betroffenen Bevölkerungsteile hervorzurufen und Nachahmer in den anderen Bevölkerungsteilen zu finden, durch die die Situation weiter verschärft würde.

Die Eignung zur Friedensstörung verlangt keine öffentliche Vornahme der Tathandlung. Nur Äußerungen, die in einem engen Kreis getan werden und voraussichtlich nicht über diesen Kreis hinausgehen, scheiden aus[54]. Daher ist sie nicht nur bei einem öffentlich ausgehängten, von allen Besuchern und Passanten lesbaren Schild, das einer Rasse den Zugang verbietet, gegeben. Ausreichend ist bereits eine nur individuell gegen den Betroffenen ausgesprochene Zutrittsverweigerung, da grundsätzlich mit der Verbreitung des Verhaltens durch den Diskriminierten zu rechnen ist[55]. Das Gefühl der Rechtsunsicherheit wird nicht nur bei unmittelbarer Diskriminierung erzeugt, sondern kann auch durch bewußte mittelbare Diskriminierung erfolgen. Daß eventuell nur „Eingeweihte“ dieses Verhalten als diskriminierend erkennen können, ist unerheblich. Denn unabhängig davon, ob die breite Öffentlichkeit die Diskriminierung als solche erkennt, ist der betroffene Teil der Bevölkerung in gleicher Weise verunsichert[56].

---

[53] Vgl. BGH 16, 49, 56; 29, 26 f.; OLG Hamburg, NJW 1975, S. 1088; MDR 1981, S. 71; Molketin, GewArch 1989, S. 88; Lenckner, in: Schönke/Schröder, § 130, Rz. 10; Stock, ZAR 1999, S. 120; zu eng OLG München, NJW 1985, S. 2430 f.

[54] Z. B. im engsten Familienkreis. Die bloß abstrakte Eignung der Äußerung zur Friedensstörung genügt daher als solche nicht. Vgl. OLG Celle, NJW 1970, S. 2257; Rudolphi, in: SK StGB, § 130, Rz. 11.

[55] Maßgeblich ist lediglich, daß nach den konkreten Umständen mit dem Bekanntwerden der Tathandlung in einer breiten Öffentlichkeit zu rechnen ist. Vgl. BGHSt 29, 26 f. mit Anm. Wagner, JR 1980, S. 120; BGH MDR 1981, S. 974; OLG Hamburg, NJW 1975, S. 1088; Tröndle/Fischer, Strafgesetzbuch, § 130, Rz. 2; von Bubnoff, in: LK, § 130, Rz. 14. Teilweise enger Rudolphi, in: SK StGB, § 130, Rz. 11; und Ostendorf, in: AK, § 130, Rz. 17 und Hörnle, NStZ 2002, S. 117.

[56] Bejaht wurde eine Eignung zur Friedensstörung für Juden-, Türken-, Ausländer- oder Asylantenhetze; verneint für „Soldaten sind Mörder“-Parolen. Vgl. BayObLG NJW 1994, S. 952; 19, 95, 145; Frankfurt, NJW 1995, S. 143;

c) Aufstachelung zum Haß und Aufforderung zu Gewalt- und Willkürmaßnahmen

Unter die erste Tatbestandsalternative des § 130 StGB fällt ein Zugangsverbot, wenn es zum Haß aufstachelt. Mit dem Aufstacheln ist eine verstärkte, auf die Gefühle des Aufgestachelten gemünzte, über die bloße Ablehnung und Verachtung hinausgehende Form des Anreizens zu einer emotional gesteigerten feindseligen Haltung gemeint[57]. Die Tathandlung muß darauf abzielen, eine feindselige Haltung gegen die betreffenden Bevölkerungsteile zu bewirken oder zu steigern. Zwar brauchen nicht unmittelbare Aktionen bestimmter Art Ziel der Tathandlung zu sein. Es muß sich jedoch um eine Stimmungsmache handeln, die zugleich den geistigen Nährboden für die Bereitschaft zu Exzessen gegenüber der betroffenen Bevölkerungsgruppe liefert[58].

Nicht ausreichend ist dagegen das Hervorrufen bloßer Verachtung oder das Zur-Schau-Stellen eigener Verachtung. Daher wird nach nahezu einstimmiger Meinung zu Recht ein Schild, das einer bestimmten Personengruppe den Zutritt in ein Lokal untersagt, in der Regel nicht als tatbestandsmäßig erachtet[59]. Damit eine Zugangsverweigerung zu Haß aufstachelt, muß das Zutrittsverbot mit aufstachelnden Parolen zum Ausdruck gebracht werden. Dies kann z. B. mit der Aufforderung an andere Geschäftsinhaber, ebenfalls ein Zugangsverbot auszusprechen, oder mit der Aufforderung, nicht bei dem Bevölkerungsteil einzukaufen, oder ihm das Lebensrecht abzustreiten, erfolgen[60]. Ein Zugangs-

---

Hamm, NStZ 95, S. 136; LG Hannover, Niedersächsische Rechtspflege 1995, S. 110; ferner Lenckner, in: Schönke/Schröder, § 130, Rz. 11.

[57] BGHSt 40, 102; BGHSt 21, 371; VG Hannover, Niedersächsische Rechtspflege 1995, S. 110; BayObLG NJW 1990, S. 2479, 2480 mit Anm. Horn, JR 1991, S. 83; Tröndle/Fischer, Strafgesetzbuch, § 130, Rz. 5; vgl. auch Lohse, NJW 1971, S. 1247; Römer, NJW 1971, S. 1735.

[58] Lenckner, in: Schönke/Schröder, § 130, Rz. 5a; Molketin, GewArch 1989, S. 89; Römer, NJW 1971, S. 1735; Rudolphi, in: SK StGB, § 130, Rz. 4; von Bubnoff, in: LK, § 130, Rz. 17.

[59] Rudolphi, in: SK StGB, § 130, Rz. 4; Lenckner, in: Schönke/Schröder, § 130, Rz. 5a; Tröndle/Fischer, Strafgesetzbuch, § 130, Rz. 5; Molketin, GewArch 1989, S. 89; Römer, NJW 1971, S. 1735; Ostendorf, in: AK, § 130, Rz. 11; anders noch Lohse, NJW 1971, S. 1247, ebenso aber in NJW 1985, S. 1680.

[60] Letzteres lag z. B. beim Schnitzel-Ranch-Fall (OLG Frankfurt, NJW 1985, S. 1720 mit Anm. Blau, JR 1986, S. 83) vor, in dem ein Schild „Türken haben keinen Zutritt“ mit der Bemerkung „Nur ein toter Türke ist ein guter Tür-

verbot allein zeigt dagegen lediglich die eigene Mißachtung des Gastwirtes[61].

Dasselbe gilt im Ergebnis für die Tathandlungsmodalität des Aufforderns zu Gewalt- oder Willkürmaßnahmen. Auch hier ist ein ausdrückliches oder konkludentes Einwirken auf andere mit dem Ziel, in ihnen den Entschluß zu Gewalt- oder Willkürmaßnahmen hervorzurufen, erforderlich[62]. „Gewaltmaßnahmen" meint dabei den aggressiven Einsatz physischer Gewalt, während „Willkürmaßnahmen" sonstige diskriminierende und im Widerspruch zu elementaren Geboten der Menschlichkeit stehende Behandlungen aller Art einschließen[63]. Der Verweigerung der Bewirtung selbst fehlt eine entsprechende Aufforderung, Maßnahmen zu ergreifen. Allenfalls aus den weiteren Umständen bzw. der Art und Weise der Zugangsverweigerung ist die Erfüllung dieser Tatbestandsalternative denkbar, z. B. wenn die Verweigerung mit der Aufforderung an andere Gäste verbunden wird, es dem gleichzutun[64]. In der Regel kann daher eine Maßnahme zur Gefahrenabwehr nicht auf diese Tatbestandsalternativen gestützt werden.

---

ke" kommentiert wurde. Vgl. ferner die Beispiele bei von Bubnoff, in: LK, § 130, Rz. 18; Lenckner, in: Schönke/Schröder, § 130, Rz. 5a.

[61] So auch Stock, ZAR 1999, S. 120.

[62] BGH, NJW 1984, S. 1631 mit Anmerkung Bloy, JR 1985, 206 f.; Lenckner, in: Schönke/Schröder, § 130, Rz. 5b.

[63] Lenckner, in: Schönke/Schröder, § 130, Rz. 5b; vgl. auch von Bubnoff, in: LK, § 130, Rz. 19; Ostendorf, in: AK, § 130, Rz. 12; Schafheutle, JZ 1960, S. 473. Darunter fällt insbesondere der Boykottaufruf: „Kauft nicht bei Juden", vgl. Lenckner, *ebenda.*

[64] Der Tatbestand ist auch nicht ohne weiteres durch die Parolen „Ausländer raus" erfüllt, da sie nach ihrem Wortlaut keine Aufforderungen an andere enthalten, gegen die genannte Personengruppe Maßnahmen zu ergreifen. Vgl. z. B. BGH, NJW 1984, S. 1632, 1633; Molketin, GewArch 1989, S. 89; dazu kritisch Bloy, JR 1985, S. 207. Allerdings kann sich die Aufforderung im Zusammenhang mit den Begleitumständen ergeben, insbesondere angesichts der aktuell herrschenden Tendenzen von Ausländerfeindlichkeit. So OLG Hamm, NStZ 1995, S. 136, 137; von Bubnoff, in: LK, § 130, Rz. 20; Streng, in: FS Lackner, S. 519 f.; vgl. auch Rühl, NJW 1995, S. 562 f.

d) Angriff auf die Menschenwürde durch Beschimpfen, böswilliges Verächtlichmachen oder Verleumden

(1) Die Tathandlungen

In Betracht kommt jedoch ein Angriff auf die Menschenwürde im Sinne der dritten Tatbestandsalternative des § 130 Absatz 1 StGB. Diese Handlungsalternative umfaßt eine schwerwiegende Mißachtung der Persönlichkeit des Betroffenen, die sich im Gegensatz zu § 185 BGB gegen Bevölkerungsteile und nicht gegen Individuen richtet. In Betracht kommt diese Tatbestandsalternative vor allem in Form eines böswilligen Verächtlichmachens. Damit werden Äußerungen erfaßt, in denen die Betroffenen durch Werturteile oder Tatsachenbehauptungen als der Achtung der Bürger unwert oder unwürdig hingestellt werden[65]. Böswilligkeit liegt bei Handeln aus feindlicher Gesinnung mit der Absicht zu kränken vor[66].

Eine rassisch motivierte Zugangsverweigerung gegen „Ausländer", „Gastarbeiter" oder bestimmte Nationalitäten ist angesichts der starken Sensibilisierung der Bevölkerung in den letzten Jahren nach den Übergriffen gegen Menschen fremder Herkunft nicht neutral, sondern enthält für einen objektiven Beobachter implizit die Aussage, daß der Gasthausbesucher sich nicht „anständig", d.h. sozial erträglich benimmt oder daß er nicht für wert erachtet wird, dort bedient zu werden[67]. Er wird durch dieses Verhalten als Person hingestellt, die ihren sittlichen Pflichten nicht genügt[68]. Eine Verächtlichmachung ist daher gegeben.

---

[65] BGHSt 3, 345, 348; 7, 110, 111; BayObLG, NJW 1995, S. 145; Blau, JR 1986, S. 83; Lenckner, in: Schönke/Schröder, § 130, Rz. 5. Eine Einschränkung der Tathandlungen auf Fälle besonderer Roheit (so Geilen, NJW 1976, S. 280) oder auf „ganz besonders verletzende Mißachtungskundgaben" (vgl. Römer, NJW 1971, S. 1736) ist dem Wortlaut nicht zu entnehmen und entspricht nicht der Meinung des historischen Gesetzgebers, nach dem Verächtlichmachen hier ebenso zu interpretieren ist wie in § 186. Vgl. Blau *ebenda*; Schafheutle, JZ 1960, S. 473.

[66] BGH NJW 1964, S. 1481, 1483; BayObLG NJW 1995, S. 145; Tröndle/Fischer, Strafgesetzbuch, § 90a, Rz. 5.

[67] Siehe dazu bereits *supra*, Kapitel 4, A. II 2 b.

[68] Vgl. BayObLG, NJW 1983, S. 2040, 2041; Blau, JZ 1986, S. 83; Lohse, NJW 1985, S. 1680; Streng, in: FS Lackner, S. 521; i. Erg. bei Zurückweisung bestimmter Nationalitäten auch von Bubnoff, in: LK, § 130, Rz. 25; offen gelassen von OLG Frankfurt, NJW 1985, S. 1720. Diesen Aspekt vernachlässigt Timme, ZAR 1997, S. 130 f.; a. A. auch Wolf, in: Joerden, S. 138. Die Auswir-

Ob der Gastwirt aus feindlicher Gesinnung handelt, ist Tatfrage[69]. Für die Ermittlung dieses Merkmals ist der objektive Erklärungswert maßgeblich[70]. Auch eine allgemein gehaltene Zugangsverweigerung ist unter Beachtung der gefährdeten Stellung der Zielgruppe und im Kontext der heutigen gefährlichen Dimensionen der Ausländerfeindlichkeit zu sehen[71].

In den Fällen, in denen der Gastwirt ausschließlich auf Drängen seiner Gäste handelt, ist eine eigene feindliche Willensrichtung auszuschließen, wenn die Diskriminierung nicht anders abwendbar ist. Bei einem solchen Rechtfertigungsversuch ist jeweils zu prüfen, ob diese Einwände nicht ihrerseits auf einer von Vorurteilen geprägten feindlichen Gesinnung beruhen. Auch dies ist eine Frage des Einzelfalls. Allerdings spricht eine starke Vermutung für eine derartige feindliche Gesinnung, wenn Menschen ohne Rücksicht auf ihre Individualität, ihr eigenes Verhalten und Auftreten in der Gesellschaft und ihre gesellschaftliche, wirtschaftliche und soziale Stellung von der Teilhabe an solchen Dienstleistungen ausgeschlossen werden, die jedem anderen gerade unabhängig von seiner Individualität gewährleistet wird. Wieder läßt auch eine neutral formulierte Zugangsverweigerung angesichts der sensibili-

---

kung möglicher Irrtümer des Gastwirtes, z. B. über die rechtliche Zulässigkeit eines Hausverbotes und Rechtfertigungsgründe, sollen hier außer Betracht bleiben.

[69] Nach von Bubnoff (in: LK, § 130, Rz. 25) „berühren" derartige Zugangsverweigerungen „jedenfalls bereits den tatbestandlichen Grenzbereich" des § 130 StGB. Im Ergebnis bejahen die Tatbestandsmäßigkeit Blau JR 1986, S. 82 f.; Lohse, NJW 1985, S. 1680; Streng, in: FS Lackner, S. 521; Stock, ZAR 1999, S. 120. Anders Lenckner (in: Schönke/Schröder, § 130, Rz. 5d). Vgl. auch Wolf, in: Joerden, S. 136 f.: Äußerungen, die lediglich eine emotionale Ablehnung ausdrücken, genügten auch dann nicht, wenn sie z. B. eine fremdenfeindliche Einstellung erkennen ließen. Ebenso Rudolphi, in: SK StGB, § 130, Rz. 6.

[70] BGHSt 40, 97, 101; BayObLG NJW 1994, S. 952 mit Anm. Otto, JR 1994, S. 473; BayObLG NJW 1995, S. 145; Lenckner, in: Schönke/Schröder, § 130, Rz. 5; vgl. auch OLG Köln, NStZ 1981, S. 183 f.

[71] Vgl. OLG Hamm, NStZ 1995, S. 136, 137 und die Rechtsprechung zu dem Schmähgedicht „Der Asylbetrüger": OLG Karlsruhe, MDR 1995, S. 735, 736; BayObLG, NJW 1995, S. 145; LG Hannover, Niedersächsische Rechtspflege 1995, S. 110, 111. Ferner von Bubnoff, in: LK, § 130, Rz. 25; Blau, JR 1986, S. 83; Lohse, NJW 1985, S. 1679; Streng, in: FS Lackner, S. 520 ff.; Ostendorf, in: AK, § 130, Rz. 15, anders BGHSt NStZ 1984, S. 310; siehe auch Wolfrum, in: FS P. Schneider, S. 523. Zum Anstieg der ausländerfeindlichen Bestrebungen vgl. *supra*, Einleitung, Fn. 14.

sierten Stimmung in der Gesellschaft regelmäßig den Schluß auf eine feindliche Willensrichtung zu[72].

Gleichzeitig kann in der Zugangsverweigerung ein Beschimpfen liegen. Beschimpfen ist eine durch Form oder Inhalt besonders verletzende Äußerung der Mißachtung, wobei das besonders Verletzende entweder in der Roheit des Ausdrucks oder inhaltlich in dem Vorwurf eines schimpflichen Verhaltens oder Zustandes liegen kann[73]. Die Äußerung braucht daher nicht unwahr zu sein. Der Täter muß seine eigene Mißachtung zum Ausdruck bringen[74]. Im Einzelfall mag dies schon durch die Form erfolgen, indem z. B. eine Bevölkerungsgruppe bei der Zugangsverweigerung mit Schlägern und Betrunkenen auf eine Stufe gestellt oder mit unflätigen Worten beleidigt wird[75].

Weniger relevant im Bereich der Zugangsverweigerung ist die dritte Handlungsalternative, das Verleumden. Damit ist eine gegenüber Dritten bewußt wahrheitswidrig aufgestellte Behauptung von Tatsachen gemeint, die geeignet sind, die betroffene Gruppe in ihrer Geltung und ihrem Ansehen herabzuwürdigen[76]. Eine rassisch motivierte Zugangsverweigerung allein ist nicht geeignet, diese letzte Tatbestandsalternative zu verwirklichen. Etwas anderes kann sich aus den Umständen des Einzelfalls ergeben, wenn z. B. einem Menschen einer bestimmten Nationalität der Zugang mit dem Argument verweigert wird, daß alle

---

[72] Im Ergebnis ebenso Lohse, NJW 1985, S. 1680; Stock, ZAR 1999, S. 120; beschränkt auf Zugangsbeschränkungen, die auf bestimmte Gruppen spezifiziert sind, von Bubnoff, in: LK, § 130, Rz. 25.

[73] RG 61, 308; 57, 209, 211; BGH 7, 110 f.; OLG Hamburg, NJW 1975, 1088; OLG Koblenz, GA 84, 575; LG Mannheim, NJW 1994, 2494, 2497; Küper, Strafrecht BT, S. 57; Tröndle/Fischer, Strafgesetzbuch, § 90a, Rz. 3; Lenckner, in: Schönke/Schröder, § 130, Rz. 5d.

[74] Molketin, GewArch 1989, S. 89. Tröndle/Fischer, Strafgesetzbuch, § 90a, Rz. 3.

[75] Vgl. Lohse, NJW 1971, S. 1246; OLG Karlsruhe NJW 1986, S. 1276, 1277; von Bubnoff, in: LK, § 130, Rz. 22. Bei Wiedergabe fremder Beschimpfungen kommt es darauf an, ob der Betreffende sich mit diesen identifiziert. Siehe Lenckner, in: Schönke/Schröder, § 130, Rz. 5; von Bubnoff, *ebenda*, Rz. 28.

[76] Tröndle/Fischer, Strafgesetzbuch, § 130, Rz. 7; Lenckner, in: Schönke/Schröder, § 130, Rz. 5d; von Bubnoff, in: LK, § 130, Rz. 24; Rudolphi, in: SK StGB, § 130, Rz. 6. Der Tatbestand ist u. a. bei Asylbewerberdiffamierung erfüllt oder durch die Darstellung der in Deutschland lebenden Juden als Teil eines Parasitenvolkes. Vgl. LG Mannheim, NJW 1994, S. 2494, 2497.

Menschen dieser Nationalität Asylbetrüger seien und deshalb nicht geduldet würden.

(2) Angriff auf die Menschenwürde

Ein Zugangsverbot muß, um unter § 130 StGB zu fallen, den diskriminierten Bevölkerungsteil in seiner Menschenwürde angreifen. Dieses Merkmal ist eine wichtige Beschränkung des ansonsten weit gefaßten Tatbestandes auf besonders massive Angriffe und dient vor allem dem Ziel, notwendige gesellschaftliche und politische Auseinandersetzungen, die in den durch Artikel 5 GG geschützten Bereich fallen, nicht einzuschränken[77]. Außerdem soll so sichergestellt werden, daß der Tatbestand auf besonders massive Schmähungen begrenzt wird, um die im Vergleich zu den Beleidigungsvorschriften wesentlich höhere Strafandrohung zu rechtfertigen[78].

Der Begriff der Menschenwürde wird hier enger verstanden als in Artikel 1 Absatz 1 GG[79]. Unter Hinweis auf den gesetzgeberischen Willen wird ein Angriff gegen die Menschwürde hier erst angenommen, wenn die Tathandlung den Menschen im Kern seiner Persönlichkeit trifft, indem dieser unter Mißachtung des Gleichheitssatzes als unterwertig dargestellt und ihm das Lebensrecht in der Gemeinschaft bestritten wird[80].

---

[77] BVerfG EuGRZ 2000, S. 487, 490; OLG Frankfurt, NJW 1995, S. 143, 144; LG Bremen, StV 1997, S. 358; Schafheutle, JZ 1960, S. 472; Streng, in: FS Lackner, S. 511; siehe auch BVerfGE 87, 209, 228; Stein, Michigan Law Review 85 (1986), S. 284; vgl. ferner Blau, JR 1986, S. 83 und Nolte, AfP 1996, S. 318.

[78] Siehe von Bubnoff, in: LK, § 130, Rz. 11; Römer, NJW 1971, S. 1736; Streng, in: FS Lackner, S. 502.

[79] OLG Frankfurt, NJW 1995, S. 143, 144 m. w. N.; Lenckner, in: Schönke/Schröder, § 130, Rz. 6 m. w. N; von Bubnoff, in: LK, § 130, Rz. 11; dagegen Lohse, NJW 1985, S. 1678, siehe dazu aber Streng, in: FS Lackner, S. 511; ferner Maiwald, JR 1989, S. 488 f. Vgl. zur Interpretation der Menschenwürde einerseits Otto, JR 1994, S. 474; ders., Grundkurs Strafrecht, S. 312; andererseits Isensee, AfP 1993, S. 626 f.

[80] BGHSt 40, 97, 100 f.; BGHR, § 130, Menschenwürde 1 und 2; BVerfG, NJW 2001, S. 61, 63; OLG Frankfurt, NJW 1995, S. 143, 144; OLG Karlsruhe, MDR 1995, S. 735, 736; BayObLG NJW 1995, S. 145; OLG Hamm, NStZ 1995, S. 136, 137; LG Hannover, Niedersächsische Rechtspflege 1995, S. 110, 111; vgl. auch VG Berlin, NJW 1990, S. 402 und StV 1997, S. 358. Vgl. auch den Schriftlichen Bericht des Rechtsausschusses des Deutschen Bundestages, Bt-Dr.

Damit ist nicht allein das biologische Lebensrecht gemeint. § 130 Absatz 1 Nr. 2 StGB ist bereits erfüllt, wenn das ungeschmälerte Lebensrecht des Angegriffenen als gleichwertige Persönlichkeit in der staatlichen Gemeinschaft bestritten wird und er als minderwertiger Menschen gekennzeichnet wird[81].

Ein rassisch motiviertes Zugangsverbot ist danach unstreitig tatbestandsmäßig, wenn die Mitglieder einer rassischen Gruppe durch besonders verletzende Formulierungen als Wesen zweiter Klasse herabgewürdigt und ungeachtet ihres eigenen Verhaltens nicht für wert erachtet werden, die öffentlich zugänglichen Dienstleistungen in Anspruch zu nehmen[82].

Die strafrechtliche Bewertung von Zugangsverweigerungen, die nicht durch eine derart negative Form qualifiziert sind, ist dagegen umstritten[83]. Maßgeblich für die Beantwortung dieser Frage ist, welchen ob-

---

3/1746, S. 3. Siehe zur Funktion des Berichts einerseits OLG Frankfurt; NJW 1995, S. 143, 144 und andererseits OLG Karlsruhe, MDR 1995, S. 737, 736.

[81] Vgl. BVerfG EuGRZ 2000, S. 487, 490; BGHSt 21, 371, 373; 36, 83, 90; 40, 97, 100; BGH, NJW 1994, S. 1421; Düsseldorf, NJW S. 1986, 2518; MDR 1981, S. 974; OLG Hamburg, NJW 1975, S. 1088; BayObLG NJW 1994, S. 952 und NJW 1995, S. 145 f. gegen OLG Frankfurt, NJW 1995, S. 143, 144; OLG Karlsruhe, MDR 1995, S. 735, 736; LG Hannover, Niedersächsische Rechtspflege 1995, S. 110, 111 (die letzten drei Entscheidungen zum Schmähgedicht „Der Asylbetrüger in Deutschland"). Vgl. Otto, JR 1994, S. 474 zum Angriff auf die Menschenwürde in diesem Fall. Vgl. ferner BVerfGE 30, 2, 26; von Bubnoff, in: LK, § 130, Rz. 25; Blau, JR 1985, S. 83; Otto, Grundkurs Strafrecht, S. 312. Enger dagegen Lenckner (in: Schönke/Schröder, § 130, Rz. 6.). Vgl. auch Isensee, AfP 1993, S. 626 f. Siehe gegen Lenckner die Argumentation des BayObLG, *ebenda*. Siehe zur Entwicklung der Rechtsprechung kritisch Frommel, Kritische Justiz 1995, S. 409 f. Vgl. ferner die Beispiele bei Tröndle/Fischer, Strafgesetzbuch, § 130, Rz. 8; daneben Jekewitz, in: Referate zum 80. Geburtstag von Partsch, S. 45 ff.

[82] OLG Frankfurt, NJW 1985, 1720; Lenckner, in: Schönke/Schröder, § 130, Rz. 6; von Bubnoff, in: LK, § 130, Rz. 25; Molketin, GewArch 1989, S. 90; Tröndle/Fischer, Strafgesetzbuch, § 130, Rz. 8. Ein eindeutiger Fall liegt z. B. vor, wenn das Schild „Türken ist der Zugang verboten" von Parolen wie „Nur ein toter Türke ist ein guter Türke" begleitet wird. Vgl. Blau, JR 1986, S. 83.

[83] Kein Angriff auf die Menschenwürde sehen OLG Frankfurt, NJW 1985, S. 1720; Lenckner, in: Schönke/Schröder, § 130, Rz. 6; Molketin, GewArch 1989, S. 90; Tröndle/Fischer, Strafgesetzbuch, § 130, Rz. 8; wohl auch Rudolphi, in: SK StGB, § 130, Rz. 6 u. 7. Bejaht wird er durch Maurach/Schroeder/Maiwald, Strafrecht BT II, § 60 V Rz. 59, S. 122; Streng, in: FS Lackner, S. 521 f.;

jektiven Erklärungswert Schilder und Äußerungen wie „Gastarbeiter unerwünscht" oder „Türken dürfen dieses Lokal nicht betreten" haben. Für diese Auslegung gelten die gleichen Auslegungsregeln wie bei dem Kriterium der Böswilligkeit. Zwar mag die Motivation für eine neutral formulierte Zugangsverweigerung lediglich Ablehnung wegen der kulturellen Andersartigkeit oder Fremdheit sein, ohne daß damit gleichzeitig eine Herabwürdigung bezweckt wird. In diesem Fall geht es dem Täter darum, sich „abzuschotten", was zwar intolerant und fremdenfeindlich sein mag, für sich allein aber nicht den Tatbestand des § 130 StGB erfüllt[84]. Aber da die allgemein gehaltene Zugangsverweigerung nicht nur aus ihrer eventuellen Motivation heraus interpretiert werden kann, sondern im Kontext der heutigen Ausländerfeindlichkeit gesehen werden muß[85], ist die an sich vertretbare Auslegung des OLG Frankfurts, daß das Lokalverbot noch nichts über die dafür maßgeblichen Gründe aussage, im Zusammenhang mit der Diskriminierung sensibler Randgruppen heutzutage nicht mehr lebensnah[86]. Daß diese Auslegung im Einzelfall nicht vom Vorsatz des Wirtes erfaßt sein mag[87],

---

Blau, JR 1986, S. 83; Lohse, NJW 1985, S. 1680 und NJW 1971, S. 1247. Differenzierend von Bubnoff, in: LK, § 130, Rz. 25.

[84] Von Bubnoff, in: LK, § 130, Rz. 25.

[85] Vgl. dazu Einleitung, Fn. 14; ferner OLG Hamm, NStZ 1995, S. 136, 137 und die Rechtsprechung zu dem Schmähgedicht „Der Asylbetrüger": OLG Karlsruhe, MDR 1995, S. 735, 736; BayObLG, NJW 1995, S. 145; LG Hannover, Niedersächsische Rechtspflege 1995, S. 110, 111; ferner von Bubnoff, in: LK, § 130, Rz. 25; Blau, JR 1986, S. 83; Lohse, NJW 1985, S. 1679; Streng, in: FS Lackner, S. 520 ff.; Ostendorf, in: AK, § 130, Rz. 15, anders BGHSt NStZ 1984, S. 310.

[86] Ebenso Blau, JR 1986, S. 83 f.; Streng, in: FS Lackner, S. 520 ff.; Lohse, NJW 1985, S. 1679; von Bubnoff, in: LK, § 130, Rz. 25. Siehe zum Anstieg der ausländerfeindlichen Tendenzen *supra*, Einleitung. Fn. 14. In BVerfG, EuGRZ 2000, S. 587 hatte das Gericht § 130 StGB in einem Fall verneint, in dem ein Anwärter als Kulturreferent in der Überschrift eines Zeitungsartikels als „Jude" bezeichnet wurde. In dem konkreten Einzelfall war eine Menschenwürdebeeinträchtigung abzulehnen (so hatte sich der Kandidat selbst als Jude in den Wahlkampf gebracht; der Artikel zeigte positive Eigenschaften des Kandidaten auf). Bei einer rassisch motivierten Zugangsverweigerung zu Gaststätten sind demgegenüber Umstände, die nicht zu einer Abwertung des Betroffenen als sozial unwert führen, schwer vorstellbar.

[87] Wenn z. B. der Wirt aus guten Gründen zu handeln glaubt, wie um eine Verwüstung seines Lokals und Gefährdung seiner Gäste durch mehrfach er-

ist für die Frage, ob eine Störung der öffentlichen Sicherheit vorliegt, unerheblich.

Damit erfüllt eine rassisch motivierte Zugangsverweigerung regelmäßig den objektiven Tatbestand der Volksverhetzung, und zwar unabhängig davon, ob die Zugangsverweigerung durch ein Schild öffentlich gemacht oder nur dem Diskriminierten gegenüber ausgesprochen wird. Auch die Fälle der mittelbaren Diskriminierung, in denen der Gastwirt bewußt ein anderes Ausgrenzungskriterium auswählt, um Mitgliedern einer rassischen Gruppe den Zugang zu seiner Gaststätte zu erschweren, können von § 130 StGB erfaßt werden. Nach der hier vertretenen Ansicht erlaubt die polizeiliche Generalklausel mithin in den meisten Fällen einen Eingriff zur Gefahrenabwehr, um rassisch motivierten Ausgrenzungen von Personen in Gaststätten und ähnlichen Bereichen vorzubeugen.

2. § 185 StGB

Daneben kann eine Zugangsverweigerung eine Beleidigung i. S. d. § 185 BGB darstellen und die Polizei auch unter diesem Aspekt zu Maßnahmen der Gefahrenabwehr ermächtigen. Voraussetzung dafür ist, daß die Zugangsverweigerung durch Kundgabe eigener Mißachtung oder Nichtachtung an den Betroffenen oder einen Dritten einen Angriff auf die Ehre des Diskriminierten darstellt[88]. Wie bereits zu § 130 StGB dargelegt, bringt eine Äußerung Mißachtung oder Nichtachtung zum Ausdruck, wenn sie dem Betroffenen den elementaren Menschenwert oder seinen ethischen oder sozialen Wert ganz oder teilweise abspricht und dadurch seinen grundsätzlich uneingeschränkten Achtungsanspruch verletzt. Entsprechend den bei § 130 StGB erzielten Ergebnissen stellt heutzutage das in jeder rassisch motivierten Zugangsverweigerung objektiv enthaltene Unwerturteil einen solchen Ausdruck der Mißachtung

---

folgte Saalschlachten einer Volksgruppe zu verhindern. Vgl. Streng, in: FS Lackner, S. 522; von Bubnoff, in: LK, § 130, Rz. 25.

[88] OLG Köln NJW 1993, S. 1486 und 1996, S. 2878; Kühl, in: Lackner, § 185, Rz. 3; Lohse, NJW 1985, S. 1680; Geppert, Jura 1983, S. 533; Küper, Strafrecht BT, S. 42. Zum Ehrbegriff, vgl. Ignor, Der Straftatbestand der Beleidigung, S. 31 ff.; Fischer, Die strafrechtliche Beurteilung von Werken der Kunst, S. 87 ff. Zur strafrechtlichen Abwägung zwischen Ehrenschutz und Meinungsfreiheit statt vieler Otto, Jura 1997, S. 139 ff.

gegenüber dem Betroffenen oder anderen Gästen dar[89]. Bei einer rassischen Diskriminierung gegenüber einer oder mehreren Einzelpersonen ist der Beleidigte zudem hinreichend individualisiert. Der Täter wählt zwar eine Kollektivbezeichnung als Ausdruck seiner Mißachtung, meint jedoch erkennbar eine oder mehre Einzelpersonen. Bei dieser Sachlage wird der jeweils Ausgewiesene beleidigt[90]. Eine Beleidigung ist selbst für den Fall angenommen worden, daß das rassische Motiv für das Zutrittsverbot nicht mitgeteilt, von dem Betroffenen jedoch durchschaut wird[91].

Schwieriger ist es, wenn die Zugangsverweigerung nicht gegenüber dem einzelnen zum Ausdruck gebracht wird, wie in dem Fall der zutrittsverweigernden Schilder, die vor allem in den achtziger Jahren zu finden waren[92]. Eine Beleidigung der betroffenen rassischen Gruppe als Personengemeinschaft scheidet aus; denn bei dieser Form der Beleidigung geht es einzig um die Kollektivehre, die nicht mit der Summe aller individuellen Geltungsansprüche der dieser Personenmehrheit angehörenden Menschen identisch ist[93]. Nach herrschender Meinung steht einem Kollektiv der Schutz der §§ 185 ff. StGB nur zu, wenn diese Gemeinschaft eine rechtlich anerkannte gesellschaftliche Funktion erfüllt, einen einheitlichen Willen bilden kann und vom Wechsel ihrer Mitglieder unabhängig ist[94]. Diese Voraussetzungen werden von einer nicht weiter in

---

89 Vgl. hierzu BayObLG NJW 1983, S. 2040, 2041; ebenso Lohse, NJW 1985, S. 1680; einschränkend Molketin, GewArch 1989, S 91, a. A. auch Timme, ZAR 1997, S. 131. Eine bloße Ablehnung ohne dieses Unwerturteil genügt nicht. Im Gegensatz zu einer rassischen Diskriminierung ist der Aussagegehalt z. B. eines Verbotes an Männer, einen sog. „Frauenbuchladen" zu betreten, grundsätzlich neutral und ohne Mißachtung. Siehe dazu Molketin, *ebenda*, S. 90.

90 Vgl. Geppert, Jura 1983, S. 540; Lenckner, in: Schönke/Schröder, Vorbem. §§ 185, Rz. 5; Herdegen, in: LK, Rz. 20 vor § 185.

91 BayObLG, NJW 1983, S. 2040, 2041.

92 Mit dieser Frage hatte sich das OLG Frankfurt (NJW 1985, S. 1720) mangels Strafantrag (§ 194 StGB) nicht zu beschäftigen. Eine vergleichbare Problemlage stellt sich auch bei einer rassisch diskriminierenden Vermietungsanzeige.

93 Geppert, Jura 1983, S. 537; Lenckner, in: Schönke/Schröder, Vorbem. §§ 185, Rz. 5.

einer Organisation zusammengeschlossenen rassischen Gruppe wie „die Türken", „die Schwarzen", die „Hindus" oder „die Juden" nicht erfüllt[95].

Ein Schild mit einem Zutrittsverbot für eine bestimmte rassische Gruppe beleidigt diese daher nicht als Kollektiv, sondern allenfalls alle unter diese Bezeichnung fallenden Individuen[96]. Einschlägig ist die Fallgruppe, daß sich die Beleidigung gegen jeden einzelnen Angehörigen der bezeichneten Personenmehrheit richtet. Voraussetzung für die Verwirklichung einer Beleidigung ist in diesem Fall, daß die Gruppe so aus der Allgemeinheit hervortritt, daß der Kreis der betroffenen Personen klar umgrenzt und die Zuordnung des einzelnen zweifelsfrei ist, da nur dann der Angriff auf die Ehre hinreichend individualisierbar ist[97]. Daß bei einzelnen Personen zweifelhaft ist, ob sie die fraglichen Kriterien erfüllen, hindert nicht, jedenfalls die anderen, bei denen dies eindeutig ist, als beleidigungsfähig anzusehen. Insofern genügt es, wenn ein „unzweifelhafter Kern" vorhanden ist[98].

Diese Voraussetzung ist bei Personengruppen, denen wegen der Zugehörigkeit zu einer bestimmten „Nationalität" oder wegen anderer rassischen Kriterien der Zutritt verweigert wird, erfüllt. Unabhängig von der tatsächlichen Staatsangehörigkeit der betreffenden Personen sind diejenigen angesprochen, die selbst oder deren Vorfahren aus diesem

---

94 BGHSt 6, 186, 191; 36, 83, 85; Wagner, JuS 1978, S. 674; Molketin, GewArch 1989, S. 90; Wessels/Hettinger, Strafrecht BT 1, S. 114; Herdegen, in: LK, Rz. 19 vor § 185; Maurach/Schroeder/Maiwald, Strafrecht BT 1, § 24 Rz. 17 ff., S. 235 f.; kritisch Zaczyk, in: Nomos Kommentar, Rz. 12 vor § 185.

95 Vgl. grundlegend BGHSt 6, 186, 191 f.; ferner Geppert, Jura 1983, S. 537.

96 Vgl. zur Beleidigung unter Kollektivbezeichnung Ignor, Der Straftatbestand der Beleidigung, S. 76 ff.; Maurach/Schröder/Maiwald, Strafrecht BT I, § 24 II, Rz. 15, S. 234.

97 Siehe grundlegend BGHSt 2, 38, 39; ferner 11, 207, 208; 36, 83, 84 f.; KG, JR 1978, S. 422 f.; bestätigt von BVerfG, NJW 1995, S. 3303, 3306. Vgl. auch Kühl, in: Lackner, vor § 185, Rz. 3; Rudolphi, in: SK StGB, Rz. 13 vor § 185; Herdegen, LK; Rz. 20 vor § 185; Tröndle/Fischer, Strafgesetzbuch, § 185, Rz. 22; Ignor, Der Straftatbestand der Beleidigung, S. 76 ff.; Maurach/Schroeder/Maiwald, Strafrecht BT I, § 24 II, Rz. 15, S. 235; kritisch Wehinger, Kollektivbeleidigung – Volksverhetzung, S. 42 ff. Folge dieser Form der Sammelbeleidigung ist, daß jedes einzelne Mitglied Strafantrag stellen kann.

98 BGHSt 2, 38; 11, 207, 208; KG, JR 1978, S. 422; Lenckner, in: Schönke/Schröder, § 185, Rz. 7; Wehinger, Kollektivbeleidigung – Volksverhetzung, S. 43 f.

Land stammen. Die in Deutschland lebenden Angehörigen dieser Gruppen stellen eine Personenmehrheit dar, die aus der Allgemeinheit gesellschaftlich so hervortritt, daß der Kreis der betroffenen Personen deutlich umgrenzt ist[99].

Ausgenommen hiervon sind lediglich Angriffe gegen „Ausländer" oder „Gastarbeiter" schlechthin, da möglicherweise bestimmte Nationalitäten ausgelassen werden bzw. nicht klar ist, wer unter den Begriff fällt. Bei Zutrittsverboten gegenüber „Ausländern" kann nicht davon ausgegangen werden, daß tatsächlich alle Menschen mit ausländischer Staatsangehörigkeit nicht eingelassen werden. Diese Fälle der rassisch motivierten Zugangsverweigerung sind im Ergebnis mit den Unwertäußerungen gegen „die Frauen", „die Katholiken", „die Christen" oder „die Akademiker", denen die Rechtsprechung die Beleidigungsfähigkeit unter einer Kollektivbezeichnung abgesprochen hat[100], gleichgelagert. Denn hier wird die Auslegung des objektiven Sinngehalts beleidigender Äußerungen gegen jene Personengruppen regelmäßig ergeben, daß die Bemerkung aus Sicht des Täters nicht auf alle Angehörigen eines solchen Kreises gemünzt sein kann, so daß offenbleibt, wer überhaupt anvisiert ist[101].

Bei Zutrittsverweigerung wegen der Zugehörigkeit zu einer bestimmten Rasse bzw. „Nationalität" wird dagegen tatsächlich jedem Mitglied dieser Gruppe der soziale Wert aberkannt und er wird — ob er will oder nicht — fest in dieses Kollektiv eingebunden[102].

---

[99] Lohse, NJW 1985, S. 1680; Krey, in Strafrecht BT, S. 202.

[100] Vgl. BGHSt 11, 207, 209; 36, 83, 86 f.; LG Köln, MDR 1982, S. 771; LG Hamburg NJW 1980, S. 56, 57 Krey, Strafrecht BT, S. 202.

[101] BGHSt 36, 83, 86; KG JR 1978, S. 422, 423; vgl. auch BVerfG, NJW 1995, S. 3303, 3306; ferner Otto, Grundkurs Strafrecht, S. 108 m. w. N.; Wagner, JuS 1978, S. 678; Kühl, in: Lackner, vor § 185, Rz. 3; Rudolphi, in: SK StGB, Rz. 12 vor § 185; Krey, Strafrecht BT, S. 202. Herdegen (in: LK, Rz. 22 vor § 185) geht davon aus, daß bei diesen Kollektivurteilen eine Ausnahme konkludent miterklärt wird. Vgl. auch Wehinger, Kollektivbeleidigung – Volksverhetzung, S. 25 ff. u. 29 ff.

[102] Vgl. Lohse, NJW 1985, S. 1680; Stock, ZAR 1999, S. 121; Wehinger, Kollektivbeleidigung – Volksverhetzung, S. 53 ff.; im Erg. auch Nickel, Gleichheit und Differenz, S. 116; Krey (in: Strafrecht BT, S. 202) nimmt daher bei dem Ausdruck „alle türkischen Gastarbeiter" eine Kollektivbeleidigung unter einer Sammelbezeichnung ausdrücklich an. Auch nach der von Wehinger vorgeschlagenen Individuumsbezogenheit (*ebenda*, S. 57) und nach der Definition von Otto (Grundkurs Strafrecht, S. 108) läge eine Beleidigung vor. Anders wäre es

Dennoch bleiben Zweifel hinsichtlich der Tatbestandsverwirklichung bestehen; denn bei den ausgeschlossenen Gruppen werden teilweise Hunderttausende oder sogar Millionen von Menschen angesprochen, die sehr heterogen — vom Hilfsarbeiter bis zum Gastgelehrten — zusammengesetzt sind [103]. Der Tatbestand der Beleidigung läuft angesichts dieser Ausweitung durch Einbeziehung ganzer Bevölkerungsgruppen Gefahr, seinen Charakter als ein gegen das Individuum gerichtetes Delikt zu verlieren[104]. Naheliegender erscheint ein Angriff gegen „Teile der Bevölkerung" i. S. d. § 130 StGB. Eine Begrenzung des Personenkreises erfolgt auch nicht durch eine Eingrenzung des angesprochenen Personenkreises auf in Frage kommende potentielle Kunden. Denn durch ein auf längere Dauer hängendes Schild werden nicht nur einheimische Mitglieder dieser Gruppe angesprochen, sondern auch Besucher und Durchreisende. Ob bei einem solchen Verständnis des § 185 StGB dem gesetzgeberischen Willen noch entsprochen wird, ist fraglich. Auch der Neufassung des § 194 StGB ist eine Änderung des Deliktscharakters

---

bei einer allgemeinen Beschimpfung wie „alle Menschen von Nation X sind schmutzig oder faul". In diesem Fall verliert sich der einzelne in dem Kollektiv. Wer tatsächlich gemeint ist, bleibt angesichts der Masse offen.

[103] Vgl. Lohse, NJW 1985, S. 1680; Geppert, Jura 1983, S. 539, Fn. 59; Lenckner, in: Schönke/Schröder, Vorbem. §§ 185, Rz. 7.

[104] Kühl, in: Lackner, vor § 185, Rz. 3; Geppert, Jura 1983, S. 539, Fn. 59; Lenckner, in: Schönke/Schröder, Vorbem. §§ 185, Rz. 7; Herdegen, in: LK, Rz. 222 f. vor § 185; im Erg. auch Wessels/Hettinger, Strafrecht BT 1, S. 115. Der Rechtsprechung ist eine eindeutige Antwort nicht zu entnehmen. Eine kritische Darstellung der entschiedenen Fällen, deren Ergebnissen bzw. Begründungen mangelnde Kalkulierbarkeit und ein Abstellen auf die jeweilige Schutzwürdigkeit der betroffenen Gruppe vorgeworfen wurde, findet sich bei: Wehinger, Kollektivbeleidigung – Volksverhetzung, S. 33 ff.; 40 u. f.; Zaczyk, in: Nomos Kommentar zum Strafgesetzbuch, Rz. 31 f. vor § 185; vgl. auch Lenckner, in: Schönke/Schröder, Vorbem. §§ 185, Rz. 8.

Lenckner (in: *ebenda*, Rz. 7) schlägt als weiteres Abgrenzungskriterium vor, daß der fragliche Personenkreis zahlenmäßig überschaubar ist. Ebenso Arzt, JuS 1982, S. 719; Volk, JR 1989, S. 74; dagegen BGHSt 36, 83, 86 f. Siehe auch den Vorschlag von Zaczyk, in: Nomos Kommentar, Rz. 34 vor § 185.

Die Schwierigkeit der Abgrenzung verdeutlicht sich beispielhaft an der Rechtsprechung zu beleidigenden Äußerungen gegen die Bundeswehr. Hinreichend bestimmt ist der Personenkreis „die aktiven Soldaten", nicht dagegen „die ehemaligen Soldaten" und „alle Soldaten der Welt". Siehe BGHSt 36, 83 und die Besprechung von Maiwald, JR 1989, S. 485 ff.; BVerfGE NJW 1995, S. 3303 und die Zusammenstellung bei Rudolphi, in: SK StGB, Rz. 13 a vor § 185; ferner Ignor, Der Straftatbestand der Beleidigung, S. 78, Fn. 51.

nicht zu entnehmen[105]. Weitere einschränkende Voraussetzungen sind bisher nicht definitiv geklärt[106].

Lediglich die Juden hat die Rechtsprechung als durch eine Kollektivbezeichnung beleidigungsfähig anerkannt[107]. Diese Entscheidung beruht freilich auf dem in der Geschichte einmaligen, „ihnen vom Nationalsozialismus auferlegten Schicksal, das dazu führt, daß sie in der Allgemeinheit als eine eng umgrenzte Gruppe erscheinen“[108]. Damit bezieht sie sich auf eine Ausnahmesituation, die nicht auf andere Gruppen von teilweise noch größerem Umfang ausdehnbar ist[109].

In Anbetracht dieser Unsicherheit erscheint § 185 StGB bei einer Zugangsverweigerung ohne Individualisierung des Betroffenen als Grundlage für Maßnahmen der präventiven Gefahrenabwehr ungeeignet[110]. Eine Gefahr für die öffentliche Sicherheit liegt nicht mit der für einen

---

[105] Siehe dazu ausführlich Wehinger, Kollektivbeleidigung – Volksverhetzung, S. 63 ff.; ferner Lenckner, in: Schönke/Schröder, Vorbem §§ 185, Rz. 7; kritisch Tröndle/Fischer, Strafgesetzbuch, § 194, Rz. 1; Zaczyk, in: Nomos Kommentar, § 194, Rz. 2.

[106] Auch nicht durch BGHSt 36, 83 und BVerfG, NJW 1995, S. 3303, 3306. Siehe zur Entscheidung des BGH Ignor, Der Straftatbestand der Beleidigung, S. 81 f. m. w. N. Vgl. zusammenfassend statt vieler Küper, Strafrecht BT, S. 47.

[107] BGHSt 11, 207, 208; 16, 49, 57; weitergehender BGHZ 75, 160. Kritisch dazu, Geppert, Jura 1983, S. 539, Rz. 57. Vgl. auch die Anmerkung von Deutsch, NJW 1980, S. 1100; ferner BVerfGE NStZ 1992, S. 535 und NJW 1993, S. 916, 917. Insgesamt kritisch Zaczyk, in: Nomos Kommentar, Rz. 36 vor § 185. Siehe ausführlich zu dieser Rechtsprechung Wehinger, Kollektivbeleidigung – Volksverhetzung, S. 38 ff.; Kühl, in: Lackner, StGB, vor § 185, Rz. 3.

[108] BGHSt 11, 207, 208; weitergehend BGHZ 75, 160 (= NJW 1980, S. 45, 46 mit Anmerkung Deutsch, NJW 1980, S. 1100, der diese Entscheidung mit der besonderen Lage der Juden erklärt und für einzigartig hält); ferner BVerfGE, NStZ 1992, S. 535; NJW 1993, S. 916, 917, BVerfGE 90, 241, 251 f. und BVerwG, NJW 1991, S. 997, 998. Siehe auch Maurach/Schroeder/Maiwald, Strafrecht BT I, § 24 II, R. 15; S. 235.

[109] So aber Lohse, NJW 1985, S. 1680; dagegen Lenckner, in: Schönke/Schröder, Vorbem §§ 185, Rz. 7; vgl. auch BVerfG, NStZ 1992, S. 535 und NJW 1993, S. 916, 917; LG Hamburg, NJW 1980, S. 56, 58.

[110] Geppert (in: Jura 1983, S. 539, Fn. 59) schließt aus diesen Schwierigkeiten, daß das Strafbarkeitsbedürfnis mehr auf § 130 StGB hinweise. So auch Lenckner, in: Schönke/Schröder, Vorbem. §§ 185, Rz. 7, der auf die höheren Anforderungen des § 130 StGB verweist und in dem Fall der „schlichten“ Zugangsverweigerung die Strafbarkeit nach § 130 StGB i. Erg. verneint.

Eingriff notwendigen Klarheit vor. Auch Artikel 5 (f) RDK führt zu keinem anderen Ergebnis. Zum einen hilft die Norm nicht gegen bestehende Bedenken gegen die Ausweitung eines Straftatbestandes über ihren natürlichen Wortsinn hinweg; zum anderen fordert die Norm — im Gegensatz zu Artikel 4 RDK — gerade keine strafrechtliche Umsetzung.

Insgesamt erlaubt die Zugangsverweigerung gegenüber einer Einzelperson wegen Verstoßes gegen den objektiven Tatbestand des § 185 StGB einen Eingriff zur Gefahrenabwehr. Für die präventive Gefahrenabwehr ist ein Rechtfertigungsgrund mit Ausnahme der oben unter den Grenzen des Diskriminierungsverbots aufgezeigten Fälle nicht einschlägig[111]. Der für die Strafbarkeit vorausgesetzte Strafantrag gemäß § 194 StGB ist für eine gefahrenabwehrrechtliche Maßnahme nicht erforderlich. Die Gefahrenabwehr darf jedoch nicht gegen den Willen des Beleidigten vorgenommen werden[112]. Bei lediglich kollektiv ausgesprochenen Verboten ist die strafrechtliche Lage so umstritten, daß die notwendige Klarheit für ein gefahrenabwehrrechtliches Eingreifen mit Mitteln des Polizeizwangs nicht in ausreichendem Maße besteht. Insofern bleibt auf strafrechtlicher Ebene allein der Rückgriff auf § 130 StGB.

3. § 118 OWiG

Ein rassisch motiviertes Zutrittsverbot zu einer Gaststätte oder einer ähnlichen Einrichtung kann zudem gegen § 118 Absatz 1 OWiG verstoßen. Auch bei Verletzung des Ordnungswidrigkeitenrechts ist die öffentliche Rechtsordnung verletzt und daher die öffentliche Sicherheit gefährdet. Nach § 118 OWiG handelt ordnungswidrig, wer eine grob ungehörige Handlung vornimmt, die geeignet ist, die Allgemeinheit zu belästigen oder zu gefährden und die öffentliche Ordnung zu beeinträchtigen. Als grob ungehörig ist die Zugangsverweigerung zu qualifizieren, wenn sie sich bewußt nicht in die für das gedeihliche Zusam-

---

[111] So aber Molketin, GewArch 1989, S. 93; Lenckner, in: Schönke/Schröder, § 193, Rz. 12. Vgl. dazu die Ausführungen zu den Grenzen des Diskriminierungsverbotes, Kapitel 5, A. IV. Auch Artikel 5 GG enthält angesichts der rassisch motivierten Diffamierung keinen darüber hinausgehenden Rechtfertigungsgrund für eine Zugangsverweigerung. Vgl. dazu BVerfG, NJW 1995, S. 3303, 3307.

[112] Lenckner, in: Schönke/Schröder, Vorbem. §§ 185, Rz. 7; vgl. auch Maurach/Schroeder/Maiwald, Strafrecht BT I, 24 II, Rz. 15, S. 235.

menleben der jeweiligen Rechtsgemeinschaft erforderlichen Ordnung fügt und dadurch in einem deutlichen Widerspruch zur Gemeinschaftsordnung steht[113].

Ausdruck dieser Ordnung ist auch die Artikel 5 (f) RDK und Artikel 3 Absatz 3 Satz 1 GG zugrunde liegende Überzeugung, daß jedem Menschen unbeschadet seiner Rasse der gleiche Wert und die gleiche Würde immanent sind[114]. Die durch das Zugangsverbot verletzten sozialen Normen gehören zu denen, deren Beachtung zur unerläßlichen Voraussetzung eines geordneten staatsbürgerlichen und menschlichen Zusammenlebens zählt. Daher verstößt dieses Verhalten gegen die für das Zusammenleben der Rechtsgemeinschaft vorausgesetzte Ordnung. Schon weil rassisch motivierte Zutrittsverbote eine Mißachtung der Menschenwürde des Diskriminierten zum Ausdruck bringen, ist der Verstoß auch als grob i. S. d. § 118 OWiG zu qualifizieren[115]. Eine Zugangsverweigerung ist daher geeignet, die öffentliche Ordnung zu beeinträchtigen[116].

Die Zugangsverweigerung ist zudem geeignet, die Allgemeinheit zu belästigen oder zu gefährden. Der notwendige Bezug zur Allgemeinheit fehlt, wenn nur ein einzelner — hier z.B. der Diskriminierte — oder ein

---

[113] KG, NStZ 1987, S. 467, 468; AG Göttingen, NJW 1983, S. 1209, 1210; siehe auch OLG Karlsruhe, NStZ-RR 2000, S. 309 f.; Göhler/Buddendiek, Gesetz über Ordnungswidrigkeiten, § 118, Rz. 4; Senge, in: Karlsruher Kommentar zum OWiG, § 118, Rz. 6.

[114] Vgl. Stock, ZAR 1999, S. 122; Timme, ZAR 1997, S. 131.

[115] Siehe zu diesem Erfordernis Göhler/Buddendiek, Gesetz über Ordnungswidrigkeiten, § 118, Rz. 4; ferner Timme, ZAR 1997, S. 131. Vgl. auch OLG Karlsruhe, NJW 1970, S. 46; AG Göttingen, NJW 1983, S. 1209, 1210.

[116] Im Ergebnis ebenso, allerdings im Rahmen der öffentlichen Ordnung im Sinne der polizeilichen Generalklausel, Kühner, NJW 1986, S. 1400; Lohse, NJW 1985, S. 1681; Molketin, GewArch 1989, S. 92; Timme, ZAR 1997, S. 136; Michel-Kienzle, Gaststättenrecht, § 4, Rz. 22. Vgl. zur Definition der öffentlichen Ordnung Senge, in: Karlsruher Kommentar zum OWiG, § 118, Rz. 18; Herrmann, in: Rebmann/Roth/Herrmann, § 118, Rz. 7; Göhler/Buddendiek, Gesetz über Ordnungswidrigkeiten, § 118, Rz. 10. Ähnlich (allerdings unter Begrenzung auf außerrechtliche Normen) ist die Definition der öffentlichen Ordnung im Polizeirecht in Anlehnung an § 14 PrPVG. Vgl. zum polizeirechtlichen Begriff der öffentlichen Ordnung Schoch, JuS 1994, S. 575 m. w. N.; von Mutius, Jura 1986, S. 654; Drews/Wacke/Vogel/Martens, Gefahrenabwehr, S. 245; Stock, ZAR 1999, S. 123.

individueller Personenkreis die Handlung wahrnimmt[117]. Auch Handlungen, die sich nur gegen einzelne Personen richten, belästigen die Allgemeinheit, sofern für diese das Verhalten unmittelbar wahrnehmbar ist und bei ihr unmittelbar eine entsprechende Reaktion hervorrufen kann[118]. Daß sich eine Mehrheit von Personen quasi als kleiner Ausschnitt der Allgemeinheit in besonders begrenzten Räumen oder Gebäuden aufhält, schließt die Annahme der Allgemeinheit nicht aus, sofern die Anwesenden nicht untereinander durch persönliche Beziehungen verbunden sind. Daher bilden auch die zufällig gleichzeitig in einem Lokal anwesenden Gäste die „Allgemeinheit" i. S. d. § 118 OWiG[119]. Demgemäß fallen nicht individualisiert kundgetane Zugangsverbote und solche, die gegenüber dem Diskriminierten in einer Weise vorgenommen werden, daß Dritte diesen Vorfall wahrnehmen können, unter diesen Begriff. Ausgeschlossen sind lediglich Zutrittsverbote, die einem oder wenigen Betroffenen derart mitgeteilt werden, daß andere Gäste oder Außenstehende nicht unmittelbar von diesem Vorfall Kenntnis nehmen können[120].

---

117 Das ist z. B. bei einer der Öffentlichkeit nicht zugänglichen Versammlung von bestimmten, untereinander persönlich bekannten oder durch gemeinsame Beziehungen verbundenen Personen der Fall. Siehe Göhler/Buddendiek, Gesetz über Ordnungswidrigkeiten, § 118, Rz. 6; Senge, in: Karlsruher Kommentar zum OWiG, § 118, Rz. 9; Herrmann, in: Rebmann/Roth/Herrmann, § 118, Rz. 6.

118 RGSt 32, 100, 101; 34, 364; 53, 139, 140; BGHSt 13, 241, 248; OLG Hamm, NJW 1957, S. 839; Göhler/Buddendiek, Gesetz über Ordnungswidrigkeiten, § 118, Rz. 6; Herrmann, in: Rebmann/Roth/Herrmann, § 118, Rz. 6. Die konkrete Möglichkeit nach den Umständen des Einzelfalls genügt. Vgl. OLG Braunschweig, Niedersächsische Rechtspflege 1952, S. 89, 90; Senge, in: Karlsruher Kommentar zum OWiG, § 118, Rz. 10.

119 Vgl. RG 34, 425; BayObLG JW 1931, S. 2839; JZ 1977, S. 277; siehe auch BGHSt 13, 241, 247; Göhler/Buddendiek, Gesetz über Ordnungswidrigkeiten, § 118, Rz. 9; Herrmann, in: Rebmann/Roth/Herrmann, § 118, Rz. 6.

120 Die abstrakte Möglichkeit zur Kenntnisnahme durch Personen, die nicht anwesend sind, aber anwesend sein könnten, reicht nicht. Vgl. RGSt 34, 364; OLG Hamm, NJW 1957, S. 839;.OLG Braunschweig, Niedersächsische Rechtspflege 1952, S. 89, 90; a. A. OLG Hamburg, JZ 1966, S. 648. Nickel (in: Gleichheit und Differenz, S. 117) nimmt an, daß wegen dieses Kriteriums § 118 OWiG selten durchgreift.

Die mögliche Belästigung kann physischer und psychischer Art sein[121]. Zu letzterem zählt die in der Öffentlichkeit in Erscheinung tretende Mißachtung von Grundwerten und die dadurch ausgelöste Beunruhigung[122], wie es bei einer Rassendiskriminierung der Fall ist[123]. Da die Eignung zur Belästigung oder Gefährdung reicht, ist nicht erforderlich, daß alle anwesenden Personen oder die Mehrheit tatsächlich von ihnen Anstoß nehmen[124]. Daher ist auch ein Zutrittsverbot tatbestandsmäßig, das von anderen Gäste begrüßt wird oder welches sie zumindest nicht als Belästigung empfinden. Da ein Zutrittsverbot mithin jedenfalls geeignet ist, die Allgemeinheit zu belästigen, kommt es auf die weitere Tatmodalität der Gefährdung nicht an.

Als weiteres einschränkendes ungeschriebenes Merkmal muß ein unmittelbarer Zusammenhang zwischen der grob ungehörigen Handlung und ihrer Eignung zur Belästigung der Allgemeinheit sowie zur Beeinträchtigung der öffentlichen Ordnung bestehen[125]. Mit diesem Kriterium sollen vor allem die Fälle ausgeschieden werden, bei denen die störende Wirkung der Handlung erst aufgrund einer Berichterstattung in den Medien oder einer Verbreitung durch Dritte in der Allgemeinheit auftritt[126]. D.h., der erforderliche Unmittelbarkeitszusammenhang fehlt, wenn erst durch Weitererzählen durch den Wirt oder den Betroffenen die Allgemeinheit Kenntnis von dem Vorfall erhält. In allen Fällen, in denen Dritte die Eintrittsverweigerung selbst wahrnehmen können, sei es durch ein öffentliches Schild, sei es durch die tatsächliche Nähe zu dem Geschehen, ist dieser Zusammenhang gegeben[127].

---

[121] RGSt 31, 185, 193; 13; OLG Braunschweig, Niedersächsische Rechtspflege 1952, S. 89, 90; AG Göttingen NJW 1983, 1209, 1210. Senge, in: Karlsruher Kommentar zum OwiG, § 118, RZ. 13.

[122] Göhler/Buddendiek, Gesetz über Ordnungswidrigkeiten, § 118, Rz. 7; vgl. auch AG Göttingen, NJW 1983, S. 1209, 1210.

[123] Als Belästigung wurde auch das Singen von nationalsozialistischen Liedern anerkannt, OLG Braunschweig, Niedersächsische Rechtspflege 1952, S. 89, 90.

[124] RG 34, 364, 365; BayObLG, JZ 1977, S. 277; Göhler/Buddendiek, Gesetz über Ordnungswidrigkeiten, § 118, Rz. 7.

[125] Senge, in: Karlsruher Kommentar zum OWiG, § 118, Rz. 20.

[126] RGSt 19, 294, 298; 31, 185, 193; 32, 100, 101; 63, 286, 290; 64, 250, 252; BGHSt 13, 241, 247; Herrmann, in: Rebmann/Roth/Herrmann, § 118, Rz. 6.

[127] Im Erg. wie hier Timme, ZAR 1997, S. 131; Stock, ZAR 1999, 122.

4. Zwischenergebnis

Insgesamt erlaubt — trotz vieler Unklarheiten — auch das Straf- und Ordnungswidrigkeitenrecht einen Eingriff zur präventiven Abwendung der verschiedenen Formen der Zugangsverweigerung. Die öffentliche Sicherheit ist über den Verstoß gegen § 130 StGB verletzt, sofern der Gastwirt böswillig handelt. Da eine abstrakte Gefährdung des öffentlichen Friedens genügt, ist bereits ein Zugangsverbot tatbestandsmäßig, das erst durch Weitererzählen durch den Gastwirt oder den Betroffenen an die Öffentlichkeit dringt. § 185 StGB erfaßt die Fälle von individualisierter Diskriminierung. Der objektive Tatbestand des § 118 OWiG ist verletzt, wenn die Allgemeinheit beeinträchtigt ist — also gerade bei dem durch § 185 StGB nicht erfaßten Fall der Diskriminierung durch Schilder, aber auch bei individualisierten Verweigerungen, bei denen die konkrete Möglichkeit besteht, daß Dritte den Vorfall beobachten. Für die Ahndung des Verhaltens ist § 118 OWiG gegenüber der Verwirklichung von § 130 und § 185 StGB subsidiär[128]; für die Störung der öffentlichen Sicherheit ist diese Subsidiarität unerheblich.

III. Individualgüterschutz

Des weiteren umfaßt der Schutz der öffentlichen Sicherheit auch den Schutz aller Individualgüter. Zu den geschützten Rechten und Rechtsgütern zählt auch das durch Zugangsverbote verletzte allgemeine Persönlichkeitsrecht einschließlich des Rechts der persönlichen Ehre[129]. Für den Schutz individueller Rechte ist die Polizei gegenüber den ordentlichen Gerichten und Vollstreckungsorganen jedoch lediglich subsidiär in dem Fall zuständig, daß zivilgerichtlicher Schutz — auch im Wege der einstweiligen Verfügung oder Anordnung — nicht rechtzeitig zu erlangen ist[130]. Sie ist in diesem Bereich grundsätzlich auf vorläufige,

---

[128] Siehe zur Subsidiarität Herrmann, in: Rebmann/Roth/Herrmann, § 118, Rz. 6a u. 7c.

[129] Götz, Polizei- und Ordnungsrecht, S. 44; Wolf, in: ders./Stephan, Polizeigesetz für Baden-Württemberg, S. 39; vgl. auch Gusy, Polizeirecht, S. 47 u. 49 ff.

[130] Diese Subsidiarität gilt unabhängig davon, ob sie in den Ländergesetzen expressis verbis aufgenommen ist. Vgl. § 2 II BadWürttPolG; Art. 2 II BayPAG; § 1 IV Bln ASOG, § 2 II BrandbSOG, § 1 BremPolG; § 1 III Hess SOG; § 1 II MeckVorpSOG; § 1 III NdsGefAG; § 1 II NWPolg; § 1 III RhPflPolG; § 1 III SaarPolG; § 1 II SachsAnhSOG; § 2 II SächsPolG; § 162 II SchlHV; § 2

die Sicherung des Rechts ermöglichende Maßnahmen beschränkt, z. B. die Feststellung der Personalien zur Ermöglichung einer privaten Klage[131]. Im Fall der rassendiskriminierenden Zugangsverweigerung besteht die Besonderheit, daß zivilrechtlicher Rechtsschutz auf nachträglichen Ausgleich der erlittenen Persönlichkeitsverletzung beschränkt ist und grundsätzlich nicht geeignet ist, die gerade stattfindende Diskriminierung zu beeinflussen. Eine Verbotsverfügung durch die Polizei verhindert indessen die Rechtsverletzung selbst und geht über eine lediglich sichernde Maßnahme hinaus. Endgültige Maßnahmen können jedoch ausnahmsweise dann getroffen werden, wenn die Rechtsverletzung nicht anders zu verhindern ist. Bei zeitlich strikt gebundenem Verhalten ist das der Fall[132].

Der Subsidiaritätsgrundsatz ist in der untersuchten Konstellation jedoch nicht relevant, da gleichzeitig ein über das individuelle Interesse hinausgehendes Allgemeininteresse gegeben ist, bei dessen Vorliegen zivilgerichtliche und gefahrenabwehrbehördliche Zuständigkeit nebeneinander bestehen[133]. Dieses Allgemeininteresse indizieren die §§ 130, 185 StGB, 118 OWiG, aber auch Artikel 5 (f) RDK. Der bloß privatrechtliche Rahmen einer rassisch motivierten Zugangsverweigerung wird im übrigen auch dadurch überschritten, daß die staatliche Reaktion auf diese Diskriminierung durch die Völkerrechtsgemeinschaft bewertet wird und bei nicht ausreichender, ineffektiver Umsetzung der Staatenverpflichtungen aus Artikel 5 (f) RDK das Ansehen der Bundes-

II ThürOBG; § 2 II ThürPAG; § 1 II MEPolG. Vgl. Schoch, Jus 1994, S. 573; Jochum/Rühle, Polizei- und Ordnungsrecht, S. 96 f.; Frotscher, DVBl 1976, S. 699; Habermehl, Polizei- und Ordnungsrecht S. 55; Martens, DÖV 1976, S. 459. Zum Teil wird als weiteres Kriterium ein öffentliches Interesse an dem polizeilichen Eingreifen gefordert. Vgl. einerseits Würtemberger, *ebenda*, S. 390, Rz. 275; Frotscher, *ebenda*, S. 698; andererseits Schenke, in: Steiner, S. 192.; Wolff/Bachof, Verwaltungsrecht III, S. 52 f.

131 Schenke, in: Steiner, S. 191; Götz, Polizei- und Ordnungsrecht, 11. Auf., S. 42 f.; Schoch, JuS 1994, S. 573.

132 Schoch, JuS 1994, S. 573.

133 Schoch, JuS 1994, S. 573; Frotscher, DVBl 1976, S. 699; Habermehl, Polizei- und Ordnungsrecht, S. 55; Götz, Polizei- und Ordnungsrecht, S. 44, Jochum/Rühle, Polizei- und Ordnungsrecht, S. 97, 101; Wolff/Bachof, Verwaltungsrecht III, S. 46 f.; Martens, DÖV 1976, S. 459; Knemeyer, Polizei- und Ordnungsrecht, S. 57 f. A. A. bei Straftatbeständen, die ihrerseits nur das Individualgut schützen wollen, Klein, DVBl 1971, S. 236.

republik Deutschlands beeinträchtigt werden könnte[134]. Der Rassendiskriminierungsausschuß überwacht aufgrund der historischen Verantwortung Deutschlands gerade bei diesem Staat die Umsetzung und die effektive Behandlung von Einzelfällen mit besonderer Wachsamkeit. Auch zum Schutz des Persönlichkeitsrechts des Diskriminierten kann daher auf Gefahrenabwehrrecht zurückgegriffen werden.

Darüber hinaus kann der in einer rassendiskriminierenden Zugangsverweigerung enthaltene Verstoß gegen Artikel 3 Absatz 3 Satz 1 und Absatz 1 sowie Artikel 2 Absatz 1 i.V.m. 1 Absatz 1 GG, die als subjektive Rechte ebenfalls dem Individualgüterschutz dienen, die Polizei zu polizeilichen Maßnahmen ermächtigen. Grundrechte sind Teil der geschützten Rechtsordnung und damit Schutzobjekte im Sinne der Gefahrenabwehraufgabe[135] mit der Folge, daß ein Verstoß gegen die Wertungen des Diskriminierungsverbotes eine Störung der öffentlichen Sicherheit darstellt[136]. Praktisch kommt ein polizeilicher Grundrechtsschutz nur bei solchen Grundrechten in Frage, deren Wahrnehmung durch äußere Beeinträchtigung Dritter gestört werden kann[137], was im Bereich der Rassendiskriminierung bei Gaststätten typischerweise der Fall ist. Der Grundrechtsschutz ist jedoch gegenüber spezialgesetzlich vorgenommenem Individualrechtsgüterschutz und gesetzlichen Sonderregelungen subsidiär. Da die polizeiliche Generalklausel schon über die Einbindung des Artikels 5 (f) RDK als Teil der öffentlichen Sicherheit ein Eingreifen bei diskriminierenden Zugangsverboten erlaubt,

---

[134] Ebenso Molketin, GewArch 1989, S. 92. Anzumerken bleibt, daß ein entsprechendes Allgemeininteresse sich nicht für jeden Verstoß gegen eine völkerrechtliche Verpflichtung konstruieren läßt und nicht leichtfertig auszudehnen ist, da die Gefahr eröffnet wird, vorrangige Zuständigkeit zu umgehen.

[135] Schoch, JuS 1994, S. 480 u. 572; Haus/Wohlfahrt, Allgemeines Polizei- und Ordnungsrecht, S. 167; Götz, Polizei- und Ordnungsrecht, 11. Aufl., S. 49 – in der 12. Aufl. werden die Grundrechte im Rahmen der Individualrechte genannt, vgl. S. 43.

[136] Siehe allg. Kay/Böcking, Allgemeines Verwaltungs- und Eingriffsrecht im Polizeidienst, S. 110 f. Siehe auch Götz, Polizei- und Ordnungsrecht, S. 43.

[137] Siehe dazu ausführlicher Götz, Polizei- und Ordnungsrecht, 11. Aufl., S. 49; ferner BVerfGE 69, 315, 355; NJW 1996, S. 651. Als Schutzgut der öffentlichen Sicherheit kommen Grundrechte nicht in ihrer Funktion als Abwehrrechte, sondern im Rahmen der aus ihnen erwachsenen Schutzpflichten in Betracht. Schoch, JuS 1994, S. 480 u. 572; ferner Drews/Wacke/Vogel/Martens, Gefahrenabwehr, S. 236; Jochum/Rühle, Polizei- und Ordnungsrecht, S. 95, 100; Klein, DVBl 1971, S. 237.

braucht auf die Grundrechte regelmäßig nicht zurückgegriffen zu werden.

IV. Zusammenfassung und Würdigung

Als Ergebnis bleibt festzuhalten, daß rassisch motivierte Zutrittsverweigerungen in einer Gaststätte oder einem ähnlichen Bereich aus mehreren Gründen gegen die öffentliche Sicherheit verstoßen. Zu den durch die Generalklausel rechtlich geschützten, verletzten Normen zählen Artikel 5 (f) RDK, bei böswilligem Verhalten § 130 StGB, bei individualisierter Zugangsverweigerung § 185 StGB und bei sämtlichen Zugangsverweigerungen, die zur Kenntnis der Allgemeinheit gelangen können, § 118 OWiG. Daneben greift die rassisch diskriminierende Zugangsverweigerung in geschützte privatrechtliche Individualrechtsgüter und in Artikel 3 Absatz 3 Satz 1 und Absatz 1 GG ein. Für die Eingriffsbefugnis der Polizei ist es unerheblich, ob die Gastwirte unmittelbar an das rassische Kriterium anknüpfen oder ein anderes Kriterium auswählen, um einer bestimmten Rasse den Zugang zu ihren Gaststätten zu erschweren.

Ein Rückgriff auf den umstrittenen Begriff der öffentlichen Ordnung ist daher nicht nur nicht erforderlich, sondern auch verwehrt. Zwischen den Schutzgütern der öffentlichen Sicherheit und der öffentlichen Ordnung besteht ein Exklusivitätsverhältnis, da ein Verstoß gegen die öffentliche Ordnung in Abgrenzung zu den Rechtsvorschriften auf die ungeschriebenen Regeln, deren Befolgung nach der jeweils herrschenden sozialen und ethischen Anschauungen als unerläßliche Voraussetzung eines geordneten menschlichen Zusammenlebens angesehen werden, begrenzt ist[138]. Damit entfällt auch die Frage, wie sich die Abschaffung der öffentlichen Ordnung im Polizeirecht einiger Länder auf die Verwirklichung von Artikel 5 (f) RDK auswirkt.

---

[138] Gusy, Polizeirecht, S. 52; Schloer, BayVBl 1991, S. 257; Friauf, in: Schmidt-Aßmann, S. 129; Götz, NVwZ 1990, S. 729; Waechter, NVwZ 1997, S. 729; Berg/Knape/Kiworr, Allgemeines Polizei- und Ordnungsrecht für Berlin, S. 44; Reichert/Ruder/Fröhler, Polizeirecht, S. 140; Wolf, in: Reiff/Wöhrle/ders./Stephan, § 1, Rz. 52. Von teilweiser Überschneidung geht dagegen Wolff/Bachof (in: Verwaltungsrecht III, S. 47 f.) aus. Vgl. zur Definition der öffentlichen Ordnung BVerfGE 69, 315, 352; BVerwG, NJW 1980, S. 1640, 1641; § 3 Nr. 2 SachsAnhSOG und die Verweise in Kapitel 6, Fn. 116; ferner Stock, ZAR 1999, S. 123.

Voraussetzung für ein polizeiliches Handeln ist jeweils, daß die Gefahr eines bzw. weiterer Zugangsverbote besteht. Dies ist jedoch nach allgemeiner Lebenserfahrung zu bejahen, wenn der Gastwirt bereits einen Menschen wegen der Rasse abgewiesen hat. Der Gastwirt haftet im übrigen unabhängig davon als Störer, ob er selbst oder seine Angestellten tätig werden[139].

Damit liegen die Tatbestandsvoraussetzungen der polizeilichen Generalklausel regelmäßig vor. Wenn nicht das Gaststättenrecht einen Rückgriff auf die Generalklausel ausschließt, kann die Polizei daher bei rassendiskriminierenden Zutrittsverboten zur Gefahrenabwehr einschreiten. Sie konkretisiert dann das an den Staat gerichtete Schutzgebot der Artikel 5 (f) RDK und 3 Absatz 3 GG durch eine an den Gastwirt gerichtete Verbotsverfügung. Zur ihrer Durchsetzung stehen die landesrechtlich geregelten polizeilichen Zwangsmaßnahmen, insbesondere das Zwangsgeld, zur Verfügung. Da durch das Zugangsverbot auch Individualschutzgüter verletzt werden, hat der einzelne das Recht auf fehlerfreie Ermessensausübung bei Anwendung der polizeilichen Generalklausel durch die Polizei[140]. Ist nur eine Verbotsverfügung in der Lage, den Angriff gegen die Rechtsgüter des Diskriminierten abzuwenden, verdichtet sich dieser Anspruch auf ein entsprechendes Eingreifen der Polizei.

B. Gaststättenrecht

I. § 15 Absatz 2 i. V. m. § 4 Absatz 1 Nr. 1 GastG

Vorrangige Norm für die Abwehr von Gefahren, die von dem Betrieb einer Gaststätte ausgehen, ist § 15 GastG. Nach §§ 15 Absatz 2 i. V. m. 4 Absatz 1 Nr. 1 GastG ist die Erlaubnis zum Betrieb eines Gaststättengewerbes zu widerrufen, wenn nachträglich Tatsachen eintreten, die die Annahme rechtfertigen, daß der Gewerbetreibende die für den Betrieb erforderliche Zuverlässigkeit für die Zukunft nicht besitzt. Gemäß § 1 GastG gilt diese Regelung für öffentlich zugängliche Gaststätten, Cafés, Hotels und andere Formen der Schank- und Speisewirtschaften

---

[139] Vgl. Stock, ZAR 1999, S. 123.

[140] Siehe dazu Wahl/Schütz, in: Schoch/Schmidt-Aßmann/Pietzner, § 42 Abs. 2, Rz. 89 m.w.N.; Friauf, in: Schmidt-Aßmann, S. 142.

und Beherbergungsbetriebe[141]. Auch Diskotheken unterfallen als Schankwirtschaften i. S. d. § 1 I Nr. 1 GastG diesem Gesetz. Nicht zuletzt unter Hinweis auf Artikel 5 (f) RDK sind rassendiskriminierende Zugangspraktiken zu diesen Betrieben als Begründung von Unzuverlässigkeit anerkannt[142]. So enthält der Musterentwurf zu den Allgemeinen Verwaltungsvorschriften zum Gaststättengesetz[143] folgende Bestimmung:

> „Die Unzuverlässigkeit eines Gastwirts kann sich auch daraus ergeben, daß er willkürlich Personen lediglich wegen ihrer Hautfarbe, Rasse, Herkunft oder Nationalität vom Besuch seiner Gaststätte ausschließt. ... Im übrigen kann der Gastwirt nach den Regeln der Vertragsfreiheit Gäste vom Besuch seiner Gaststätte ausschließen“[144].

---

[141] Vgl. dazu Michel/Kienzle, Gaststättenrecht, § 1, Rz. 1 ff.; Seitter, Gaststättenrecht, § 1; Rz. 2 ff.; Locher, Handwerk und Gaststätten, in: Jarass (Hrsg.), S. 298 f.; BT-Dr. V/1652.

[142] VG Stuttgart, GewArch 1976, 27, 28. Vgl. ferner Michel/Kienzle, Gaststättenrecht, § 4, Rz. 22; Lohse, NJW 1985, S. 1681; Molketin, GewArch 1989, S. 92; Kühner, NJW 1986, S. 1400; Ehlers, in: Achterberg/Püttner/Würtenberger, S. 201. Vgl. zum Widerruf einer Gaststättenerlaubnis wegen der Verbreitung neonazistischen Gedankenguts, VG Schleswig, NJW 2001, S. 387; zur Gewerbeuntersagung aus demselben Grund BayVGH, GewArch 1994, S. 239; VG Arnsberg, NVwZ-RR 2000, S. 17. Siehe ferner Czybulka, Gaststättenrecht, in: Schmidt (Hrsg.), S. 200 f.; Metzner, Gaststättengesetz, § 1, Rz. 13; Wolfrum, in: FS P. Schneider, S. 524; Stock, ZAR 1999, S. 124; einschränkend Timme, ZAR 1997, S. 136. Die Unzuverlässigkeit verneint hat OVG Münster (GewArch 1967, S. 118) vor dem Beitritt Deutschlands zur Konvention, wenn ein Angriff durch Personen bestimmter Nationalität zu befürchten ist. Siehe dagegen *supra*, Kapitel 5, Fn. 119, 180 u. 235.

[143] Abgedruckt in: Seitter, Gaststättenrecht, Ergänzende Bestimmung V, 3.2.1.

[144] Vgl. auch die Verwaltungsvorschriften zur Änderung der Ausführungsvorschriften zum Gaststättengesetz und zur Gaststättenverordnung von Berlin vom 19. Dezember 1984 (Dienstblatt des Senats von Berlin, Teil I Nr. 3, 23.1.1985, S. 40): „Die Unzuverlässigkeit eines Gastwirts kann sich auch daraus ergeben, daß er seine Befugnis, nach der Vertragsfreiheit Gästen den Besuch seiner Gaststätte zu untersagen, in der Weise mißbraucht, daß er willkürlich Personen lediglich wegen ihrer Hautfarbe, Rasse, Herkunft oder Nationalität vom Besuch seiner Gaststätte ausschließt“.

Der Musterentwurf enthält die Einschränkung „Ein willkürlicher Ausschluß ist jedoch nicht anzunehmen, wenn der Gastwirt durch besondere Vorkomm-

Hintergrund für diese Regelung ist, daß ein Gewerbetreibender als unzuverlässig angesehen wird, wenn er nach dem Gesamteindruck nicht die Gewähr dafür bietet, daß er sein Gewerbe künftig ordnungsgemäß betreiben wird[145]. Die Pflicht eines Gastwirts zur ordnungsgemäßen Ausübung seines Gewerbes umfaßt auch die Beachtung der allgemeinen Rechtspflicht zu polizeigemäßem Verhalten, also der Führung des Betriebes in Übereinstimmung mit den Anforderungen der öffentlichen Sicherheit und Ordnung[146]. Der in dem rassendiskriminierenden Zugangsverbot liegende Verstoß gegen die öffentliche Sicherheit ist daher geeignet, das Urteil der Unzuverlässigkeit zu begründen.

Indes führen nur erhebliche Verstöße gegen die polizeilichen Pflichten des Gastwirts zu dieser Einschätzung. Denn ein Element des Unzuverlässigkeitsbegriffs ist das Prinzip der Verhältnismäßigkeit[147]. Im Falle der nachträglichen Feststellung der Unzuverlässigkeit bietet das Gaststättengesetz keine Handhabe für mildere Konsequenzen als die zwingend vorgeschriebene Folge des Widerrufs (nach § 15 Abs. 2 GastG) bzw. der Rücknahme der Erlaubnis (nach § 15 Abs. 1 GastG). Angesichts der schweren Beeinträchtigung der Berufsfreiheit des Gastwirts durch eine solche Maßnahme setzt die Annahme der Unzuverlässigkeit

---

nisse befürchten muß, daß sonst sein Betrieb gestört oder seine Beschäftigten und Gäste beeinträchtigt werden". Auch ein solches Verhalten läuft jedoch regelmäßig den Wertungen der Artikel 3 Absatz 3 Satz 1 GG und 5 (f) RDK entgegen und ist daher grundsätzlich unzulässig. Vgl. dazu *supra*, Kapitel 5 A. IV 3 und 4. Hier gilt insbesondere das Verbot der Typisierung mit dem Rassekriterium. Zurückzuführen ist diese Einschränkung vermutlich auf die Argumentation des OVG Münster, GewArch 1967, S. 118. Vgl. dazu bereits Kapitel 6, Fn. 142.

[145] BVerwGE 65, 1, 1 f.; BVerwG, GewArch 1995, S. 111; BVerwG, GewArch 1975, S. 385; 1977, S. 22, 23; VG Stuttgart, GewArch 1976, S. 27; Seitter, Gaststättenrecht, § 4, Rz. 5; Michel/Kienzle, Gaststättenrecht, § 4, Rz. 2; Locher, Gewerbebetriebe,: Allgemeines, in: Jarass (Hrsg.), S. 279; allg. zur Zuverlässigkeit im Gewerberecht Frotscher, Gewerberecht, in: Schmidt (Hrsg.), S. 47 ff.

[146] Vgl. BVerwGE 18, 305; VG Stuttgart, GewArch 1976, S. 27; VG Schleswig, NJW 2001, S. 387; Kühner, NJW 1986, S. 1400; Salzwedel, in: FS Jahrreiß, S. 352; Michel/Kienzle, GaststättenR, § 4, Rz. 2; Metzner, GaststättenG, § 4, Rz. 8 u. 11.

[147] BVerwG, GewArch 1972, S. 29, 30; BVerwGE 49, 160, 168 f.; VG Stuttgart, GewArch 1976, S. 27; VG Schleswig, NJW 2001, S. 387; Michel/Kienzle, Gaststättenrecht, § 4, Rz. 2. vgl. auch Locher, Handwerk und Gaststätten, in: Jarass (Hrsg.), S. 303; K. H. Klein, in: FS Partsch, S. 431.

voraus, daß erhebliche Rechtsverstöße vorliegen, welche die zum Zeitpunkt der Erlaubniserteilung festgestellte Zuverlässigkeit entfallen lassen[148]. Demgemäß führen nur gravierende Vorfälle, die nicht nur als einmalige oder geringfügige Entgleisung anzusehen sind, zu einer solchen Einschätzung[149]. Auch mehrere Einzelfälle, die jeder für sich genommen zur Feststellung der Unzuverlässigkeit nicht ausreichen, können den Mangel der Zuverlässigkeit begründen, wenn die Gesamtwürdigung einen Hang zur Nichtbeachtung geltender Vorschriften offenbart oder in der Häufung eine erhebliche Störung der öffentlichen Sicherheit und Ordnung liegt[150].

Einmalige Zutrittsverbote können daher den Widerruf der Erlaubnis nicht rechtfertigen. Es muß vielmehr auf der Basis der bekannten Tatsachen aus der Vergangenheit die Besorgnis bestehen, daß der Gastwirt auch weiterhin Menschen aufgrund ihrer Zugehörigkeit zu einer Rasse durch Zugangsverbote diskriminieren und so zu zum Ausdruck bringen wird, daß er nicht gewillt ist, sich in die staatliche Ordnung einzufügen[151]. Für diese Prognose ist keine überwiegende Wahrscheinlichkeit erforderlich, ausreichend sind ernsthafte Zweifel an der ordnungsgemäßen Gewerbeausübung[152]. Bei wiederholter diskriminierender Zugangsverweigerung ist ein entsprechender Wille des Gastwirtes zu verneinen.

---

[148] VG Stuttgart, GewArch 1976, S. 27; siehe auch Metzner, GaststättenG, § 4, Rz. 11 u. 13; Ehlers, in: Achterberg/Püttner/Würtenberger, S. 216. Siehe zur Bedeutung der Berufsfreiheit im Gewerberecht, Kahl, in: Landmann/Rohmer, § 1, Rz. 8 f.

[149] VGH Bad-Württ, GewArch 1985, S. 200; VG Schleswig, NJW 2001, S. 387; VG Stuttgart, GewArch 1976, S. 27; Czybulka, Gaststättenrecht, in: Schmidt (Hrsg.), S. 199.

[150] BVerwG, Stober, EzGewR, § 15 Abs. 2 GastG Nr. 1 u. 2; BVerwG, GewArch 1960, S. 184 und GewArch 1965, S. 35, 36; VGH Bad-Württ, GewArch 1985, S. 200; VGH Mannheim, GewArch 1985, S. 200; VG Schleswig, NJW 2001, S. 387; VG Stuttgart, GewArch 1976, S. 27, 28; Seitter, Gaststättenrecht, § 4, Rz. 19; Locher, Gewerberecht, Allgemeines: in: Jarass (Hrsg.), S. 281.

[151] Die Prognose muß sich auf bereits vorliegende Tatsachen stützen. Daß mit ihrem Eintritt zu rechnen ist, genügt nicht. Siehe BVerwG 9, 222; GewArch 1977, S. 22, 23; VGH Bad-Württ, GewArch 1990, S. 253; Locher, Gewerberecht, Allgemeines: in: Jarass, S. 280; Metzner, GaststättenG, § 4, Rz. 5 und 16.

[152] OVG Koblenz GewArch 1980, S. 305; VGH Bad-Württ, GewArch 1990, S. 253; Michel/Kienzle, Gaststättenrecht, § 4, Rz. 5 u. 18; Metzner, GaststättenG, § 4, Rz. 12, jeweils m. w. N. Vgl. auch BVerwG, GewArch 1964, S. 240.

In diesem Fall muß die zuständige Behörde die Erlaubnis widerrufen, ihr steht kein Ermessensspielraum zu[153].

Zuvor aber hat sie den Gastwirt abzumahnen. Ein entsprechendes Gebot ergibt sich aus dem Übermaßverbot[154]. Aus Artikel 5 (f) RDK und Artikel 3 Absatz 3 Satz 1 GG erwächst für die Behörden die Pflicht, diese Abmahnung auch tatsächlich vorzunehmen. Zwar liegt die Entscheidung über die Betriebseinstellung und die vorhergehende Abmahnung nach § 15 Abs. 2 GastG im Grundsatz im öffentlichen Interesse. Ausnahmsweise ist jedoch ein Anspruch auf ermessensfehlerfreie Entscheidung anerkannt, wenn die Genehmigung — wie hier — aufgrund von Vorschriften versagt bzw. widerrufen wird, die dem Schutz des einzelnen dienen[155]. Zur ordnungsgemäßen Führung des Betriebes gehört im übrigen auch, daß der Inhaber darüber wacht, daß alle Personen, die in der Gaststätte tätig sind, den Anforderungen polizeigemäßen Verhaltens genügen und nicht aus eigenem Antrieb Mitgliedern einer bestimmten rassischen Gruppe den Eintritt verwehren[156].

---

[153] Vgl. zu dem Verfahren Michel/Kienzle, Gaststättenrecht, § 4, Rz. 82 ff. und § 15, Rz. 13 ff.; Seitter, Gaststättenrecht, § 4, Rz. 11 ff.; Czybulka, in: Schmidt, S. 212 f. Siehe zu Zuständigkeit und Verfahren auch § 30 GastG i. V. m. den Länderverordnungen.

[154] BVerwG, GewArch 1975, S. 385, 387 f.; dem folgend Marcks, in: Landmann/Rohmer, § 35, Rz. 78; Michel/Kienzle, Gaststättenrecht, § 15, Rz. 13; siehe auch Seitter, Gaststättenrecht, § 4, Rz. 6.

[155] Vgl. allg. Ehlers, in: Achterberg/Püttner/Würtenberger, S. 217 unter Verweis auf VGH Kassel, NVwZ-RR S. 93, 407 f.; siehe auch Stober, EzGewR, § 4 Abs. 1, Nr. 13 und 19 (Hessischer VGH). A. A. Heß, in: Friauf, 15 Rz. 44.

[156] BVerwGE 9, 222 f.; BVerwG, NVwZ-RR 1996, S. 650; VGH Bad-Württ, GewArch 1990, 2S. 53; Bay VGH, GewArch 1976, S. 304, 305; Locher, Gewerberecht, Allgemeines: in: Jarass, S. 282; Michel/Kienzle, Gaststättenrecht, § 4, Rz. 24; ferner Seitter, Gaststättenrecht, § 4, Rz. 7; enger Frotscher, Gewerberecht, in: Schmidt, S. 51; kritisch K.-H. Klein, in: FS Partsch, S. 426 f. Zum Anspruch auf Einschreiten gegen einen Gaststättenbetrieb, vgl. Hessischer VGH, Stober, EzGewR, § 15 Abs. 2 Nr. 15 = GewArch 1992, S. 344.

II. Weitere Ermächtigungsgrundlagen zur Gefahrenabwehr und Verhältnis des Gaststättenrechts zur polizeilichen Generalklausel

1. Gaststätten- und gewerberechtliche Ermächtigungsnormen

Wie bereits angedeutet, sehen weder das Gaststättenrecht noch die gemäß § 31 GastG ergänzend anwendbare Gewerbeordnung andere Ermächtigungsgrundlagen vor, die Maßnahmen gegen die Gefahr einer diskriminierenden Zugangsverweigerung erlauben würden.

Im Gaststättengesetz kommt lediglich § 5 Absatz 1 Nr. 1 GastG für Maßnahmen mit weniger einschneidenden Rechtsfolgen in Betracht. Diese Norm gestattet Auflagen jedoch nur zum Schutz der Gäste gegen Ausbeutung und gegen Gefahren für Leben, Gesundheit und Sittlichkeit. Zum einen wird der vorausgesetzte Gaststatus dem Diskriminierten gerade verweigert. Zum anderen dient eine Auflage gegen rassendiskriminierende Zugangspraxis nicht dem Leben, der Gesundheit oder der Sittlichkeit. Sittlichkeit i. S. d. Gaststättengesetzes ist ausschließlich geschlechtsbezogen zu verstehen und nicht mit dem Begriff der Sittenwidrigkeit des § 138 BGB zu verwechseln[157].

Aber auch die Gewerbeordnung enthält keine einschlägige Ermächtigungsgrundlage. Zu denken wäre allenfalls an § 51 GewO. Diese Norm ist auf die Fälle gemünzt, in der eine polizeiliche Verfügung unzulässig wäre, weil eine gewerberechtliche Gefahr noch nicht besteht oder aus Gründen des Übermaßverbotes eine Betriebsuntersagung nur gegen Entschädigung eine zulässige Einschränkung der Berufsfreiheit wäre[158]. Da die polizeirechtswidrige Gewerbeausübung nicht von der Gewerbefreiheit umfaßt ist, sind Verfügungen zur Beseitigung rassendiskriminierenden Verhaltens demgegenüber entschädigungslos hinzunehmen. Zudem sieht die Norm ebenso wie § 15 Absatz 2 GastG nur die völlige Untersagung einer gewerblichen Anlage wegen überwiegender Nachteile und Gefahren für das Gemeinwohl gegen Entschädigung vor. Im übrigen ist auch kein Ordnungswidrigkeitstatbestand nach §§ 144 ff. GewO erfüllt.

---

[157] Siehe BVerwG GewArch 1975, S. 385; Michel/Kienzle, Gaststättenrecht, § 4, Rz. 16.

[158] Sieg/Leiffermann/Tettinger, Gewerbeordnung, § 51 Rz. 2; siehe auch Tettinger, in: ders./Wank, § 51, Rz. 3 ff.

2. Rückgriff auf die polizeiliche Generalklausel

Während die Entziehung der Erlaubnis und eine vorhergehende Abmahnung ausschließlich auf § 15 Absatz 2 GastG gestützt werden können, gibt es mangels einer gaststätten- oder gewerberechtlichen Generalklausel keine spezialgesetzliche Rechtsgrundlage, um andere Maßnahmen gegen rassendiskriminierende Zutrittsverweigerung zu ergreifen[159]. Neben der auf § 15 Absatz 2 GastG gestützten Abmahnung als erstem Schritt eines Erlaubniswiderrufs kann eine polizeiliche Maßnahme bei Gefahr einer vereinzelten Zugangsverweigerung auf die polizeiliche Generalklausel gestützt werden. Der Grundsatz der Subsidiarität steht dem nicht entgegen, da die gewerberechtlichen Ermächtigungsnormen kein umfassendes und geschlossenes System darstellen[160]. Das Fehlen einer gewerberechtlichen Generalklausel oder die fehlende Erfassung eines Falles durch eine Bußgeldsanktion kann nicht dahin ausgelegt werden, daß anderen als den geregelten gaststättenrechtlichen Gefahren für die öffentliche Sicherheit und Ordnung nicht vorgebeugt werden soll[161]. Daher ist das Fehlen einer Ermächtigungsgrundlage nicht als bewußter Verzicht zu verstehen, der einen Rückgriff auf die polizeiliche Generalklausel verwehrt[162]. Während für den Erlaubniswiderruf und die vorherige Abmahnung § 15 Absatz 2 GastG einschlägig ist, kann für andere polizeiliche Maßnahmen gegen rassendiskriminierende Zugangsverbote auf die polizeiliche Generalklausel zurückgegriffen werden[163]. Lediglich für Maßnahmen, die einer generellen Beschränkung der Zulassung oder einer Gewerbeuntersagung gleich-

---

[159] Vgl. zum Rückgriff auf die Generalklausel im Bereich des Gaststättenrechts VGH Bad-Württ, VBlBW 1982, S. 405, 406 und GewArch 1990, S. 403, 404.

[160] VGH Bad-Württ, GewArch 1990, S. 403, 404; Michel/Kienzle, Gaststättenrecht, § 2 Rz. 24. Vgl. allgemein zum Verhältnis der Spezialnormen zur polizeilichen Generalklausel, Wolff/Bachof, Verwaltungsrecht III, S. 60 .

[161] VGH Bad-Württ, GewArch 1990, S. 403, 404.

[162] Vgl. VGH Bad-Württ, GewArch 1990, S. 403, 404; Kahl, in: Landmann/Rohmer, § 1, Rz. 17.

[163] Vgl. allg. VGH Bad-Württ, VBlBw 1982, S. 405; GewArch 1990, S. 403, 404; Michel/Kienzle, Gaststättenrecht, § 2 Rz. 24; Kahl, in: Landmann/Rohmer, § 1, Rz. 17.

kommen, ergibt sich eine Grenze aus dem Gaststättengesetz. Eine derartige Maßnahme kann nicht auf die Generalklausel gestützt werden[164].

Die Polizei kann daher bei rassendiskriminierenden Zutrittsverboten unterhalb der Schwelle der Unzuverlässigkeit beim Betrieb eines Gewerbes zur Gefahrenabwehr einschreiten. Sie konkretisiert das an den Staat gerichtete Schutzgebot der Artikel 5 (f) RDK und 3 Absatz 3 GG durch eine an den Gastwirt gerichtete Verbotsverfügung. Zu ihrer Durchsetzung stehen die landesrechtlich geregelten polizeilichen Zwangsmaßnahmen, insbesondere das Zwangsgeld, zur Verfügung. Daneben besteht die Möglichkeit einer strafrechtlichen Verfolgung des rassendiskriminierenden Verhaltens des Gastwirts. Strafrechtliche Verfolgung wegen § 130 StGB kann die Polizei von sich aus einleiten. In Fällen individualisierter Zugangsverbote kann sie auf den Diskriminierenden_einwirken, einen Strafantrag zu stellen. Außerdem steht dem Diskriminierten der Zivilrechtsweg offen. Auch auf diesen kann die Polizei hinweisen.

Damit erfordert eine wiederholte Zugangsverweigerung aufgrund der Rasse den Widerruf der Gaststättenerlaubnis; schon vor diesem Zeitpunkt kann die Polizei zur Wahrung der öffentlichen Sicherheit aufgrund der polizeilichen Generalklausel einschreiten.

---

164 Vgl. BVerwG 38, 209, 213 f.; BVerfGE 30, 292; ferner Kahl, in: Landmann/Rohmer, § 1, Rz. 16 m. w. N.; Drews/Wacke/Vogel/Martens, Gefahrenabwehr, S. 172.

Ergebnis und Zusammenfassung

Der erste Teil der Untersuchung hat ergeben, daß die Rassendiskriminierungskonvention kein spezielles Antidiskriminierungsgesetz im Bereich des Artikels 5 (f) RDK verlangt. Die Anforderungen an die Staaten erstrecken sich darauf, effektiv vor Rassendiskriminierung im Gaststättenbereich zu schützen. Daß ein solcher Schutz grundsätzlich auch ohne Antidiskriminierungsgesetz denkbar ist, zeigt sich anhand der deutschen Rechtslage. Dem deutschen Rechtsanwender stehen verschiedene Wege zur Verfügung, das Verbot der Rassendiskriminierung beim Zugang zu Gaststätten umzusetzen. Aufgrund der mittelbaren Wirkung von Artikel 5 (f) RDK und der Ausstrahlungswirkung von Artikel 3 Absatz 3 Satz 1 und Absatz 1 GG kann dem Verbot über die Generalklauseln des einfachen Rechts Rechnung getragen werden. Einwirkungsmöglichkeiten für die in Artikel 5 (f) RDK und Artikel 3 Absatz 3 Satz 1 GG enthaltenen Wertungen bestehen über die Begriffe der Zuverlässigkeit in § 15 i. V. m § 4 GastG, die allgemeine polizeiliche Generalklausel und die §§ 138, 242, 823 ff. BGB. Den in Artikel 2 (d) RDK in Verbindung mit Artikel 6 RDK enthaltenen Anforderungen, eine rechtliche Umsetzung des Diskriminierungsverbots zu gewährleisten, wird die deutsche Rechtsordnung damit gerecht.

Der nach Artikel 6 RDK erforderlichen Genugtuung und Entschädigung dienen zum einen der immaterielle Schadensersatz nach § 823 Absatz 1 BGB und die Möglichkeit, über § 826 BGB einen Kontrahierungszwang zu erwirken. Effektiven Schutz vor Rassendiskriminierung und Genugtuung bieten zum anderen die Konsequenz des § 15 GastG, bei wiederholter Diskriminierung die Gaststättenerlaubnis zu entziehen, und vor dieser Schwelle, eine Abmahnung zu erteilen. Zudem kann die Polizei gestützt auf die polizeiliche Generalklausel eine Verbotsverfügung gegen den Gastwirt erlassen und ihn auffordern, die Diskriminierung abzustellen. Regelmäßig kommt daneben ein strafrechtliches Verfahren wegen Beleidigung oder — von Amts wegen — wegen Volksverhetzung in Betracht. Der bestehende Rechtsschutz ist den Betroffenen unabhängig von der Staatsangehörigkeit garantiert, so daß jede Rassendiskriminierung im Sinne des Artikels 5 (f) RDK rechtlich verfolgbar ist. Seinen aus dieser Norm und aus Artikel 3 Absatz 3 Satz 1 GG entstammenden Schutzpflichten ist der Gesetzgeber damit grundsätzlich ausreichend nachgekommen. Artikel 5 (f) RDK selbst hat – gestützt auf das Zustimmungsgesetz – erheblichen Anteil an dem rechtlichen Schutz vor Rassendiskriminierung, da bereits auf diese Norm ein gefahrenabwehrrechtliches Eingreifen gestützt werden kann und sie geeignet ist, sowohl die Vorgaben des Artikels 3 Absatz 3 Satz 1 GG für den Bereich der öffentlich zugänglichen Dienstleistungen als auch das einfache Recht zu konkretisieren.

Auf rechtlicher Ebene ist das deutsche Recht gerüstet, einer rassendiskriminierenden Zugangsverweigerung umfassend zu begegnen und sie wirksam im Sinne des Artikels 2 Absatz 1 (d) RDK i. V. m. Artikel 6 RDK zu verbieten. Seiner Kontrollpflicht aus Artikel 2 Absatz 1 (c) RDK, zu überprüfen, ob staatliche Stellen oder Privatpersonen und Organisationen im Gaststättenbereich aufgrund der Rasse diskriminieren, kommt der deutsche Staat im Rahmen der Vorbereitung seiner Berichte an den Rassendiskriminierungsausschuß nach. Zudem ist die Verwaltung im Rahmen der Strafverfolgung schon wegen eines möglichen Verstoßes gegen § 130 StGB verpflichtet, den Sachverhalt zu ermitteln. Entsprechendes gilt für die Gewerbeaufsicht, um die Zuverlässigkeit eines Gastwirts zu überprüfen.

Zweifel an der effektiven Umsetzung des Verbotes aus Artikel 5 (f) RDK entstehen indes aufgrund der seltenen Anwendung dieser rechtlichen Vorgaben in der Praxis. Bisher hatten die Gerichte sich in relativ wenigen Fällen mit dem Problem zu befassen. Eine zivilrechtliche Auseinandersetzung fehlt – soweit ersichtlich – sogar ganz. Inwieweit die Gerichte der verfassungs- und völkerrechtskonformen Auslegung tatsächlich gerecht werden, ist daher mit einer gewissen Unsicherheit verbunden. Zugleich können sie nur in Einzelfällen und damit notwendigerweise nur punktuell auf die Problematik eingehen. Wegen der geringen Gerichtspraxis bleiben vor allem die privatrechtlichen Folgen einer diskriminierenden Zugangsverweigerung zu einer Gaststätte im Unklaren. Das gilt insbesondere für die Höhe des von Gerichten zuzuerkennenden immateriellen Schadensersatzes und für die Frage, ob sie einen Kontrahierungszwang aussprechen würden. Von Seiten der Verwaltung sind bisher vor allem die Ausländerbeauftragten, die häufig als Vermittler zwischen Diskriminierten und Behörden bzw. Diskriminierenden dienen, tätig geworden. Das Eingreifen der Gewerbeaufsicht gegen Rassendiskriminierung im Gaststättenbereich ist dagegen selten bekannt geworden. Eine entsprechende Verpflichtung für Exekutive und Judikative, das Verbot des Artikels 5 (f) RDK zu berücksichtigen und derartiges Verhalten nicht mit dem Verweis auf die Privatautonomie zu unterstützen, besteht jedoch nach dem Zustimmungsgesetz i. V. m. den Artikeln 2 Absatz 1 (a) und (c) und 5 (f) RDK.

Diese zögerliche Berücksichtigung der völkerrechtlichen Verpflichtungen beruht im wesentlichen auf zwei Ursachen. Zum einen fehlt es deutschen Rechtsanwendern an ausreichender Kenntnis über die Bedeutung des Artikels 5 (f) RDK für die deutsche Rechtsordnung. Häufig fehlt bereits das Wissen über die bloße Existenz der Konvention. Schwierigkeiten ergeben sich auch hinsichtlich der völkerrechtlich zu bestimmenden inhaltlichen Anforderungen des Artikels 5 (f) RDK, insbesondere seiner Anwendbarkeit bei Diskriminierungen zwischen Privaten und die Auslegung des Begriffs „öffentliches Leben" i. S. d. Artikels 1 Absatz 1 RDK. Aber auch über die Art und Weise, wie die Norm in das deutsche Recht einwirkt und es beeinflußt, bestehen Unklarheiten, wie das Beispiel des VG Frankfurt zeigt[1]. Daneben wird die Verbreitung der durch den Rassendiskriminierungsausschuß vorgenommenen Auslegung der Konvention in den „General Recommendations" und der „Concluding Observations" zum deutschen Bericht vernachlässigt.

Zum anderen hängt insbesondere die zivilrechtliche Durchsetzung des Rassendiskriminierungsverbotes im Gaststättenbereich von den Aktivitäten des Diskriminierten ab. Ebenso ist die der individuellen Abweisung immanente Beleidigung nur auf Antrag verfolgbar. Aber auch in den anderen Fällen, in denen ein Tätigwerden von Behörden, Gerichten und Staatsanwaltschaft im öffentlichen Interesse liegt und ein Eingreifen von Amts wegen möglich ist, hängen staatliche Maßnahmen regelmäßig von der Bekanntgabe des diskriminierenden Vorfalls durch die Betroffenen ab. Effektive Rechtsdurchsetzung setzt daher in vielen Fällen die rechtliche Handlungsbereitschaft der Betroffenen voraus. Diese müssen ihre Rechte kennen und bereit sein, sie durchzusetzen. Daß es an diesen beiden Faktoren fehlt, beweist das gänzliche Fehlen zivilrechtlicher Schadensersatzverfahren wegen rassischer Diskriminierungen im Gaststättenbereich und den wenigen Strafanträgen wegen Beleidigung. Ausländerbeauftragte des Bundes, der Länder und der Kommunen versuchen, dieses Defizit mit Informationsmaterial über die Rechtslage und Anleitungen über die Möglichkeiten, rechtliche Schritte einzuleiten, zu beheben. Ein Erfolg dieser Maßnahmen ist bisher nicht abzusehen.

---

[1] VG Frankfurt, NJW 1993, S. 2067 = Fontes 1986-1993, 1130 (Nr.90/1), vgl. *supra*, Kapitel 4, B. I 2.

Der den rechtlichen Anforderungen genügenden Umsetzung des Rassendiskriminierungsverbotes im Gaststättenbereich steht somit die faktisch unzureichende Praxis gegenüber. Diese Diskrepanz kann durch den Erlaß eines speziellen Antidiskriminierungsgesetzes mit dem ausdrücklichen Verbot, den Zugang zu Gaststätten von der rassischen Zugehörigkeit eines Menschen abhängig zu machen, behoben werden. Der Vorteil eines solchen Gesetzes ist die starke Appellfunktion sowohl für die Rechtsanwender als auch für Gastwirte und Diskriminierungsopfer. Denkbar ist auch, die Rechtsdurchsetzung durch ein Gesetz zu verstärken, z. B. mit Hilfe von speziellen Antidiskriminierungskommissionen, die die Diskriminierten bei der Geltendmachung ihrer Rechte unterstützen. Eine verstärkte Informationspolitik der zuständigen Minister könnte bereits ausreichen, um das Verhalten der Behörden zu beeinflussen, und zu einer stärkeren gerichtlichen Berücksichtigung der Wertungen des Artikels 5 (f) RDK führen. Ein Antidiskriminierungsgesetz ist der sicherste, nicht notwendigerweise der einzige Weg, Rassendiskriminierung beim Zugang zu Gaststätten effektiv zu bekämpfen.

Summary

The Meaning of Article 5 (f) of the International Convention on the Elimination of All Forms of Racial Discrimination under German Law

Discrimination by private actors through denial of access to restaurants and bars

The present analysis focuses in its first part on the requirements which article 5 (f) of the International Convention on the Elimination of all Forms of Racial Discrimination (ICERD) imposes on its member states, putting emphasis on the question whether the requirements of the ICERD with respect to this article can only be met by a special anti-discrimination law which prohibits racial discrimination by denial of access to restaurants and bars.

Article 5 (f) ICERD states that member states have to "prohibit and to eliminate racial discrimination in all its forms" and "to guarantee without distinction as to race equality before the law", in the enjoyment of the right to access to any place or service intended for use by the general public, such as transport, hotels, restaurants, cafés, theatres and parks. Race is defined in article 1 alinea 1 ICERD in a very wide manner and has to be understood in a sociological sense, thus including cultural, ethnical, traditional or historic components. The right to determine whether a racial group exists and who forms part of this group belongs to the racial group itself and to the rest of the society as well as to the individual concerned, but not to the state party. In the case of access to public services, the service providers, the owners of a restaurant or bar themselves decide to whom they will offer service. They decide in effect which racial group may enter the restaurant, bar or discotheque and who is part of this group.

Discrimination includes intentional, direct and indirect distinctions based on racial criteria that cannot be justified by adequate and proportional reasons. Such justification is impossible to conceive for intended or directly racially motivated denial of access to bars, restaurants and other services. Indirect distinctions however need to be justifiable in order to allow necessary differentiations. Differentiations of state actors have to take into account the negative impact such neutral measures have on the integration of different racial groups and can only be justified by an adequate and proportional reason. Private actors, whose behaviour is also comprised by the scope of the Convention, are generally free to choose criteria for their access policy. The only exception to this rule is if the aim of the Convention is undermined – this is the case if a criterion in fact leads to the result that members of one racial group are always excluded. In this event, the acceptance policy of a restaurant owner has to be modified in such a way that at least some members of this racial group can enter.

Whereas discrimination by private service providers of bars and restaurants falls under the scope of the Convention, the Convention does not create rights or duties for them. Addressees of the obligations are only the state parties, not individuals. The scope of the Convention is not limited to the nationals of the respective State Party but applies to all individuals within its jurisdiction. Article 1 alinea 2 ICERD, which foresees differentiation based on nationality, cannot serve as justification for differentiation in the service sector of private actors since the entry to a restaurant or a discotheque does not rely on the special state-citizen relationship which is the legal ground behind this exemption.

The term "access" in article 5 (f) ICERD does not only comprise access itself to the restaurant or bar, but the conclusion of a contract to enjoy the service under the same conditions as everybody else. The services mentioned in alinea (f) are not exhaustive. They are characterized by the fact that the individuality of the person, which makes use of the service, is only secondary due to the short nature of the service, the standardized contract relations, services and payment conditions and the immediate fulfilment of all contractual obligations. However, the services that article 5 (f) ICERD comprises are limited to those that are open to the public, which has to be read as an equivalent to the term "public life" used in article 1 alinea 1 ICERD. Public in this sense is any service that is not offered in a strictly private context. This private sphere includes especially the right to choose one's spouse and is extended to close personal social relationship. Private clubs and societies are part of this "private life" excluded from the scope of the Convention if its members live out their close personal relationships within these clubs. Whenever this is not the case, the Convention, and thus article 5 (f) ICERD is applicable. Discotheques, restaurants, cafés and even private dance clubs address themselves to a changing public and do not serve to live out the individuality of their users in the sense described above.

The State Parties' obligation concerning the access to restaurants and bars are divided into the prohibition of discrimination and the guarantee of equality. The prohibition of racial discrimination by state actors is addressed by article 2 alinea 1 (a) and (c) ICERD. These alineas foresee notably that the State Parties and any of its officers, agents and representants may not discriminate themselves and must undertake the necessary measures to ensure this prohibition. This includes the prohibition of a state actor to give effect to a discriminating private contract, for example a service contract with higher prices for a certain racial group. In addition, State Parties have to review their policies and control any law or regulation as to whether it has a discriminating effect.

Discrimination by private actors is regulated in article 2 alinea 1 (b) and (d) ICERD. Article 2 alinea 1 (b) stipulates that State Parties are prohibited to support racial discrimination by any persons or organizations. That includes the prohibition to grant or not to withdraw a permission to run a restaurant or bar to a person that denies access to its service on racial grounds. Article 2 alinea 1 (d) obligates the State Parties to prohibit and bring to an end discrimination on racial grounds by private actors, including legislation as required by circumstances. Contrary to a wide-spread tendency among authors, this alinea does not impose on the member states to enact a specific anti-discrimination law concerning article 5 (f) ICERD. Effective measures do not necessarily have to be taken through legislation in a formal sense but can also be based on judge-made law and customary law, as has been accepted by the Court of the European Convention on Human Rights with respect to Common Law.

The requirements that such prohibitions have to meet are concretised in more detail by article 6 ICERD. State Parties have to foresee effective remedies, especially by national courts, for each racially motivated access denial. They must provide an effective way to compensate the suffered damages and to prevent that the same person will again deny access to a restaurant or bar on racial grounds. This can take place via civil or any other form of sanction – including pecuniary compensation. In addition, the burden of a proof must be embellished in a way that the proof of discrimination is possible. Therefore easements of the burden of proof are necessary.

The measures to be taken by the State Parties in order to prevent private discrimination according to article 5 (f) and 2 alinea 1 (d) are in their discretion – as long as they are effective and comply with the requirements of article 6. Legislation is only required if all other measures have failed, in which event the discretion of the State Party is reduced to one measure: the enactment of an anti-discrimination law concerning article 5 (f) ICERD. In a country governed by the rule of law, like Germany, each obligation for a citizen must be founded on formal legislation. From this results that no special legislation is necessary to prohibit discrimination; yet the prohibition itself must in some way be founded on statutory legislation.

The guarantee of equality before the law is the second obligation concerning article 5 (f) ICERD. Everybody has the same rights and duties with respect to the law and administration and courts have to apply the law which relates to services like restaurants etc. regardless of the race of a person. In addition, even though not expressly stipulated in article 5 ICERD, State Parties also have to guarantee equality through the law. Whenever a member states introduces a law that might affect article 5 (f) ICERD, they must ensure that this law does not directly or indirectly lead to a discrimination on racial grounds. The legislature is not restricted to equality in a formal sense but can aim for factual equality within the frame of article 2 alinea 2 ICERD.

The second part of the analysis deals with the question what influence article 5 (f) ICERD has on German law and what legal measures exist to put the requirements of this article into effect. The reception of article 5 (f) ICERD takes place via article 59 alinea 2 of the Basic Law (GG). The approval of the legislature to the ratification of the Convention serves the second purpose to incorporate the Convention into German law ("law of approval"). With its unlimited consent to the ratification of the ICERD, the legislature gave effect to its stipulations. Article 5 (f) ICERD is part of the law and statutes ("Recht und Gesetz") according to article 20 alinea 3 GG. From this results a binding effect for the legislative, executive and judicative power. However, there is no enforceable duty for the legislature to enact any specific law. The execution of the conventional duties are in the exclusive competence of the legislature, which therefore cannot be obliged to enact a specific anti-discrimination law – even if article 5 (f) ICERD would require such a law.

Article 5 (f) ICERD in relation with the "law of approval" shares the status of statutory law enacted by the national legislature. This implies that the rule "lex posterior derogat legi priori" applies. The effect of this rule is weakened by the "public international law friendly interpretation" of laws. This implies inter alia that unless expressly stated otherwise by the legislature, a legislative act has to be interpreted in a way that the conventional rule is not impaired. Due to the fact that article 3 alinea 3 sentence 1 GG expressly prohibits racial discrimination, the risk that legislation would expressly impair the stipulation of article 5 (f) ICERD can be excluded. The stipulations of article 5 (f) ICERD do not form part of customary international law and therefore do not enjoy a higher status than national statutory law through incorporation via article 25 GG.

Neither the guarantee of equality nor the prohibition of racial discrimination concerning the access to services open to the public are self-executing with the consequences that article 5 (f) ICERD is not a "protection law" according to § 823 alinea 2 of the Civil Code (BGB), that its trespassing does not result in "nullity" of the respective contract according to § 134 BGB, and that it does not directly grant rights and duties to service providers and clients. However, the stipulations are indirectly applicable and can enter into the German legal system via broad legal terms such as the "good morality " (gute Sitten) in § 138 BGB and § 826 BGB. In addition, article 5 (f) ICERD is even able to influence the interpretation of the German Basic Law, especially article 3 alinea 3 sentence 1, article 3 alinea 1, and article 2 alinea 1 GG. This indirect influence of article 5 (f) ICERD has to be taken into account not only by the Bundesverfassungsgericht, but by all law enforcement bodies of the German State.

The Bundesverfassungsgericht has the right to control whether the executive and judiciary have respected this indirect influence of article 5 (f) ICERD, via its right to control whether the application of the law by the ordinary courts is not arbitrarily done and via the interpretation of article 3 alinea 3 sentence 1 GG. If an ordinary court does not respect the influence article 5 (f) ICERD has on article 3 alinea 3 sentence 1 GG and thus comes to a conclusion that is contrary to the Convention, it violates article 3 alinea 3 sentence 1 GG.

Chapter 5 and 6 of the analysis focus on the legal norms that prohibit racial discrimination in the sector of bars and restaurants in German law. The equality guarantee of article 5 (f) ICERD is covered by article 3 alinea 1 GG. Since the Committee has never questioned this guarantee, the analysis of the German legislation focuses on the prohibition of racial discrimination in article 5 (f) ICERD. The prohibition of racial discrimination is contained in article 3 alinea 3 sentence 1 GG according to which nobody shall be favoured or disadvantaged inter alia because of race, language or national origin. Mainly the term "ethnic origin" of article 1 ICERD does not find a correlate in this norm; this lack can however be avoided by defining the term "race" no longer with a biological connotation, which is actually still the case, but with a sociological one.

Unlike article 1 alinea 1 ICERD, article 3 alinea 3 sentence 1 GG prohibits solely racial discrimination that is intentional or directly based on racial grounds. Indirect discrimination that does not intentionally circumvent the prohibition is covered by the "general equality provision" of article 3 alinea 1 GG. Since article 3 alinea 3 sentence 1 GG also prevents favorizing because of race, positive measures cannot be based on this article, but are only possible "in spite of" article 3 alinea 3 sentence 1 GG. In the event that it is inevitable to found a positive measure on race, article 3 alinea 3 sentence 1 GG does not prevent this measure-finding its limits in other constitutional rights ("praktische Konkordanz"). The measure itself is based on article 1 alinea 1 GG (guarantee of human dignity) and article 20 alinea 3 GG (principle of social justice) in close connection with the aim of article 3 alinea 3 sentence 1 GG.

The Grundgesetz applies directly only to public bodies. The primary effect of article 3 alinea 3 sentence 1 GG in the fields of article 5 (f) ICERD is therefore that the executive, judicial and legislative powers are prevented from discriminating with regard to the access to services like restaurants itself and may not encourage discrimination in any form. In addition, the article creates "protectional obligations" (Schutzpflichten) for the legislature, administration and judiciary which include especially the obligation for the legislature to ensure that the law protects against racial discrimination by private actors and a corresponding obligation for administration and judiciary to enforce the law accordingly. The legislature enjoys a great margin of appreciation hereby; its duties are fulfilled if a minimum standard of protection norms exist. Even though there is no explicit provisions against racial discrimination in penal, public (except the Basic Law) or civil law, this minimum requirement is fulfilled by the implicit prohibitions in §§ 138, 823, 826 BGB (German civil law), §§ 130, 185 StGB (penal law) and §§ 15, 4 GastG (law of bars and restaurants).

The main responsibility to enforce the protectional obligations of article 3 alinea 3 sentence 1 GG remains for the executive and judiciary who have to apply the laws in a way that takes into account the objective values article 3 alinea 3 sentence 1 GG sets for the whole legal system. In civil law, this influence of article 3 alinea 3 sentence 1 GG is – as already mentioned with respect to article 5 (f) ICERD – exercised via broad legal terms. Contracts that foresee higher prices for services in a restaurant from persons of a specific racial group are contrary to the "good morality " according to § 138 BGB. Because the discrimination constitutes a violation of personality rights and an intentional breach of the "good morality" (§§ 823 alinea 1 and 826 BGB), the discriminated person can ask for reparation of his or her damages, which include reparation for immaterial damage. However, so far German courts have a tendency to grant low damage payment for immaterial damage. In addition, according to the opinion of the author, courts have the possibility to oblige the service provider to conclude a contract with the discriminated person; thus forcing them to grant access because of the breach of § 826 BGB.

In cases where denial of access is not directly or intentionally based on race, article 3 alinea 1 GG applies. This basic right prohibits differentiations without reasonable justification. The more a criteria used as a differentiation comes close to the criteria of race, the more difficult a justification gets. If a differentiation relies on the status of a person, he or she has hardly any possibility to influence the applicability of the measure. If this criteria approaches the racial criteria or leads to an underrepresentation of a certain racial group, justification depends on very important reasons which have to be in strict proportionality to the aim of the differentiation. In addition the negative effect of the measure on racial integration has to be taken into account. Justification of status-based measures are hardly conceivable in the field of access to services like restaurants etc. If the differentiation is based on behaviour-based criteria, justification levels are also very high. Behaviour-based are access policies that demand, e.g., short skirts for women or prohibit hats for men – with the effect that individuals that for traditional reasons are under the obligation to wear turbans or long skirts are excluded. The closer these criteria get to status criteria, the higher the requirements for justification get. If differentiation is based on neutral criteria that lead to the result that the impact on a racial group concerning the right to access services is a mere side effect, a reasonable justification is sufficient, like for example the price level of a restaurant. The effects of article 3 alinea 1 GG are the same as stated above: prohibition for the state with a relating subjective right for the victim of a discrimination and protectional obligations that mainly rely on the impact via the broad legal terms ("Ausstrahlungswirkung"). However, as far as differentiations by private actors are concerned, comparable to the situation of the ICERD, differentiation with merely factual consequences are generally justified by the freedom of the restaurant owner to make its own commercial decision – with the same exception as mentioned for the ICERD.

In addition, any discrimination because of race or a similar criteria prohibited by article 3 alinea 3 sentence 1 and alinea 1 GG may constitute a violation of the right of self-fulfilment and of the personality right which are guaranteed in article 2 alinea 1 GG. At the same time the victim's ability to participate in social life is impaired. The effects of this article on state actors and indirectly via the "Ausstrahlung" on private actors, as well as its limits are generally the same as already mentioned for article 3 alinea 3 sentence 1 and alinea 1 GG.

The last part of the analysis deals with the indirect application of article 5 (f) ICERD and the impact of article 3 alinea 3 and 1 GG on the laws of danger prevention (Gefahrenabwehrecht).

The police has the right to enter into action according to the general police clause (polizeiliche Generalklausel) if there is a danger to public security or public order. Part of the protected public security is all legislation that serves the purpose to protect individual or public values. Article 5 (f) ICERD together with its "law of approval" is part of the protected laws. In fact, by ratifying the ICERD without limitation the legislature has demonstrated its willingness to accept this norm as one of its own. Thus whenever a provider of a restaurant denies access to somebody on racial grounds, the police has not only the right, but the duty to undertake the necessary measures in order to prevent this breach of law.

In addition, the objective requirements of §§ 130 and 185 StGB and of §118 OWiG (law against irregularities of public order) may be fulfilled if a service provider refuses access on racial grounds. This breach of penal law also constitutes a thread to public security according to the "general police clause". § 130 StGB prohibits incitement of the public. The objective requirements of this norm are generally fulfilled by a racially motivated denial of access to services, no matter whether the denial of access has been made public by a sign or has only been addressed to the victim itself. In fact, the denial of access can in today's context of racially motivated aggression during the last years only be understood as an aggression to human dignity and not only as a personal unease of the restaurant or bar owner towards individuals of an unknown ethnical group. If the victim of discrimination is addressed in an individualized manner, he also suffers an insult in the sense of § 185 StGB. Besides that the public order in the meaning of § 118 OWiG is violated by all discrimination that is noticeable by third persons. Finally, the violation of individual rights, especially as set forth in article 3 alinea 3 sentence1 and alinea 1 GG, are considered to be a thread to public security in the sense of the general police clause therefore allowing and requiring preventive police action.

The second foundation for police measures is opened via the law of restaurants and bars (GaststättenG). In order to receive and to keep a permission for a restaurant, café, discotheque etc., the owner has to be "reliable" according to §§ 15, 4 GaststättenG. Reliability includes notably to respect the "public security" in the sense of the "general police clause". Therefore, a denial of access also leads to the conclusion that the discriminating restaurant owner is unreliable if his or her behaviour in the past leads to the conclusion (or the likelihood) that the restaurant owner will continue with the discriminatory access denial. However, the possibility of withdrawing a restaurant permission depends on a strict proportionality requirement since the freedom of profession of the shop owner guaranteed by article 12 GG is heavily affected by such a withdrawal. Therefore, before the final withdrawal can take place, the competent authority has to warn the service provider, which includes to clearly draw the consequences of another racially motivated access refusal to his or her attention. Because of their obligation to respect article 5 (f) ICERD and articles 3 and 2 GG, the authorities are obliged to effect such a warning and later to withdraw the permission. The preventional measures of the police stated above can take place in addition to this measure – as long as their measures do not have the effect of a withdrawal of permission.

Summarizing, German law offers a wide range of measures for dealing effectively with racial discrimination with regard to denial of access to bars and restaurants and is able to meet all requirements which article 5 (f) lays upon the German State. However, the legal means have not been effectively enforced in the every-day life of courts and administration. In the administrative field, especially the "Ausländerbeauftragte", persons in charge of the needs of foreigners, have lived up to the duties of the ICERD and the GG by trying to create tolerance, informing victims of discriminations about their rights and bringing restaurant and discotheque owners and discriminated groups around one table in order to reduce prejudices and hostility.

However, (relying on the relevant literature and legal journals as principal source of information) the permission to open a restaurant, discotheque or pub has so far never been withdrawn because of racially motivated denial of access; penal actions remain exceptions and civil actions have so far not been raised in order to prevent denial of access. In fact only one court has ever relied on the ICERD to found a judgment – in more than 30 years since the Convention has been ratified. This unsatisfactory situation is due to a lack of knowledge about ICERD by law enforcing officials and a lack of information or unwillingness by the victims of discrimination to start costly and tiring proceedings.

This discrepancy between the legal and the factual situation can be resolved by the enactment of an anti-discrimination law that explicitly prohibits racial discrimination regarding access to bars, restaurants and other services. Such legislation is now on its way, not because of article 5 (f) ICERD, but in order to fulfil the Council Directive 2000/43/EC of 29 June 2000 implementing the principle of equal treatment between persons irrespective of racial or ethnic origin of the EU. Yet, already an amplified information policy and regular training could be sufficient to positively influence administration and courts to rely on article 5 (f) ICERD. Anti-discrimination laws may be the safest but not the only way to effectively deal with racially motivated access denial to restaurants, bars and other services.

Literaturverzeichnis

Abellán Honrubia, Victoria; La Responsabilité Internationale de l'Individu, RdC 280 (1999), S. 135.

Alder, John; Constitutional and Administrative Law, 2. Aufl., Houndsmill, Basingstoke, Hampshire, London 1994.

Alexy, Robert; Grundrechte als subjektive Rechte und als objektive Normen, Der Staat 29 (1990), S. 49.

Alexy, Robert; Theorie der Grundrechte, Frankfurt a.M. 1986.

Ansbach, Tatjana/Heintze, Hans-Joachim; Selbstbestimmung und Verbot der Rassendiskriminierung im Völkerrecht, Berlin Ost 1987.

Arzt, Gunther; Der strafrechtliche Ehrenschutz – Theorie und praktische Bedeutung, JuS 1982, S. 717.

Aukerman, Miriam J; Discrimination in Germany: A Call for Minority Rights, Netherland Quarterly of Human Rights, 13 (1995), S. 237.

Baer, Susanne; Recht gegen Fremdenfeindlichkeit und andere Ausgrenzung, ZRP 2001, S. 500.

Bailey, S.H./Gunn, M.J.; Smith and Bailey on the Modern English Legal System, 2. Aufl., London 1991.

Banton, Michael; The Causes of, and Remedies for, Racial Discrimination, in: UN Doc. E/CN.4/1999/WG.1/BP.6.

Banton, Michael; International Action Against Racial Discrimination, Oxford 1996.

Banton, Michael; Race – As Classification, in: Cashmore, Ellis (Hrsg.), Dictionary of Race and Ethnic Relation, London, New York 1996, S. 294.

Banton, Michael; Discrimination; Buckingham – Philadelphia 1994.

Bartsch, Hans-Jürgen; Anmerkung zum Urteil des Court of Appeal vom 29. Juli 1982, Mandla gegen Dowell-Lee (EuGRZ 1982, 352), EuGRZ 1982, S. 353.

Bauer, Hartmut; Kommentierung des Artikels 9 GG; in: Dreier, Horst (Hrsg.), Grundgesetz-Kommentar, Band 1, Artikel 1-19, Tübingen 1996.

Bayefsky, Anne F.; The Principle of Equality or Non-Discrimination in International Law, HRLJ 11 (1990), S. 1.

Beater, Axel; Der Gesetzesbegriff von § 134 BGB, AcP 197 (1997), S. 505.

Becker, Ulrich; Das „Menschenbild des Grundgesetzes“ in der Rechtsprechung des Bundesverfassungsgerichts, Berlin 1996.

Bell, Mark; The New Article 13 EC Treaty: A Sound Basis for European Anti-Discrimination Law?, Maastricht Journal of European and Comparative Law 6 (1999), S. 5.

Belz, Reiner/Mußmann, Eike; Polizeigesetz für Baden-Württemberg, 5. Aufl., Stuttgart, München, Hannover, Berlin, Weimar, Dresden 1996.

Benda, Ernst; Der soziale Rechtsstaat, in: ders./Maihofer, Werner/Vogel, Hans-Jochen (Hrsg.), Handbuch des Verfassungsrecht der Bundesrepublik Deutschland, 2. Aufl., Berlin, New York 1994, S. 719.

Benda, Ernst; Menschenwürde und Persönlichkeitsrecht, in: ders./Maihofer, Werner/Vogel, Hans-Jochen (Hrsg.), Handbuch des Verfassungsrecht der Bundesrepublik Deutschland, 2. Aufl., Berlin, New York 1994, S. 161.

Bender, Michael; Die Befugnis des Bundesverfassungsgerichts zur Prüfung gerichtlicher Entscheidungen, Heidelberg 1991.

Berg, Günther/Knape, Michael/Kiworr, Ulrich; Allgemeines Polizei- und Ordnungsrecht für Berlin, 8. Aufl., Hilden/Rhld. 2000.

Berghe, Pierre L. van den; Race – A Synonym, in: Cashmore, Ellis (Hrsg.), Dictionary of Race and Ethnic Relations, 4. Aufl., London 1996, S. 296.

Berghe, Pierre L. van den; Race and Racism, A comparative Perspective, New York, London, Sydney 1967.

Bergmann, Jan Michael; Das Menschenbild der Europäischen Menschenrechtskonvention, Baden-Baden 1995.

Berner, Georg/Köhler, Gerd Michael; Polizeiaufgabengesetz, 14. Aufl., München, Berlin 1995.

Bernhardt, Rudolf; Die Entscheidungen des Europäischen Gerichtshofs für Menschenrechte im deutschen Rechtsraum, in: Geiger, Rudolf/Goerlich, Helmut/Häuser, Franz (Hrsg.), Völkerrechtlicher Vertrag und staatliches Recht vor dem Hintergrund zunehmender Verdichtung der internationalen Beziehungen, Baden-Baden 2000, S. 147 (zitiert: in: Geiger).

Bernhardt, Rudolf; Evolutive Treaty Interpretation, Especially of the European Convention on Human Rights, GYIL 42 (1999), S. 11.

Bernhardt, Rudolf; Interpretation in International Law, in: ders. (Hrsg.), Encyclopedia of Public International Law, Volume 2, East African Community To Italy-United States Air Transport Arbitration (1965), Elsevier, Amsterdam, Lausanne, New York, Oxford, Shannon, Tokyo 1995, S. 1423 (zit: EPIL 2 (1995)).

Bernhardt, Rudolf; Völkerrechtliche Verbote der Diskriminierung von Individuen, in: Jekewitz, Jürgen/Klein, Karl Heinz/Kühne, Jörg Detlef/Petersmann, Hans/Wolfrum, Rüdiger (Hrsg.), Des Menschen Recht zwischen Freiheit und Verantwortung, Festschrift für Karl Josef Partsch zum 75. Geburtstag, Berlin 1989, S. 97.

Bernhardt, Rudolf; Internationaler Menschenrechtsschutz und nationaler Gestaltungsspielraum, in: ders./Geck, Wilhelm Karl/Jaenicke, Günther/Steinberger, Helmut (Hrsg.), Völkerrecht als Rechtsordnung – Internationale Gerichtsbarkeit – Menschenrechte, Festschrift für Hermann Mosler, Berlin Heidelberg, New York 1983, S. 75.

Bernhardt, Rudolf; Bundesverfassungsgericht und völkerrechtliche Verträge, in: Starck Christian (Hrsg.), Bundesverfassungsgericht und Grundgesetz, Festgabe aus Anlaß des 25jährigen Bestehens des Bundesverfassungsgerichts, Band 2, Tübingen 1976, S. 154.

Bernhardt, Rudolf; Interpretation and Implied (Tacid) Modification of Treaties, ZaöRV 27 (1967), S. 491.

Bernsmann, Klaus; Tatbestandsprobleme des Hausfriedensbruchs, Jura 1981, S. 405.

Bethge, Hebert; Die Grundrechtssicherung im föderativen Bereich, AöR 110 (1985), S. 169.

Beynon, Helen/Love, Nigel; Mandla and the Menaning of „Racial Group", The Law Quarterly Review 100 (1984), S. 120.

Beyani, Chaloka; The Legal Premises for the International Protection of Human Rights, in: Goodwin-Gill, Guy/Talmon, Stefan (Hrsg.), The Reality of International Law – Essays in Honor of Ian Brownlie, Oxford 1999, S. 21.

Bezzenberger, Tilman; Ethnische Diskriminierung, Gleichheit und Sittenordnung im bürgerlichen Recht, AcP 196 (1996), S. 395.

Bidault, Mylène; Le Comité pour l'Élimination de la Discrimination Raciale, Paris 1997.

Binder, Bruno; Das Völkerrecht im österreichischen Staatsrecht, ZaöRV 35 (1975), S. 282.

Bindman, Geoffrey; When will Europe Act Against Racism, EHRLR 1 (1996), S. 143.

Blau, G.; Anmerkung zum Urteil des OLG Frankfurt/Main vom 8.1.1985 - 5 Ss 286/84, JR 1986, S. 81.

Bleckmann, Albert; Staatsrecht II – Die Grundrechte, 4. Aufl., Köln, Berlin, Bonn, München 1997.

Bleckmann, Albert; Das Allgemeine Persönlichkeitsrecht in der Europäischen Menschenrechtskonvention, in: Erichsen, Hans-Uwe/Kollhosser, Helmut/Welp, Jürgen (Hrsg.), Recht der Persönlichkeit, Berlin 1996, S. 9.

Bleckmann, Albert; Der Grundsatz der Völkerrechtsfreundlichkeit der deutschen Rechtsordnung, DÖV 1996, S. 137.

Bleckmann, Albert; Die Struktur des allgemeinen Gleichheitssatzes, Köln, Berlin, Bonn, München 1995.

Bleckmann, Albert; Verfassungsrang der Europäischen Menschenrechtskonvention?, EuGRZ 1994, S. 149.

Bleckmann, Albert; Völker- und verfassungsrechtliche Probleme des Erwerbs und des Verlusts der deutschen Staatsangehörigkeit (Rechtsgutachten), Köln, Berlin, Bonn, München 1992 (zitiert: Rechtsgutachten).

Bleckmann, Albert; Neue Aspekte der Drittwirkung der Grundrechte, DVBl 1988, S. 938.

Bleckmann, Albert; Das Verhältnis des Völkerrechts zum Landesrecht im Lichte der „Bedingungstheorie", AVR 18 (1979), S. 257.

Bleckmann, Albert; Allgemeine Grundrechtslehren, Köln, Berlin, Bonn, München 1979.

Bleckmann, Albert; Die Völkerrechtsfreundlichkeit der deutschen Rechtsordnung, DÖV 1979, S. 309.

Bleckmann, Albert; Grundgesetz und Völkerrecht, Berlin 1975.

Bleckmann, Albert; Sittenwidrigkeit wegen Verstoßes gegen den ordre public international, Anmerkung zum Urteil des BGH vom 22. Juni 1972, ZaöRV 34 (1974), S. 112.

Bleckmann, Albert; Begriff und Kriterien der innerstaatlichen Anwendbarkeit völkerrechtlicher Verträge, Berlin 1970.

Blei; Anmerkung zum Urteil des OLG Celle - 1 Ss 114/70 (NJW 1970, S. 2257), JA 1971, S. 27.

Bloy, R.; Anmerkung zum Urteil des BGH vom 14.3.1984 - 3 St 36/84 (BGHSt 32, 310), JR 1985, S. 206.

Böckenförde, Ernst-Wolfgang; Grundrechte als Grundsatznormen, Zur gegenwärtigen Lage der Grundrechtsdogmatik, Der Staat, 29 (1990), S. 1.

Böckenförde, Ernst-Wolfgang; Grundrechtstheorie und Grundrechtsinterpretation, NJW 1974, S. 1529.

Boehmer, Gerhard; Der völkerrechtliche Vertrag im deutschen Recht, Köln, Berlin 1965.

Bohnert, Joachim; Die Willensbarriere als Tatbestandsmerkmal des Hausfriedensbruchs, GA 1983, S. 1.

Bork, Reinhard; Kommentierung der Vorbemerkungen vor und zu §§ 145 ff. BGB, in: J. von Staudingers Kommentar zum Bürgerlichen Gesetzbuch mit Einführungsgesetz und Nebengesetzen, Allgemeiner Teil, §§ 134-163, Erstes Buch, 13. Aufl., Berlin 1996 (zitiert: Bork, in: Staudinger).

Borowski, Martin; Grundrechte als Prinzipien, Baden-Baden 1998.

Bossuyt, Mac; Article 14 CEDH, in: Pettiti, Louis-Edmond/Decaux, Emmanuel/Imbert, Pierre-Henri (Hrsg.), La Convention Européenne des Droits de l'Homme, 2. Aufl., Paris 1999.

Bossuyt, Marc; The Direct Applicability of International Instruments on Human Rights, RBDI 15 (1980), S. 317.

Bossuyt, Marc; L'Interdiction de la Discrimination dans le Droit International des Droits de l'Homme, Bruxelles, Brulant 1976 (zitiert: L'Interdiction de la Discrimination).

Bothe, Michael; Erziehungsauftrag und Erziehungsmaßstab der Schule im freiheitlichen Verfassungsstaat, VVDStRL 54 (1995), S. 8.

Brandhuber, Klaus; Die Problematik des Schächtens im Lichte der aktuellen Rechtsprechung, NVwZ 1994, S. 561.

Breitenmoser, Stephan; Der Schutz der Privatsphäre gemäss Art. 8 EMRK, Basel, Frankfurt am Main 1986.

Breuer, Anne; Antidiskriminierungsgesetzgebung – Chance oder Irrweg?, Frankfurt a.M., Bern, New York, Paris 1991.

Britz, Gabriele; Kulturelle Rechte und Verfassung, Tübingen 2000.

Broß, Siegried; Das Bundesverfassungsgericht und die Fachgerichte, BayVBl 2000, S. 513.

Brownlie, Ian; Principles of Public International Law, 5. Aufl., Oxford 1998.

Brüning, Christoph; Voraussetzungen und Inhalt eines grundrechtlichen Schutzanspruchs – BVerwG, NVwZ 1999, 1234, JuS 2000, S. 955.

Brugger, Winfried; Menschenwürde, Menschenrechte, Grundrechte, Baden-Baden 1997.

Bubnoff, Eckhart von; Kommentierung des § 130 StGB, in: Leipziger Kommentar, Großkommentar, StGB, Jähnke, Burkhard/Laufhütte, Heinrich Wilhelm/Odersky, Walter (Hrsg.), §§ 125-141, 11. Aufl., 20. Lieferung, Berlin, New York 1996.

Buchs, Gaby; Die unmittelbare Anwendbarkeit völkerrechtlicher Vertragsbestimmungen, Baden-Baden 1993.

Bülow, Erich; Gesetzgebung, in: Benda, Ernst/Maihofer, Werner/Vogel, Hans-Jochen (Hrsg.), Handbuch des Verfassungsrechts der Bundesrepublik Deutschland, 2. Aufl., Berlin, New York 1994, S. 1459.

Buergenthal, Thomas; Self-Executing and Non-Self-Executing Treaties in National and International Law, RdC 235 (1992), S. 303.

Buergenthal, Thomas; International Human Rights in a Nutshell, Saint Paul, Minnesota 1988.

Buergenthal, Thomas; Implementing the UN Racial Convention, TILJ 12 (1977), S. 187.

Bungert, Hartwin; Einwirkung und Rang von Völkerrecht im innerstaatlichen Rechtsraum, DÖV 1994, S. 797.

Busche, Jan; Privatautonomie und Kontrahierungszwang, Tübingen 1999.

Buß, Thomas; Grenzen der dynamischen Vertragsauslegung im Rahmen der EMRK, DÖV 1998, S. 323.

Bydlinski, Franz; Juristische Methodenlehre und Rechtsbegriff, 2. Aufl., Wien, New York 1991.

Bydlinski, Franz; Zu den dogmatischen Grundfragen des Kontrahierungszwanges, AcP 180 (1980), S. 2.

Bydlinski, Franz; Der Ersatz ideellen Schadens als sachliches und methodisches Problem, Juristische Blätter 1965, S. 173.

Canaris, Claus-Wilhelm; Grundrechte und Privatrecht: eine Zwischenbilanz, Berlin, New York 1999.

Canaris, Claus-Wilhelm; Grundrechte und Privatrecht, AcP 184 (1984), S. 201.

Canaris, Claus-Wilhelm; Gesetzliches Verbot und Rechtsgeschäft, Heidelberg 1983.

Capotorti, Francesco; Study on the Rights of Persons belonging to Ethnic, Religious and Linguistic Minorities, United Nations, E.91.XIV.2, New York 1991.

Cassese, Antonio; Self-Determination of peoples, A legal reappraisal, Cambridge 1995.

Cassese, Atonio; Il sistema di garanzia della Convenzione dell'ONU sull'eliminazione di ogni forma di discriminazione razziale, RivDI 50 (1967), S. 271.

Cashmore, Ellis (Hrsg.); Dictionary of Race and Ethnic Relations, 4. Aufl., New York 1996.

Cashmore, Ellis; Law: Civil Rights U.S.A., in: ders. (Hrsg.), Dictionary of Race and Ethnic Relations, 4. Aufl., New York 1996, S. 206.

Caspar, Johannes; Das Diskriminierungsverbot behinderter Personen nach Art. 3 Abs. 3 S. 2 GG und seine Bedeutung in der aktuellen Rechtsprechung, EuGRZ 2000, S. 135.

Christ, Gunter; Gelten die Menschenrechte nicht mehr für Menschen aus sogenannten Bürgerkriegsgebieten?, InfAuslR 1996, S. 377.

Classen, Claus Dieter; Die Drittwirkung der Grundrechte in der Rechtsprechung des Bundesverfassungsgerichts, AöR 122 (1997), S. 65.

Coleman, Howard David; The Problem of Anti-Semitism under the International Convention on the Elimination of All Forms of Racial Discrimination, RDH/HRJ 2 (1969), S. 609.

Cordewener, Axel; Strafschadensersatz („Punitive Damages") im US-amerikanischen Law of Torts, JA 1998, S. 168.

Cornu, Gérard; Vocabulaire Juridique, 2. Aufl., Paris 1990.

Correll, Cathrin; Freiheit und Individuum: Eine Untersuchung anhand der Rechtsprechung des Bundesverfassungsgerichts, Baden-Baden 1998.

Costa-Lascoux, Jacqueline; Minorités ethniques et lutte contre les discriminations, in: 7ième Colloque International sur la Convention Européenne des Droits de l'Homme, Copenhague, Oslo, Lund (30 mai - 2 juin 1990), Droits des Personnes Privées de leur Libertés, Égalité et Non-discrimination, Kehl 1994, S. 300 (zitiert: in: 7. Colloque CEDH).

Coester-Waltjen, Dagmar; Die Wirkungskraft der Grundrechte mit Auslandsberührung – Familien- und Erbrechtlicher Bereich, BDGV 38 (1998), S. 9.

Coussirat-Coustere, Vincent, Article 8 Alinea 2 CEDH, in: Pettiti, Louis-Edmond/Decaux, Emmanuel/Imbert, Pierre-Henri (Hrsg.), La Convention Européenne des Droits de l'Homme, 2. Aufl., Paris 1999.

Craig, P.P.; Administrative Law, 3. Aufl., London 1994.

Curtin, Deirde/Geurts, Mark; Race Discrimination and the European Union Anno 1996, From Rhetoric to Legal Remedy?, NQHR 13 (1995), S. 147.

Czybulka, Detlef; Gewerbenebenrecht: Handwerksrecht und Gaststättenrecht, in: Schmidt, Reiner (Hrsg.), Öffentliches Wirtschaftsrecht, Besonderer Teil 1, Berlin, Heidelberg 1995, S. 1.

Dahm, Georg/Delbrück, Jost/Wolfrum, Rüdiger; Völkerrecht, Band I/1, Die Grundlagen, Die Völkerrechtssubjekte, Berlin, New York 1989 (zitiert: Völkerrecht, Band I/1).

Dahs, Hans; Das Verbrechensbekämpfungsgesetz vom 28.10.1994 – ein Produkt des Superwahljahres, NJW 1995, S. 553.

Das, Kamleshwar; Measures of Implementation of the International Convention on the Elimination of All Forms of Racial Discrimination with Special Reference to the Provisions concerning Reports from States Parties to the Convention, RDH/HRJ 4 (1971), S. 213

Degenhart, Christoph; Das allgemeine Persönlichkeitsrecht, Art. 2 I i.V. mit Art. 1 I GG, JuS 32 (1992), S. 361.

Delbrück, Jost; Discrimination; in: Wolfrum, Rüdiger (Hrsg.), United Nations: Law, Policies and Practice, Volume 1, Dordrecht, London, Boston 1995, S. 418.

Delbrück, Jost; Apartheid, in: Encyclopedia of Public International Law, Bernhardt, Rudolf (Hrsg.), Volume 1, Aaland Islands to Dumbarton Oaks Conference (1944), Amsterdam, London, New York, Tokyo 1992, S. 192 (zitiert: in: EPIL 1 (1992)).

Delbrück, Jost; Drittwirkung der Grundrechte durch völkerrechtliche Verpflichtungen?, in: Schneider, Hans/ Götz, Volkmar (Hrsg.), Im Dienst an Recht und Staat, Festschrift für Werner Weber zum 70. Geburtstag, Berlin 1984, S. 223.

Delbrück, Jost; Die Rassenfrage als Problem des Völkerrechts und nationaler Rechtsordnungen, Frankfurt a.M. 1971.

Denninger, Erhard; Polizeiaufgaben, in: Lisken, Hans/ders. (Hrsg.), Handbuch des Polizeirechts, 2. Aufl., München 1996, S. 131.

Denninger, Erhard; Kommentierung vor Artikel 1 GG, in: Wassermann, Rudolf (Hrsg.), Alternativkommentar, Kommentar zum Grundgesetz für die Bundesrepublik Deutschland, Band 1, Art. 1-37, 2. Aufl., Neuwied, Darmstadt 1989 (zitiert: in: AK, Art., Rz.).

Depenheuer, Otto; Vertragsfreiheit und grundrechtliche Schutzpflichten, ThürVBl 1996, S. 270.

Deutsch, Erwin; Über die Zukunft des Schmerzensgeldes, ZRP 1998, S. 291.

Deutsch, Erwin; Anmerkung zu BGH, Urt. v. 18.9.1979 - VI ZR 140/78 (BGHZ 75, 160), NJW 1980, S. 1100.

Diaconu, Ion; The Definitions of Racial Discrimination, UN Doc. E/CN.4/1999/WG.1/BP.10.

Diedrichsen, Uwe; Die Selbstbehauptung des Privatrechts gegenüber dem Grundgesetz, Jura 1997, S. 57.

Diedrichsen, Uwe; Die Rangverhältnisse zwischen den Grundrechten und dem Privatrecht, in: Starck, Christian (Hrsg.), Rangordnung der Gesetze, 7. Symposion der Kommission „Die Funktion des Gesetzes in Geschichte und Gegenwart" am 22. und 23. April 1994, Göttingen 1995, S. 39.

Dieterich, Thomas; Grundgesetz und Privatautonomie im Arbeitsrecht, Köln 1995 (zitiert: Grundgesetz und Privatautonomie).

Dietlein, Johannes; Die Lehre von den grundrechtlichen Schutzpflichten, Berlin 1992.

Dinstein, Yoram; Discrimination and International Human Rights, IYHR 15 (1985), S. 11.

Dix, Alexander; Gleichberechtigung durch Gesetz, Baden-Baden 1984.

Doehring, Karl; Allgemeine Staatslehre, 2. Aufl., Heidelberg 2000.

Doehring, Karl; Völkerrecht, Heidelberg 1999.

Doehring, Karl; Die undifferenzierte Berufung auf Menschenrechte, in: Beyerlin, Ulrich/Bothe, Michael/Hofmann, Rainer/Petersmann, Ernst-Ulrich (Hrsg.), Recht zwischen Umbruch und Bewahrung, Festschrift für Rudolf Bernhardt, Berlin, Heidelberg, New York, London, Paris, Tokyo, Hong Kong, Barcelona, Budapest 1995, S. 355.

Doehring, Karl; Das Staatsrecht der Bundesrepublik Deutschland unter besonderer Berücksichtigung der Rechtsvergleichung und des Völkerrechts, 3. Aufl., Frankfurt am Main 1984 (zitiert: Staatsrecht).

Doehring, Karl; Gewohnheitsrecht aus Verträgen, ZaöRV 36 (1976), S. 77.

Doehring, Karl; Die staatsrechtliche Stellung der Ausländer in der Bundesrepublik Deutschland, VVDStRL 32 (1974), S. 8.

Dohse, Knuth; Von der Ausländerdiskriminierung zu einer Antidiskriminierungspolitik?, in: Hassemer, Winfried/Hoffmann-Riem, Wolfgang/Limbach, Jutta (Hrsg.), Grundrechte und soziale Wirklichkeit, Baden-Baden 1982, S. 275.

Dolderer, Michael; Objektive Grundrechtsgehalte, Berlin 2000.

Dreier, Horst; Vorbemerkungen vor Artikel 1 GG, Kommentierung der Artikel 1-3 GG, in: ders. (Hrsg.), Grundgesetz-Kommentar, Band 1, Artikel 1-19, Tübingen 1996 (zitiert: Dreier, Grundgesetz-Kommentar).

Drews, Bill/Wacke, Gerhard/Vogel, Klaus/Martens, Wolfgang (Begründer und Bearbeiter); Gefahrenabwehr: Allgemeines Polizeirecht (Ordnungsrecht) des Bundes und der Länder, 9. Aufl., Köln, Berlin, Bonn, München 1986.

Drzemczewski, Andrew/Giakoumopoulos, Christos; Article 13 CEDH, in: Pettiti, Louis-Edmond/Decaux, Emmanuel/Imbert, Pierre-Henri (Hrsg.), La Convention Européenne des Droits de l'Homme, 2. Aufl., Paris 1999.

Dürig, Günter; Kommentierung der Artikel 1 bis 3 GG, in: Maunz, Theodor/ders./Herzog, Roman/Scholz, Rupert/Lerche, Peter/Papier, Hans-Jürgen/Randelzhofer, Albrecht/Schmidt-Assmann, Eberhard (Begründer und Bearbeiter), Grundgesetz Kommentar, Band I, Art. 1-10, Stand: Art. 1-3: 1958, insgesamt: 37. Lieferung, München Dezember 2000 (zitiert: Dürig, in: Maunz/ders., Art., Rz.).

Dürig, Günter; Der Grundrechtssatz von der Menschenwürde, AöR 81 (1956), S. 117.

Dürig, Günter; Grundrechte und Zivilrechtsprechung, in: Maunz, Theodor (Hrsg.), Vom Bonner Grundgesetz zur gesamtdeutschen Verfassung, Festschrift zum 75. Geburtstag von Hans Nawiasky, München 1956, S. 157.

Ebsen, Ingwer; Gleichberechtigung von Männern und Frauen, in: Benda, Ernst/Maihofer, Werner/Vogel, Hans-Jochen (Hrsg.), Handbuch des Verfassungsrechts der Bundesrepublik Deutschland, 2. Aufl., Berlin, New York 1994, S. 263.

Ebsen, Ingwer; Leistungsbezogene Quotierung für den öffentlichen Dienst, Jura 1990, S. 515.

Echterhölter, Rudolf; Die Europäische Menschenrechtskonvention im Rahmen der verfassungsmäßigen Ordnung, JZ 1955, S. 689.

Eckert, Roland/Pfeiffer, Christian; Fremdenfeindlichkeit und Rechtsextremismus, DRiZ 2001, S. 341.

Ehlers, Dirk; Gewerbe-, Handwerks- und Gaststättenrecht, in: Achterberg, Norbert/Püttner, Günter/Würtenberger, Thomas, Besonderes Verwaltungsrecht, Band I, Wirtschafts-, Umwelt-, Bau-, Kultusrecht, 2. Aufl., Heidelberg 2000, S. 96.

Ehmann, Horst; Das allgemeine Persönlichkeitsrecht, Anhang zu § 12 BGB, in: Westermann, Harm Peter (Hrsg.), Ermans Bürgerliches Gesetzbuch, 1. Band, 10. Aufl., Münster, Köln 2000 (zitiert: in: Erman).

Ehmann, Horst; Zur Struktur des Allgemeinen Persönlichkeitsrechts, JuS 1997, S. 193.

Editorial; Hong Kong LJ 1983, S. 1.

Eide, Asbjorn; National Movements, Protection of Minorities, and the Prevention of Discrimination, in: ders. (Hrsg.), The Future of Human Rights – Protection in a Changing World, Essays in Honour of Torkel Opsahl, Oslo 1991, S. 213 (zitiert: in: FS Opsahl, S.).

Eide, Asbjorn/Opsahl, Torkel; Égalité et non-discrimination, Rapport général, in: 7ième Colloque International sur la Convention Européenne des Droits de l'Homme organisé par le Secrétariat Général du Conseil de l'Europe, en Collaboration avec les Instituts danois, finlandais, norvégien et suédois des Droits de l'Homme, Copenhague, Oslo, Lund (30 mai - 2 juin 1990), Droits des Personnes Privées de leur Liberté – Égalité et Non-discrimination, Kehl 1994, S. 104 (zitiert: in: 7. Colloque CEDH).

Einarsen, Terje; Discrimination and Consequences for the Position of Aliens, NoJIL 64, 1995, S. 429 ff.

Eisermann, Hans; Der Ersatz von immateriellen „Diskriminierungsschäden", ArbuR 1988, S. 224.

El-Sheikh, Ibrahim Ali Badawi; International Convention on the Elimination of All Forms of Racial Discrimination, REDI 33 (1977), S. 17.

Elkind, Jerome B.; Discrimination: A Guide for the Fact Finder (International Convention on the Elimination of All Forms of Racial Discrimination), University of Pittsburgh Law Review 32 (1970-71), S. 307.

Emmerich, Peter/Würkner, Joachim; Kunstfreiheit oder Antisemitismus, NJW 1986, S. 1195.

Enders, Christoph; Neubegründung des öffentlich-rechtlichen Nachbarschutzes aus der grundrechtlichen Schutzpflicht? – Konsequenzen aus dem Gentechnikbeschluß des VGH Kassel vom 6.11.1989, AÖR 115 (1990), S. 610.

Engel, Christoph; Ausstrahlungen der Europäischen Menschenrechtskonvention auf das Kollisionsrecht, RabelsZ 53 (1989), S. 3.

Engel, Christoph; Völkerrecht als Tatbestandsmerkmal deutscher Normen, Berlin 1989.

Erichsen, Hans-Uwe; Grundrechtliche Schutzpflichten in der Rechtsprechung des Bundesverfassungsgerichts, Jura 1997, S. 85.

Erichsen, Hans-Uwe; Die Drittwirkung der Grundrechte, Jura 1996, S. 527.

Erichsen, Hans-Uwe; Allgemeine Handlungsfreiheit, in: Isensee, Josef/Kirchhof, Paul (Hrsg.), Handbuch des Staatsrechts der Bundesrepublik Deutschland, Band VI, Freiheitsrechte, Heidelberg 1989, § 152, S. 1185.

Erichsen Hans Uwe; Der Schutz der Allgemeinheit und der individuellen Rechte durch die polizei- und ordnungsrechtlichen Handlungsvollmachten der Exekutive, VVDStRL 35 (1977), S. 171.

Ermacora, Felix; The Protection of Minorities before the United Nations, RdC 182 (1983), S. 247.

Ermacora, Felix; Die „Rassendiskriminierungskonvention" als Bestandteil der österreichischen Rechtsordnung, Juristische Blätter 1973, S. 179.

Ermacora, Felix; Diskriminierungsschutz und Diskriminierungsverbot in der Arbeit der Vereinten Nationen, Wien, Stuttgart 1971.

Fastenrath, Diskussionsbeitrag, in: Geiger, Rudolf/Goerlich, Helmut/Häuser, Franz (Hrsg.), Völkerrechtlicher Vertrag und staatliches Recht vor dem

Hintergrund zunehmender Verdichtung der internationalen Beziehungen, Baden-Baden 2000, S. 28 (zitiert: in: Geiger).

Fawcett, James; The notion of discrimination, L'Égalité 5 (1977), S. 14.

Feldman, David; The Developing Scope of Article 8 of the European Convention on Human Rights, EHRLR 1997, S. 265.

Ferguson, Clyde; International Convention on the Elimination of All Forms of Racial Discrimination, in: Lillich, Richard B. (Hrsg.), U.S. Ratification of the Human Rights Treaties – With or Without Reservations?, New York 1981, S. 41.

Ferrer i Riba, Josep/Coderch, Pablo Salvador; Vereinigungen, Demokratie und Drittwirkung, in: von Münch, Ingo/Coderch, Pablo Salvador/Ferrer i Riba, Josep, Zur Drittwirkung der Grundrechte, Frankfurt am Main, Berlin, Bern, New York, Paris, Wien 1998, S. 33.

Fiedler, Wilfried; Quantitative und qualitative Aspekte der Einordnung der Bundesrepublik Deutschland in völkerrechtliche Verträge, in: Geiger, Rudolf/Goerlich, Helmut/Häuser, Franz (Hrsg.), Völkerrechtlicher Vertrag und staatliches Recht vor dem Hintergrund zunehmender Verdichtung der internationalen Beziehungen, Baden-Baden 2000, S. 11 (zitiert: in: Geiger).

Fischer, Klaus Andreas; Die strafrechtliche Beurteilung von Werken der Kunst, Frankfurt am Main, Berlin, Bern, New York, Paris, Wien 1995.

Fischer, Thomas; Das Verhältnis der Bekenntnisbeschimpfung (§ 166 StGB) zur Volksverhetzung (§ 130), GA 1989, S. 445.

Floren, Dieter; Grundrechtsdogmatik im Vertragsrecht, Berlin 1999.

Flume, Werner; Allgemeiner Teil des Bürgerlichen Rechts, Zweiter Band, Das Rechtsgeschäft, 3. Aufl., Berlin, Heidelberg, New York 1979 (zitiert: BGB AT 2).

Freudenschuß, Helmut; Die Diskriminierungsverbote der Europäischen Menschenrechtskonvention und der Rassendiskriminierungskonvention im österreichischen Recht, EuGRZ 1983, S. 623.

Friauf, Karl Heinrich; Polizei- und Ordnungsrecht, in: Schmidt-Aßmann, Eberhard (Hrsg.), Besonderes Verwaltungsrecht, 11. Aufl., Berlin, New York 1999, S. 105.

Friauf, Karl Heinrich; Gleichberechtigung der Frau als Verfassungsauftrag, Rechtsgutachten erstattet im Auftrag des Bundesministerium des Inneren, Stuttgart, Berlin, Köln, Mainz 1981.

Frommel, Monika; Das Rechtsgut der Volksverhetzung oder ein „Ablaßhandel" in drei Akten, Kritische Justiz 1995, S. 402.

Frotscher, Werner; Gewerberecht, in: Schmidt, Reiner (Hrsg.), Öffentliches Wirtschaftsrecht, Besonderer Teil 1, Berlin, Heidelberg 1995, S. 1.

Frotscher, Werner; Der Schutz der Allgemeinheit und der individuellen Rechte im Polizei- und Ordnungsrecht, DVBl 1976, S. 695.

Frowein, Jochen Abr.; Der europäische Grundrechtsschutz und die deutsche Rechtsprechung, NVwZ 2002, S. 29.

Frowein, *Jochen Abr.;* Diskussionsbeitrag, in: Geiger, Rudolf/Goerlich, Helmut/Häuser, Franz (Hrsg.), Völkerrechtlicher Vertrag und staatliches Recht vor dem Hintergrund zunehmender Verdichtung der internationalen Beziehungen, Baden-Baden 2000, S. 24 (zitiert: in: Geiger).

Frowein, Jochen Abr.; Die Überwindung von Diskriminierung als Staatsauftrag in Art. 3 Abs. 3 GG, in: Ruland, Franz (Hrsg.), Verfassung, Theorie und Praxis des Sozialstaats, Festschrift für Hans Zacher zum 70. Geburtstag, Heidelberg 1998, S. 157.

Frowein, Jochen Abr.; Kritische Bemerkungen zur Lage des deutschen Staatsrechts aus rechtsvergleichender Sicht, DÖV 1998, S. 806.

Frowein, Jochen Abr.; Jus Cogens; in: Encyclopedia of Public International Law, Bernhardt, Rudolf (Hrsg.), Volume 3, Jan Mayen to Pueblo Incident, Amsterdam, Lausanne, New York, Oxford, Shannon, Singapur, Tokio 1997, S. 65 (zitiert: Frowein, in: EPIL 3 (1997)).

Frowein, Jochen Abr.; Vorbemerkungen zu Artikel 8-11 EMRK, Kommentierung der Artikel 1, 8 und 13 EMRK und des Artikels 3 des 1. Zusatzprotokolls, in: Europäische Menschenrechtskonvention, EMRK-Kommentar, ders./Peukert, Wolfgang, 2. Aufl., Kehl, Straßburg, Arlington 1996.

Frowein, Jochen Abr.; Rechtsgutachten zu der Frage, inwieweit ein Anspruch auf Aufnahme von Behinderten in allgemeine öffentliche Schulen besteht. Gewerkschaft Erziehung und Wissenschaft Baden-Württemberg, Stuttgart 1996 (zitiert: Rechtsgutachten).

Frowein, Jochen Abr.; The Implementation and Promotion of International Law through National Courts, in: The United Nations (Hrsg.), International Law as a Language for International Relations, Den Haag, London, Boston, 1996, S. 85.

Frowein, Jochen Abr.; Übernationale Menschenrechtsgewährleistungen und nationale Staatsgewalt, in: Isensee, Josef/Kirchhof, Paul (Hrsg.), Handbuch des Staatsrechts der Bundesrepublik Deutschland, Band VII, Normativität und Schutz der Verfassung – Internationale Beziehungen, Heidelberg 1995, § 180, S. 731 .

Frowein, Jochen Abr.; Das Bundesverfassungsgericht und die Europäische Menschenrechtskonvention, in: Fürst, Walter/Herzog, Roman/Umbach, Dieter C. (Hrsg.), Festschrift für Wolfgang Zeidler, Band 2, Berlin, New York 1987, S. 1763.

Frowein, Jochen Abr.; Federal Republic of Germany, in: Jacobs, Francis G./Roberts, Shelley (Hrsg.), The Effect of Treaties in Domestic Law, London 1987, S. 63.

Frowein, Jochen Abr.; Anmerkung zur Pakelli-Entscheidung des Bundesverfassungsgerichts, ZaöRV 46 (1986), S. 287.

Frowein, Jochen Abr.; Diskussionsbeitrag zum Thema „Mulilaterale Staatsverträge erga omnes und deren Inkorporation in nationale IPR-Kodifikationen – Vor- und Nachteile einer solchen Rezeption", in: BDGV 27 (1986), S. 172. (zitiert: Diskussionsbeitrag BDGV 27 (1986), S.).

Frowein, Jochen Abr.; Die Verpflichtungen erga omnes im Völkerrecht und ihre Durchsetzung, in: Bernhardt, Rudolf/Geck, Wilhelm Karl/Jaenicke, Günther/Steinberger, Helmut (Hrsg.), Völkerrecht als Rechtsordnung – Internationale Gerichtsbarkeit – Menschenrechte, Festschrift für Hermann Mosler, Berlin, Heidelberg, New York 1983, S. 241.

Frowein, Jochen Abr.; Anmerkungen zur Eurocontrol-Entscheidung, EuGRZ 1982, S. 179.

Gearty, Conor; The International and External ‚Other' in the Union Legal Order: Racism, Religious Intolerance and Xenophobia in Europe, in: Alston, Philip (Hrsg), The EU and Human Rights, Oxford 1999, S. 327.

Geburtig, Lars-Jörgen; Deutsche Rechtsprechung in völkerrechtlichen Fragen 1997, ZaöRV 59 (1999), S. 243.

Geddert-Steinacher, Tatjana; Menschenwürde als Verfassungsbegriff – Aspekte der Rechtsprechung des Bundesverfassungsgerichts zu Art. 1 Abs. 1 Grundgesetz, Berlin 1990.

Geiger, Rudolf; Grundgesetz und Völkerrecht, 2. Aufl., München 1994.

Geilen, Gerd; Zur Problematik des volksverhetzenden Leserbriefes, NJW 1976, S. 279.

Geiss, Imanuel; Geschichte des Rassismus, Frankfurt am Main 1988.

Geppert, Klaus; Straftaten gegen die Ehre (§§ 185 ff. StGB), Jura 1983, S. 530.

Giegerich, Thomas; Die Verfassungsbeschwerde an der Schnittstelle von deutschem, internationalem und supranationalem Recht, in: Grabenwarter, Christoph/Hammer, Stefan/Pelzl, Alexandre, Schulev-Steindl, Eva/Wiederin, Ewald (Hrsg.), Allgemeinheit der Grundrechte und Vielfalt der Gesellschaft, Wien 1994, S. 101.

Giegerich, Thomas; Privatwirkung der Grundrechte in den USA, Berlin, Heidelberg, New York, London, Paris, Tokio, Hongkong, Barcelona, Budapest 1992.

Gloria, Christian; Völkerrecht und Landesrecht, in: Ipsen, Knut, Völkerrecht, 3. Aufl., München 1990, S. 1071.

Göddeke, Henrik; Die mittelbare Diskriminierung im System der Gleichbehandlung, Frankfurt a.M., Berlin, Bern, New York, Paris, Wien 1998.

Göhler, Erich/Buddendiek, Hans; Gesetz über Ordnungswidrigkeiten, 12. Aufl., München 1998.

Götz, Volkmar; Polizei- und Ordnungsrecht, 12. Aufl., Göttingen 1995.

Götz, Volkmar; Polizei- und Ordnungsrecht, 11. Aufl., Göttingen 1992 (zitiert: 11. Aufl.).

Götz, Volkmar; Die Entwicklung des allgemeinen Polizei- und Ordnungsrecht (1987 bis 1989), NWvZ 1990, S. 725.

Goldberg, Andreas/Mourinho, Dora/Kulke, Ursula; Arbeitsmarkt-Diskriminierung gegenüber ausländischen Arbeitnehmern in Deutschland, International Migration Papers 7, ILO, Genf 1995.

Golz, Hans-Georig; „Noteingang" gegen Rassismus, Deutschland Archiv 2000, S. 710.

Gomez del Prado, Jose L.; United Nations Conventions on Human Rights: The Practice of the Human Rights Committee and the Committee on the Elimination of Racial Discrimination in Dealing with Reporting Obligations of States Parties, HRQ 7 (1985), S. 492 ff.

Gouttes, Régis de; À propos du Conflit entre le Droit à la Liberté d'Expression et le Droit à la Protection contre le Racisme, in: Mélanges en Hommage à Edmond Pettiti, Brussel 1998, S. 251 (zitiert: Gedächtnisschrift Pettiti).

Gouttes, Régis de; Le Principe de Non-Discrimination Raciale dans la Convention des Nations Unies de 1965 et dans la Convention Européenne des Droits de l'Homme, in: Liber Amicorum Marc-André Eissen, LGDJ, Brüssel, Paris 1995, S. 187.

Gouttes, Régis de; La Convention Internationale et le Comité des Nations Unies sur l'Élimination de la Discrimination Raciale, RevTrimDH. 1996, S. 514.

Gouttes, Régis de; Le Comité des Nations Unies pour l'élimination de la discrimination raciale, Rev. sc. crim. 1991, S. 537.

Graham; Hugh Davis; The Civil Rights Era, Origins and Development of National Policy, 1960-1972, New York, Oxford 1990.

Grawert, Rolf; Staatsangehörigkeit und Staatsbürgerschaft, Der Staat 23 (1984), S. 179.

Grawert, Rolf; Staat und Staatsangehörigkeit, Berlin 1973.

Greenberg, Jack; Race, Sex, and Religious Discrimination in International Law, in: Meron, Theodor (Editor), Human Rights in International Law: Legal and Policy Issues, Volume II, Oxford 1984, S. 307.

Grimm, Dieter; Persönlichkeitsschutz im Verfassungsrecht, in: Lorenz, Egon (Hrsg.), Schutz der Persönlichkeit, Karlsruher Forum 1996, Karlsruhe 1997, S. 3 (zitiert: Karlsruher Forum).

Gritti, Jules; Déraciner les Racismes, Paris 1982.

Grunsky, Wolfgang; Vertragsfreiheit und Kräftegleichgewicht, Berlin, New York 1995.

Grunsky, Wolfgang; Kommentierung vor § 249, und des § 254 BGB, in: Rebmann, Kurt/Säcker, Jürgen (Hrsg.), Münchener Kommentar zum Bürgerlichen Gesetzbuch, Band 2, Schuldrecht, Allgemeiner Teil (§§ 241-432), 3. Aufl., München 1994 (zitiert: Münchener Kommentar).

Gubelt, Manfred; Kommentierung des Artikels 3 GG, in: von Münch, Ingo/Kunig, Philip (Hrsg.), Grundgesetzkommentar, Band 1, Präambel bis Artikel 20, 5. Aufl., München 1999.

Guggenhein, Paul; Quelques remarques au sujet de l'article 14 de la CEDH, in: René Cassin amicorum discipulorumque liber, Problèmes de Protection Internationale des Droits de l'Homme, Paris, 1969, S. 95.

Guillen, Raymond/Vincent, Jean; Lexique de Termes Juridiques, Paris 1990.

Guradze, Heinz; Kann die Verfassungsbeschwerde auf eine Verletzung der Konvention zum Schutze der Menschenrechte gestützt werden?, DÖV 1960, S. 286.

Gusy, Christoph; Polizeirecht, 3. Aufl., Tübingen 1996.

Gusy, Christoph; Der Gleichheitssatz, NJW 1988, S. 2505.

Gusy, Christoph; Die Verfassungsbeschwerde, Voraussetzungen und Verfahren, Heidelberg 1988.

Guyaz, Alexandre; L'incrimination de la discrimination raciale, Bern 1996.

Habermehl, Kai; Polizei- und Ordnungsrecht, 2. Aufl., Baden-Baden 1993.

Hager, Johannes; Kommentierung des § 823 BGB, in: J. von Staudingers Kommentar zum Bürgerlichen Gesetzbuch, Buch 2, Recht der Schuldverhältnisse, §§ 823-825, 12. Aufl., 13. Bearbeitung, Berlin 1999 (zitiert: Hager, in: Staudinger).

Hager, Johannes; Grundrechte im Privatrecht, JZ 1994, S. 373.

Hailbronner, Kay; Ausländerrecht – Ein Handbuch, 2. Aufl., Heidelberg 1989.

Hailbronner, Kay; Der Schutz der Minderheiten im Völkerrecht, in: Haller, Walter/Kölz, Alfred/Müller, Georg/Thürer, Daniel, Im Dienst an der Gemeinschaft, Festschrift für Dietrich Schindler zum 65. Geburtstag, Basel/Frankfurt a.M. 1989, S. 75.

Hailbronner, Kay; Länderbericht der Bundesrepublik Deutschland, in: Frowein, Jochen Abr./Stein, Torsten (Hrsg.), Die Rechtsstellung von Ausländern nach staatlichem Recht und Völkerrecht, Band 94/1, Berlin, Heidelberg, New York, London, Paris, Tokyo 1987.

Hailbronner, Kay; Ausländerrecht und Verfassung, NJW 1983, S. 2105.

Hamburger, Ernst; Die Instrumente der UN gegen die Rassendiskriminierung, in: Vereinte Nationen 1968, S. 3.

Hangartner, Yvo; Völkerrechtliche Grundpflichten Privater, in: ders./Trechsel, Stefan (Hrsg.), Völkerrecht im Dienste des Menschen, Festschrift für Hans Haug, Bern, Stuttgart 1986, S. 109.

Hannum, Hurst; Human Rights, in: Schachter, Oscar/Joyner, Christopher (Hrsg.), United Nations, Legal Order, Band 1, Cambridge 1995, S. 319.

Harris, David, J.; Cases and Materials on International Law, London 1991.

Harris, D.J./O'Boyle, M./Warbrick, C., Law of the European Convention on Human Rights, London 1995.

Hart, Herbert; The Concept of Law, Oxford, Clarendon, 1961.

Haus, Klaus-Ludwig/Wohlfarth, Jürgen; Allgemeines Polizei- und Ordnungsrecht, Saarländisches Landesrecht, Baden-Baden 1997.

Heckel, Martin; Art. 3 III GG – Aspekte des Besonderen Gleichheitssatzes, in: Maurer, Hartmut (Hrsg.), Das akzeptierte Grundgesetz, Festschrift für Günter Dürig zum 70. Geburtstag, München 1990, S. 241.

Heidenstecker-Menke, Karin; Die Bestandsgarantie völkerrechtlicher Verträge im österreichischen und deutschen Recht, Berlin 1987.

Heinhold, Hubert; Anmerkungen zum Urteil des BVerwG vom 17.10.1995, InfAuslR 1996, S. 255.

Heinrichs, Helmut; Kommentierung der §§ 1-432 BGB in: Palandt, Bürgerliches Gesetzbuch – Kurzkommentar, 60. Aufl., München 2001 (zitiert: in: Palandt).

Heintschel v. Heinegg, W.; Die völkerrechtlichen Verträge als Hauptrechtsquelle des Völkerrechts, in: Völkerrecht, Ipsen, Knut (Hrsg.), 4. Aufl., München 1999, S. 92.

Heintschel v. Heinegg, W.; Die weiteren Quellen des Völkerrechts, in Ipsen, Knut (Hrsg.), 4. Aufl., München 1999, S. 180.

Hefermehl, Wolfgang; Kommentierung des § 139, in: Soergel, H.Th./Siebert, W. (Begründer und Bearbeiter), Bürgerliches Gesetzbuch – Kommentar, Band 2, Allgemeiner Teil, (§§ 104-240), 13. Aufl., Stuttgart, Berlin, Köln, Mainz 1999 (zitiert: in: Soergel).

Hefermehl, Wolfgang; Kommentierung vor § 145 BGB, in: Westermann, Harm Peter (Hrsg.), Ermans Bürgerliches Gesetzbuch, 1. Band, 10. Aufl., Münster, Köln 2000 (zitiert: in: Erman).

Herdegen, Gerhard; Kommentierung vor und der §§ 185 ff. StGB; in: Leipziger Kommentar, Strafgesetzbuch – Großkommentar, Jescheck, Hans-Heinrich/Ruß, Wolfgang/ Wilms, Günther (Hrsg.), 5. Band, §§ 185 bis 262; 10. Aufl., Berlin, New York 1989 (zitiert: in: LK).

Herdegen, Matthias; Der Diskriminierungsschutz für Behinderte im Grundgesetz, 2. Aufl., Bonn 1998.

Herdegen, Matthias; Die Aufnahme besonderer Vorschriften zugunsten behinderter Personen im Grundgesetz, VSSR 1992, S. 245.

Hermes, Georg/Walther, Susanne; Schwangerschaftsabbruch zwischen Recht und Unrecht, NJW 1993, S. 2337.

Herrmann, Elke; Die Abschlußfreiheit – ein gefährdetes Prinzip, ZfA 27 (1996), S. 19.

Herrmann, Siegried; Kommentierung des § 118 OWiG, in: Rebmann, Kurt/Roth, Werner/dies. (Begründer und Hrsg.), Gesetz über Ordnungswidrigkeiten – Kommentar, 3. Aufl., 3. Lieferung (Stand: April 1999), Stuttgart, Berlin, Köln (zitiert: in: Rebmann/Roth/Herrmann).

Herzog, Roman; Kommentierung des Artikels 20 GG, in: Maunz, Theodor/Dürig, Günter/Herzog, Roman/Scholz, Rupert/Lerche, Peter/Papier, Hans-Jürgen/Randelzhofer, Albrecht/Schmidt-Assmann, Eberhard (Begründer und Bearbeiter), Grundgesetz Kommentar, Band II, Art. 11-19, Stand Artikel 20: September 1980, insgesamt: 37. Ergänzungslieferung, München, Dezember 2000.

Herzog, Roman; Das Bundesverfassungsgericht und die Anwendung einfachen Gesetzesrechts, München 1991.

Herzog, Roman; Verletzungen der Menschenrechtskonvention, DÖV 1960, S. 775.

Herzog, Roman; Das Verhältnis der Europäischen Menschenrechtskonvention zu späteren deutschen Gesetzen, DÖV 1959, S. 44.

Heß, Kurt-Michael; Kommentierung des § 15 GewO, in: Friauf, Heinrich (Hrsg.), Kommentar zur Gewerbeordnung, Band 1, §§ 1-34c GewO, Loseblattsammlung, Stand: 143. Lieferung, Neuwied, Dezember 1996.

Hesse, Konrad; Grundzüge des Verfassungsrechts der Bundesrepublik Deutschland, 20. Aufl., Heidelberg 1995.

Hesse, Konrad; Verfassungsrechtsprechung im geschichtlichen Wandel, JZ 1995, S. 265.

Hesse, Konrad; Bedeutung der Grundrechte; in: Benda, Ernst/Maihofer, Werner/Vogel, Hans-Jochen (Hrsg.), Handbuch des Verfassungsrechts der Bundesrepublik Deutschland, 2. Aufl., Berlin, New York 1994, S. 127.

Hesse, Konrad; Der allgemeine Gleichheitssatz in der neueren Rechtsprechung des Bundesverfassungsgerichts zur Rechtssetzungsgleichheit, in: Wege und Verfahren des Verfassungslebens, Festschrift für Peter Lerche zum 65. Geburtstag, Badura, Peter/Scholz, Rupert (Hrsg.), München 1993, S. 121.

Hesse, Konrad; Verfassungsrecht und Privatrecht, Heidelberg 1988.

Hesse, Konrad; Der Gleichheitssatz in der neueren deutschen Verfassungsentwicklung, AöR 109 (1984), S. 174.

Hesse, Konrad; Der Gleichheitsgrundsatz im Staatsrecht, AöR 77 (1951/52), S. 167.

Heun, Werner; Kommentierung des Artikels 3 GG, in: Dreier, Horst (Hrsg.), Grundgesetz Kommentar, Tübingen 1996.

Hilf, Meinhard; Der Rang der Europäischen Menschenrechtskonvention im deutschen Recht, in: Mahrenholz, Ernst G./ders./Klein, Eckart, Entwicklungen der Menschenrechte innerhalb der Staaten Europas, Heidelberg 1987, S. 19.

Hilf, Meinhard; Die Auslegung mehrsprachiger Verträge, Berlin, Heidelberg, New York 1973.

Hodenberg, Philipp Frhr. von; Das Bekenntnis des deutschen Volkes zu den Menschenrechten in Art. 1 Abs. 2 GG, Baden-Baden 1997.

Höfling, Wolfram; Kommentierung der Artikel 1 und 9 GG, in: Sachs, Michael (Hrsg.), Grundgesetz Kommentar, 2. Aufl., München 1999.

Höfling, Wolfram; Vertragsfreiheit, Heidelberg 1991.

Hönn, Günther; Kommentierung des § 826 BGB, in: Soergel, H. Th./Siebert, W. (Begründer und Bearbeiter), Bürgerliches Gesetzbuch, Schuldrecht IV/2 (§§ 823-853), 12. Aufl., Berlin, Köln, 1998 (zitiert: in: Soergel).

Hoffmeister, Frank; Die Europäische Menschenrechtskonvention als Grundrechtsverfassung und ihre Bedeutung in Deutschland, Der Staat 40 (2001), S. 349.

Hofmann, Rainer; Incitement to National and Racial Hatred: The Legal Situation in Germany, in: Coliver, Sandra (Hrsg.), Striking a Balance: Hate Speech, Freedom of Expression and Non-Discrimination, University of Essex, United Kingdom 1992, S. 159.

Hofmann, Rainer; Artikel 25 GG und die Anwendung völkerrechtswidrigen ausländischen Rechts, ZaöRV 49 (1989), S. 41.

Hofmann, Rainer; Zur Bedeutung von Artikel 25 GG für die Praxis deutscher Behörden und Gerichte, in: Fürst, Walther/Herzog, Roman/Umbach, Dieter C. (Hrsg.), Festschrift für Wolfgang Zeidler, Band 2, Berlin, New York 1987, S. 1884.

Hood Phillips, Owen/Jackson, Paul; O. Hood Phillips' Constitutional and Administrative Law, 7. Aufl., London 1987.

Hörnle, Tatjana; Aktuelle Probleme aus dem materiellen Strafrecht bei rechtsextremistischen Delikten, NJW 2002, S. 113.

Horn, E.; Urteilsanmerkung zum Beschluß des BayObLG vom 22.3.1990 - 5 St 136/89 (NJW 1990, 2479), JR 1991, S. 83.

Hubmann, Heinrich; Das Persönlichkeitsrecht, 2. Aufl., Köln, Graz 1967.

Hüser, Francis; Fremdenfeindlichkeit in Deutschland, Aus Politik und Zeitgeschichte, B 48/49 (24. November 1995), S. 22.

Huster, Stefan; Gleichheit und Verhältnismäßigkeit, JZ 1994, S. 541.

Huster, Stefan; Rechte und Ziele, Zur Dogmatik des allgemeinen Gleichheitssatzes, Berlin 1993.

Huster, Stefan; Frauenförderung zwischen individueller Gerechtigkeit und Gruppenparität, AöR 118 (1993), S. 109.

Ignor, Alexander; Der Straftatbestand der Beleidigung – Zu den Problemen des § 185 Strafgesetzbuch im Hinblick auf das Bestimmtheitsgebot des Artikels 103, Absatz 2 Grundgesetz, Baden-Baden 1995 (zitiert: Der Straftatbestand der Beleidigung).

Igstadt, Volker; Die Rechtsstellung von Ausländern der 2. Generation, ZAR 1998, S. 99.

Incesu, Lotte; Der Schutz ethnischer Minderheiten in der Verfassungsdiskussion, Recht und Politik 1995, S. 199.

Inglès, José; Positive Measures Designed to Eradicate all Incitement to, or Acts of, Racial Discrimination, United Nations, New York 1986.

Institut für Migrations- und Rassismusforschung; Comparative Assessment of the Legal Instruments in the Various Member States of the European Communities to Combat all Forms of Discrimination, Racism and Xenophobia and Incitement and Hatred and Racial Violence, National Study for the Federal Republic of Germany, Contract No. 91 ETVC2007, Hamburg 1992.

Ipsen, Hans Peter; Gleichheit, in: Neumann, Franz Leopold/Nipperdey, Hans Carl/Scheuner, Ulrich, Die Grundrechte, Handbuch der Theorie und Praxis der Grundrechte, Zweiter Band, Berlin 1954, S. 111.

Ipsen, Jörn; Staatsrecht II (Grundrechte), 3. Aufl., Neuwied, Kriftel, Berlin 2000.

Ipsen, Knut; Völkerrechtlichte Verantwortlichkeit und Völkerstrafrecht, in: ders. (Hrsg.), Völkerrecht, 4. Aufl., München 1999, S. 531 (zitiert: Völkerrecht).

Isensee, Josef; Vertragsfreiheit im Griff der Grundrechte, in: Hübner, Ulrich/Ebke, Werner (Hrsg.), Festschrift für Bernhard Großfeld zum 65. Geburtstag, Heidelberg 1999, S. 485.

Isensee, Josef; Bundesverfassungsgericht – quo vadis?, JZ 1996, S. 1085.

Isensee, Josef; Kunstfreiheit im Streit mit Persönlichkeitsschutz, AfP 1993, S. 619.

Isensee, Josef; Das Grundrecht als Abwehrrecht und als staatliche Schutzpflicht, in: ders./Kirchhof, Paul (Hrsg.), Handbuch des Staatsrechts der Bundesrepublik Deutschland, Band V, Allgemeine Grundrechtslehren, Heidelberg 1992, § 111, S. 143.

Isensee, Josef; Grundrechtsvoraussetzungen und Verfassungserwartungen an die Grundrechtsausübung, in: ders./Kirchhof, Paul (Hrsg.), Handbuch des Staatsrechts der Bundesrepublik Deutschland, Band V, Allgemeine Grundrechtslehren, Heidelberg 1992, § 115, S. 353.

Isensee, Josef; Verfassung ohne soziale Grundrechte, Der Staat 19 (1980), S. 367.

Isensee, Josef; Die staatsrechtliche Stellung der Ausländer in der Bundesrepublik Deutschland, VVDStRL 32 (1974), S. 49.

Jachmann, Monika; Die Quotenregelung im öffentlichen Dienst, Chancengleichheit, fürsorgliche Diskriminierung oder ungerechtfertige Bevorzugung der Frau im Beruf?, ZBR 1996, S. 166.

Jacobs, Francis G./Roberts, Shelley (Hrsg.), The Effect of Treaties in Domestic Law, London 1987.

Jaenicke, Günther; International Public Order, in: Encyclopedia of Public International Law, Bernhardt, Rudolf (Hrsg.), Volume 2, East African Community To Italy-United States Air Transport Arbitration (1965), Elsevier/

Amsterdam/Lausanne/New York/Oxford/Shannon/Tokyo 1995, S. 1348 (zit: in: EPIL 2 (1995)).

Jaenicke, Günther; Diskriminierung, in: Schlochauer, Hans-Jürgen (Hrsg.), Wörterbuch des Völkerrechts, 2. Aufl., Berlin 1960, S. 387.

Jaenicke, Günther; Gleichbehandlung, in: Schlochauer, Hans-Jürgen (Hrsg.), Wörterbuch des Völkerrechts, 2. Aufl., Berlin 1960, S. 690.

Jacquard, Albert; Science and racism, in: UNESCO, Racism, science and pseudo-science, Paris 1983, S. 15 (zitiert: in: Racism, science and pseudo-science, S.).

Jarass, Hans D.; Folgerungen aus der neueren Rechtsprechung des BVerfG für die Prüfung von Verstößen gegen Art. 3 I GG, NJW 1997, S. 2545.

Jarass, Hans D.; Vorbemerkungen vor Art. 1, Kommentierung der Artikel 1, 2, 3, 9, 20, 25 GG, in: ders./Pieroth, Bodo, Grundgesetz für die Bundesrepublik Deutschland, 5. Aufl., München 2000 (zitiert: Jarass, in: ders./Pieroth).

Jarass, Hans D.; Die Entwicklung des allgemeinen Persönlichkeitsrechts in der Rechtsprechung des Bundesverfassungsgerichts, in: Erichsen, Hans-Uwe/Kollhosser, Helmut/Welp, Jürgen, Recht der Persönlichkeit, Berlin 1996, S. 89.

Jarass, Hans D.; Bausteine einer umfassenden Grundrechtsdogmatik, AöR 120 (1995), S. 345.

Jarass, Hans D.; Das allgemeine Persönlichkeitsrecht im Grundgesetz, NJW 1989, S. 857.

Jekewitz, Jürgen; Maßnahmen gegen die Rassendiskriminierung im innerstaatlichen Recht der Bundesrepublik Deutschland, in: Der Kampf gegen die Rassendiskriminierung im Völkerrecht und im innerstaatlichen Recht der Bundesrepublik Deutschland, Referate und Diskussionsbeiträge anläßlich des Doktorandenseminars zum 80. Geburtstag von Karl Josef Partsch vom 26. Juni 1994, zusammengestellt von Horst Risse, S. 34.

Jenks, C. Wilfred; The Application of International Labour Conventions by means of Collective Agreements, ZaöRV 1958, S. 203.

Jennings, James; The International Convention on the Elimination of All Forms of Racial Discrimination: Implications for Challenging Racial Discrimination, Howard LJ 40 (1997), S. 595.

Jochum, Theo/Rühle, Dietrich G.; Polizei- und Ordnungsrecht – Rheinland-Pfälzisches Landesrecht, 2. Aufl., Baden-Baden 2000.

John, Sir Rupert G.; Racism and its Elimination, New York 1981.

Jones, Thomas David; Human Rights: Group Defamation, Freedom of Expression and the Law of Nations, Den Haag, Boston London 1998 (zitiert: Human Rights, Group Defamation).

Jositsch, Daniel; Strafrecht gegen Rassendiskriminierung – Rechtsvergleich zwischen der Bundesrepublik Deutschland und Kolumbien mit Blick auf die Revision des schweizerischen Strafrechts, Bamberg 1993.

Jürgens, Andreas; Der Diskriminierungsschutz im Grundgesetz, DVBl 1997, S. 410.

Kadelbach, Stefan; Zwingendes Völkerrecht, Berlin 1992.

Kahl, Georg; Kommentierung des § 1 GewO, in: Landmann, Robert von/Rohmer, Gustav (Begründer), Gewerbeordnung und ergänzende Vorschriften, Kommentar, Grundwerk Juli 1995, Stand: 39. Ergänzungslieferung, Februar 2000, München.

Kannengießer, Christoph; Kommentierung zu den Artikeln 2 und 3 GG, in: Schmidt-Bleibtreu, Bruno/Klein, Franz (Hrsg.), Kommentar zum Grundgesetz, 9. Aufl., Neuwied, Kriftel 1999.

Kaulbach, Detlef; Anmerkung zur Beschlußkammerentscheidung des BAV vom 3.4.1984 (VersR 1985, S. 653), VersR 1985, 655.

Kay, Wolfgang/Böcking, Reinhold; Allgemeines Verwaltungs- und Eingriffsrecht im Polizeidienst, Band 1, Witten 1996.

Kewenig, Wilhelm; Der Grundsatz der Nichtdiskriminierung im Völkerrecht der internationalen Handelsbeziehungen, Band 1, Der Begriff der Diskriminierung, Frankfurt am Main 1972.

Kilian, Wolfgang; Kontrahierungszwang und Zivilrechtssystem, AcP 180 (1980), S. 47.

Kimminich, Otto; Das Völkerrecht in der Rechtsprechung des Bundesverfassungsgerichts, AöR 93 (1968), S. 485.

Kimminich, Otto/Hobe, Stephan; Einführung in das Völkerrecht, 7. Aufl., Tübingen, Basel 2000.

Kipp, Heinrich; Das Verbot der Diskriminierung im modernen Friedensvölkerrecht, AVR 1961, S. 137.

Kirchberg, Christian; Willkürschutz statt Grundrechtsschutz?, NJW 1987, S. 1988.

Kirchhof, Paul; Verfassungsrechtlicher Schutz und internationaler Schutz der Menschenrechte: Konkurrenz oder Ergänzung, EuGRZ 1994, S. 16.

Kirchhof, Paul; Der allgemeine Gleichheitssatz, in: Isensee, Josef/ders. (Hrsg.), Handbuch des Staatsrechts der Bundesrepublik Deutschland, Band V, Allgemeine Grundrechtslehren, Heidelberg 1992, § 124, S. 837.

Kirchhof, Paul; Gleichheit in der Funktionenordnung, in: Isensee, Josef/ders. (Hrsg.), Handbuch des Staatsrechts der Bundesrepublik Deutschland, Band V, Allgemeine Grundrechtslehren, Heidelberg 1992, § 125, S. 973.

Kirchhof, Paul; Sicherungsauftrag und Handlungsvollmachten der Polizei, DÖV 1976, S. 449.

Kirchhof, Paul; Grundfälle zum Polizeirecht, JuS 1974, S. 648 und S. 781.

Klein, Eckart; Menschenrechte: Stille Revolution des Völkerrechts und Auswirkungen auf die innerstaatliche Rechtsanwendung, Baden-Baden 1997.

Klein, Eckart; Die völkerrechtlichen Verpflichtungen Deutschlands und ihre Bedeutung für die drei Staatsgewalten, in: Koeppel, Peter (Hrsg.), Kindschaftsrecht und Völkerrecht, Neuwied, Kriftel, Berlin 1996, S. 31.

Klein, Eckart; Grundrechtliche Schutzpflicht des Staates, NJW 1989, S. 1633.

Klein, Eckart; Der Individualrechtsschutz in der Bundesrepublik Deutschland bei Verstößen gegen die Menschenrechte und Grundfreiheiten der Europäischen Menschenrechtskonvention, in: Entwicklung der Menschenrechte innerhalb der Staaten des Europarates, Deutsche Sektion der Internationalen Juristen-Kommission, Arbeitstagung vom 13.-15. Juni 1986 in Kiel, Beiträge von Mahrenholz, Ernst G./Hilf, Meinhard/Klein, Eckart, Heidelberg 1987, S. 43.

Klein, Friedrich; Die Europäische Menschenrechts-Konvention und Artikel 25 des Bonner Grundgesetzes, Festschrift für Rudolf Laun zu seinem achtzigsten Geburtstag, JIR 11 (1962), S. 149.

Klein, Hans H.; Zur Auslegung des Rechtsbegriffs der „öffentlichen Sicherheit und Ordnung", DVBl 1971, S. 233.

Klein, Karl Heinz; Grundrechtsgefährdende Tendenzen im Gewerberecht der Bundesrepublik Deutschland, in: Jekewitz, Jürgen/ders./Kühne, Jörg Detlef/Petersmann, Hans/Wolfrum, Rüdiger (Hrsg.), Des Menschen Recht zwischen Freiheit und Verantwortung, Festschrift für Karl Josef Partsch zum 75. Geburtstag, Berlin 1989, S. 425.

Kley, Dieter/Rühmann, Jürgen; Kommentierung des § 90 BVerfGG, in: Umbach, Dieter/Clemens, Thomas (Hrsg.), Bundesverfassungsgerichtsgesetz – Mitarbeiterkommentar und Handbuch, Heidelberg 1992.

Knauff, Matthias; Ehrenschutz am Wendepunkt? – Eine Zwischenbilanz, Verwaltungsrundschau 2000, S. 37.

Knemeyer, Franz-Ludwig; Polizei- und Ordnungsrecht, 7. Aufl. München 1998.

Kötz, Hein; Deliktsrecht, 8. Aufl., Neuwied, Kriftel, Berlin 1998.

Kötz, Hein; Freiheit und Zwang im Vertragsrecht, in: Immenga, Ulrich/Möschel, Bernhard/Reuter, Dieter (Hrsg.), Festschrift für Ernst-Joachim Mestmäcker, Baden-Baden 1996, S. 1037.

Kohler, Christian; Kein Weg zur Rechtsvereinheitlichung – Zur Übernahme des EG-Übereinkommens vom 19. Juni 1980 über das auf vertragliche Schuldverhältnisse anzuwendende Recht, EuR 1984, S. 155.

Koller, Arnold; Die unmittelbare Anwendbarkeit völkerrechtlicher Verträge und des EWG-Vertrages im innerstaatlichen Bereich, Bern 1971.

Korinek, Karl; Der gleichheitsrechtliche Gehalt des BVG gegen rassische Diskriminierung, in: Griller, Stefan/ders./Potacs, Michael (Hrsg.) Grundfragen und aktuelle Probleme des öffentlichen Rechts, Festschrift für Heinz Peter Rill zum 60. Geburtstag, Wien 1995, S. 183.

Kramer, Ernst; Kommentierung vor § 145 BGB, in: Münchener Kommentar zum Bürgerlichen Gesetzbuch, Band 1, Allgemeiner Teil, §§ 1-240 BGB, 3. Aufl., München 1993.

Kreuzer, Christine; Die unmittelbare Anwendbarkeit völkerrechtlicher Verträge, JA 1998, S. 731.

Krey, Volker; Strafrecht Besonderer Teil, Band 1, Besonderer Teil ohne Vermögensdelikte, 11. Aufl., Stuttgart, Berlin, Köln 1999 (zitiert: Strafrecht BT).

Krieger, Heike; Das Effektivitätsprinzip im Völkerrecht, Berlin 2000.

Krugmann, Michael; Gleichheit, Willkür und Evidenz, JuS 1998, S. 7.

Krummel, Christoph/Küttner, Wolfdieter; Antisemitismus und Ausländerfeindlichkeit im Betrieb, NZA 1996, S. 67.

Krumpholz, Ursina; Der Gleichheitssatz im französischen Recht, Frankfurt a.M. 1989.

Kühl, Kristian, Kommentierung des § 130 und vor § 185-§ 194 StGB, in: Lackner, Karl (Hrsg.), Strafgesetzbuch - Kommentar, 23. Aufl., München 1999 (zitiert: in: Lackner).

Kühl, Kristian; Strafrecht, Allgemeiner Teil, 3. Aufl., München 2000.

Kühl, Kristian; Der Einfluß der Europäischen Menschenrechtskonvention auf das Strafrecht und Strafverfahrensrecht der Bundesrepublik Deutschland, ZStW 100 (1988), S. 406.

Kühner, Rolf; Das Recht auf Zugang zu Gaststätten und das Verbot der Rassendiskriminierung, NJW 1986, S. 1397.

Küper, Wilfried; Strafrecht Besonderer Teil: Definitionen mit Erläuterungen, Heidelberg 1996.

Kuckuck, Günter; Kommentierung des § 254 BGB, in: Westermann, Harm Peter (Hrsg.), Ermans Bürgerliches Gesetzbuch, 1. Band, 10. Aufl., Münster, Köln 2000 (zitiert: in: Erman).

Kunig, Philip; Deutsches Verwaltungshandeln und Empfehlungen internationaler Organisationen, in: Hailbronner, Kay/Ress, Georg/Stein, Torsten (Hrsg.), Staat und Völkerrechtsordnung, Festschrift für Karl Doehring, Berlin, Heidelberg, New York, London, Paris, Tokio, Hongkong 1989, S. 529.

Kunig, Philip; Die Quellen des Völkerrechts aus der Sicht des Grundgesetzes, Jura 1989, S. 667.

Kunig, Philip; Das Rechtsstaatsprinzip, Tübingen 1986.

Kunig, Philip; Kommentierung des Artikels 1, in: von Münch/ders. (Hrsg.), Grundgesetzkommentar, Band 1, Präambel bis Artikel 20, 5. Aufl., München 1999.

Kunig, Philip; Völkerrecht und staatliches Recht, in: Graf Vitzthum, Wolfgang (Hrsg.), Völkerrecht, Berlin, New York 1997, S. 101.

Kunz, Karl-Ludwig; Neuer Straftatbestand gegen Rassendiskriminierung – Bemerkungen zur bundesrätlichen Botschaft, ZStrR/RPS 1992, S. 154.

Lachs, Manfred; Pacta sunt servanda, in: Encyclopedia of Public International Law, Bernhardt, Rudolf (Hrsg.), Volume 3, Jan Mayen to Pueblo Incident, Amsterdam, Lausanne, New York, Oxford, Shannon, Singapore, Tokyo 1997, S. 847 (zitiert: in: EPIL 3 (1997)).

Lange, Hermann; Schadensersatz, 2. Aufl., Tübingen 1990.

Langner, Thomas; Die Problematik der Geltung der Grundrechte zwischen Privaten, Frankfurt a.M., Berlin, Bern, New York, Paris, Wien 1998.

Larenz, Karl; Methodenlehre der Rechtswissenschaft, 6. Aufl., Berlin, Heidelberg, New York, London, Paris, Tokyo, Hong Kong, Barcelona, Budapest, 1991.

Larenz, Karl; Allgemeiner Teil des deutschen bürgerlichen Rechts, 7. Aufl., München 1989 (zitiert: BGB AT, 7. Aufl.).

Larenz, Karl; Lehrbuch des Schuldrechts, Band 1, Allgemeiner Teil, 14. Aufl. München 1987 (zitiert: Schuldrecht AT).

Larenz, Karl/Canaris, Claus-Wilhelm; Lehrbuch des Schuldrechts, Zweiter Band, Besonderer Teil, 2. Halbband, 13. Aufl., München 1994 (zitiert: Larens/Canaris, Schuldrecht BT/2).

Larenz, Karl/Wolf, Manfred; Allgemeiner Teil des Bürgerlichen Rechts, 8. Aufl., München 1997.

Lawson, Edward; Encyclopedia of Human Rights, 2. Aufl., Washington, London 1996.

Lawson, Rick; Out of Control. State Responsibility and Human Rights: Will the ILC's Definition of the 'Act of State' meet the Challenges of the 21st Century?, in: Castermans-Holleman, Monique/Van Hoof, Fried/Smith, Jacqueline (Hrsg.), The Role of the Nation-State in the 21st Century, Human Rights, International Organisations and Foreign Policy, Essays in Honour of Peter Baehr, Den Haag, Boston, London 1998, S. 91.

Leibholz, Gerhard/Rinck, Hans-Justus/Hesselberg, Dieter; Grundgesetz für die Bundesrepublik Deutschland, Kommentar an Hand der Rechtsprechung des Bundesverfassungsgerichts, Band 1, 7. Aufl., Köln 1993, Stand: 37. Lieferung, Juli 2000.

Lenckner, Theodor; Kommentierung der §§ 123, 130 f., Vorbemerkungen vor § 185, § 185 - § 194 StGB, in: Schönke, Adolf/Schröder, Horst, Strafgesetzbuch Kommentar, 25. Aufl. München 1997.

Lerner, Natan; Group Rights and Discrimination in International Law, Dordrecht, Boston, London 1991.

Lerner, Natan; Curbing Racial Discrimination – Fifteen Years CERD, IYHR 13 (1983), S. 170.

Lerner, Natan; The UN Convention on the Elimination of All Forms of Racial Discrimination, Alphen aan den Rijn, The Netherlands, Rockville, Maryland, USA 1980.

Lerner, Natan; Anti-Semitism as Racial and Religious Discrimination under United Nations Convention, IHR 1 (1971), S. 103.

Lijnzaad, Liesbeth, Reservations to UN-Human Rights Treaties, Ratify and Ruin?, Dordrecht, Boston, London 1995.

Lillich, Richard B./Newman, Frank C.; International Human Rights: Problems of Law and Policy, Boston, Toronto 1979.

Littbarski, Sigurd; Zur Diskriminierung im Versicherungsrecht, in: Joerden, Jan C. (Hrsg.), Diskriminierung, Antidiskriminierung, Berlin, Heidelberg, 1996, S. 200.

Livingstone, Stephen; Article 14 and the Prevention of Discrimination in the European Convention on Human Rights, EHRLR 2 (1997), S. 25.

Lochak, Danièle; La notion de discrimination et sa place dans le droit international conventionnel et jurisprudentiel, Communication écrite, in: 7ième Colloque international sur la Convention Européenne des Droits de l'Homme organisé par le Secrétariat Général du Conseil de l'Europe en Collaboration avec les Instituts danois, finlandais, norvégien et suédois des Droits de l'Homme, Copenhague, Oslo, Lund (30 mai - 2 juin 1990), Droits des Personnes Privées de leur Liberté – Égalité et Non-discrimination, Kehl 1994, S. 104 (zitiert: in: 7. Colloque CEDH).

Locher, Matthias; Gewerbebetrieb: Allgemeines; in: Jarass, Hans (Hrsg.), Wirtschaftsverwaltungsrecht mit Wirtschaftsverfassungsrecht, 3. Aufl., Neuwied, Kriftel, Berlin 1997, S. 226.

Locher, Matthias; Handwerk und Gaststätten, in: Jarass, Hans (Hrsg.), Wirtschaftsverwaltungsrecht mit Wirtschaftsverfassungsrecht, 3. Aufl., Neuwied, Kriftel, Berlin 1997, S. 287.

Löwer, Wolfgang; Zuständigkeiten und Verfahren des Bundesverfassungsgerichts, in: Isensee, Josef/Kirchhoff, Paul (Hrsg.), Handbuch des Staatsrechts der Bundesrepublik Deutschland, Band II, Demokratische Willensbildung – Die Staatsorgane des Bundes, Heidelberg 1987, § 54, S. 737.

Lohse, Volker; „Türken ist der Zutritt verboten" – Volksverhetzung durch Zugangsverweigerung, NJW 1985, S. 1677.

Lohse, Volker; Werden Gastarbeiter und andere Ausländer durch § 130 StBG gegen Volksverhetzung wirksam geschützt, NJW 1971, S. 1245.

Lorenz, Stephan; Der Schutz vor dem unerwünschten Vertrag, München 1997.

Louven, Klaus; Die Strafbarkeit antisemitischer Ausschreitungen, DRiZ 1960, S. 211.

Luchaire, Francois; La Protection Constitutionnelle des Droits et des Libertés, Paris 1987.

MacEwen, Martin; Tackling Racism in Europe, An Examination of Anti-Discrimination Law in Practice, Oxford, Washington D.C. 1995.

Mackeprang, Rudolf; Ehrenschutz im Verfassungsstaat - Zugleich ein Beitrag zu den Grenzen der Freiheiten des Art. 5 Abs. 1 GG, Berlin 1990.

Mäder, Werner; Sprachordnung und Minderheitenschutzrechte in Deutschland, ZAR 1997, S. 29.

Maiwald, Manfred; Zur Beleidigung der Bundeswehr und ihrer Soldaten, JR 1989, S. 485.

Mager, Ute; Möglichkeiten und Grenzen rechtlicher Maßnahmen gegen die Diskriminierung von Ausländern, ZAR 1992, S. 170.

Mahalic, Drew/Mahalic Joan Gambee; The Limitation Provisions of the International Convention of the Elimination of All Forms of Racial Discrimination, HRQ 9 (1987), S. 74.

Mahrad, Christa und Ahmad; Immigration und Fremdenfeindlichkeit in Europa, Aus Politik und Zeitgeschichte, B 48/95 (24. November 1995), S. 1.

Makarov, A.N.; Allgemeine Lehren des Staatsangehörigkeitsrechts, Stuttgart 1947.

Mann, F.A.; Zur Wirkung des Zustimmungsgesetzes nach Artikel 59 Absatz 2 des Grundgesetzes, JIR 18 (1976), S. 373.

Mann, F.A.; The Doctrine of Jus Cogens in International Law, in: Ehmke, Horst/Kaiser, Joseph/Kewenig, Wilhelm/Meessen, Karl Mathias/Rüfner, Wolfgang (Hrsg.), Festschrift für Ulrich Scheuner zum 70. Geburtstag, Berlin 1973, S. 399.

Marcks, Peter; Kommentierung des § 35 GewO, in: Landmann, Robert von/Rohmer, Gustav (Begründer), Gewerbeordnung und ergänzende Vorschriften, Kommentar, Grundwerk Juli 1995, Stand: 39. Ergänzungslieferung, Februar 2000, München.

Marten-Gotthold, Dörte; Der Schutz der Sinti und Roma in der Bundesrepublik Deutschland als ethnische Minderheit gemäß Art. 3 Abs. 3 GG, Frankfurt am Main, Berlin, Bern, New York, Paris, Wien 1998 (zitiert: Der Schutz der Sinti und Roma).

Martens, Wolfgang; Der Schutz des einzelnen im Polizei- und Ordnungsrecht, DÖV 1976, S. 457.

Martens, Wolfgang; Öffentlich als Rechtsbegriff, Bad Homburg, Berlin, Zürich 1969.

Martini, Peter; Art. 3 Abs. 1 GG als Prinzip absoluter Rechtsgleichheit, Köln, Berlin, Bonn, München 1997.

Masing, Johannes; Methodische Grundlagen für die Auslegung der Genfer Flüchtlingskonvention, in: Grawert, Rolf/Schlink, Bernhard/Wand, Rainer/Wieland, Joachim (Hrsg.), Offene Staatlichkeit, Festschrift für Ernst-Wolf Böckenförde zum 65. Geburtstag, Berlin 1995, S. 51.

Maunz, Theodor; Kommentierung des Artikels 59, in: ders./Dürig, Günter/Herzog, Roman/Scholz, Rupert/Lerche, Peter/Papier, Hans-Jürgen/Randelzhofer, Albrecht/Schmidt-Assmann, Eberhard, Grundgesetz Kommentar, Band III, Art. 20-69, Stand: Artikel 59: 1971, insgesamt: 37. Lieferung, München Dezember 2000.

Maunz, Theodor/Zippelius, Reinhold; Deutsches Staatsrecht, 30. Aufl., München 1998.

Maurach, Reinhart/Schroeder, Friedrich-Christian/Maiwald, Manfred; Strafrecht, Besonderer Teil, Teilband 1, Straftaten gegen Persönlichkeits- und Vermögenswerte, 8. Aufl., Heidelberg 1995 (zitiert: BT I).

Maurach, Reinhart/Schroeder, Friedrich-Christian/Maiwald, Manfred; Strafrecht, Besonderer Teil, Teilband 2, Straftaten gegen Gemeinschaftswerte, Heidelberg 1999, 8. Aufl. (zitiert: BT II).

Maurer, Hartmut; Allgemeines Verwaltungsrecht, 13. Aufl., München 2000.

McDougal, Myres S./Lasswell, Harold D./Chen, Lung-chu; The Basic Policies of an International Law of Human Dignity, New Haven, London, 1980.

McDougall, Gay J.; Toward a Meaningful International Regime: The Domestic Relevance of International Efforts to Eliminate All Forms of Racial Discrimination, Howard LJ 40 (1997), S. 571.

McKean, Warwick; Equality and Discrimination under International Law, Oxford 1983.

McKean, Warwick; The Meaning of Discrimination in International and Municipal Law, BYIL 44 (1970), S. 177.

McNair, Lord; The Law of Treaties, Oxford 1961.

Meder, Theodor; Die Verfassung des Freistaates Bayern, Handkommentar, Stuttgart, München, Hannover 1985.

Medicus, Dieter; Schuldrecht I, Allgemeiner Teil, 11. Aufl., München 1999 (zitiert: Schuldrecht AT).

Medicus, Dieter; Allgemeiner Teil des BGB, 7. Aufl., Heidelberg 1997 (zitiert: BGB AT).

Medicus, Dieter; Bürgerliches Recht, 17. Aufl., Köln, Berlin, Bonn, München 1996.

Medicus, Dieter; Schadensersatz und Billigkeit, VersR 1981, S. 593.

Mendelson, Maurice; The Formation of Customary International Law, RdC 272 (1998), S. 155.

Menzel, Eberhard; Kommentierung des Artikels 25 GG, in: Dolzer, Rudolf/Vogel, Klaus (Hrsg.), Kommentar zum Bonner Grundgesetz, Heidelberg, Stand: Artikel 25: 1. Lieferung, 1950, insgesamt: 77. Lieferung, Oktober 1996 (zitiert: in: BK).

Meron, Theodor; Human Rights Law-Making in the United Nations, Oxford 1986.

Meron Theodor; The Meaning and Reach of the International Convention of All Forms of Racial Discrimination, AJIL 79 (1985), S. 283.

Mertens, Detlef; Vereinsfreiheit, in: Isensee, Josef/Kirchof, Paul (Hrsg.), Handbuch des Staatrechts der Bundesrepublik Deutschland, Band VI, Freiheitsrechte, Heidelberg 1989, § 144, S. 775.

Mertens, Hans-Joachim; Kommentierung der §§ 823-829 BGB, in: Münchener Kommentar zum Bürgerlichen Gesetzbuch, Band 5, Schuldrecht, Besonderer Teil III, § 705-853, Redakteur: Peter Ulmer, 3. Aufl., München 1997 (zitiert: in: Münchener Kommentar).

Mestmäcker, Ernst-Joachim; Über die normative Kraft privatrechtlicher Verträge, JZ 1964, S. 441.

Meyer-Cording, Ulrich; Der Gleichheitssatz im Privatrecht und das Wettbewerbsrecht, in: Dietz, Rolf/Hübner, Heinz (Hrsg.), Festschrift für Hans Carl Nipperdey zum 70. Geburtstag, Band I, München, Berlin 1965, S. 537.

Meessen, Karl Matthias; Internationale Verhaltenskodizes und Sittenwidrigkeitsklauseln, NJW 1981, S. 1131.

Meng, Werner; Anwendung völkerrechtlicher Konventionen über Kinderrechte im Deutschen Recht, in: Koeppel, Peter (Hrsg.), Kindschaftsrecht und Völkerrecht im europäischen Kontext, Neuwied, Kriftel, Berlin 1996, S. 5.

Metzner, Richard; Gaststättengesetz, 5. Aufl., München 1995.

Michael, Lothar; Die drei Argumentationsstrukturen des Grundsatzes der Verhältnismäßigkeit – Zur Dogmatik des Über- und Untermaßverbotes und der Gleichheitssätze, JuS 2001, S. 148.

Michel, Elmar/Kienzle, Werner; Gaststättenrecht, Kommentar, 13. Aufl., Köln, Berlin, Bonn, München 1999.

Mohr, Manfred; Aktuelle Konturen des völkerrechtlichen Diskriminierungsverbotes, in: Joerden, Jan C. (Hrsg.), Diskriminierung, Antidiskriminierung, Berlin, Heidelberg, 1996, S. 265.

Mohr, Manfred; Fragen der Durchsetzbarkeit von Völkerrechtsnormen, dargestellt anhand der Antirassendiskriminierungskonvention von 1965 und der UN-Menschenrechtskonvention von 1966, Berlin Ost 1982.

Molketin, Rüdiger; Die strafrechtlich relevanten Schutzpflichten des Gastwirtes, GewArch 1989, S. 255.

Molketin, Rüdiger; Strafrecht und Zurückweisung von Gästen durch den Wirt, GewArch 1989, S. 86.

Morrison, Fred L.; The Choice of Civil or Criminal Sanctions in Dealing with Racial Discrimination, in: Jekewitz, Jürgen/Klein, Karl Heinz/Kühne, Jörg Detlef/Petersmann, Hans/Wolfrum, Rüdiger (Hrsg.), Des Menschen Recht zwischen Freiheit und Verantwortung, Festschrift für Karl Josef Partsch zum 75. Geburtstag, Berlin 1989, S. 263.

Moskowitz, Moses; The Narrowing Horizons of United Nations Concern with Racial Discrimination, RDH/HRJ 4 (1971), S. 278.

Mosler, Hermann; Das Völkerrecht in der Praxis der deutschen Gerichte, Karlsruhe 1957.

Müller, Georg; Der Gleichheitssatz, VVDStRL 47 (1989), S. 37.

Müller, Peter; Abstinenz und Engagement des Strafrechts im Kampf gegen Ausländerfeindlichkeit, AJP/PJA 1996, S. 659.

Müller, Peter; Die neue Strafbestimmung gegen Rassendiskriminierung – Zensur im Namen der Menschenwürde?, ZBJV 1994, S. 241.

Münch, Ingo von; Vorbemerkungen zu Artikel 1-19 GG, in: ders./ Kunig, Philip (Hrsg.), Grundgesetz-Kommentar, Band 1, Präambel bis Artikel 20, 5. Aufl., München 1999.

Münch, Ingo von; Die Drittwirkung von Grundrechten in Deutschland, in: ders./Coderch, Pablo Salvador/Ferrer i Riba, Josep, Zur Drittwirkung der Grundrechte, Frankfurt am Main, Berlin, Bern, New York, Paris, Wien 1998, S. 7.

Murswiek, Dietrich; Kommentierung des Artikels 2 GG, in: Sachs, Michael (Hrsg.), Grundgesetz, Kommentar, 2. Aufl., München 1999.

Murswiek, Dietrich; Schutz der Minderheiten in Deutschland, in: Isensee, Josef/Kirchhof, Paul (Hrsg.), Handbuch des Staatsrechts der Bundesrepublik Deutschland, Band VIII, Die Einheit Deutschlands – Entwicklung und Grundlagen, Heidelberg 1995, § 201, S. 663.

Mußgnug, Reinhard; Die öffentliche Ordnung, Plädoyer für einen unzeitgemäßen Rechtsbegriff, in: Murswiek, Dietrich/Storost, Ulrich/Wolff, Heinrich (Hrsg.), Staat – Souveränität – Verfassung, Festschrift für Helmut Quaritsch zum 70. Geburtstag, Berlin 2000, S. 349.

Mutius, Albert von; Die Generalklausel im Polizei- und Ordnungsrecht, Jura 1986, S. 649.

Mutius, Albert von; Die Vereinigungsfreiheit gem. Art. 9 Abs. 1 GG, Jura 1984, S. 193.

Naismith, Stanley; Private and Family Life, Home and Correspondence, in: de Salvia, Michele/Villiger, Mark (Hrsg.), The Birth of European Human Rights Law, Liber Amicorum Carl Aage Norgaard, Baden-Baden 1998, S. 141.

Neumann, Ulfrid; Zum Entwurf eines Verbrechensbekämpfungsgesetzes, StV 1994, S. 273.

Newman, Frank C.; International Control of Racial Discrimination, California Law Review 56 (1968), S. 1559.

Neuner, Jörg; Die Stellung Körperbehinderter im Privatrecht, NJW 2000, S. 1823.

Neuner, Jörg; Privatrecht und Sozialstaat, München 1999.

Nguyen Quoc, Dinh/Daillier, Patrick/Pellet, Alain; Droit International Public, 6. Aufl., Paris 1999.

Nickel, Rainer; Gleichheit und Differenz in der vielfältigen Republik – Plädoyer für ein erweitertes Antidiskriminierungsrecht, Baden-Baden 1999 (zitiert: Gleichheit und Differenz).

Nickel, Rainer; Rechtlicher Schutz gegen Diskriminierung – Ein Leitfaden, Amt für multikulturelle Angelegenheiten der Stadt Frankfurt a.M. u.a. (Hrsg.), Band 46, Frankfurt am Main, 1996.

Niewerth, Johannes; Der kollektive und der positive Schutz von Minderheiten und ihre Durchsetzung im Staatsrecht, Berlin 1996.

Niggli, Marcel Alexander; Rassendiskriminierung, Zürich 1996.

Nipperdey, Hans-Carl; Grundrechte und Privatrecht, Krefeld 1961, Nachdruck 1995.

Nolte, Georg; „Soldaten sind Mörder" – Europäisch betrachtet, AfP 1996, S. 313.

Nolte, Georg; Zur Technik der geplanten Einführung des EG-Schuldvertragsübereinkommens in das deutsche Recht aus völkerrechtlicher Sicht, IPrax 1985, S. 71.

Nowak, Manfred; U.N. Covenant on Civil and Political Rights, Kehl, Straßburg, Arlington 1993 (zitiert: CCPR Commentary).

O'Brian, David M.; Constitutional Law and Politics, Volume II, Civil Rights and Civil Liberties, New York, London 1991.

O'Flaherty, Michael; Substantive Provisions of the International Convention on the Elimination of All Forms of Racial Discrimination, in: Pritchard, Sarah (Hrsg.), Indigenous People, the United Nations and Human Rights, London, Leichhardt 1998, S. 162.

O'Flaherty, Michael; The Committee on the Elimination of Racial Discrimination: Non-Governmental Input and the Early Warning and Urgent Procedure, in: Pritchard, Sarah (Hrsg.), Indigenous People, the United Nations and Human Rights, London, Leichhardt 1998, S. 151.

O'Flaherty, Michael; Human Rights and the UN, London 1996.

Oechsler, Jürgen; Kommentierung des § 826, in: J. Von Staudingers Kommentar zum Bürgerlichen Gesetzbuch, Zweites Buch, Recht der Schuldverhältnisse, §§ 826-829, 13. Bearbeitung, Berlin 1998 (zitiert: in: Staudinger).

Oellers-Frahm, Karin; Die Konventionen und ihre Konsequenzen für den Rechtsanwender, in: Koeppel, Peter (Hrsg.), Kindschaftsrecht und Völkerrecht im europäischen Kontext, Neuwied, Kriftel, Berlin 1996, S. 151.

Oeter, Stefan; „Drittwirkung" der Grundrechte und die Autonomie des Privatrechts, AöR 119 (1994), S. 529.

Opsahl, Torkel; Equality and Non-Discrimination, in: Eide, Asbjorn/Helgesen, Jan/Hostmaelingen, Njal; Mose, Erik (Hrsg.), Law and Equality, Selected Articles on Human Rights, Ad Notam Gyldendal 1996, S. 165 (zitiert: in: Law and Equality).

Opsahl, Torkel; Equality in Human Rights Law with Particular Reference to Article 26 of the International Covenant on Civil and Political Rights, in: Nowak, Manfred (Hrsg.), Fortschritt im Bewußtsein der Grund- und Menschenrechte, Festschrift für Felix Ermacora, Kehl, Straßburg, Arlington 1988, S. 51.

Ossenbühl, Fritz; Die Interpretation der Grundrechte in der Rechtsprechung des Bundesverfassungsgerichts, in: Schröder, Meinhard/Lower, Wolfgang/Di Fabio, Udo/von Danwitz, Thomas (Hrsg.), Freiheit, Verantwortung, Kompetenzen: Ausgewählte Abhandlungen, Köln, Berlin, Bonn, München 1994.

Ossenbühl, Fritz; Daseinsvorsorge und Verwaltungsprivatrecht, DÖV 1971, S. 513.

Osterloh, Lerke; Kommentierung des Artikels 3 GG, in: Sachs, Michael (Hrsg.); Grundgesetz, Kommentar, 2. Aufl., München 1999.

Ostendorf, Heribert; Kommentierung des § 130 StBG, in: Wassermann, Rudolf (Hrsg.), Alternativkommentar, Kommentar zum Strafgesetzbuch, Band 3, §§ 80- 145 d, Darmstadt 1986 (zitiert: in: AK).

Otto, Harro; Ehrenschutz und Meinungsfreiheit, Jura 1997, S. 139.

Otto, Harro; Grundkurs Strafrecht, 4. Aufl. 1995.

Otto, Harro; Anmerkung zum Beschluß des BayObLG v. 31.1.1994 - 4 St RR 209/93 (JR 1994, S. 471), JR 1994, S. 473.

Otto, Hansjörg; Personale Freiheit und soziale Bindung, München 1978.

Oxenknecht, Renate; Der Schutz ethnischer, religiöser und sprachlicher Minderheiten in Art. 27 des internationalen Paktes über bürgerliche und politische Rechte vom 16. Dezember 1966, Frankfurt am Main, New York, Paris 1988 (zitiert: Der Schutz ethnischer, religiöser und sprachlicher Minderheiten).

Papier, Hans-Jürgen; Zur Frage der Einführung eines Prämienzuschlags für ausländische Versicherungsnehmer in der Kraftfahrzeug-Haftpflicht-Versicherung, ZVersWiss 1982, S. 461.

Park, Zin-Wan; Die verfassungskonforme Auslegung als richterliche Verfassungskonkretisierung, Berlin 2000.

Partsch, Karl Josef; Racial Discrimination, in: Wolfrum, Rüdiger (Hrsg.), United Nations: Law, Policies and Practice, Volume 2, Dordrecht/London/Boston 1995, S. 1003 (zitiert: in: Wolfrum).

Partsch, Karl Josef; Neue Maßnahmen zur Bekämpfung von Rassen- und Fremdenhaß, EuGRZ 1994, S. 429.

Partsch, Karl Josef; Discrimination against Individuals and Groups, in: Encyclopedia of Public International Law, Bernhardt, Rudolf (Hrsg.), Volume 1, Aaland Islands to Dumbarton Oaks Conference (1944), Amsterdam, London, New York, Tokyo 1992, S. 1079 (zitiert: in: EPIL 1 (1992)).

Partsch, Karl Josef; Racial Speech and Human Rights: Article 4 of the Convention on the Elimination of All Forms of Racial Discrimination, in: Coliver, Sandra (Hrsg.), Striking a Balance: Hate Speech, Freedom of Expression and Non-Discrimination, University of Essex, United Kingdom 1992, S. 21.

Partsch, Karl Josef; The Committee on the Elimination of Racial Discrimination, in: Alston, Philip (Hrsg.), The United Nations and Human Rights, Oxford 1992, S. 339.

Partsch, Karl Josef; Rassendiskriminierung, in: Wolfrum, Rüdiger (Hrsg.), Handbuch der Vereinten Nationen, München 1991, S. 649 (zitiert: in: Wolfrum, Handbuch der Vereinten Nationen).

Partsch, Karl Josef; The Final Act of Helsinki and Non-discrimination in International Economic Relations, ZaöRV 45 (1985), S. 1.

Partsch, Karl Josef; Freedom of Conscience and Expression, and Political Freedoms, in: Henkin, Louis (Hrsg.), The International Bill of Rights, New York 1981, S. 209.

Partsch, Karl Josef; Elimination of Racial Discrimination in the Enjoyment of Civil and Political Rights, TILJ 14 (1979), S. 191 ff.

Partsch, Karl Josef; Les Principes de Base des Droits de l'Homme, in: Vasak Karel (Hrsg.), Les Dimensions Internationales des Droits de l'Homme, Paris 1978, S. 64.

Partsch, Karl Josef; Die Strafbarkeit der Rassendiskriminierung nach dem Internationalen Abkommen und der Verwirklichung der Verpflichtungen in nationalen Strafordnungen, GYIL (JIR) 20 (1977), S. 119.

Partsch, Karl Josef; L'incrimination de la discrimination raciale dans les législations pénales nationales, Rev. sc. crim. 1977, S. 19.

Partsch, Karl Josef; Bekämpfung der rassischen Diskriminierung im Rahmen des Schutzes der Menschenrechte, Die Vereinten Nationen und die Mitarbeit der Bundesrepublik Deutschland, Scheuner, Ulrich/Lindemann, Beate (Hrsg.), München, Wien 1973, S. 109.

Partsch, Karl Josef; Rassendiskriminierung – Die UN-Konvention und ihre Wirkungsweise, 1971.

Partsch, Karl Josef; Die Anwendung des Völkerrechts im innerstaatlichen Recht – Überprüfung der Transformationslehre, BDGV 6 (1964), S. 13.

Pastor, Thomas; Die rechtliche Stellung der Sorben in Deutschland, Bautzen 1997.

Paulus, Christoph/Zenker, Wolfgang; Grenzen der Privatautonomie, JuS 2001, S. 1.

Paust, Jordan J.; Race-Based Affirmative Action and International Law, Michigan Journal of International Law, 18 (1997), S. 659.

Pawlowski, Hans-Martin; Allgemeiner Teil des BGB, Grundlehren des bürgerlichen Rechts, 6. Aufl., Heidelberg 2000.

Pawlowski, Hans-Martin; Methodenlehre für Juristen, 2. Aufl., Heidelberg 1991.

Perelmana, Chaim; Egalité et Valeurs, L'Égalité I (1971), S. 319.

Perrin, Georges; Droit International Public – Sources, Sujets, Caractéristiques, Zürich 1999.

Pestalozza, Christian; Verfassungsprozeßrecht, Die Verfassungsgerichtsbarkeit des Bundes und der Länder mit einem Anhang zum Internationalen Rechtsschutz, 3. Aufl., München 1991.

Peukert, Wolfgang; Kommentierung der Artikel 14 und 50 EMRK, in: Frowein, Jochen Abr./ders., Europäische Menschenrechtskonvention, EMRK-Kommentar, 2. Aufl., Kehl, Straßburg, Arlington 1996.

Pieroth, Bodo/Schlink, Bernhard; Staatsrecht II, Grundrechte, 16. Aufl., Heidelberg 2000.

Pietzcker, Jost; Rechtsbindungen der Vergabe öffentlicher Aufträge, AöR 107 (1982), S. 61.

Pigorsch, Wolfgang; Die Einordnung völkerrechtlicher Normen in das Recht der Bundesrepublik Deutschland, Hamburg 1959.

Pircher, Erich H.; Der vertragliche Schutz ethnischer, sprachlicher und religiöser Minderheiten im Völkerrecht, Bern 1979.

Podlech, Adalbert; Kommentierung des Artikels 1 Absatz 1 GG, in: Wassermann, Rudolf (Hrsg.), Alternativkommentar, Kommentar zum Grundgesetz für die Bundesrepublik Deutschland, Band 1, Art. 1-37, 2. Aufl., Neuwied, Darmstadt 1989 (zitiert: in: AK).

Podlech, Adalbert; Gehalt und Funktionen des allgemeinen verfassungsrechtlichen Gleichheitssatzes, Berlin 1971.

Prinz, Matthias; Geldentschädigung bei Persönlichkeitsverletzungen durch Medien, NJW 1996, S. 953.

Prinz, Matthias; Der Schutz der Persönlichkeitsrechte vor Verletzungen durch die Medien, NJW 1995, S. 817.

Probst, Martin; Rundfunkfreiheit für Ausländer? Heidelberg 1987.

Prümm, Hans Paul/Sigrist, Hans; Allgemeines Sicherheits- und Ordnungsrecht, Neuwied, Kriftel, Berlin 1997.

Quaritsch, Helmut; Der grundrechtliche Status der Ausländer, in: Isensee/Kirchhof (Hrsg.), Handbuch des Staatsrechts der Bundesrepublik Deutschland, Band V, Allgemeine Grundrechtslehren, Heidelberg 1992, § 120, S. 663.

Rädler, Peter; Art. 3 III GG als Schutzgesetz i. S. von § 823 II BGB?, NJW 1998, S. 1621.

Rädler, Peter; Verfahrensmodelle zum Schutz vor Rassendiskriminierung, Berlin, Heidelberg, New York etc., 1999.

Rädler, Peter; Gesetze gegen Rassendiskriminierung?, ZRP 1997, S. 5.

Rädler, Peter; Die Unverfügbarkeit der Menschenwürde in Deutschland und Frankreich – Die Urteile des französischen Conseil d'État zum „Zwergenweitwurf", DÖV 1997, S. 109.

Raible, Karen; Völkerrechtliche Praxis der Bundesrepublik Deutschland im Jahre 1998, ZaöRV 60 (2000), S. 887.

Ramcharan, B.G.; Equality and Nondiscrimination, in: Henkin, Louis (Hrsg.), The International Bill of Rights, The Covenant on Civil and Political Rights, New York 1981, S. 246.

Randelzhofer, Albrecht; Incorporation of International Treaties into Municipal Law, in: Tunkin, Grigory/Wolfrum, Rüdiger (Hrsg.), International Law and Municipal Law, Berlin 1988, S. 101.

Randelzhofer, Albrecht; Innerstaatlich erforderliche Verfahren für das Wirksamwerden der von der Exekutive abgeschlossenen völkerrechtlichen Vereinbarungen, AöR 1974, Beiheft 1, S. 18.

Rechtsprechung des Bundesgerichtshofes in Strafsachen; herausgegeben von den Richtern des Bundesgerichtshofes, Köln, Berlin, Bonn, München, Loseblattausgabe, Grundwerk 1987, Stand: November/Dezember 2000 (zitiert: BGHR).

Rechtsprechung des Bundesgerichtshofes in Zivilsachen; herausgegeben von den Richtern des Bundesgerichtshofes, Köln, Berlin, Bonn, München, Loseblattausgabe, Grundwerk 1987, Stand: März 2001 (zitiert: BGHR-Zivilsachen).

Reichert, Bernd/Ruder, Karl-Heinz/Fröhler, Oliver; Polizeirecht, Besonderes Verwaltungsrecht für Baden-Württemberg, 5. Aufl., Baden-Baden 1997.

Reisman, W.M.; Responses to Crimes of Discrimination and Genocide: An Appraisal of the Convention on the Elimination of Racial Discrimination, Denver Journal of International Law and Policy, 1 (1971), S. 29.

Remmelink, Jan; Die Strafbarkeit der Rassendiskriminierung in den Niederlanden, in: Vogler, Theo (Hrsg.), Festschrift für Hans-Heinrich Jescheck zum 70. Geburtstag, 1. Halbband, Berlin 1985, S. 601.

Rennert, Klaus; Die Verfassungswidrigkeit „falscher" Gerichtsentscheidungen, NJW 1991, S. 12.

Renucci, Jean-Francois; Droit Européen des Droits de l'Homme, Paris 1999.

Ress, Georg; Verfassungsrechtliche Auswirkungen der Fortentwicklung völkerrechtlicher Verträge, in: Fürst, Walter/Herzog, Roman/Umbach, Dieter C. (Hrsg.), Festschrift für Wolfgang Zeidler, Band 2, Berlin, New York 1987, S. 1799.

Ress, Georg; Die europäische Menschenrechtskonvention und die Vertragsstaaten: Die Wirkungen der Urteile des Europäischen Gerichtshofes für Menschenrechte im innerstaatlichen Recht und vor innerstaatlichen Gerichten, in: Irene Maier (Hrsg.), Europäischer Menschenrechtsschutz, Schranken und Wirkungen, Verhandlungen des Fünften Internationalen Kolloquiums über die Europäische Menschenrechtskonvention in Frankfurt, Heidelberg 1982, S. 227 (zitiert: in: 5. Kolloquium EMRK).

Rinken, Alfred; Kommentierung des Artikels 9 Absatz 1 GG, in: Wassermann, Rudolf (Hrsg.), Alternativkommentar, Kommentar zum Grundgesetz für die Bundesrepublik Deutschland, Band 1, Artikel 1-37, 2. Aufl., Neuwied/Darmstadt 1989 (zitiert: in: AK).

Rinken, Alfred; Vorbemerkungen vor Artikel 93 GG, in: Wassermann, Rudolf (Hrsg.), Alternativkommentar, Kommentar zum Grundgesetz für die Bundesrepublik Deutschland, Band 2, Artikel 38-146, Neuwied/Darmstadt 1989 (zitiert: in: AK).

Robbers, Gerhard; Für ein neues Verhältnis zwischen Bundesverfassungsgericht und Fachgerichtsbarkeit, NJW 1998, S. 935.

Robbers, Gerhard; Ausländer im Verfassungsrecht, in: Benda, Ernst/Maihofer, Werner/Vogel, Hans-Jochen (Hrsg.), Handbuch des Verfassungsrecht der Bundesrepublik Deutschland, 2. Aufl., Berlin, New York 1994, S. 391.

Robbers, Gerhard; Der Gleichheitssatz, DÖV 1988, S. 749.

Robert, Jaques/Duffar, Jean; Droits de l'Homme et Libertés fondamentales, 5. Aufl., Paris 1993.

Römer, Wilhelm; Nochmals: Werden Gastarbeiter und andere Ausländer durch § 130 StGB gegen Volksverhetzung wirksam geschützt?, NJW 1971, S. 1735.

Rojahn, *Ondolf;* Die Auslegung völkerrechtlicher Verträge in der Entscheidungspraxis des Bundesverwaltungsgerichts, in: Geiger, Rudolf/Goerlich, Helmut/Häuser, Franz (Hrsg.), Völkerrechtlicher Vertrag und staatliches Recht vor dem Hintergrund zunehmender Verdichtung der internationalen Beziehungen, Baden-Baden 2000, S. 123 (zitiert: in: Geiger).

Rojahn, Ondolf; Kommentierung der Artikel 24, 25, 59 GG, in: von Münch, Ingo/Kunig, Philip (Hrsg.), Grundgesetz-Kommentar, Band 2, Artikel 21 - 69, 3. Aufl., München 1995.

Rom; Robert; Die Behandlung der Rassendiskriminierung im schweizerischen Strafrecht, Entlebuch 1995.

Ros, Mirko; Die unmittelbare Anwendbarkeit der Europäischen Menschenrechtskonvention, Zürich 1984.

Rosengarten, Joachim; Der Präventionsgedanke im deutschen Zivilrecht, NJW 1996, S. 1935.

Rosengarten, Ulrich; Der Begriff der völkerrechtlichen Verträge im Sinne des Art. 59 Abs. 2 Satz 1, 1. Alt. GG im Lichte moderner Entwicklungen des Völkerrechts, Dissertation Universität Köln 1994 (zitiert: Der Begriff der völkerrechtlichen Verträge).

Roth, Günter; Kommentierung des § 242 BGB, in: Münchener Kommentar zum Bürgerlichen Gesetzbuch, Band 2, Schuldrecht Allgemeiner Teil,

§§ 241-432, Rebmann, Kurt/Säcker, Franz Jürgen (Hrsg.), 3. Aufl., 1994 (zitiert: in: Münchener Kommentar).

Rudolf, Beate; Die thematischen Berichterstatter und Arbeitsgruppen der UN-Menschenrechtskommission, Berlin, Heidelberg, New York 2000 (zitiert: Die thematischen Berichterstatter).

Rudolf, Walter; Völkerrecht und deutsches Recht, Tübingen 1967.

Rudolphi, Hans-Joachim; Kommentierung des § 130, vor § 185 StGB, in: Systematischer Kommentar zum Strafgesetzbuch, Gesamtredaktion: ders., Band 2, Besonderer Teil, §§ 80-358, 6. Aufl., Stand § 130: 46. Lieferung, September 1998; Stand vor § 185: 36. Lieferung, April 1996, Stand Gesamt: 50. Lieferung (April 2000), Neuwied/Kriftel.

Rüfner, Wolfgang; Die mittelbare Diskriminierung und die speziellen Gleichheitssätze in Art. 3 Abs. 2 und 3 GG, in: Wendt, Rudolf/Höfling, Wolfram/Karpen, Ulrich/Oldiges, Martin (Hrsg.), Staat, Wirtschaft, Steuern, Festschrift für Karl Heinrich Friauf zum 65. Geburtstag, Heidelberg 1996, S. 331.

Rüfner, Wolfgang; Kommentierung des Artikels 3 GG, in: Dolzer Rudolf/Vogel, Klaus (Hrsg.), Bonner Kommentar zum Grundgesetz, Heidelberg, Stand: Abs. 1: November 1992, Abs. 2 und 3: Mai 1996, insgesamt: 94. Lieferung, November 2000 (zitiert: in: BK).

Rüfner, Wolfgang; Grundrechtsadressaten, in: Isensee, Josef/Kirchhof, Paul (Hrsg.), Handbuch des Staatsrechts der Bundesrepublik Deutschland, Band V, Allgemeine Grundrechtslehren, Heidelberg 1992, § 117, S. 525.

Rüfner, Wolfgang; Drittwirkung der Grundrechte, Versuch einer Bilanz, in: Selmer, Peter/von Münch, Ingo, (Hrsg.), Gedächtnisschrift für Wolfgang Martens, Berlin, New York 1987, S. 215.

Rühl, Ulli; Versammlungsrechtliche Maßnahmen gegen rechtsradikale Demonstrationen und Aufzüge, NJW 1995, S. 561.

Rupprecht, Reinhard (Hrsg.); Polizei Lexikon, 2. Aufl., Heidelberg 1995.

Sachs, Michael; Die Maßstäbe des allgemeinen Gleichheitssatzes – Willkürverbot und sogenannte neue Formel, JuS 1997, S. 124.

Sachs, Michael; Kommentierung vor Artikel 1 GG, in: ders. (Hrsg.), Grundgesetz, Kommentar, 2. Aufl., München 1999 (zitiert: Sachs, Grundgesetz Kommentar).

Sachs, Michael; Besondere Gleichheitsgarantien, in: Isensee, Josef/Kirchhof, Paul, Handbuch des Staatsrechts der Bundesrepublik Deutschland, Band V, Allgemeine Grundrechtslehren, Heidelberg 1992, § 126, S. 1017.

Sachs, Michael; Gleichberechtigung und Frauenquoten, NJW 1989, S. 553.

Sachs, Michael; Mitautor in: Stern, Klaus; Das Staatsrecht der Bundesrepublik Deutschland, Band III/1 Allgemeine Lehren der Grundrechte, München 1988 (zitiert: in: Stern, Staatsrecht III/1).

Sachs, Michael; Grenzen des Diskriminierungsverbots – Eine Untersuchung zur Reichweite des Unterscheidungsverbots nach Artikel 3 Abs. 2 und 3 GG, München 1987.

Sachs, Michael; Anmerkung zum Beschluß des BVerfG vom 17.5.1983 - 2 BvR 731/80, BayVBl 1984, S. 208.

Sachs, Michael; Art. 3 III GG und Ausländerbeteiligung, NJW 1981, S. 1133.

Sacksofsky, Ute; Das Grundrecht auf Gleichberechtigung – Eine rechtsdogmatische Untersuchung zu Artikel 3 Absatz 2 des Grundgesetzes, 2. Aufl., Baden-Baden 1996.

Sagay, Itsejuwa; Racial Discrimination in International Law, Ile-Ife, Nigeria 1981.

Salzwedel, Jürgen; Gleichheitsgrundsatz und Drittwirkung, in: Carstens, Karl/Peters, Hans (Hrsg.), Festschrift Hermann Jahrreiß zu seinem 70. Geburtstag, Köln, Berlin, Bonn, München 1964, S. 339.

Santa Cruz, Hernán; Racial Discrimination, Special Rapporteur of the Sub-Commission on Prevention of Discrimination and Protection of Minorities, United Nations, New York 1977.

Santa Cruz, Hernán; Special Study on Racial Discrimination in the Political, Economic, Social and Cultural Spheres, Special Rapporteur on Racial Discrimination, Doc. E/CN.4/Sub.2/307/Rev.I (1971) und UN Doc. E/CN.4/Sub.2/288.

Schafheutle, Josef; Das Sechste Strafrechtsänderungsgesetz, JZ 1960, S. 470.

Schenke, Wolf-Rüdiger; Polizei- und Ordnungsrecht, in: Steiner, Udo (Hrsg.), Besonderes Verwaltungsrecht, 6. Aufl., Heidelberg 1999, S. 173.

Schenke, Wolf-Rüdiger; Verfassungsgerichtsbarkeit und Fachgerichtsbarkeit, Heidelberg 1987.

Schiemann, Gottfried; Kommentierung des § 826 BGB, in: Westermann, Harm Peter (Hrsg.), Ermans Bürgerliches Gesetzbuch, 1. Band, 10. Aufl., Münster, Köln 2000 (zitiert: in: Erman).

Schlachter, Monika; Wege zur Gleichberechtigung, München 1993.

Schlaich, Klaus; Das Bundesverfassungsgericht, 4. Aufl., München 1997.

Schlechtriem, Peter; Anmerkung zur Entscheidung des BGH vom 15.11.1994 - VI ZR 56/94, JZ 1995, S. 360.

Schloer, Bernhard; Die Begriffe der öffentlichen Sicherheit und Ordnung im bayerischen Polizei- und Sicherheitsrecht, BayVBl 1991, S. 257.

Schmalz, Dieter; Grundrechte, 3. Aufl., Baden-Baden 1997.

Schmalz, Dieter; Grundrechte, 2. Aufl., Baden-Baden 1991 (zitiert: Grundrechte, 2. Aufl.).

Schmid, Bernhard; Rang und Geltung der Europäischen Konvention zum Schutze der Menschenrechte und Grundfreiheiten vom 3. November 1950 in den Vertragsstaaten, Basel, Frankfurt am Main 1984.

Schmidt, Karsten; Der Zivilrichter als „Schöpfer" und „Vollstrecker" wirtschaftsrechtlicher Normen, DRiZ 1977, S. 97.

Schmidt-Bleibtreu, Bruno; Kommentierung des Artikels 20 GG, in: ders./Klein, Franz (Hrsg.), Kommentar zum Grundgesetz, 9. Aufl., Neuwied, Kriftel 1999.

Schmitt Glaeser, Walter; Schutz der Privatsphäre, in: Isensee, Josef/Kirchhof, Paul (Hrsg.), Handbuch des Staatsrecht der Bundesrepublik Deutschland, Band VI, Freiheitsrechte, Heidelberg 1989, § 129, S. 41.

Schnapp, Friedrich; Kommentierung des Artikels 20 GG, in: von Münch, Ingo/Kunig, Philip (Hrsg.), Grundgesetz-Kommentar, Band 1, Präambel bis Artikel 20, 5. Aufl., München 1999.

Schoch, Friedrich; Grundfälle zum Polizei- und Ordnungsrecht, JuS 1994, S. 479, S. 570, 932, S. 1026.

Schoch, Friedrich; Der Gleichheitssatz, DVBl 1988, S. 863.

Schönbohm, Jörg; Ausländerpolitik in Deutschland – eine Herausforderung für die Zukunft, ZAR 1997, S. 3.

Schokkenbroek, Jeroen; The Prohibition of Discrimination in Article 14 of the Convention and the Margin of Appreciation, HRLJ 19 (1998), S. 20.

Scholz, Rupert; Kommentierung des Artikels 9 GG, in: Maunz Theodor/Dürig, Günter/Herzog, Roman/ders./Lerche, Peter/Papier, Hans-Jürgen/Randelzhofer, Albrecht/Schmidt-Assmann, Eberhard, Grundgesetz Kommentar, Band I, Art. 1-10, Stand: Artikel 9: 1979, insgesamt: 37. Lieferung, München Dezember 2000 (zitiert: in: Maunz/Dürig).

Scholz, Rupert; Das Grundrecht der freien Entfaltung der Persönlichkeit in der Rechtsprechung des Bundesverfassungsgerichts, AöR 100 (1975), S. 80, 265.

Scholz, Rupert/Pitschas, Rainer; Effektive Staatsangehörigkeit und Grundgesetz, NJW 1984, S. 2721.

Schütz, Dieter; Der internationale ordre public, Frankfurt am Main/Bern/New York 1984.

Schuppert, Gunnar Folke; Zur Nachprüfung gerichtlicher Entscheidungen durch das Bundesverfassungsgericht, AöR 103 (1978), S. 43.

Schwabe, Jürgen; „Drittwirkung" und kein Ende, NJW 1973, S. 229.

Schweitzer, Michael; Staatsrecht III, Staatsrecht, Völkerrecht, Europarecht, 7. Aufl., Heidelberg 2000.

Schwelb, Egon; The International Obligations of Parties to the Convention, in: Nathanson, Nathaniel L./ders., The United States and the United Nations Treaty on Racial Discrimination – A Report for the Panel on International Human Rights Law and Its Implementation, The American Society of International Law (Hrsg.), Washington, Lancaster 1975, S. 1.

Schwelb, Egon; The Implementation of the International Convention on the Elimination of All Forms of Racial Discrimination, in: The International Law Association, Report of the 55th Conference (1974), S. 585.

Schwelb, Egon; The International Court of Justice and the Human Rights Clauses of the Charter, AJIL 66 (1972), S. 337.

Schwelb, Egon; The International Convention on the Elimination of All Forms of Racial Discrimination, ICLQ 15, 1966, S. 996.

Schwerdtner, Peter; Persönlichkeitsschutz im Zivilrecht, in: Schutz der Persönlichkeit, Karlsruher Forum 1996, Larenz, Egon (Hrsg.), Karlsruhe 1997, S. 27.

Schwerdtner, Peter; Kommentierung des § 12 BGB, in: Münchener Kommentar zum Bürgerlichen Gesetzbuch, Rebman, Kurt/Säcker, Jürgen (Hrsg.), Band 1, Allgemeiner Teil, §§ 1-240, 3. Aufl., München 1993.

Schwerdtner, Peter; Der zivilrechtliche Persönlichkeitsschutz, JuS 1978, S. 289.

Schutzgesetze gegen ethnische Diskriminierung, Internationale Konsultation der Evangelischen Akademie Tutzing und der Ausländerbeauftragten des Senats von Berlin, März/April 1992, Berlin 1994.

Seibert, Helga; Europäische Menschenrechtskonvention und Bundesverfassungsgericht, in: Vogel, Hans Jochen/Simon, Helmut/Podlech, Adalbert (Hrsg.), Die Freiheit des Anderen, Festschrift für Martin Hirsch, S. 519.

Seidl-Hohenveldern, Ignaz/Stein, Torsten; Völkerrecht, 10. Aufl., Köln, Berlin, Bonn, München 2000.

Seißer; Das Verhältnis des allgemeinen Gleichheitssatzes (Art. 3 Abs. 1 GG) zu den besonderen Gleichheitssätzen, Augsburg 1969.

Seiter, Hugo; Streikrecht und Aussperrungsrecht, Tübingen 1975.

Seitter, Oswald; Gaststättenrecht – Kommentar zum Gaststättengesetz mit den einschlägigen Vorschriften des Bundes und der Länder, 4. Aufl., Heidelberg 1995.

Seitz, Walter; Prinz und die Prinzessin – Wandlungen des Deliktsrechts durch Zwangskommerzialisierung der Persönlichkeit, Kommentar, NJW 1996, S. 2848.

Sendler, Horst; Teilhaberechte in der Rechtsprechung des Bundesverwaltungsgericht, DÖV 1978, S. 581.

Senge, Lothar; Kommentierung des § 118 OWiG, in: Karlsruher Kommentar zum Gesetz über Ordnungswidrigkeiten, Boujong, Karlheinz (Hrsg.), 2. Aufl., München 2000.

Sieg, Harald/Leifermann, Werner/Tettinger, Peter; Gewerbeordnung, 5. Aufl., München 1988.

Siegert, Anja; Minderheitenschutz in der Bundesrepublik Deutschland, Berlin 1999.

Sieveking, Klaus; Zur Frage eines Antidiskriminierungsgesetzes gegen ethnische Diskriminierung – Thesen, Zeitschrift für Sozialreform 1994, S. 259.

Sigler, Jay A.; Minority Rights: A Comparative Analysis, Westport, London 1983.

Simma, Bruno/Kahn, Daniel-Erasmus/Zöckler, Markus/Geiger, Rudolf; The Role of German Courts in the Enforcement of International Human Rights, in: Conforti, Benedetto/Francioni, Francesco (Hrsg.), Enforcing International Human Rights in Domestic Courts, Den Haag/Boston/London 1997, S. 71.

Simon, Helmut; Verfassungsgerichtsbarkeit, in: Benda, Ernst/Maihofer, Werner/Vogel, Hans-Jochen, 2. Aufl., Berlin, New York 1994, S. 1637.

Sinclair, Ian; The Vienna Convention on the Law of Treaties, 2. Aufl., Manchester 1984.

Slupik, Vera; Die Entscheidung des Grundgesetzes für Parität im Geschlechterverhältnis, Berlin 1988.

Soehring, Jörg; Die Entwicklung des Presse- und Äußerungsrecht 1994-1996, NJW 1997, S. 360.

Sohn, Louis B./Buergenthal, Thomas; International Protection of Human Rights, Indianapolis, Kansas City, New York 1972.

Sommermann, Karl-Peter; Völkerrechtlich garantierte Menschenrechte als Maßstab der Verfassungskonkretisierung, AöR 114 (1989), S. 391.

Sorensen, Max; Die Verpflichtungen eines Staates im Bereich seiner nationalen Rechtsordnung auf Grund eines Staatsvertrages, in: Universität Wien (Hrsg.), Menschenrechte im Staatsrecht und im Völkerrecht, 2. Internationales Kolloquium über die Europäische Konvention zum Schutz der Menschenrechte und Grundfreiheiten, Karlsruhe 1967, S. 15 (zitiert: 2. Kolloquium EMRK).

Sperduti, Guiseppe; Responsibility of States for Activities of Private Law Persons, in: Encyclopedia of Public International Law, Bernhardt, Rudolf (Hrsg.), Band 10, States, Responsibility of States, International Law and Municipal Law, 1. Aufl., Amsterdam, New York, Oxford, Tokyo, 1987, S. 373 (zitiert: EPIL 10 (1. Aufl.)).

Starck, Christian; Das Bonner Grundgesetz, Kommentar, von Mangoldt, Hermann/Klein, Friedrich/ders. (Begründer und Bearbeiter), München 1999 (zitiert: Starck, in: BK).

Starck, Christian; Gleichberechtigung und tatsächliche Gleichheit von Mann und Frau, in: Hanau, Peter/Heither, Friedrich/Kühling, Jürgen (Hrsg.), Richterliches Arbeitsrecht, Festschrift für Thomas Dieterich zum 65. Geburtstag, München 1999, S. 643.

Starck, Christian; Verfassungsgerichtsbarkeit und Fachgerichte, JZ 1996, S. 1033.

Starck, Christian; Praxis der Verfassungsauslegung, Baden-Baden 1994.

Starck, Christian; Gleichheit als Maß des Rechts, Probleme der Anwendung des Gleichheitssatzes, L'Égalité 8 (1982), S. 563.

Starck, Christian; Anmerkung zum Beschluß des Bundesverfassungsgerichts vom 11.10.1978 - 1 BvR 84/74, JZ 1979, S. 63.

Steffen, Erich; Schmerzensgeld bei Persönlichkeitsverletzung durch Medien, NJW 1997, S. 10.

Steffen, Erich; Kommentierung des § 823 BGB, in: Das Bürgerliche Gesetzbuch mit besonderer Berücksichtigung der Rechtsprechung des Reichsgerichts und des Bundesgerichtshofes, herausgegeben von Mitgliedern des Bundesgerichtshofes, Band 2, 5. Teil, §§ 812-831, 12. Aufl., Berlin, New York, 1989 (zitiert: in: RGRK).

Stein, Ekkehart; Kommentierung des Artikels 3 GG, in: Wassermann, Rudolf (Hrsg.), Alternativkommentar, Kommentar zum Grundgesetz für die Bundesrepublik Deutschland, Band 1, Art. 1-37, 2. Aufl., Neuwied, Darmstadt 1989.

Stein, Eric; History against free speech: The new German Law against the Auschwitz and other „Lies", Michigan Law Review 85 (1986-1987), S. 277-324.

Stein, Ursula; Kommentierung des § 847 BGB, in: Münchener Kommentar zum Bürgerlichen Gesetzbuch, Rebmann, Kurt/Säcker, Jürgen/Rixecker, Roland (Hrsg.), Band 5, Schuldrecht, Besonderer Teil III, §§ 705-853, 3. Aufl. München 1997 (zitiert: in: Münchener Kommentar).

Steinberger, Helmut; Allgemeine Regeln des Völkerrechts, in: Isensee, Josef/Kirchhof, Paul (Hrsg.), Handbuch des Staatsrecht der Bundesrepublik Deutschland, Band VII, Normativität und Verfassung – Internationale Beziehungen, Heidelberg 1992, § 173, S. 525.

Steinberger, Helmut; Entwicklungslinien in der neueren Rechtsprechung des Bundesverfassungsgerichts zu völkerrechtlichen Fragen, ZaöRV 44 (1988), S. 1.

Steinberger, Helmut; Reference to the Case Law of the Organs of the European Convention on Human Rights before National Courts, HRLJ 6 (1985), S. 402.

Steindorff, Ernst; Persönlichkeitsschutz im Zivilrecht, Heidelberg 1983.

Steinwedel, Ulrich; „Spezifisches Verfassungsrecht" und „einfaches Recht", Baden-Baden 1976.

Stern, Klaus; Das Staatsrecht der Bundesrepublik Deutschland, Band III/1 Allgemeine Lehren der Grundrechte, München 1988 (zitiert: Staatsrecht III/1).

Stern, Klaus; Das Staatsrecht der Bundesrepublik Deutschland, Band I, Grundbegriffe und Grundlagen des Staatsrechts, Strukturprinzipien der Verfassung, 2. Aufl., München 1984 (zitiert: Staatsrecht I).

Sternberg, Nils; Der Rang von Menschenrechtsverträgen im deutschen Recht unter besonderer Berücksichtigung von Art. 1 Abs. 2 GG, Berlin, 1998.

Stober, Rolf (Hrsg.); Entscheidungssammlung zum Gewerberecht, bearbeitet von Rüdiger Busch und Martin Schulze-Werner, Neuwied, Kriftel, Berlin Grundwerk 1989, Stand: 35. Lieferung (November 2000).

Stock, Remmert A.; Zugang zu Gaststätten und Rassendiskriminierung, ZAR 1999, S. 118.

Stopp, Alexander H.; Die Behandlung ethnischer Minderheiten als Gleichheitsproblem, Baden-Baden 1994.

Strathenwerth, Günter; Schweizerisches Strafrecht, Besonderer Teil II: Straftaten gegen Gemeininteressen, 4. Aufl., Bern 1995.

Strauss, Roland; Das Verbot der Rassendiskriminierung – Völkerrecht, Internationales Übereinkommen und schweizerische Rechtsordnung, Zürich 1991.

Stree, Walter; Kommentierung des § 13 StGB, in: Schönke, Adolf/Schröder, Horst (Begründer und fortgeführt), ferner Lencker, Theodor/Cramer, Peter/Eser, Albin/Stree, Walter, Strafgesetzbuch Kommentar, 25. Aufl., München 1997 (zitiert: in: Schönke/Schröder).

Streinz, Rudolf; Kommentierung der Artikel 25, 59 GG, in: Sachs, Michael (Hrsg.), Grundgesetz-Kommentar, 2. Aufl., München 1999.

Streng, Franz; Das Unrecht der Volksverhetzung, in: Küper, Wilfried (Hrsg.), Festschrift für Karl Lackner zum 70. Geburtstag am 18. Februar 1987, Berlin, New York 1987, S. 501.

Stürner, Rolf; Der Strafschaden im deutschen Medienpersönlichkeitsrecht, in: Hübner, Ulrich/Ebke, Werner (Hrsg.), Festschrift für Bernhard Großfeld zum 65. Geburtstag, Heidelberg 1999, S. 1201.

Stürner, Rolf; Die verlorene Ehre des Bundesbürgers – Bessere Spielregeln für die öffentliche Meinungsbildung, JZ 1994, S. 865.

Sturm, Gerd; Kommentierung des Artikels 93 GG, in: Sachs, Michael (Hrsg.), Grundgesetz Kommentar, 2. Aufl., München 1999.

Suelmann, Heinz-Gerd; Die Horizontalwirkung des Artikels 3 Abs. 2 GG, Baden-Baden 1994.

Sudre, Frédéric; Les Aléas de la Notion de «Vie Privée» dans la Jurisprudence de la Cour Européenne des Droits de l'Homme, in: Mélanges en Hommage à Louis Edmond Pettiti, Brüssel 1998, S. 687 (zitiert: in: Gedächtnisschrift Pettiti).

Symonides, Janusz; The United Nations System Standard-Setting Instruments and Programmes against Discrimination: Introductory Remarks, in: ders. (Hrsg.), The Struggle Against Discrimination, Paris 1996, S. 3.

Teichmann, Arndt; Kommentierung der §§ 249, 254, 823 ff. BGB, in: Jauernig, Othmar (Hrsg.), Bürgerliches Gesetzbuch, 9. Aufl., München 1999.

Ténékidès, Georges; L'actions des Nations Unies contre la discrimination raciale, RdC 168 (1980), S. 269.

Terwiesche, Michael; Die Begrenzung der Grundrechte durch objektives Verfassungsrecht, Hamburg 1999.

Tettinger, Peter; Kommentierung des § 51 GewO, in: ders./Wank, Peter (Hrsg.), Gewerbeordnung, 6. Aufl., München 1999.

Tettinger, Peter J.; Die Ehre – ein ungeschütztes Verfassungsgut, Köln 1995.

Teubal de Alhadeff, Evelina; Comments on Self Executing Treaties, in: Bothe, Michael/Vinuesa, Raul E. (Hrsg.), International Law and Municipal Law, Berlin 1982, S. 161.

Thedieck, Karl; Deutsche Staatsangehörigkeit im Bund und in den Ländern, Berlin 1989.

Thielmann, Georg; Sittenwidrige Verfügungen von Todes wegen, Berlin 1973.

Thomas, Heinz; Kommentierung der §§ 631-853, in: Palandt, Otto, Bürgerliches Gesetzbuch, 60. Aufl., München 2001 (zitiert: in: Palandt).

Thomas, P.J.; Racial Discrimination in the Netherlands: the de iure and de facto positions, The Comparative and International Law Journal of South Africa 28 (1995), S. 36.

Timme, Michael; Rechtliche Behandlung von Zutrittsverweigerungen gegenüber Ausländern im Gaststättengewerbe, ZAR 1997, S. 130.

Tomuschat, Christian; Verwirrung über die Kinderrechte-Konvention der Vereinten Nationen, – Zur innerstaatlichen Geltungskraft kraft völkerrechtlicher Verträge, in: Ruland, Franz (Hrsg.), Verfassung, Theorie und Praxis des Sozialstaats, Festschrift für Hans Zacher zum 70. Geburtstag, Heidelberg 1998, S. 1143.

Tomuschat, Christian; Die staatsrechtliche Entscheidung für die internationale Offenheit, in: Isensee, Josef/Kirchhof, Paul (Hrsg.), Handbuch des Staatsrechts der Bundesrepublik Deutschland, Band VII, Normativität und Schutz der Verfassung – Internationale Beziehungen, Heidelberg 1992, § 172, S. 483.

Tomuschat, Christian; Grundpflichten des Individuums nach Völkerrecht, AVR 21 (1983), S. 289.

Tomuschat, Christian; Equality and Non-Discrimination under the International Covenant on Civil and Political Rights, in: von Münch, Ingo (Hrsg.), Staatsrecht – Völkerrecht – Europarecht, Festschrift für Hans-Jürgen Schlochauer zum 75. Geburtstag, Berlin, New York 1981, S. 691.

Tröndle, Herbert/FischerThomas; Kurz-Kommentar, StBG und Nebengesetze, 49. Aufl., München 1999.

Ulsamer, Gerhard; Europäische Menschenrechtskonvention und deutsche Strafverfolgungspraxis, in: Fürst, Walter/Herzog, Roman/Umbach, Dieter C. (Hrsg.), Festschrift für Wolfgang Zeidler, Band 2, Berlin, New York 1987, S. 1799.

Ulsamer, Gerhard; Europäische Menschenrechtskonvention als innerstaatlich geltendes Recht in der Bundesrepublik Deutschland, in: Frowein, Jochen

Abr./ders. (Hrsg.), Europäische Menschenrechtskonvention und nationaler Rechtsschutz, Heidelberg 1985, S. 35.

Uerpmann, Robert; Die EMRK und die deutsche Rechtsprechung, Berlin 1993.

Van Boven, Theodor; The Petition System under the International Convention on the Elimination of All Forms of Racial Discrimination, Max Planck UNYB 4 (2000), S. 271.

Van Boven, Theodor; United Nations Strategies to Combat Racism and Racial Discrimination: Past Experiences and Present Perspectives, in: UN Doc. E/CN.4/1999/WG.1/BP.7.

Van Boven, Theodor; Prevention, Early-warning and Urgent Procedures; a New Approach by the Committee on the Elimination of Racial Discrimination, in: Denter, Erik/Schrivjer, Nico (Hrsg.), Reflections on International Law from the Low Countries in Honour of Paul de Waart, Den Haag, Boston, London 1998, S. 165.

Van Boven, Theo; The right to restitution, compensation and rehabilitation for victims of gross violations of human rights and fundamental freedoms, in: Alfredssoon, Gudmundur/Macalister-Smith, Peter (Hrsg.), The Living Law of Nations, Essays on refugees, minorities, indigenous peoples and the human rights of other vulnerable groups in memory of Atle Grahl-Madsen, Kehl, Straßburg, Arlington 1996, S. 339.

Van Dyke, Vernon; Human Rights Without Discrimination, APSR 67 (1973), S. 1267.

Van Dijk, P./van Hoof, G.J.H; Theory and Practice of the ECHR, 2. Aufl., Deventer 1990.

Vázquez, Carlos Manuel; The Four Doctrines of Self-Executing Treaties, AJIL 89 (1995), S. 695.

Velu, M.J.; La Convention Européenne des Droits de l'Homme et le Droit au Respect de la Vie Privée, du Domicile et des Communications, in: 3. Colloque International sur la Convention Européenne des Droits de l'Homme, Vie Privée et Droits de l'Homme, Bruxelles 1973, S. 35 (zitiert: 3. Colloque CEDH).

Verdross, Alfred/Simma, Bruno; Universelles Völkerrecht, 3. Aufl., Berlin 1984.

Verhoeven, Joe; La Notion d'„Applicabilité Directe" du Droit International, RDBI 15 (1980), S. 243.

Viera, Norman; Constitutional Civil Rights in a Nutshell, 2. Aufl., Saint Paul, Minnesota 1990.

Vierdag, E.W.; The Concept of Discrimination in International Law, Den Haag 1973.

Villiger, Mark E.; Handbuch der Europäischen Menschenrechtskonvention, 2. Aufl., Zürich 1999.

Vincent, R. J.; Race in International Relations, International Affairs 58 (1982), S. 658.

Vogel, Klaus; Die Verfassungsentscheidung des Grundgesetzes für eine internationale Zusammenarbeit, Recht und Staat 292/293, Tübingen 1964.

Volio, Fernando; Legal Personality, Privacy and The Family, in: Henkin, Louis (Hrsg.), The International Bill of Rights, The Covenant on Civil and Political Rights, New York 1982, S. 185.

Volk, K.; Anmerkung zum Urteil des BayObLG vom 18.2.1988 - RRegl. 5 St 4188, JR 1989, S. 74.

Waechter, Kay; Die Schutzgüter des Polizeirechts, NVwZ 1997, S. 729.

Wagner, Heinz; Beleidigung eines Kollektivs oder Sammelbeleidigung? – OLG Frankfurt, NJW 1977, 1355, JuS 1978, S. 674.

Wagner, W.; Anmerkung zum Urteil des BGH vom 20.6.1979 3 StR 131/79 (BGHSt 29, 26), JR 1980, S. 120.

Wahl, Rainer/Masing, Johannes; Schutz durch Eingriff, JZ 1990, S. 553.

Wahl/Schütz, Kommentierung des § 42 VwGO, in: Schoch, Friedrich/Schmidt-Aßmann, Eberhard/Pietzner, Rainer, Verwaltungsgerichtsordnung – Kommentar, München, Stand: 5. Ergänzungslieferung, Januar 2000.

Walker, David M.; The Oxford Companion to Law, Oxford 1980.

Waltz, Viktoria; Migration und Urbanität, in: Beauftragte der Bundesregierung für Ausländerfragen (Hrsg.), Integration in Städten und Gemeinden, Berlin, Bonn Dezember 2000, S. 4.

Warren D./Brandeis, Louis D.; The Right to Privacy, Harvard Law Review 4 (1890), S. 193.

Weidenkaff, Walter; Rechtsvorschriften, in: Kauffmann, Hans (Hrsg.), Creifelds Rechtswörterbuch, München 1994, S. 964.

Weiß, Norman; Diskotheken-Türsteher, Übereinkommen zur Beseitigung jeder Form von Rassendiskriminierung: 56. und 57. Tagung des CERD, Vereinte Nationen 2001, S. 181.

Weiß, Norman; Auswertung der Tätigkeit des Ausschusses zur Beseitigung jeder Form der Rassendiskriminierung (CERD) der Vereinten Nationen – Zusammenfassung der Ergebnisse, MRM 1998, S. 98.

Weiß, Norman; Einführung in den Individualrechtsschutz nach der Anti-Rassismus-Konvention der Vereinten Nationen, MRM 1997, S. 34.

Wehinger, Markus; Kollektivbeleidigung – Volksverhetzung: Der strafrechtliche Schutz von Bevölkerungsgruppen durch die §§ 185 ff. und § 130 StGB, Baden-Baden 1994.

Wellbrock, Rita; Persönlichkeitsschutz und Kommunikationsfreiheit, Baden-Baden 1982.

Wendt, Rudolf; Der Gleichheitssatz, NVwZ 1988, S. 778.

Wessels, Johannes/Hettinger, Michael; Strafrecht Besonderer Teil - 1, Straftaten gegen Persönlichkeits- und Gemeinschaftswerte, 22. Aufl., Heidelberg 1999.

Weyreuther, Felix; Gleichbehandlung und Typisierung, DÖV 1997, S. 521.

Wiesbrock, Katja; Internationaler Schutz der Menschenrechte vor Verletzungen durch Private, Berlin 1999.

Wildhaber, Luzius; Kommentierung des Artikels 8 EMRK, in: Internationaler Kommentar zur Europäischen Menschenrechtskonvention, von Golsong, Heribert/Karl, Wolfram/Miehsler, Herbert/Petzold, Herbert/Riedel, Eike/Rogge, Kersten/Vogler, Theo/ders./Breitenmoser, Stephan, Loseblattsammlung, Köln, Berlin, Bonn, München, 2. Lieferung, April 1992 (zitiert: in: Internationaler Kommentar zur EMRK).

Wildhaber, Luzius; Gedanken zu Rassendiskriminierung, Rechtsgleichheit und Drittwirkung im schweizerischen Recht, Schweizerisches Zentralblatt für Staats- und Gemeindeverwaltung, 1971, S. 465.

Wildhaber, Luzius; Réflexions sur la Discrimination Raciale, l'Égalité devant la Loi et la „Drittwirkung" en Droit Suisse, RDH/HRJ 4 (1971), S. 341.

Wilting, Wilhelm Heinrich; Vertragskonkurrenz im Völkerrecht, Köln, Bonn, Berlin, München 1996.

Wisskirchen, Gerlind; Mittelbare Diskriminierung von Frauen im Erwerbsleben, Die Rechtsprechung des Bundesarbeitsgerichts, des Europäischen Gerichtshofes und des U.S. Supreme Court, Berlin 1994.

Wölker, Ulrich; Zu Freiheiten und Grenzen der politischen Betätigung von Ausländern, Berlin, Heidelberg, New York, London, Paris, Tokio 1987.

Wolf, Gerhard; Strafbarkeit wegen „Diskriminierung", in: Joerden, Jan C. (Hrsg.), Diskriminierung, Antidiskriminierung, Berlin, Heidelberg, 1996, S. 125.

Wolff, Hans J./Bachof, Otto; Verwaltungsrecht III, 4. Aufl., München 1978.

Wolf, Heinz; Kommentierung des § 1 PolG, in: Reiff, Hermann/Wöhrle, Günter/Wolf, Heinz/Stephan, Ulrich, (Begründer, Bearbeiter), Polizeigesetz für Baden-Württemberg, Kommentar, 4. Aufl., Stuttgart, München, Hannover, Berlin, Weimar, Dresden 1995.

Wolfrum, Rüdiger; The Committee on the Elimination on Racial Discrimination, Max Planck UNYB 3 (1999), S. 489.

Wolfrum, Rüdiger, International Convention on the Elimination of all Forms of Racial Discrimination, in: Klein, Eckhart (Hrsg.), The Monitoring System of Human Rights Treaty Obligation, Berlin 1998, S. 49.

Wolfrum, Rüdiger; Internationales Übereinkommen zur Beseitigung jeder Form von Rassendiskriminierung: Inhalt und Verfahren seiner Durchsetzung, in: Baum, Gerhart/Riedel, Eibe/Schaefer, Michael (Hrsg.), Menschenrechtsschutz in der Praxis der Vereinten Nationen, Baden-Baden 1998, S. 129.

Wolfrum, Rüdiger; The Implementation of International Standards on Prevention and Elimination of Racial Discrimination: Achievements and Challenges, in: Symonides, Janusz (Hrsg.), The Struggle Against Discrimination, UNESCO, Paris 1996, S. 45.

Wolfrum, Rüdiger, Völkerrechtliche Aspekte des Kampfes gegen Rassendiskriminierung, in: Der Kampf gegen die Rassendiskriminierung im Völkerrecht und im innerstaatlichen Recht der Bundesrepublik Deutschland, Referate und Diskussionsbeiträge anläßlich des Doktorandenseminars zum 80. Geburtstag von Karl Josef Partsch vom 26. Juni 1994, zusammengestellt von Horst Risse, S. 15.

Wolfrum, Rüdiger; Das Verbot der Rassendiskriminierung im Spannungsfeld zwischen dem Schutz individueller Freiheitsrechte und der Verpflichtung des einzelnen im Allgemeininteresse, in: Denninger, Erhard/Hinz, Manfred, O./Mayer-Tasch, Peter, Cornelius/Roellecke, Gerd (Hrsg.), Kritik und Vertrauen, Festschrift für Peter Schneider zum 70. Geburtstag, Frankfurt a.M. 1990, S. 515.

Wolfrum, Rüdiger; The Progressive Development of Human Rights: A Critical Appraisal of Recent UN Efforts, in: Jekewitz, Jürgen/Klein, Karl Heinz/Kühne, Jörg Detlef/Petersmann, Hans/Wolfrum, Rüdiger (Hrsg.), Des Menschen Recht zwischen Freiheit und Verantwortung, Festschrift für Karl Josef Partsch zum 75. Geburtstag, Berlin 1989, S. 67.

Wolfrum, Rüdiger; The Legal Status of Sinti and Roma in Europe: A Case Study Concerning the Shortcomings of the Protection of Minorities, Annuaire Européen/European Yearbook 33 (1985), S. 75.

Würtenberger, Thomas; Polizei- und Ordnungsrecht, in: Achterberg, Norbert/Püttner, Günter/ders. (Hrsg.), Besonderes Verwaltungsrecht, Band II, Heidelberg 2000, S. 381.

Würtenberger, Thomas/Heckmann, Dirk/Riggert, Rainer; Polizeirecht in Baden-Württemberg, 3. Aufl., Heidelberg 1993.

Zacher, Hans F.; Das soziale Staatsziel, in: Isensee, Josef/Kirchhof, Paul (Hrsg.), Handbuch des Staatsrechts der Bundesrepublik Deutschland, Band 1, Grundlagen von Staat und Verfassung, 2. Aufl., Heidelberg 1995, S. 1045.

Zacher, Hans F.; Soziale Gleichheit, AöR 93 (1968), S. 341.

Zaczyk, Rainer; Kommentierung der §§ 185 ff. StGB, in: Nomos Kommentar zum Strafgesetzbuch, Neumann, Ulfrid/Schild, Wolfgang (Gesamtredaktion), Baden-Baden, Loseblatt Ausgabe, Grundwerk 1995, Stand: 8. Lieferung, Oktober 2000.

Zeitler, Franz-Christop; Verfassungsgericht und völkerrechtlicher Vertrag: Die gerichtliche Kontrolle völkerrechtlicher Akte der Regierung nach deutschem, amerikanischen und englischem Verfassungsrecht, Berlin 1974.

Zemanek, Karl; Die völkerrechtliche Verantwortlichkeit und die Sanktionen des Völkerrechts, in: Neuhold, Hanspeter/Hummer, Waldemar/Schreuer, Christoph, Österreichisches Handbuch des Völkerrechts, Band 1, 3. Aufl., Wien 1997, S. 446.

Zemanek, Karl; Responsibility of States: General Principles, in: Encyclopedia of Public International Law, Bernhardt, Rudolf (Hrsg.), Band 10, States, Responsibility of States, International Law and Municipal Law, 1. Aufl., Amsterdam, New York, Oxford, Tokyo, 1987, S. 362 (zitiert: EPIL 10 (1. Aufl.)).

Zeuner, Albrecht; Kommentierung des § 823 BGB, in: Soergel, H. Th./Siebert, W. (Begründer und Bearbeiter.), Bürgerliches Gesetzbuch, Schuldrecht IV/2 (§§ 823-853), 12. Aufl., Berlin, Köln 1998 (zitiert: in: Soergel).

Ziegler, Kai Peter; Deutsche Rechtsprechung in völkerrechtlichen Fragen 1998, ZaöRV 60 (2000), S. 163.

Zimmer, Anja; Hate Speech im Völkerrecht, Frankfurt am Main, Berlin, Bern, Brüssel, New York, Oxford, Wien 2001.

Zimmer, Anja; Abschiebungsschutz durch Art. 3 EMRK im Fall nichtstaatlicher Verfolgung, ZAR 1998, S. 115.

Zippelius, Reinhold; Kommentierung des Artikels 1 GG, Drittbearbeiter, in: Dolzer, Rudolf (Hrsg.), Bonner Kommentar, Band 1, Artikel 1-5, Heidelberg, Stand: Artikel 1: Mai 1995, insgesamt: 94. Lieferung (November 2000) (zitiert: in: BK).

Zippelius, Reinhold; Rechtsphilosophie, 3. Aufl., München 1994.

Zippelius, Reinhold; Der Gleichheitssatz, VVDStRL 47 (1989), S. 7.

Zöllner, Wolfgang; Die politische Rolle des Privatrechts, JuS 1988, S. 329.

Zuck, Rüdiger; Kommentierung des § 90 BVerfGG, in: Lechner, Hans/Zuck, Rüdiger; Bundesverfassungsgerichtsgesetz, 4. Aufl., München 1996.

Zuleeg, Manfred; Kommentierung des Artikels 24 Absatz 3/25 GG, in: Wassermann, Rudolf (Hrsg.), Alternativkommentar, Kommentar zum Grundgesetz für die Bundesrepublik Deutschland, Band 1, Art. 1-37, 2. Aufl., Neuwied, Darmstadt 1989 (zitiert: in: AK).

Zuleeg, Manfred; Abschluß und Rechtswirkung völkerrechtlicher Verträge in der Bundesrepublik Deutschland, JA 1983, S. 1.

Zuleeg, Manfred; Zum Standort des Verfassungsstaats im Geflecht der internationalen Beziehungen, DÖV 1977, S. 462.

Zuleeg, Manfred; Die innerstaatliche Anwendbarkeit völkerrechtlicher Verträge am Beispiel des GATT und der Europäischen Sozialcharta, ZaöRV 35 (1975), S. 341.

Zuleeg, Manfred; Neuere Literatur zum Europarecht: Innerstaatliche Anwendung, AöR 100 (1975), S. 291.

Zuleeg, Manfred; Zur staatsrechtlichen Stellung der Ausländer in der Bundesrepublik Deutschland, DÖV 1973, S. 361.

Materialien

Comparative Assessment of the Legal Instruments in the Various Member States of the European Communities to Combat all Forms of Discrimination, Racism and Xenophobia and Incitement and Hatred and Racial Violence, National Study for the Federal Republic of Germany, Institut für Migrations- und Rassismusforschung, Hamburg, März 1992.

Internationale Konsultation der Evangelischen Akademie Tutzing und der Ausländerbeauftragen des Senats von Berlin über „Schutzgesetze gegen ethnische Diskriminierung" vom März/April 1992.

Bausteine für ein Antidiskriminierungsgesetz, Internationale Liga für Menschenrechte, Berlin.

UNESCO; Four Statements on Race, Allen & Unwin LtD, S. 341 und in: UNESCO, Paris 1969.

United Nations; Model National Legislation for the Guidance of Governments in the Enactment of Further Legislation Against Racial Discrimination (UN Doc. GA, CERD/C/1991/Misc.4).

United Nations; Possible ways and means of facilitating the peaceful and constructive solution of problems involving minorities (E/CN.4/1993/85) und (E/CN.4/Sub.2/1992/37/Add.1 und Add.2).

United Nations; The First Twenty Years: Progress Report of the Committee on the Elimination of Racial Discrimination, New York, HR/PUB/91/4.

United Nations; The Main Types and Causes of Discrimination (Memorandum submitted by the Secretary-General) UN - E/CN.4/Sub.2/40/Rev.1, 7 June 1949, New York 1949.

Monographien werden mit Autor und – im Einzelfall verkürztem – Titel zitiert; Beiträge zu Gesamtwerken mit dem Autor und dem Herausgeber. Bei Festschriften wird statt des Herausgebers diese benannt. Bei Beiträgen zu Kommentaren wird entweder der Herausgeber mitzitiert oder auf die gängige Zitierweise zurückgegriffen.

Nicht im Literaturverzeichnis aufgenommen, sondern komplett im Text zitiert, sind die allgemeinen Wörterbücher. Nur juristische Fachwörterbücher wurden in das Literaturverzeichnis aufgenommen.

Sachregister

Max-Planck-Institut für ausländisches öffentliches Recht und Völkerrecht

Beiträge zum ausländischen öffentlichen Recht und Völkerrecht

Hrsg.: A. von Bogdandy, R. Wolfrum

Bde. 27–59 erschienen im Carl Heymanns Verlag KG Köln, Berlin (Bestellung an: Max-Planck-Institut für Völkerrecht, Im Neuenheimer Feld 535, 69120 Heidelberg); ab Band 60 im Springer-Verlag Berlin, Heidelberg, New York, London, Paris, Tokyo, Hong Kong, Barcelona

---

164 Rüdiger *Wolfrum*, Nele *Matz*: **Conflicts in International Environmental Law.** 2003. XI, 213 Seiten. Geb. € 64,95

163 Adam *Bodnar*, Michał *Kowalski*, Karen *Raible*, Frank *Schorkopf* (Eds.): **The Emerging Constitutional Law of the European Union.** 2003. IX, 595 Seiten. Geb. € 99,95

162 Jochen Abr. *Frowein*, Klaus *Scharioth*, Ingo *Winkelmann*, Rüdiger *Wolfrum* (Hrsg.): **Verhandeln für den Frieden/Negotiating for Peace. Liber Amicorum Tono Eitel.** 2003. XIII, 866 Seiten. Geb. € 129,95

161 Michaela *Fries*: **Die Bedeutung von Artikel 5 (f) der Rassendiskriminierungskonvention im deutschen Recht.** 2003. XIX, 429 Seiten. Geb. € 84,95

160 Helen *Keller*: **Rezeption des Völkerrechts.** 2003. XXXV, 855 Seiten. Geb. € 129,95

159 Cordula *Dröge*: **Positive Verpflichtungen der Staaten in der Europäischen Menschenrechtskonvention.** 2003. XX, 432 Seiten. Geb. € 89,95

157 Thomas *Giegerich*: **Europäische Verfassung und deutsche Verfassung im transnationalen Konstitutionalisierungsprozeß: Wechselseitige Rezeption, konzeptionelle Evolution und föderale Verflechtung.** 2003. LXV, 1534 Seiten. Geb. € 199,95

156 Julia *Sommer*: **Verwaltungskooperation am Beispiel administrativer Informationsverfahren im Europäischen Umweltrecht.** 2003. XXX, 891 Seiten. Geb. € 129,95

155 Frank *Schorkopf*: **Die Maßnahmen der XIV EU-Mitgliedstaaten gegen Österreich – Möglichkeiten und Grenzen einer „streitbaren Demokratie“ auf europäischer Ebene.** 2002. XIII, 217 Seiten. Geb. € 64,95

154 Hanri *Mostert*: **The Constitutional Protection and Regulation of Property and its Influence on the Reform of Private Law and Landownership in South Africa and Germany.** 2002. XXV, 643 Seiten. Geb. € 99,95

152 Hans-Joachim *Cremer*, Thomas *Giegerich*, Dagmar *Richter*, Andreas *Zimmermann* (Hrsg.): **Tradition und Weltoffenheit des Rechts. Festschrift für Helmut Steinberger.** 2002. XVI, 1483 Seiten. Geb. € 199,–

151 Nico *Krisch*: **Selbstverteidigung und kollektive Sicherheit.** 2001. VIII, 449 Seiten. Geb. 169,90 DM

150 Beate *Schulte zu Sodingen*: **Der völkerrechtliche Schutz der Wälder: nationale Souveränität, multilaterale Schutzkonzepte und unilaterale Regelungsansätze.** 2002. XXXI, 575 Seiten. Geb. € 99,95

149 Mahendra *Singh*: **German Administrative Law in Common Law Perspective.** 2001. XXXI, 377 Seiten. Geb. 169,90 DM

148 Utz *Remlinger*: **Die Einwirkung des Gemeinschaftsrechts auf die Rückabwicklung rechtswidriger Beihilfeverhältnisse.** 2001. XXVI, 393 Seiten. Geb. 169,90 DM

147 Dagmar Patricia *Stroh*: **Die nationale Zusammenarbeit mit den Internationalen Straftribunalen für das ehemalige Jugoslawien und für Ruanda.** 2002. XXVII, 395 Seiten. Geb. € 84,95

146 Rainer *Grote*, Thilo *Marauhn* (Hrsg.): **Religionsfreiheit zwischen individueller Selbstbestimmung, Minderheitenschutz und Staatskirchenrecht – Völker- und verfassungsrechtliche Perspektiven.** 2001. VIII, 632 Seiten. Geb. 199,90 DM

145 Silja *Vöneky:* **Die Fortgeltung des Umweltvölkerrechts in internationalen bewaffneten Konflikten.** 2001. XXVIII, 593 Seiten. Geb. 199,90 DM

144 Niels *Krüger:* **Anwendbarkeit von Umweltschutzverträgen in der Antarktis.** 2000. XXII, 360 Seiten. Geb. 159,– DM

143 Bettina *Kellersmann:* **Die gemeinsame, aber differenzierte Verantwortlichkeit von Industriestaaten und Entwicklungsländern für den Schutz der globalen Umwelt.** 2000. XXII, 380 Seiten. Geb. 159,– DM

142 Beate *Rudolf:* **Die thematischen Berichterstatter und Arbeitsgruppen der UN-Menschenrechtskommission.** 2000. XXVI, 663 Seiten. Geb. 229,– DM

141 Andreas *Zimmermann:* **Staatennachfolge in völkerrechtliche Verträge.** 2000. L, 960 Seiten. Geb. 298,– DM

140 Christoph *Benedict:* **Sekundärzwecke im Vergabeverfahren.** 2000. XXXII, 323 Seiten. Geb. 149,– DM

139 Clemens *Ladenburger:* **Verfahrensfehlerfolgen im französischen und im deutschen Verwaltungsrecht.** 1999. XXIV, 534 Seiten. Geb. 198,– DM

138 Britta *Specht:* **Die zwischenstaatliche Geltung des Grundsatzes** ne bis in idem. 1999. XXII, 237 Seiten. Geb. 119,– DM

137 Hans-Konrad *Ress:* **Das Handelsembargo.** 2000. XXVI, 532 Seiten. Geb. 186,– DM

136 Georg *Nolte:* **Eingreifen auf Einladung.** 1999. XXXIV, 699 Seiten. Geb. 218,– DM

135 Volkmar *Götz,* Peter *Selmer,* Rüdiger *Wolfrum* (Hrsg.): **Liber amicorum Günther Jaenicke – Zum 85. Geburtstag.** 1998. XXV, 1038 Seiten. Geb. 298,– DM

134 Peter *Rädler:* **Verfahrensmodelle zum Schutz vor Rassendiskriminierung.** 1999. XVII, 454 Seiten. Geb. 148,– DM

133 Volker *Röben:* **Die Einwirkung der Rechtsprechung des Europäischen Gerichtshofs auf das Mitgliedstaatliche Verfahren in öffentlich-rechtlichen Streitigkeiten.** 1998. XXX, 478 Seiten. Geb. 168,– DM

132 Frank *Hoffmeister:* **Menschenrechts- und Demokratieklauseln in den vertraglichen Außenbeziehungen der Europäischen Gemeinschaft.** 1998. XXII, 654 Seiten. Geb. 186,– DM

131 Stefan *Schuppert:* **Neue Steuerungsinstrumente im Umweltvölkerrecht am Beispiel des Montrealer Protokolls und des Klimaschutzrahmenübereinkommens.** 1998. XXII, 297 Seiten, Geb. 128,– DM

130 Jochen Abr. *Frowein,* Thilo *Marauhn* (Hrsg.): **Grundfragen der Verfassungsgerichtsbarkeit in Mittel- und Osteuropa.** 1998. IX, 583 Seiten. Geb. 178,– DM

129 David *Weissbrodt,* Rüdiger *Wolfrum* (Eds.): **The Right to a Fair Trial.** 1997. X, 779 Seiten. Geb. 198,– DM

128 Stefan *Lehr:* **Einstweiliger Rechtsschutz und Europäische Union.** 1997. XXXVI, 693 Seiten (12 Seiten English Summary). Geb. 198,– DM

127 Grace *Nacimiento:* **Die Amerikanische Deklaration der Rechte und Pflichten des Menschen.** 1997. XII, 208 Seiten (14 Seiten English Summary). Geb. 98,– DM

126 Ralf *Alleweldt:* **Schutz vor Abschiebung bei drohender Folter oder unmenschlicher oder erniedrigender Behandlung oder Strafe.** 1996. XXI, 228 Seiten (7 Seiten English Summary). Geb. 98,– DM

125 Rüdiger *Wolfrum* (Ed.): **Enforcing Environmental Standards: Economic Mechanisms as Viable Means?** 1996. VIII, 640 Seiten. Geb. 198,– DM

124 Christian *Walter:* **Vereinte Nationen und Regionalorganisationen.** 1996. XX, 407 Seiten (5 Seiten English Summary). Geb. 128,– DM

123 Gunnar *Schuster:* **Die Internationale Anwendung des Börsenrechts.** 1996. XXV, 729 Seiten (3 Seiten English Summary). Geb. 220,– DM

Batch number: 10682207

Printed by Printforce, the Netherlands